КНИГА ЗОАР

серия
КАББАЛА. ТАЙНОЕ УЧЕНИЕ

Книга «Зоар» – основная и самая известная книга из всей многовековой каббалистической литературы. Хотя книга написана еще в IV веке н.э., многие века она была скрыта. Своим особенным, мистическим языком «Зоар» описывает устройство мироздания, круговорот душ, тайны букв, будущее человечества. Книга уникальна по силе духовного воздействия на человека, по возможности её положительного влияния на судьбу читателя.

Величайшие каббалисты прошлого о книге «Зоар»:

...Книга «Зоар» («Книга Свечения») названа так, потому что излучает свет от Высшего источника. Этот свет несет изучающему высшее воздействие, озаряет его высшим знанием, раскрывает будущее, вводит читателя в постижение вечности и совершенства...

...Нет более высшего занятия, чем изучение книги «Зоар». Изучение книги «Зоар» выше любого другого учения, даже если изучающий не понимает...

...Даже тот, кто не понимает язык книги «Зоар», все равно обязан изучать её, потому что сам язык книги «Зоар» защищает изучающего и очищает его душу...

Настоящее издание книги «Зоар» печатается с переводом и пояснениями Михаэля Лайтмана.

Работы Михаэля Лайтмана, автора более 30 книг серии «Каббала. Тайное Учение», переведены на 19 языков мира (www.kab1.com). М.Лайтман является крупнейшим практикующим каббалистом нашего времени.

Учение Михаэля Лайтмана, основанное на исследованиях самых выдающихся каббалистов за всю историю человечества и на собственном опыте Пути, приобрело огромную международную популярность. Более 150 отделений школы М. Лайтмана работают по всему миру.

ISBN 978-1-77228-160-6

Laitman Kabbalah
Publishers 2023

ОГЛАВЛЕНИЕ

К читателю 5
Язык Каббалы 7
Предисловие к книге «Зоар» 9
Вступление к книге «Зоар» 167
Послесловие к книге «Зоар» 175
«ЗОАР» 183
   Введение 185
   Список сокращений и пояснений 191
   Оригинальные имена и их принятое написание
   в русских переводах 197
   Примеры оригинального текста книги «Зоар» 198
   Построчный перевод текста с арамита на русский ... 206
   Роза, пп. 1-3 210
   Ростки цветов, пп. 4-6 231
   Кто создал это, пп. 7-10 241
   Кто создал это (по ЭЛИЯУ), пп. 11-15 257
   Мать одалживает дочери свои одежды, пп. 16-21 ... 267
   Буквы раби Амнона-Саба, пп. 22-39 284
   Высшая мудрость, п. 40 349
   Замок и ключ, пп. 41-44 351
   Авраам, пп. 45-48 359
   Видение раби Хия, пп. 49-60 363
   С кем вы напарники?, пп. 61-73 381
   Погонщик ослов, пп. 74-119 397
   Две точки, пп. 120-124 450
   Ночь невесты, пп. 125-150 460
   Небо и земля, пп. 151-160 499
   Среди всех мудрецов народов мира нет
   равного тебе, пп. 161-168 523
   Кто это, пп. 169-173 534
   Кто веселится в праздники, пп. 174-179 542
   Тора и молитва, пп. 180-184 553
   Выход раби Шимона из пещеры, пп. 185-188 563
   Заповедь первая, пп. 189-197 566
   Заповедь вторая, пп. 198-203 572
   Заповедь третья, пп. 204-207 581

Заповедь четвертая, пп. 208-214 587
Заповедь пятая, пп. 215-218 593
Заповедь шестая, пп. 219-222 598
Заповедь седьмая, пп. 223-227 601
Заповедь восьмая, пп. 228-232 607
Заповедь девятая, пп. 233-236 613
Заповедь десятая, пп. 237-243 618
Заповедь одиннадцатая, п. 244 630
Заповедь двенадцатая, п. 245 633
Заповедь тринадцатая, п. 246 634
Заповедь четырнадцатая, пп. 247-260 636
Намерение молитвы 650
Вознесение молитвы 659

От издателя 697

К ЧИТАТЕЛЮ

Известно, что Каббала является тайным учением. Именно её скрытность, тайность послужила поводом для возникновения вокруг Каббалы множества легенд, фальсификаций, профанаций, досужих разговоров, слухов, невежественных рассуждений и выводов. Лишь в конце XX столетия получено разрешение на открытие знаний науки Каббалы всем и даже на распространение их по миру. И потому в начале этой книги я вынужден в этом обращении к читателю сорвать вековые наслоения с древней общечеловеческой науки Каббала.

Наука Каббала никак не связана с религией. То есть связана в той же самой степени, что, скажем, физика, химия, математика, но не более. Каббала – не религия, и это легко обнаружить хотя бы из того факта, что никто из религиозных людей не знает ее и не понимает в ней ни одного слова. Глубочайшие

К читателю

знания основ мироздания, его Законов, методику познания мира, достижение Цели творения Каббала скрывала в первую очередь от религиозных масс. Ибо ждала времени, когда разовьется основная часть человечества до такого уровня, что сможет принять каббалистические Знания и правильно использовать их. Каббала – это наука управления судьбой, это Знание, которое передано всему человечеству, для всех народов земли.

Каббала – это наука о скрытом от глаз человека, от наших пяти органов чувств. Она оперирует только духовными понятиями, т.е. тем, что происходит неощутимо для наших пяти чувств, что находится вне их, как мы говорим, в высшем мире. Но названия каббалистических обозначений и терминов взяты Каббалой из нашего земного языка. Это значит, что хотя предметом изучения науки Каббала являются высшие, духовные миры, но объяснения, выводы исследователь-каббалист выражает названиями, словами нашего мира. Знакомые слова обманывают человека, представляя ему якобы земную картину, хотя Каббала описывает происходящее в высшем мире. Использование знакомых слов-понятий приводит к недоразумениям, к неправильным представлениям, неверным измышлениям, воображениям. Поэтому сама же Каббала запрещает представлять себе какую-либо связь между названиями, взятыми из нашего мира, и их духовными корнями. Это является самой грубой ошибкой в Каббале.

И потому Каббала была запрещена столько лет, вплоть до нашего времени: развитие человека было недостаточным для того, чтобы перестал он представлять себе всяких духов, ведьм, ангелов и прочую чертовщину там, где говорится совершенно о другом.

Только с 90-х годов XX века разрешено и рекомендуется распространение науки Каббала. Почему? Потому что люди уже более не связаны с религией, стали выше примитивных представлений о силах природы как о человекоподобных существах, русалках, кентаврах и пр. Люди готовы представить себе Высший мир как мир сил, силовых полей, мир выше материи. Вот этим-то миром сил, мыслей и оперирует наука Каббала.

С пожеланием успеха в открытии Высшего мира,
Михаэль Лайтман

ЯЗЫК КАББАЛЫ*

Когда необходимо описать высший мир, неощущаемое пространство, каббалисты используют для описания слова нашего мира. Потому что в высшем мире нет названий. Но поскольку оттуда, как из корня ветви, нисходят силы, рождающие в нашем мире объекты и действия, то для отображения корней, объектов и сил высшего мира, применяются названия ветвей, их следствий, объектов и действий нашего мира. Такой язык называется «язык ветвей». На нем написаны Пятикнижие, Пророки, Святые писания – вся Библия и многие другие книги. Все они описывают высший мир, а не историю еврейского народа, как может показаться из буквального понимания текста.

Все святые книги говорят о законах высшего мира. Законы высшего мира называются Заповедями. Их всего 613. В мере выполнения этих законов, человек входит в ощущение высшего мира, ощущение вечности и совершенства, достигает уровня Творца. Выполнение достигается использованием высшей силы, называемой Высшим светом или Торой. Все книги говорят о обретении веры, под этим в Каббале подразумевается не существование в потемках, а именно явное ощущение Творца.

Желающему войти в ощущение высшего мира ни в коем случае нельзя понимать тексты буквально, а только пользуясь языком ветвей. Иначе он останется в своем понимании на уровне этого мира.

Принятые у религиозных евреев ритуалы, в обиходе также называются заповедями и описываются тем же языком, что и духовные действия и процессы. Ритуалы были введены в народ для оформления границ поведения, позволявших сохранять народ в изгнании.

---

* см. также: «Учение Десяти Сфирот», Вступление.

Кроме истинной, духовной трактовки понятия Заповедь, начинающему необходима адаптация к духовной интерпретации слов: поцелуй, гой, объятие, Израиль, беременноть, иудей, роды, изгнание, народы мира, освобождение, пловой акт, вскармливание и пр. Время постепенно рождает в человеке новые определения и сквозь них начинает ощущаться высший, вечный мир.

Предисловие к книге «Зоар»

По статье Й. Ашлага (Бааль Сулам)
«Предисловие к книге «Зоар»
Оригинальный текст Бааль Сулама выделен
жирным шрифтом.
Комментарий М. Лайтмана приводится
непосредственно под текстом оригинала

ПРЕДИСЛОВИЕ К КНИГЕ «ЗОАР»

1. Мое желание в этом предисловии выяснить некоторые, вроде простые, вещи, потому что руки всех касаются их, и много чернил пролито, чтобы их выяснить. И все же до сих пор мы не достигли в них знания ясного и достаточного.

Речь пойдет о вопросах, касающихся каждого, поэтому автор говорит, что руки всех касаются их. Вопросы, которые каждый из живущих на земле хоть раз в жизни задает себе, особенно в периоды страданий. Но, хотя все, в том числе и большие умы, занимались их выяснениями, все равно каждое поколение застает себя вновь перед этими вечными вопросами, но удовлетворяющего всех ответа найти не может.

И поэтому те же вопросы встают перед каждым и в каждом поколении. Вопросы кажутся простыми, касаются каждого, но ответы на них сложны настолько, что, если бы не каббалисты, поднявшиеся в духовный мир и затем давшие нам ответы, мы сами не смогли бы ответить на них.

Вопрос 1: Кто мы? Прежде чем выяснять что-либо, мы должны четко определить, насколько истинно наше познание и его границы, познание себя, нашего мира, духовных миров и Творца.

Существует 4 вида познания:
1) материя,
2) свойство в материи,
3) абстрактное свойство,
4) суть.

Суть и абстрактная форма нами совершенно не постижимы, как в нашем мире и в нас, так в духовных мирах и в Творце. И только материю и свойства самой материи мы можем постичь, как в самих себе и в нашем мире, так и в духовных мирах.

Вначале рассмотрим эти 4 вида познания на примере нашего мира. Представим себе человека, состоящего из:
1) материи, т.е. тела человека;

2) свойства, облаченного в его тело, например, «добрый»;
3) отвлеченного свойства, т.е. если мы мысленно отделяем свойство «добрый» от материала человека и изучаем его отдельно и абстрактно, вне связи с конкретным человеком, т.е. изучаем саму категорию «доброта» в ее положительном и отрицательном понятии, саму по себе;
4) сути человека.

Суть человека, вне связи с его телом, сама по себе, совершенно не постигаема нами, потому что наши 5 органов чувств и вся наша фантазия не позволяют осознать и почувствовать более, чем действия сути, но не ее саму, поскольку все наши органы чувств воспринимают воздействие чего-то внешнего на них, а мы ощущаем только реакции наших органов чувств на эти внешние воздействия.

Например, наш орган слуха ощущает свою реакцию на воздушную волну, ударяющую в барабанную перепонку уха (кстати, все наши ощущения есть ощущения не приходящего, а ощущения реакции тела на приходящее, в отражении от себя мы ощущаем по аналогии с отраженным светом). И это ощущение дает нам осознание звукового источника, того, что есть что-то, заставляющее колебаться воздух.

Так же действует и орган зрения, воспринимающий некую отраженную и перевернутую картину, и орган обоняния, воспринимающий воздействия некой сути на свои чувствительные нервные окончания, и орган вкуса. И даже самое сильное, тактильное ощущение, дает нам только осознание воздействия чего-то на нас, потому что суть остается та же, а если материал подогреванием превратить из жидкого в газообразный, его влияние на наши органы изменится, но не изменится его суть.

Поэтому то, что мы воспринимаем, есть действия чего-то не постигаемого нами на наши органы чувств, и только воздействия на нас, частные свойства сути, мы постигаем и по ним судим об их источнике. Отсюда становится ясно, что 5 наших органов чувств не могут раскрыть нам сути, а только отрывочные, частные ее действия.

Но поскольку то, что не воспринимаемо нашими органами чувств, не может возникнуть даже в нашей фантазии, а то, что не может возникнуть в нашей фантазии, не может появиться в нашей мысли и потому выпадает из поля возможности изучения, поэтому мысль не может изучать сути объекта.

Но не только суть окружающих нас объектов, но и суть самих себя нами не познаваема. Поскольку я чувствую и знаю себя, занимающим место в мире твердым, теплым и пр. физическим телом, из раскрытия действий некоей сути. Но если спросите меня, что представляет собою моя суть, от которой исходят все эти действия, я не найду, что вам ответить, потому что Высшее управление скрывает от меня познание любой сути и я как человек могу постичь только действия и следствия действий, исходящих от непостигаемой сути.

Познание первого вида – материал, т.е. действие сути, мы полностью постигаем, потому что этих действий совершенно достаточно нам для объяснения сути, находящейся в материале, настолько, что мы не страдаем от недостатка познания сути самой по себе как таковой, отсутствие этого познания не ощущается, как не ощущается нехватка шестого пальца на руке.

Поэтому познание материала совершенно достаточно нам для всех наших потребностей, как для познания самих себя, так и для познания всего окружающего.

Познание второго вида – свойства в материи, также достаточное и ясное, потому что мы познаем его из нашего опыта поведения материала в действительности. На этом типе познания строятся все науки, на которые мы можем полностью опираться.

Познание третьего вида – абстрактные свойства, являет собою теоретический случай познания: после того как свойство открылось нам облаченным в материал, наша фантазия способна полностью отделить это свойство от материала и изучать его абстрактно, отдельно от материала.

Например, в книгах о методе воспитания «мусар» приводятся свойства человека, такие, как гнев, геройство, правда, ложь и пр., когда они в отрыве от материала. И выносятся им оценки «хорошо» или «плохо» даже в то время, когда эти свойства отделены от материи.

Этот третий вид познания – абстрактное познание – не принимается истинными, осторожными исследователями, потому как невозможно полностью полагаться на него, ведь, исследуя свойство, не облаченное в материю, можно ошибиться в его оценке. Например, последователь «мусар» – идеалист, т.е. неверующий, в итоге своих теоретических, отделенных от материала, исследований, может прийти к выводу, что, хоть весь мир пусть разрушится, он не спасет его, если для этого надо будет солгать. Но это не мнение Торы, утверждающее, что «на все надо идти во имя спасения жизни».

Но если бы исследователь изучал свойства «правда» и «ложь» в их связи с материалом, то эти свойства были бы понятны только по их пользе или вреду относительно этого материала.

Таким образом, в результате жизненного опыта поколений, когда человечество увидело несчастья, причиняемые «лживыми», и пользу, исходящую от «правдивых», то пришло к выводу, что нет лучшего в мире свойства, чем «правда», и худшего, чем «ложь».

Но если бы идеалист понимал это, то принял бы и мнение Торы и признал, что спасение одного человека несравненно важнее, чем вся теоретическая важность свойства «правда».

Поэтому нет абсолютно никакой уверенности в выводах в этом виде исследования и познания отвлеченных от материи свойств, а уж тем более тех свойств, которые еще никогда не проявились ни в каком материале.

Говорить о них – значит говорить совершенно безосновательно. Таким образом мы выяснили, что из 4-х видов познания материального 4-й вид, суть, совершенно не постигаем нами. 3-й вид может привести к ошибочному пониманию, и только вид 1-й, материал, и вид 2-й, свойства в материи, дают нам правильное и достаточное постижение со стороны Высшего управления. И в том же виде происходят наши исследования и постижения духовного.

Вопрос 2: Какова наша роль в длинной цепочке действительности, где мы ее малые звенья?

Если мы смотрим на длинную цепь последовательного появления и ухода поколений, мы не находим ответа о цели и необходимости существования всего человечества: каждое поколение открывает для себя этот мир и обессиленным уходит из него, так ничего в нем качественно не изменив. И каждый из нас, если не забывается в своих мелких заботах, то обнаруживает всю никчемность и бесцельность своего существования. Но поскольку вопросы о смысле жизни доставляют человеку страдания, он подсознательно уходит от них.

Наш эгоизм автоматически уводит нас от страданий и приближает к источнику наслаждения, и поэтому только безысход-

Предисловие к книге «ЗОАР»

ность, поиск выхода из страданий и давящих обстоятельств подталкивает человека все же искать цель его существования. Поэтому, посылая страдания, Творец создает нам возможность задуматься о цели наших страданий и т.о. приводит нас к поиску цели жизни.

Вопрос 3: Когда мы смотрим на себя, мы чувствуем себя испорченными и низкими настолько, что нет подобно нам низких.

Человек является самым эгоистичным созданием в нашем мире, и нет более вредного и опасного существа как для ему же подобных, так и для всей природы, создания. Только человек, хотя и имеет желаемое, страдает, видя имеющееся у других. Только человек нуждается в покорении всего мира, а не только своего окружения. Только человек, ощущающий прошлое и будущее, желает овладеть ими и властвовать в них, прославиться любой ценой во все времена, поскольку, чувствуя прошлое и будущее, возгорается завистью не только к имеющемуся у его современников, но и к тому, чем обладал кто-либо в любые времена. Воистину, эгоизм человека выходит из рамок времени! И это все, как и все страшные последствия использования эгоизма, создал великий и совершенный Творец.

Вопрос 4: Как обязывает нас наш разум, если Творец абсолютно добр, как мог создать столько творений, вся участь которых в страданиях? Неужели из доброты могут вытекать столь несовершенные действия и если уж не творить добро, то хотя бы не столь великое зло!?

А если смотрим на того, кто сотворил нас, мы вроде бы обязаны находиться на вершине ступеней, и нет подобных нам, ведь обязаны из Создателя совершенного выйти действия совершенные.

Что значит «мы смотрим на того, кто сотворил нас»? Все, что известно нам о духовных мирах и о Творце, все, что получили древние наши прародители свыше, называемое Тора, все, что написано в наших святых книгах, получено теми, которые еще при жизни в нашем мире поднялись в духовный мир своими свойствами и, ощутив, увидев и почувствовав самого Творца, изложили нам в своих книгах на языке ветвей (подобия духовного корня и его следствия в нашем мире) то, что постигли в духовных мирах. Эти Великие Поводыри объясняют нам в своих книгах наше предназначение.

Разум обязывает, что Он добр и творит добро, что нет выше Его. Но как мог продуманно сотворить так много творений, страдающих и обедненных во все дни их жизни, ведь от доброго должно исходить доброе, но не настолько уж плохое.

Так каждый из нас ощущает свое существование в этом мире. Ведь вся наша жизнь – это ощущение недостатка в чем-то и погоня за его удовлетворением. А ощущение недостатка является страданием. Стремление достичь желаемого вынуждает нас к постоянному движению против нашей природы, стремящейся к состоянию покоя, потому что наш источник – Творец – находится в состоянии абсолютного покоя, ведь Он совершенен, и нет в Нем желания получить, вынуждающего двигаться, чтобы достичь желаемого.

И уж, конечно, страдания наши не заключаются только в погоне каждого за своим личным насыщением, а объединенное желание получить, эгоизм целых народов, сталкивает их в борьбе за приобретение любыми путями власти и богатства. Как бы то ни было, единственность Создателя отсылает нас к Нему, Его единственность указывает на Него как на создателя всего плохого тоже. Но это естественно: все совершенное находится в Творце, все, что не в Нем, а создано заново, из ничего – несовершенно и зло. Ведь если бы было совершенно, находилось бы изначально в Творце.

Вопрос 5: Как может быть, что из Вечного, не имеющего начала и конца, произойдут творения ничтожные, временные, ущербные?

Если Творец совершенен, то как мог Он даже представить себе нечто несовершенное, тем более породить его и постоянно поддерживать его существование, т.е. быть в связи с тем, что Ему абсолютно противоположно. Ведь в таком случае должно быть что-то общее между свойствами Творца и свойствами этих ничтожных созданий?

Приобретая что-либо, мы интересуемся предприятием, изготовившим нашу покупку, потому что хорошее предприятие изготавливает хорошие вещи. А если наше приобретение плохого качества, это говорит о плохом изготовителе, но никак не о виновности в этом самой вещи.

2. Но чтобы выяснить все это, должны мы провести некоторые исследования, с помощью которых можно будет понять заданные вопросы. И это потому, что необходимо знать язык Торы и Каббалы. Что подразумевается под словами, взятыми из нашего мира, такими, как тело, жизнь, смерть и пр., **но не в месте запрещенном, т.е. в самом Творце, потому как не в состоянии наша мысль постичь Его вообще, и нет поэтому никакой мысли и понятия о Нем.**

Нет понятия «запрещено» в Каббале. Под указом «запрещено» имеется в виду «непостигаемо» ввиду ограниченности возможностей нашего познания в исследовании окружающего, в исследовании самих себя и Творца. Но после того, как человек понимает и четко осознает рамки и границы своего истинного познания, он может в них свободно исследовать все!

Уже сказано об этом выше в выяснении первого вопроса. О Нем, т.е. о Творце, мы можем судить только по Его действиям в творении, т.е в нас, а все вопросы, не касающиеся нас, или вопросы о том, что происходило до начала творения, почему Творец создал нас, каков Он сам по себе, – эти вопросы не имеют ответа, поскольку мы постигаем только то, что получаем от Него, и на основании наших реакций, ощущений, выносим решение о Нем.

Но там, где исследование есть Заповедь, исследование Его действий, как заповедано нам в Торе, «знай Творца отцов твоих и служи Ему» и, как сказано в «Песне единства», «Из действий твоих я познаю тебя».

Постигая свойства и действия Творца, мы познаем ответы на все могущие возникнуть в нашем сознании вопросы, потому как изучаем Источник своего происхождения. И только из постижения Его мы сможем понять, «для чего мы созданы». Это и вынуждает каббалистов издавать книги – инструкции постижения цели творения. Выяснение этих вопросов обязательно, поэтому они и указываются в Торе как Заповедь. Ведь без их выяснения человек не в состоянии прийти к желаемой Творцом цели.

Итак, исследование 1: Как представляем мы творение вновь созданным, что означает новое, не бывшее ранее в Творце до начала творения, в то время как ясно всем разумным, что нет вещи, которой не было бы в Творце, и разум простой обязывает наличие у дающего того, что он дает.

Если Творец совершенен, то должен включать в себя все, и нет ничего, что бы должен был создавать. Если обнаружил, что для выполнения замысла творения нуждается в чем-то, не указывает ли это на то, что Он не включает в Себя все, т.е. несовершенен?

Исследование 2: Если признаем, что Он может все, может сотворить нечто из ничего, т.е. новое, чего совершенно нет в Нем, возникает вопрос – что же это за новое, что можно сказать о нем, что не находится в Творце, а вновь сотворенное?

Что значит «сотворить что-то из ничего», мы понять не в состоянии. Это, действительно, действие под стать только Творцу. Вопрос, что Он сотворил новое, чего не было в Нем? Но, несмотря на отсутствие этого до начала творения, все равно Творец был в своем совершенстве, а необходимость в этом новом возникла с появлением замысла творения.

Исследование 3: Как говорят каббалисты, душа человека есть часть самого Творца свыше, так что нет отличия между Ним и душой, но только Он все, целое, а душа часть Его. И уподобили это камню, отколотому от скалы, где нет отличия между камнем и скалой, кроме того, что скала – целое, а камень – часть.

Это исследование 3 делится на две части:

1) Как можно себе представить часть от Творца, если Он совершенное целое? Кроме того, как это понять, что в человеке находится какая-то часть Творца?

2) Чем эта часть отделяется от Него, как можно от совершенного отделить часть, остается ли Он после этого совершенным, совершенна ли часть, отделившаяся от совершенного?

Мы знаем, что камень отделяется от скалы с помощью топора, предназначенного для этого, и отделяется им часть от целого, но как представим это в Творце, который отделяет часть от Себя так, что она выходит из Творца и становится частью отделенной от Него, т.е. душой, настолько, что можно осознать ее только как часть Творца.

С помощью чего отделяется часть от Творца? В нашем мире нет совершенно никакого различия между целым и его частью, только в их размерах.

Но поскольку в духовном нет ни расстояния, ни размеров, ни движения, а все различие между духовными объектами в

Предисловие к книге «ЗОАР»

различии их желаний, потому как духовный мир – это мир «голых» желаний, не облаченных в материальные тела, как в нашем мире, то как можно отделить часть от целого, и чтобы, несмотря на это, она все равно оставалась бы частью целого, т.е. продолжала бы обладать свойствами целого.

Если душа продолжает быть частью Творца, то по этой части мы можем судить о Нем? Мы можем ощутить только эту часть Творца, что в нас, или Его самого тоже, или это одно и то же? Зачем Творец создал нас состоящими из части Его?

3. Исследование 4: Поскольку система нечистых сил далека от чистоты Творца, как полюс от полюса, настолько, что не представить большего отдаления, как она может исходить и рождаться от чистоты Творца. И более того, Он еще от своей чистоты оживляет ее.

Смысл создания нечистых, противоположных Творцу, сил. Если Творец мог даже просто задумать создать столь несовершенное, как у столь совершенного могла появиться мысль о столь противоположном Ему по свойствам, не указывает ли это на недостаток в Его совершенстве? Как может быть связь у противоположных желаний, свойств?

Ведь нет в духовном ничего, кроме оголенных, вне тел, желаний. И если желания (или свойства, что одно и то же) противоположны, как они могут находиться между собою в какой-то связи без наличия чего-то общего, т.е. общих свойств, качеств? Причем настолько, что Творец постоянно поддерживает эту связь и даже оживляет и питает противоположное Себе и столь низкое.

Исследование 5: Воскресение мертвых. Поскольку тело настолько презренно, ему сразу, с момента рождения, суждено умереть и быть погребенным.

Телом в Каббале называется желание получить самонаслаждение, эгоизм. Ни в коем случае не имеется в виду тело биологическое, физическое, материальное, типа нашего тела или типа сосуда, имеющего желание.

А само желание, без всякой оболочки, поскольку, как уже говорилось, духовный мир – это мир «оголенных» желаний, и называется «телом». Под смертью тела подразумевается умертвление эгоизма, его искоренение, изменение на противоположное ему свойство – альтруизм.

Более того, сказано в книге «Зоар», что, пока тело не разложится все, не сможет душа подняться на свое место в рай, пока еще остается что-то от него. До тех пор, пока человек не освободится от своих эгоистических желаний получить (наслаждение), что значит «пока не разложится его тело», он не сможет выйти из границ ощущения только нашего мира и ощутить Творца.

Но тогда зачем же возвращается и оживает тело в воскрешении мертвых, будто не может Творец насладить души без тел. А еще более непонятно сказанное мудрецами, что в будущем воскрешении мертвые тела встанут в своих пороках, дабы не сказали «это другие тела», а затем вылечит Творец их пороки. Но надо понять, почему важно Творцу, чтобы не сказали «это другое тело». Настолько, что для этого Он заново создает пороки тел и вынужден будет вылечить их.

Как уже говорилось, под телом в Каббале подразумевается желание получить, в данном случае, наш эгоизм. Умертвив свое тело, человек поднимается в рай – освободившись от эгоизма, человек немедленно начинает ощущать вместо себя Творца. Получив от Творца альтруистическое свойство, желание «отдавать», человек, с Его помощью, начинает исправлять свое прежнее тело-желание, постепенно, по частям, включая эгоизм в свои новые, альтруистические, духовные свойства.

Исправление исконных своих эгоистических свойств называется воскрешением тела, воскрешением его к жизни – к исправлению и наполнению светом – ощущением Творца. Воскрешение мертвых: тело, неисправленное желание, проходит исправление, приобретает свойство наслаждаться от отдачи и оживает от этого.

Разложение тела – такое состояние, ощущение человека, когда он совершенно не беспокоится о себе, кроме самого необходимого, насущного, минимального, без чего не может продолжать свое приближение к Творцу.

Исследование 6: Как сказано мудрецами (как постигли каббалисты, поднявшись в своих ощущениях к Творцу и получив знание), человек есть центр всего творения.

Центр означает причину творения, замысел – для кого; цель творения – зачем; главное действующее лицо творения, приводящее творение к желательной Творцу цели.

И поэтому: все миры высшие, и наш материальный мир, и все их населяющие, созданы только для человека. И обязали человека верить, что для него создан мир, что вообще трудно понять, что для человека маленького такого в нашем мире, тем более в сравнении с мирами высшими, трудился Творец, создавая все это. А для чего?

Человек и по сей день не умеет использовать эту маленькую, данную ему планету. Наинизшая духовная ступень бесконечно больше нашего мира. «Больше» – имеется в виду по нашему ощущению сил, размеров, открывающейся в человеке внутренней картине другого мира. Иллюзии картин нашего мира сразу же начинают выясняться в их истинном, незначительном размере.

Любая низшая духовная ступень относится к высшей как песчинка ко всей Вселенной. Зачем это все человеку, как он может это использовать, если плохо представляет себе, как ему поступать даже на нашей маленькой Земле?

Мир – «олам», от слова «алама» – сокрытие. То есть миры есть нечто подобное покрывалам, за которыми скрывается от человека Творец. Все духовные миры и наш, материальный мир, все они существуют только в человеке, внутри нас, и являются ступенями последовательного удаления от (ощущения) Творца.

4. Но чтобы понять все эти вопросы и исследования, есть один ответ – смотреть в конец действия, т.е. в цель творения, потому как невозможно понять ничего в процессе, а только из конца.

Как приводит Бааль Сулам пример в своей книге «Матан Тора»: «Если бы в нашем мире появился исследователь из другого мира, т.е. незнакомый с конечными результатами развития живой природы, то, глядя на новорожденных бычка и человека, пришел бы к выводу, что поскольку однодневный бычок уже может стоять и сам находит место кормления, а младенец совершенно беспомощен, то и по завершении своего развития бычок превратится в нечто великое, а человек, и повзрослев, продолжит отставать от него в той же пропорции».

Появившийся на дереве новый плод совершенно невзрачный и горький, и ничто не указывает на его будущее состояние, когда он становится вкусным и красивым. И более того, чем неприглядное творение в процессе его развития, чем этот процесс труднее и дольше, тем более высшего результата оно достигает. Но тот, кто не имеет возможности наблюдать окончательный результат, тот делает неверные выводы, наблюдая промежуточные состояния. Поэтому правильное решение может быть вынесено только тем, кто знаком с окончательным видом творения.

Но поскольку мы не в состоянии наблюдать своего окончательного, исправленного, состояния, каббалисты объясняют его нам из своего опыта, постижения на себе.

И это ясно, что нет творящего без цели, ведь только в умалишенном обнаружишь действия без цели. В нашем мире только умалишенные и дети действуют без заранее известной цели, причем у последних это происходит под природным давлением, потому как необходимо для их развития. Нет ничего созданного без цели. Все создано только для достижения человеком высшего состояния – соединения со своим Творцом.

Причем, насколько бы нам ни казалось, в настоящем состоянии невооруженным глазом, что сотворены миллиарды видов творений, время существования которых подчас доли секунды, далекие, не видимые нами, небесные тела, не имеющие никакого контакта с человеком и пр., все, что создано, создано только по необходимости помочь человеку достичь своей цели!

И знаю я, что есть умники за пределами Торы и Заповедей, утверждающие, что Творец создал все творение, но оставил его на произвол судьбы, ввиду ничтожности творений, поскольку не подходит Творцу, столь возвышенному, управлять их путями, ничтожными и презренными.

Не находя логического ответа на предыдущий вопрос, не наблюдая ничего разумного в поведении нашей вселенной, философы отвечают на него в рамках своего земного разума:

1) Творца не существует,
2) Творец, Высшая сила, создала все и предоставила далее развиваться по законам, которые вложила в свое творение,
3) Творец создал все, но, увидев порочные пути развития природы и ее поведение, оставил все свое творение, предоставив его самому себе и пр.

Если Творец совершенен, то любое Его действие, даже в наших восприятиях, обязано ощущаться нами как совершенное – это возражение философов. Каббала же отвечает на этот вопрос именно так: действия Творца совершенны всегда и во всем, но человек не в состоянии ощутить их таковыми, пока не исправит

Предисловие к книге «ЗОАР»

свои органы ощущений – лишь тогда он почувствует совершенство Творца, свое совершенство и совершенство своего состояния, ведь совершенно все, кроме нашего восприятия. Изменить наше восприятие – наша задача и работа в этом мире. Достичь истинного ощущения нашего Создателя – цель нашей работы.

Кстати, и в нашем мире нам подчас видятся действия, происходящие с нами или с другими как несправедливые, но затем, узнав их настоящую причину и цель, мы сами одобряем их. Таким образом, ошибка происходит из-за того, что мы видим только маленький фрагмент происходящего и воспринимаем его в своих представлениях.

Как, например, хирург, оперирующий тело человека, или мать, заставляющая ребенка пить горькое лекарство, или желающий похудеть, ограничивающий себя в питании, и другие подобные примеры, кажущиеся непонимающему плохим отношением людей друг к другу или человека к самому себе.

И потому нет иного решения, как необходимость исследовать окончательное состояние – цель творения.

Но не от мудрости их речи, потому как невозможно что-то решить о нашем ничтожестве и низости, прежде чем решим, что мы сотворили себя и всю свою природу испорченной и презренной в нас.

Если мы решаем, что сами являемся причиной наших порочных свойств, это говорит о том, что мы ограничиваем действие Творца и решаем, что не все в нас создал Он.

Но если мы решаем, что Творец абсолютно совершенен и Он, как задумал, так и создал наши тела, со всеми их хорошими и плохими качествами-свойствами, то из-под рук Совершенного Творителя никогда не могут выйти действия презренные и испорченные, ведь каждое действие доказывает качество творящего его. А в чем виновата испорченная одежда, если портной неудачно сшил ее?

Как в жизни, говоря о плохом качестве какого-либо изделия, мы тем самым указываем на качества изготовителя. Если мы о чем-либо в мире думаем, говорим плохо, как бы мы ни воспринимали наше состояние, это чувство тотчас адресуется Творцу как источнику всего происходящего.

То, что чувствует человек, – это и есть его отношение к Творцу, его молитва, его неосознанное обращение к причине своего состояния. Все, что в нас, исходит от Него. Все, что мы ощущаем, есть наши реакции на Его воздействия на нас. Все сводится к осознанию этого и достижению такого состояния, когда человек ощущает, что Творец абсолютно добр к нему.

Как повествуется, раби Эльазар, сын раби Шимона, повстречав одного крайне безобразного человека, сказал ему: «Как безобразен ты». На что тот ответил: **«Иди и скажи сотворившему меня: «Как безобразна вещь, сотворенная тобою».**

Здесь дается пример из книги «Зоар», на котором можно увидеть, каким образом она написана: что, хотя в ней говорится о многих объектах, личностях и происшествиях, подразумеваются во всем этом только внутренние душевные силы, желания, свойства человека и взаимодействие между ними.

Итак, повествует «Зоар», раби Эльазар, сын раби Шимона, автора книги «Зоар», находился на берегу моря – море означает море мудрости – а раби Эльазар дошел до этого своими занятиями Каббалой. И тогда он увидел, кто такой он сам, – он повстречал крайне уродливого человека в себе и поразился тому, насколько безобразен в своих качествах: каббалист, по мере работы над собой, над своей природой, желая постичь Творца подобием свойств, начинает раскрывать для себя, кто именно он есть на самом деле, насколько его эгоизм безграничен и безобразен.

Но, поскольку раби Эльазар дошел в своих занятиях до Высшей мудрости – до берега моря, то одновременно, а иначе не бывает, ему открылось и то, что исправить себя он не в состоянии, потому как это деяние Творца и только Творец сам в состоянии изменить его.

И поэтому сказано: «Иди и скажи это сотворившему меня» – если человек чувствует свои пороки, что постигается только по мере его ощущения Творца, по контрасту свойств его и Творца, то он осознает, что только к Творцу он может обратиться за помощью. И так специально сделано Творцом, чтобы человек возжуждался в Нем и искал с Ним связь и сближение.

Таким образом умники, утверждающие, что по причине нашей низости и ничтожности недостойно Творцу управлять нами и потому оставил нас, утверждают этим отсутствие в них разума. Потому как решают о творении на основании видимой ими картины, не осознавая ограниченности своего познания творения в целом и не видя его конечного состояния.

Предисловие к книге «ЗОАР»

Представь себе, если бы ты встретил человека, задумавшего изначально создать творения, чтобы страдали и мучились все дни своей жизни, как мы, и, более того, оставившего их после сотворения, не желая даже присмотреть за ними, чтобы хоть немного помочь им, как бы презирал и упрекал ты его. Возможно ли даже подумать такое о Всетворящем и Оживляющем?

То есть невозможно утверждать, что Творец совершенен, если его творения несовершенны.

5. Поэтому здравый смысл заставляет нас понять обратное, не видимое простым взглядом, и решить, что мы на самом деле наилучшие и наивысшие творения и нет предела нашей важности, под стать Сотворившему нас. Потому что любой недостаток, кажущийся тебе в наших телах, после всех оправданий, которые только сможешь придумать, падает только на Творца, создавшего нас и всю нашу природу, поскольку ясно, что Он – Создатель, а не мы.

Знай также, что все это – следствия, исходящие из наших плохих природных качеств, созданных Им в нас. Но это случай, о котором сказано, что должны мы смотреть в конец действия.

И тогда сможем понять все и поговорку в устах мира: «Не показывай незаконченную работу глупцу».

Только познав на себе завершение действия, творения, человек сможет оправдать действия Творца, но не ранее, потому как до достижения этого состояния он поневоле испытывает на себе страдания и несовершенство. Достижение этого состояния человеком и есть цель творения.

Достигающий его называется «цадик», потому как мацдик оправдывает действия Творца, но может оправдать их, только достигнув такого состояния, и не ранее. А пока каббалисты, т.е. те, кто достиг этого, объясняют нам словами то, что ощущают на себе, призывая и нас достичь того же.

6. Как сказано мудрецами, сотворил Творец мир, чтобы насладить творения.

Цель творения, наслаждение Творцом, каббалисты испытывают на себе в мере своего духовного возвышения. Как уже говорилось, все, что нам известно, известно из личного постижения на себе постигающими, называемыми каббалистами (от слова Каббала – получать), получающими.

Мы говорим не о самом Творце, а только о том, что постигаем, ощущаем как получаемое от Него. Таким образом, получили люди все, что мы знаем о Нем и Его желаниях. Это знание называется Тора.

Проблема в том, что непросто понять то, что пишут в своих книгах каббалисты. Дело в том, что все, что они описывают, – это действия и объекты духовного мира, о котором у нас нет ни малейшего представления, поскольку все, что бы мы ни представили себе, взято из аналогий нашего мира. А в духовном мире нет масс, перемещений, времени, места.

Как же каббалист, наблюдая нечто духовное, может описать его и то, что с ним происходит, если это вовсе не подобно нашим представлениям?

Вся наша речь происходит из образов нашего мира, из наших ощущений того, что попадает в наши сенсоры, или вернее, наши реакции на внешние воздействия. Естественно, что то, что мы представляем себе, есть не более чем рисуемая нашими ограниченными органами ощущений искаженная картина бесконечно малого фрагмента чего-то внешнего, что нас окружает, или то, чего желает это нечто внешнее, нечто, находящееся до ощущения нами, чтобы мы так его ощутили, и потому так представляется нам.

Но еще большая проблема с правдивым описанием духовного мира, там, где ни наши органы ощущений, ни наша фантазия, подобия и аналогии совсем не могут нам помочь. А ведь речь идет о передаче истинной информации, строго научной и практически ценной, предназначенной служить нам, не ощущающим того, о чем говорится, – инструкцией, по освоению совершенно неизвестного. Причем каббалисты предупреждают, что, если изучающий ошибется в истинном понимании хоть одного понятия, то он не поймет правильно всю науку и вовсе собьется с пути.

Как уже объяснялось в статье «Язык Каббалы», каббалисты избрали для изложения своей науки особый язык, называемый «язык ветвей» – «Сфат анафим». Это возможно, потому как нет в нашем мире ничего, как среди объектов, так и среди их действий, что не имело бы источника своего происхождения в высшем, т.е. духовном мире, из которого этот объект исходит и управляется.

Предисловие к книге «ЗОАР»

И более того, начало всех объектов и действий находится именно в высшем мире, а затем уже нисходит в наш мир. Поэтому каббалисты взяли названия объектов и действий нашего мира для обозначения соответствующих им духовных источников, откуда эти объекты и действия происходят. То есть каббалист, наблюдая и ощущая что-либо в духовном мире, описывает это названиями объектов нашего мира, являющимися ветвями этих духовных корней. Поэтому каждое имя в науке Каббала как бы прямо указывает на свой духовный корень в высшем мире.

Но после того, как приняли на себя обязательство описания духовных миров языком их ветвей в нашем мире, уже обязаны строго следовать ему и ни в коем случае не менять названия. Поэтому в Каббале можно встретить такие понятия, как поцелуй – нэшика, удар – акаа, половой акт – зивуг, поломка – швира и пр., потому как именно таковы следствия этих действий в нашем мире.

Но есть несколько ограничений на использование этого языка:

1. Ни в коем случае не следует забывать о том, что говорится о духовных объектах и их действиях, о которых мы не имеем совершенно никакого представления, и потому запрещено представлять себе формы, вид, действия как подобные, описываемые теми же словами, в нашем мире.

2. Любой человек нашего мира может произносить понятия Торы или Каббалы, цитируя из книг целые понятия и выражения. Это еще абсолютно не значит, что он понимает то, что произносит, потому что слова одни и те же, но каббалист постигает, что за ними стоит, и ощущает то, о чем говорит, явственно, а не просто произносит и этим может убедить начинающего, будто и впрямь он знает, о чем говорит.

Ведь начиная от нашего мира и до самых высших духовных ступеней, все миры подобны друг другу, а отличаются только своим «материалом». Поэтому название объекта в нашем мире одинаково для ему подобных духовных объектов во всех мирах, от нашего мира и до самого высшего как бы пронизаны ниточкой все подобные объекты во всех мирах.

Говорящий слово или фразу из Торы произносит слова нашего мира, каббалист понимает эту фразу согласно уровню его постижения в каком-то из более высших миров. Непонимающему же кажется, что тот, кто произносит отрывки из Торы, якобы понимает и постигает их духовные корни.

3. Начинающий изучать Каббалу не в состоянии самостоятельно понять истинного значения привычных ему слов в их духовном значении, и, только получив от каббалиста подробное объяснение, подобно переводу с разговорного языка на язык ветвей, и постоянно контролируя, не сбился ли он снова в понимании каббалистических терминов в понятиях нашего мира, постепенно начнет осознавать истинные значения и понятия духовных категорий.

И здесь мы должны всмотреться и вдуматься, потому что это конец-цель замысла и действий творения мира. Потому как если это цель творения, то все действия Творца над творением, над нами, определяются и производятся, только исходя из нее. Поэтому, как ощущается нами подчас, его действия вызывают в нас страдания, но цель их – наше наслаждение. И еще: зная цель каждого действия Творца, возможно понять Его намерения и Его отдельные действия.

И вдумайся: если замысел творения был в наслаждении творений, это обязывает сотворить в душах огромное желание получить то, что задумал дать им.

Действительно, если Творец желает насладить собою или своим светом (что для нас одно и то же, потому как мы не в состоянии говорить о самом Творце, а то, что мы воспринимаем от Него, мы называем светом), то единственное, чего «недостает» для воплощения этого, – сотворить желание насладиться тем, что Он желает дать.

Это подобно матери, сожалеющей, что у ребенка нет желания скушать предлагаемое ею. И как бы она хотела сотворить в нем такое желание! Поэтому все творение представляет собой не более чем желание насладиться тем, что желает дать Творец. Кроме желания насладиться, эгоизма, Творец не создал ничего, потому как само наслаждение есть в Нем.

Все творение – это всего лишь различные величины желания насладиться: все, чем отличаются духовные или материальные объекты друг от друга, все, что определяет их любые свойства, на всех уровнях жизни, развития, цивилизаций, все, что делит природу на неживую, растительную, животную, человека, – это всего лишь разница в величине желания насладиться.

Только желание насладиться и сотворено, и лишь его различные порции порождают как духовные, так и материальные объекты, а также и их поведение, потому как поведение есть следствие желания.

Изменяя же в нас наши желания, Творец вызывает в нас мысли и действия достичь желаемого и т.о. управляет нами. Поэтому, если человек хочет изменить себя, т.е. свои желания, то он должен просить Творца произвести эти изменения в нем.

Но для этого надо осознать, что именно Творец дает нам желания, что бы я хотел в себе изменить, что Творец слышит мою просьбу, что Он в состоянии помочь мне, что только Он дает, создает мне все эти обстоятельства для того, чтобы я обратился к Нему и пр.

А величина наслаждения измеряется величиной желания получить его, и насколько желание получить больше, в той же мере больше величина наслаждения, а насколько желание получить меньше, настолько уменьшается наслаждение от получения. Поэтому замысел творения сам обязывает создать в душах чрезмерное желание получить, соответствующее чрезмерному наслаждению, которым Всемогущий задумал насладить души, ведь большое желание и большое наслаждение взаимосвязаны.

Только жажда наслаждения, голод, стремление к чему-либо определяет величину наслаждения при получении желаемого. Не дадут никакого наслаждения изысканные блюда, если нет чувства голода, если человек сыт или болен. И наоборот, если голоден, то из самого неприхотливого извлекается чувство огромного наслаждения. Поэтому наша задача – приобрести именно желание к тому, что желает дать нам Творец.

У человека в нашем мире есть потребность в получении наслаждения от объектов, которые он видит перед собой, знакомых ему ранее, оставивших от прошлых наслаждений воспоминания (решимот). Наши исходные желания крайне ничтожны. Причем, поскольку наш эгоизм автоматически избегает неприятных ощущений, то тех наслаждений, которые мы не в состоянии достичь, мы не желаем: человек не может желать, чтобы все дома на его улице принадлежали ему. В Торе это указано как правило: «Эйн адам хошек бэ бат Мелех» – «простой человек не желает дочку царя».

Все люди желают наслаждений, от мала до велика, отличие только в левушим – одеждах той же искорки Божественного наслаждения. Чем менее развит человек, тем легче ему найти, чем наслаждаться. Ребенок может наслаждаться от большого количества разнообразных внешних одеяний наслаждения, а чем образованнее, духовнее человек, тем труднее ему найти одежды для своих наслаждений, о чем сказано: «Увеличивающий знание увеличивает страдание».

Но если цель творения обязывает наличие в творении огромного желания наслаждения, то как и где его приобрести? Как будет объяснено ниже, именно для этого и создан наш мир, множество предметов и людей, окружающих каждого из нас. Как сказано: «Таава, кина вэ кавод моциим адам мин аолам» — «наслаждения, зависть и почести выводят человека из мира», — дают ему такой развитый эгоизм, что он начинает желать Творца, самонасладиться Им.

А в духовных мирах, т.е. после выхода человека из ощущения только нашего мира, когда начинает ощущать и духовные наслаждения, желания человека развиваются с помощью системы нечистых сил, которая поставляет ему все новые желания, и т.о. он растет, как сказано: «Коль агадоль ми хавейро, ицро гадоль мимейно» — «Кто больше других, его желания больше, чем у других». Для этой цели система нечистых сил и создана. Лишь когда человек разовьет в себе огромное желание, равное по величине и по стремлению тому, что исходит из Творца, сливается он с Творцом.

7. Поняв вышесказанное, сможем понять исследование 2. Мы исследовали, что это за действительность, о которой можно решить, что она не находится в самом Творце, настолько, что сказано, что она вновь создана из ничего. Но теперь поймем, что замысел творения, заключающийся в услаждении творений, обязывает создать желание получить от Творца все лучшее, что Он задумал.

Только желание наслаждаться и создано Творцом, потому как только в нем нуждается для осуществления своей цели. Понятно также, что до замысла творения «усладить» не было никакой потребности в сотворении «желания насладиться». Поскольку Творец совершенен, то не имеет в себе желания насладиться и должен был его сотворить. И это единственное творение. Единственное, потому как это — суть всех творений и это же суть управления ими.

Предисловие к книге «ЗОАР»

Меняя наши желания, Творец вызывает в нас все нужные Ему действия, физические или духовные. И потому более ни в чем не нуждается, чтобы привести каждого из нас и все творение в целом к намеченной Им цели.

Желание получить, конечно, не находилось в самом Творце, прежде чем сотворил его в душах, ведь от кого получит? Поэтому создал нечто новое, не бывшее в Нем. И вместе с тем понятно, по замыслу творения, что не должен был сотворить ничего, кроме желания получить, потому что это новое творение уже достаточно Ему для выполнения всего замысла творения.

Творец показывает нам, тем, кто Его постигает, ощущает, что желает нашего наслаждения. Как хозяин показывает гостю, что страдает оттого, что гость не желает у него откушать, чтобы дать гостю возможность, после многих уговоров, ощутить себя оказывающим одолжение хозяину, принимая желаемое угощение. Причем хозяин создает в госте уверенность, что чем больше тот примет, тем большее удовольствие доставит хозяину.

Но никоим образом нельзя уподобить желание Творца насладить нас нашему желанию «дать», т.к. все наши желания исходят из первородного, эгоистического, и поэтому даже желание насладить кого-то основано на нашем желании насладиться, как мать наслаждается, насыщая ребенка, но если бы Творец не дал ей этого эгоистического желания насладить, ребенок умер бы с голода.

Наше желание отдать, усладить исходит только из желания насладиться, отдавая. Как и все подобные наши «красивые» чувства, когда под словами «люблю рыбу» мы подразумеваем «наслаждаюсь, поглощая рыбу».

Нашу природу изменить, а тем более искоренить нельзя, мы всегда будем желать получить, ведь это то, что создал Творец.

Человек может ограничить свои действия, например, не есть в Йом Кипур, но он не властен над чувством голода, над желанием. Поэтому исправление подразумевает изменение намерения, изменение источника, причины наслаждения. Не действие, а мысленаправленность действия нам надо изменить. Причем то, что Он создал нас именно с необходимостью дальнейшего нашего исправления, — это не прихоть Творца, а необходимость, вытекающая из совершенства Его действий, чтобы творение не почувствовало стыда от получения наслаждения, как в примере с гостем и хозяином, когда хозяин показывает гостю, что последний оказывает услугу хозяину, откушав у него.

Желание «отдавать», наслаждать без желания получить – это Творец. Желание «отдавать», находящееся над желанием «получить», – это творение. Созданное Творцом желание получить наслаждение изменить нельзя, можно и необходимо исправить НАМЕРЕНИЕ его действий: ради кого человек получает наслаждение.

Всего в творении возможны сочетания 4-х действий и намерений:
1) получать ради себя – грубый эгоизм, нечистое кли (клипа);
2) отдавать ради себя – «культурный» эгоизм;
3) отдавать ради Творца – промежуточное состояние, среднее между Творцом и творением, духовная чистота (кдуша);
4) получать ради Творца – подобие свойств Творцу, потому как получение ради Творца равносильно отдаче Ему.

В состояниях 3) и 4) человек получает душу, часть Творца, но все, наполняющее замысел творения, т.е. всевозможные наслаждения, задуманные для нас, исходит прямо из самого Творца, и нет Ему необходимости творить их заново, потому что они исходят из уже существующего, к большому желанию душ. Таким образом, нам ясно, что весь материал, от начала и до конца, во вновь созданном творении, он только «желание насладиться».

Все наслаждения, все, что притягивает нас, исходит непосредственно от самого Творца, даже если мы получаем их через систему нечистых духовных сил. В песнях, стихах, в каждом нашем действии и мысли мы только и делаем, что выражаем наше стремление к мини-порции Высшего света, одетой в различные одежды нашего мира. Меняя местонахождение искры света в различных объектах нашего мира, Творец управляет нашими стремлениями. Цель нашего развития – дойти до ощущения духовного наслаждения, а не воспринимать его неосознанно в различных обличиях нашего мира.

8. После вышесказанного сможем понять исследование 3: недоумевали мы, как могут каббалисты говорить, что души – это часть Творца свыше, подобно камню, отделенному от скалы, где все отличие только в том, что один – часть, а другой – все, целое.

Предисловие к книге «ЗОАР»

Творец внес в Себя желание получить (наслаждение), чем отделил, отдалил его от себя. Творец находится в абсолютном покое, заполняя все. До тех пор, пока творение не аннулирует введенное в него желание получить, эгоизм, невозможно ощутить Творца, Высшее наслаждение, свет, потому что в духовном разделении неощущение, отдаление, скрытие происходит вследствие отличия свойств двух объектов.

Но, как только творение искореняет свое желание получить, единственное, чем оно отделено, удалено от Творца, сразу же сливается с Ним. В таком случае человек ощущает свою душу, Творца, в себе и благодарит Его благословением: «Элокай, нэшама ше натата би...» – «Творец мой, душа, которую ты поместил в меня...».

Этапы исправления желания получить на желание отдать называются ступенями духовной лестницы, сфирот, парцуфим, мирами. Как желание получить, так и желание отдать и все промежуточные состояния творения находятся и происходят внутри самого творения, только оно изменяется и этим меняет свои ощущения. Вне ощущения творения существует один Единый Творец...

На языке Каббалы творение состоит из ор – света – наслаждения, исходящего из Творца, и кли – сосуда – желания получить, насладиться им. Свет находится везде, в простом, т.е. содержащем все, состоянии, а сосуд ощущает из света только те наслаждения, которые желает ощутить.

Камень, отделяясь от скалы, становится частью, посредством топора, созданного для этого, но в самом Творце, как можно представить подобное, чем же отделяются души от Творца, выходят из Него и становятся созданием. Из ранее выясненного понимаем, что как топор рубит и разделяет материальный объект на два, так отличие свойств выделяет в духовном и разделяет на два.

Естественно, при совпадении свойств, т.е. желаний, вновь исчезает причина отделения, приводящая к неощущению Творца. Поэтому все наше исправление сводится к очищению наших желаний от эгоизма, созданного Творцом, для нашей работы над ним.

Зачем создавать эгоизм, если его придется уничтожать? – Потому что, уничтожая эгоизм, в борьбе с ним человек приобретает огромные желания получить наслаждения, исправляет их на получение «ради Творца» и приобретает знания и разум, необходимые для оценки духовных наслаждений.

Например, когда два человека любят взаимно, говорят, что они связаны вместе, как одно тело. Поэтому, если двое ненавидят друг друга, говорят, что они далеки друг от друга, как два полюса. Но не говорится о близком или дальнем расстоянии, а имеется в виду подобие свойств, что двое равны свойствами: один любит то, что любит другой и ненавидит то же, что ненавидит другой, поэтому любят друг друга и близки друг к другу.

А если есть между ними какое-то отличие, т.е. один любит что-то, хотя друг ненавидит это, то в меру этого отличия они ненавидят и далеки друг от друга. Если же они, к примеру, противоположны друг другу, т.е. все, что любит один, – ненавистно другому, а все, что первый ненавидит, – любимо другим, то удалены они друг от друга, как два полюса.

Поскольку все, что отличает и удаляет человека от Творца, – это отличие свойств, то все, что необходимо исправить, – это наши свойства, желания. Для этого необходимо знать, каковы свойства, желания Творца.

Поскольку свойство Творца – это абсолютно бескорыстное желание «отдавать», мы не в состоянии осознать, почувствовать это свойство на себе, поскольку оно нам абсолютно чуждо. Только постепенно, в процессе своего изменения изучением Каббалы, человек начинает поначалу познавать свою настоящую эгоистическую природу.

Этот первый этап духовного развития называется «акарат ра» – «осознание зла». Называется этот этап так, потому что постигается только при желании человека сблизиться с Творцом, только тогда он воспринимает свои эгоистические желания получить (наслаждения) как зло, потому что они отделяют его от Творца.

Все, что желает Творец, должно быть принято человеком теми же чувствами, а все, что противно Творцу, должно быть отторгнуто человеком. Это подобно простому примеру: Шимон поссорился с Леви, и если друг Шимона, Рувен, начинает говорить с Леви, то Шимон перестает говорить с Рувеном, т.к. есть отличие свойств между Шимоном и Леви, поэтому у всех друзей Шимона должно быть такое же отношение к Леви.

В ту часть своих свойств, которую человек уподобил Творцу, он получает ощущение Творца, Его свет, свою душу, духовное наслаждение. Это все одно и то же понятие, называемое в Каббале свет – ор, а часть желаний человека, которые он в

Предисловие к книге «ЗОАР»

состоянии, подобно Творцу, получить, ощутить этот свет, называется сосудом души, или кли. Часть Творца, которую ощущает человек, называется его душой.

Относительно человека эта часть отделена от Творца, потому что человек постигает ее как часть, но это только относительно человека.

Относительно Творца мы не говорим, поскольку, как уже объяснялось, все наши познания проистекают только из того, что постигается нами из нас самих, получаемо внутрь нашего кли. О том, что происходит вне нашего кли, мы не имеем права говорить, поскольку немедленно пропадает всякая основа верности наших предположений и выводов, ввиду невозможности никакой опытной проверки.

9. Находим, что в духовных объектах отличие свойств действует как топор в нашем мире, разделяющий материальное, и мера удаления определяется мерой отличия свойств.

Ведь только тем, что Творец придал своей части отличное от себя свойство, желание, Он отсёк ее от Себя и отдалил на бесконечно большое расстояние.

И отсюда поймем, что поскольку придано душам желание «получать» наслаждение и, как уже выяснено нами, свойство это не находится вообще в Творце, ведь от кого он получит, то это отличие свойств, приобретенное душами, действует, отделяя их от Творца, подобно топору, отделяющему камень от скалы.

Ощущение собственных желаний и есть вся суть творения, и это отделяет его от Творца настолько, что если ощущает только свои желания, то вообще не в состоянии ощутить Творца, и такое состояние творения называется человеком в нашем мире.

Таким образом, посредством этого отличия свойств выходят души из Творца и отделяются от Него, становясь творением. Но все, что получают души от Его света, исходит из ранее существующего, от самого Творца.

Если душа исправляет себя, достигает подобия своих свойств свойствам Творца, то то, что она ощущает при этом в себе, и есть часть Творца. Творец, или Его свет, находится в абсолютном покое. Свет не приходит и не уходит, а само кли, меняя свои свойства, ощущает, в зависимости от изменения своих свойств, то большее, то меньшее наличие света, что ощущается ею как приход или уход света, приближение или отдаление Творца.

Поэтому сказано: «Ани авая ло шинити» – «я себя не меняю», говорит Творец, постоянно желая изменения душ до состояния слияния с ними, а изменения происходят только в самих душах, раскрывающих в той или иной степени свет Творца.

Мы постигаем не все, что входит в нас, а то, что ощущают из всего существующего наши органы чувств. Мы находимся в самом Творце. Он пронизывает, наполняет и окружает нас. Причина того, что мы не ощущаем Его, в том, что наши органы чувств имеют задерживающие фильтры-экраны (масахим), называемые также мирами, покрывалами, одеждами и пр. Эти скрывающие Творца экраны и дают нам вместо ощущения самого Творца ощущение некоей картины, называемой нами «наш» или «этот» мир.

В любом случае мы видим то, что рисуется нам нашими органами ощущений внутри нас. Мы смотрим как бы внутрь себя и не в состоянии увидеть то, что снаружи, потому как нет в нас органов ощущения простого света (ор муфшат) или самого Творца. Для ощущения самого Творца необходимо совершенно неограниченное кли, а такого кли нет, потому что кли – это всегда ограничение.

Любое кли может ощутить только то, что сопрягается с его личными свойствами, то, что подобно его свойствам. Как настроенный на определенную волну ощущает ее именно потому, что у источника и получателя появилось общее свойство.

Отсюда поймем, что как только человек сможет какое-либо из своих свойств-желаний уподобить желанию Творца «отдавать», он сразу же в этом желании ощутит Творца и тот свет, который наполнит это желание, и будет частью его души. А, исправив – уподобив все свои желания желанию Творца, человек получит всю свою душу, полное свое наполнение Творцом, что определено как слияние с Творцом (двекут).

Поэтому в свете, получаемом в сосуд души, в желание «получать», нет никакого отличия души и самого Творца, потому как получает его прямо из Творца.

Сосуд души – это ее исправленные желания. Просто желание, желание получить наслаждение, не может быть сосудом для получения наслаждения, потому как в эгоистические желания

Предисловие к книге «ЗОАР»

свет не входит; Творца ощутить нельзя. Но если на эгоистические желания есть экран, противодействующий получению ради себя и обращающий намерение в получение ради Творца, то такое намерение, называемое отраженным или обратным светом (ор хозэр), превращает эгоистическое желание в альтруистическое, и тогда это исправленное желание называется сосуд, кли.

А все отличие между душами и Творцом в том, что души – это ЧАСТЬ самого Творца, т.е. часть света, получаемого в свои кли, в желание получить, это уже отделенная от Творца часть, тем, что находится внутри отличных свойств, желания получить, и отличие свойств делает ее частью, вследствие чего выходит из «общего» и становится «частью».

Ведь нет иного отличия между ними, кроме как это «все», а это «часть», как камень, отделенный от скалы. И вдумайся вглубь, ведь невозможно пояснять более столь возвышенное.

По мере аннулирования своих личных желаний и интересов человек устраняет то, что отделяет его от Творца настолько, что при полном исправлении, т.е. про полном неощущении собственного «Я», подавленного им ради слияния с Творцом, человек ощущает только Творца в себе и становится проводником только Его желаний, ощущая во всем своем теле вселившегося в него Творца, и только желания Творца начинают руководить им.

10. Теперь сможем понять исследование 4. Как возможно появление из чистоты Творца нечистой системы, ведь она крайне далека от Его чистоты, и как возможно, что Он наполняет и оживляет ее.

Но прежде необходимо понять суть нечистой системы. Знай, как говорили, что большое желание получить – это и есть суть душ, вытекающая из самого их творения, и потому-то они готовы получить все наполнение, что в замысле творения, но это свойство не остается в душах в таком виде, ведь если бы оставалось в них, обязаны были бы души остаться навсегда отделенными от Творца, ведь отличие свойств в них отделяло бы их от Творца.

Хотя желание получить необходимо для исполнения замысла творения, ведь без желания невозможно насладиться, но само наслаждение должно быть совершенным, и потому необходимо исправление, а не аннулирование желания получить.

В противоположность прочим верованиям и неправильному пониманию творения мы видим, что путь умерщвления нашей природы абсолютно не соответствует процессу духовного возвышения. Запрещено механически ограничивать себя и налагать на себя добровольно любые страдания.

Правильный путь – если только в результате своего духовного возвышения, как следствие полученных свыше новых свойств и желаний, человек естественно меняет свое поведение.

И чтобы исправить это удаление (от Творца), наложенное на кли душ, создал Творец все миры и разделил их на 2 системы, как сказано, «это против этого создал Творец», 4 мира чистой системы АБЕ"А и против них 4 мира нечистой системы АБЕ"А.

И придал свойство желания отдавать (альтруистические) **системе чистых АБЕ"А, и отнял от них желание «получать» для себя, и дал его системе нечистых миров АБЕ"А, вследствие чего ставшей отделенной от Творца и всех чистых миров.**

Мироздание в целом подобно нашему миру, где все приготовлено для развития и продвижения к цели, задуманной Творцом. Создание миров, вплоть до нашего мира, называется нисхождением миров и сфирот сверху вниз и является подготовительной фазой процесса Творения.

Все мироздание состоит из 5 миров: Адам Кадмон, Ацилут, Брия, Ецира, Асия. Три последних мира состоят из двух противостоящих систем светлых, чистых, альтруистических и темных, нечистых, эгоистических сил-желаний.

Затем происходит появление человека в нашем мире, самой низкой точке мироздания, и с этого начинается процесс возвышения душ и постижения творениями Творца снизу вверх.

И потому называются нечистые мертвыми, а также грешниками, происходящими из них, как сказано мудрецами, грешники в жизни называются мертвыми, ведь желание получить, созданное в них, противоположное свойству чистоты Творца, отделяет их от источника жизни, и они крайне удалены от Него, ведь нет у Него никакой связи с получением, и лишь отдает, а в нечистом нет никакой связи с отдачей, только получать себе, для самоудовольствия, и нет противоположности большей, чем эта.

Предисловие к книге «ЗОАР»

Проще: есть в природе только две силы – подобная Творцу и противоположная Творцу; обе исходят из желания Творца, обе проявляются только относительно человека, который под влиянием этих сил продвигается вынужденно или сознательно к намеченной Творцом цели.

Система, представляющая сторону, свойства Творца, называется чистой системой миров АБЕ"А. Система, представляющая противоположные Творцу силы и качества, называется системой нечистых миров АБЕ"А.

И как уже известно, духовное расстояние, начинаясь незначительным отличием свойств, заканчивается обратными свойствами, определяемыми как бесконечное удаление.

В Каббале нечистые, т.е. эгоистические желания получить наслаждение для себя, называются клипот – кожура. Потому что, как кожура защищает плод в период созревания от вредителей и сохраняет его, поспевший уже, так и духовные нечистые отвлекающие силы предназначены для развития человека, а сыгравши свою роль, пропадают.

Бааль Сулам говорит, что не только нечистые желания называются мертвыми, но и те, кто происходит от них. И потому грешники, согласно своим, грешным, т.е. противоположным чистоте Творца, желаниям, называются мертвыми, потому как крайне удалены от Творца, источника жизни.

«Грешники мертвы еще при жизни». Известно, что человек может изменить свои убеждения и действия, только если приходит к выводу, что они вредят ему. И это смысл осознания зла: когда человек познает, какие из его свойств являются злом в нем, потому что осознает их как несущие ему зло, и потому в мыслях и в действиях отстраняется от его использования.

И до осознания этого не может быть праведником. Отсюда видно, что под «грешниками» подразумеваются не те, кто совершил проступки, а те, кто ощущает себя такими, потому как ощущают, осознают и чувствуют зло, что в них. «Мертвы еще при жизни». Жизнь – это постоянное получение. Но человек чувствует, что получение – смерти подобно, поэтому по собственному ощущению так себя и называет: «Грешник, мертвый еще при жизни».

В нашем настоящем состоянии мы представляем себе смерть как прекращение физиологической жизни телесной оболочки. Более резкие переходы от одного состояния к другому мы не представляем. Но сопоставление можно привести: наше физиологическое существование, называемое жизнью, по сравнению с ощущением реального пребывания в духовных мирах, подобно сну или, как говорится в Торе, наша жизнь, по сравнению с духовной, – это всего лишь «Зэат хаим» – «пот жизни», маленькая капля от настоящего ощущения существования в свете Творца.

Свет Творца называется ор хохма или ор хаим – свет жизни, потому что мы созданы так, что только его наличие в нас воспринимаем как жизнь. По мере удаления от Источника света – Творца, свет Творца уменьшается, пока в нашем мире, т.е. в наших эгоистических желаниях, мы получаем только искорку этого света, хотя, в общем, и этой искорки света не положено нам, поскольку мы диаметрально противоположны, бесконечно удалены от ее Источника.

Но для того, чтобы у нас была возможность развиваться и подниматься из глубин нашего состояния, Творец поместил в эгоистические желания микродозу своего света. Благодаря ей мы живем, т.е. тянемся к предметам, в которых она находится, пытаясь поглотить ее.

Все наши страдания и радости, горе и любовь, все, что нас питает духовно и физически, – только эта искорка света. Без нее ни духовное кли, ни физические тела не могут существовать – если бы она исчезла, все исчезло бы с нею. Эта бесконечно малая порция света и называется в нашем мире жизнью!

В общем виде клипот властвуют над человеком, чтобы ни от чего не смог полностью насладиться, а только временно, с ограничением. Это дает человеку страдание и вынуждает его к развитию. Клипот заставляют нас ограничиться только поверхностным познанием; как будто вместо того, чтобы насладиться плодом, человек срезает и съедает только его кожуру, а мякоть – главное – оставляет. И не поможет человеку понимание творения, не в состоянии настолько понять Тору, чтобы хватило сил противодействовать своей природе и принять желания Творца как свои...

11. И снизошли миры до действительности этого мира, т.е. до места, где существует в нашем мире наличие тела и души, а также время порчи и исправления, ведь тело, как желание самонасладиться, исходит из своего

Предисловие к книге «ЗОАР»

корня в замысле творения и, проходя путь системы нечистых миров, остается под властью этой системы до 13 лет, и это время порчи.

«13 лет» здесь – это условное обозначение периода пребывания человека под влиянием эгоистических сил его развития и не имеет никакой связи со временем, протекающим в нашем мире.

Для того чтобы довести душу до ее окончательного, крайне удаленного от Себя состояния, являющегося желательным, а потому первоначальным, действительным состоянием душ в нашем мире, Творец совершил следующие действия:

1) Придал душе желания законченного эгоизма, называемого гордостью, вследствие чего человек перестал ощущать Творца, как сказано в Торе: «С гордецом, говорит Творец, не могу Я быть вместе», потому как противоположность свойств отсекает их друг от друга, вплоть до абсолютного неощущения Творца, или, на языке Каббалы, «свет покинул кли»;

2) Разделил созданное Им творение на мельчайшие отдельные части и поместил их в тела нашего мира. Чтобы вовсе не исчез, уничтожился мир, передал 288 искр света в систему нечистых сил, потому как система чистых сил не может питать человека в нашем мире вследствие их противоположных свойств.

Эта система нечистых сил питает человека и весь наш мир до окончания исправления. И потому эти силы называются клипот-кожура, ведь их роль, как роль твердой кожуры – сохранять плод, пока не созреет и не станет пригодным к желаемой цели. Так и 288 искр света, переданных системе нечистых сил, поддерживают жизнь мира и человека в нем и, перемещаясь из одних своих одежд-облачений в другие, доводят человека до желательного состояния.

Но даже эту маленькую искру света, оставшуюся в человеке, крошечную часть от его настоящей души, и ту забирает себе система нечистых сил, посредством того, что дает человеку свет от своих 288 искр.

Все миры подобны один другому, а отличие их только в материале. Все, что есть в высшем мире, нисходит и повторяется в низшем, как копия из другого материала, из которого нисходит в еще более низший и т.д. Источник объекта в каком-либо мире, находящийся в более высшем мире, называется корень, а его порождение, следствие в более низшем мире называется ветвь. Все миры подобны, будто две капли воды, как по их строению, так и по их функционированию.

Поиск наслаждения заставляет двигаться и развиваться животное тело. Поэтому Высшее управление придало ребенку возможность находить везде вокруг себя наслаждения от самых незначительных вещей, потому как именно его, требующего развития, состояние обязывает увеличить ему ощущение жизни, дабы доставить достаточно наслаждения для роста и развития, и потому во всем может найти источник наслаждения.

Свет-наслаждения – это основа жизни. Но таким он является только при получении его в духовные, альтруистические келим. Если же наслаждение получает эгоистическое кли, то часто этот закон дает обратный эффект. Например, наслаждение при расчесывании пораженного участка кожи заставляет продолжать действие и создает нарастающий отрицательный эффект: чем больше расчесывает, тем больше потребность в этом действии, пока не наступает момент смертельной опасности.

Как ни парадоксально, но свет жизни, источник всех наших наслаждений, может привести к смерти. А причина отрицательного эффекта в том, что эгоистическое наслаждение ощущается только в части кли и потому приводит к обратному от наслаждения результату – смерти, в отличие от того, когда наслаждение, если оно альтруистическое, ощущается полным кли.

Из вышеприведенного примера поймем строение системы нечистых миров: ее основа – это желание самонасладиться, желание получить для себя, ничего не отдавая от себя, поэтому ее требование наслаждений невозможно удовлетворить, потому как удовлетворение требования наслаждения немедленно создает увеличенную вдвойне новую потребность, совершенно не наполняя наслаждением прошлую.

В результате получения эгоистического наслаждения ощущается не удовольствие, а немедленная жажда нового наслаждения, т.е. страдание от его отсутствия. Заканчивается же тело системы нечистых сил наркотической каплей смерти, манящей и отделяющей даже от оставшейся, последней искры света, каплей, убивающей человека животного уровня развития тем, что отделяет его и от этой маленькой искры.

Предисловие к книге «ЗОАР»

Из системы нечистых сил произошли все пороки и в теле человека, потому как поначалу создано желание получать насыщение от системы чистых миров. Но когда впоследствии тело человека начинает получать от системы нечистых миров, то оказываются в нем множество ненужных частей-органов-желаний без какой-либо надобности в них, потому что не получают от системы нечистых сил им необходимое.

Перемещая искру света из одного объекта в другой, Творец заставляет нас менять занятия в этом мире, привлекая нас все к новым объектам. И так в период накопления эгоистического кли – до «13 лет».

А затем, помещая искру света-наслаждения в одеяния, приносящие нам вслед за наслаждением ощущение страдания, Творец постепенно показывает нам на нас самих же, что использование эгоизма порочно, потому что погоня за наслаждением приводит к страданию, и этим Он помогает нам стремиться освободиться от эгоистических желаний и начать просить Его об этом.

Именно для более быстрого и полного прохождения человеком всех стадий накопления эгоизма (время порчи, «13 лет») и осознания зла и созданы мы связанными с эгоизмом в рамках нашего мира. Поэтому каббалисты – это не прячущиеся по потайным местам отшельники, а работающие и живущие (внешне) обычной жизнью люди.

Только во взаимодействии с этим миром человек продвигается к исправлению. А с помощью выполнения заповедей ради услаждения Творца человек продвигается вперед.

Любое действие человека с намерением доставить этим удовольствие Творцу можно назвать Заповедью. Действие против эгоистического желания называется Заповедью, а свет наслаждения, получаемый человеком в результате этого действия, называется Тора.

В общем, есть два вида действий в мире: альтруистическое – ради Творца – «ли шма», чистое – кдуша, Заповедь – мицва и эгоистическое – ради себя – «ло ли шма», нечистое – тума – клипа, прегрешение – авера.

Главное в этих действиях не их физическое выполнение, строго ограниченное законами, изложенными в Торе, о котором сказано, что ни прибавлять и ни убавлять ничего в них нельзя, а постоянное совершенствование намерения, ради кого и ради чего человек выполняет то или иное действие. Ведь именно намерение определяет поступок.

Например, кассир в банке, выдающий вам деньги, не определяется вами как альтруист, потому как его действие не определяет его намерения, а намерения и только они определяют характер действия.

Никогда по внешнему действию мы не можем сказать, на каком духовном уровне находится человек, потому что это определяется только силой его намерений, а они скрыты от всех, а зачастую и от самого исполнителя – и это еще одна причина того, что Каббала называется тайной частью Торы.

Он начинает очищать желание самонасладиться, созданное в нем, и обращать постепенно в желание отдать, чем вызывает нисхождение чистой души из ее корня в замысле творения, и она, проходя систему чистых миров, одевается в тело, и это время исправления.

Постепенно на смену желания получать ради/для себя, получить или отдать, но ради своей выгоды (лекабэль аль минат леашпиа или леашпиа аль минат леашпиа), приходит желание отдавать себя, свои чувства и мысли Творцу, желание отдавать ради Творца – леашпиа аль минат леашпиа.

И далее продолжает осваивать и приобретать чистые ступени замысла творения, что в мире Бесконечности, помогающие человеку изменить желание «получить себе» на обратное, получить ради услаждения Творца, а вовсе не для собственной выгоды.

Получать ради Творца, лекабэль аль минат леашпиа, получать наслаждения, потому как этого желает Творец. Действие то же самое, как и исходное, эгоистическое, но намерение меняет его смысл на обратный. Из нижеприведенного примера также видно, что главное – не само действие, а намерение, потому как только оно характеризует действие.

И этим обретает человек подобие Творцу, ведь получение ради отдачи считается свойством чистой отдачи (как сказано, уважаемому человеку вручила невеста кольцо, и принял он, это считается, будто он дал ей, ведь получение ради услаждения считается отдачей).

Если к человеку пожалует известный и уважаемый обществом гость, насколько будет важно хозяину, чтобы уважаемый гость что-либо взял у него, потому как этим гость делает

Предисловие к книге «ЗОАР»

одолжение, услугу хозяину, причем величина оцениваемого одолжения зависит от степени величия гостя в глазах хозяина.

По закону Торы, жених покупает невесту, вручая ей свадебный договор и какой-то предмет (обычно кольцо) стоимостью не менее прута (совершенно незначительная сумма). Но если жених уважаемый человек, то получения им кольца от невесты достаточно, чтобы брачная сделка состоялась, поскольку, получая, он доставляет невесте наслаждение, подобное тому, какое обычный человек доставляет вручением.

Из этого примера мы видим, что главное не действие, а его намерение, которое, в свою очередь, может изменить смысл действия на противоположный. В нашем мире мы делаем выводы о поступках человека по внешнему проявлению, в то время как духовные действия оцениваются именно по истинному намерению выполняющего.

Именно на намерение (кавана), а не на действие было сделано сокращение и сокрытие света. Свое действие душа, кли, не меняет: в конце исправления она получает, как и до него, но намерение меняет действие на обратное, и кли из получающего становится дающим. Свою природу кли изменить не может, а, исправляя намерение, становится подобной Творцу.

И этим обретает полное слияние с Творцом, ведь духовное слияние – это равенство свойств, как сказано, что слиться с Творцом значит слиться с Его свойствами, в результате чего человек становится достойным получить все то хорошее, что в замысле творения.

Пример: вокруг нас все пространство наполнено радиоволнами, но только радиоприемник, специально созданный прибор, в состоянии ощутить наличие радиоволн и принять их, если его внутренние свойства (колебание приемного контура) равны свойствам (колебаниям) волн.

Пример: представь себе, что ты находишься в глубине спокойной прекрасной нежной среды, обтекающей твое тело со всех сторон, обволакивающей тебя, как вода. Среда настолько приятна, что ты не ощущаешь себя, а только всеми клеточками своего тела ощущаешь лишь ее и наслаждаешься ею.

Ты как бы ощущаешь не себя, а окружающее тебя. Конечно, ощущаешь это окружающее через поры своего тела, через все свои ощущения, но поглощен только окружающим тебя. Если твои свойства и свойства этой среды будут подобны, ты не будешь ощущать ничего, кроме нее. А если твои мысли и мысли этой среды будут одни, ты сольешься с нею без всякого отличия от нее, растворишься в ней.

Творец наполняет собою все творение, всех нас, Он снаружи и внутри. Но ощутить Его может лишь подобный Ему по свойствам. Только если какое-то из своих свойств-качеств человек уподобляет свойству Творца «отдавать», в этом своем исправленном свойстве он начинает ощущать Творца, и только в таком случае это его свойство называется кли – сосуд на получение наслаждения, света, ощущения Творца.

Отсюда понятно, что хотя Творец находится везде «физически», но Он не ощутим нами, потому что крайне отдален от нас «духовно». Постепенно очищая себя от эгоизма, коим пропитаны все наши органы чувств, мы постепенно, в степени приобретения подобных Творцу свойств, духовно сближаемся с Ним и начинаем ощущать Его. А полное подобие свойств, т.е. абсолютное слияние человека с Творцом и есть цель творения (конец исправления).

Проблема передачи духовной информации подобна проблеме передачи любой информации, с которой мы не знакомы, не ощущали, не имеем никаких аналогий и представлений. Как, например, я, побывав в дальнем космическом полете и вернувшись, хочу поведать вам о чем-то совершенно необычном, ни на что не похожем, не имеющем подобия в нашем привычном и знакомом мире. Как же мне поступить?

Я могу использовать язык нашего мира, названия, принятые в нашем мире, но при этом я подразумеваю совсем другие понятия, чем вы, знакомые только с понятиями нашего мира. Тогда я могу воспользоваться названиями объектов и действий нашего мира для описания мира, где я побывал, если есть в нем подобные по своим функциям объекты и процессы.

Можно электрическим раздражением мозга вызвать в человеке чувства голода, любви, страха, экстаза и пр. Но это возможно только потому, что есть понимание соответствия сигналов нашим ощущениям.

Каббалист, переживающий необычайные для нашего мира ощущения при чтении текста «Песни Песней», не может передать свои чувства другому, даже каббалисту, как и мы в нашем мире. Но он, получая вместе с ощущениями и абсолютное

Предисловие к книге «ЗОАР»

знание, может изложить все свои ощущения на языке Каббалы, научном языке описания состояний его души, внешних воздействий на нее, ее реакции на эти воздействия.

Духовное кли каббалиста (масах, ор хозэр), отталкивая приходящее наслаждение, ощущение Творца (ор яшар), получает наслаждение от результата своего действия (ор пними).

Эти ощущения каббалист описывает в виде символов в книге. Те, кто в состоянии по этим символам воспроизвести те же (или подобные им, но на порядок ниже-выше) действия, ощутят то же, что и каббалист.

Чувства каббалиста (свет) – внутренняя обработка ощущаемого (взаимодействия света и экрана) – описание ощущаемого на языке Каббалы (бхинот, сфирот) – чтение другим каббалистом на языке Каббалы – внутреннее воспроизведение описываемого состояния кли (действие с экраном) – получение того же ощущения (света).

Этот процесс подобен применяемым приемам при записи любой информации (слов, музыки и пр.), но в нашем случае нам недостает органов ее воспроизведения – экрана, на языке Каббалы, или более понятно – альтруистических органов ощущений.

Келим относятся к ступени 4 (бхина 4), желание получить ради самонаслаждения (лекабэль аль минат лекабэль), которые остались без изменения после прихода в них света при получении ради Творца (лекабэль аль минат леашпиа), и эти келим перешли к системе нечистых сил АБЕ"А.

Кли – это желание получить наслаждение-свет ради себя или ради Творца. После сокращения получения света (Цимцум Алеф) малхут принимает свет, делая расчет: часть света, которую она может получить ради Творца, она получает, а то, что не в состоянии взять с этим намерением, – не берет.

После расчета, называемого голова (рош) духовного объекта (парцуфа), свет принимается внутрь (тох парцуф). Часть кли, оставшаяся незаполненной, ввиду отсутствия силы намерения получить наслаждение ради Творца, называется конец (соф парцуф). Все кли рош-тох-соф называется парцуф. Тох и соф называются телом (гуф) кли.

Тох – это место в кли от рта (пэ) до пупа (табур), а соф кли – это место от табур до ее конца (сиюм). Табур называется малхут дэ тох, которая заканчивает получение света (малхут месаемет). А от табур и далее остаются келим пустые, т.к. если получит свет, то для самонаслаждения, и поэтому не получает.

Потому часть гуф под табур называется соф – конец получения света. Свет, который кли получает в тох, называется внутренний свет (ор пними), а свет, который должен был бы заполнить соф парцуф, но не заполняет, ввиду отсутствия силы намерения получить его ради Творца, называется окружающий свет (ор макиф). Этот свет остается снаружи и ждет, пока в кли не появится сила его принять.

Но поскольку кли не желает принять свет в соф парцуф, не желая удаляться своими свойствами от Творца, то оно получает в соф парцуф особое наслаждение от подобия Творцу – ор хасадим, а также немного ор хохма, потому как желает быть подобной Творцу наперекор предлагаемому ор хохма.

Таким образом, полученный в желание самонасладиться до Цимцум Алеф свет после Цимцум Алеф частично принимается в тох кли, а остальная часть его остается вне кли. Но чтобы все кли получило весь свет, ор макиф аннулирует масах, тем, что оказывает давление на кли получить весь свет, независимо от условий.

А поскольку кли не желает прерывать состояние подобия по свойствам с Творцом, оно исторгает из себя вообще весь свет, т.е. и свет из тох парцуф, и остается пустой, как и до приема порции света. Но от этого действия не только ор хохма, полученный кли в тох парцуф, но и ор хасадим с малым количеством ор хохма, находящиеся под табур, в соф парцуф, также покинули соф кли. А вся причина исхода света из кли в том, что кли не желает получать дополнительный свет, потому что не может получить его ради Творца, а ради себя не желает, ведь этим удалится от Творца.

Аннулирование масах в табур (издахахут) означает, что тот масах, который ограничивал в табуре получение света и поэтому сделал возможным его получение в тох кли, теперь ослабел, что и привело к аннулированию его ограничительной силы, и поэтому невозможно уже для кли вообще принимать свет.

Потому масах из табур поднимается со всеми решимот (воспоминаниями) в пэ дэ рош, где находится его источник, и там он получает силу принять следующую порцию света.

Но откуда же масах может взять желание получить (авиют)? Оттуда, где находятся все келим – из-под табур. Табур –

Предисловие к книге «ЗОАР»

это малхут месаемет – заканчивает получение света из-за отсутствия силы намерения получить ради Творца. Вследствие действия ор макиф, масах дэ табур поднимается в пэ – малхут дэ рош, малхут, которая обладает силой намерения получать ради Творца.

Тогда как до поднятия масах не было у него сил намерения получить ради Творца. Исходя из этого видно, что последующий парцуф исправляет келим из-под табур предыдущего парцуф, т.е. придает им силу намерения получить свет ради Творца.

Но несмотря на то, что все 5 парцуфим мира Адам Кадмон получили себе келим из-под табур, остались там еще келим, не имеющие силы намерения ради Творца, относящиеся полностью к желаниям получить, келим, находящиеся без света, до заполнения которых не будет полного исправленного состояния (гмар тикун).

И поэтому эти келим, свойство которых желание получить ради себя, смешались с келим нэкудот СА"Г, спустившихся под табур, вследствие чего произошел Цимцум Бэт. До Цимцум Бэт не было желаний использовать эти келим для исправления, придания им намерения ради Творца. Поэтому затем был создан человек, который до 13 лет находится под влиянием системы нечистых миров, желающий получить все ради себя. А когда уже есть у него эти келим, он, с помощью Торы и Заповедей, может исправить их, чтобы смогли получить ради Творца.

Таким образом выясняется принцип исправления желания «получить», данный душам, исходя из замысла творения, тем, что приготовил Творец им 2 вышеописанные противостоящие системы, по которым проходят и делятся на 2 объекта, тело и душу, одевающиеся друг в друга.

Период, в который человек приобретает, постигает полное свое желание получить, условно называется периодом до 13 лет. Затем он начинает исправлять полученное желание. Вначале Творец сотворил общее желание получить, называемое общая душа или Адам аРишон – Первый человек.

Но потому как не под силу душе за один раз произвести над собою исправление и получить весь свет ради Творца, то разделил ее Творец на множество отдельных частей, каждая из которых в состоянии произвести собственное исправление, получить свою порцию света ради Творца, потому как постепенно, в течение времени, т.е. деля частную порцию света еще на части во времени, человек в состоянии преодолеть собственный эгоизм, противостоять небольшому наслаждению и постепенно получить весь уготованный его душе свет.

Такое состояние называется гмар тикун прати – конец частного (личного) исправления. А после того, как все частные келим, души, исправят себя, все они соединяются в одну общую душу, как и в начале творения. Такое состояние называется гмар тикун клали – конец общего исправления.

В итоге мы видим, что весь процесс необходим только для изменения намерения души: она получает наслаждение, так же как и в своем начальном состоянии, но уже с намерением не самонасладиться, а насладиться потому, что этого желает Творец.

И с помощью Торы и Заповедей в итоге обращают свойство «получать» в свойство «отдавать» и тогда могут получить все хорошее, что в замысле творения, а также достигают слияния с Творцом, вследствие выполнения Торы и Заповедей, совпадения свойств с Творцом. И это определяется как конец исправления.

Не только начальное наслаждение получает человек в своем исправленном состоянии, но дополнительно еще огромное наслаждение от слияния с Творцом своими свойствами, наслаждение от слияния с Совершенством.

И тогда, поскольку нет более надобности в системе нечистых сил, она исчезает, и навсегда уходит смерть. А вся работа в Торе и Заповедях, данная всему миру в течение 6000 лет существования мира, а также каждому лично в течение лет его жизни, – только чтобы довести их до конца исправления, совпадения свойств.

Также выясняется необходимость создания Творцом системы нечистых сил, что обязан был сотворить ее, чтобы произвести из нее сотворение тел, чтобы затем исправили тела с помощью Торы и Заповедей, а если бы наши тела не вышли в виде неисправленного желания получить из системы нечистых сил, не было возможности исправления, ведь исправить человек может лишь то, что есть в нем.

Условно ступени-состояния исправления делятся на 6000 последовательных состояний, называемых годами («6000 лет времени существования»), а частные ступени исправления делятся на состояния, называемые «лет».

Предисловие к книге «ЗОАР»

Человеку не надо «лет», чтобы постичь свой духовный корень, – достичь свойства «отдавать» возможно только просьбой, молитвой, ощущаемой в сердце, не обязательно тщательно механически выговаривать вслух слова. Просьба сердца, чтобы получить свыше: силы «ради Творца», изучать Его творение, силы просить Его, силы работать над собой, получает ответ свыше в виде высшего света (ор А"Б-СА"Г), очищающего его желания.

Находящийся в процессе духовного развития испытывает на себе постоянно меняющиеся воздействия, воспринимаемые им как изменения своего отношения к жизни, цели жизни, важности цели, месту и важности Творца в его жизни.

Подчас его ощущения (от невыполнения его планов, от того, что Творец желает показать, насколько отношение человека к духовному зависит от вознаграждения и др. причин) получают оттенок отчаяния, усталости. В таких случаях необходимо получать наслаждение от работы, детей, потому как без наслаждения в данный момент или перспективы его получения человек не в состоянии существовать.

Поэтому каббалисты обязывают желающего духовно расти работать, воспитывать детей, участвовать в общественной жизни, а не замыкаться в четырех стенах, становиться отшельником, как обычно представляют каббалиста далекие от Каббалы.

Работать каббалист обязан вовсе не ради денег, а чтобы при духовном падении, наступающем вследствие добавления желания получить, необходимого для дальнейшего духовного роста, он, несмотря на переживаемое им состояние упадка в стремлении учить, молиться и пр., вынужден был бы продолжать выполнение своих повседневных обязанностей, чтобы сама жизнь, ее течение заставляли его продолжать обычно функционировать.

И на это дается также четкое указание Торы: «Яфэ талмуд Тора им дэрэх эрэц» – «Хорошо сочетание Торы с мирскими делами» (Пиркей авот, 2,2). Но основной смысл работы и других занятий, самых обыденных, – быть связанным во время их выполнения своими мыслями с Творцом, еще больше, чем во время учебы!

Но это обязательно только для стремящихся духовно расти, потому как их цель – измениться еще в этой жизни до сходства свойств с Творцом, в то время как имеющие намерение получить вознаграждение только в будущем мире, вся цель которых не этот мир, а будущий, в котором их ожидает вознаграждение за долгие годы учебы, не ожидают в этом мире никаких результатов, не проходят полосы давления целью творения и увеличившегося эгоизма, вся жизнь их ровна в постоянном стремлении изучения Торы и выполнения Заповедей для будущего мира.

Система нечистых сил создана Творцом специально для постепенного развития в нас желания получить такой величины, чтобы мы смогли получить весь уготованный нам свет. В общем виде система нечистых миров состоит из 3 нечистых сил – Руах сэара, Анан гадоль, Эш митлакахат.

Эти три вида эгоистических духовных желаний предстают пред человеком в бесчисленном виде вариаций своих внешних обличий (одежд – левушим). Творец оживляет систему нечистых сил только для того, чтобы она могла существовать и придавать человеку все более сильные эгоистические желания.

Преодолевая их, человек духовно растет. Иными словами, желание получить, находящееся в системе нечистых сил, и есть то кли, которое человек должен исправить, чтобы ощутить в нем Творца.

На третьем этапе (дне) творения Творец сотворил эгоизм, желание самонаслаждения, ангела (силу) смерти (исхождение света из кли, вследствие эгоистического желания). Этот этап назван в Торе вдвойне хорошим, именно потому, что при исправлении человек выигрывает вдвойне: от получения наслаждения и от слияния с Творцом.

В неисправленное кли возможно временно получить наслаждение только от искры света, находящейся в системе нечистых сил, но при исправлении кли чем более исправлено кли, тем больше человек наслаждается.

Сказано в Торе: «Коль агадоль ми хавейро, ицро гадоль мимейно» – «Чем больше человек, тем больше его желания». Большой человек желает насладиться и наслаждениями духовными, а не только наслаждениями нашего мира. Но праведник желает насладиться только потому, что этого желает Творец, иначе хотя и желает наслаждения, как и грешник, но не позволяет себе этого, желая слияния с Творцом.

Поэтому праведник подавляет в себе желание получить, как сказано: «Эйн аТора миткаемет, элэ бе ми ше мемит эт ацмо алея» – «Тора существует только в том, кто умерщвляет себя»,

Предисловие к книге «ЗОАР»

что означает: свет, называемый Тора, входит только в того, кто убивает свой эгоизм.

Процесс исправления прекрасен, человек на себе постепенно постигает свою природу и ощущает весь мир, но подчас он довольно болезненный, потому как антиэгоистические ощущения болезненны для нас. Все зависит от осознания необходимости излечиться: ребенок, т.е. не осознающий необходимости излечиться и грозящих последствий болезни, не согласен принимать горькое лекарство, но взрослый больной, т.е. осознавший болезнь и желающий быть здоровым, готов на прием горьких лекарств или даже на операцию во имя жизни.

13. Но еще осталось нам понять: если все же желание получить для себя настолько плохое и испорченное, как оно произошло и было в замысле Творения в мире Бесконечности, единство которого нет слов описать?

Дело в том, что сразу же, в замысле создать души, Его мысль закончила все, ибо не нуждается в действии, как мы.

Потому как в духовном — мысль, желание и есть действие, ведь и в нашем мире только наличие тел требует выполнения замысла в механическом действии. И это относится не только к действиям Творца, но и духовным действиям человека, находящегося своими свойствами в духовных мирах.

И немедленно, как только возник замысел творения, вышли и появились все души и все миры, должные родиться в будущем, полные всем наслаждением, которое задумал для них Творец, во всем своем конечном совершенстве, которого достигнут души в конце исправления, т.е. после того, как их желание «получить» получит все исправление полностью и обратится в чистую «отдачу», в полном подобии свойств с Творцом.

И поэтому вовсе не было в замысле творения создать нечто испорченное, а сразу же в замысле творения появилась наша исправленная форма полного подобия Творцу.

И это потому, что в вечности Творца прошлое, будущее и настоящее используются как одно, и будущее используется как настоящее. И нет понятия времени в Нем.

Поскольку духовный мир — это мир желаний, вне тел, масс, расстояний, мир, где действуют только одни желания, то само желание и есть действие, и потому отсутствует понятие времени.

Под временем в духовном мире мы подразумеваем сумму последовательных изменений желаний, вытекающих одно из другого, как причина и следствие, и потому называемые как их ветви в нашем мире, дни, месяцы, годы.

Поэтому слова: прежде, ранее, позднее, вследствие, затем, позже и пр. означают только причину и следствие, а не время их появления.

Верх и низ означают изменение свойств человека относительно Творца или отношение свойств между двумя ступенями, где более высший означает более исправленный, более духовный, более «близкий» по свойствам к Творцу.

Высший – более важный. Место – желание получить и есть то «место», в которое творение получает свет Творца. Близкий – по свойствам относительно другого. Соприкасающийся – если его свойства не настолько отличны от породившей его предыдущей ступени, его корня, чтобы отделить его от корня. Это необходимое состояние между двумя соседними (по свойствам) духовными объектами.

Движение – любое изменение свойств от прошлого свойства-желания к настоящему, подобно отделяющейся части в материальном теле. Название – название духовного объекта – объясняет пути получения света на этом духовном уровне. Кли – желание получить. Творец – всякая причина называется «творящей» относительно того, что исходит от нее, как порожденное кли, так и наполняющий это кли свет.

И поэтому не было вообще неисправленного желания получить, отличного от свойств Творца в мире Бесконечности, а наоборот, то будущее подобие свойств, которое должно проявиться в конце исправления, появилось сразу же в вечности Творца.

И об этом сказано мудрецами: «Прежде сотворения мира было единство Его и творения». Ведь отличие желания получить не проявилось никак в душах, вышедших из замысла творения, а они были слиты с Творцом подобием свойств, тайной единства.

Здесь у ученика обычно возникает вопрос: «Если все уготовлено заранее, и мы находимся в состоянии «гмар тикун», в слиянии с Творцом, и только в наших ощущениях еще не достигли этого, то стоит ли нам работать над собой, ведь можем продолжать существовать, как и сейчас, а когда придет время исправления каждого, то приведут его к нужному состоянию свыше?»

Предисловие к книге «ЗОАР»

Два пути к цели заготовил нам Творец: путь Торы и путь страданий.

И только в них мы существуем. Обычно человечество движется вперед путем страданий, и уж тем более народ Израиля, как избранный первым достичь цели творения. Страдания толкают человечество вперед: пытаться найти удовлетворение в материальном или техническом прогрессе, в бегстве личности в отвлеченные занятия, в увлечение религиями и верованиями, наркотиками или фанатизмом.

Можно было бы, действительно, предоставить человечество самому себе, чтобы продвигалось к цели путем страданий. Но именно каббалисты, достигшие цели творения, прошедшие все этапы собственного исправления, которые нам еще предстоит пройти, поднявшись до уровня связи с Творцом и осознав все Его пути, приняли от Него и вручили нам Тору и изложили в сотнях своих сочинений относительно безболезненный и короткий путь достижения поставленной перед нами цели.

Дело в том, что понятие «путь страданий» – это не путь как таковой, а только жестокая толкающая сила, вынуждающая принять путь Торы.

Но так или иначе у нас существует право выбора: сразу же принять путь Торы, изучением Каббалы (Каббала от слова лекабэль – получать, учение о достижении цели творения), выполнением ее предписаний, или же продолжить неосознанно существовать, пока страдания не заставят нас искать спасение от них, как уже привели нас слушать лекцию и раскрыть книгу.

Мы видим, как страдания могут вызвать человека идти даже на смерть, жестоко толкая его сзади. А Творец, создавая нам подобные давящие ситуации, приближает нас к определенным полезным вещам, вкладывая в них искру зовущего света-нэр дакик. Постепенно меняя местонахождение искры света, Творец приведет нас, маня спасением от страданий, и к желанию отторжения эгоизма.

14. Отсюда обязательно следуют 3 состояния в душах.
В душах – имеется в виду относительно душ, поскольку относительно Творца нет никаких изменений состояний, поскольку нет никаких изменений желаний, как говорится, «Ани авая ло шинити» – «Я своих намерений не меняю». Поэтому в том виде, в каком Творец желает нас видеть, он и видит нас,

а только мы сами относительно себя должны пройти изменения в своих свойствах и, как следствие этого, в ощущениях духовного.

Состояние 1 – это состояние в мире Бесконечности в замысле творения, где души уже имеют будущий вид конца исправления.

Состояние 2 – это состояние 6000 лет, когда делится двумя системами на тело и душу, и дана им работа в Торе и Заповедях, чтобы обратить желание «получить», что в них, и довести его до желания «давать» Творцу.

И в течение этого состояния нет никакого исправления телам, а только душам, т.е. они должны вывести из себя все желания получать для себя, что и есть свойство тела, и остаться только с желанием отдавать, что и есть вид желания в душах. И даже души праведников не могут находиться в раю после смерти, а только после разложения их тел в земле.

Под понятием «состояние» подразумеваются исправленные в той или иной степени свойства человека, определяющие его духовное состояние. 6000 лет – это не период времени в нашем мире, иначе как бы могли праведники достигнуть его ранее календарного срока!

Это период работы человека над собой, когда с помощью высших сил, находящихся в Торе и выполнении Заповедей, он приобретает свойство «отдавать», а получает для себя только минимум для поддержания существования, по необходимости, потому что существует пока еще в физическом теле. Но поскольку был бы рад не принимать и этого для себя, то подобное получение не считается проявлением эгоизма.

Но после того, как желание получить (тело) оставило (умерло) человека, он может начинать получать удовольствия (свет Творца), потому как желает усладить Творца. И чем больше получает наслаждений, тем больше делает ради Творца.

Поэтому его ощущения наслаждений в таком случае не насыщаются никогда, а возможности получения, воистину, безграничны, в то время как любое эгоистическое желание наслаждения имеет свои границы пресыщения, за которыми наступает разочарование. Праведник, наслаждаясь тем, что услаждает Творца, наоборот, требует все большего наслаждения, желая все больше порадовать Творца и слиться с Ним.

Предисловие к книге «ЗОАР»

Все, что мы должны сделать, чтобы перейти к такому состоянию, это всего лишь отказаться от надуманного (небольшого, мимолетного) наслаждения от маленькой искры Высшего света, но как тяжело это для человека! Представим же себе, что самое небольшое духовное наслаждение в миллионы раз больше этой искры – насколько невозможным представляется отказ от него!

Именно поэтому Творец создал наш мир, особые условия, когда на искре Высшего света, облаченной в различные одежды – объекты нашего мира, мы можем безнаказанно для себя тренироваться в попытках изменить свою природу. В то время как неудачная попытка получения света в высших мирах чревата крушением сосуда, так называемым «швират кли» – разбиением кли.

Но как только человек в состоянии получать наслаждение от искры света ради Творца, тут же начинает ощущать наслаждение от отдачи (ашпаа). А до достижения такого состояния нам открыто наслаждение от искры света, а от альтруистических, духовных действий, 613 Заповедей, скрыто.

Процесс приближения к духовным постижениям постепенный и происходит в нашем мире в рамках времени, по мере нисхождения в наш мир душ. Каждое мгновение в наш мир нисходят все новые души. Есть определенный порядок их нисхождения – от более светлых до более грубых. Но в каждом поколении есть определенный вид душ, называемых Исраэль, которые быстрее остальных должны достичь своего исправления.

Поэтому люди, обладающие таким видом души, ощущают в себе как особый, увеличенный по сравнению с имеющимся у остальных людей, эгоизм, так и особое, хоть и хранящее, но более жесткое отношение к ним Высшего управления. Среди душ типа Исраэль есть несколько душ в каждом поколении, испытывающих на себе еще более сильное воздействие Высшего управления, доводящее их до гмар тикун прати – частного исправления.

Имеющие такие души называются каббалистами. Процесс исправления начинается с каббалистов, затем с их помощью продолжается в людях типа Исраэль, а затем уже наступает очередь исправления и всего остального человечества. Только в этой первоочередности в работе по исправлению нашей природы и есть исключительность Израиля.

Возможны следующие действия с определенными намерениями:

1. «Получать» ради себя – «лекабэль аль минат лекабэль», абсолютный эгоизм, наша истинная природа.

2. «Отдавать» ради себя – «леашпиа аль минат лекабэль», «вежливый» эгоизм, поведение воспитанных людей в нашем мире. Кассир, выдающий зарплату, также дает по своему действию, но можно ли его считать при этом альтруистом! Такое состояние называется в Торе «ло ли шма» – «не ради Творца».

3. «Отдавать» ради Творца – «леашпиа аль минат леашпиа», духовный альтруизм, причем отдавать другому или Творцу – это одно и то же, потому что, отдавая от себя, не ради себя, человек не ощущает получения себе, а все вне своего тела воспринимается им как абсолютно несуществующее.

В Торе такое состояние называется «ли шма» – «ради Творца», или «матан бэ сэтэр» – «тайная отдача», так как человек не только не ощущает, что отдает, но и кому отдает, потому что эти ощущения уже вознаграждение. В нашем же мире «матан бэ сэтэр» называется состояние 2, отдача ради себя.

Как мы уже говорили, наша эгоистическая природа автоматически вынуждает наше тело быть в поисках удобного положения, а наши мысли – постоянно искать пути самоудовлетворения. Та же природа никогда не позволит нам совершить хоть какое-то истинно альтруистическое физическое или духовное движение. Как же можем мы выйти из себя, кожуры своего эгоизма, и достичь состояния 3?

Действительно достичь этого состояния можно только с помощью Творца. Как мы уже изучали, если свет входит в кли, он передает кли свои желания, свою природу. Но в эгоистическое кли свет войти не может из-за запрета Цимцум Алеф. Позднее мы разберем, каким путем Творец выводит человека из его состояния, называемого «олам азэ» – «этот мир» в «олам аба» – «будущий мир».

4. «Получать» ради Творца – «лекабэль аль минат леашпиа» – равносильно чистой отдаче, поскольку действие изменяет свое значение ввиду намерения «ради Творца». Этим творение становится полностью подобно Творцу. Поэтому такое состояние и есть цель творения: наслаждаться потому, что именно этого желает Творец.

Предисловие к книге «ЗОАР»

Но достигается это состояние только после полного овладения предыдущим, когда закончил работу над искоренением, отказом от своего эгоизма, прошел все 6000 ступеней своего исправления. Состояние 4 называется поэтому седьмое тысячелетие (элеф ашвии). Именно в нем действует Заповедь (обязанность) наслаждаться светом Творца. Человек получает наслаждение, но называется «дающим».

До достижения этого состояния человек может получать наслаждения, даже самонаслаждаться, только если они исходят из изучения Торы и выполнения Заповедей – все равно это желаемо Творцом, хотя и делается человеком для самонаслаждения, в то время как другие наслаждения нашего мира называются «клипа» – кожура.

Отличие состояния 3 от состояния 4 можно понять из примера: человек надевает цицит (одежду с 4 углами, на которые по закону привязаны цицит – специальным образом изготовленные нити). Поскольку само действие не приносит ему наслаждение, то без указания (Заповеди) Творца не делал бы его. Поэтому такое действие называется отдача (машпиа).

Намерение человека в этом действии может быть ради себя – аль минат лекабэль, или ради Творца – аль минат леашпиа. Лишь после того, как человек достиг состояния 3 (ли шма), он начинает ощущать огромные наслаждения в Заповедях и наслаждается ими, потому что этим радует Творца.

Действие «получать наслаждение ради Творца» называется каббала, а инструкцией для достижения такого состояния является наука, учение «Каббала».

Состояние 3 – это окончание исправления душ после воскрешения мертвых, когда доходит полное исправление также и до тел, потому как преобразуют получение, свойство тел, в отдачу, и становятся достойными получить все хорошее, что в замысле творения.

И вместе с тем удостоятся полного слияния, вследствие подобия свойств Творцу. Потому как наслаждаются не от своего желания получить, а от своего желания отдать, усладить Творца, потому как есть у Него наслаждение, если получают от Него.

И для краткости далее называем мы эти три состояния душ, как состояния 1,2,3. И запомни их.

Состояние 3 означает конец исправления всего кли, т.е. получение всего уготованного наслаждения. Естественно, что этого состояния возможно достичь, закончив все исправление кли в состоянии 2 и только пройдя его.

После того как человек полностью исключает из употребления свой эгоизм – «умертвляет свое тело» (не потому, что его свойство «получать», с этим он ничего поделать не может, ведь это свойство создано Творцом, это и есть само творение, а так как это свойство используется им с намерением «ради себя»), он приобретает свойство света, намерение отдавать, и тогда он начинает постепенно вызывать свои желания «получать» (воскрешение мертвых тел) и исправлять свой эгоизм, все отвергнутые им свойства, не потому, что они – «получать», а потому, что они – «ради себя», и постепенно начинает в них «получать ради Творца».

Свет, приходящий в исправленное кли, «получение ради Творца» называется Тора. Как сказано в ней самой: «Тора существует только в том, кто умертвил самого себя ради Нее» – наслаждения слияния с Творцом достигает только тот, кто умертвил свое желание «получить ради себя». А как только входит в состояние «получить ради Творца» - сразу же достигает слияния с Ним.

15. Но, всмотревшись в эти 3 состояния, находим, что они обязывают существование друг друга настолько, что, если бы могло не существовать одно из них, исчезли бы остальные состояния.

Например, если бы не проявилось состояние 3, обращение свойства «получать» в свойство «отдавать», то не могло бы проявиться состояние 1, что в мире Бесконечности, потому как проявилось там во всем совершенстве только потому, что в будущем, в состоянии 3, уже служит благодаря вечности Творца как настоящее, а все совершенство, имеющееся там в том состоянии, оно только как копия из будущего состояния в настоящем, которое там, но если бы будущее могло не исполниться, не было бы там никакой его действительности в настоящем. Поэтому состояние 3 обязывает к существованию состояние 1.

А если бы не было состояния 2, где происходит вся будущая работа, заканчивающаяся состоянием 3, т.е. работа в духовном нисхождении, а затем в его исправлении, как могло бы наступить в будущем состояние 3? Таким образом, состояние 2 обязывает наличие состояния 3.

А также состояние 1, что в мире Бесконечности, где уже действует все совершенство состояния 3, обязывает всем своим совершенством проявление состояний 2 и 3. То есть само состояние 1 обязывает появление противоположных систем в состоянии 2, чтобы появилось тело в испорченном желании «получить» с помощью системы нечистых сил, чтобы была возможность нам его исправлять.

А если бы не существовала система нечистых миров, не было бы в нас такого желания получить и не было бы возможности исправить и достичь состояния 3, ведь нельзя исправлять того, чего не имеешь. Поэтому нет места вопросу, как появилась из состояния 1 система нечистых сил, ведь именно состояние 1 обязывает ее появление и поддержку Творцом ее существования в состоянии 2.

Нет состояния 3 в состоянии 1, но обязательность достижения состояния 3 дает совершенство состоянию 1, без которого состояние 1 не было бы совершенно.

До 13 лет человек набирает желание насладиться от системы нечистых сил. С 13 лет, изучая Тору с намерением исправиться с ее помощью, получить желания отдавать наслаждения, человек переводит желания получить из нечистых сил в чистые (меварэр нэцуцот дэ кдуша).

Пример: если учится с намерениями исправить себя час в день – переводит этот час из власти нечистых сил в чистые. Ест Пасхальное жертвоприношение в Храме (Курбан Пэйсах) – переводит еду из власти нечистых сил в чистые.

Поскольку творение – человек, – это только желание получить (наслаждение), то все зависит от его намерения в действии, и лишь намерение определяет, какого типа будет действие, потому что все зависит от желания, стремления, а не физического воплощения данного действия.

Под творением имеется в виду только желание получить, называемое душой или душой Первого человека (нэшмат Адам аРишон). Поскольку невозможно получить все наслаждение сразу с намерением «ради Творца» (ведь это действие противоположно природе души!), Творец разделил эту душу на 600 000 частей, каждая из которых не за одну, а за многие жизни в этом мире, постепенно получает исправление эгоизма и свою долю из общего уготовленного наслаждения с намерением «ради Творца».

После исправления все части общей души собираются снова в одно целое, как и в начале творения, и получают совместно все, что Творец уготовил своему созданию.

Поскольку такое получение не вызывает чувство стыда в получателе (намерение получить ради Творца является отдачей), не ограничено только его исходным желанием (чем больше получает, тем больше услаждает Творца), в итоге получения постигается слияние с Творцом (постигает Высшее совершенство, абсолютное Знание, наслаждение Творцом и наслаждение от подобия Творцу), то этим достигает Творец совершенства своего действия. Именно поэтому только такой процесс творения был Им задуман.

Человеку даны все возможности определить, какие его желания являются нечистыми и подлежат исправлению. Сказано в книге «Зоар», что все миры, как высшие так и низшие, со всеми их населяющими, находятся в самом человеке и все они, т.е. все созданное, создано только для человека. Но неужели недостаточно человеку этого мира, а еще необходимы ему и высшие, духовные миры и их населяющие?

Целью Творца является наслаждение творений. В духовном нет материальных тел, нет физического движения, а только мысли и желания. Поскольку в Творце мысль и есть действие, Он не нуждается, в противоположность нам, в каких-либо еще действиях помимо мысли. Поэтому, как только возникла в Нем мысль создать души, чтобы их насладить, сразу же и появилось все творение в своем законченном окончательном виде, полностью наполненное, исходящим от Творца наслаждением.

Но если Творец может создать все в окончательном состоянии – полных наслаждения творений, зачем же Он создал множество нисходящих, удаляющихся от Него, миров, вплоть до нашего наинизшего мира, и поместил души в тела этого мира?

Другими словами, если Он совершенный, как мог совершить столь несовершенные (незаконченные) действия, что необходимы действия созданий в нашем мире для доведения творения до его совершенства, состояния полного наслаждения?

Предисловие к книге «ЗОАР»

Единственное, что создано Творцом, – желание насладиться Его светом. В нашем мире свет Творца облачается в различные материальные оболочки, неосознанно притягивающие нас находящимся в них светом. В нашем настоящем состоянии мы не ощущаем сам свет, а тянемся к тому, в чем он находится.

Единственное создание, желание насладиться, называется душой, а свет – это и есть то наслаждение, которым Творец задумал наполнить творения, т.е. души.

Так как Творец задумал усладить души, обязан был создать их в виде желания получить наслаждение, причем только величина желания насладиться определяет силу ощущаемого наслаждения. Это желание насладиться и есть вся суть души, а наслаждение является светом, исходящим из самого Творца.

Сближение и отдаление в духовном пространстве происходит по подобию или отличию духовных свойств:

1) если два духовных объекта полностью равны по своим свойствам, то они сливаются в один объект;
2) в меру подобия своих свойств или в меру их отличия, духовные объекты взаимно сближаются или удаляются;
3) если все свойства двух духовных объектов противоположны, то они определяются как бесконечно (полярно, абсолютно, крайне) удаленные.

Судя по действиям Творца относительно нас, мы определяем Его свойство как «желание наслаждать», ибо сотворил все творение для того, чтобы насладить нас своим светом.

Это знание мы получили от каббалистов, людей, удостоившихся еще при жизни в нашем мире духовно подняться до уровня ощущения Творца и сообщивших нам о Нем и Его отношении к нам.

Души находятся в абсолютном удалении от Творца, потому что Он по своим свойствам «дающий», нет в Нем совсем желания получить наслаждение, а души созданы как желающие самонасладиться, что является свойством полярно противоположным свойству Творца. Если бы души оставались желающими самонасладиться, остались бы всегда отделенными от Творца.

Творение есть желание получить (наслаждение). И хотя этим оно несовершенно, в противоположность свойству Творца, и потому полярно удалено от Него, но именно это свойство «получать», сотворенное как новое из ничего, необходимо, чтобы получить все то наслаждение, которым задумал Творец наполнить творения.

Причина творения миров – в необходимости Творца быть совершенным во всех своих действиях. Если бы творения оставались отдаленными своими свойствами от Творца, не смог бы и Он называться Совершенным, ибо от Совершенного не могут произойти несовершенные действия.

Поэтому скрыл свой свет Творец, создал миры последовательными отдалениями от Себя, вплоть до нашего мира, и поместил душу в тело нашего мира. Но с помощью изучения Каббалы постигает душа совершенство, отсутствующее в ней, приближаясь своими свойствами к Творцу, так что становится достойной получить все наслаждение, задуманное Творцом в замысле творения, а также достигает полного слияния с Ним, подобием свойств.

Изучение Каббалы приводит человека к овладению духовными желаниями и, как следствие этого, к получению Высшего света и к слиянию с Творцом, т.е. двойному вознаграждению.

В уподоблении свойствами Творцу от начального (нулевого духовного уровня нашего мира) и до наивысшего (слияние, подобием свойств, с Творцом) есть 5 последовательных, снизу вверх, ступеней. Духовное восхождение по ним есть следствие получения душой порций света (нэфэш, руах, нэшама, хая, йехида), получаемых соответственно от 5 миров (Асия, Ецира, Брия, Ацилут, А"К), каждый из которых состоит из 5 ступеней (парцуфим), каждый из которых также состоит из 5 ступеней (сфирот).

Занятие Каббалой вызывает на изучающего излучение Высшего света. Это излучение поначалу неощущаемо ввиду отсутствия в душе аналогичных свету свойств. Но оно постепенно рождает в душах альтруистическое желание «отдавать», а затем души достигают явного получения света от ступеней, последовательно, ступень за ступенью, и т.о. душа (человек) достигает полного совпадения свойств с Творцом – и тогда исполняется в душах замысел творения: души получают все наслаждение, задуманное для них Творцом, и, кроме того, дополнительно получают большое наслаждение от ощущения Абсолютного Совершенства, слившись подобием свойств с Творцом.

Отсюда поймем сказанное выше, что все миры – высшие, низшие и все, что в них, – созданы для человека: потому что все эти ступени (миры) существуют только для того, чтобы довести души до слияния с Творцом. Поэтому, уменьшаясь, спустились ступени от Творца, мир за миром, до нашего материального мира, чтобы поместить душу в окончательную форму желания самонасладиться, не обладающую никаким альтруистическим желанием отдавать, чем и определяется человек как противоположный Творцу.

Но затем, силами света, получаемого от занятия Каббалой, человек постигает свойство давать наслаждение другим, как Творец: постепенно, раз за разом, поднимаясь снизу вверх, он постигает свойства ступеней, нисходящих сверху вниз, имеющих только свойства отдавать – пока не постигает человек свойство полностью отдавать и не «получать» ничего для себя. Этим он полностью сливается с Творцом, для чего только и создан. Поэтому все миры и населяющие их созданы для человека.

Души получают свет, исходящий от Творца, в мере, отмеряемой им ступенями. В итоге души-получатели приобретают свойства, а потому и действуют в соответствии с духовными свойствами-желаниями, получаемыми от света той или иной ступени. Сам же свет Творца внутри самих ступеней находится в своем постоянном виде, без всяких изменений.

Таким образом, все миры (ступени) – это изменения проявления бесконечного, однородного света относительно душ, чтобы смогли постепенно получить бесконечный свет ступень за ступенью. Но сами эти ступени никак не влияют на бесконечный свет, находящийся в них, как не влияет покрытие на скрывающегося в нем, а Его полное или частичное сокрытие проявляется только относительно посторонних, желающих ощутить Его.

Как человек, закрывающий себя покрывалами от посторонних, остается открытым себе, так Творец скрывает себя 5 мирами и элементами этих миров (всего 125 ступеней – последовательных занавесей-укрытий Творца от нас).

Исходя из вышесказанного, есть 3 участника творения:
– Творец,
– души,
– свет.

Самого Творца мы не постигаем. В душах есть 2 противоположных свойства – сокрытие и раскрытие: вначале – сокрытие Творца, но после того, как душа получает в соответствии со своими свойствами, то эти ступени сокрытия обращаются в ступени раскрытия Творца для душ.

Таким образом души совмещают в себе 2 противоположных свойства, которые в общем одно: потому как мера раскрытия Творца душой (мера получения ею света Творца), точно соответствует предварительной величине сокрытия, причем более груба душа затем, по исправлении, более раскрывает Творца, и, т.о., две противоположности едины.

Свет в ступенях – это именно та мера света, которая должна раскрыться душам. Так как все исходит от Творца, и постигнуть Его возможно только в мере подобия свойств души Его свойствам, то 5 светов в 5 мирах есть 5 ступеней раскрытия Творца получающими. Причем Творец и Его свет – это одно и то же относительно душ, а отличие в том, что сам Творец непостигаем, а постигаемо нами только то, что приходит к нам от Него через 125 (5х5х5) ступеней. **И то, что мы постигаем, мы называем светом.**

16. Но не следует из вышесказанного делать вывод, что нет у нас свободы выбора, если мы поневоле обязаны исправиться и получить состояние 3, потому что оно уже существует в состоянии 1.

Если бы души не могли влиять на процесс исправления в состоянии 2, со стороны личного и общего управления, то мы не получили бы Тору, потому что Тора дана как инструкция достижения цели творения. Вообще наше состояние было бы абсолютно пассивным, как у животных, и переход из одного состояния в следующее проходил бы только путем страданий.

Но именно для того, чтобы мы воспользовались данным нам правом выбора пути из состояния 1 в состояние 2, дана нам Тора. Ее вручение нам, разрешение свыше на издание каббалистических сочинений и проведение непосредственного инструктажа каббалистами, людьми, уже поднявшимися в духовный мир, говорит именно о наличии свободы воли.

Дело в том, что два пути приготовил нам Творец в состоянии 2, чтобы провести нас к состоянию 3:

- путь выполнения Торы и Заповедей, о котором уже говорилось;
- путь страданий, когда сами страдания мучают тело и заставляют нас в конце концов изменить желание «получать», что в нас, и получить свойство желания «отдавать» и слиться с Творцом. И как сказано мудрецами: «Если сами вы возвращаетесь к исправлению – хорошо, а если нет, то Я ставлю над вами жестокого царя, и он поневоле вернет вас к исправлению».

Не следует понимать, что есть два пути и можно прийти к цели Творения также и путем страданий. Путь страданий – это не путь, а реакция на использование эгоизма, возвращающая нас вновь на путь Торы. И любой отход от пути Торы сразу же вызывает к действию на нас пути страдания, возвращающего нас вновь на путь Торы. Переход с пути страданий на путь Торы человек должен сделать в одной из своих жизней. Читающему эта возможность уже дана тем, что высшее управление вручило ему книгу, повествующую об этом.

Для всего человечества путь страданий не закончен, пока оно не осознает необходимости перехода к духовному развитию путем Торы. Все тысячелетия своего существования человечество накапливает отрицательные результаты материально-эгоистического прогресса, чтобы затем этот накопительный процесс прервался в искреннем желании пойти путем духовного развития.

Роль Израиля в том, чтобы первым пройти этот путь. До тех пор, пока Израиль находится сам в развитии путем страданий, все человечество «помогает» ему выбрать путь Торы, преследуя и инстинктивно ненавидя его. Подробнее об этом – в конце данной книги.

Как сказано: «Злом или добром. Если заслужите – добром, а если нет – злом, страданиями». Заслужите – посредством 1-го пути, через исполнение Торы и Заповедей, что ускоряет наше исправление, и не нуждаемся в горьких страданиях и в удлинении времени успеть их получить, дабы поневоле вернули нас эти страдания к исправлению. А если нет – страданиями, т.е. только тогда, когда страдания закончат наше исправление и придет наше исправление поневоле. И в путь страданий включаются также наказания душ в аду.

Но тем или другим путем конец исправления, т.е. состояние 3, обязателен и предрешен из состояния 1. А вся свобода выбора наша только между путем страданий и путем Торы и Заповедей. Таким образом выяснилось, как 3 эти состояния душ связаны и полностью обязывают друг друга к исполнению.

Конец исправления есть личный, частный, когда человек во время нахождения в нашем мире достигает полного ощущения и слияния с Творцом, и общий, полный, когда все человечество в одном поколении взойдет на такой духовный уровень.

Отличие в том, что до общего конца исправления каждый из нас имеет возможность достичь этого состояния индивидуально, а затем, когда наступит общий конец исправления, то каждая душа получит не только свое личное постижение, но и постижения всех остальных душ, вследствие чего слияние и ощущение Творца становятся во много раз сильнее.

Двумя путями человек может прийти к осознанию необходимости исправления себя, своих желаний:

Путь Торы (дэрэх Тора) – это путь осознания эгоизма как источника всех наших зол и поэтому называется осознанием зла (акарат ра). Этот путь дает досрочное освобождение из заключения в нашем эгоистическом жестоком мире, т.е. быстрее приводит к концу исправления (гмар тикун).

Путь страданий (дэрэх исурим) – это путь естественного развития событий, когда обстоятельства вынуждают человека, тем, что нет иного выхода, как получать наслаждения только от действий «отдачи», потому что от действий «получения», от использования эгоизма он испытывает огромные страдания. (Это подобно тому, как рыбам, находящимся в воде, можно создать страдания, вытащив их из воды или выпустив из водоема воду.)

У маленьких детей есть наслаждение в их играх, но по мере развития наслаждение пропадает, и надо менять одеяния наслаждений, менять род занятий, искать новые игры, чтобы вновь ощутить наслаждение. Приходит время, когда ни от чего человек не испытывает наслаждения и удовлетворения, и тогда он осознает, что только через желание отдавать можно получить удовлетворение – и от этого обращается к Торе.

Отличие между двумя путями только во времени: или теперь достичь личного конца исправления (гмар тикун прати), или вместе со всеми. Того, кто возразит, что может подождать,

Предисловие к книге «ЗОАР»

можно спросить, а если он голоден, согласен ли месяц подождать до получения еды? Значит, если бы ощущалось наслаждение конца исправления, его бы желали все.

Но в конце всеобщего исправления нет различия, кто шел по 1 или 2 пути, 1-й путь ускоряет прохождение до окончания исправления, и в этом – вознаграждение выбирающих его. Но этот выбор возможен только до того, как человек обязан вступить на путь исправления. Потому что, как только наступает его черед, он попадает под жесткое, бессердечное действие природных сил, лишающих его наслаждений во всем, давящих, вынуждающих искать спасение от страданий даже в отказе от эгоизма.

Заблаговременно увидеть, что не сможет никогда насладиться от одеяний искры наслаждения (постоянно необходимо менять одеяние), от утоления эгоизма (кто получил 100, начинает желать 200), очень сложно.

Для этого надо заранее предвидеть страдания, чего наше тело ни в коем случае не желает. А умножающий знание умножает скорбь – кто не желает испытывать страдания, да не умножит свои знания! А все вознаграждение праведников (оправдывающих уже сегодня действия Творца) – до конца творения и именно в том, что могут оправдать Его действия.

Из вышесказанного следует, что все отличие между праведниками, получающими вознаграждение, каждый согласно своему духовному уровню, имеет место только до достижения состояния полного исправления. То есть их вознаграждение от правильного выбора в том, что выигрывают время тем, что сделали правильный выбор.

Но в состоянии конечного исправления, когда все исправлено и все частные исправленные души соединятся в одну исправленную душу, все будут равны, и все насладятся от сияния Единого Высшего света, полностью наполняющего их, и не будет отличия между душами.

А все отличие между душами – оно только до достижения этого состояния, когда каждый получает согласно своему выбору, в последовательном получении света, собирающегося затем, в конце исправления, в один общий свет.

Для успешного преодоления пути исправления существуют несколько вспомогательных средств:

1. Каббалисты призывают всех изучать Каббалу, потому что вокруг каждой души, вокруг каждого из нас, находится

окружающий его душу свет, который, после исправления души, заполнит ее. Во время занятий, даже если человек, не понимая, произносит имена и названия духовных объектов, этот свет еще больше светит на него, хотя никак не ощущается человеком. Занятия в группе важны именно потому, что совместное изучение духовных структур вызывает на каждого из участников общий, возбуждающий к духовному и очищающий свет.

2. После подготовительного периода, когда начинающий изучает «Вступление в науку Каббала» по вечерам в удобное для него время, занятия желательно проводить в предутренние часы, с 3 – 4 часов утра, перед тем как человек уходит на работу, а затем, хотя бы недлительные, 1 – 2-часовые занятия вечером.

Даже если человек живет далеко от места занятий, желательно приезжать, потому что время, проведенное в пути, даст свои плоды, большие, чем сами занятия. Но если это невозможно, желательно самому вставать до рассвета и изучать то, что изучает группа в другом месте.

3. Сказано в Торе: «Сделай себе рава и купи себе друга». Тем, что человек вкладывает свои усилия, средства, помощь, мысли и заботу в другого, этим он создает в нем часть себя, а поскольку себя мы любим, то и эту нашу часть в другом мы любим, и только таким образом возникает любовь к другим.

Поэтому необходимо создать группу учеников, и во всех поколениях каббалисты учились в таких тесных группах.

И даже внутри самой группы желательно выбрать себе несколько товарищей и работать над собой, отдавая им, потому как относиться с желанием «купить» друга ко всем сразу тяжело и непродуктивно.

4. «Сделай себе рава»: найти себе учителя и, если можно, рава. Отличие учителя от рава в том, что от учителя воспринимаются только его знания, как от преподавателя, но не его путь в жизни, а рав является советником во всех вопросах, потому что считающий его равом принижает свое понимание относительно понимания рава и заранее согласен принять любое его мнение и совет, потому что и сам стремится к тому, чтобы его мысли были в будущем как мысли рава.

Творец помогает нам, позволив некоторым, духовно выходящим за пределы нашего мира, состоять с нами в непосредственной связи и передавать свои знания. Простой человек не осознает, что каббалист – это воистину пришелец из другого мира, специально присланный к людям Творцом.

Предисловие к книге «ЗОАР»

Поскольку ученик желает приобрести духовные свойства рава, а не его сухие знания, то любая его деятельность, сближающая его с равом, предпочтительнее учебы. Прямое указание об этом следует из самой Торы: Иошуа стал предводителем выходцев из Египта после Моше не потому, что учился у него, а потому, что помогал в организации работы с массами.

И именно он называется учеником Моше, а не те, кто сидел и просто учился у Моше, потому, помогая Моше, перенял все его свойства, мысли, путь. В желании жить головой рава, его мыслями, помогать ему и состоит это самое действенное средство достижения духовного, потому как человек использует мысли рава и свое тело для их исполнения, т.е. духовные мысли и материальные, эгоистические желания, и постепенно мыслями рава исправляет свои желания. В этом и состоит отличие учебы «пэ ле озэн» от «пэ ле пэ».

17. Из выясненного найдем ответ на вопрос 3: когда мы смотрим на себя, мы находим себя испорченными и низкими, и нет более презренных, но если мы смотрим на Того, Кто создал нас, то мы ведь обязаны быть вершиной всего, превыше всего, под стать Тому, Кто создал нас, ведь от природы Совершенного совершать совершенные действия.

Если человек видит свои истинные качества как ничтожные и презренные, то это следствие сравнения их, пока даже подсознательного, с качествами Творца, которые начинает ощущать, еще даже не ощущая их источника. Только свет Творца дает нам представление о Его качествах и об отличии наших и Его свойств.

Из выясненного поймем, что это наше ничтожное тело, во всех его низких желаниях, вовсе не наше настоящее, совершенное, вечное тело, потому что наше настоящее тело, вечное, совершенное во всем, уже находится и существует в мире в состоянии 1, получая там совершенные свойства от будущего состояния 3, в виде получения ради отдачи, которая подобна свойству в мире Бесконечности.

И только наши, пропитанные эгоизмом органы ощущения дают нам такое изображение Творца, которое мы называем «наш мир». Но по мере нашего исправления, т.е. в мере очищения наших органов чувств от эгоизма, мы начинаем все более явно ощущать самого Творца, а не дошедшую к нам через множество ослабляющих и искажающих экранов-ширм картину «действительности». А конец исправления заключается именно в том, что мы ощущаем только Его и поэтому сливаемся с ним.

Ощущение Творца в нас, вернее, наши реакции на Его влияние на нас, мы называем светом, потому как Он воспринимается нами как нечто самое приятное и совершенное.

И хотя наше состояние 1 само обязывает придачу нам в состоянии 2 нечистых сил нашего тела, в его ничтожном и испорченном виде, т.е. желании получать себе, что является силой, отделяющей нас от мира бесконечности, чтобы исправить это тело и позволить нам получить наше вечное тело в действии в состоянии 3, нет нам причин жаловаться на это вовсе, потому что наша работа возможна только в теле ничтожном и временном, ведь человек может исправить только то, что имеет.

В данном состоянии мы находимся в самом наинизшем нашем духовном уровне. Но, поднимаясь духовно именно из этого состояния, мы приобретаем по мере духовного возвышения все те ощущения и навыки, которые необходимы для полного ощущения наслаждения Творцом.

Это подобно притче: король пожелал сделать из своего раба самого близкого себе приближенного. Но как это возможно, ведь это раб, невежественный и далекий от знаний и положения приближенных короля. Как же он может его возвысить выше всех?

Что сделал король? Поставив раба служить сторожем, приказал слугам своим разыграть, будто они собираются свергнуть и убить короля. Так и было сделано, слуги разыгрывали интриги и нападения, а несчастный раб, не щадя жизни, спасал своего короля с необычайным героизмом, настолько, что все убедились в его великой преданности королю.

Тогда раскрыли всем секрет, что это была всего лишь шутка. И все преисполнились смеха и веселья, особенно когда нападающие пересказывали, как они разыгрывали эту шутку и каким страхом преисполнился от их действий раб.

Но поскольку этого еще недостаточно, чтобы возвысить раба до положения самого приближенного к королю, придумал

Предисловие к книге «ЗОАР»

король еще много подобных розыгрышей, и каждый раз несчастный раб доказывал свою верность королю, стоя за него насмерть, не щадя себя, и каждый раз разыгрывающие смеялись, рассказывая, как они обыгрывают нападения на короля.

И хотя раб уже заранее знал, что нет никаких врагов короля, а все нападающие – это только переодетые слуги короля, выполняющие его желания, нападающие каждый раз выдумывали такие обстоятельства, что несчастный вынужден был верить в их истинность.

Но, борясь с «нападающими» на любимого короля, приобрел раб разум – от познания в конце, и любовь – от познания вначале, и стал в итоге достойным находиться вблизи короля.

Самое невероятное и прекрасное, что несмотря на то, что хотя и знает человек, что все исходит от любящего его Творца, и как игра все перемены его состояний, и только к лучшему все, но все равно галут утверждает свою силу, и нет никакой возможности облегчить себе войну с эгоизмом и страшными угрозами посылаемых Творцом внешних обстоятельств.

Поэтому мы находимся в совершенстве, достойном нашего совершенного Создателя, также и в состоянии 2, ведь тело нисколько не обесценивает нас, потому что уготовано умереть и исчезнуть, и приготовлено нам только на определенное время, необходимое для его уничтожения и получения взамен его вечной формы.

Наше состояние можно представить так: человек находится в вечном, полном совершенства и бесконечных наслаждений Создателе, и сам же таков, но только пелена, наброшенная на все его чувства, называемая эгоизмом, не позволяет ему ощущать свое истинное состояние.

Поэтому и в состоянии 2 мы находимся в том же совершенстве, что и в состоянии 1 и 3, а все отличие между истинным ощущением и теперешним – только в нашем ощущении. И вот, чтобы исправить наши ощущения от этой пелены, мы и должны своими силами пройти ряд состояний до исправления нашего ощущения уничтожением эгоизма как помехи нашему чувственному слиянию с Творцом.

Желание самонаслаждения должно перейти в желание получить наслаждение ради Творца – изменить необходимо только наше намерение, но не действие, да и кли создано только «получающим», способным только получать или не получать, но не отдавать. Отдавать оно может только свое намерение, но как трудно, а без помощи Творца и невозможно это совершить.

Совпадением свойств называется состояние, когда человек просит Творца: «Дай мне наслаждения, потому что я хочу доставить тебе радость!», хотя желает получить для себя, но отказывается ради Творца от своего природного желания.

Но человек не может исправить то, что не чувствует испорченным. Поэтому он должен прежде всего дойти до обнаружения, выявления порчи, сидящей в нем. Только тогда у него появляется настоящая возможность исправить ее, потому что выявление порчи дает четкое осознание и ощущение того, что отделяет его от Творца. А ощущение отдаленности от Творца рождает в человеке ненависть к тем свойствам в нем, которые виновны в этом.

Поэтому после выявления зла в состоянии 1 начинает человек достигать соответствия намерений с Творцом (иштават цура) в состоянии 2: насколько Творец желает дать человеку, настолько человек желает все отдать Творцу. И это называется качество, свойство «хасид»: твоё твоё и моё твоё, т.е. только желание отдачи. Как уже указывалось, получение для поддержания существования физического тела, то, что необходимо для семьи, – не считается получением, потому как вытекает из самого нашего существования в рамках требований природы нашего мира.

Другими словами, все, что не с намерением самонасладиться, – не получение. Можно много есть без наслаждения, или мало с самонаслаждением, или много ради другого. Не количество поглощаемой пищи, а интенсивность намерения определяет, сколько человек отдал или получил. Но само наслаждение должно быть от мысли, что меня избрал Творец приблизить к себе, и я могу ответить Ему.

18. Заодно поймем вопрос 5, как возможно, что из вечного произойдут действия временные и ничтожные. Из сказанного понятно, что в действительности мы находимся относительно Творца в состоянии, достойном Его вечности, т.е. как творения вечные во всем совершенстве, и наша вечность обязывает к тому, что эгоизм тела, данный нам только для работы, должен быть уничтожен, ведь если бы оставался вечным, оставались бы мы отделенными от вечного существования.

Предисловие к книге «ЗОАР»

И уже говорили в п.13, что эта форма нашего тела, желание получать только для себя, совершенно отсутствует в замысле вечного творения, поскольку там находимся мы в нашем состоянии 3, но оно навязано нам в состоянии 2, чтобы дать нам возможность исправить его.

И нет места вопросу о прочих творениях нашего мира, кроме человека, ведь поскольку человек есть центр всего творения, то совершенно не важны прочие творения, и нет им значения, а только в той мере, в которой они помогают человеку достичь совершенства, и потому они поднимаются и опускаются с ним, без всякого личного расчета с ними.

Осознание зла (акарат ра) означает видеть свое зло, как видишь в других их пороки. Поскольку Каббала говорит только о постижении человеком Творца, то мы никогда не говорим о свойствах абстрактно, отделяя их от носителя, а только о том, как свойство воспринимается человеком.

Поэтому грешником мы называем человека, который достиг такого уровня духовного роста, что постиг все свои дурные качества и именно поэтому утверждает, что он грешник. Праведник – это человек, достигший такого духовного уровня, на котором он уже в состоянии оправдать все действия Творца как следствие своего постижения творения. Это в корне расходится с принятым в нашем мире, когда грешником мы называем другого, а праведником считаем себя, потому что готовы оправдать все наши действия.

Человек обязан верить (верить обязать нельзя! Такие фразы указывают, что есть уровень, когда человек верит, и этот уровень человек обязан постигнуть, и это значит «обязан верить») в сказанное мудрецами, что все наслаждения нашего мира – всего лишь маленькая искра света, упавшая (вброшенная силой, желанием Творца, против закона подобия света и кли-желания, получающего свет) в наш мир, чтобы, пока человек не дошел до состояния получения наслаждений от действий отдачи Творцу, мог хоть чем-то наслаждаться, потому что без получения хоть какого-то наслаждения человек, эгоизм, существовать не может.

На настоящий свет, называемый Тора, есть запрет, а потому и сокрытие его до тех пор, пока не достигнем состояния «ради Творца». Тогда, в соответствии с силой наших намерений ради Творца, мы сможем получать наслаждение от света, что называется получить Тору. Например, при надевании цицит ощутим огромное наслаждение, большее, чем все наслаждения как нашего, так и духовного миров.

Действие никогда не сложно совершить. Подтверждение этому, что все покупается и продается, вопрос только в размере вознаграждения.

Потому что совершить действие или нет зависит только от желания самого человека. А за хорошее вознаграждение работать согласится каждый. Но не так обстоит дело с намерением: ни за какие вознаграждения невозможно изменить намерение, потому что, меняя намерение, мы превращаем действие из маленького в большое, из тяжелого в легкое и вовсе меняем действие, из получения обращаем его в отдачу.

Только отказом от наслаждения искрой света, т.е. через эгоистические ее одеяния, можно выйти к состоянию отдачи (леашпиа аль минат леашпиа), а затем и к получению ради Творца (лекабэль аль минат леашпиа).

19. Одновременно с этим понятен вопрос 4: поскольку Добрый не может совершать зло, как же мог задумать создать творения, чтобы страдали в течение всей своей жизни.

Но как сказано, все эти страдания обязываются нашим состоянием 1, где совершенство и вечность, которые там, получаемые из будущего состояния 3, вынуждают нас идти путем Торы или путем страданий и достичь состояния 3 навечно.

Причина и цель всех страданий в мире – дабы человечество осознало как факт, что источником всех его страданий является эгоизм и что, только пожелав отказаться от него, человечество обретет совершенство.

Оторвавшись от эгоизма, мы тем самым отрываемся от всех неприятных ощущений, которые проходят по нему, как по форме, обратной Создателю.

А все эти страдания связаны только с эгоизмом нашего тела, который и создан только для смерти его и погребения, что учит нас, что находящееся в нем желание получить себе, создано лишь для его искоренения из мира и обращения в желание отдавать, а все наши страдания – не более чем раскрытие ничтожности и вреда, находящихся в нем.

Предисловие к книге «ЗОАР»

И пойми, когда весь мир согласится освободиться и уничтожить желание получить себе и будет во всех только желание отдавать другим, исключат этим все тревоги и все вредное в мире, и каждый будет уверен в здоровой и полной жизни, потому что у каждого из нас будет весь большой мир, заботящийся о нем и о его нуждах.

Но когда у каждого есть только желание получить себе, отсюда и исходят все тревоги и страдания, убийства и войны, и не избавиться от этого. И это ослабляет тело всякими болезнями и болями.

Отсюда видно, что все страдания в нашем мире – чтобы раскрыть наши глаза, подтолкнуть нас избавиться от злого эгоизма тела и получить совершенную форму желания отдавать.

И как сказано, путь страданий сам в состоянии привести нас к желательному состоянию. И знай, что заповеди отношения между людьми важнее заповеди отношения к Творцу, потому как отдача другим приводит к отдаче Творцу.

Творцом созданы 2 противостоящие системы эгоистических и альтруистических сил, а цель в том, чтобы тьма светила как свет (хашеха ке ора яир), т.е. весь эгоизм обратился в альтруизм и получилась в итоге двойная альтруистическая сила, двойной выигрыш. Но как соединить эти 2 противоположные системы?

Это возможно только в человеке, находящемся под течением времени: поначалу на него в течение «13 лет» действует нечистая система сил, от которой он приобретает эгоистические желания. А затем, с помощью Торы и Заповедей – изучая Каббалу, прилепляясь к Учителю, вкладывая во все свои поступки в жизни мысль о том, что все они являются средством сближения с Творцом, – он преобразует свои эгоистические желания в альтруистические и т.о. переводит противоположную, нечистую систему в чистую. В итоге две противоположности сливаются в одно целое, и поэтому исчезает система нечистых сил.

Поскольку наша природа – это абсолютный эгоизм, то мы не в состоянии понять, как можно отдавать без всякого вознаграждения. Если бы не помощь Творца в этом, мы бы не смогли измениться: только когда свет входит в эгоистическое кли, он меняет его природу на противоположную, на свою.

Но как свет может войти в эгоистическое кли, ведь они полярно отдалены друг от друга? Есть особый свет исправления (ор А"Б-СА"Г), который приходит не для услаждения, а для исправления. Поэтому вся наша работа в молитве-просьбе к Творцу, чтобы сделал нам это, послал нам свет для нашего исправления. Но для этого мы должны настолько захотеть исправления, чтобы Творец ответил нам.

Для того чтобы достичь такой просьбы, есть несколько вспомогательных средств. Одно из них – это выполнение альтруистических действий (не намерений, их мы еще не можем дать) Творцу или себе подобным.

К Творцу нам очень трудно совершать какие-либо действия: не видя результата, мы не ощущаем никакого удовлетворения от проделанного. К себе же подобным мы можем совершать альтруистические действия, потому что есть удовлетворение от наших действий, их результата.

Поэтому «любовь к ближнему», «возлюби ближнего» есть главное средство Торы для достижения цели – любви к Творцу. Потому что наблюдения за хорошими следствиями наших альтруистических поступков к себе подобным помогают нам постепенно осознать и оценить свойство альтруизма и просить о возможности делать такие же действия Творцу. Причем наши действия могут оставаться теми же, но меняется их мотивировка: накормить бедного не из чувства сострадания (успокоения своей эгоистической боли от ощущения его состояния), а ради Творца.

20. После всего выясненного разрешается вопрос 1: кто мы. Потому что наша суть, как суть всех частей творения не более и не менее, как желание получить, но не в том виде, как это предстает нам в состоянии 2, как желание получить только для себя, а в том виде, в каком находится в состоянии 1, в мире Бесконечности, т.е. в своей вечной форме, как желание давать наслаждение Творцу.

Наша суть – это желание получить наслаждения ради Творца – форма, подобная Творцу, совершенная и вечная. А ощущаемое нами на данный момент свойство насладиться ради себя – это не наше свойство, а искусственно данное нам, пелена на наши настоящие, совершенные качества.

Предисловие к книге «ЗОАР»

И хотя еще в действительности не достигли состояния 3, и еще мы в рамках времени, все равно это нисколько не умаляет нашу суть, потому что наше состояние 3 гарантировано нам из состояния 1, а получающий в будущем подобен получившему. Ведь фактор времени является недостатком только там, где есть сомнения, закончит ли то, что должен в отведенное время. А поскольку у нас нет никакого сомнения, то это подобно тому, как будто пришли мы уже в состояние 3.

А наше плохое тело, данное нам в настоящем, не принижает нашу суть, потому что оно и все его приобретения исчезнут вместе с системой нечистых сил, его источником, а исчезающий подобен исчезнувшему и будто никогда не существовал.

Более того, мы не только отказываемся от нашего тела, но и преобразуем его в те же свойства, которыми обладает наша душа. В итоге мы выигрываем вдвойне: получаем наслаждения, не ограниченные размером нашего желания, а бесконечные, потому что отдавать можно бесконечно, и достигаем нашим исправленным телом слияния с Творцом.

Но душа, одетая в это тело, суть которой тоже желание, но желание отдавать, исходящее нам из системы чистых миров АБЕ"А, существует вечно, так как вид этого желания отдавать подобен вечной жизни, и она не меняется.

21. И не верь мнению философов, утверждающих, что суть души – это материал разума, и жизненная сила ее исходит только из ее познаний, от этого растет и этим оживляется, и ее бессмертие после смерти тела полностью зависит от меры приобретенных знаний, настолько, что без них нет у нее основы, на которой покоится бессмертие, – все это вовсе не мнение Торы.

А также сердце не согласно на это, и каждый, приобретающий знания, знает и чувствует, что ум – это приобретение, а не суть.

Ум – это такое же точно приобретение, как приобретение материальной вещи, покупка чего-либо. И все наслаждение, получаемое от использования ума, исходит так же, как и остальные эгоистические наслаждения, от системы нечистых сил.

Ведь только наслаждение от отдачи, чистого альтруизма, исходит от системы чистых миров АБЕ"А.

А как сказано, что весь материал нового творения, как материал духовных объектов, так и материал материальных объектов, не более и не менее, как желание получить (а то, что сказано, что душа – это желание только отдавать, то это от ее исправления, облачением в отражаемый свет, получаемый ею от высших миров, из которых она нисходит к нам, но суть души – это тоже только желание получить).

Наслаждение, исходящее от Творца, называется прямым светом, ор яшар, потому что исходит прямо из Его желания относительно нас. Наше намерение при получении света Творца называется отраженным светом – ор хозэр. Изменение намерения изменяет само действие с получения на отдачу.

Получение наслаждения, исходящего из Творца, возможно только в той мере, в какой отраженный свет облачает прямой свет. Ощущение Творца возможно только в мере наличия у человека отраженного света, в мере силы противодействия эгоистическому наслаждению. А все отличие между творениями – не более чем различие в их желаниях.

Желание определяет все свойства в творении – физические, химические, функционирование на всех уровнях биологического организма и пр., на всех уровнях неживой, растительной, животной природы и в человеке.

Сами желания человек получает свыше, но уже затем, своими занятиями, сознательно прося Творца, может их изменить.

Потому как желание каждой сути рождает ее потребности, а потребности рождают ее мысли и познания в мере, необходимой для достижения желаемого, которое желание получить вынуждает ее.

И как желания людей отличны одни от других, так же их потребности, мысли и знания отличны одни от других. Например, желания получить, ограниченные только животными наслаждениями, используют и подчиняют ум исключительно достижению этих желаний.

А те, чье желание получить требует человеческих наслаждений, таких, как почести и власть над другими, не имеющихся у животного типа, – то их основные потребности, мысли и знания, только чтобы наполнить это их желание, чем только возможно.

Предисловие к книге «ЗОАР»

Мы видим, что чем выше желание, тем оно более способно подавлять более низкие желания. Например, человек во имя познаний или славы в состоянии пренебречь своим имуществом или здоровьем – животными желаниями и т.д.

А те, чьё желание получить требует в основном знания, то основные их потребности, мысли и знания – чтобы наполнить их желание требующимся.

Человек рождается с желаниями:
1) наслаждения животные – получаемые от неживого, растительного, животного уровней творения;
2) наслаждения почестями – получаемые от неживого, растительного, животного, человеческого уровней творения; от страданий равных себе, как посторонних, так и близких себе;
3) наслаждения знаниями – получаемые от неживого, растительного, животного, человеческого уровней творения. С этими тремя видами человеческих желаний рождается каждый из нас. Вид 1) самый примитивный, с видами желаний 2) и 3) человек использует свой разум;
4) наслаждения от работы ради Творца человек получает из более высших, чем неживой, растительный, животный, человеческий уровень творения, духовных источников.

Если человек находится в процессе духовной работы, то все предыдущие виды наслаждения: 1), 2), 3) – включаются также в его работу, весь мир т.о. поднимается вместе с ним и получает собственное исправление через такого человека.

Поэтому сказано, что Творец помещает в каждом поколении несколько праведников (праведником называется оправдывающий действия Творца тем, что духовно поднялся, достиг цели творения и утверждает всеми своими ощущениями, что Творец прав), которые включают в себя остальной мир, его мелкий эгоизм, и продвигают его т.о. все ближе и ближе к осознанному восприятию цели творения, до тех пор, пока остальные люди не достигнут уровня сознательного понимания и внутреннего стремления к цели творения.

Но весь неживой растительный и животный миры, не имея достаточного развития, вследствие незначительной в них меры эгоизма, не могут исправить свою природу, а человек, исправляя себя, исправляет их. И также уровни неживого, растительного, животного в человеке (1, 2, 3), не могут исправить себя, а человеческий уровень в человеке (4), желающий связи с Творцом, исправляя себя, включает в себя и их исправление.

22. И эти 3 вида желаний находятся в основном во всех людях, но сочетаются в каждом в разных пропорциях, и отсюда все отличие людей друг от друга. А из материальных свойств поймем духовные свойства, по их духовной величине.

Не только эти три вида желания находятся в каждом из нас в различной пропорции, но они также постоянно меняются, и т.о. человек постоянно стремится к различным одеяниям высшего света в нашем мире и этим развивается.

Первые три вида желания насладиться находятся в нас с момента рождения, т.е. с момента нашего рождения мы готовы к наслаждению ими, в противоположность четвертому желанию – его получают избранные, имеющие так называемую «нэкуда ше ба лев» – «точку в сердце», обратная часть (ахораим) чистой души.

23. Также и души людей духовны – облачением в отражающий свет, получаемый от высших миров, из которых они нисходят, нет в них ничего, кроме желания отдавать ради Творца, желание это и есть суть души, а после облачения ее в тело человека она рождает в нем потребности, мысли и разум, наполнить полностью ее желание отдавать, т.е. отдавать наслаждение Творцу, согласно величине желания в ней.

Благодаря стремлению, создаваемому точкой в сердце, человек с помощью изучения Каббалы достигает желания «получать» ради Творца.

В Заповедях есть огромные наслаждения, но и, соответственно им, большое скрытие этих наслаждений, чтобы не привлечь недостойных, т.е. еще не подготовленных к получению этих наслаждений ради Творца, дабы не почувствовали этих огромных наслаждений и не стали еще большими рабами эгоистического стремления самонасладиться.

И чем большее наслаждение есть в Заповеди, тем меньше простого смысла есть в ней, потому что, чем больше света в духовном действии, тем, значит, оно более удалено от нас, нашего разума и постижения и поэтому кажется более лишенным смысла.

Предисловие к книге «ЗОАР»

Смысл Заповеди (таам мицвот) начинает ощущаться только при получении ради Творца, потому что иначе получит ради себя, еще глубже погрязнет в эгоизме, еще труднее будет выйти из него.

И поэтому до появления в человеке соответствующих сил на все несоответствующие его уровню духовные наслаждения наброшено покрытие (астара). Поэтому все наслаждения ощущаются как незначительные.

В общем, вознаграждение от выполнения заповеди может ощущаться или не ощущаться человеком: вначале ощущается наслаждение, например от субботней трапезы, наслаждение по сравнению с духовными незначительное, данное для того, чтобы человек дошел до состояния получать это наслаждение ради Творца, а затем ему уже предлагается наслаждение, например, от цицит, ранее скрытое от него, ибо намного большее, чем от трапезы, чтобы и его мог получить ради Творца.

Если наслаждение от выполнения заповеди не ощущается, то это по причине несоответствия свойств человека духовному уровню, выполненной механически Заповеди. Как только человек достигнет подобия желаний с той духовной ступенью, на которой находится данная Заповедь, он тут же ощутит наслаждение при ее выполнении.

24. А так как суть тела – это только желание получить для себя, а все, что получает, – это наполнение испорченного желания получить, изначально созданного только для уничтожения из мира, чтобы прийти к состоянию 3, что в конце исправления, поэтому оно (тело) меняющееся, несовершенное, как и все его приобретения, проходящие как тень, не оставляющие за собою ничего.

Поэтому все человеческие приобретения, даже включая самые высокие из них – знания, умирают вместе с телом и помогают человеку только в той мере, в которой дают ему возможность осознать их временность и никчемность.

Но потому как суть души – это только желание отдавать, а все ее приобретения – это наполнения желания отдавать, которое уже существует в вечном состоянии 1, как и в состоянии 3, приходящем в наши ощущения в будущем, поэтому (душа) совершенна, неизменяема и незаменяема, а как сама, так и все ее приобретения – вечные и навечно, не пропадающие от смерти тела, а наоборот, когда испорченная форма тела исчезает, душа укрепляется и может подняться ввысь, в рай.

Только усилия человека исправить себя и постичь Творца остаются в вечном его владении и не пропадают вместе с исчезновением тела, а продолжают участвовать в исправлении, а затем и в получении света Творца.

Таким образом мы выяснили, что вечность души не зависит вовсе от знаний, которые получила, как считают философы, а ее вечность сама ее суть, потому что ее суть – желание отдавать. А знания, приобретенные ею, – это вознаграждение ее, а не сама она.

25. Отсюда мы находим ответ на исследование 5: если тело настолько испорченное, что, пока оно не разложится, не может душа войти в него, зачем же возвращается и оживает воскрешением мертвых. Причем, как сказали мудрецы, мертвые оживают со своими недостатками, чтобы не сказали, что это не те.

Поймем это, исходя из самого замысла творения, т.е. из состояния 1, потому что замысел насладить творения обязывает создать в душах огромное желание получить, получить то наслаждение, что в замысле творения, так как огромное наслаждение требует огромного желания.

Уже сказано, что огромное желание получить – это весь новый материал творения, потому что не нуждается более ни в чем, чтобы выполнить замысел творения, а совершенный Создатель не создает ничего лишнего.

Также сказано, что это чрезмерное желание получить абсолютно исключено из системы чистых миров и придано системе нечистых миров, из которой выходят испорченные тела, их питание и управление в нашем мире, до достижения человеком 13 лет, когда выполнением Торы начинает постигать чистую душу, питаясь из системы чистых миров, в мере той души, которую постиг.

Время, необходимое для постижения полного эгоистического желания, называется «13 лет», но никоим образом не связано с годами, временем в нашем мире. В этот период времени человек меняет одеяния своего эгоизма, постепенно развиваются желания наслаждаться от все больших одеяний эгоизма и т.о. человек продвигается.

Предисловие к книге «ЗОАР»

Происходит это всевозможными изменениями ситуаций в нашем мире, когда человек попадает по замыслу Творца в различные, подчас кажущиеся ему безысходными, ситуации. Состояния, в которых он оказывается, настолько давят на него, вызывая страдания, что вынуждают отказываться от прежних источников наслаждений и искать новые: человек постепенно разочаровывается в стремлении к животным наслаждениям, к наслаждению от власти, почета, знаний и пр., т.е. постоянно меняет внешнее облачение искры наслаждения.

Движения человека всегда вынужденные, потому что наш эгоизм стремится к состоянию покоя. Для того чтобы человек двигался, существуют две силы, которые понимает наш эгоизм: наслаждение (тянет вперед) и страдание (толкает сзади).

Человек может двигаться только от страданий к наслаждениям. Но есть еще сила веры: человек встает на работу, хотя это вызывает в нем страдание, потому что знает, что так надо. И в этом наша свобода выбора – поверить, что нам надо спасать себя!

Нет у человека выбора быть умным, богатым и пр. – есть выбор только быть грешником или праведником, и необходимо просить Творца, чтобы помог сделать правильный выбор, чтобы Творец дал человеку потребность в духовном. Но вслед за ступенями постижения управления наказанием и вознаграждением (ашгаха схар вэ онэш) человек постигает личное управление (ашгаха пратит).

Это две последовательные ступени постижения Высшего управления, и нельзя, пока человек не находится на ступени личного управления, утверждать, что он поступает в соответствии с законами этой ступени, утверждать, что все делает Творец, а от человека ничего не зависит. Человек должен постоянно осознавать, что всегда есть что-то выше того, что он знает!

Так же и в учебе, человек постепенно постигает, что он ничего не знает, это и есть настоящее истинное знание, а далее если страдает от этого, то Творец наполняет его страдания-кли светом знания. Поэтому есть ощущение того, что «ничего не знаю» обычно предшествует пониманию и духовному подъему.

И все это для роста, чтобы не остался недоразвитым. Недоразвитым называется человек, который вовремя не меняет внешнее обличие наслаждений: как, например, невеста еще желает куклу, вместо жениха. Смена внешних одеяний искры наслаждения происходит только по причине разочарования в имеющемся одеянии, потому что уже не может человек насладиться искрой в данном обличье. И так он меняет левушим-одеяния искры света, пока не приблизится к истине.

После достижения уровня «13 лет» человек начинает приобретать силу противодействия эгоизму (экран-масах), желание отдавать ради Творца (леашпиа аль минат леашпиа). Этот период приобретения альтруистических желаний все отдавать называется 6000 лет. А затем человек начинает и «получать» ради Творца (лекабэль аль минат леашпиа). И это называется седьмое тысячелетие.

Также сказано, что в течение 6000 лет, данных нам для работы в Торе и Заповедях, нет никаких исправлений для тела, т.е. для огромного желания получить, заключенного в нем.

После периода накопления, взращивания эгоизма, именуемого «13 лет», человек вступает в период, называемый 6000 лет. В течение 6000 лет, или на языке Каббалы, пройдя 6000 ступеней приобретения желания отдавать, человек достигает своего исправления в уничтожении стыда при получении наслаждения и поэтому может после приобретения свойств этих 6000 ступеней начать оживлять свое тело и получать в него наслаждения ради Творца.

На языке Каббалы исправление в течение 6000 лет называется приобретение силы отдачи – ор хозэр – отраженного света, намерения все делать только ради Творца, все отдавать Творцу. Достичь этого совершенства обязаны все творения. В той мере, в которой человек еще не достиг желания отдавать, он находится в астара – сокрытии Творца от него.

Сокрытие Творца от нас – сокрытие того, что все мы получаем только от Него, что получаем от Него только доброе, необходимо для того, чтобы мы не сгорели от стыда. Поэтому сокрытие Творца – для нашего блага.

А все исправления, приходящие в это время от нашей работы, они приходят только для души, которая вследствие этого поднимается на высшие ступени чистоты, что значит – только для увеличения желания отдавать, нисходящего с душой.

Отсюда конец тела: умереть, быть погребенным и сгнить, потому что, не получив для себя никакого исправления, не может оставаться таким, ведь в конце

концов, если исчезнет это огромное желание получить из мира, не исполнится замысел творения, т.е. не получат все огромные наслаждения, уготовленные творениям, потому как огромное желание насладиться и огромное наслаждение взаимосвязаны. И в той мере, в которой уменьшится желание получить, в той же мере уменьшится наслаждение от получения.

После того как человек приобрел масах, желание отдавать Творцу, он воскрешает свой эгоизм во всех его пороках, но с помощью масаха использует уже эгоизм на получение ради Творца и наслаждается от отдачи Творцу. (Со стороны Творца тот, кто наслаждается в любой ситуации, от любых наслаждений, выполняет замысел творения.)

В итоге исправления намерения насладиться человек получает двойное вознаграждение: наслаждение от самого наслаждения, потому что, если не наслаждается, не наслаждает Творца, и, кроме того, наслаждение от слияния с Творцом.

26. Как уже говорилось, состояние 1 совершенно и обязывает состояние 3, чтобы вышло во всей полноте, что в замысле творения, что в состоянии 1, ни в чем не менее, чем задумано.

И поэтому обязывает состояние 1 воскрешение мертвых тел. То есть их огромное желание получить, уже разложившееся в состоянии 2, обязано воскреснуть заново, во всем своем чрезмерном виде, без всяких сокращений, т.е. со всеми своими недостатками, бывшими в нем.

И начинается заново работа, чтобы обратить огромное желание получить в желание отдавать ради Творца. Этим выигрываем вдвойне:

1) есть место в нас получить все наслаждение, что в замысле творения, тем, что есть у нас огромное тело, желающее получить в себя, соответствующее этим наслаждениям;
2) поскольку получение на условии получения только в мере отдачи ради Творца, то такое получение считается как полная отдача, этим достигли также подобия свойств, т.е. слияния с Творцом, что является состоянием 3. Таким образом, состояние 1 обязывает воскрешение мертвых.

После периода 6000 лет, называемого состоянием 2, человек переходит к работе в состоянии 3 – получению ради Творца. И при этом он уже не испытывает никакого чувства стыда, поскольку получает не в свои эгоистические желания, а в новое желание-намерение, называемое отраженный свет – ор хозэр, и в соответствии с величиной этого отраженного света, или что то же, в соответствии с величиной своего экрана-масаха, противоэгоистической силы, он получает, не более и не менее, а точно по силе своего чистого намерения-кавана наслаждение, еще в начале творения уготовленное для него (получает свет не в АХА"П дэ алия, а в АХА"П дэ ерида, ба маком).

27. Поэтому воскрешение мертвых будет вблизи окончания исправления, т.е. в конце состояния 2. Потому как удостоились искоренить наше огромное желание получить и получили желание отдавать, и после того, как удостоились всех прекрасных чистых ступеней, что в душе.

Душой называется как желание отдавать, так и свет, наполняющий это желание, светящий человеку, пришедшему к уровню отдачи ради Творца (леашпиа аль минат леашпиа).

Виды души, которые мы получаем согласно входящему в нас свету, называются нэфэш, руах, нэшама, хая, йехида. В этом наша работа по искоренению желания получить.

Не желая использовать желание получить самонаслаждения, человек достигает ступеней наранха"й – сокращение названий светов: нэфэш, руах, нэшама, хая, йехида.

Вот тогда он приходит к огромному совершенству, настолько, что можно воскресить заново тело.

Тело – это наше желание получить. Воскресить тело – возвратиться использовать эти желания. И оно не вредит нам более, отделяя нас от слияния, а наоборот, мы преодолеваем его и даем ему свойство отдавать.

И так происходит в каждом плохом частном свойстве: если желаем мы избавиться от него, поначалу мы должны отстранить его полностью, до конца, чтобы не осталось от него ничего.

Отстраниться полностью от использования желания означает желать только все отдавать Творцу (леашпиа аль минат леашпиа). Желание Творца – насладить творения. Поэтому создал их и придал им желание получить наслаждение. Поэтому каждый из сотворенных заботится только о своем благополучии.

Предисловие к книге «ЗОАР»

Обычно воспитывают человека так, что все его действия должны быть «ради Творца» (ле шем шамаим). Но когда он начинает пытаться сделать своим намерением намерение «ради Творца», он обнаруживает, что это невозможно, потому что его тело сопротивляется этому. А причина этого сопротивления в том, что человек создан с желанием получить самонаслаждение, поэтому нет у человека иной причины, которая могла бы обязать его действовать!

И если человек видит, что все мысли только для собственного блага, но желает прийти к правде, т.е. намерению «ради Творца», то ощущает потребность в помощи.

Поэтому сказано мудрецами: «Приходящему исправиться помогают». Приходящему – означает, что человек обязан сам начать работу по своему исправлению.

Почему же Творец не делает все сам? Сказано: «Эгоизм человека восстает против него каждый день, и если Творец не поможет, не в состоянии человек сам ничего сделать». Отсюда видим, что человек обязан начать, а Творец приходит на помощь ему.

Но почему не дано человеку самому не только начать, но и закончить эту работу по исправлению себя? Все положительное мы относим к Творцу, а все отрицательное относим к творениям: отдача и наслаждения, свет и совершенство относятся к Творцу, а всевозможные недостатки относятся к творениям. Другими словами, действие отдачи относится к Творцу, а действие получения относится к созданию.

Поскольку желание Творца в том, чтобы человек удостоился света и постижения, то Творец делает так, чтобы без помощи Творца человек не смог достичь намерения «отдавать». Видим, что в замысле творения было то, что человек не сможет сам достичь цели Творения, закончить свою работу и будет нуждаться в помощи свыше. И это для того, чтобы смог удостоиться света свыше, каждый раз от все более высшей ступени.

И поэтому сказано: «Приходящему исправиться помогают». И спрашивает «Зоар»: «Чем помогают?». И отвечает: «Душой». То есть если человек просит силы для того, чтобы преодолеть себя, помогают ему «душой», т.е. силой противодействия эгоизму: когда он рождается, дают ему нэфеш, стремится быть еще чище – дают ему руах, желает стать еще чище, т.е. еще больше увеличить свои намерения «ради Творца» – дают ему нэшама.

Видим, что каждый раз человек получает все более высокую душу, чтобы она, этот свет, помог ему достичь цели, чтобы он стал только все отдавать Творцу (машпиа аль минат леашпиа). А вследствие того, что желает быть весь только в отдаче Творцу, он удостаивается всех светов наранха"й.

А когда человек достиг всей ступени нэфэш (наранха"й дэ нэфэш), то он знает, что желание получить можно использовать только с намерением отдавать, и поэтому у него уже есть силы «получать» ради Творца. И он получает все с его желанием получить и также находится в слиянии с Творцом, потому что получает с намерением ради Творца. И это состояние называется воскрешение мертвых: желание получить, бывшее в состоянии смерти, потому что не использовал его, возвращается к жизни, используется.

Поэтому сказано: «Грешники мертвы еще при жизни». Известно, что человек может изменить свои убеждения и действия, только если приходит к выводу, что они вредят ему. И это смысл осознания зла: когда человек познает, что есть для него зло в нем, в его мыслях и действиях, тогда он оставляет свой путь. Но до осознания такого состояния не может быть праведником.

Отсюда видно, что «грешники» – это не те, кто совершил проступки, а те, кто осознает себя такими, потому что ощущают зло свое, зло в себе, осознают свое зло. «Мертвы еще при жизни»: жизнь – это постоянное получение. Но он чувствует, что получение смерти подобно, поэтому по его ощущению так себя и называет: «Грешник мертв еще при жизни».

Но когда человек приходит к осознанию всего этого, не желает использовать свое желание получить, а использует желание отдавать. А когда заканчивает всю работу отдачи (машпиа аль минат леашпиа), он может использовать и свои прошлые желания получить, для получения ради Творца (лекабэль аль минат леашпиа). И все прошлые желания получить мертвые, потому что не желал их использовать, начинает их использовать, воскрешает к жизни, потому как жизнью считается возможность отдавать, и теперь он может использовать даже желания получать ради отдачи, так как может «получать» с намерением «отдавать». И этот уровень человека называется его воскрешением.

А затем возможно вернуться, получить и управлять им, как средством. Но до тех пор, пока не отвергли его мы полностью, невозможно вообще управлять им, как нужным средством.

28. И так говорят мудрецы: «В будущем мертвецы воскреснут в своих пороках, а затем излечатся, т.е. вначале воскресает к жизни то же тело, ничем не ограниченное желание получить, как взращенное от системы нечистых миров, прежде чем удостоились очистить его Торой и Заповедями, во всех его недостатках.

И тогда мы начинаем новую работу: обратить это огромное желание получить в отдачу для его исправления.

В то время, когда человек в состоянии принять на себя намерение «ради Творца», его желание получить не считается пороком, а наоборот. Это подобно примеру, приведенному Бааль аСулам: чем больше гость восхищается угощением, тем больше доволен хозяин. Но если гость не в состоянии откушать, то хозяин огорчается.

Вывод: когда есть у человека желание получить, в которое он может получить, потому что есть у него намерение ради Творца и находится в подобии свойств Творцу – чем его желание получить больше, Творец наслаждается больше (РАБА"Ш).

А причина того, чтобы не сказали, что это другое тело – чтобы не сказали, что оно с другими свойствами, чем задумано в замысле творения, где находится это огромное желание получить, но временно, пока еще даны нам нечистые силы для очищения. Нельзя, чтобы это было другое тело, ведь если будет меньше каким-то желанием, то будто оно совсем другое и не подходит вовсе к наслаждению, что в замысле творения в состоянии 1.

Желание насладить творения создало нас, чтобы получили все лучшее наслаждение. Схематически: желает Творец дать 100 ступеней наслаждения, отсюда величина желания насладиться должна быть в 100 ступеней.

В состоянии Эйн Соф – бесконечности, когда все 100 ступеней наслаждения наполнили все 100 ступеней желания, считается, что все творение наполнено светом Творца, потому что не остается ничего незаполненного, ни одного незаполненного желания.

Находим, что если остается какая-либо часть желания получить, которая не используется, то будет отсутствовать свет, соответствующий этому желанию. А как может быть конец исправления, если еще недостает чего-то? И поэтому сказано, что все обязано прийти к своему исправлению (РАБА"Ш).

29. Из всего выясненного находим ответ на вопрос 2, какова наша роль в длинной цепочке действительности, в которой мы отдельные звенья, в течение нашей краткой жизни.

Знай, что наша работа в течение 70 лет делится на 4 периода:

Период 1 – приобрести огромное неограниченное желание получить во всей его неисправленной величине, под властью системы 4 нечистых миров АБЕ"А. Ведь если бы не было в нас этого неисправленного желания получить, невозможно было бы исправить его, ведь исправить можно то, что имеется.

И поэтому недостаточно того желания получить, имеющегося в теле от его рождения в мире, но еще обязана быть система нечистых сил не менее 13 лет, т.е. чтобы нечистые силы управляли им и давали ему от своего света, под влиянием которого увеличивалось бы его желание получить, ведь наслаждения, которыми нечистые силы снабжают желание получить, расширяют и увеличивают его требования.

Чтобы достичь замысла творения, необходимо огромное желание получить, а эти огромные желания есть только в системе нечистых сил. Рост желания получить наслаждения происходит под влиянием наполнения этого желания.

Не менее 13 лет – до тех пор, пока не приобретет полное колличество желания получить, которое должен затем исправить, согласно личному замыслу Творца относительно именно конкретного человека. Поэтому говорится в Торе, что до 13 лет у человека есть только ецер ра – дурное начало, а после 13 лет приходит к нему и ецер тов – доброе начало. Конечно, имеется в виду только внутреннее состояние человека, потому что если не работает над собой, то и за сотни лет не пройдет состояния, называемого «13 лет».

Например, когда рождается, есть в нем желание только на одну порцию и не более, но когда нечистые силы наполняют его этой порцией, немедленно расширяется желание получить и желает вдвойне, а когда нечистые силы дают ему желаемое, немедленно расширяется желание и желает вчетверо.

Каково отличие материального (гашмиют) от духовного (руханиют)? Бааль аСулам ответил на это так: если человек не

Предисловие к книге «ЗОАР»

имеет материального, то ощущает страдания. Например, нет у него еды – страдает. Но если есть еда и наслаждается ею, ощущает отсутствие дополнительного наслаждения: в ту минуту, когда ест, удовлетворение пропадает, и вновь начинает стремиться к наслаждению...

Духовное же совсем противоположно этому, доступно всему миру, но тот, кто удостаивается его, чувствует себя оказавшимся в самом лучшем мире, где только хорошее и доброе ощущается им.

А причина этого в том, что духовное называется совершенное. Если человек ощущает недостаток хоть в чем-то, уже не находится в состоянии духовном. Даже на наименьшей духовной ступени человек должен ощущать себя совершенным и должен ощущать себя самым счастливым в мире, но обязан верить в то, что есть ступени, еще большие, чем та, на которой он находится.

Старший сын и первый ученик Бааль аСулама, мой рав, Барух Ашлаг (РАБА"Ш) задал здесь вопрос: если ученик знает, что его рав больше его, таким образом он знает, что есть и более высшее состояние, чем его собственное. Как же он, зная это, может ощущать себя совершенным?

На это Бааль аСулам ответил, что ученик должен ВЕРИТЬ, что его рав больше его. Но если он ЗНАЕТ, что рав больше его, то такое его состояние не определяется как духовное, потому что любое духовное состояние совершенно (РАБА"Ш).

Но если с помощью Торы и Заповедей не может очистить желание получить и обратить его в отдачу, то его желание получить расширяется в течение всей жизни, и умирает с полунаполненным желанием. И этим определяется, что он находится в плену нечистых сил, роль которых – расширить и увеличить его желание получить и довести его до бесконечных размеров, чтобы предоставить человеку весь материал творения, который он должен исправлять.

Именно от системы нечистых сил исходит причина того, что тот, кто получил наслаждение на 1 порцию, тут же начинает желать вдвойне. Это свойство нечистых сил придано им Творцом специально для развития в человеке огромных желаний для получения цели творения – огромного наслаждения.

Если нет удовлетворения, человек думает, что может достичь большего наслаждения, но обнаруживает, что именно наслаждения постоянно не хватает: как только оно приходит, удовлетворение пропадает. Если нет материальных наслаждений, есть страдания. Если есть материальные наслаждения, все равно удовлетворения нет. Если нет духовных наслаждений, нет страданий. Появление страданий от отсутствия духовных наслаждений говорит о том, что человек становится духовным. Удовлетворение возможно, если страдал от его отсутствия.

Бедный более радостен, чем богатый, но желает быть богачем, а богатый не чувствует удовлетворения. Поэтому необходимо приобрести большие желания насладиться материальным, чтобы затем обменять их на большие духовные желания. Но если еще испытывает хоть какое-либо к чему-то желание материального, т.е. находится в состоянии ощущения недостатка материальным наслаждением, не может быть еще духовным.

Овладев же духовной, даже самой маленькой ступенью, человек ощущает себя совершенным, не видит более высокого состояния, чем свое, потому что каждое духовное состояние совершенно, ведь если чувствует, что есть что-то большее, чем он имеет, это дает ощущение несовершенства и поэтому не может быть духовным, и поэтому только верой выше своих чувств, что есть еще более совершенное в мире, может подниматься выше.

30. Период 2 – с 13 лет и далее, когда придается точке, находящейся в сердце человека, являющейся обратной стороной чистой души, облаченной в его желание получить с момента его рождения, пробуждение, тогда человек начинает входить под влияние действий системы чистых миров в той мере, в которой он занимается Торой и Заповедями.

Точка в сердце человека, темная точка (нэкуда ше ба лев, нэкуда шхора) – ощущение отсутствия света. Ясно, что для ощущения страдания оттого, что желаешь света, ощущения Творца, ощущения чего-то духовного, человек должен пережить ряд стадий роста.

Точка в сердце существует с момента рождения человека, но необходимое условие начала проявления ее действий, ощущение ее человеком, заключается в осознании своей эгоистической природы, «акарат ра», а лишь затем уже начинается путь исправления ощущаемого эгоизма, и, кроме того, он должен верить в существование духовного.

Предисловие к книге «ЗОАР»

До 13 лет – желание получить наслаждения от материального – гашмиют, все, что видит, о чем слышит в нашем мире. С 13 лет и далее – желание получить духовное – «руханиют», с верой, что существует будущий мир – «олам аба», наслаждение от Торы и Заповедей, наслаждения вечные и вознаграждение за его действия. При наличии света в точке, находящейся в сердце, она называется «сфира».

Процесс поиска все новых источников-одеяний наслаждения, как при получении наслаждения, так и при получении наслаждения от отдачи (эгоистический альтруизм): если я даю, то я выбираю, кому и сколько стоит дать, – бедному, просящему в двери подаяние, даю меньше, чем прилично одетому, собирающему на какое-то мероприятие. Получать же вообще – неважно от кого, главное – сколько получить, не имеет значения, от хорошего или плохого человека, но давать – важно, именно какому человеку даешь!

Выражения «лицевая и обратная сторона», «лицо и спина»-«паним вэ ахораим» имеют много значений. Лицо здесь означает раскрытие, свет, а обратная часть означает, что человек не ощущает, не видит ничего, не чувствует точку в своем сердце. В таком случае все же существует возможность возбудить ее.

Это подобно тому, как, глядя на ребенка, говорят, что он сильный и умный, подразумевая, что при соответствующем воспитании действительно станет таким. И главная цель в это время – достичь и увеличить духовное желание получить, ведь с момента рождения есть в человеке желание получить только материальное.

И потому хотя и достиг огромного желания получить до 13 лет, но это еще не конец роста желания получить, а основной рост желания получить именно в духовном, как, например, до 13 лет хотело его желание получить поглотить все богатство и славу, что в нашем материальном мире, где каждому ясна его временность, мир проходящий и исчезающий, как тень. Тогда как, достигнув духовного желания получить, он желает проглотить для самонаслаждения все наслаждения будущего вечного мира, остающегося навечно.

Поэтому огромное желание получить заканчивается только в желании получить духовное. Если в точку, что в сердце человека, дать правильным изучением Каббалы настоящее наполнение, то человек ощутит желание получить духовные наслаждения вместо материальных, бывших в нем до уровня 13 лет. Необходимо приобрести огромное желание насладиться духовными наслаждениями, а только затем можно начинать исправлять их намерение.

31. Сказано в «Тикунэй Зоар»: у пиявки две дочери «гав-гав», где пиявка означает ад, а грешники, попадающие в западню ада, лают, как собаки, «гав-гав», т.е. желают проглотить оба, и этот, и будущий миры. «Гав» означает «дай мне этот мир», просьба любого человека в нашем мире. «Гав-гав» – дай еще и «олам аба» – будущий мир, просьба верующего в будущий мир человека.

Но все же эта ступень необычайно важна в сравнении с первой, ведь кроме того, что постигает истинное огромное желание получить и дан ему этим для работы весь требуемый материал, эта ступень также приводит к отдаче, как сказано мудрецами, должен человек заниматься Торой для себя, а от этого придет к занятиям Торой ради Творца.

И потому эта ступень, наступающая после 13 лет, определяется как чистая и как служанка, прислуживающая своей госпоже, чистому желанию, и приводящая человека к состоянию «ради Творца» – «ли шма» и получению Высшего света.

Чистая служанка – «шифха дэ кдуша» – состояние, когда человек находится еще в «кавaнот» – намерении не ради Творца, желает насладиться ради себя, всем, что он обнаруживает в Торе, как ранее желал получить наслаждения от этого мира, потому что видит наслаждение в Заповедях. То есть его желание самонасладиться перешло с объектов этого мира на объекты духовные.

Но и это уже большой уровень предварительного развития, и не каждый заслуживает его достичь! Человек должен желать ощутить стремление к духовным наслаждениям. А уже затем наступает этап облачения этих стремлений в нужное намерение, в желание порадовать Его.

Поскольку каждый из нас имеет часть от общей души, единственного творения, сотворенного Творцом (так называемой души Первого человека Адам аРишон), то мы можем, с помощью особых действий и мыслей, называемых Торой и

Предисловие к книге «ЗОАР»

Заповедями, пробудить в себе исходную точку, зародыш (решимо) нашей личной души, дремлющую в нас, по этой причине не ощущаемую нами...И тогда возжелаем насладиться светом!

Если бы не эта точка в сердце, часть нашей души, свыше помещенная в нас, не было бы у нас никакой возможности достигнуть желания, даже эгоистического к свету Творца, поскольку мы его никогда не ощущали. Рост желания наслаждаться все более значимыми предметами этого мира происходит естественным путем. Но развить в себе желание насладиться духовным требует особой работы человека над собой, так называемой работы в Торе и Заповедях. И не обязан прежде исправлять свои желания к наслаждениям этого мира.

Исправление намерения к наслаждениям нашего мира и духовного он осуществляет одновременно: «Я наслаждаюсь, потому что наслаждается Творец». Развитие желания к духовным наслаждениям происходит в действии, а не в уме, через изучение, как и в науке, но именно с надлежащим намерением.

Как ребенку, не желающему принимать горькое лекарство, дают его, смешивая со сладким сиропом, в том виде, в котором он согласен принять, так и Творец дает нам средство исправления, свет, потому что наш эгоизм никогда бы не согласился получить его. И если человек обнаруживает, что его ум согласен на намерения ради Творца, но тело против, только молитва о том, что желает любить Творца всем своим сердцем, может помочь ему.

Только Творец может помочь в исправлении тела. Как говорится, «Ба летаэр, месайим ло» – «Приходящему очиститься помогают». В чем заключается помощь Творца? «Нотним ло нешмата кадиша» – «Дают ему чистую душу». Как сказано, «Ор махзир ле мутав» – «Свет возвращает к источнику». И в итоге человек ощущает, что его сердце «Рахаш либи давар тов» – «Приобрело мое сердце нечто хорошее», тем, что «Маасай ле мелех» – «Все мои действия Творцу».

Как же человек ощущает, что его желания Творцу? Это чувство, как и все остальные чувства, дает ему сам Творец. Ведь все наши ощущения мы получаем только из источника всех наших наслаждений (страдания ощущаются как отсутствие наслаждений). Молитва – это ощущение сердцем желания, чтобы Творец дал желание того, чего тело не желает.

Работа в сердце – это работа, чтобы сердце почувствовало истинные желания, что называется очищением сердца.

Совершенство действий человека сводится к тому, чтобы почувствовать поначалу чувство стыда при получении от Творца, хотя бы как при получении от себе подобных.

Поэтому просьба к Творцу должна быть, чтобы снял свое сокрытие, тогда человек ощущает Его и начинает стыдиться. А до этого человек должен верить, что скрытие существует, причем вера в это может быть такая, что уже в состоянии сокрытия начнет ощущать чувство стыда.

А если появилось чувство стыда, то, поскольку это уже исправление, скрытие Творца исчезает. Об этом сказано: «Праведники постигают величие Творца, а грешники постигают свое величие». А высший свет приходит к тому, кто может отказаться от него.

Но обязан делать все необходимое, чтобы достичь этого, а если не приложит к этому все свои силы, не достигнет состояния «ради Творца», то упадет в глубины нечистой служанки, которая наследует место госпожи, поскольку не дает человеку приблизиться к госпоже, к состоянию «ради Творца».

А последняя ступень этого периода, чтобы возжелал насладиться Творцом, подобно страстному желанию в нашем мире, настолько, что только это желание горело бы в нем день и ночь, как сказано, постоянно помнит настолько, что не может спать.

Сказано: «Познай Творца отцов своих и служи Ему» («да эт Элокей авиха ве авдэу»). Познание означает полную связь, и поэтому, когда человек ощущает, что стремится, но не находится в связи с Творцом, он страдает. Но хотя и ощущает желание этой связи, все равно, пока не поможет ему свыше Творец, не в состоянии сам сделать шаг вперед.

Сказано в Торе: «Ты тень Творца» – как тень человека повторяет все его движения, так и человек повторяет все движения Творца. И поэтому, если человек начинает ощущать духовный подъем и стремление к связи с Творцом, он должен сразу же осознать, что это чувство возникло у него, потому что прежде Творец пожелал приблизить его к Себе и потому вызвал в нем подобное чувство.

Но после некоторых попыток ощутить Творца приходит к человеку ощущение, что Творец не желает связи с ним. И если, несмотря на это чувство, человек все же верит, что это

Предисловие к книге «ЗОАР»

только испытание его верности Творцу, то постепенно приходит к осознанию того, что Творец открывается ему, и тогда уже от всего сердца, естественно, человек сливается с Творцом.

Самое большое наслаждение в эгоистических келим, максимальное «ло ли шма», это огромная всепоглощающая страсть к Творцу. В накоплении эгоистического кли есть много ступеней и желание самонасладиться Творцом как самым большим из существующих наслаждений, есть самый большой эгоизм, предшествующий прорыву в духовный мир к альтруистическим качествам.

Как сказано, «древо жизни явление страсти», т.к. 5 ступеней души есть древо жизни, продолжительностью 500 лет, поскольку каждая ступень 100 лет приводит человека получить все эти 5 ступеней наранха"й, выявляющиеся в состоянии 3.

32. Период 3 – это работа в Торе и Заповедях «ради Творца», т.е. ради отдачи, а не для получения вознаграждения. Эта работа очищает желание получить для себя в человеке и обращает его в желание отдавать, и в мере очищения желания получить становится достойным и готовым получить 5 частей души, называемых наранха"й, поскольку они находятся в желании отдавать и не могут облачиться в тело, пока желание получить, властвующее в нем, находится с душой в противоположных свойствах или в разности свойств, поскольку наполнение и подобие свойств однозначны.

А когда человек удостаивается желания отдавать совершенно не ради себя, то достигает этим совпадения свойств с его высшими наранха"й (которые нисходят из своего источника в мире Бесконечности из состояния 1 через миры чистых АБЕ"А), и те сразу же нисходят к нему и облачаются в него по порядку ступеней.

Период 4 – это работа после воскрешения мертвых, т.е. когда желание получить, после того как уже исчезло вследствие своей смерти и погребения, затем воскрешается в самом большом и наихудшем виде, как сказано, «в будущем мертвые встанут в своих пороках», и тогда обращают их в получение ради отдачи. Но есть отдельные особые личности, которым дается эта работа еще при их жизни в нашем мире.

Период 1 – до «13 лет», человек приобретает желания к объектам этого мира. Период 2 – с «13 лет», приобретает желание самонасладиться духовными наслаждениями, что называется «ло ли шма» – «не ради Творца», но это ступень, приводящая к духовной чистоте и поэтому называется «ахораим дэ кдуша» – «обратная сторона святости, чистоты».

Это желание облачается в точку, что в сердце человека. Период 3 начинает обращать часть полученного в период 2 желания в намерение «ради Творца» (рацон леашпиа) и, соответственно этому, получает в это исправленное желание часть от света, заранее уготованного его душе. Этот свет облачается в человека согласно соответствию желаний человека к свету.

Период 4 начинает получать ради Творца. Ранее убил свое тело (желания), как сказано, «Тора существует только в том, кто убивает себя ради Нее», не желая использовать свои эгоистические желания, а теперь оживляет эти желания (воскрешение мертвых), чтобы получать в них наслаждения ради Творца.

В соответствии с этим поймем, почему Тора говорит, что нельзя человеку смотреть более чем на 4 метра – «амот» далее себя: человек, это 4 качества желания самонасладиться (4 бхинот), и только по ним он должен судить себя и смотреть только в себя, потому что вне человека, вне этих 4 амот, находится только Творец. Но если «Нотель ядаим» – омывает свои руки от получения, то может идти и более 4 амот.

33. А теперь осталось нам выяснить исследование 6, что все миры, как высшие, так и низшие, созданы только для человека, что вообще совершенно странно, что для такого незначительного создания, как человек, ничтожного относительно нашего мира, а тем более относительно высших духовных миров, старался Творец сотворить все это.

И еще более странно, зачем человеку эти великие высшие духовные миры. Но ты должен знать, что вся радость Творца в наслаждении созданных, в той мере, в которой творения почувствуют Его, что Он дает и Он желает их насладить.

Тогда есть у Него огромные забавы с ними, как у отца, играющего с любимым сыном, и в той мере, в какой сын ощущает и знает величие и силу отца, отец показывает

Предисловие к книге «ЗОАР»

ему все сокровища, что приготовил для него, как сказано: «Разве Эфраим не дорогой Мне сын? Разве он не любимое мое дитя? Ведь каждый раз, как Я заговорю о нем, Я долго помню о нем. Поэтому ноет нутро Мое о нем, смилуюсь Я над ним, сказал Творец».

И присмотрись внимательно к сказанному, и сможешь понять огромную любовь Творца к тем совершенным, которые удостоились почувствовать и познать Его величие, пройдя все те пути, которые Он уготовил им, пока дошли до ощущения Его отношения к ним, как отец с любимым сыном, как говорят нам постигшие это.

И невозможно более говорить об этом, но достаточно знать нам, что для этих наслаждений любовью с теми совершенными стоило Ему создавать все миры, и высшие, и низшие, как мы еще выясним.

В работе над собой человек использует свои возможности: разум (сэхэль) кэтэр, желание (рацон) хохма, мысли (махшава) бина, слова (дибур) зэир анпин, действие (маасэ) малхут. Ввиду необходимости скрытия истинного образования и воспитания от масс, далее разъяснения обязаны быть менее открытыми, но по мере своей духовной подготовки читатель сам поймет все необходимое ему на каждом этапе своего духовного роста.

Все наслаждение и радость Творца в том, чтобы творения ощутили Его как источник их наслаждений. Творец получает удовольствие оттого, что человек видит, что имеется у Творца для человека. Это именно ощущают постигающие Творца. Именно таким образом Творец желает, чтобы мы Его ощутили.

Если бы человек получал наслаждения в свои эгоистические желания, ради себя, он был бы ограничен рамками своих желаний, поскольку не развил бы их в периоды 1 и 2. Все равно, его возможности наслаждения были бы ограничены рамками, границами, величиной его желаний. То, что человек может получать не ради себя и при этом наслаждаться, наслаждаться не в свои желания, дает ему возможности бесконечного, безграничного, без пресыщения, наслаждения.

Человек должен достичь уровня ощущения Творца как дающего ему. Творец наслаждается тем, что человек постигает Его величие. Совершенство – это цель, которой мы все обязаны достичь: ощутить величие Творца во всех наших постижениях как источник нашего существования и наслаждений. Все, что создал Творец, создал не потому, что нуждается в этом. Но если человек возвышает Творца, он наслаждается Его величием и исходящим от Него светом.

34. И чтобы привести творения до столь высокой особой ступени, пожелал Творец действовать по порядку 4 ступеней, переходящих одна в другую, называемых неживая, растительная, животная, человек. И в этом 4 отличия в желании получить, и каждый из высших миров состоит из этих желаний.

Хотя главное – это 4 ступень желания получить, но невозможно, чтобы она раскрылась немедленно, а только силой предварительных 3 ступеней, по которым она развивается и раскрывается постепенно, пока не достигает совершенства во всех своих свойствах 4-й ступени.

35. В 1-й ступени желания получить, называемой неживой, есть начало раскрытия желания получить в нашем материальном мире, есть в ней только общая сила движения для всех неживых видов, но не распознается глазом частное движение ее частей.

Потому как желание получить рождает потребности, а потребности рождают движение, достаточное, чтобы достичь необходимого. И поскольку желание получить крайне мало, оно господствует только над всем общим одновременно, и не распознается его власть над частями.

Как нет своей личной свободы движения у неживого, так и человек, достигший ступени «домэм дэ кдуша» – «чистое неживое» (желание), ощущает только общее наслаждение от Торы и Заповедей и не в состоянии различить всевозможные наслаждения в Заповедях.

Человек на неразвивающемся уровне выполняет действия и совершенно не меняется, поскольку желание получить в нем настолько мало, что не вынуждает его ни к чему более, чем к сохранению своей формы того же процесса существования.

36. Дополнительно к этому у растительного (2-я ступень желания получить) величина желания больше, чем величина неживого, и господствует над всеми своими частями, над каждой частью. У каждой части есть свое

Предисловие к книге «ЗОАР»

частное движение в распространении в длину и в ширину и колебания в сторону восхождения солнца, а также проявляется в нем питание, питье и выделение отходов в каждой из его частей. Но все же не имеется еще в них ощущения свободы личности каждого.

Как все цветы сразу открываются навстречу солнцу и нет личного желания, а поэтому движения, у каждого цветка в отдельности нет свободы воли, так и человек, достигнув растительной ступени чистого духовного развития, ощущает наслаждения от каждого действия, но дифференцировать может вкусы по группам Заповедей (альтруистических действий).

Например, ощущает одинаковый вкус во всех благословениях, один вкус, но отличный от первого, во всех просьбах, как, например, ощущал бы в нашем мире один вкус от всех видов мяса и другой вкус от всех видов овощей. То есть все наслаждения, ощущаемые им, он делит по группам.

37. Дополнительно к нему вид животного, это 3-я ступень желания получить, свойства которого уже настолько совершенны, что это желание получить уже рождает в каждой своей части ощущение свободной личности, представляющее собой особую жизнь каждой части, отличную от ему подобных.

Но еще отсутствует в них чувство ближнего, т.е. нет в них никакой основы сочувствовать страданиям другого или радоваться удаче другого. Животная ступень духовного развития уже различает по характеру каждое отдельное наслаждение. Например, в каждом благословении ощущает соответствующее, отличное от других, наслаждение.

Но еще не различает внутренний характер, поскольку животное от природы лишено ощущения ближнего. Если мы видим проявление сострадания со стороны животных в нашем мире, это исходит из их природы, а не от их свободного решения.

38. Дополнительно к животному виду человеческий вид – это 4-я ступень желания получить, по величине уже окончательно совершенная, поскольку желание получить, что в ней, вызывает в ней чувство постороннего.

И если пожелаешь знать абсолютно точно, каково отличие 3-й ступени желания получить, что в животном виде, от 4-й ступени желания получить, что в человеческом типе, скажу тебе, что это как отношение одного индивидуума ко всему творению.

Потому что желание получить, что в животном, не имеющее ощущения себе подобных, не в состоянии породить свои желания и потребности, а только в мере, приданной им Творцом, находящееся в этом виде творения, тогда как в человеке, обладающем также ощущением себе подобного, возникает потребность также во всем, что есть у другого, и наполняется завистью обладать имеющимся у других. То есть если имеет порцию, желает вдвойне, и его потребности расширяются и растут настолько, что желает обладать всем, что есть в мире.

Эта последняя ступень развития и есть цель всего, но достичь ее возможно, только постепенно развиваясь через предыдущие ступени. Поскольку есть ощущение подобных себе, ощущает зависть, любовь и пр. и поэтому может наслаждаться тем, что постиг другой, поскольку общие ощущения создают связь.

Поэтому может наслаждаться знаниями другого, и каждый может передать другому свои постижения, поскольку есть чувство себе подобного. В то время как язык животных не может развиваться, человек развивает свой язык для связи и передачи ощущений другим. Поэтому может, поднявшись, поднять с собою других и сам, приложив усилия, подняться вместе с учителем...

39. После выясненного, что вся желаемая Творцом цель создания всех, им созданных, творений в наслаждении их, чтобы постигли Его величие и истину, и получили от Него все то прекрасное, что уготовил им, в мере сказанного: «Дитя дорогое мое Эфраим, мой любимый сын», мы ясно обнаруживаем, что цель эта не относится к неживым большим телам, как земля, луна, солнце, несмотря на их размеры и излучения, и не к растительному и не к животному видам, поскольку не имеют ощущения других, даже им подобных, как же они смогут ощутить Творца и его доброту.

Но только человеческий вид, поскольку заложена в нем основа для ощущения других, себе подобных, в

Предисловие к книге «ЗОАР»

процессе работы в Торе и Заповедях, когда обращают желание получить, что в них, в желание отдавать и приходят к подобию Творцу, то получают все ступени, заготовленные им в высших мирах, называемые наранха"й, в результате чего становятся способными получить цель творения. Поэтому цель замысла творения всех миров задумана только для человека.

Поскольку есть чувство другого, постороннего, кого-то, кроме и вне собственного тела, то человек способен ощутить Творца. Ощущение должно быть не в том, что он наслаждается, а в том, что он наслаждается оттого, что дает другому или Творцу. Отдача – это только связь для возможности постижения дающего!

Любовь ощущается не оттого, что получает от Творца, а от постижения величия Творца. Животное же не в состоянии наслаждаться чувством, от КОГО получает, а наслаждается только от того, ЧТО получает. Человек же на этом уровне духовного развития желает только одного – ощутить дающего ему.

В этом и заключается особое свойство сочинений раби Йегуды Ашлага, потому что в них человек быстрее всего находит самого себя и своего Творца как получателя и дающего. Поэтому, несмотря на сопротивление отдельных кругов, в результате придут к изучению книг только этого великого каббалиста и с их помощью начнут настоящую свою работу.

40. И знаю я, что это совершенно не признается философами, и не могут они согласиться, что человек, столь ничтожный в их глазах, есть центр всего великого творения. Потому что смотрят на мир своими «земными» глазами, без знания конечного состояния творения, а судят по его настоящему, промежуточному состоянию.

Да и величие творения они явно не в состоянии оценить, потому что под творением они подразумевают только наш мир, а без собственного постижения, ощущения своими чувствами, т.е. совпадением свойств, духовных миров, не в состоянии ничего постичь, чтобы истинно судить об их величии!

Но они подобны тому червяку, родившемуся внутри горького плода, сидящему в нем и думающему, что весь мир Творца так же горек, лишен света и мал, как тот горький плод, в котором он родился.

Так утверждает каждый из нас о нашем мире, судя по своим ощущениям. Так же утверждают и философы, не осознающие цели Творения.

Но в то мгновение, когда пробивает кожуру и выглядывает наружу горького плода, пробивает кожуру, отказавшись от эгоизма, выглядывает, получает, свет Творца, обретает зрение (видеть можно только в отраженном свете, как в нашем мире, в реакции на внешнее воздействие своим экраном – противодействием эгоизму), наружу видит в истинном свете все миры и их пропорции, он поражается и восклицает: «Я считал, что весь мир подобен горькому плоду, в котором я родился, но теперь я вижу пред собой огромный, светящийся, прекрасный мир».

Так и те, погруженные в свою кожуру желания получить, в которой родились, и не пытались получить особое средство, Тору и Заповеди, действия, способные пробить столь жесткую кожуру и обратить в желание отдавать наслаждения Творцу, конечно же, они поневоле решают, что они ничтожные и пустые, такие они и есть на самом деле, и не смогут осознать, что все это огромное творение создано только для них.

Никогда невооруженным глазом в своих природных желаниях человек не сможет ни понять, ни поверить в цель Творения.

Но если бы занимались Торой и Заповедями с чистыми мыслями, отдавать все Творцу, пробили бы кожуру желания получить, в которой родились, и получили бы желание отдавать, то немедленно **открылись бы их глаза и смогли узреть** и постичь себя и все ступени мудрости и явного познания, прекрасного и приятного, до насыщения души, уготованного им в высших мирах, и сами бы утверждали **то, что сказано мудрецами: «Хороший гость говорит: все, что сделал хозяин, сделал для меня».**

Намерение означает то, что в данный момент желает человек, поэтому любое действие, а тем более Заповедь, выполненная без намерения, подобна мертвой. Но не имеется в виду без намерения вообще, потому что само тело не даст возможности ничего совершить без осознанной мотивации, а имеется в виду, что он еще не в состоянии сделать настоящего намерения, но стремится к этому.

Предисловие к книге «ЗОАР»

41. Но еще осталось нам выяснить, зачем же все-таки человеку все эти высшие миры, созданные Творцом для него? Но необходимо знать, что вся действительность миров делится в общем на 5 миров, называемых:

1) Адам Кадмон,
2) Ацилут,
3) Брия,
4) Ецира,
5) Асия.

И в каждом из них есть бесконечное число деталей, сводящихся в общем к 5 сфирот:

– кэтэр,
– хохма,
– бина,
– тифэрэт,
– малхут.

Так как мир Адам Кадмон – это кэтэр, и мир Ацилут – это хохма, и мир Брия – бина, и мир Ецира – тифэрэт, и мир Асия – малхут. А свет, одевающийся в эти 5 миров, называется наранха"й:

– свет йехида светит в мир Адам Кадмон,
– свет хая – в мире Ацилут,
– свет нэшама – в мире Брия,
– свет руах – в мире Ецира,
– свет нэфэш – в мире Асия.

И все эти миры и все, что в них, входят в святое имя Творца АВА"Я, потому что первый мир, мир Адам Кадмон, не постигается нами, и поэтому обозначается только как начальная точка буквы юд в имени Творца, и поэтому мы не говорим о нем, а говорим только о 4 мирах АБЕ"А:

– юд – мир Ацилут,
– хэй – мир Брия,
– вав – мир Ецира,
– последняя буква хэй – мир Асия.

Имя Творца АВА"Я означает скелет всего творения, подобно скелету нашего тела. Это имя означает, что любое творение, т.е. желание, состоит из 5 частей или 5 знаков: точка, с которой начинает писаться буква юд, буква юд, буква хэй, буква вав, буква хэй.

И нет отличия в этом между самым высоким объектом творения, самым высоким кли и самым низким, как нет отличия в количестве органов и частей тела у взрослого и ребенка, а все отличие в том, каким светом (милуй) это кли наполняется в зависимости от меры исправления кли (величины экрана – «масаха»).

42. Итак, мы выяснили 4 мира, включающие в себя все духовное творение, исходящее из мира бесконечности до нашего мира. Но они также включают взаимно друг друга, и поэтому каждый из 5 миров состоит из 5 сфирот: кэтэр, хохма, бина, тифэрэт, малхут, в которых находятся света наранха"й, соответствующие 5 мирам.

Но кроме 5 сфирот: кэтэр, хохма, бина, тифэрэт, малхут каждого мира, есть также 4 духовных отличия (аспекта, уровня), как в нашем мире, в каждом из них: неживое, растительное, животное, человек, где душа человека – это отличие «человек», которое в том мире, отличие «животное» – это ангелы, которые в том мире, отличие «растительный» называется одеждами, и отличие «неживое» называется чертогами.

И эти отличия облачаются друг в друга: человек, душа человека облачается в 5 сфирот: кэтэр, хохма, бина, тифэрэт, малхут, являющиеся частью Творца в том мире. Животное, ангелы, облачается в души; растительное, одежды, облачается в ангелов; неживое, чертоги, надевается на все предыдущие.

Одевание (облачение) означает, что они служат друг другу и развиваются друг от друга, как мы уже выясняли это в материальных объектах: неживом, растительном, животном, человеке нашего мира, и как указали, что 3 отличия: неживое, растительное, животное не были созданы для самих себя, а только для того, чтобы 4-я ступень, человек, могла с их помощью развиться и возвыситься.

И потому все их предназначение только прислуживать и помогать человеку. И также во всех духовных мирах, где 3 отличия: неживое, растительное, животное, которые в них, созданы только для того, чтобы прислуживать и помогать отличию «человек», в данном мире,

Предисловие к книге «ЗОАР»

душе человека. И поэтому считается, что все они одеваются на душу человека, т.е. помогают ей.

43. И вот, человек в момент рождения, имеет сразу же чистую нэфэш, но не саму нэфэш, а только обратную часть души, что означает ее последнюю часть, называемую, ввиду своей незначительности, точкой. Общее название духовного в человеке называется душа, а на иврите нэшама (не путать со светом нэшама из 5 светов наранха"й).

Человек при рождении получает последнюю, самую маленькую часть ближайшей к нему духовной ступени малхут мира Асия. Поскольку она не ощущается человеком, то называется обратной частью его души. А так как она крайне мала, называется точкой. И она одета в сердце человека, т.е. в желание получить, что в нем, ощущаемом в основном в сердце человека.

Духовная точка облачается в желания человека. Сама она не ощущается, но действует через эти желания. И знай абсолютное правило: закон общего в творении выполняется в каждом мире и даже в каждой его самой малой части, какую только можно выделить в том мире, как существуют 5 миров, составляющих все творение, и они являются 5 сфиротами: кэтэр, хохма, бина, тифэрэт, малхут.

Соответствие миров и сфирот: мир А"К Кэтэр, мир Ацилут Хохма, мир Брия Бина, мир Ецира Тифэрэт, мир Асия Малхут. Также есть 5 сфирот: кэтэр, хохма, бина, тифэрэт, малхут в каждом мире:

Мир А"К: **Кэтэр** + хохма + бина + тифэрэт + малхут
Мир Ацилут: кэтэр + **Хохма** + бина + тифэрэт + малхут
Мир Брия: кэтэр + хохма + **Бина** + тифэрэт + малхут
Мир Ецира: кэтэр + хохма + бина + **Тифэрэт** + малхут
Мир Асия: кэтэр + хохма + бина + тифэрэт + **Малхут** – (жирным шрифтом обозначена основная сфира, свойство мира) и есть также 5 сфирот в каждой, самой малой части каждого мира.

Каждая сфира состоит из 5 подсфирот, а каждая из них, в свою очередь, также состоит из 5 подсфирот ее и т.д. В итоге получается система в виде дерева, называемая Древо Жизни, в котором каждая часть связана со всеми, и поэтому самое незначительное исправление, духовное действие человека, вызывает реакцию и приводит к увеличению света во всех мирах!

Поэтому все действия человека связаны со всем Творением, и все мы связаны в одно единое целое - душу, созданную Творцом, что и раскроется нам в конце исправления. Для того чтобы понять, почему созданное желание насладиться, называемое творением, состоит из 5 частей, необходимо понять его рождение:

1. Единственное, что нам известно о Творце, это его желание, желание создать творение, чтобы его насладить. Это нам известно от каббалистов, которые поднялись до этой наивысшей ступени познания и почувствовали на себе, что из Творца исходит абсолютное наслаждение.

Это наслаждение мы называем свет (ор). Исхождение света из Творца называется стадия 0.

2. Свет рождает желание им насладиться. Желание насладиться мы называем сосуд (кли). Поскольку свет создал желание им насладиться сам, то такое кли не ощущает желание света как свое, а как полученное от света и подобное зародышу в теле матери: неосознанно получает все, что дает ему мать, при отсутствии собственных желаний. Это состояние называется стадия 1: созданное кли наполнено светом Творца. Наслаждение от получения света называется ор хохма.

Для того чтобы наслаждаться, необходимо наличие двух условий: самостоятельное стремление насладиться и желаемое наслаждение. Причем величина получаемого наслаждения зависит только от величины стремления насладиться (величины ощущения голода, размеров кли).

Все отрицательные ощущения происходят от недостатка наслаждения и являются следствием природы кли. Все положительные ощущения являются следствием действия света.

3. Поскольку свет в стадии 1 полностью наполняет кли, он передает кли с наслаждением и своё свойство, желание «насладжать», и поэтому кли постепенно перестает наслаждаться получением света: если желания нет, то наслаждение не ощущается. Объекты духовного мира – это «голые», без материальных оболочек, желания: духовный объект – это желание насладиться или насладить.

Поэтому новое желание рождает новый объект: отделением нового желания от прошлого отделяется одно состояние от другого, рождается новое желание, значит, рождается новый духовный объект. Поэтому, как только стадия 1, наполнившись светом, начинает ощущать новое, полученное от света, желание

Предисловие к книге «ЗОАР»

отдавать, этим выделяется из стадии 1 новое состояние стадия 2. Наслаждение, получаемое кли от желания отдавать, т.е. от подобия Творцу, тоже называется светом, но это другой, отличный от стадии 1 свет, называемый ор хасадим – наслаждение от отдачи, альтруизма.

Стадия 2 подобна Творцу, но считается удаленной от него более стадии 1, потому что мера удаления кли от Творца определяется ощущением самого кли (потому что относительно Творца мы не можем ничего говорить и вообще относительно него кли находится сразу же по возникновении замысла творения в его конечном состоянии), а кли в стадии 2 чувствует себя более удаленной от Творца, чем кли в стадии 1 и именно поэтому исторгает свет. Причина того, что кли получает от света его свойства заключается в том, что каждое следствие желает быть подобно своей причине, его породившей. Из стадии 0 выходят два действия:

а) желание Творца насладить создания порождает желание насладиться, кли, творение,

б) желание насладить действует в созданном кли таким образом, что оно начинает ощущать, что получаемое им наслаждение исходит из желания Творца насладить его, и поэтому возникает в кли такое же желание наслаждать. Подобную реакцию мы наблюдаем и в нашем мире: человек, получивший подарок, если ощущает себя как получающий, немедленно желает или вернуть его, или сделать аналогичное действие относительно дарящего, чтобы избавиться от чувства получающего.

Только если человек может убедить себя, что то, что он получает, «положено ему», или «все так поступают», или «вернет в будущем» и т.п., он может принять, потому что убедил себя в том, что он не получатель, иначе не в состоянии принять от другого, так как неприятное ощущение получающего не позволит ему принять.

Так же и стадия 1: как только ощутила себя получающей, это неприятное ощущение вынудило ее избавиться от света, потому что ощутило дающего, свет. Поэтому в нашем мире нам недостает только одного ощутить Творца, и тогда легко освободимся от желания получить наслаждение в той мере, в которой ощутим Творца.

А так как стадия 2 – следствие ощущения кли как удаленного от Творца, получающего, то она считается и более удаленной и грубой, чем стадия 1, хотя стадия 1 получает, а стадия 2 отдает. Есть два вида света в ощущении кли:

а) свет цели творения, которым Творец желает насладить кли, идущий непосредственно от Творца, называемый ор хохма;

б) свет исправления творения, исходящий от Творца только при усилии кли исправить себя, стать подобным Творцу, называемый ор хасадим – наслаждение от слияния, схожести с Творцом.

4. Но, расставшись полностью со светом ор хохма, кли начинает ощущать «умирание», потому что оно создано для получения ор хохма. (То, что кли возжелало получить ор хасадим, это только следствие действия в нем ор хохма, но не его природа.)

Существовать без ор хохма кли не в состоянии. Поскольку вся природа, вся суть кли – это желание насладиться ор хохма и, кроме этого желания, нет в нем ничего, то аннулировать это желание, себя самого кли не в состоянии. Его реакция на наполняющий его ор хохма – это также реакция желания насладиться, потому что желание насладиться, получая ор хохма, чувствует страдание от ощущения себя получателем и потому отказывается получать ор хохма. Но кто отказывается?

То же кли, то же желание насладиться ор хохма. Поэтому, изгнав ор хохма, кли ощущает невозможность существования без него, потому что это его природа, и решает принять только необходимое для существования количество ор хохма, а в остальном своем желании он наслаждается слиянием с Творцом ор хасадим. Такое, необходимое для существования, получение ор хохма не считается получением.

Подобно тому, как в нашем мире мы говорим, что человек, например, живет только наукой, то имеем в виду, что он, конечно, получает все необходимое для существования, но это не считается получением, потому что диктуется не его желанием, а необходимостью его природы и, если бы не она, он бы и этого, необходимого для жизни, не получал.

В этом отличие между стадиями 2 и 3: в стадии 3 уже есть, – хотя и по необходимости, желание получать ор хохма. Но как же может существовать стадия 2 без ор хохма, если это

Предисловие к книге «ЗОАР»

свет жизни кли? Дело в том, что в стадии 2 есть ор хохма, и отсюда реакция на его наличие желания отдавать, наслаждаясь ор хасадим. Ощущая в себе два противоположных желания: получать «ор хохма» и получать «ор хасадим», кли решается на компромисс: получать немного ор хохма, в количестве, необходимом для своего существования, а в остальном быть подобным свету. Такое комбинированное (немного желания получать, а в остальном отдавать) желание кли называется стадия 3. Но если стадия 3 получает под давлением своей природы ор хохма, почему это не является получением ради Творца?

Потому что его природа, т.е. Творец, сотворивший кли таким, вынуждает его получать, но кли получает ради себя, потому что оно не в состоянии существовать без ор хохма. Поэтому человек, получающий в нашем мире все, чего требует его природа, не считается выполняющим волю Творца, потому что наслаждается получением, а не тем, что услаждает Творца своим ощущением наслаждения, наслаждается, потому что это приятно Творцу.

5. Изменение желания, каждое новое желание – это отдельное состояние, отдельное кли, отдельный духовный объект. Поэтому после получения, согласно своим желаниям ор хасадим и немного ор хохма, кли в стадии 3 начинает желать полностью насладиться ор хохма, как было наполнено им в стадии 1.

Каждая последующая стадия есть следствие предыдущей, следствие действия света в кли в предыдущей стадии: от наполнения светом в стадии 1 кли возжелало действовать подобно свету, и появилась стадия 2. От ощущения необходимости в ор хохма в стадии 2, появилась стадия 3.

От ощущения естественности наслаждения получением света при выборе из двух действующих в стадии 3 наслаждений появилась стадия 4: желание полностью насладиться получением наслаждения, которое Творец желает ей дать, ор хохма.

Эта последняя стадия развития кли есть окончательная стадия его развития, потому что в этом состоянии в кли проявляются два необходимых условия:

а) желает полностью получить весь свет, исходящий от Творца,
б) желание ощущается ею как «свое».

В стадии 1 желание насладиться ощущалось как данное свыше, и потому отсутствовало в этом желании стремление со стороны кли достичь наслаждения. Вынужденность в 4 стадиях развития кли исходит из того, что в стадии 1 кли не чувствует, что оно получает!

Кроме того, стадия 1 была уже наполнена светом-наслаждением, и потому все его желания были полностью наполнены, и кли не ощущает в таком состоянии себя, а только свет и полностью подавлено наслаждением (как огромное наслаждение сводит человека с ума и не дает ему возможности разумно, без диктата наслаждения, действовать).

Наполненное кли подавлено получаемым и стать самостоятельным может, только отказавшись один раз от света. Но после того, как свет хоть раз покинул кли и кли ощутило свое самостоятельное желание, уже при возвращении света, кли и свет являются двумя самостоятельными желаниями, а не одним, продиктованным светом.

Это потому, что из Творца они выходят одновременно, свет и кли, и потому должны расстаться хоть один раз, чтобы кли стало независимым и начало получать свет согласно своему желанию, т.е. кли стало первичным, диктующим, а не свет. Поэтому стадия 1 не может быть кли и нуждается в дополнительном развитии.

И только после 4 ступеней развития кли ощущает себя, свои желания и что оно является получателем. (Но окончательно пригодное кли для выполнения цели творения должно быть полностью оторвано от света, что и реализуется только в человеке нашего мира.)

Стремление насладиться существует только при отсутствии желаемого. Поэтому только распространение света в кли, что создает в кли вкус к наслаждению, и исчезновение света из кли, что заставляет кли стремиться вслед наслаждению, рождают пригодное для цели творения кли: кли ощущает собственное желание заполнить свое чувство голода, успокоить себя, аннулировать страдание от отсутствия наслаждения.

Стадия 4, полностью наполненная, согласно своему желанию самонасладиться, ор хохма, называется олам эйн соф мир бесконечности (бесконечного = неограниченного получения наслаждения).

Графические изображения 4-х стадий развития кли:

СТАДИЯ 0: распространения наслаждения от Творца с желанием создать творения, чтобы насладить их этим наслаждением.

СТАДИЯ 1: исходящий из Творца свет создает точно под свои свойства желание насладиться именно им по количеству и по качеству. Но создание еще не ощущает желание насладиться как свое, нет стремления к наслаждению. Получая от света наслаждение, кли получает и его свойство наслаждать, противоположное своему желанию «получать», и изгоняет ор хохма.

СТАДИЯ 2: желание услаждать, отдавать с наслаждением от этого ор хасадим. Но, достигнув 100% отдачи, обнаруживает невозможность существовать без ор хохма и решает принимать необходимое для жизни его количество.

СТАДИЯ 3: получая оба наслаждения (90% свет хасадим и 10% свет хохма), кли ощущает наслаждение ор хохма как прямое и потому желает принимать только его. 3"а называется также тифэрэт.

СТАДИЯ 4: желает наслаждаться только ор хохма в том количестве и свойствах, которые в нем, каким он исходит из Творца в стадии 0. Отличие от стадии 1 в ощущении желания насладиться как своим, т.е. наличие стремления насладиться.

ОЛАМ ЭЙН СОФ, полностью наполненная светом ор хохма согласно СВОЕМУ желанию, называется олам эйн соф – мир бесконечности, потому что не создает ограничения на получение света.

ОЛАМ АЦИМЦУМ, наполнившись ор хохма, ощущает себя получающей, а Творца дающим и потому изгоняет свет и решает более никогда не принимать свет для самонаслаждения.

МАЛХУТ ДЭ КАВ. Изгнав свет, малхут решает принимать только ради Творца. Такой вид получения называется кав, а кли – масах и ор хозэр.

6. Свет, наполнив кли в стадии 4, вновь рождает в нем желание отдавать, быть подобным ему. Причем если в стадии 1 кли не ощущало желания насладиться как «свое», а в стадии 4 ощущает желание самонасладиться как «свое», так и если в стадии 2 кли не ощущало желания отдать как «свое», то теперь, наполнившись светом в стадии 4, оно начинает ощущать желание отдавать как «свое».

Поэтому кли решает полностью изгнать свет из себя и в дальнейшем никогда не получать его ради себя, для самоудовлетворения, потому что получаемое наслаждение-свет тут же вызывает в нем неприятное ощущение получателя, поскольку передает ему свои свойства. Изгнание света из кли и решение никогда впоследствии не принимать свет ор хохма для самонаслаждения называется сокращением первым, или цимцум алеф (ц"а). А состояние кли после исторжения света из него называется миром сокращения олам ацимцум.

7. Но, оставшись пустым, после изгнания света, кли, исследуя свое состояние, приходит к выводу, что такое его состояние абсолютно несовершенно: оно не наслаждается светом ор хохма, как того желает Творец, для чего он и создал кли, и тем самым хотя и не является получателем, но не подобно Творцу: Творец желает насладить кли.

Кли, если оно желает усладить Творца, должно принимать – наслаждаться ор хохма. Но, принимая – наслаждаясь ор хохма, кли немедленно ощущает себя как получателя, удаленным от Творца, потому что ор хохма, давая ему наслаждения, передает ему свои свойства «давать», а не получать.

И появление в кли противоположного первоначальному желания создает в нем конфликт: два противоречивых желания, вследствие которых кли исторгает свет, не желая ощущать себя получателем наслаждения, а желает быть подобным свету-творцу.

Поэтому кли выбирает единственное возможное решение: принимать – наслаждаться светом, но не ради себя, а ради Творца. В таком случае оно сможет полностью наслаждаться самим светом, исходящим от Творца, ор хохма, и при этом будет не противоположно, а полностью подобно по действию Творцу, услаждая его, как он желает усладить кли.

Поэтому, кроме 100% получения ор хохма, кли получит еще 100% ор хасадим, наслаждение от альтруизма, отдачи, подобия Творцу, слияния с Творцом.

8. Но принимать не для самонаслаждения, а потому что этого желает Творец, кли в состоянии лишь небольшую часть приходящего света-наслаждения (например, 20%). Остальная часть кли (80%) остается незаполненной ор хохма, а заполняется наслаждением от подобия Творцу ор хасадим.

Поэтому после цимцум алеф (ц"а) кли изображается уже не окружностью, а прямоугольником, где существует верх-низ относительно Творца. Получение света согласно своему предыдущему решению называется получением света в виде линии (кав), потому что кли обязано выполнять законы, принятые высшим кли. Таким образом появляется верх и низ по степени важности, чего не было до принятия решения о ц"а и получении только

Предисловие к книге «ЗОАР»

ради Творца все принятые решения от стадии к стадии были добровольны и не обязывали ни в чем последующие состояния.

Поэтому состояния кли до появления запрета на все последующие состояния получать ор хохма для самонаслаждения называются игулим круги или окружности. А с появлением запрета появляются степени меры важности и грубости в кли поблизости к желанию самонасладиться (малхут), которая становится наиболее низкой, наименее важной, потому что ею запрещено пользоваться.

Также и в самой малхут есть несколько различных по степени важности частей: там, где она делает расчет, «какое количество наслаждения в состоянии получить ради Творца» (рош), та часть малхут, в которую она принимает наслаждение (тох), и та часть малхут, которая остается незаполненной ввиду отсутствия масаха (соф).

И поэтому в самой малхут эти три части также располагаются по степени важности: выше всего рош, поскольку она решает все последующие действия. Под ней находится тох, потому что в нем кли получает свет и потому что эта часть важнее, и далее соф.

Поэтому вид получения света после ц"а называется кав. Желание самонасладиться называется низким по важности относительно Творца, потому что Творец противоположен ему по желанию и потому что его невозможно использовать и ничего в него нельзя получить. Но все, в чем есть хоть немного желания отдавать, уже выше стадии 4, потому что благодаря этому желанию в него можно получить соответствующую часть высшего света.

Часть кли, ощущающая приходящие от Творца наслаждения и решающая, какую часть приходящего наслаждения в состоянии получить не ради себя, не для самонаслаждения, называется голова – рош.

В рош приходит ор яшар. Масах, находящийся в пэ, отталкивает весь приходящий свет, создает ор хозэр, затем кли решает, какую часть света в состоянии принять не для самонаслаждения, принимает эту часть света – ор пними в тох от пэ до табур, оставшаяся часть света ор яшар остается снаружи кли и называется ор макиф.

Эта оставшаяся часть света, ор макиф, должна была бы заполнить соф кли от табур до сиюм. Поскольку кли не получает в эту свою часть свет, из-за недостатка силы сопротивления самонаслаждению, то от такого состояния желания подобия Творцу оно получает наслаждение ор хасадим, ощущаемое, распространяемое в соф.

9. Несколько определений:
— Приходящий от Творца свет, прямой свет – ор яшар
— Сила сопротивления самонаслаждению, экран – масах
— Место нахождения масаха, рот – пэ
— Отраженный от экрана свет – ор хозэр
— Решающая часть кли, голова – рош
— Принимающая часть кли, тело – гуф
— Принимаемый внутрь свет, внутренний свет – ор пними
— Остающийся снаружи свет, окружающий свет – ор макиф
— Место получения ор пними внутрь – тох
— Место, остающееся незаполненным в кли, конец (получения) – соф
— Место вхождения света в тох, рот – пэ
— Место ограничения получения света, пуп – табур
— Место окончания кли, завершение – сиюм
— Ор яшар = ор пними + ор макиф
— Гуф = тох + соф
— Рош + гуф = парцуф, духовный объект.

10. Нисхождение света от Творца создает в процессе 5 стадий – бхинот, развития самостоятельного желания самонасладиться малхут. Кли, наполненное ор хохма или ор хасадим, называется сфира, от слова сапир – светящийся. Кли без света называется буква – от.

Любое кли, так как для его создания необходимо развитие по 5 ступеням, также состоит из 5 частей бхинот – стадий, буквы – отиёт (ава"я), сфирот. Как есть 5 частей в кли, также есть 5 частей в каждом мире, называемых парцуфим.

Как есть 5 частей в общем кли малхут мира эйн соф, так есть 5 миров а"к и абе"а. Как есть 5 частей желания самонасладиться – авиют, так есть и 5 сил противодействия эгоизму 5 сил в экране – масах.

11. Каббала изучает сотворение сверху вниз, от Творца до нашего мира:

Творец бх.0 бх.1 бх.2 бх.3 бх.4: бх.4 является единственно созданным кли. Оно называется Творением. Все миры, их населяющие, наш мир, человек, все, кроме Творца, – это и есть бх.4.

Предисловие к книге «ЗОАР»

Сама бх.4, получая свет от предыдущих ступеней, делится на 5 ступеней, и любая ее часть также обязана состоять из 5 частей, потому что для того, чтобы появилось определенное желание насладиться, свет должен пройти 4 ступени, а 5-я ступень уже будет творением, нужным желанием. Бх.4, состоящая из 5 частей, делится на составные части: миры А"К и АБЕ"А, каждый из которых также состоит из 5 частей-парцуфим:

- А"К: 1 – ГАЛЬГАЛЬТА, 2 – АБ, 3 – САГ (нэкудот дэ САГ, Ц'Б), 4 – МА (олам аНэкудим, швират келим), 5 – БОН.
- АЦИЛУТ: 1 – АТИК, 2 – АРИХ АНПИН, 3 – АБА ВЭ ИМА + ИШСУТ, 4 – ЗЭИР АНПИН, 5 – НУКВА.
- БРИЯ: 1 – АТИК, 2 – АРИХ АНПИН, 3 – АБА ВЭ ИМА + ИШСУТ, 4 – ЗЭИР АНПИН, 5 – НУКВА.
- ЕЦИРА: 1 – АТИК, 2 – АРИХ АНПИН, 3 – АБА ВЭ ИМА + ИШСУТ, 4 – ЗЭИР АНПИН, 5 – НУКВА.
- АСИЯ: 1 – АТИК, 2 – АРИХ АНПИН, 3 – АБА ВЭ ИМА + ИШСУТ, 4 – ЗЭИР АНПИН, 5 – НУКВА.

Сердце человека является сосудом ощущения (сфира малхут) от всех 5 органов чувств, от 9 сфирот от кэтэр до есод. Разум, ум, мозг человека являются только вспомогательным орудием для поиска возможностей достижения тех желаний, которые человек ощущает в сердце.

Желания человек получает свыше и не в состоянии их изменить. Но, изучая и постигая цель творения, он может начать осознавать, что его желания ему во вред. Когда в сердце возникает осознание, человек автоматически отстраняется от них.

Части малхут Эйн Соф составляют 5 парцуфим, из которых состоит каждый из миров, части из малхут эйн соф – это населяющие миров, части ее – наш мир и его населяющие (неживая, растительная, живая природа, а самая последняя, эгоистически самая низкая часть – это человек).

Поэтому исправляя себя, человек духовно поднимается из нашего мира в состояние полного слияния с Творцом и достигает полного получения света ор хохма, как того желает Творец, как в малхут эйн соф до Ц'А. А получая этот свет ради Творца, он наслаждается также слиянием с самим Творцом (ор хасадим).

В итоге своего последовательного духовного огрубления нисхождением по ступеням от состояния «олам эйн соф» вниз творение достигает такого состояния, когда оно полностью противоположно по своей природе Творцу: ЖЕЛАЕТ ТОЛЬКО

«ПОЛУЧАТЬ» И НЕ ПОНИМАЕТ ЖЕЛАНИЯ «ОТДАВАТЬ». И это состояние считается желательным для начала исправления и возвышения.

В таком состоянии находимся все мы, и называется оно «наш мир» или мир действия. Наши желания получить наслаждение диктуют наши действия. Действия могут быть «получать» или «давать», но исходят из желания «получить» и потому называются «получить ради получения (наслаждения)» или «давать ради получения (наслаждения)». Иного мы не только не можем желать, но и не в состоянии понять!

Материальным в Каббале называется не физический материал нашего мира, а абсолютно эгоистическое желание без какого-либо желания «отдавать». Также и нечистые миры АБЕ"А называются материальными ввиду отсутствия в них желания «отдавать». Человек находится в своем физическом теле: если его желание самонасладиться, то оно называется материальным, а он называется находящимся в нашем мире и таким себя ощущает.

Если же его желание отдавать, то такое желание называется духовным, и он ощущает и считается находящимся в каком-либо из миров АБЕ"А, в том мире, который ощущает в соответствии с величиной своего альтруистического желания.

Вся физическая природа нашей вселенной неживая, растительная и животная, кроме человека, не имеет никакого духовного значения, и только в мере содействия человеку в его духовном подъеме она поднимается вместе с ним, а при духовном падении человека опускается вместе с ним.

43. Как уже указывалось, наш мир делится на неживое, растительное, животное, человек, которые соответствуют 4 сфирот: хохма, бина, тифэрэт, малхут, потому что неживое соответствует малхут, растительное тифэрэт, животное бина и человек соответствует хохма, а корень их всех соответствует кэтэр.

Но, как сказано, даже в каждой части неживого, растительного, животного, человек есть в нем также 4 отличия: неживое, растительное, животное, человек. Таким образом, в одном типе, что в типе человек, т.е. даже в одном человеке, есть в нем также неживое, растительное, животное, человек, являющиеся 4 частями желания получить, которое в нем, в которые одета точка от чистой души.

Предисловие к книге «ЗОАР»

44. До «13 лет» невозможно никакого явного проявления точки в сердце. Но после «13 лет», когда начинает заниматься Торой и Заповедями, даже без всяких намерений, что значит без любви и страха, которые должны быть при выполнении желаний Творца, даже выполняя ради себя, человек видит, что не в состоянии выполнять что-либо ради Творца, потому что его желание «получить» не позволяет ему. И выполняет Тору и Заповеди, чтобы исправить свое эгоистическое желание.

В таком случае Тора и Заповеди в состоянии привести его к исправлению и **очищению желания получить в 1-м уровне, неживом.** Тогда если выполняет Тору и Заповеди ради получения вознаграждения и не стремится к тому, чтобы их выполнение очистило его желание получить, это называется обратное действие.

Потому что таково его намерение при выполнении Торы и Заповедей, намерение получить вознаграждение за свое выполнение. **Точка в его сердце начинает расти и выявлять свои действия, потому что Заповеди не требуют намерений, и даже действия без намерений.**

Не только Заповеди, но любые действия человека, выполняемые с желанием приблизиться к духовному, независимо от намерений, имеют силу очистить-исправить желание получить, наш эгоизм, имеют силу очистить желание получить в человеке, но только в размере 1 ступени, что в нем, называемой «неживое».

Таким образом видим, что начальное состояние человека может быть каким угодно, только бы было в нем желание продвигаться с любым намерением. И это естественно, потому что после «13 лет» он находится с большими эгоистическими желаниями. И в той мере, в которой очищает неживую часть своих желаний получить, в той мере он строит 613 частей (органов) тела точки, находящейся в его сердце, которая есть неживая часть его души (домэм дэ нэфэш дэ кдуша).

А когда завершает все 613 Заповедей в действии, завершает этим построение всех 613 частей тела точки в сердце, которая есть неживой уровень его чистой души, 248 частей тела которой строятся выполнением 248 Заповедей действия (таасэ), а 365 частей тела которой строятся выполнением запретных Заповедей (ло таасэ – не делать).

В итоге появляется целое тело чистой нэфэш, и тогда это тело нэфэш поднимается и облачается на сфира малхут мира Асия. Духовное тело, объект, называется парцуфом. Парцуф состоит из 5 сфирот (или иногда говорят из 10, потому что одна из его сфирот тифэрэт состоит из 6 подсфирот, итого 10).

Парцуф состоит из 3 частей: голова (рош) – место ощущения приходящего наслаждения и принятие решения, какую его часть получить в себя; тох (внутренняя) – место, где принимаются наслаждения, о принятии которых было решено в рош; соф (конец) – место, в которое парцуф не может принять наслаждения, потому что не сможет придать своему получению должное альтруистическое намерение «ради Творца».

Поскольку получающая часть парцуфа тох, то она должна наполниться светом, если в ней будут исправленные желания. Поэтому говорится, что человек строит 248 желаний получить с намерением ради Творца, этим он строит тох своего парцуфа.

Выполнением 365 запретных желаний, не получить, ограничить себя, потому что еще не в состоянии получить в них наслаждение с намерением ради Творца, человек строит соф своего парцуфа. В итоге у него получается законченный чистый духовный парцуф, который, надеясь на сфира малхут мира Асия, получает от нее свет.

И все духовные части – неживое, растительное, животное – в том мире, соответствующие сфира малхут мира Асия, помогают парцуфу нэфэш человека, поднявшемуся туда, т.е. в той мере, в которой тело нэфэш постигает их, эти знания становятся его духовной пищей, дающей ему силу развиваться и расти, настолько, чтобы смогло принять свет от сфира малхут мира Асия во всей его желательной силе и светить им в теле человека.

И этот совершенный свет помогает человеку добавить усилия в Торе и Заповедях и постичь еще большие ступени. Потому что свет входящий в желания исправляет их, придает им свою природу. И как сказано было ранее, что сразу же с рождением тела человека рождается и одевается в него точка света ор нэфэш, так и здесь, когда родился его парцуф нэфэш, родилась с ним точка более высшей ступени, последняя точка света ор руах мира Асия, одевающаяся в парцуф нэфэш.

При рождении в человеке желания «получать» оно рождается с находящейся в нем духовной точкой более высшей духовной ступени. И таков процесс во всех ступенях: когда ступень рождается, входит в нее сразу же последняя точка более высшей ступени, что над ней, потому что это вся связь между высшим и низшим до самой высшей ступени.

Таким образом, с помощью этой точки высшего, становится возможным подняться на более высшую ступень. Без того, чтобы в нижней ступени была часть более верхней ступени, невозможно подняться выше своего состояния.

45. И этот свет ор нэфэш называется светом неживого мира Асия. И он соответственно направлен на очищение-исправление части неживого желания получить, что в теле человека.

Поскольку именно такова сила этого света, то, проходя все ослабляющие покрывала, оболочки, миры, состоящие из парцуфим, состоящие из сфирот, этот свет настолько слаб, что в состоянии исправить только неживые желания человека.

И это действие его свечения в духовном подобно действию неживого в нашем мире, не имеющего личного движения его частей, а только движение общее, охватывающее все его части поровну, так же и свет парцуфа нэфэш мира Асия, несмотря на то, что есть в нем 613 частей, которые представляют собой 613 различных видов получения наслаждения, все равно не проявляются в нем их различия, а только общий свет, действие которого охватывает все части поровну в общем, без всяких проявлений индивидуальности частей.

Именно таким свойством начинают обладать получающие помощь в исправлении от мира Асия, и поэтому именно таких духовных свойств они достигают.

46. И знай, что хотя сфирот – это божественное, и нет никакого отличия первой сфиры кэтэр в мире А"К от последней сфиры малхут мира Асия, потому как все сфирот, миры, парцуфим – это лишь частичное ощущение Творца человеком по мере его духовного исправления и очищения от эгоистических желаний.

Название сфиры, парцуфа, мира говорит о степени ощущения Творца. Наш мир называется полным неощущением Творца. Самое малое ощущение Творца называется сфира малхут мира Асия, самое большое ощущение Творца, полное слияние с ним называется эйн соф бесконечное, без конца, т.е. ничем не ограниченное, не ограниченное никаким проявлением эгоизма, полное слияние с Творцом.

Поэтому все миры, сфирот, парцуфим есть частичное ощущение Творца, и они есть градации раскрытия наших органов духовного ощущения по мере их очищения от эгоизма. Поэтому все они существуют только внутри человека, и они – это фильтры, через которые мы ощущаем Творца в той или иной мере.

Есть большое отличие в них относительно получающих от них. Только относительно человека и существует неощущение, частичное или полное ощущение Творца. Сфирот состоят из света (ор) и келим (органов-частей). Свет в них есть чисто божественное. Свет в сфирот – это свет Творца или сам Творец, что одно и то же. Ощущение Творца в наших ощущениях мы называем свет.

Вернее, реакция на Него наших органов ощущений, те ощущения, которые Он в нас вызывает, и называется светом. О самом Творце мы не можем говорить, потому что говорим только о том, что постигаем, ощущаем. Поэтому вместо слова Творец в Каббале употребляется слово свет.

В зависимости от степени ощущения Творца мы определяем эти ощущения, градируем их и даем им номера и названия. Поскольку каждое наше ощущение состоит из 5 составляющих, то каббалисты дали светам названия: нэфэш, руах, нэшама, хая, йехида по мере все большего ощущения Творца.

Степень ощущения Творца зависит от свойств человека: чем свойства человека более подобны свойству Творца «отдавать», тем больше человек ощущает Творца. Поскольку человек сотворен с желанием получить наслаждение и это свое единственное свойство, природу он изменить не может, ему остается возможность изменить намерение при получении: если он получает, потому что этого желает Творец, потому что радует этим Творца, то подобное получение равнозначно «отдаче» и подобно свойствам Творца.

Исправленные в той или иной степени желания человека называются кли. Если в это исправленное желание входит соответствующий свет, то оно называется сфира, от слова сапир – светящийся (светом). Ощущение Творца на определенной ступени исправления называется парцуф – тело. Парцуф – это исправленное желание, наполненное светом.

Предисловие к книге «ЗОАР»

Парцуф состоит из 5 частей-сфирот: кэтэр, хохма, бина, тифэрэт, малхут. Или из 10 сфирот, поскольку сфира тифэрэт, в свою очередь, состоит из 6 подсфирот: хэсэд + гвура + тифэрэт + нэцах + ход + есод.

Поэтому 5 сфирот часто перечисляются как 10: кэтэр, хохма, бина, хэсэд, гвура, тифэрэт, нэцах, ход, есод, малхут, а келим называются каха"б ту"м. Каха"б – сокращение имен сфирот кэтэр, хохма, бина; ту"м – сокращение имен сфирот тифэрэт и малхут.

В трех последних мирах, называемых Брия, Ецира, Асия, это не божественное, а покрывала, скрывающие свет бесконечности, который в них. Свет бесконечности, свет светящий в мире бесконечности, свет Творца без каких-либо преград и ослабляющих покрывал. И отмеряющие меры своего свечения получателям, согласно мере толщины покрывала, т.е. мере исправления желания получить, чтобы каждый получатель получил только согласно мере своей исправленной части.

Таким образом, покрывала отмеряют количество пропускаемого им света от Творца потребителю, духовному телу человека, точно в количестве, которое он сможет принять с надлежащим намерением, чтобы не навредить человеку: если величина света-наслаждения будет больше величины защитного экрана (масах), силы воли человека, то в нем немедленно возникнет желание самонасладиться этим светом.

И в этом смысле, хотя свет один, свет Творца, находящийся в сфире, не имеет названия и потому называется простой (ор пашут), потому что в нем нет никаких отличий, видов, а только одно его свойство наслаждать человека.

Мы называем света в сфирот по именам наранха"й. Наранха"й – сокращения имен светов: нэфэш, руах, нэшама, хая, йехида. Потому что свет делится согласно свойству кли: свет ощущается только при наличии кли-желания его получить и в зависимости от свойств кли оно раскрывает из бесконечного количества свойств света только то свойство, которое в состоянии ощутить.

Ранее приводился пример о том, что электрический провод содержит в себе энергию, которую кли-потребитель извлекает в соответствии со своими свойствами: охлаждение, обогревание, сжатие, расширение и прочие, даже противоположные качества.

В самом свете этих качеств нет, но кли ощущает его в мере своего подобия свойствам света. Кли малхут – самое толстое покрывало, скрывающее свет бесконечности. Свет, который она пропускает от Творца к получателям, очень мал и предназначен для исправления только неживого в теле человека, и поэтому называется нэфэш.

Поскольку свет, приходящий от малхут, мал, то он в состоянии исправить только незначительную часть желания получить, называемую неживой. Но процесс исправления начинается именно с этой части, подобно нашему миру, где все происходит из неживого, как основы всего.

Кли тифэрэт уже более прозрачно, чем кли малхут, и поэтому свет, который оно пропускает из бесконечности, предназначен для исправления части растительного, что в теле человека, потому что действует сильнее, чем свет ор нэфэш, и называется ор руах.

Поскольку свет больше, он в состоянии совершить еще большее исправление. Величина исправления зависит только от величины света, приходящего для исправления. Кли бина еще более прозрачно, чем кли тифэрэт, и поэтому свет, который оно пропускает из бесконечности, предназначен для исправления части животного, что в теле человека, и называется ор нэшама.

Кли хохма самое прозрачное, и поэтому свет, который оно пропускает из бесконечности, предназначен для исправления части «человек», что в теле человека, и называется ор хая, и нет границ его воздействию, как еще выяснится. Этот свет может довести все творение до состояния полного исправления.

47. И как сказано, в парцуф нэфэш, который приобрел человек, работая в Торе и Заповедях без всякого намерения, уже одета точка от света ор руах. Как сказано в п. 44: «До «13 лет» невозможно никакого явного проявления точки в сердце. Но после «13 лет», когда начинает заниматься Торой и Заповедями, даже без всяких намерений, что значит без любви и страха, которые должны быть при выполнении желаний Творца, даже выполняя их ради себя», точка начинает проявляться.

Это и есть точное определение слов «без всякого намерения». И если человек напрягается выполнять Тору и Заповеди с желательным намерением, ради Творца, он исправляет растительную часть своего желания получить, что в нем. И в этой мере строит из точки руах парцуф руах, посредством выполнения 248 исполнительных Заповедей с

Предисловие к книге «ЗОАР»

намерением, распространяется эта точка в 248 органов, а посредством выполнения 365 запретительных заповедей распространяется эта точка в 365 органов.

Развивая каждое свое желание и сопоставляя с ним намерение «ради Творца», человек создает этим себе свое внутреннее, духовное кли, называемое парцуф. А когда заканчивается создание всех 613 органов парцуфа, он поднимается и одевает сфира тифэрэт мира Асия, которая проводит из бесконечности более важный свет, более сильный свет, называемый ор руах, предназначенный для исправления части растительного, что в теле человека. И все виды: неживой, растительный, животный, что в мире Асия, относящиеся к уровню сфира тифэрэт, помогают парцуфу руах человека получить свет от сфира тифэрэт во всей полноте, как ранее с ор нэфэш. И поэтому называется духовное растительное, и природа его свечения как растительное в нашем мире, у которого есть уже изменение движения, у каждого растения в отдельности. Также и свет растительного духовного уже обладает большей силой светить особыми путями каждому из 613 органов парцуфа руах, и каждый из них проявляет силу действия, относящуюся к этому органу. Также с появлением парцуфа руах появляется точка более высшей ступени, точка света нэшама, надевающаяся внутрь него.

48. А занятиями тайн Торы и смысла Заповедей человек исправляет часть животного своего желания получить, и в меру этого строит точку нэшама, облачающуюся в 248 и 365 органов тела. А когда заканчивается строительство и становится парцуфом, то поднимается и надевает сфиру бина чистого мира Асия, кли, намного более светлое, чем кли тифэрэт и малхут. И потому оно пропускает человеку большой свет из бесконечности, называемый ор нэшама. А все виды – неживой, растительный, животный, – что в мире Асия, относящиеся к уровню бина, помогают парцуфу нэшама человека получить весь свет от сфиры бина. И это называется также чистое животное, потому что предназначено для исправления части животного, что в теле человека. И такова природа его свечения, как природа у материального животного (см. п. 37),

он дает личное ощущение всем 613 органам парцуфа быть животным и ощущать лично, индивидуально свободно, без всякой зависимости от всего парцуфа, настолько, что считаются 613 органов его как 613 отдельных парцуфим, отделенных своим светом, каждый согласно своей особенности. А преимущество этого света над светом ор руах в духовном примерно как разница между животным и растением или неживым в нашем мире. И также выходит точка света ор хая (свет сфиры хохма) с появлением парцуфа нэшама и надевается внутрь него.

49. А когда человек удостоился столь большого света, называемого нэшама, когда 613 органов этого парцуфа светят каждый своим полным светом, предназначенным ему, каждый как отдельный парцуф, раскрывается ему возможность заниматься каждой Заповедью с ее настоящим намерением.

Потому что из каждого органа парцуфа нэшама светит ему путь каждой Заповеди, предназначенной тому органу, и большой силой этих светов он исправляет часть «человек», что в его желании получить, и обращает его в желание отдавать. И в мере этого строится точка света ор хая, одетая в нем, в 613 духовных органах.

И когда закончен парцуф, то поднимается к сфира хохма мира Асия кли, которое необычайно прозрачно и поэтому проводит человеку огромный свет из бесконечности, называемый ор хая. А все части мира Асия, т.е. неживое, растительное и животное, относящиеся к сфира хохма, помогают человеку получить свет сфиры хохма полностью.

И называется духовным человеком, потому что направлен для исправления (очищения) части «человек», что в теле человека. Важность этого света в духовном, как важность человека в нашем мире, т.е. приобретение ощущения себе подобных.

Таким образом мера величины этого света по сравнению с неживым, растительным и животным духовными – как мера величины человека относительно неживого, растительного и животного в нашем мире. А часть света бесконечности, одетая в этот парцуф, называется ор йехида.

Предисловие к книге «ЗОАР»

50. Но знай, что все эти 5 светов наранха"й, получаемые от мира Асия, – всего лишь наранха"й света нэфэш и нет в них ничего даже от света ор руах, потому что ор руах есть только в мире Ецира, а ор нэшама в мире Брия, а ор хая в мире Ацилут и ор йехида в мире А"К. Миры-света: А"К-йехида, Ацилут-хая, Брия-нэшама, Ецира-руах, Асия-нэфэш.

Но как сказано выше, все, что есть в общем творении, раскрывается даже в его самой маленькой последней части. Поэтому есть 5 светов наранха"й и в мире Асия, но это наранха"й света ор нэфэш. И также есть 5 светов наранха"й в мире Ецира, и они всего лишь 5 частей света ор руах. Мир Ецира соответствует кли тифэрэт, кли тифэрэт соответствует свет ор руах, состоящий из 5 составляющих светов: нэфэш, руах, нэшама, хая, йехида.

И также есть 5 светов наранха"й в мире Брия, и они всего лишь 5 частей ор нэшама. И также есть 5 светов наранха"й в мире Ацилут, и они всего лишь 5 частей ор хая. И также есть 5 светов наранха"й в мире А"К, и они всего лишь 5 частей ор йехида. А отличие между ними – как отличие между светами наранха"й в мире Асия, как мы рассмотрели выше.

51. Знай, что желание духовно возвыситься и очиститься принимается Творцом, только если оно постоянно и неизменно, когда есть полная уверенность в том, что это безвозвратно.

Но как может знать человек, что его желание совершенно, постоянно и безвозвратно, когда наш жизненный опыт не позволяет ручаться за постоянство наших желаний, причем, как мы уже говорили, желания человек получает свыше.

Поэтому сказано, что желание считается действенным, если сам Творец свидетельствует, что человек не вернется к прошлым желаниям. Творец знает, каково желание в сердце человека, потому что он управляет им. Но как узнает об этом человек?

Но если человек исправляет неживую часть своего желания получить, отчего он получает парцуф нэфэш мира Асия, поднимается и одевает сфира малхут мира Асия, то этим он обязательно достигает очищения и безвозвратного исправления неживой части своего желания получить и уже не вернется к этому прошлому состоянию.

И поэтому может подняться в мир Асия, ведь есть в нем полное соответствие и подобие этому миру. Поскольку весь мир Асия соответствует неживому духовному желанию, то, поднявшись в мир Асия, по этому результату изменения своего состояния человек понимает, что он полностью исправил определенную свою часть, что свидетельствует сам Творец, потому как Он поднимает человека на новый духовный уровень.

Но остальные ступени: руах, нэшама, хая, йехида, мира Асия он еще обязан исправить и очистить растительную, животную и человеческую части своего желания, чтобы оделись и получили свои света. Их очищение должно быть постоянным, неизменным и безвозвратным, настолько, чтобы сам Творец засвидетельствовал это.

И это потому, что весь мир Асия со всеми 5 сфирот каха"б ту"м его не более как малхут, позволяющая исправление и очищение лишь неживой части желания получить, а 5 сфирот его – это только 5 частей малхут. А так как человек уже достиг исправления и очищения неживой части своего желания получить, у него есть соответствие и подобие свойств всему миру Асия.

Каждая сфира мира Асия получает от соответствующей ступени более высших миров. Например: сфира тифэрэт мира Асия получает от мира Ецира, который весь есть тифэрэт, и свет ор руах, сфира бина мира Асия получает от мира Брия, который весь есть бина, и свет ор нэшама, сфира хохма мира Асия получает от мира Ацилут, который весь есть хохма, и свет ор хая.

И поэтому, хотя безвозвратно и постоянно исправил и очистил только неживую часть своего желания получить, все же, несмотря на то, что не безвозвратно исправил 3 остальные части своего желания получить, он может получить также свет ор руах, нэшама, хая от тифэрэт, бина, хохма мира Асия, но не постоянно.

Потому что в то мгновение, как просыпается одно из его трех желаний получить, тут же теряет эти света. А эти желания просыпаются в человеке именно для того, чтобы подтолкнуть человека к их постоянному исправлению.

52. А после того, как исправил и очистил безвозвратно и постоянно растительную часть своего желания получить, человек безвозвратно поднимается в мир Ецира

и безвозвратно постигает там ступень света ор руах. И может постичь там также ор нэшама и хая от сфирот бина и хохма, определяемые как нэшама и хая ступени руах, даже прежде, чем удостоился постоянно и безвозвратно исправить части «животное» и «человек» своего желания получить, подобно тому, как рассмотрено в мире Асия.

Но это не постоянно, потому что постижением постоянного исправления и очищения растительной части своего желания получить он уже в подобии и соответствии свойств со всем миром Ецира до самых высших его ступеней, как объяснено на мире Асия.

53. А после того, как исправляет животную часть своего желания получить и обращает его в желание отдавать, настолько, что сам Творец свидетельствует, что это безвозвратно, то достигает этим подобия миру Брия, поднимается и получает там свет нэшама постоянно.

А также, исправив человеческую часть желания получить своего тела, часть, относящуюся к миру Брия, человек может подняться до сфира хохма и получить также свет ор хая, который там. Но поскольку исправил эту часть не безвозвратно и не постоянно, то свет светит ему непостоянно.

54. А когда удостаивается исправить безвозвратно и постоянно человеческую часть своего желания получить, этим он уподобляется миру Ацилут, и поднимается, и получает там свет ор хая постоянно. А когда удостаивается еще большего, постигает свет бесконечности ор эйн соф и получает ор йехида.

55. Вот и выясняется более подробно, о чем говорилось в п. 41, зачем человеку все эти высшие миры, которые Творец создал для него.

Как пишет РАБА"Ш (Шамати, Игрот. стр. 82): До своего духовного падения Адам состоял из тела бина малхут малхута мира Асия со светом нара"н из миров БЕ"А и нара"н мира Ацилут. Но вследствие духовного грехопадения упало тело Адама в малхут. И в это тело одето внутреннее тело из клипа Нога, состоящее из равных частей хорошего и плохого.

Все действия человека происходят только над телом Нога: если его действия к самоисправлению, то он исправляет тело Нога, чтоб было полностью хорошим, и внешнее тело оставляет его, и он удостаивается соответствующего света нара"н.

Свет нара"н человек получает от малхут трех сфирот бина, з"а и малхут миров Асия, Ецира, Брия, Ацилут:

— нара"н нэфэш человек получает от бина, з"а, малхут мира Асия;
— нара"н руах от бина, з"а, малхут мира Ецира;
— нара"н нэшама от бина, з"а, малхут мира Брия;
— нара"н хая от бина, з"а, малхут мира Ацилут.

Под телом человека понимаются его желания, ощущаемые в сердце. Эти желания состоят из 4 составляющих: неживое, растительное, животное, человек. После своего падения Адам, или что то же, человек в нашем мире, находится в рабстве своих эгоистических желаний, называемых землей или прахом.

Если человек выполняет Заповеди, только чтобы доставить этим радость Творцу, то Тора, Заповеди, все его попытки выйти из эгоистических желаний и мыслей очищают его тело-желания, и в итоге земное, эгоистическое тело оставляет его, а тело Нога из половины хорошего и плохого превращается в полностью хорошее.

И тогда человек удостаивается света Творца нара"н нэфэш мира Асия. После того как человек очистил все желания, относящиеся к миру Асия, он получает нара"н руах мира Ецира и т.д., пока не достигает получения нара"н хая мира Ацилут.

Таким образом каждый раз все более сильный свет входит в его сердце-желания, т.е. там, где ранее царствовали желания внутреннего тела Нога, наполовину доброго и злого, теперь под воздействием света это тело стало полностью добрым.

Поэтому ранее, когда желания человеку диктовало земное тело, он был обязан думать только, как достичь желаемого эгоистическим сердцем, как удовлетворить желания, диктуемые нечистыми силами, и не было никакой иной возможности, как только думать и намереваться о том, что желало его сердце, т.е. самые низкие мысли.

Так и сейчас, когда своими усилиями в выполнении Торы, Заповедей, всеми попытками выйти из эгоистических желаний и расчетов, даже без желательного намерения (ло ли шма), но

Предисловие к книге «ЗОАР»

с просьбами и требованиями к Творцу о помощи ему во всем, что он делает, дабы выйти из эгоизма, он надеется на милосердие Творца, достичь духовных желаний, альтруизма (ли шма), то ВСЯ НАГРАДА, КОТОРУЮ ОН ТРЕБУЕТ ЗА СВОИ УСИЛИЯ, В ТОМ, ЧТОБЫ ОН УДОСТОИЛСЯ ПОРАДОВАТЬ СВОИМИ ДЕЙСТВИЯМИ ТВОРЦА.

А поскольку свет очищает желания (ор махзир ле мутав), эгоистическое тело-желания отделяется от человека и удостаивается совершенно нового тела-желаний тела мира Асия. А затем, продолжая работать над собой, человек достигает ступени получения нара"н от бина, з"а и малхут мира Ацилут.

И как ранее он мог желать и думать только о том, что диктовало ему его эгоистическое сердце, так и сейчас он не может поступать против того, что диктует ему новое, чистое, духовное сердце, тот свет, который он получает.

И не может думать против той ступени, на которой находится, т.е. обязан думать и вынужден поступать только с намерением делать все ради Творца, доставить радость Творцу, как обязывает его наполняющий его свет. Итог вышесказанного: не в состоянии человек исправить свои мысли, а только сердце.

И только сердце надо настроить прямо к Творцу, а тогда поневоле все мысли будут только как бы радовать Творца. А когда исправляет сердце и становится источником только чистых желаний, то этим оно становится сосудом (кли), заполняемым высшим светом.

От этого света сердце еще более очищается и вновь заполняется еще более высшим светом, и так последовательно человек возвышается. Видим т.о., что свет, или Творец, производит всю работу исправления человека, меняя желания в сердце человека, отдаляя от человека его земное тело и создавая новое, святое тело, а внутреннее тело Нога, наполовину хорошее и наполовину плохое, становится полностью хорошим, и наполняется светом нара"н, которого достиг человек.

Но до тех пор, пока не удостоился новых желаний, хотя и всеми силами стремился освободиться от прошлых, ничего не мог поделать со своим сердцем. Но именно усилия в таких состояниях и привели человека к совершенству, потому что не мог сам очиститься от эгоизма и от желаний эгоистического сердца, ведь мысли есть следствие желаний, а мозг, как верный слуга, работает только для достижения желаемого сердцем.

И только свет, ощущение Творца может изменить желания человека тем, что его тело, отделяющее, скрывающее, отгораживающее его от Творца, оставляет его, а внутреннее тело, Нога, становится полностью хорошим. И теперь можно видеть, что невозможно вообще человеку достичь совершения удовольствия Творцу, как только с помощью всех этих миров.

Поскольку в мере исправления и очищения своего желания получить человек постигает свет и ступени своей души, называемые наранха"й, свет этих ступеней помогает ему очиститься и исправиться, и так поднимается по ступеням своим, пока не удостаивается достичь состояния общения с Творцом, являющегося замыслом Творения (см. п. 33). Здесь уместно напомнить, что все эти миры и ступени находятся в человеке и являются стадиями ощущения, постижения Творца, а кроме человека и Творца нет ничего во всем мироздании.

Если бы наши органы ощущения не были пропитаны эгоизмом, желанием самонасладиться, желанием получить наслаждение только ради себя, то мы бы ощутили себя как интегральную часть Творца, вне всяких разделений и отличий. И только пропитанные эгоизмом, наши органы чувств рисуют нам ту картину окружающего, которую мы видим, ощущаем вместо ощущения самого Творца.

Но не следует думать, что то, что нас окружает, – это истинная действительность и вне нас и в нас существует только Творец, и мы в этом убедимся: как только сменим наши эгоистические стремления на альтруистические, мы сразу же обнаружим, что наш мир – это то же явление Творца, только так Он ощущается нами в наших неисправленных чувствах.

Поэтому нет никакой разницы делать что-либо альтруистически, т.е. без всякого вознаграждения, «ради Творца» или «ради другого». И даже «ради другого» предпочтительнее, говорит Тора, потому что в этом случае мы не можем себя обмануть и видим хорошие следствия наших поступков, которые помогут нам продолжить и далее наше исправление.

Да и сам эгоизм свидетельствует, что нет разницы альтруистически «давать Творцу» или «давать кому-либо», потому как все, что вне нашего тела, воспринимается нами как не существующее вообще, и мы не в состоянии совершить ни малейшего движения, не оплачивая нашему эгоизму за усилие.

Предисловие к книге «ЗОАР»

И поэтому на изречение: «Приходящему очиститься помогают», сказано в книге «Зоар» (глава Ноах, п. 63): «Помогают тем, что дают чистую душу». Потому что достичь очищения, необходимого для достижения замысла творения, возможно только с помощью всех ступеней наранха"й души.

Как уже не раз отмечалось, исправить эгоизм можно только тем, что в него войдет свет Творца и передаст эгоизму свои свойства. Для постепенного исправления желания получить в желание отдать и созданы все ступени миров, все миры А"К и АБЕ"А.

56. И необходимо знать, что все эти ступени наранха"й, о которых говорилось выше, – это элементы, из которых состоит все творение. Но все, что есть в общем творении, действует даже в его самой малой части.

Это следует из того, что творение есть желание получить (наслаждение). Чтобы появилось желание, свет Творца должен пройти 4 предварительные стадии, и только 5-я стадия есть появление самостоятельно ощущаемого желания на свет.

Поэтому не может быть проявления, ощущения света без 5 стадий – бхинот, или, что то же, 10 сфирот. И поэтому любое желание, т.е. любая часть творения и все оно в целом, состоит из 5 частей, в которые входят соответствующие желанию данной части творения света наранха"й.

Например, даже в части неживого мира Асия можно постичь все 5 светов наранха"й, которые связаны с 5 светами наранха"й общими. Таким образом, невозможно постичь даже свет неживого мира Асия, если не с помощью 4 видов вышеуказанной работы.

То есть, поднявшись духовно на самую первую духовную ступень, самую нижнюю сфира мира Асия, каббалист уже получает представление о всем творении и намерениях Творца, потому что духовная ступень есть не что иное, как степень слияния, познания, ощущения Творца. Поэтому не может никто освободить себя от занятий всеми вместе частями Торы и обязан заниматься: Торой и Заповедями с намерением получить руах, тайнами Торы с намерением получить нэшама, смыслом Заповедей.

То есть выполнением Заповедей с исправлением намерения, ради кого они выполняются. И только в этом необходимо постоянное добавление, но не в выполнении, о котором сказано: «Не более и не менее». Но по непониманию цели творения и по незнанию истинных требований Торы происходит именно преувеличение в действии и абсолютное невнимание к намерению, чему так радуется наш эгоизм и позволяет нам все более углубляться в поиски дополнительных преувеличений действий, отвлекая нас от истинной сути Заповедей.

Потому что невозможно постичь самый маленький свет, не занимаясь всеми этими частями Торы вместе, потому как этот самый маленький свет несет в себе все остальные света наранха"й.

57. Из вышесказанного можно понять тьму и незнание, обнаруживаемые в нашем поколении, какого еще не было во все времена. И это потому, что даже работающие на Творца перестали заниматься тайнами Торы.

Как объяснял мой рав, рабби Барух Ашлаг, старший сын и продолжатель своего отца, великого рава Й.Ашлага, Бааль Сулама, до начала нашего века все большие равы были также и каббалистами, но вообще со времени рава АШЛ"А даже не все, и тем более сочинители книг, являются постигающими духовные ступени.

И говорит об этом Рамба"м в своем истинном примере: «Если колонна тысяч слепых людей идет по дороге, но есть в голове колонны хотя бы один зрячий, то все они могут быть уверены в том, что достигнут цели, потому что идут за тем, кто видит путь».

Видит путь в полном смысле этого слова, т.е. тот, кто прошел его, достиг своего личного исправления (что возможно только изучением Каббалы), и поэтому в состоянии вести массы за собой. **Но если не будет в голове колонны зрячего проводника, естественно, что сойдут с пути и затеряются.**

Что и происходит в наше время, когда уже несколько поколений вообще сошло с пути признания Торы как истины, и поневоле проходим путь страданий к цели творения. Так и в нашем поколении, если бы хоть работающие на Творца занимались сердцевиной, внутренней частью Торы, т.е. Каббалой, а не искали повода не заниматься ею, то этим притянули бы свыше свет в наш мир из бесконечности, от Творца, и все поколение потянулось бы за ними, и все были бы уверены в своем пути. Силой света Творца такие предводители смогли бы убедить и повести за собой все поколение.

Но если и работающие на Творца отдалились от Каббалы, ничего удивительного, что все поколение ошибается по их вине. И от великой горечи не в состоянии более я продолжать об этом! К сожалению, не только по причине великой горечи, но и от страха преследования постигшие высшие причины и истинное управление мирозданием предпочитают молчать!

58. Но знаю я, что причина этого в том, что упала вера, особенно вера в великих мудрецов поколений, а книги Каббалы и книга «Зоар» полны примеров, взятых из нашего мира. Поэтому страх возникает у каждого, чтобы не получилось у него больше ущерба, чем пользы, потому что с легкостью можно начать представлять себе овеществленные образы.

Как пишет Рамба"м в Мишнэ Тора, Сэфэр мада п. 1:
— Основа основ и столп знаний – это знание, что есть там некто Первый и Он делает всю действительность. И все находящееся в небе и на земле и посреди их существует только потому, что существует Он.
— И если представишь, что Он не существует, нет такого другого, что можно представить.
— Если представишь, что нет никого, кроме Него, Он единственный существующий. И не исчезнет при их исчезновении. Ведь все находящиеся нуждаются в Нем, но Он не нуждается в них в целом и ни в одном из них в отдельности. Поэтому Его существование не как их существование.
— Нет никого, кроме Него. То есть нет там никого такого, как Он.
— Некто этот Он – Создатель мира.
— Он хозяин всего.
— Он управляет всей силой, которой нет конца и предела.

Объяснено в Торе и пророками, что нет у Творца тела и размеров... и нет никакого образа. Если так, то почему сказано в Торе «под Его ногами», «рука Творца», «глаза Творца»... Все это по разумению человека и поэтому таким языком описано Торой».

Поэтому, чтобы начинающие поняли правильно сказанное в книге «Зоар» и книгах Каббалы, а не рисовали в своем воображении овеществленные образы, что является прямым нарушением Торы, чтобы не запутывались в своих представлениях, трудился десятки лет Бааль Сулам над созданием истинных комментариев по всей Каббале, дабы открыть ее, без страха овеществления и неправильного понимания в образах нашего мира, перед всеми.

И это то, что обязало меня сделать подробные комментарии на сочинения великого АР"И, а теперь и на «Зоар», и этим полностью ликвидировал страх, потому что выяснил духовные понятия, отвлеченные от наших земных, вне времени и вне места, как убедятся изучающие, дабы позволить каждому из масс изучать книгу «Зоар» и умножать разум в ее свете.

И назвал я эти комментарии «лестница» («Сулам»), дабы показать, что их роль как предназначение лестницы, что, если есть у тебя прекрасная вершина, не хватает только лестницы, чтобы подняться к ней, и тогда всего хорошего достигнешь сам. А с помощью комментариев «Сулам» каждый желающий духовно возвыситься может совершить восхождение к цели творения. Но лестница – это не цель, а средство: потому что, если остановишься на ее ступенях и не достигнешь вершины, не выполнишь требуемое и задуманное.

Изучение комментариев должно быть не для получения знаний, а для духовного исправления и возвышения, для чего они и созданы. Как и в исполнении Заповедей, результат зависит от намерения человека, что он желает приобрести в результате изучения.

Но «Зоар» помогает также понять человеку выяснить его истинные намерения и изменить их в сторону желательных. Так и в моих комментариях на книгу «Зоар», потому что выяснил я самые глубокие понятия до конца, которым еще нет подобия слов в нашем мире, путь и врата для любого человека.

Без ограничения пола, возраста, национальности, чтобы мог с помощью этого комментария подняться, углубиться и увидеть все в книге «Зоар», потому что только в таком случае исполнится мой замысел в издании этих комментариев.

Изучение книги «Зоар» не является самоцелью, а только средством, более действенным, а в нашем поколении и единственным, для достижения цели творения. В итоге правильного изучения человек действительно видит все то, что говорится в книге «Зоар».

Предисловие к книге «ЗОАР»

59. Все понимающие книгу «Зоар» согласны в том, что книгу «Зоар» написал великий раби Шимон бар Ёхай, кроме далеких от Каббалы и потому сомневающихся в этом и позволяющих высказывать мнение, на основании противников Каббалы, что книгу «Зоар» написал раби Моше дэ Лион или другой кто-либо, живший в то время.

Как я уже писал в статье «Необходимость изучения Каббалы», Тора вручена человечеству во всем своем объеме, устная и письменная. Письменная Тора поначалу представляла собой только пятикнижие «Хумаш», к которому постепенно добавлялись остальные книги, переходящие т.о. из собрания устной Торы в письменную.

Практически поначалу вся Тора была в основном устная, в устном виде передавалась цель творения поколениям. Но после разрушения Храма вся устная Тора была записана: как ее практическая, исполнительная часть «Алаха» в виде Мишны и Талмуда Вавилонского и Иерусалимского, так и тайная часть Торы, внутренняя работа человека в сближении с его Творцом в виде книги «Зоар».

Но поскольку выполнение Заповедей обязательно для всех, то Мишна и Талмуд были открыты для всех и изучались всеми. В то время как книга «Зоар» должна была появиться только тогда, когда будет в ней потребность. Поэтому была скрыта от масс до 13 века, пока раби Моше дэ Лион издал ее. **Поэтому светские «знатоки» истории религии приписывают авторство «Зоар» раби Моше дэ Лиону, хотя он сам это всегда отрицал.**

История Каббалы – это последовательность нисхождения в наш мир определенных душ:

— Раби Шимон бар Йохай (РАШБ'И), автор книги «Зоар» (4 век);
— рав Ицхак Лурия Ашкенази (АР'И), автор основных каббалистических книг (16 век);
— рав Исраэль Бааль-Шем-Тов, заложил основы массового изучения Каббалы (17 век);
— рав Йегуда Лейб Алеви Ашлаг, Бааль аСулам, автор современного, подходящего для наших душ, изучения Каббалы, автор комментариев на книгу «Зоар» и на все сочинения АР'И (1885–1955);

— рав Барух Шалом Алеви Ашлаг, старший сын и продолжатель своего отца, написавший сотни методических статей по практической работе каббалиста нашего времени.

Между этими гигантами были многие сотни их учителей, последователей и учеников, но именно вышеперечисленные каббалисты были проводниками Творца в распространении науки Каббала в нашем мире. Двусмысленное отношение к книге «Зоар» проистекает из того, что эта книга уже самим своим существованием обязывает человека задуматься о цели жизни, о том, что недостаточно механического соблюдения Заповедей, о том, что есть иные критерии оценки учителей и руководителей поколения.

Книга «Зоар», даже если человек не изучает ее, уже одним упоминанием о себе задевает в человеке какие-то болезненные струны, им ощущаемые, но неосознаваемые и непонятные. Поэтому в основном предпочитают не раскрывать ее, а, говоря «Зоар-аКадош» — святой Зоар, оставлять в одиночестве на полке... это отношение к книге «Зоар» верующих масс.

60. Но с того дня, как удостоился я света Творца, с его помощью увидел написанное в книге «Зоар».

Как пишет Бааль Сулам, он излагает в своих книгах только то, что постиг сам, поднявшись на описываемые им духовные уровни. Его основной труд шеститомник «Талмуд Десяти Сфирот» начинает излагать материал с распространения простого света от Творца, ступени выше, чем мир бесконечности! Это говорит об абсолютном постижении всего творения и совершенном слиянии с Творцом.

Как пишет в предисловии к книге «При хахам» мой рав, старший сын Бааль Сулам, рав Барух Ашлаг, такие души нисходят в наш мир раз в десять поколений. Вот что означают слова «...как удостоился в свете Творца...»

Раньше не возникала во мне потребность исследовать вероятного автора этой книги. И это просто потому, что содержание книги подняло в моем сердце величие раби Шимона на недосягаемую высоту над всеми другими каббалистами. Но если бы выяснил я, что автор книги другой, например раби Моше дэ Лион, то поднялось бы во мне величие этого каббалиста больше, чем всех остальных, включая раби Шимона.

Предисловие к книге «ЗОАР»

Но если вправду, то, согласно глубине мудрости книги, если бы я узнал, что ее автор один из 48 пророков, мое сердце бы больше согласилось с этим, чем соглашаться, что каббалист-танаи написал такую книгу. А если бы я нашел, что сам Моше получил эту книгу на горе Синай от самого Творца, то полностью бы успокоился, настолько велика эта книга.

Это становится ясным только для постигающего, сказано в книге «Зоар». Поэтому противники ее изучения свидетельствуют о своем невежестве.

И так как удостоился я создать комментарий, подходящий для всех желающих, чтобы понять, что написано в самой книге, я думаю, что уже выполнил все, чтобы устраниться впредь от подобных расследований, потому что всякий, понимающий в книге «Зоар», не сможет ограничиться менее, что автором книги может быть человек не менее святой, чем раби Шимон.

61. Но в соответствии с этим возникает вопрос, почему была скрыта книга «Зоар» от первых поколений? От первых поколений книга «Зоар» была скрыта в течение 9 веков, с 4 по 13 век после ее написания, хотя, без сомнения, были они более великими, чем последние поколения и более заслуживали изучения этой книги.

Более великими в чистоте своих келим-желаний. Но именно поэтому и не нуждались в книге «Зоар» как в средстве для исправления. И кроме того возникает вопрос, почему не появилось разъяснений на книгу «Зоар» до АР"И? В течение 13 веков, с 3 века по 16 век, от РАШБ"И до АР"И ни один каббалист не достиг такого уровня, чтобы был в состоянии разъяснить книгу «Зоар» и всю науку Каббала.

АР"И раби Ицхак Лурия (1534–1615) разъяснил нам основные положения в Каббале, но не написал никаких комментариев на книгу «Зоар». С 16 века книга «Зоар» появляется в печатных изданиях.

И кроме того, возникает вопрос, почему не появилось истинного комментария на сочинения АР"И и книги «Зоар» с дней АР"И до нашего поколения? На книгу «Зоар» не было такого комментария, как Сулам, в течение столетий, а на сочинения АР"И в течение 300 лет.

Только когда пришло время распространения Каббалы, снизошла в наш мир особая душа в виде каббалиста раби Й.Ашлага, давшая нам в обличье этого человека всю эту науку в виде, понятном для нашего поколения.

Но не надо понимать, что до нашего поколения не было больших каббалистов. Они были, но то, что они постигали, постигали только для своей личной работы, и им запрещалось свыше обучать Каббале. Даже до РАШБ"И были каббалисты, знавшие не менее его, но не имевшие права раскрывать тайны Каббалы.

В качестве примера можно привести ряд великих каббалистов последних веков: раби Моше Хаим Луцато (РАМХАЛЬ, 1707–1746), автор многих книг по Каббале; основатель хасидизма раби Исраэль Бааль Шем Тов (1698–1760); раби Элияу, гаон из Вильно (1710–1798), автор книг как по Каббале, так и по практическим и теоретическим вопросам Алахи, автор комментариев на каббалистические книги «Сэфэр Ецира», «Сэфэр Абаир», «Сафра дэ-Цниюта» и пр.

То, что в наше время позволено изучать и расширять круги изучающих Каббалу (на основании разрешения АР"И, а кто встанет и скажет против него, уж, конечно, не наши современники!), говорит только об общем желании Творца дать в руки нашему поколению силу, приводящую к концу исправления.

62. Ответ таков: мир в течение 6000 лет своего существования подобен парцуфу, имеющему три части: рош, тох, соф, или хаба"д, хага"т, нэх"и. 6000 лет, как и 13 лет, и другие даты и указания времени в Каббале подразумевают в основном количество ступеней, состояний, которое необходимо преодолеть до достижения определенной ступени: 13 лет накопления и развития эгоизма, лет создания целого духовного парцуфа из 7 x 10 сфирот, 6000 ступеней миров АБЕ"А, преодолеваемых поднимающимся из состояния «наш мир», эгоистического, в состояние слияния с Творцом, мир Ацилут.

Сказано мудрецами (Талмуд. Санэдрин 97;1): 2000 тоу (беспорядок), 2000 Тора, 2000 дни машиаха. Машиах – «избавитель», от глагола «лимшох» – вытаскивать, вытаскивающий человечество из бездны эгоизма к истинной, вечной жизни.

Потому что первые 2000 лет, рош и хаба"д, имели малый свет и были как рош без гуф, когда есть в нем только

Предисловие к книге «ЗОАР»

свет ор нэфэш, потому что есть обратная зависимость между келим и орот, потому что первыми рождаются в парцуфе высшие келим, но появляются малые орот.

Поэтому вначале появляются келим хаба"д с ор нэфэш. И потому говорится о первых 2000 лет состояния мира как о состоянии тоу. Келим хаба"д чисто альтруистические келим по своей природе, близкие к свету по своим свойствам, первыми спускаются в наш мир, потому что исправление начинается с наименее испорченных желаний, чтобы затем с помощью уже исправленного можно было исправить и более грубые желания-кли.

А во вторые 2000 лет, келим хага"т, спускается в мир свет ор руах, называемый свет Торы. И потому сказано о средних 2000 лет как о времени Торы. Келим хага"т подобны по своим желаниям-свойствам келим хаба"д и отличаются в основном только величиной.

А последние 2000 лет – это келим нэх"и, и потому в это время нисходит и облачается в мире свет ор нэшама, еще больший свет. И потому это время дней машиаха. Келим нэх"и – эгоистические келим, для исправления которых необходим большой свет нэшама.

Таков порядок и в каждом частном парцуфе: в келим хаба"д хага"т до его груди свет скрыт и есть только ор хасадим, а ор хохма светит только от хазэ и вниз, в нэх"и парцуфа. И это потому, что до того, как начали раскрываться келим нэх"и в парцуфе мира , в последние 2000 лет, была вся Каббала и мудрость книги «Зоар» в том числе, скрыта от мира.

Келим хаба"д хага"т не требуют света ор хохма для своего исправления и наполняются светом ор хасадим, потому что не только получают, а желают все отдать ради Творца. Келим нэх"и, ввиду их эгоистического характера, необходим большой свет для исправления, но исправляясь, они открывают в наш мир вход ор хохма – присутствие Творца, потому что получают ради Творца.

Но во время АР"И, когда уже приблизилось время завершения келим под грудью парцуфа, раскрылась этим высшая мудрость через душу АР"И, готовой получить этот огромный свет. И поэтому раскрыл основы книги «Зоар» и всей Каббалы настолько, что отстранил бывших до него. Келим хаба"д хага"т находятся над грудью духовного тела-парцуфа, а келим нэх"и находятся под грудью.

Линия груди духовного тела разделяет «дающие» кли от «получающих». Но так как эти келим не завершились полностью из-за смерти АР"И в 5332 году, то мир еще не был готов к тому, чтобы раскрыть его постижения, а только единицы приняли раскрытое им, но и им не было позволено свыше раскрывать полученное от АР"И. Как книга «Зоар» была написана заранее, так и сочинения АР"И были изданы много позднее его (большая часть из них была погребена в могиле, а затем извлечена учениками и издана в течение нескольких поколений). И как книга «Зоар», так и сочинения АР"И раскрылись миру комментариями Бааль Сулам уже в наше время.

И вот в нашем поколении, после того как мы уже недалеки от конца последнего двухтысячелетия, когда келим нэх"и полностью выходят в наш мир, дано разрешение на раскрытие мудрости книги «Зоар» в мире, чтобы это и последующие поколения все больше раскрывали сказанное в книге «Зоар», пока не раскроют его в полном объеме.

Поэтому абсолютно необоснованны замечания и сопротивление изучению Каббалы от различных кругов, и это их мнение говорит только об их непонимании развития мира, что естественно ввиду незнания элементарных истин Каббалы.

63. Из этого поймем, что на самом деле нет сравнения высоты душ первых поколений с последними. Потому что есть правило, что во всех парцуфим миров и душ самые светлые келим очищаются и исправляются первыми.

Высота кли определяется его подобием свету. Но величина исправления зависит именно от величины желания, и чем эгоизм больше, тем больше исправление, тем больше постижение и величина сближения с Творцом. Но самый большой свет раскрывается в высших, подобных свету келим. И потому вначале исправились и очистились келим хаба"д из мира и из душ. И потому были души в первые 2000 лет самые высокие.

Но несмотря на это, не смогли получить весь свет, ввиду отсутствия низших келим из мира и из самих себя. Есть два свойства в любом творении: величина его желания самонасладиться (толщина желания) и сила, противодействующая этому желанию во имя выбранной им цели (твердость желания).

Обе они соединяются в масахе-экране и определяют духовный уровень кли. В первые 2000 лет в нашем мире появлялись

Предисловие к книге «ЗОАР»

души светлые (единицы из которых достигали Творца), с малыми эгоистическими желаниями, при исправлении которых получали малые света: келим хаба"д с ор нэфэш.

В следующие 2000 лет появились в нашем мире души более грубые, с большим эгоизмом и при его исправлении получающие уже больший свет: келим хаба"д-хага"т с ор нэфэш-руах.

Поэтому уже удостоились получить Тору, нужную им для исправления, но их исправление могло произойти даже от выполнения Заповедей с небольшим намерением, в соответствии с величиной их эгоистического желания.

В последние же 2000 лет постепенно спускаются в наш мир все более грубо-эгоистические души, особенно со времен АР"И, которым для исправления необходимо изучение и применение Каббалы.

Поэтому книга «Зоар» была скрыта все века, поскольку в ней не было необходимости, поэтому появились такие особые души, как АР"И и Бааль Сулам, завершившие подготовку Каббалы для нашего применения.

Поскольку души, спускающиеся сегодня в наш мир, самые грубые, относящиеся к келим нэх"и, то для их исправления требуется именно такое сильное средство, как Каббала, но свет, который они вызывают своими исправленными действиями, очень большой, ор нэшама.

И хотя этот свет нэшама входит в кли хаба"д, а не в кли нэх"и, т.е. основное его свечение остается в высших мирах, но в конце исправления получат его те души, которые вызвали его вход в кли. А пока становятся все большими потребности и все поверхностней глубина мысли, даже у современных «великих философов», и все находятся в непрерывной погоне за материей, занимающей все мысли и желания, и «рабы погоняют хозяев» (эгоизм командует нашими душами. Талмуд. Сота).

Но как и в прошлых поколениях, так и в нашем, как пишет Эвэн Эзра (Есод Морэ 8, 2): «Всмотрись и знай, что все Заповеди, описанные в Торе или полученные от отцов, несмотря на то, что большинство исполняются действием или словами, все они для исправления сердца, потому как сердце требует от нас Творец... чтобы просили Его исправить нас, потому что сотворил нас не для жалких приобретений этого мира, а чтобы исправили себя изучением Высшей мудрости.

Потому что буквы мертвы, а внутренний смысл их как души, и если не понимает духовного смысла сказанного в Торе, подобен листающему врачебную книгу и считающему ее страницы, отчего никак не придет излечение, или как верблюд, несущий шелк, что проку ему от его ноши и что проку шелку от верблюда... так и человек: если не понимает смысла требований Торы, все его усилия в ней напрасны!»

Из всех мыслей каббалистов – а кто лучше их знает о намерениях Творца! – вытекает, что главное – это постоянно держаться цели творения – слияния в течение этой жизни с Творцом, и только для достижения этой цели действовать в течение всей своей жизни, т.к. «Тора дана только для постигнувших собственное сердце», постигнувших сердце, способное любить Творца, сердце, из которого при этом исчезает животный дух и которое сразу же наполняется Высшей мудростью.

А затем, в течение 2000 средних, когда присоединились келим хага"т к миру и к душам, были души еще достаточно чистыми, потому что природа келим хага"т близка к келим хаба"д, и поэтому еще был скрыт свет в мире, ввиду отсутствия келим ниже груди и в мире и в душах.

По своей природе, свойствам, желаниям келим-желания хага"т полностью подобны келим хаба"д, но намного меньше их, слабее в своих альтруистических желаниях и поэтому нуждаются уже в помощи Торы, в выполнении действий для своего исправления.

Но поскольку еще далеки от эгоистических желаний нэх"и, то нет им необходимости работать над мотивацией, намерениями с помощью Каббалы, и потому Каббала была скрыта от тех поколений. Можно сказать, что для тех поколений путь Торы состоял в исполнении Заповедей, а намерения они могли исправить и без изучения Каббалы, настолько их желания были небольшими.

И поэтому в нашем поколении, хотя души крайне низкие, не сумевшие исправиться и очиститься до сего дня, но именно они заканчивают конструкцию парцуфа мира и парцуфа душ своими келим. Самые грубые души нисходят в наш мир именно в последних, наших поколениях, и их эгоизм настолько велик, что только вся сила Каббалы способна дать возможность исправить путем Торы мотивацию своих действий и желаний. И именно они заканчивают всю работу по исправлению творения – желания получить, созданного Творцом, для придачи ему нужного намерения.

Как мы видим, желание получить остается, его не уничтожить, это и есть творение, и его еще необходимо многократно

Предисловие к книге «ЗОАР»

умножить с помощью нечистых миров БЕ"А для получения огромного наслаждения, уготованного нам Творцом.

На человеке лежит задача лишь в соединении желания с необходимой для получения неограниченного наслаждения мотивацией. Именно мотивация превращает ограниченное эгоистическое желание в не ограниченное ни во времени, ни в размере. Потому что при окончании завершения келим нэх"и, находятся в парцуфе все келим в рош, тох, соф и нисходит полный комплект света в рош, тох, соф, всем, кому положено, т.е. полный свет наранха"й.

И поэтому только с завершением исправления всех этих низких душ могут проявиться высшие света. Именно последние поколения вызывают вход самых больших светов. Этот же закон действует и в частном случае в каждом: чем эгоистичнее, грубее человек, тем при исправлении он становится выше, по правилу «Коль агадоль ми хавейро, ицро гадоль мимейно» – человек больше других тем, что его желания (исправленные) больше.

64. Но еще мудрецы задавали этот вопрос (Талмуд. Брахот 20) и отвечали, что ясно, что первые поколения были намного важнее последних по своим келим, свойствам, желаниям намного ближе к свойствам света. Но по Торе и Каббале последние поколения намного важнее первых по свету, вызываемому их действиями.

Отсюда видно, что хотя первые поколения важнее последних по свойству самих их душ, потому что более чистые исправляются первыми, первыми приходят в наш мир, но все же мудрость Каббалы и Торы раскрывается все больше в последних поколениях, потому что для их исправления необходим большой свет – помощь Творца.

И это оттого, что общее строение парцуфа заканчивается именно с помощью последних, и потому к ним нисходят более полные света, хотя их свойства самые плохие. Первым входит свет-ор нэфэш в кли-сфира кэтэр: потому что кли кэтэр самое чистое кли, т.е. с наименьшим эгоистическим желанием и поэтому самое близкое по свойствам к свету.

Затем тот же свет ор нэфэш спускается из кли кэтэр в кли хохма, освобождая место в кли кэтэр для более сильного света – ор руах, и ор руах входит в кли кэтэр. Затем ор нэфэш спускается из кли хохма в кли бина, ор руах спускается из кли кэтэр в кли хохма, и в освободившееся место в кли кэтэр входит свет ор нэшама и т.д.

Из схемы видно, что вначале наполняются светом более чистые кли-сфирот, а так как они наиболее чистые, то относятся к механическому выполнению Заповедей, поскольку их небольшой эгоизм относительно просто преодолеть и механически выполнять Заповеди для масс или даже с надлежащими намерениями для каббалистов того времени. В то время как в наши, последние годы перед приходом машиаха, когда в мир спускаются души, относящиеся к нижним кли малхут, требуются особые усилия для преодоления эгоизма, и только сила Каббалы способна вывести нас на путь Торы, а не оставить в природном развитии по пути страданий.

И только Каббала в состоянии дать современному человеку разумный, требуемый им подход к выяснению для себя необходимости работы в выполнении намерения «ради Творца».

65. И это нисколько не противоречит тому, что нельзя возражать первым поколениям в открытой части Торы. В том, что относится к завершению выполнения Заповедей в действии, отношение обратное, первые поколения завершили их больше, чем последние. И это потому, что действия происходят от чистых келим сфирот, а тайны Торы и смысл Заповедей исходят от света в сфирот.

Как в келим нет никаких изменений, так нет света, который бы не состоял из 10 сфирот, а все отличие одной сферы от другой только в их внутреннем намерении, называемом отраженный свет – ор хозэр, который и является намерением «насколько в состоянии получить ради Творца», так и в выполнении Заповедей, нет отличия между простым верующим и большим равом, и все обязаны выполнять 613 Заповедей.

И здесь именно в силе правило «не прибавлять и не уменьшать». И большому праведнику запрещено добавлять, небольшому знатоку Торы запрещено уменьшать. И это в соответствии с правилом, имеющим место в 10 сфирот, как написано в книге «Сэфэр Ецира»: «10, а не 9, 10, а не 11».

А как уже известно, есть обратная зависимость между келим и светом в них: первыми исправляются более чистые, высшие келим, и потому первые поколения завершили часть действия более последних. Тогда как в светах: последние света

Предисловие к книге «ЗОАР»

проявляются, входят первыми, и потому завершают их последние поколения более первых.

Мы, на основе историко-общественно-религиозного развития общества, видим, что прошлые поколения, по причине свойств душ в них, не искали причин и основ веры и необходимости выполнения исполнительных Заповедей, в то время как в нашем поколении, практически у каждого, возникает потребность именно понять и осознать духовное, потребность духовного постижения Творца, а затем уже приходит компромиссное согласие и на выполнение исполнительных Заповедей.

Но поскольку любое проявление духовных свойств полное, то и в нашем поколении, в котором спускаются в наш мир наиболее эгоистические души, есть среди них также и относящиеся к душам типа хаба"д хага"т, но не к ним самим, а к хаба"д хага"т, включенным (иткалелут) в нэх"и, потому что любая духовная ступень состоит из 10 сфирот, содержащих в себе части от всех ступеней, но главное ее свойство – это она сама.

Поэтому и в нашем поколении есть удовлетворяющиеся только выполнением Заповедей, не испытывающие необходимости исправления своих намерений, отношений к Творцу. Среди возражающих изучению Каббалы, как правило, личности с небольшими желаниями, подобные желаниям хаба"д хага"т.

Единственное творение – это желание получить наслаждение, единственное, что существует кроме Творца, потому что создано им, потому как Он желает дать наслаждение. Но поскольку:

1) при получении наслаждения возникает неприятное ощущение стыда от ощущения себя получающим,
2) желание получить ограничено,

то необходимо исправление этого желания получить добавлением к нему мысли, мотивации, намерения. Если желание получить использует свое стремление насладиться, так как это желание Творца, то его получение равнозначно отдаче, потому что получает, чтобы доставить приятное дающему, а не самонасладиться.

Для того чтобы создать возможность такого исправления намерения в желании получить наслаждение, Творец создал 2 противоположные системы чистых и нечистых сил-желаний. Желание получить ради себя называется злом (дурное начало – ецэр ра), потому что именно его эгоистическая форма не позволяет получить духовное наслаждение. Через систему нечистых, эгоистических сил произошел человек в нашем мире, его тело желание самонасладиться всем, что он видит перед собой в нашем мире.

Эту природу, единственное творение, изменить нельзя, но можно исправить ее, привести к состоянию, когда с желанием получить можно будет получить все что угодно во всех мирах! И это исправление формы намерения при получении наслаждения потому, что этого желает Творец, наслаждаться ради дающего, называется исправлением.

Достичь такого исправления можно только с помощью Торы и выполнения Заповедей Творца. Тора дана нам как орудие для исправления нашего зла, а Заповеди – это желания Творца, Он как бы говорит нам, что эти действия желательны Ему, если Заповеди исполнительные, и нежелательны Ему, если Заповеди запретительные.

Из этого следует, что все наши действия можно разделить на: запретительные (нежелательные, «ло таасэ»), исполнительные (желательные, «таасэ»), нейтральные (свободные, «рэшут»). В отношении к исполнительным или запретительным заповедям, поскольку это точное указание и желание Творца, необходима осторожность в их исполнении, даже без всякого намерения.

Но основная работа в достижении надлежащего, желательного намерения происходит именно в нерегламентированных Торой действиях, выполнение которых не ведет ни к заповеди, ни к ее нарушению: потому что, выполняя свободное действие с намерением «ради Творца», человек вносит это действие из свободной зоны своих желаний в систему чистых сил и превращает его этим в Заповедь, пока не переведет всего себя, все свои свободные желания и мысли к Творцу.

Но именно в изменении мотивации выполнения свободных своих действий человек сталкивается с огромными трудностями, с борьбой против своего зла, эгоизма. Потому что его тело-желания говорит ему, что нет в его действиях ничего, что бы относилось к запрету или указанию выполнить, и нет поэтому в них никакого выигрыша, вознаграждения.

А без вознаграждения тело работать не в состоянии. Поэтому, если обязывающие Заповеди, исполнительные или запретительные, человек исполняет как обязанность, то в области свободных действий именно намерения человека делают из этого действия Заповедь, переводят его в систему чистых сил.

Предисловие к книге «ЗОАР»

Заповеди человек может выполнять без всяких намерений в силу воспитания, ожидаемого вознаграждения в этом или будущем мире или ради Творца, т.е. с намерениями или без них.

Но если человек берет нейтральное действие и желает его выполнить, то именно намерение вынуждает его к этому, против чего и выступает тут же эгоизм, поскольку нет запрета на само действие, а только на его намерение, ради Кого он делает это.

Как сказано: «Неважно Творцу, как именно резать скотину, с горла или с затылка, а Тора дана только для очищения Израиля», где под очищением подразумевается очищение нашего тела от эгоистических намерений, что является целью выполнения Торы и Заповедей (Й.Ашлаг. Матан Тора, стр. 27).

Отсюда следует, что только тогда, когда наши альтруистические намерения выступают вперед, тело резко и мгновенно отказывается повиноваться нам. И эта борьба против тела называется свободной войной, ненавязанной (милхэмэт рэшут), потому что только сам человек может определить свои намерения.

И эта война с телом происходит только по поводу намерений, а не выполнения действий, потому что на эти нейтральные действия нет никакого запрета, а вот в намерении человек явно желает уничтожить желание получения собственной выгоды, вознаграждения, убить свое тело, потому что «Тора живет только в том, кто убил себя» — «Эйн аТора миткаемет, эле ми ше мемит эт ацмо алея» — только тот, кто освобождается от эгоистических желаний, удостаивается получения высшего света, называемого Тора.

Отсюда понятно, что главное в творении — это желание получить (наслаждение), но в своем исходном эгоистическом виде в нас оно не способно получить высшие наслаждения, уготовленные нам Творцом, и, только изменяя намерение при получении с «ради себя» на «ради Творца», мы приходим к желательному состоянию.

Поэтому желание получить, созданное Творцом, не исчезает, а, наоборот, еще и возрастает многократно, с помощью системы нечистых миров, но необходимо изменение нашего намерения при получении наслаждения — наслаждаться потому, что этого желает Дающий.

А поскольку само творение — «желание получить» — не исчезает, а только изменяется его намерение, то говорится: «Барати ецер ра, барати Тора тавлин» — «Я создал эгоистическое желание в вас, и Я дал вам Тору как пряность к нему», потому что с помощью Торы мы только видоизменяем наше намерение, не меняя самого творения-желания насладиться, и поэтому Тора всего лишь делает пригодным наш эгоизм к употреблению, как пряности делают безвкусную пищу желанной, потому что может получить высшие наслаждения.

Выполнение с надлежащим намерением Заповедей, как обязательных, так и запретительных, возможно до конца исправления. Но только выполнение свободных действий ради Творца приводит к полному исправлению эгоизма, к гмар тикун. (Языком Каббалы, вся борьба ведется за нейтральную часть, среднюю треть тифэрэт дэ Зэир Анпина или Адам Аришон, и вся Тора практически говорит только об этом. См. «Бэйт шаар акаванот».)

Как сказано в предисловии книги «Зоар»: «Заповеди Торы называются советами (эйцот) и залогами (пикадон-пкудот)». Отличие между ними в том, что, когда человек выполняет Заповеди еще до того, как обрел альтруистические желания выполнять их ради Творца, Заповеди, которые он выполняет, называются СОВЕТАМИ.

Если человек достиг ступени выполнения Заповедей в их духовном значении, то каждая из них несет человеку свой свет, называемый ЗАЛОГОМ, потому что в каждом из 613 духовных действий, называемых Заповедями, находится свой определенный свет, соответствующий одной из 613 частей души, духовного сосуда-кли человека.

Таким образом, выполняя Заповеди, человек исправляет и наполняет по частям свое духовное тело, называемое душой. Эти два периода в работе человека, соответственно «совету» предварительной, подготовительной стадии и «залогу» стадии получения света, называются НААСЭ (делать) и НИШМА (слышать). Есть 14 собирательных групп залогов, соединяющих в себе все 613 залогов, подобно тому как 7 дней творения соединяют в себе все 6000 лет существования мира. Поэтому есть прямая связь между 14 залогами и 7 днями творения.

Каждый день духовное состояние соответствует определенным Заповедям, но поскольку все они связаны, то необходимо выполнение всех Заповедей – духовных действий каждый день на каждом новом духовном уровне. Принцип пирамидального развития можно проследить на развитии человека: целью творения является постепенное развитие человека до состояния ощущения Творца как самого близкого себе.

Предисловие к книге «ЗОАР»

Чтобы взрастить в человеке, крайне отдаленном своими свойствами в начале своего пути от Творца, настоящее духовное желание, Творец посылает ему обстоятельства, приводящие к ощущению никчемности, пустоты и бесцельности его жизни, мыслей, что не стоит жить ради тех временных, ложных целей и проходящих удовольствий, ради которых он жил до сего дня, что он должен искать настоящие ценности в жизни, ради которых действительно стоит жить, найти такие ценности, ради приобретения которых имеет смысл трудиться в этой жизни.

Затем человек получает осознание того, что подобные ценности находятся только в религии, потому что только она говорит о том, что не проходит, как наша земная жизнь, а о том, что существует вечно в душе человека, поскольку религия утверждает, что наша душа бессмертна.

Придя к мысли о необходимости заняться религией, человек начинает посещать всевозможные доступные ему учебные места, дабы понять далее то, к чему начал стремиться: узнать побольше о том, как достичь состояния, чтобы его жизнь не ощущалась им такой никчемной, чтобы его приобретения в этой жизни были вечными.

Человек создан Творцом во множестве вариаций, как говорится: «Как непохожи люди лицом друг на друга, так и внутренне они не похожи». Кроме того, сам человек постоянно меняется, поскольку его душа бессмертна и постоянно обновляется, для неосознанного, а затем и сознательного, исправления.

Поэтому среди заинтересовавшихся есть удовлетворяющиеся изучением или исполнением внешних религиозных ритуалов и останавливающиеся на внешних атрибутах, таких, как одежда, религиозные песни и пр., потому что на данном этапе духовного развития им не требуется ничего более для исправления души.

Есть среди этой массы посещающих всевозможные кружки и лекции такие, которые удовлетворятся изучением и точным выполнением Заповедей и посвятят свою жизнь максимально точному их выполнению.

Есть, которые в своем стремлении найти цель жизни дойдут до общественной работы по исправлению других, привлечению остальной массы к религии, потому что, осознав что-либо как важное, желают, чтобы все приняли их мнение, что вытекает из необходимости самоутверждения и доказательства всему миру своей правоты, для повышения уверенности в правильности выбора пути жизни.

Есть такие, которые пройдут все эти стадии, но не смогут остановиться ни на одной из них, хотя, возможно, задержатся на каждой или какой-либо из них подчас довольно продолжительный период времени, но все равно не успокоятся ни пониманием внешних форм религии, ни максимально точным выполнением Заповедей, ни общественной работой для самоутверждения или как средством к существованию, пока поиск приведет их, даже вопреки всему ранее слышанному против, к Каббале.

Есть те, что, начав осторожно интересоваться Каббалой, остановятся на внешних рассказах об этой науке и ее истории, как удовлетворяются изучающие Каббалу в университете.

Есть удовлетворяющиеся научным изучением Каббалы, точным описанием элементов духовных структур.

Есть те, что удовлетворятся внешними атрибутами называться каббалистом и, как следствие этого, давать благословения для получения вознаграждения деньгами и почетом, а есть и такие, что ради почета и звания готовы платить сами.

Есть такие, которые, пройдя всевозможные любительские кружки, махоны, лекции, где задерживаются, как при прохождении через все более мелкое сито, из начальной поисковой массы, вышедшей из дремотной жизни в поиск новых жизненных ценностей, находят себя в группе изучающих настоящую Каббалу.

Есть и такое, что и там человек сидит, но слушает только то, что слышит его ухо, т.е. то, на что настроено его желание получить, его «Я», и так каждый слышит то, что ему надо услышать из книги или из урока.

В каббалистической группе каждый настолько уже индивидуален, что невозможно изобразить человека каким-либо постоянным, неизменным, потому что он каждый день меняется, по мере своего развития, в зависимости от состояния, в котором он находится, и в каждый момент времени представляется другим, с другими вопросами, вкусами и мыслями, будто только его внешность и имя остались без изменений, а вся его внутренняя часть полностью изменилась и уже не имеет никакой связи с тем, что было еще вчера, а подчас и несколько минут назад, в том же теле.

Предисловие к книге «ЗОАР»

И такие же изменения постоянно происходят также в товарищах по учебе. Изменения настолько крутые, что описать их и их вариации просто невозможно. От самого человека скрыты его настоящие намерения, вследствие чего месяцами и даже годами он занимается автоматически, подталкиваемый рефлексом, и осознает свои состояния только после того, как они прошли и он поднялся на более совершенный уровень и может поэтому осознать прошедшее, став мудрее от постижения следующего уровня развития.

Человек в процессе какой-либо стадии своего развития находится под действием сил, вынуждающих его действовать в соответствии с этой стадией, и потому советы другого не воспринимает и может следовать им, только исключив свой разум.

Все человечество в конце обнаружит себя дошедшим до серьезных занятий поиска цели творения и Создателя, но пока каждый из нас находится в какой-либо из промежуточных стадий своего развития и потому еще должен созреть, и нельзя искусственно ускорять развитие, так как все промежуточные стадии необходимы для осознания и ощущения самой цели творения; как пишет Бааль Сулам, цивилизованные народы несут своим «прогрессом» огромный вред «отсталым» народам, отнимая у последних самостоятельный путь естественного развития.

Им будет недоставать осознания цели и ее ощущения в конце исправления, поэтому можно только ненавязчиво подсказать им это в виде информации, но не более.

66. Знай, что во всем есть внутреннее и наружное, внешнее. Израиль относится к внутренней части всего мира, а остальные народы считаются как его наружная часть.
Корнем всех наших внутренних желаний и корнем всех народов мира (внешних желаний) является 7х10= сфирот парцуф Зэир Анпин мира Ацилут. То, что на сегодня есть большее количество народов, это чисто исторически возникшее деление.

Также и сам Израиль делится на внутреннюю часть, это совершенные, работающие на Творца, и наружную часть – те, кто не занимается этим.
Не занимаются этим – имеется в виду именно внутренней работой, исправлением себя с помощью изучения Каббалы, а не

просто те, кто занимается Торой как наукой или с целью познания механического выполнения Заповедей.

Также и в народах мира есть внутренняя часть – это праведники народов мира, и есть наружная часть, грубые и приносящие вред личности. Праведники определяются по своему стремлению действовать альтруистически. Соответственно, грешники народов мира – это эгоистические разрушители его.

Также и среди Израиля, работающих на Творца, есть внутренняя часть, это те, кто удостоился понять внутреннюю душу Торы и ее тайны. Как уже сказано, слово Исраэль происходит от слов Исра-прямо и Эль-Творец, и те, кто ощущает в себе это стремление, называются внутренней частью Израиля, хотя еще и не постигли желаемого, принадлежность их к внутренней части определяется не их постижением, а их стремлением.

И наружная часть – это те, кто занимается только действием, выполнением действия в Торе, те, кто изучают выполнение Заповедей и выполняют их, не присоединяя при этом цели исправления себя, а заботятся только о четкости внешнего выполнения действий Заповедей. **Также и в каждом человеке из Израиля есть внутренняя часть, часть Израиля, что в нем,** точка в его сердце, ощущение человеком стремления к духовному.

И наружная часть, часть народов мира, что в нем, само его тело, эгоистические стремления. Но даже народы мира, что в Израиле, считаются в нем как перешедшие в Израиль, потому что прилеплены к его внутренней части, они подобны праведникам, перешедшим от народов мира в Израиль, пришедших и приклеившихся к Израилю.

Если в человеке есть, кроме стремления к Творцу, еще и другие стремления, все они в конечном итоге вольются в его духовную работу и придут к своему исправлению. По духовной важности влияния на процесс исправления пирамида выглядит следующим образом:

1) В еврее:
    а) точка в сердце (Израиль в Израиле);
    б) тело-желания (народы мира в Израиле).

2) В народе Израиля:
   а) постигающие Творца (каббалисты), выполняющие Заповеди с соответствующим намерением «ради Творца»;
   б) исполняющие указы Торы (верующие).
3) В народах мира:
   а) праведники народов мира;
   б) прочие из народов мира (разрушители).

67. Когда человек из Израиля возвышает свою внутреннюю часть, Израиль, что в нем, над наружной, народы мира, что в нем, т.е. дает основные свои усилия на возвышение и усиление своей внутренней части для пользы своей души, а малые усилия, только в необходимой мере, он дает для существования части народов мира, что в нем, т.е. для потребностей тела, то, как сказано, делает Тору постоянным своим занятием, а свою специальность второстепенной, т.е. ставит духовное возвышение, исправление, изучение Каббалы как средство постижения Творца, как цель жизни.

Хотя в своей массе еще и не занимаются исправлением и приближением к совершенству - Творцу. Но даже если один из евреев занимается духовным исправлением, это уже в какой-то мере отражается на общем отношении мира к нам.

А народы мира, представляющие собою наружную часть общего мира, осознают и оценивают величие сынов Израиля. Осознают и оценивают невольно, естественным образом, потому что Высшее управление находится под влиянием возвышающихся, увеличивается присутствие Творца в мире и влияние Его света на эгоизм народов мира.

Но если наоборот, человек из сынов Израиля возвышает и ценит свою внешнюю часть, которая считается частью народов мира, что в нем, эгоистическое материальное развитие и накопление над частью Израиль, что в нем, над альтруистической частью желаний, устремленных к Творцу (от слова Исра-Эль – прямо Творец, прямо к Творцу), **то его наружная часть, народы мира, что в нем, возвышается, а внутренняя его часть, Израиль, что в нем, опускается.**

Согласно его желаниям и действиям, человек имеет свободу выбора в том, какую часть в себе возвысить. И если возвышает, ценит свой материальный и общественный прогресс более духовного, **то приводит этим к тому, что наружная часть в** общем мире, народы мира, возвышаются над Израилем внешней своей частью, всем понятием Израиль, и унижают его до земли, а сыны Израиля, внутренняя часть мира, снижаются все ниже.

68. И не удивляйся, как может один человек вызвать своими поступками возвышение или падение мира. Это закон, исходящий из того, что высшая сила включает в себя более низшие как свои составляющие, потому что любая высшая ступень является Творцом относительно более низшей.

Каббалист, овладевший определенной духовной ступенью, может вобрать в себя неисправленные желания окружающих и помочь, неощутимо для них, приблизиться к осознанию духовного возвышения. Поэтому в мире так мало Поднимающихся, ведь их духовные силы огромны по сравнению с мелкими желаниями масс.

Но прийти к состоянию духовного освобождения должен каждый лично. То, что один маленький человек может вызвать большие изменения и даже потрясения в мире, мы можем видеть из истории. Это оттого, что есть закон, что общее и часть его равны как две капли воды. И все, что действует в общем строении, действует также и в его частях.

И более того, именно части делают и определяют все, что действует в общем, потому общее откроется только после раскрытия всех его частей, согласно мере и свойствам этих частей. Только осознанное духовное возвышение каждого приведет к общему возвышению мира, что и называется приходом машиаха.

И обязательно действие части, согласно его качествам, поднимает или опускает общее в целом. Самые большие силы в нашем мире невидимы, и их вообще трудно познать и исследовать. И чем могущественнее сила, тем она неуловимее, как, например, радиоактивное излучение.

Духовные же силы вообще не уловимы нашими органами чувств, но именно они и держат весь наш мир на себе, пронизывая каждый атом и управляя всей материей на всех ее уровнях. Поэтому, естественно, человек, умеющий влиять своими альтруистическими поступками на состояние этих сил, вызывает огромные изменения в Высшем Управлении нашим миром. Творец именно этого и желает и ждет от нас, дабы мы, духовно поднявшись, сами управляли мирами, как Он. Этим мы оправдываем Его деяния.

Этим мы становимся свободными. Этим мы влияем на весь мир. И теперь поймем сказанное в книге «Зоар» и в Каббале о том, что удостоятся выйти из изгнания к полному освобождению. Непонятно, какое отношение имеет изучение книги «Зоар» к освобождению Израиля от народов мира.

69. Но из сказанного ясно, что в Торе также есть внутренняя и наружная части, как и в мире. Эти две ступени присутствуют и в занятиях Торой. Есть две возможности изучения Торы и выполнения ее Заповедей: внутренняя, когда человек желает внутренне принять это лекарство против своей болезни эгоизма, или внешняя, когда изучает Тору только для получения вознаграждения в этом или в будущем мире, потому что не желает принимать лекарство внутрь и внутренне изменяться то ли по причине своего воспитания, то ли по причине преклонения перед «авторитетами» и пр.

И если человек увеличивает свои усилия в изучении внутренней части Торы и ее тайн, то этим возвышает внутреннюю часть мира, которой является Израиль. Любой человек, стремящийся к Творцу, называется Исраэль, независимо ни от каких-либо других его данных, только по этому желанию. (Кстати, поэтому у евреев понятие национальности отсутствует, а в настоящее время сложилось исторически, как у других народов.)

Когда возвышается внутренняя часть над наружной частью мира, которой являются народы мира, то все народы признают превосходство Израиля над ними, пока не исполнится сказанное (пророк Ишаяу, 14): «И возьмут все народы Израиль, и приведут их в место их; и дом Израиля примет их (эти народы) в наследие на земле Творца, как рабов и рабынь».

И как сказано (пророк Ишаяу, 49): «Так сказал Творец: вот Я вознесу к народам руку мою, и перед племенами подниму знамя мое, и они принесут сыновей твоих в поле, и дочери твои несомы будут на плечах».

Если человек поднимает во главе всех своих желаний связь с Творцом, это называется, что несет на своих плечах сынов Израиля, то и в общем мире изменяется линия управления с пути страданий на путь Торы и происходит у всех народов перераспределение оценки жизненных ценностей.

Сказано «сынов Израиля», потому что сын (бэн) от слова мевин (понимание, постижение): все другие желания в человеке, все народы мира понесут во главе своих жизненных ценностей понимание, постижение Творца.

Но если, не дай Бог, наоборот: человек из Израиля принижает важность внутренней части Торы и ее тайн, говорящих о путях развития в исправлении наших душ и ступенях их духовного возвышения, а также смысл Заповедей, относительно наружной части Торы, говорит только об их механическом исполнении, и даже если занимается внутренней частью Торы, то уделяет этому минимум времени, как чему-то, в чем нет никакой надобности, то этим вызывает унижение и понижение до самого низкого уровня внутренней части мира, сынов Исраэля, и усиливает внешнюю часть мира, народы мира, которые унизят и устыдят сынов Исраэля, и будут считать сынов Исраэля как ненужную и лишнюю вещь в мире, в которой мир совершенно не нуждается.

И более того, не занимающийся Каббалой порождает этим то, что даже внешняя часть народов мира усиливается над их же внутренней частью, поскольку наихудшие из них, наибольшие вредители и разрушители мира, усиливаются и возвышаются все более над внутренней частью их, над праведниками народов мира. Вот тогда и происходят все ужасные разрушения и убийства, чему было свидетелем наше поколение. Да пощадит нас Создатель далее!

Таким образом, мы видим, что избавление Израиля и все его величие зависит только от изучения книги «Зоар» и внутренней части Торы. И, наоборот, все разрушения и все падения сынов Исраэля только вследствие того, что оставили внутреннюю часть Торы, унизили ее достоинство до самого низкого состояния и сделали ее вещью, в которой нет никакой потребности вообще.

Сказано в книге «Зоар» (Тикунэй Зоар, 30): «Встаньте и пробудитесь ради души Израиля, ведь пусто сердце ваше без мудрости знания и постижения Его, хотя Он и находится внутри вас». Творец наполняет и окружает все творение, каждого из нас, но цель творения в том, чтобы мы постигли и ощутили это сами совпадением свойств с Творцом.

Предисловие к книге «ЗОАР»

А до достижения такого состояния наше сердце-чувства считаются пустыми, потому что заполнены желаниями этого мира. Смысл сказанного в том, что голос стучит в сердце каждого из сынов Израиля и призывает просить возвышения общей души Израиля (Пророк Ишаяу, 40).

Но душа говорит, что нет в ней сил поднять себя из пепла, потому что все, подобно животным, поедающим сено, выполняют Заповеди без всякого знания, а все милосердные поступки делают только ради себя, поскольку нет в исполнении Заповедей намерений сделать радость Творцу, а только ради себя, для своей выгоды, выполняют они Заповеди.

И даже наилучшие из них, отдающие время на занятия Торой, делают это только для выгоды их тела, без желательного намерения сделать радостное Творцу. В таком случае сказано о подобном поколении, что дух проходит и не возвратится никогда. То есть дух машиаха, необходимый для избавления Израиля от эгоизма, от всех его страданий, до полного освобождения, до состояния, о котором сказано: «И наполнится страна Израиля знанием Творца» – этот дух исчезает и не засветит более в мире.

Горе тем, кто является причиной того, что дух машиаха исчезает и, может быть, никогда не вернется в мир, потому что они делают Тору пресной, без всякой примеси ума и знания, потому что ограничиваются только исполнительной частью Торы и не желают пытаться понять науку Каббалы, знать и изучать тайны Торы и смысл Заповедей. Горе им, вызывающим своими поступками голод, бедность, жестокость, унижение, убийства и грабеж в мире.

Так говорит «Зоар»! Великий каббалист прошлых веков рав Авраам Азулай в предисловии к своей книге «Ор аХама» объясняет, что есть 4 группы людей, не желающих заниматься Каббалой. Особенно он выделяет из всех 4-х групп 3-ю группу: верующих в науку Каббала и знающих, что есть в них недостаток в том, что не знают Каббалы, но тем не менее утверждающих, что нет уже в наше время таких, кто был бы в состоянии познать эту мудрость, вследствие ее необычайной глубины.

Именно против этой группы выступал раби Шимон в книге «Зоар» («Зоар», Кдушим), где ясно указал, что все обязаны изучать книгу «Зоар», и даже тот, кто ничего не знает. Но кроме того, пишет рав Азулай, «нашел я, что запрет на изучение Каббалы в открытую, в массах, был только на ограниченное время до окончания 5250 года. Но с 5250 года и далее дается разрешение изучать науку Каббала и книгу «Зоар». А с 5300 года желательно, необходимо и предпочтительно, чтобы массы стали заниматься изучением Каббалы, большие и малые, великие и простые, потому как вследствие этого, и только этого, в будущем придет избавление, а не вследствие ничего иного».

Смысл сказанного книгой «Зоар», как мы уже выяснили, в том, что, если занимающиеся Торой принижают свою внутреннюю часть и внутреннюю часть Торы – Каббалу, и оставляют ее, как вещь, в которой нет никакой надобности в мире, они подобны в этом слепым, натыкающимся на стену.

И этим они: усиливают свою внешнюю часть, т.е. то, что полезно телу. Внешнюю часть Торы они возвеличивают над ее внутренней частью. Вызывают то, что все внешние части мира усиливаются над внутренними частями, каждый против своей части по своему характеру, потому что внешняя часть Израиля, представляющая собою народы мира внутри Израиля, усиливается и аннулирует внутреннюю часть Израиля, великих в Торе.

Внешняя часть народов мира, те из них, кто вызывает разрушения, усиливается и аннулирует их внутреннюю часть, праведников народов мира. Внешняя часть всего мира, сами народы мира, усиливается и аннулирует сынов Израиля, являющихся внутренней частью мира.

И в таком поколении все разрушители народов мира поднимают голову и в основном желают уничтожения сынов Израиля, как сказано в Талмуде (Явамот, 63): «Все беспорядки приходят в мир только для Израиля», в соответствии сказанному в книге «Зоар», что именно они (те из Израиля, кто пренебрегает изучением Каббалы) причина бедности, убийств, грабежей, уничтожения во всем мире.

А после наших больших прегрешений мы стали свидетелями всего предсказанного в книге «Зоар», и тем более, что наказание касается в первую очередь лучших из нас, как сказано в Талмуде (Б"К, 60): «Начинается (расчет) именно с праведников». И от всего цвета Торы, что был у Израиля в Польше, Литве, не осталось нам ничего, кроме жалких

Предисловие к книге «ЗОАР»

остатков в нашей стране, и теперь только на нас, на эти остатки, возложено исправить это страшное искажение.

Только от наших занятий Каббалой зависит состояние как лично каждого из нас, так и нашего народа, так и всего мира и отношения к нам. И если каждый из нас, остатков прошлого, примет на себя, всей душой и разумом, возвеличить, отныне и далее, внутреннюю часть Торы и предоставить положенное ей место в нашем сердце, занятиях и действии выше наших мелких и временных стремлений, какова и есть ее истинная важность, над внешней частью Торы, этим каждый из нас: удостоится усилить внутреннюю свою часть, т.е. часть Израиль, что в нем, т.е. потребности его души, над внешней своей частью, народами мира, что в нем, являющейся потребностью тела.

И эта сила подействует также на весь народ Израиля, пока народы мира, что в нас, осознают и познают важность и величие великих Израиля над ними, послушаются их и повинуются им, тогда внутренняя часть народов мира, праведники народов мира, усилятся и покорят их внешнюю часть, разрушителей мира. Внутренняя часть мира, Израиль, превзойдет во всем величии и важности внешнюю часть мира, народы мира.

И тогда все народы мира осознают и примут важность Израиля над ними и исполнится сказанное (пророк Ишаяу, 14): «И возьмут их (Израиль) народы и приведут их (Израиль) в место их, и дом Израиля примет их (народы мира) в наследие на земле Творца», как сказано (Ишаяу, 49): «И принесут сыновей твоих в поле и дочерей твоих на плечах».

И исполнится это, как предсказывает книга «Зоар» (Насо, стр. 124, 2): «Силой этой книги выйдут из неволи милостью Творца». Духовное, а как следствие этого физическое освобождение взаимосвязаны, и только освобождение от рабства собственного эгоизма принесет избавление Израилю от преследования народами мира и приведет весь мир к подлинно счастливому существованию, без страха временности, болезней, смерти, в вечном слиянии с Источником всего существующего, в бесконечном истинном наполнении Высшим и Вечным наслаждением. Амэн!

КРАТКИЙ ПЕРЕСКАЗ ПП. 66 – 70

Все мироздание состоит из внутренней и наружной частей. Внутренняя часть мироздания называется «Израиль». Делится на части:

1) Работающие на Творца:
   а) удостоившиеся внутренней Торы,
   б) занимающиеся только выполнением действий из Торы.
2) Не работающие на Творца:
   а) ощущающие точку в сердце,
   б) не имеющие связи с высшим (подобны праведникам народов мира).

Внешняя часть мироздания называется «70 народов мира». Делится на части:

1) Внутренняя часть – праведники народов мира.
2) Наружная часть – вредители.

Если сыны Израиля возвышают свою внутреннюю часть над наружной, они вызывают этим во внутренней и наружной частях мира подъем Израиля, и народы мира осознают ценность Израиля.

Но если сыны Израиля возвышают свою внешнюю часть над внутренней, то вызывают этим возвышение наружной части общего мира, народов мира, над Израилем, и народы мира унижают Израиль.

Также в Торе есть внутренняя и наружная части. Сын Израиля, прилагающий усилия во внутренней части Торы, возвышает внутреннюю часть мира, Израиль, над внешней частью мира, народами мира – и все народы мира ценят Израиль.

Сын Израиля, принижающий важность внутренней части Торы (постижение Творца) относительно внешней части Торы (механическое исполнение), вызывает этим понижение внутренней части мира, сынов Исраэля, и усиление внешней части мира, народов мира, начинающих считать сынов Исраэль ненужными в этом мире.

Более того, не занимающийся Каббалой порождает усиление внешней части народов мира над их внутренней частью, и наихудшие из них, вредители и разрушители мира, усиливаются и возвышаются все выше над внутренней частью, над праведниками народов мира, и вызывают разрушения и уничтожения, вплоть до Катастрофы!

Предисловие к книге «ЗОАР»

Явно видно, что избавление Израиля и все процветание зависит от изучения внутренней части Торы – Каббалы. И наоборот, все катастрофы и падения Израиля – следствие пренебрежения внутренней частью Торы до совершенно ненужной в нашем мире.

Горе изгоняющим дух машиаха, тем, что делают Тору без примеси ума и знания, потому что ограничиваются только исполнительной частью Торы и не желают понять науку Каббала, познать тайны Торы. Горе им, вызывающим этими своими поступками голод, бедность, жестокость, унижение, убийства, грабеж и уничтожение в мире!

Причина страданий мира только в том, что занимающиеся Торой усиливают внешнюю часть Торы над внутренней – этим они вызывают усиление внешней части мира над внутренней. Как следствие этого внешняя часть народов мира, разрушители, побеждает их внутреннюю часть, праведников народов мира, а внешняя часть всего мира, народы мира, уничтожают сынов Израиля, вплоть до желания уничтожить их, как сказано в Талмуде (Явамот, 63): «Все несчастья приходят в мир только по причине Израиля».

Но если мы примем на себя труд возвеличить внутреннюю часть Торы над внешней частью Торы, эта сила распространится и подействует на весь народ Израиля. Вследствие этого внутренняя часть народов мира, праведники народов мира, усилятся над их внешнею частью, разрушителями мира. И осознают народы важность Израиля, и исполнится сказанное (пророк Ишаяу, 14): «Возьмут Израиль народы и приведут его в дом Израиля на земле Творца». И исполнится предсказанное книгой «Зоар» (Насо, стр. 124, 2): «Силой этой книги выйдут из неволи».

*Вступление
к книге «Зоар»*

ВСТУПЛЕНИЕ К КНИГЕ «ЗОАР»

Книга «Зоар» со дня ее написания была закрыта от непосвященных. В наше время возникли соответствующие условия, когда она может быть открыта широкому кругу людей. Для того чтобы этот труд мог быть доступен любому читателю, необходимо его предварить некоторыми пояснениями.

Прежде всего необходимо отметить, что все, описываемое в книге «Зоар», представляет собой систему, состоящую из 10 сфирот – Кэтэр, Хохма, Бина, Хэсэд, Гвура, Тифэрэт, Нэцах, Ход, Есод, Малхут и их сочетаний. И как для выражения любой мысли мы обходимся только 22 буквами, так и всевозможные сочетания 10 сфирот совершенно достаточны для описания любого духовного действия или объекта.

Но существует три четких ограничения, которые необходимо постоянно иметь в виду, дабы не выходить за их пределы. Есть 4 уровня познания объекта в нашем мире: материал, свойство, отвлеченная форма и сущность. Эти 4 уровня постижения существуют в 10 сфирот.

Первое ограничение. Книга «Зоар» исследует лишь материал и форму в связи с материалом и ни в коем случае не отвлеченную форму и сущность.

Второе ограничение. Все творение делится на 3 уровня:
1) Бесконечность;
2) мир Ацилут;
3) миры Брия, Ецира, Асия.

Книга «Зоар» исследует лишь 3 последних мира: Брия, Ецира и Асия, а Бесконечность и мир Ацилут – лишь в их взаимозависимости с мирами Брия, Ецира и Асия.

Третье ограничение. В каждом из миров Брия, Ецира и Асия существует 3 уровня:
1) 10 сфирот, называемые частью Творца в этом мире.
2) Духи, души всего существующего и души людей.
3) Все остальное существующее – малахим, левушим, эйхалот.

Книга «Зоар» рассматривает души людей, а все остальные объекты – лишь в их взаимосвязи с душами людей. Необходимо заметить, что все ошибки, неточности и заблуждения – следствие выхода за пределы этих трех ограничений.

Четырем рассматриваемым мирам АБЕ"А соответствуют следующие сфирот: миру Ацилут – сфира Хохма, Брия – Бина, Ецира – 6 сфирот от Хэсэд до Есод, называемые Тифэрэт, Асия – Малхут. Все находящееся выше мира Ацилут относится к сфире Кэтэр.

Но и каждый из вышеперечисленных миров также делится на 10 сфирот. Даже самый мельчайший объект в любом из миров тоже делится на 10 сфирот, т.е. состоит из них.

В книге «Зоар» приводится соответствие определенного цвета каждой сфире: белый – сфира Хохма, красный – Бина, зеленый – Тифэрэт, черный – Малхут. И хотя свет, наполняющий сфирот, бесцветен относительно получающих его, он имеет один из соответствующих оттенков.

Во всех 5 мирах (от Бесконечности до нашего мира) свет, исходящий от Творца, представляет собой совершенно бесцветную, не воспринимаемую нами субстанцию. И лишь проходя сквозь миры и сфирот, как сквозь светофильтры, он воспринимается нами в определенном цвете и интенсивности, которые зависят от уровня души, получающей свет.

Например, мир Ацилут проводит свет без всякой окраски, поскольку сам мир Ацилут по своим свойствам близок к свету. И потому цвет света в мире Ацилут определяется как белый. Свойства других миров отличны от свойства света, и потому каждый из них воздействует на него в зависимости от своей духовной близости к свету.

Если мы уподобим белый свет бумаге, то как в книге написанное представляет собой информацию и выделяется из белого, так и посредством восприятия красного, зеленого или черного цветов мы в состоянии почувствовать и воспринять свет.

Таким образом, мир Ацилут (сфира Хохма) – белый фон книги, и потому мы не в состоянии его постичь. Однако Бина (мир Брия), Тифэрэт (Ецира), Малхут (Асия) – цвета красный, зеленый, черный – дают нам информацию на основе их взаимного сочетания, взаимодействия и реакции на свет, проходящий из мира Ацилут в наш мир.

Таким образом, миры Брия, Ецира, Асия представляют собой как бы концентрические оболочки мира Ацилут.

Разберем теперь 4 вида постижения объекта: материю, свойство материи, отвлеченную форму и сущность – на примере из нашего мира.

Допустим, объект – это человек-лжец. Материя – это тело человека. Свойство материи – лжец. Отвлеченное свойство – ложь, представляемое нами вне связи с материей. Четвертое – сущность человека. Сущность человека вне ее связи с телом совершенно непознаваема.

Наши органы чувств, даже дополненные любой фантазией и приборами, не позволяют нам представить саму сущность. Лишь ее действия, реакции на окружающее и всевозможные взаимодействия с ним познаваемы нами.

Например, мы воспринимаем органом зрения не сам предмет, а его взаимодействие со светом, вернее, взаимодействие отраженного света с нашим глазом. Органом слуха – не сам звук, а его взаимодействие с органом слуха. Органом вкуса – следствие от взаимодействия нервных окончаний, слюны и желез с объектом, но не сам объект.

Все наши чувства раскрывают нам лишь взаимодействия реакций сущности, но не ее саму. И даже органы осязания: руки, тело, дающие нам информацию о твердости, температуре объекта, не раскрывают сам объект, а позволяют судить о нем лишь по реакции на наши прикосновения и ощущения.

Таким образом, максимальное постижение мира состоит в исследовании действия сущности. Но поскольку ни разу не ощутив ее, мы даже в самой смелой фантазии не можем ее себе представить, то отсутствует у нас и мысленный образ и желание исследовать ее. Отсюда ясно, почему даже самих себя, своей сущности мы познать не можем.

Воспринимая себя как объект, занимающий место, имеющий форму, температуру, мысль, мы воспринимаем результаты действия своей сути, но не ее саму. Самое полное представление о нашем мире мы получаем от первого вида постижения объекта-материи – и этой информации нам вполне достаточно для нашего существования и общения с окружающим миром.

Второй вид постижения – свойство материи – становится нам доступен в результате исследования окружающей природы с помощью наших органов чувств. Развитие этого вида постижения привело к созданию науки, на которую мы опираемся во всех случаях жизни и в достоверности которой уверены. И это постижение мира также вполне удовлетворяет человека.

Третий вид постижения – отвлеченное свойство объекта – был бы возможен, если бы мы могли наблюдать это свойство не облаченным в объект, т.е. не связанным с материей. Лишь в воображении возможно отделить свойство от материи: допустим, ложь как абстрактное понятие, не в связи с человеком.

Но исследование свойства вне связи с материей, в ее абстрактном виде, как правило, не дает верных результатов и не подтверждается на практике. Что уж говорить тогда о свойстве, ни разу не наблюдаемом в его облачении в материю!

Таким образом, мы видим, что из 4 видов познания объекта его суть – совершенно непознаваема, а познание его отвлеченных свойств неизбежно дает неверный результат. И лишь материя и ее свойства, рассматриваемые в связи с материей, дают нам вполне правдивое и достаточное представление об исследуемом объекте.

В духовных мирах АБЕ"А (Ацилут, Брия, Ецира, Асия) каждый объект может быть полностью постигнут лишь после всех 4 видов исследования. Причем цвета (красный, зеленый, черный) в этих мирах представляют собой материю.

Белый цвет в мире Ацилут представляет собой форму, облаченную в материю, а свет, находящийся в Бесконечности, представляет собой сущность. Читатель, изучающий книгу «Зоар», должен помнить, что он обязан ограничить свои мысли и желания лишь двумя видами исследования, которые ему вполне доступны.

Все сфирот подразделяются соответственно также на 4 вида постижения, где сфира Хохма представляет собой форму; Бина, Тифэрэт, Малхут – материю, облаченную в данную форму.

В книге «Зоар» исследуются сфирот Бина, Тифэрэт и Малхут. Форма вне связи с материей не исследуется в книге «Зоар». И тем более сущность, т.е. часть Творца (часть Бесконечности), оживляющая каждую часть Творения.

Причем сфирот Бина, Тифэрэт и Малхут в мире Ацилут доступны нашему исследованию, а сфирот Кэтэр и Хохма даже в конце мира Асия не могут быть доступны нам.

Вступление к книге «ЗОАР»

Все существующие в каждом из миров объекты делятся на 4 уровня: неживой, растительный, животный, «человек», что соответствует 4 уровням желания получить и наслаждаться светом Творца. Причем любой объект также состоит из этих 4 уровней желания. И потому человек в этом мире питается от 4 уровней – неживого, растительного, животного и «человек», – находящихся также в его теле.

Если человек хочет получить лишь необходимое для своего существования и удовлетворяет только свои животные инстинкты (еда, секс) – такой уровень развития его эгоизма называется духовно неживым. Если он жаждет богатства, роскоши – это значит, что его эгоистическое желание находится на растительном уровне. У человека, который хочет славы, власти, почета, эгоизм развился до животного уровня. Стремление к знаниям, к исследованию мира уже соответствует человеческому уровню желаний. И стремление человека к Творцу – это духовный уровень развития эгоизма.

Все духовные миры подобны один другому и отличаются по уровню. Таким образом, уровни неживой, растительный, животный и «человек» в мире Брия дают свою проекцию на соответствующие уровни неживого, растительного, животного, «человек» в мире Ецира. В свою очередь эти уровни мира Ецира отпечатываются, проецируются на соответствующие уровни мира Асия и т.д., вплоть до нашего мира.

«Неживой» уровень в духовных мирах называется эйхалот.
«Растительный» – левушим.
«Животный» – малахим.
«Человек» – души людей в рассматриваемом мире.

10 сфирот каждого мира считаются частью Творца. Души людей в каждом мире являются центром этого мира. И они получают питание от остальных уровней.

Изучающему книгу «Зоар» необходимо постоянно иметь в виду, что все объекты рассматриваются лишь относительно их взаимодействия в данном мире, а все исследование сводится к исследованию души человека и того, что входит в контакт с ней.

Поскольку книга «Зоар» рассматривает души, населяющие лишь наш мир, то и Бесконечность рассматривается в том же аспекте – т.е. влияние Бесконечности, программа и желание относительно нас, но не относительно прочих объектов, населяющих другие миры.

В понятие «Бесконечность» включена вся программа творения от начала и до конца. А миры Брия, Ецира, Асия и Наш Мир – лишь претворение этой программы в действие.

Поэтому все действия, духовные и физические, во всех мирах – лишь следствие выполнения программы, заложенной в Бесконечности. Оттуда они спускаются в мир Ацилут, где разбиваются на частные подпрограммы и в определенном порядке спускаются через миры в Наш Мир в виде общего и частного управления.

Души людей берут свое начало в мире Брия. И потому, лишь начиная с этого мира, можно исследовать их зависимость и связь с Бесконечностью. 10 сфирот в каждом из миров БЕ"А получают, соответственно, из 10 сфирот мира Ацилут программу действия, метод и время претворения каждой ее части в действие.

Так как в мире Ацилут план творения существует в виде программы, то свет Бесконечности, проходящий сквозь Ацилут, не окрашивается.

Вся информация, получаемая нами, основывается на всех бесконечных изменениях света, которые раскрывают нам цвета миров Брия, Ецира, Асия.

Появление букв связано с преобразованием света в мирах. Души, получающие свет в духовных мирах, должны получать его соответственно 613 частям, составляющим каждую душу. И потому в высшем мире система сил, питающих души, называется нами подобием человека.

В нашем мире тело человека построено в соответствии с системой этих сил. Но ни в коем случае не следует представлять себе, что в духовном мире существует какая-либо форма, подобная нашей материальной. Лишь взаимодействие этих сил соответственно преобразуется в нашем мире в материальную форму.

В духовном же мире форма получается ограничением действующих сил. Обычное заблуждение состоит в том, что духовные силы, именуемые, например, ангелами, представляются нами в земных образах.

Послесловие к книге «Зоар»

ПОСЛЕСЛОВИЕ К КНИГЕ «ЗОАР»

Известно, что правильное и последовательное выполнение Торы приводит к слиянию с Творцом. И необходимо понять, что имеется в виду под словом «слияние». Ведь не может мысль постичь Его, поскольку ограничена она рамками времени, трехмерного пространства, подвержена желаниям тела, не может быть чисто объективной.

Поэтому Тора предлагает как средство сближения – подобие свойств и действий. Сказано: слейся с Его действиями – будь, как Он, добр, заботлив, уступчив и т.д. Но где уверенность, что эти действия Творца и сам Он – одно и то же? И почему, подражая Его действиям, я сливаюсь с Ним?

В материальном мире слияние, сближение мы представляем себе как уменьшение расстояния между телами. А разделение – как взаимное удаление. Но в духовном мире нет понятий места, движения, пространства, и потому схожесть свойств, возникающая между двумя духовными объектами, сближает их, а разница свойств – удаляет их друг от друга. И не может быть сближения или разделения, как приближения или удаления друг от друга в пространстве, поскольку сам духовный объект не занимает места.

Но как топор делит на части материальный предмет – так появление нового свойства в духовном объекте разделяет его на две части. Если разница в свойствах незначительна, то духовные объекты недалеки друг от друга, и чем больше отличие в свойствах, тем более удалены они друг от друга. Если люди любят друг друга, то они духовно находятся «рядом», и не имеет значения расстояние между материальным одеянием – их взаимное отношение определяется их духовной близостью.

Если один что-то любит, а другой ненавидит, то в зависимости от разницы во взглядах и чувствах они взаимно удалены и противоположны. Если все, что любит один, ненавистно другому, то они как бы удалены и ненавидят друг друга.

Таким образом видно, что в мире духовном, т.е. в мире желаний, сходство или отличие стремлений выполняет роль топора, делящего духовное на части. И расстояние духовных объектов друг от друга определяется величиной несоответствия чувств и свойств.

Потому следуя желаниям, чувствам и мыслям Творца, мы тем самым сближаемся с ним. И поскольку Творец действует лишь ради своих созданий, то и мы должны лишь желать и творить добро всем созданиям. А поскольку мы существуем и в материальном, а не только в духовном мире, то минимум, необходимый для существования тела, не считается проявлением эгоизма.

Но способны ли мы совершенно бескорыстно творить добро? Ведь Творец создал нас абсолютными эгоистами с желанием лишь получать наслаждение. И не в состоянии мы изменить свою природу и, даже делая добро другому, сознательно или бессознательно рассчитываем извлечь из этого выгоду для себя, а если выгоды для себя не видим, то не в состоянии сделать ни малейшего духовного или физического движения ради другого.

Действительно, не в силах человек изменить свою природу, суть которой – абсолютный эгоизм, а тем более преобразовать ее в нечто совершенно противоположное, т.е. творить добро, не получая взамен почета, покоя, славы, здоровья, денег. И вот поэтому дана нам Тора с ее законами, и нет другого средства, с помощью которого было бы возможно изменить нашу природу.

...Тело и его органы – одно целое, и они постоянно обмениваются чувствами и информацией между собой. Например, если тело чувствует, что какая-то часть может улучшить общее состояние тела, эта часть тут же чувствует и выполняет это желание. И в случае если какая-то часть тела страдает, немедленно узнает об этом все тело и пытается исправить положение.

Из этого примера возможно понять положение человека, вернее, его души, достигшей соединения с Творцом. До облачения в тело душа составляла как бы одно целое с Создателем. Но облачившись в тело, совершенно отделилась от Творца вследствие различия характеров Создателя и тела.

То есть, придав душе свойство эгоизма, достиг этим Создатель сотворения чего-то, кроме себя, поскольку именно различие желаний разделяет объекты духовного мира. И потому объект (душа) и эгоизм (тело) становятся отдельной, отдаленной от Творца частью – человеком (как орган, оторванный от тела). И далеки друг от друга настолько, что совершенно не чувствует человек своего Творца – до такой степени, что может лишь верить в Него.

Послесловие к книге ЗОАР

И потому человек, стремясь к совпадению духовных свойств, достигает духовного соединения с Творцом (путем выполнения законов Торы превратив свой эгоизм, отделяющий его от Творца, в альтруизм – желание творить добро) и постигает Его мысли и желания. И достигает знания тайн Торы, так как мысли Создателя – это тайны Торы.

Вся Тора делится на две части – открытую и тайную, и обе – мысли Творца. И подобна она спасательной веревке, брошенной тонущему в эгоизме и материи человеку. Ближайшая к нам часть этой веревки подобна открытой части Торы, потому как говорит она лишь о фактическом духовном выполнении законов.

Выполняя заповеди в их духовном смысле, человек как бы подготавливает себя ко второй, главной стадии – выполнять заповеди, желание Творца совершенно без какой-либо эгоистической выгоды.

В этом случае возникает духовное слияние выполняющего с Обязующим. И выполняющий, по мере выполнения, проходит 5 уровней, называемых нэфэш, руах, нэшама, хая, яхида, каждый из которых состоит в свою очередь из 5, в каждом из которых также 5 – т.е. всего 125 ступеней лестницы духовного возвышения, сближения с Творцом.

Пять основных ступеней этой лестницы именуются мирами, их подступени именуются парцуфим, подступени которых именуются сфирот. Все, находящиеся в одном мире, чувствуют лишь тех, кто находится с ними в том же мире, и не могут даже представить и почувствовать что-либо из другого мира.

И потому тот, кто достигает определенной ступени – из 125, – постигает все, находящееся там же из прошлых, настоящих и будущих поколений, и находится вместе с ними. Мы в нашем мире не в состоянии представить или почувствовать что-либо, существующее на другой ступени, ощутить другие миры, их населяющие.

Каббалисты на пути приближения к Творцу, достигнув определенного уровня, мира, могут описывать его в намеках, понятных лишь тем, кто также достиг того же уровня. Но тому, кто не постиг описываемого уровня, не поможет чтение этих намеков или, что еще опасней, введет их в заблуждение и уведет в сторону от возможного впоследствии правильного понимания.

Как сказано выше, весь путь от нашего мира к Творцу делится на 125 ступеней – уровней, но невозможно до прихода

Машиаха преодолеть все 125 ступеней. И есть два отличия всех поколений от поколения Машиаха:
- только в том поколении будет возможно постичь все 125 ступеней, и не ранее;
- во всех поколениях поднимающиеся в другие миры немногочисленны, в поколении же Машиаха каждый сможет подняться по духовным ступеням до слияния с Творцом.

Рашб"и и его ученики преодолели все 125 ступеней, потому и смогли написать книгу «Зоар», охватывающую описание всех 125 миров, и потому сказано в самой книге «Зоар», что она откроется лишь в конце дней, т.е. перед приходом Машиаха, поскольку не могут другие поколения понять эту книгу, так как не могут преодолеть все 125 ступеней.

И отсюда следует явное доказательство того, что мы находимся в поколении Машиаха, потому как до наших дней не появилось практически ни одного комментария на книгу «Зоар», а в наши дни мы удостоились комментария «Сулам», ясного, полного, доступного всем, как и должно быть в поколении Машиаха.

Но надо понять, что духовные действия происходят не как физические, т.е. причина и следствие не следуют непосредственно друг за другом. В наше время духовное состояние миров уже готово к приходу Машиаха, но это дает нам лишь возможность, а физическое достижение зависит от нас самих, от нашего духовного уровня.

Независимость нашего народа и духовное возрождение взаимосвязаны, и у кого есть стремление к тайнам Торы – есть стремление к земле Израиля, и не может быть независимости духовной без физической. И так как мы уже получили физическую независимость, то явно находимся в периоде и духовного возрождения и сближения с Творцом, а достигнув его, получим и экономическую независимость и будем независимы полностью.

Но нет свободы тела без свободы души, и потому пока наш народ еще стремится быть среди других народов, с радостью перенимая их культуру, язык и нравы, мы, даже будучи в своей стране, оккупированы другой культурой, находимся как бы под чужим управлением, и никто не чувствует независимости, как должны были бы чувствовать после 2000-летнего изгнания.

И не спешат к нам находящиеся в изгнании, а наоборот, надеются многие из нас оставить эту землю – это ли не доказательство продолжающегося изгнания! Ведь суть изгнания – не телесная, физическая, территориальная, а духовная!

Послесловие к книге ЗОАР

И хотя отнял Создатель нашу землю у других народов и вручил нам – мы ее еще не получили и находимся лишь в состоянии возможности ее получить. Т.е. должны мы – поскольку нет физической свободы без духовной – принять на себя Тору и ее законы в подлинном, духовном виде, т.е. с любовью к другим. И тогда лишь построится Храм, и тогда лишь почувствуем себя независимыми и свободными. А пока – вернул нам Творец землю и раскрыл перед нами книгу «Зоар».

Соединиться с Творцом возможно путем совпадения свойств, желаний, целей, т.е. полностью уничтожив эгоизм и безвозмездно делая добро. Но возникает вопрос: откуда человек, по природе своего создания абсолютный эгоист, настолько, что не в состоянии сделать ни малейшего движения души или тела, если оно не для собственного удовлетворения, откуда он сможет взять силы и заинтересованность жить ради других?

Ответ на это легче понять из примера в жизни. Представьте себе ситуацию: естественно, что любимому, уважаемому, важному в ваших глазах человеку вы от всего сердца хотите сделать подарок. Допустим, что этот человек согласится принять его от вас или, например, прийти к вам в гости на обед.

И ситуация такова, что хотя вы и тратите деньги, работаете, принимая высокого для вас гостя, – вы получаете от этого удовольствие, как будто не вы ему, а он вам делает одолжение (дает, угощает) тем, что согласился принять от вас. Поэтому если бы мы могли представить себе Творца хотя бы как уважаемую нами личность, то с огромным удовольствием доставляли бы Ему радость.

И выполнять Тору ради Создателя возможно лишь в случае постижения Его величия – тогда, делая ради Него, мы от осознания Его грандиозности как бы получаем. Но поскольку мысли человека зависят лишь от влияния окружающего его общества, то все возвышаемое в глазах общества возвышается и в его глазах – глазах индивидуума. И потому главное – быть среди как можно большего количества людей, возносящих Творца.

Поэтому сказано: «Сделай себе рава и купи себе друга» – т.е. выбери важного в твоих глазах человека, сделай его учителем для себя и старайся доставлять ему радость, поскольку он важен тебе, и таким образом привыкнешь делать «кому-то», а потом, в силу привычки, сможешь делать что-то и ради Творца.

А будучи близок таким образом духовно с учителем, получишь его уровень оценки Творца, что даст тебе возможность сделать хоть что-то ради Создателя и, таким образом, войти в духовный мир, а приобретя чувство величия Творца, сможешь идти далее – до полного слияния с ним.

Выполняя поручения и делая что-либо для рава с целью сделать ему приятное, достигает ученик духовного совпадения и получает таким образом его знания, мысли, а главное, тягу и любовь к Создателю, достаточную для духовного развития, движения вперед.

Сама же учеба у учителя – всегда с целью получения знаний для себя, и потому не приводит к духовному сближению. Т.е. оказывая услуги раву, постигаем его мысли, а учебой – лишь речи. Но все это при условии, если услуги раву делаются ради него, а не ради выгоды ученика, в противном случае – учеба важнее услуг.

Если же окружающее человека общество не возносит Творца на должную высоту, не позволит это человеку достичь духовного уровня. И еще следует ученику считать себя самым малым по сравнению с другими, так как сможет таким образом перенять мнение тех, кто принадлежит к нужному ему обществу, – потому и говорится: «купи себе друга».

Ведь чем от большего количества людей услышит он нужное мнение, тем с большим усердием сможет работать над собой, искореняя эгоизм, чтобы почувствовать Создателя.

Сказано, что каждый человек обязан достичь корень, источник своей души, т.е. конечной целью должно быть полное слияние с Творцом путем соответствия свойств. Свойства Творца называются сфирот, каждая из которых выражает определенное духовное понятие – страх, радость, счастье и т.д. И потому, изучая сфирот, их действия, мы как бы учимся этим свойствам, сливаемся с ними, как бы соединяемся с высшим Разумом, сливаемся с Создателем.

И ценность Каббалы в том, что, изучая ее, мы познаем путь создания миров и их управление, а изучая действия Создателя, Его свойства, узнаем, на что нам надо быть похожими, чтобы соединиться с Ним.

«Постигающие поймут, что все их возвышение от Творца, от Древа Жизни. И будут праведные светить, как свет неба (Даниэль 12,3), благодаря книге раби Шимона, книге «Зоар», исходящей от высшей силы, возвращающей всех к Творцу. А в будущем все вкусят от Древа Жизни, как называется книга «Зоар», и выйдут, благодаря ей, из духовного изгнания, силами милосердия Творца» (Насо, 90).

ZOAR

ВВЕДЕНИЕ

Книга «Зоар» написана великим каббалистом РАШБ"И – раби Шимоном бар Йохай (бар Йохай означает сын Йохая; раби от слова рав – большой, мудрый). РАШБ"И родился спустя 40 лет после разрушения 2-го Храма. Был учеником самого таны (тана – особый мудрец поколения) раби Акивы. Раби Акива (Иерусалимский Талмуд, Санхэд., п.1, ч.2) сказал о РАШБ"И: «Я и Творец знаем твою силу», из чего видно, кем был РАШБ"И. Особенно стал близок к раби Акиве, когда последнего римляне заключили в тюрьму за распространение Торы и после того, как из 24 000 учеников раби Акивы после эпидемии чумы осталось всего 5, и раби Шимон – один из них.

Сам раби Акива и раби Йегуда бэн Бава уполномочили раби Шимона далее передавать полученные им знания. От этих пяти оставшихся учеников раби Акивы и продолжился великий многовековой поток Торы.

В довольно молодом возрасте раби Шимон женится на дочери таны раби Пинхаса бэн Яира. От нее и родился его великий сын, раби Эльазар. О нем в Талмуде (Сукка 45, 2) раби Шимон сказал: «Вижу я духовно поднимающихся, но немного их. Если тысяча их – я и сын мой из них. Если сто их – я и сын мой из них. Если двое их – я и сын мой эти двое».

В последующие годы раби Шимон занимает ведущее место среди всех мудрецов своего поколения: его имя упоминается более 350 раз в Мишне и более 2300 раз в Талмуде и в Мидраше.

За распространение Торы раби Акива был заключен в тюрьму, а раби Шимон убежал и должен был в течение 13 лет скрываться в пещере у деревни Пкиин. В течение этих лет, живя в пещере, питаясь плодами рожкового дерева и водой из расположенного рядом источника, раби Шимон со своим сыном постигли все 125 ступеней духовного возвышения (Талмуд. Шабат 33, 2).

«Зоар» повествует, что раби Шимон и его сын достигли уровня ступени пророка Элияу, и потому говорится, что сам пророк Элияу являлся к ним учить их Торе. (Пещера в деревне Пкиин существует до сего дня.)

Как говорит автор «Диврэй Йоэль» в книге «Тора Рашб"и»: «Если до изучения раби Шимоном тайн Торы в пещере существовало правило по спорному вопросу выносить решение в соответствии с мнением раби Игуды, автора Талмуда, то после выхода раби Шимона из пещеры все, сказанное им в книге «Зоар», считалось превосходящим все, что может быть достигнуто человеком», а сам раби Шимон был назван «буцина кадиша» – святая свеча, потому что достиг души Моше.

Решения по законодательным и исполнительным вопросам выносятся по Талмуду или книге «Зоар» в зависимости от того, где этот вопрос рассматривается более строго. Если нет упоминания о вопросе в Талмуде или в книге «Зоар», то решение – по тому источнику, который этот вопрос освещает. Если вопрос спорный между Талмудом и законодателями, то решением является утверждение книги «Зоар». Если есть спорный вопрос между самими законодателями, то решение принимается на основании мнения книги «Зоар» (см. «Мишна Брура», 25, 42).

Великий продолжатель раби Шимона, наследник (следующий получатель) его души, каббалист АР"И, в своих книгах указывает, что его душа является возвращением души раби Шимона, а душа раби Шимона была возвращением души Моше (АР"И. Шаар гильгулим. п. 64) и облачилась в раби Шимона для исправления души Ихия Ашилони, «испортившего» малхут, в связи с прегрешением царя Ирваама, отчего прегрешил весь Израиль. Потому-то и явилась душа раби Шимона исправить прегрешения Израиля. О постижении раби Шимоном души Моше, слиянии с ней и познании высшего знания повествуется в части книги «Зоар», называемой «Райя Миэмна» – верный поводырь.

Также великий Ахида в своих трудах «Маранан и рабанан» и «Кли Якар» (Малахим 2, 12) говорит, что вся работа РАШБ"И состояла в исправлении прегрешения Ихия Ашилони.

Как говорит раби Шимон в Талмуде (Сука 45, 2): «Могу я освободить весь мир от суда со дня моего рождения до сего дня. А если со мной мой сын, то можем мы вместе освободить весь мир от суда со дня творения до сего дня. А если с нами

Йотам бэн Азияу – со дня сотворения мира и до его конца». О Йотам бэн Азияу повествуется в книге Малахим (20, 15).

После того как приговор был снят, основал раби Шимон свою ешиву в мошаве Тэкоа и в селе Мирон, где обучал Каббале своих учеников и написал книгу «Зоар», раскрыв то, что со времени вручения Торы Израилю запрещено было раскрывать (см. Тикунэй Зоар. Акдама, стр. 17).

Но для того, чтобы записать все тайны Торы, обязан был раби Шимон изложить их в засекреченном виде. Поэтому он попросил своего ученика раби Аба изложить его мысли, который, согласно свойству души, мог передавать духовные знания в тайном, скрытом виде, «ПОТОМУ ЧТО ДОЛЖНА БЫТЬ СКРЫТА КНИГА «ЗОАР» ДО ПОКОЛЕНИЯ, БЛИЗКОГО К ПРИХОДУ МАШИАХА, ЧТОБЫ, БЛАГОДАРЯ ИЗУЧЕНИЮ ЭТОЙ КНИГИ, ВЫШЛО ЧЕЛОВЕЧЕСТВО ИЗ СВОЕГО ДУХОВНОГО ИЗГНАНИЯ» (АР"И. Шаар акдамот. Акдама, стр. 3). Поэтому раби Аба записал учение раби Шимона на языке арамит, поскольку он является обратной стороной иврита.

Как пишет АР"И (Маамарэй РАШБ"И, стр.100), написание книги «Зоар» в тайном виде оказалось возможным потому, что душа раби Аба исходила из окружающего света, а не из внутреннего, и потому он мог излагать самые высокие знания в тайном виде, в форме простых рассказов.

(Раби Шимон прожил около 80 лет и умер в праздник ЛАГ БА ОМЭР, 18 дня месяца Яар, окруженный своими учениками и всенародным признанием. Этот день отмечается как праздник света. Тело раби Шимона погребено в пещере горы Мирон. В десятке метров от него погребен его сын, раби Эльазар.)

Как впоследствии сочинения АР"И и др. каббалистов (очевидно, такова участь всех истинных духовных сочинений), книга «Зоар» была скрыта со дня своего написания около 800 лет в одной пещере, недалеко от Мирона, пока один араб не нашел ее и не продал случайным прохожим как оберточный материал.

Часть оторванных листов попала в руки одного мудреца, который смог оценить написанное и в итоге своих поисков отыскал много листов в мусорных ящиках или перекупил у торговцев, продававших пряности, используя страницы книги «Зоар». Из найденных страниц и была собрана та книга, которая известна нам сегодня.

В течение многих веков, с того времени и до наших дней не утихают споры философов, ученых и прочих «мудрецов» об этой книге. Дело в том, что только каббалист, т. е. духовно поднявшийся на соответствующую ступень, постигает, о чем говорится в этой книге. Для остальных, посторонних, она выглядит как сборник повествований, историй, древней философии и пр. О книге спорят только те, кто ничего в ней не понимает. Для каббалистов же ясно одно – книга РАШБ"И является самым великим источником высшего постижения, переданным Творцом людям в этот мир.

Хотя книга «Зоар» написана в IV веке, но полный комментарий на нее смог сделать лишь раби Й. Ашлаг в 30–40-х годах нашего века. Причина сокрытия книги «Зоар» с IV по XI век и отсутствие на нее полного комментария в течение 16-ти веков объясняется в «Предисловии к книге «Зоар».

Раби Й. Ашлаг назвал свой комментарий «Сулам» – лестница, потому что, изучая его, человек может подниматься по духовным ступеням постижения высших миров, подобно, как по лестнице в нашем мире. После выхода в свет комментария «Сулам» раби Й.Ашлаг получил звание «Бааль Сулам», как принято среди мудрецов Торы называть человека не по его имени, а по его наивысшему достижению.

Книга «Зоар» состоит из:

1 – АКДАМАТ СЭФЭР ЗОАР – «Предисловие к книге «Зоар». Эта часть состоит из ряда статей, наиболее полно раскрывающих внутренний смысл Торы.

2 – СЭФЭР аЗОАР – Книга «Зоар». Разделена на части и главы в соответствии с недельными главами Торы:
КНИГА БЕРЕШИТ: БЕРЕШИТ, НОАХ, ЛЕХ ЛХА, ВАЕРА, ХАЕЙ САРА, ТОЛДОТ, ВАЕЦЕ, ВАИШЛАХ, ВАЕШЕВ, МЕКЕЦ, ВАИГАШ, ВАИХИ.
КНИГА ШМОТ: ШМОТ, ВАЕРА, БО, БАШАЛАХ, ИТРО, МИШПАТИМ, ТРУМА (Сафра дэ Цниюта), ТЕЦАВЕ, КИ ТИСА, ВЕИКАХЭЛЬ, ПКУДЭЙ.
КНИГА ВАИКРА: ВАИКРА, ЦАВ, ШМИНИ, ТАЗРИА, МЕЦУРА, АХАРЕЙ, КДУШИМ, ЭМОР, БА ХАР, ВЭХУКОТАЙ.
КНИГА БАМИДБАР: БАМИДБАР, НАСО (Идра раба), БААЛОТХА, ШЛАХ ЛЕХА, КОРАХ, ХУКАТ, БАЛАК, ПИНХАС, МАТОТ.

КНИГА ДВАРИМ: ВЭЭТХАНАН, ЭКЕВ, ШОФТИМ, ТИЦЭ, ВАЕЛЕХ, ААЗИНУ (Идра зута).

3 – ЗОАР ХАДАШ – «Новый Зоар» – дополнения к недельным главам:
БЕРЕШИТ, НОАХ, ЛЕХ ЛЕХА, ВАЕРА, ВАЕЦЭ, ВАЕШЕВ, БАШАЛАХ, ИТРО, ТРУМА, КИ ТИЦЭ, ЦАВ, АХАРЭЙ, БА ХАР, НАСО, ХУКАТ, БАЛАК, МАТОТ, ВЭЭТХАНАН, КИ ТИЦЭ, КИ ТАВО.

4 – ДОПОЛНИТЕЛЬНЫЕ КНИГИ В КНИГЕ «ЗОАР», не являющиеся непосредственным комментарием на Пятикнижие:
«Идра раба», «Идра зута», «Сафра дэ цниюта», «Раза дэ разин», «Тосэфта», «Райя миэмна», «Ашматот», «Ситрэй Тора», «Ситрэй отиёт», «Тикунэй Зоар».

5 – «МИДРАШ АНЭЭЛАМ» – комментарии на свитки: ПЕСНЬ ПЕСНЕЙ, РУТ, ЭЙХА – и на Пятикнижие.

Бааль Сулам прокомментировал весь «Зоар», который дошел до нас. Основные его комментарии – в «Предисловии к книге «Зоар» и главе «Берешит» – изложены языком духовной работы человека. Для науки Каббала основную ценность представляют статьи «Зоар» «Идра раба», «Идра Зута», «Сафра дэ цниюта», изложенные языком Каббалы. Кроме этих статей, вся остальная книга «Зоар» представляет собой мидраш.

В своем изначальном виде, написанная раби Аба 16 веков назад, книга «Зоар» не была разделена на недельные главы, ее объем был в несколько раз больше дошедшего до нас, она излагала объяснения не только к Торе, но и к 24 книгам Танаха (книги «Пророки» и «Святые писания»).

Кроме самой книги «Зоар», до нас дошла книга «Тикуним» раби Шимона, состоящая из 70 комментариев на слово ВНАЧАЛЕ, первое слово Торы, потому как оно включает в себя все.

В предлагаемой читателю книге дается смысловой перевод самой книги «Зоар», комментариев раби Й. Ашлага «Сулам» и мои пояснения. Настоящая книга содержит первую часть книги «Зоар» – «Акдамат сэфэр аЗоар».

В начале текста жирным шрифтом дается смысловой перевод. Комментарий «Сулам» и текст моих пояснений дается простым прямым шрифтом или курсивом, потому что оказалось технически чрезвычайно трудно отделить мои пояснения от святых текстов раби Ашлага. Цифры в начале абзацев соответствуют номерам абзацев книги «Зоар» с комментарием «Сулам», т.1.

Причина переплетения текстов в том, что в первую очередь изыскивалась возможность объяснить смысл сказанного книгой «Зоар» одновременно на нескольких языках: а) языком Каббалы – языком сфирот, парцуфим, гематрий, миров; б) языком духовной работы – языком чувств; в) языком Торы – повествовательным; г) языком Талмуда – юридическим.

Рекомендую: после чтения и усвоения комментария вновь вернуться к переводу оригинального текста – для уяснения стиля книги «Зоар».

Книга «Зоар», как и вся Тора, говорит только о создании-человеке и его отношениях с Творцом. Все внутренние свойства человека Тора называет именами нашего мира: стремление к Творцу называется «Израиль», стремление к самоудовольствиям называется «народы мира». Но нет никакой связи между этими названиями в Торе с евреями и прочими народами в нашем мире. Каббала обращается к ЧЕЛОВЕКУ!

Есть в книге статьи, прокомментированные языком Каббалы, а есть прокомментированные языком ощущений, что более понятно начинающему. Читатель может начать изучение книги с таких статей: «Ночь невесты», «Кто веселится в праздники» и пр., хотя полное изучение книги «Зоар» построено на последовательном прохождении материала. Каббала постепенно входит в сердце человека, по мере привыкания к ней нашего сознания. И освоить ее можно только многократным повторением материала.

Михаэль Лайтман

СПИСОК СОКРАЩЕНИЙ И ПОЯСНЕНИЙ:

А"А – парцуф хохма, центральный, исходный парцуф мира Ацилут, от которого рождаются все остальные парцуфим.

АБА – отец – парцуф хохма

ИМА – мать – парцуф бина

З"А – сын (относительно АВ"И)

ЗО"Н – З"А и нуква-малхут

НУКВА, МАЛХУТ – сфира или парцуф, получающий от всех предыдущих парцуфим. Малхут мира Ацилут – сумма всех творений, всех человеческих душ, от чего называется Кнэсэт Исраэль – собрание Израиля.

Исраэль – свойство «отдавать», альтруизма, свойство Творца, свойство бины. Исраэль происходит от слов Иср а – прямо, и Эль – Творец. Таким образом, Исраэль – это свойство-стремление (сближение свойствами) к Творцу. Народы мира – стремление к самонаслаждению. Естественно, в каждом человеке существуют эти два свойства, и Каббала является методикой развития свойства Исраэль с целью достижения Творца человеком еще в этой жизни.

Сфирот	Имена Творца
КЭТЭР	ЭКЕ=алеф-хэй-юд-хэй
ХОХМА	ЙЯ=юд-хэй
БИНА	АВА"Я с некуд элоким
ХЭСЭД	ЭЛЬ=алеф-ламэд
ГВУРА	ЭЛОКИМ=алеф-ламэд-хэй-юд-хэй
ТИФЭРЭТ	АВА"Я с некуд шва, холам, камац
НЭЦАХ и ХОД	ЦВАОТ
ЕСОД	ШАДАЙ=Шин-Далет-Юд или ЭЛЬ=алеф-ламэд ХаЙ=хэт-юд
МАЛХУТ	АДНИ=алеф-далет-нун-юд

КЛИ – эгоистические желания и стремления, эгоизм не называются кли. Кли – это исправленные, годные для получения света, желания, т.е. уже неэгоистические, а с экраном, обращающим эгоизм в альтруизм.

СОСУД – сердце человека, получающее все ощущения, называется сосудом получения ощущений. Духовный сосуд, только о таком и говорит «Зоар», – это желание отдать Творцу, протянуть Творцу все свое сердце, все свои желания, как бы говоря, что согласен всем сердцем, всеми своими желаниями отказаться от всего себя ради Него. Такое полное, истинное намерение и называется «ли шма» – «ради Творца».

СМЯГЧЕНИЕ ограничения закона; ограничение – это запрет малхут получать свет. Устраняется вследствие получения ею исправления свойствами бины.

ЗИВУГ – переводится как половое соитие мужской и женской особи в нашем мире. Поскольку духовные действия абсолютно оторваны от наших понятий, мною предпочтено оставить ивритское слово «зивуг» как более отвлеченно воспринимающееся не знающим иврит, а потому менее путающее своими ассоциациями. Духовный зивуг есть стремление высшего – з"а – мужской части передать свет-наслаждение низшему – малхут – женской части. Оба желания при этом совершенно бескорыстны, как в примере хозяина и гостя.

ПБ"П – паним бэ паним, лицом к лицу. Когда Захар – мужская сфира, Аба – отец, передает ор хохма женской сфире Има – матери, для передачи детям – зо"н. Такие же отношения АБ"А, ПБ"П и пр. происходят и между их детьми – зо"н, з"а и малхут.

АБ"А – спинами (произносится ах бэ ах). Если парцуф АБА-хохма имеет свет ор хохма, но не желает его передать парцуф ИМА-бина, а ИМА также не желает получить, то такое их отношение называется спина к спине. Такие же отношения могут быть и между з"а и малхут.

ХЭСЭД – милосердие, сострадание, альтруизм, ОР ХАСАДИМ – свет милосердия, сострадания, альтруизма. Возникает, ощущается только в том кли-желании, которое желает бескорыстно «отдавать», быть подобным Творцу. Это свойство сфиры или парцуфа бина. Бина мира А"К называется СА"Г. Бина мира Ацилут называется Има, высшая мать, Ишсут, АВ"И и пр. Свет бина – это наслаждение от подобия, близости по свойствам с Творцом, и

Список сокращений и пояснений

поэтому этот свет-ощущение является самой надежной защитой от нечистых сил, а кли, обладающее свойствами бина, и не может прегрешить, потому что его желание только «отдавать».

К-Х-Б – кэтэр-хохма-бина (произносится кахаб) – 3 первые сфирот, образуют рош – голову парцуфа. Голова решает, сколько парцуф может принять наслаждения не ради себя, а ради Творца, и этот свет нисходит из рош в гуф – тело.

Х-Б-Д – хохма-бина-даат (произносится хабад) – то же, что кэтэр-хохма-бина = голова парцуфа. Сфира даат – это не сфира, а просьба зо"н, называемая ма"н, их обращение в бина о желании получить ор хохма, чтобы бина дала им его. Эта молитва зо"н называется ма"н, поднимаясь в бина, вызывает в бина – Има – матери их, желание дать желаемое детьми – зо"н. Ма"н в бина называется сфира даат – это не сфира, как 10 сфирот, а просьба, но чтобы подчеркнуть такое состояние, вместо к-х-б называется х-б-д.

Х-Г-Т – хэсэд-гвура-тифэрэт (произносится хагат) – сфирот тела, подобные сфирот головы: хэсэд подобно кэтэр, гвура – хохма, тифэрэт – бина. Называются Г"Э тела.

Н-Х-Е-М = нэцах-ход-есод-малхут (произносится нэхим) – получающие от сфирот х-г-т = Г"Э. А так как получают, обладают желанием получать, то называются АХА"П тела.

Г"Э = гальгальта-эйнаим (лоб-глаза) – сфирот кэтэр-хохма-га"р бина, в которых нет желания получить, а только отдавать, и потому они не могут стать эгоистическими.

НаРа"Н = нэфэш-руах-нэшама-свет, наполняющий малый парцуф. КАТНУТ – малый – когда парцуф имеет силы – экран, только отдавать, не получать, но получать ради Творца, вопреки своему желанию, не в состоянии. В таком случае имеет только ор хасадим, но не ор хохма, свет мудрости, и потому называется без сил и без разума малым парцуфом, подобно ребенку в нашем мире.

АХа"П = озэн-хотэм-пэ (ухо-нос-рот) – сфирот за"т бина-з"а-малхут, в которых есть желание получить, и поэтому, если не имеют соответствующего экрана-противодействия этому желанию, становятся эгоистическими. Парцуф, не имеющий экрана на свой АХА"П, называется катан – маленький, а его состояние называется катнут – малое, неполное, подобно ребенку в нашем мире, потому что лишен сил-экрана и имеет только свет хасадим без хохма-света мудрости.

ГАДЛУТ – большой. Парцуф, имеющий экран – силу противодействия своей эгоистической природе не только не получать для себя, но получать не ради себя (подобно примеру гостя и хозяина). В таком случае парцуф наполняет все свои желания-все 10 сфирот светом хасадим и хохма.

1-Е БОЛЬШОЕ СОСТОЯНИЕ – гадлут алеф, постижение света нэшама.

2-Е БОЛЬШОЕ СОСТОЯНИЕ – гадлут бэт, постижение света хая.

ОР ХОХМА – свет мудрости, свет, наполняющий получающие кли-желания, приходящий, только если есть экран на альтруистическое получение.

АТЭРЭТ ЕСОД – буквально «крайняя плоть», место союза Израиля с Творцом. Ибо после 2-го сокращения запрещено из-за отсутствия экрана производить зивуг на саму малхут, но можно производить зивуг на полученные ею свойства от з"а, называемые атэрэт есод. Подобно тому как желания самой малхут отсекаются, отрезается крайняя плоть, а остаются в ней желания, полученные от з"а, называемые «атэрэт есод», желания, на которые она может делать зивуг с з"а и получать свет хохма. Естественно это не тот же свет хохма, который малхут бы получила, если бы смогла сделать зивуг на свои желания, т.е. на саму себя, на свои свойства, называемые центральной точкой творения, истинно эгоистические желания. Это она сможет сделать только после 6000 лет, в конце исправления. А до этого, так как зивуг на атэрэт есод сближает ее с Творцом, это место, эти желания, называются местом, знаком союза с Творцом.

НаРаНХаЙ-нэфэш-руах-нэшама-хая-йехида (яхида) – свет, наполняющий большой парцуф = Г"Э+АХА"П.

СВЕТ = наслаждение = ор = ощущение Творца – везде понимать как одни и те же понятия, потому что обычно употребляется слово свет, но подразумеваются все его синонимы!

КЛИ = желание = творение – обычно употребляется слово кли, но имеются в виду все его синонимы!

ГЕМАТРИЯ – числовое значение буквы или сочетания букв, слова. Определенный вид записи духовной информации.

ПАРСА – небосвод, разделение мира Ацилут и миров БЕ"А. Разделение 10 сфирот на две части келим: отдающие – альтруистические, га"р, к-х-б, Г"Э, и получающие, зо"н или б-з"а-м, потому что бина упала в з"а специально, чтобы исправить его,

Список сокращений и пояснений

АХА"П. Малхут, поднявшаяся над бина, малхут, стоящая под хохма, называется парса, или «небосвод», и отделяет г"э от АХА"П.

ЗА"Т, ЗА"К – 7 сфирот: х-г-т-н-х-е-м

ВА"Т, ВА"К – 6 сфирот: х-г-т-н-х-е

ДЭ – частица, означающая принадлежность к чему-то. Например, малхут дэ Ацилут = малхут мира Ацилут.

РУССКИЙ ПЕРЕВОД – там, где в скобках указано так, это означает книги Тора – пятикнижие, Нэвиим – пророки, Ктувим – святые писания на иврите с русским переводом, изданные Мосад арав Кук. Например, (Ишаяу 11, 9; русский перевод стр. 252, 9) – означает, что если открыть книгу пророков на стр. 252, то искомое находится в предложении под номером 9). Рекомендуется, где указывается первоисточник, обращаться к нему тут же и читать хотя бы отрывок, к которому относится приводимое изречение – это поможет читателю еще более ясно увидеть, как иносказательно, образным языком Тора говорит только о духовном мире и возвышении человека к нему, а не об истории или нашем мире вообще.

ОДЕЖДЫ – свойства, желания, келим. Обычно говорится об одеждах, которые малхут получает от бина.

ХУПА – свадебный балдахин, полог, под которым происходит церемония брака.

НАРТИК – укрытие з"а, то же, что и ХУПА.

УКРАШЕНИЯ – свет хасадим, свет бины, который она передает в малхут. Это исправляет малхут и позволяет получить в свет хасадим свет хохма.

ОРЛА – крайняя плоть на сфира есод, месте зивуга з"а и малхут, которую требуется отделить, потому что в течение 6000 лет невозможно сделать зивуг-намерение на саму малхут в получении ради Творца, а только на соединение малхут с з"а, что называется АТЭРЭТ ЕСОД – та часть сфиры есод, которая остается после отсечение Орла и на которую можно производить зивуг в течение 6000 лет. ОРЛА является малхут дэ малхут, нечистые силы.

АТЭРЭТ ЕСОД – остающаяся после отсечения-обрезания Орла – крайней плоти, малхут дэ малхут, исправленная часть малхут, ее соединение со сфира есод, на которую можно делать зивуг в течение 6000 лет и привести т.о. малхут к концу исправления.

МАТЬ – бина относительно малхут, дочери.

ДОЧЬ – малхут относительно бина, матери.

СВЯТОЕ СВЯТЫХ – свет га"р = нэшама-хая-йехида.
ВОПРОС – ощущение недостатка света хохма в малхут.
СЭЛА – скала, истина. Название малхут.
ШХИНА – ощущение (явление, видение) Творца постигающим его. Малхут в состоянии получения света, Творца, называется Шхина. Ощущение Творца человеком, то, в чем ощущает Творца человек, называется Шхина.

ТХУМ – расстояние, за пределы которого запрещено выходить в субботу. Тхум Шабат – это максимальное расстояние, в котором человек может передвигаться в течение Субботы.

СИГИМ – нечистые желания, находящиеся внутри чистых. Работа человека в отделении одних от других и постепенном исправлении сигим. Слово сигим – от слова СА"Г, так как они появились от разрушения келим мира Нэкудим, относящихся к системе парцуфим парцуфа СА"Г. Это же слово «сигим» из Каббалы вошло в разговорный иврит.

ША"Х – шин-хаф = 300 + 20 = 320 осколков разбитого сосуда.

РАПА"Х – рэш-пэй-хэт = 200 + 80 + 8 = 288 осколков разбитого сосуда, которые может и обязан исправить человек в течение 6000 лет, т.е. подъемом по 6000 ступеням духовной лестницы.

ЛЕВ аЭВЭН – лев = ламэд-бэт = 30 + 2 = 32 осколка, на которые разбилась малхут. Эти части малхут невозможно исправить на альтруистические, но можно только отказаться использовать эти желания. Лев Аэвэн, в переводе «каменное сердце», исправляется после 6000 лет (т.е. после исправления в человеке 288 осколков самим Творцом), становится полностью альтруистическим и называется «Лев Басар» – живое сердце.

ЛО ЛИ ШМА – не ради Творца. А потому как нет ничего более в творении, только Творец и человек, то если «не ради Творца», то «ради себя». Эгоистическое намерение человека.

ЛИ ШМА – ради Творца. Бескорыстное намерение человека действовать только для наслаждения и радости Творца.

4 АНГЕЛА, УЧАСТВУЮЩИЕ В СОЗДАНИИ ЧЕЛОВЕКА, 4 основных свойства природы: МИЛОСЕРДИЕ – **ХЭСЭД**, СПРАВЕДЛИВОСТЬ – **ЦЭДЭК**, ПРАВДА – **ЭМЭТ**, МИР – **ШАЛОМ**.

ЗЕМЛЯ ИЗРАИЛЯ – Ецира этого мира. Ирушалаим – атэрэт есод в малхут.

ОРИГИНАЛЬНЫЕ ИМЕНА И ИХ ПРИНЯТОЕ НАПИСАНИЕ В РУССКИХ ПЕРЕВОДАХ:

Бат-Шэва – Вирсавия, **Овадия** – Авдий, **Бэцалель** – Веселиил, **Пинхас** – Финис, **Билам** – Валаам, **Ривка** – Ревекка, **Ермияу** – Иеремия, **Рут** – Руфь, **Захария** – Зэхария, **Тамар** – Фамарь, **Ицхак** – Исаак, **Хавакук** – Аввакум, **Ихэзкель** – Иезекииль, **Хагай** – Аггей, **Ишаяу** – Исайя, **Цфания** – Софония, **Еошуа** – Иисус Навин, **Ханох** – Енох, **Ишмаэль** – Измаил, **Цур** – Тир, **Яаков** – Иаков, **Шломо** – Соломон, **Йехуда** – Иуда, **Шмуэль** – Самуил, **Ирушалаим** – Иерусалим, **Шет** – Сиф, **Йосэф** – Иосиф, **Шимон** – Симеон, **Корах** – Корей, **Эдэн** – Едем, **Лея** – Лия, **Эзра** – Ездра, **Моше** – Моисей, **Элияу** – Илия, **Миха** – Михей, **Элиша** – Елисей, **Нахум** – Наум, **Эсав** – Исав, **Нехемия** – Неемия, **Эйха** – Иеремия, **Навухаднэцар** – Навуходоносор, **Эстэр** – Есфирь, **Ноах** – Ной.

ОРИГИНАЛЬНЫЕ НАЗВАНИЯ И ИХ ПРИНЯТОЕ НАПИСАНИЕ В РУССКИХ ПЕРЕВОДАХ:

Берешит – Бытие, **Шмот** – Исход, **Ваикра** – Левит, **Бамидбар** – Числа, **Дварим** – Второзаконие, **Коэлет** – Екклесиаст, **Шмуэль 1 и Шмуэль 2** – 1 и 2 Книга Царств, **Малахим 1 и 2** – 3 и 4 Книга Царств, **Диврэй аямим** – Паралипоменон, **Мишлей** – Притчи Соломоновы, **Теилим** – Псалтирь, **Шир аширим** – Песнь песней, **Шофтим** – Книга судей Израилевых.

ПРИМЕР ОРИГИНАЛЬНОГО ТЕКСТА КНИГИ «ЗОАР»:

א) רבי חזקיה פתחת כתיב, כשושנה בין החוחים. מאן שושנה, דא כנסת ישראל. בגין דאית שושנה ואית שושנה, מה שושנה דאיהי בין החוחים אית בה סומק וחוור, אוף כנסת ישראל אית בה דין ורחמי. מה שושנה אית בה תליסר עלין אוף כנסת ישראל אית בה תליסר מכילן דרחמי דסחרין לה מכל סטרהא.אוף אלקים דהכא, משעתא דאדכר, אפיק תליסר תיבין לסחרא לכנסת ישראל ולנטרא לה.

ב) ולבתר אדכר זמנא אחרא. אמאי אדכר זמנא אחרא, בגין לאפקא חמש עלין תקיפין דסחרין לשושנה. ואינון חמש, אקרון ישועות.ואינון חמש תרעין.ועל רזא דא כתיב, כוס ישועות אשא , דא כוס של ברכה. כוס של ברכה אצטריך למהוי על חמש אצבען ולא יתיר, כגוונא דשושנה דיתבא על חמש עלין תקיפין דוגמא דחמש אצבען. ושושנה, דא איהו כוס של ברכה, מאלקים תניינא עד אלקים תליתאה חמש תיבין. מכאן ולהלאה, אור דאתברי ואתגניז , ואתכליל בברית ההוא דעאל בשושנה ואפיק בה זרעא. ודא אקרי עץ קיימא באות ברית ממש.

ג) וכמה דדיוקנא דברית אזדרע בארבעין ותרין זווגין ההואזרעא. כך אזדרע שמא גליפא מפרש, בארבעין ותריןאתוון דעובדא דבראשית.

ד) בראשית. רבי שמעון פתח הנצנים נראו בארץ, הנצנים דא עובדא דבראשית. נראו בארץ, אימתי, ביום השלישי, דכתיב ותוצא הארץ, כדין נראו בארץ. עת הזמיר הגיע, דא יום רביעי, דהוה ביה זמיר עריצים, מארת חסר. וקול התור, דא יום חמישי, דכתיב ישרצו המים וגו', למעבד תולדות. נשמע דא יום ששי, דכתיב נעשה אדם, דהוה עתיד למקדם עשיה לשמיעה דכתיב הכא נעשה אדם, וכתיב התם נעשה ונשמע. בארצנו, דא יום שבת, דאיהו דוגמת ארץ החיים.

ה) ד"א הנצנים אלין אינון אבהן, דעאלו במחשבה, ועאלו בעלמא דאתי, ואתגניזו תמן. ומתן נפקו בגניזו ואטמירו גו נביאי קשוט, אתיליד יוסף, ואטמרו ביה. עאל יוסף בארעא קדישא ונציב לון תמן, וכדין נראו בארץ ואתגלו תמן. ואימתי אתחזן. בשעתא דאתגלי קשת
בעלמא, דהא בשעתא דקשת אתחזי כדין אתגליין אינון, ובההיא שעתא עת הזמיר הגיע עדן לקצץ חייבין מעלמא. אמאי אשתזיבו. בגין דהנצבים נראו בארץ, ואלמלא דנראו לא אשתארון בעלמא, ועלמא לא אתקיים.
ו) ומאן מקיים עלמא וגרים לאבהן דאתגליין, קל ינוקי דלעאן באורייתא, ובגין אינון רביין דעלמא, עלמא אשתזיב. לקבליהון, תורי זהב נעשה לך, אלין אינון ינוקי רביין עולמין, דכתיב ועשית שנים כרובים זהב.
ז) בראשית. ר' אלעזר פתח, שאו מרום עיניכם וראו מי ברא אלה. שאו מרום עיניכם. לאן אתר. לאתר דכל עיינין תליאן ליה, ומאן איהו. פתח עינים. ותמן תנדעון, דהאי סתים עתיקא דקיימא לשאלה, ברא אלה. ומאן איהו, מ"י. ההוא דאקרי מקצה השמים לעילא, דכלא קיימא ברשותיה. ועל דקיימא לשאלה, ואיהו בארח סתים ולא אתגליא, אקרי מ"י דהא לעילא לית תמן שאלה. והאי קצה השמים אקרי מ"י.
ח) ואית אחרא לתתא ואקרי מ"ה, מה בין האי להאי, אלא קדמאה סתימאה דאקרי מ"י קיימא לשאלה, כיון דשאל בר נש ומפשפש לאסתכלא ולמנדע מדרגא לדרגא עד סוף כל דרגין, כיון דמטי תמן מ"ה, מה ידעת, מה אסתכלתא, מה פשפשתא, הא כלא סתים כדקדמיתא.
ט) ועל רזא דנא כתיב, מה אעידך מה אדמה לך. כד אתחריב בי מקדשא, נפיק קלא ואמר, מה אעידך ומה אדמה

לך, בההוא מ"ה אעידך, בכל יומא ויומא אסהידת בך מיומין קדמאין. דכתיב העדותי בכם היום את השמים ואת הארץ. ומה אדםה לך, בההוא גוונא ממש, עתרית לך בעטרין קדישין, עבדית לך שלטנו על עלמא, דכתיב הזאת העיר שיאמרו כלילת יפי וגו'. קרינא לך ירושלם הבנויה כעיר שחברה לה. מה אשוה לך, כגוונא דאנת יתבה, הכי הוא כביכול לעילא, כגוונא דלא עאלין השתא בך עמא קדישא בסדרא קדישין, הכי אומינא לך דלא איעול אנא לעילא עד דיעלון בך אוכלסך לתתא. ודא איהו נחמה דילך, הואיל דדרגא דא אשוה לך בכלא. והשתא דאנת הכא, גדול כים שברך. ואי תימא דלית לך קיימא ואסוותא, מ"י ירפא לך, ודאי ההוא דרגא סתימאה עלאה, דכלא קיימא ביה, ירפא לך ויוקים לך.

י) מ"י קצה השמים לעילא, מ"ה קצה השמים לתתא, ודא ירית יעקב דאיהו מבריח מן הקצה אל הקצה, מן הקצה קדמאה דאיהו מ"י, אל הקצה בתראה דאיהו מ"ה, בגין דקאים באמצעיתא. ועל דא, מי ברא אלה.

יא) אמר ר"ש אלעזר בני פסוק מילך, ויתגלי סתימא דרזא עלאה דבני עלמא לא ידעין. שתיק רבי אלעזר. בכה רבי שמעון, וקאים רגעא חדא. א"ר שמעון, אלעזר, מאי אלה. אי תימא ככביא ומזלי, הא אתחזן תמן תדיר. ובמ"ה אתבריאו, כד"א בדבר ה' שמים נעשו. אי על מלין סתימין, לא לכתוב אלה דהא אתגלייא איהו.

יב) אלא רזא דא לא אתגליא, בר יומא חד דהוינא על כיף ימא, ואתא אליהו ואמר לי, ר' ידעת מה הוא מי ברא אלה. אמינא ליה, אלין שמיא וחיליהון, עובדא דקב"ה דאית ליה לבר נש לאסתכלא בהו, ולברכא ליה, דכתיב כי אראה

Примеры оригинального текста книги «ЗОАР»

שמיך מעשה אצבעותיך וגו' ה' אדונינו מה אדיר שמך בכל הארץ.

יג) א"ל, ר': מלה סתימה הוה קמי קב"ה, וגלי במתיבתא עלאה, ודא הוא. בשעתא דסתימא דכל סתימין בעא לאתגלייא, עבד ברישא נקודה חדא, ודא סליק למהוי מחשבה. צייר בה כל ציורין חקק בה כל גליפין.

יד) ואגליף גו בוצינא קדישא סתימא גליפו דחד ציורא סתימאה קדש קדישין בניינא עמיקא דנפיק מגו מחשבה, ואקרי מ"י שירותא לבניינא קיימא ולא קיימא. עמיק וסתים בשמא. לא אקרי אלא מ"י. בעא לאתגלייא ולאתקרי בשמא דא, ואתלבש בלבוש יקר דנהיר, וברא אל"ה, וסליק אל"ה בשמא. אתחברון אתוון אלין באלין ואשתלים בשמא אלהים. ועד לא ברא אלה לא סליק בשמא אלהים. ואינון דחבו בעגלא. על רזא דנא אמרו אלה אלהיך ישראל.

טו) וכמה דאשתתף מ"י באלה, הכי הוא שמא דאשתתף תדיר,

ברזא דא אתקיים עלמא. ופרח אליהו ולא חמינא ליה. ומניה ידענא מלה דאוקימנא על רזא וסתרא דילה. אתא רבי אלעזר וכלהו חברייא ואשתטחו קמיה, בכו ואמרו, אלמלא לא אתינא לעלמא אלא למשמע דא די.

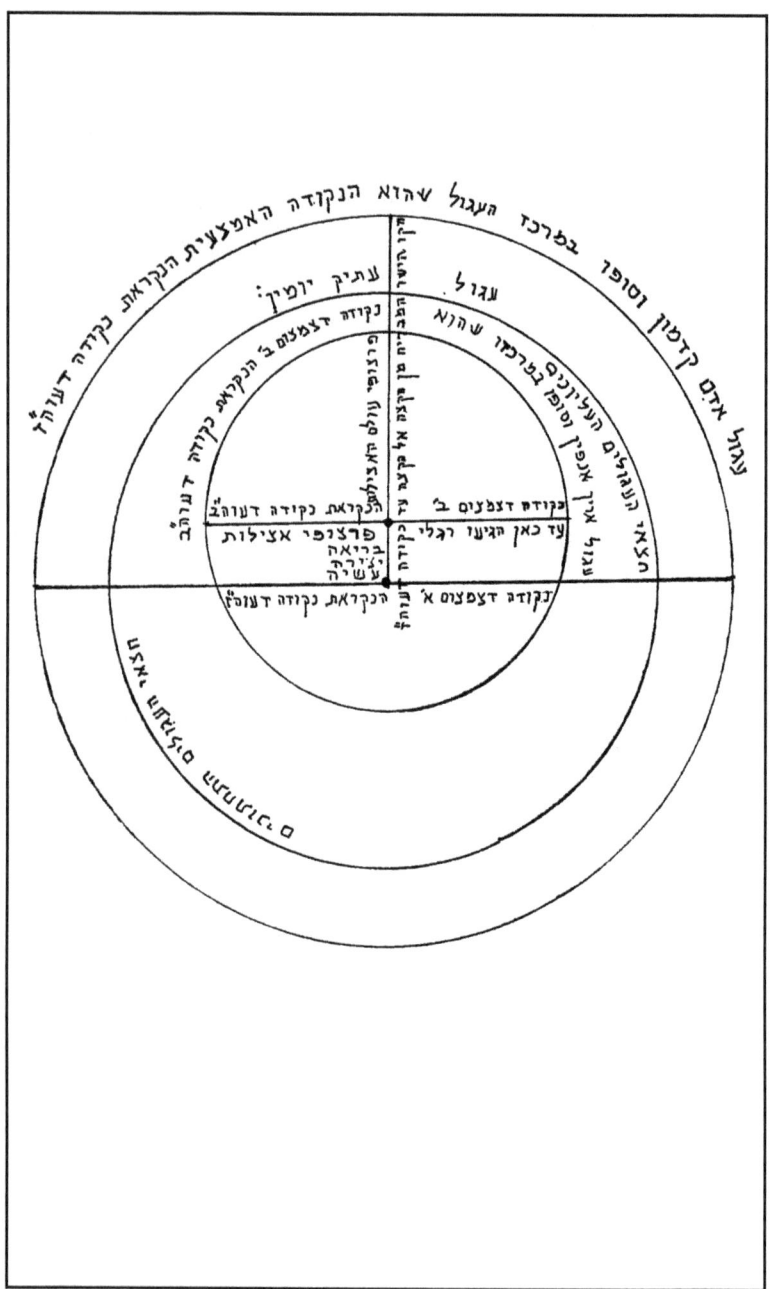

Примеры оригинального текста книги «ЗОАР»

מאמר השושנה

א) פתח, כתיב א) א) א כשושנה בין החוחים. מאן שושנה, דא ב) ב) כנסת ישראל. ב בגין דאית שושנה ואית שושנה, ג מה שושנה דאיהי בין ג) החוחים

חלופי גרסאות

א נ"א כשושנה בין החוחים מה שושנה דא דאיהי בין החוחים וכו' (אור הלבנה). ב נ"א בגין דאית שושנה ואית שושנה ל"ג. ג נ"א ד"א מה שושנה דאיהו בין החוחים וכו' (אה"ל).

מסורת הזהר

א) (שיר ב) ב"א אות רצח תולדות יח ויחי רלד שמות שסד כי תשא לא שמיני לט אמור שלג חקת יח פנחס סח שצג שצח ואתחנן סו האזינו י יב ת"ז תכי"ה דף עא. תכ"ו שם תל"ח דף עח : ז"ח יתרו יב. ב) יתרו שפה.

דרך אמת א) רחל. ב) לאה כלת משה מלגאו. ג) רחל.

מאמר

א) **ר' חזקיה פתח** וכו' : ר' חזקיה פתח, כתוב, כשושנה בין החוחים. שואל מהי שושנה. ומשיב, זו היא כנסת ישראל. שהיא מלכות. משום שיש שושנה ויש שושנה. מה שושנה בין החוחים יש בה אדום ולבן אף כנסת ישראל יש בה דין ורחמים. מה שושנה יש בה י"ג עלים, כך כנסת ישראל יש בה י"ג מדות הרחמים המסבבות אותה מכל צדדיה. אף **אלקים**, שבמקרא שבכאן דהיינו בראשית ברא **אלקים**, משעה שנזכר, הוציא י"ג מלים לסבב את כנסת ישראל ולשמרה. שהן : את, השמים, ואת, הארץ, והארץ, היתה, תהו, ובהו, וחשך, על, פני, תהום, ורוח. דהיינו עד אלקים מרחפת וגו'.

ביאור הדברים, עשר ספירות הן, כתר, חכמה, בינה, חסד, גבורה, תפארת, נצח, הוד, יסוד ומלכות. ועיקרן הוא רק חמש, כתר,
(דפו"ר דף א' ע"א)

הסולם

חכמה, בינה, תפארת ומלכות, משום שספירת התפארת כוללת בתוכה שש ספירות חג"ת נה"י. והן נקשאו חמש פרצופים : א"א, וא"א, וז"ן. הכתר נק' בשם אריך אנפין. חכמה ובינה נק' בשם אבא ואמא. ת"ת ומלכות, נק' בשם זעיר אנפין ונוקבא. (ביאורן של עשר הספירות עי' בפתיחה לחכמת הקבלה אות ה').

ודע, שסדר ז' ימי בראשית ה"ס ב' הפרצופין ז"א ונוקבא דאצילות, שיש בהם ז' ספירות חג"ת נה"י ומלכות, כנ"ל. אשר באלו הכתובים דמעשה בראשית מתבאר, איך אבא ואמא, שהם חו"ב. האצילו אותם מתחילת התהוותם עד סוף הגדלות, שנוהג בהם בהמשך שתא אלפי שני. וענין זה מתבאר והולך כאן בזוהר בראשית.

ור' חזקיה פתח בביאור הנוקבא דז"א, לבאר סדר אצילותה מאמא שהיא הבינה הנק'
בשם

הקדמת ספר הזהר

אית בה ג) סומק וחוור, אוף כנסת ד) ישראל אית בה ה) דין ו) ורחמי. מה שושנה אית בה ו) ה) תליסר עלין, אוף כנסת ישראל אית בה ז) תליסר מכילין דרחמי

מסורת הזהר

ג) ב"א ע תולדות טו וישלח יא ויחי תקח ויקרא רכב אמור שלג האזינו קסב ת"ז תלי"ו דף ע: עשה ולא תעשה תק"ח דף קא. ד) ויחי רלו אמור שלג האזינו קעז. ה) פנחס שצד ת"ז תכי"ה דף קא. תכ"ו שם. ו) ב"א קיב קבו ויצא שטי יתרו תקיד תצוה כ ויקהל קנה אחרי קפד נשא צו שם קכא קסד שמא פנחס רמו שסז שצד תרמו כי תצא יז ת"ז תכ"ב דף סז. ז"ח בראשית מו תק"ח דף ק. קא. קיב.

דרך אמת ז) לאה. ח) ולא נחן. ו) י"ב דידיה וי"ב דידה והכוללים.

מאמר | הסולם | השושנה

בשם אלהים. וזהו שפתח בביאור השושנה, שהיא הנוקבא דז"א. והנוקבא דז"א בעת גדלותה נקראת בשם כנסת ישראל, במ"ש להלן, וזהו שאומר, **מאן שושנה, דא כנסת ישראל**.

ויש בשושנה זו ב' מצבים: מצב של קטנות, דהיינו של תחלת התהוותה, שאז אין בה אלא ספי' אחת כתר, שבתוכה מלובש אור הנפש שלה, וט' הספירות התחתונות שלה נבחנות כנופלות לבר מאצילות, והן בעולם הבריאה. ועוד בה מצב של גדלות, שאז מתעלות ט"ס התחתונות שלה מן עולם הבריאה אל עולם האצילות. והיא נבנית עמה לפרצוף שלם בעשר ספירות. ואז עולה עם ז"א בעלה לקומה שוה עם או"א דאצילות ומלבישים אותם. אז נק' ז"א. בשם ישראל. שהוא אותיות לי ראש, והנוקבא נק' בשם כנסת ישראל, על שם שכנוסת בתוכה כל הארות של ישראל בעלה שהיא משפעת אותם אל התחתונים.

והמצב של הקטנות נק' בשם שושנה בין החוחים, משום שט"ס התחתונות שלה נתרוקנו מאור האצילות, ונשארו כחוחים. והמצב של הגדלות נק' בשם שושנה סתם, או כנסת ישראל. וזה אמרו **אית שושנה ואית שושנה**.

והנה גוון סומק מורה שיש שם אחיזה לחיצונים ולקליפות לינק ממנה, וזהו בזמן המצב של הקטנות, שט"ס התחתונות שלה הן בבריאה, ויש בה ג"כ בחינת חוור, דהיינו לדכר שלה, שאין שם אחיזה לחיצונים. וז"ש **מה שושנה דאיהי בין החוחים אית בה סומק וחוור, אוף כנסת ישראל אית בה דין ורחמי** להורות כי גם בגדלותה בעת שנקראת כנסת ישראל, אע"פ שעולה אז ומלבישה את הבינה במצב של גדלותה כנ"ל, מ"מ בכלי החיצון שלה, שאין שם אחיזה לחיצונים.
(דברי דף א' ע"א)

נשארת בה בחינת דין, כי היא נצרכת לסוד המסך המתוקן בה לצורך הזווג דהכאה, שמסבת הדין שבמסך, הוא מכה על האור העליון ומחזירו לאחוריו, ומעלה ע"י ע"ס דאור חוזר הנקרא אור של דין, וממשיך בתוכו ע"ס דאור ישר, הנקרא אור של רחמים. (ע"י בפתיחה לחכמת הקבלה אות י"ד) וע"כ גם בכנסת ישראל אית בה דין ורחמי כנגד הסומק והחוור שיש לשושנה בין החוחים.

וז"ס הים שעשה שלמה, העומד על שני עשר בקר. כי אלו טה"ס התחתונות שלה שנפלו לבריאה, כנ"ל, נתתקנו שם בסוד שני עשר בקר. ונקודת הכתר שנשארה באצילות ה"ס הים העומד עליהם מלמעלה, וכלולתם יחד נק' **תליסר עלין** דשושנה. וענין ההתחלקות הזו של עה"ס שלה לסוד י"ג מתבאר להלן במראות הסולם.

והנה המוחין דגדלות של הנוקבא, שיש בהם מהארת החכמה, הם נמשכים מסוד י"ג השמות הנק' י"ג מדות הרחמים. וז"ש **אוף כ"י אית בה י"ג מכילין דרחמי**. והעיקר מה שבא ר' חזקיה להורות בהשואה הזו משושנה דבין החוחים לכנסת ישראל. הוא ללמדנו, שכל שיש לנוקבא במצב גדלותה צריך להמצא בה כנגדן בחי' הכנה והכשר עוד בתחילת היתה דהיינו במצב הקטנות. וז"ש, שכנגד חוור וסומק דקטנות יוצא בה דין ורחמי בגדלות, וכנגד י"ג עלין דקטנות יוצא בה י"ג מדות הרחמים בגדלות. והוא מביא זאת כאן, בכדי ללמדנו איך הכתובים מבארים אתם ב' הסדרים דקטנות וגדלות, הנוהגים באצילות הנוקבא, כמו שממשיך והולך, **אוף אלהים דהכא** וכו'.

וז"ש, **אוף אלהים וכו' אפיק י"ב תיבין**: מורה: שאלהים שבמקרא דהכא בראשית.

Примеры оригинального текста книги «ЗОАР»

הקדמת ספר הזהר

ג

דסחרין לה מכל סטרהא. אוף אלהים ז) דהכא, משעתא דאדכר, אפיק ז) תליסר תיבין לסחרא לכנסת ח) ישראל ד ולנטרא לה.

ב) ולבתר אדכר זמנא אחרא, אמאי אדכר זמנא אחרא, בגין ט) לאפקא ח) חמש עלין תקיפין דסחרין לשושנה. ואינון חמש, אקרון ישועות. ואינון

מסורת הזהר

ז) פנחס שצו ת״ז תכ״ו דף עא. ח) פנחס שצו ת״ז תכ״ו דף עא. תל״ח דף עח. תק״ח קיז:

חלופי גרסאות

ד ולנטלא (אה״ל).

דרך אמת ז) פי' אימא. ח) לאה. ט) אימא אפיק ה' גבורות מנצפ״ך להושיעם מן הקליפות.

מאמר | הסולם | השושנה

בראשית ברא אלהים. שה״ס הבינה המאצלת לנוקבא דז״א. אפיק י״ג מלים שהן: **את** השמים ואת הארץ והארץ היתה תהו ובהו וחושך על פני תהום ורוח, דהיינו עד אלהים תניגא, שאלו י״ג תיבין רומזים על אותם י״ג עלין של שושנה בין החוחים בסוד הים העומד על שני עשר בקר, כנ״ל, שהם הכנה והכשר לכנסת ישראל שתקבל י״ג מכילין דרחמי. וז״ש, **לסחרא לכנסת ישראל ולנטרא לה**, כי י״ג מדות הרחמים, שהן המוחין השלמים דנוקבא, נבחנות שהן מסבבות ומאירות אליה מכל הצדדים סביב סביב, ונשמרת על ידיהן ממגע החיצונים, כי כל זמן שאין בה המוחין הגדולים בהארת החכמה מי״ג מדות, יש בה יניקה לחיצונים.

ב) **ולבתר אדכר** וכו': **ואח״כ** נזכר שם אלקים פעם אחרת, דהיינו **אלקים** מרחפת וגו'. ולמה נזכר פעם אחרת. הוא כדי להוציא חמשה עלים קשים המסבבים את השושנה. ואלו חמשת העלין נקראים ישועות, והם חמשה שערים, ועל סוד זה כתוב, כוס ישועות אשא. זו היא, כוס של ברכה. כוס של ברכה צריכה להיות על חמש אצבעות ולא יותר. כמו השושנה היושבת על חמשה עלים קשים, שהם כנגד חמש אצבעות. ושושנה זו היא כוס של ברכה. מהשם אלקים השני עד שם אלקים השלישי חמש מלים. שהן: מרחפת על פני המים ויאמר. שהן כנגד ה' עלים הנ״ל. מכאן ולהלאה. שנאמר, אלקים יהי אור וגו', הוא **האור** שנברא וגנגנז ונכלל בברית ההוא שנכנס בשושנה והוציא בה זרע, וזה נקרא עץ עושה פרי אשר זרעו בו. והזרע ההוא נמצא באות ברית ממש.

(דפוי דף א' ע״א)

ביאור הדברים. **חמש עלין תקיפין**: ה״ס ח״ג של הנוקבא. שהן ע״ס דאו״ח, שהנוקבא מעלה על ידי זווג דהכאה באור העליון, הנק' אור של דין, (כנ״ל ד״ה סומך) כי עה״ס דאור ישר נק' ה' חסדים חג״ת נ״ה דאו״ח, והן מתלבשות בה' גבורות חג״ת נ״ה דאו״ח. ואלו חמש עלין תקיפין הן, כחות הדין שבמסך. המעכב את האור העליון מהתלבש ממסך ולמטה. וע״כ נק' עתה רק ה' עלין תקיפין, בטרם הגדלות כשהמסך מתבטל לזווג עליהם. ובזמן הגדלות כשהמסך בא בזווג עם האור העליון הם נק' ה' גבורות. כנ״ל.

ואלו ה' עלין תקיפין ה״ס ה' תיבות שיש מאלקים תנינא עד אלהים תליתאה, הן: מרחפת על פני המים ויאמר. וז״ש **אמאי אדכר זמנא אחרא**, שמשמע שיש כאן פעולה חדשה, ואומר, שהוא כדי להוציא מהנוקבא ה' עלין תקיפין אלו, שהם הכנה לזווג בזמן הגדלות.

ומה שאלו ע״ס דאו״ח נקראות ה״ג שהן חג״ת נ״ה ואינן נקראות כח״ב תו״מ, כנ״ל. הענין הוא, מפני שאינן ממשיכות אלא אור חסדים לבד, ולכן ירדו כח״ב ממעלתם ונקראים חג״ת, ות״ת ומלכות נק' בשם נו״ה.

וז״ש, **חמש תרעין** וכו' **כוס ישועות**: היינו בעת הגדלות, שה' עלין תקיפין נעשו לה' גבורות. אז הם נבחנים לחמש תרעין, שהם שערים פתוחים לקבל ה' החסדים דאור ישר. וכן הם נקראים ישועות מטעם זה. ואז נק' הנוקבא כוס ישועות או כוס של ברכה, כי בסגולתן נעשית הנוקבא כלי מחזיק הברכה, שהיא ה״ח הנ״ל.

וחנה

205

ПОСТРОЧНЫЙ ПЕРЕВОД ВЫШЕПРИВЕДЕННОГО ТЕКСТА С АРАМИТА НА РУССКИЙ:
(Внутри книги дается перевод смысловой, а не дословный):

1. Раби Хизкия открыл, написано, как роза среди шипов. Что роза, это Собрание Израиля. Потому что есть роза и есть роза, что роза она между шипов, есть в ней красное и белое, так Собрание Израиля, есть в нем закон и милосердие. Что роза, есть в ней 13 лепестков, так Собрание Израиля, есть в нем 13 свойств милосердия, окружающих его со всех сторон. Но Элоким, что здесь, когда подумал вывести 13 слов окружить Собрание Израиля и стеречь его.

2. Затем упомянуто в другой раз, почему упомянуто в другой раз, чтобы вывести 5 лепестков крепких, окружающих розу. И эти 5 называются спасение. И эти 5 ворот. И об этой тайне написано, чашу спасения подниму, это чаша благословения. Чаша благословения должна быть на 5 пальцах и не более, как роза сидит на 5 лепестках сильных подобно 5 пальцам. И роза – это она чаша благословения, от Элоким два до Элоким три 5 слов. Отсюда и далее, свет создан и скрыт, соединен в союзе том и вошел в розу и вывел в неё семя. И это называется древо, дающее плод, которое посадили в нем. И это семя существует в букве союза действительно.

3. И как вид союза, посеянного в 42 зачатиях, от того семени, так посеяно имя законодательное особое творения.

4. Вначале. Раби Шимон открыл, ростки показались в земле, ростки – это действие творения. Показались в земле, когда, в день третий, сказано: «И произрастит земля», тогда показались в земле. Время пения пришло, это день четвертый, в который было укорачивание, от света хасадим. Голос горлицы, это день пятый, где написано: «Воскишит вода и

пр.», произвести потомство. Слышно, это день шестой, где написано: «Встанем, сотворим человека», и сказано там: «Сделаем и услышим». В нашей стране, это день Субботний, что он подобен стране жизни.

5. Иное значение ростки эти – они отцы, вошедшие в мысли мира будущего, и скрыты там. Оттуда вышли в скрытии, скрылись в истинных пророках, родился Йосэф, и скрылись в нем, вошел Йосэф в страну святую и основал их там, тогда показались в стране (земле) и раскрылись там. Когда видимы. Когда раскрывается радуга в мире, это когда видна радуга, тогда раскрываются они. Ибо пришло время укорачивать. Пришло время искоренять грешников из мира. Почему спасаются. Потому что ростки видны в земле, а если не были бы видны, не остались бы в мире, и мир бы не смог существовать.

6. Кто оживляет мир и вызывает отцов раскрыться, голос детей, занимающихся Торой, т.е. эти дети мира мир спасают. Соответственно: «Золотые подвески сделаем тебе», это эти дети, дети мира, как сказано: «Сделай два Крува золотых».

7. Вначале. Раби Эльазар открыл: «Поднимите глаза ваши вверх и смотрите, кто создал это». Поднимите глаза ваши, в какое место. В место, где все глаза зависят от него, и кто он. Открывающий глаза. И там узнаете. Это скрытый Атик, где есть вопрос, создал это. А кто он, М"И = кто. Он называется от края неба высшего, где все принадлежит ему. Т.к. есть вопрос, он по пути скрытому и не раскрывается, называется М"И, потому что выше нет вопроса, этот край неба называется М"И.

8. И есть другой внизу и называется М"А, что между этим и этим, но первый скрыт, называемый М"И, есть в нем вопрос, потому что спрашивает человек, исследует и смотрит и познает от ступени к ступени до конца всех ступеней, после нахождения там М"А, что знает, что смотрит, что исследует, все скрыто, как вначале.

9. Об этой тайне написано: «На кого могу указать тебе, с кем сравнить тебя». Ведь разрушен Храм, вышел голос и сказал: «Что указать тебе и с кем сравнить тебя», это М"А = что свидетельство, каждый день и день свидетельства тебе от прошлых дней, как написано: «Призываю в свидетели небо и землю», что подобно тебе. По тому же типу: «Украсил тебя я святыми украшениями» сделал тебя управляющей над миром, как написано: «Это ли город, называвшийся совершенством

красоты» и пр. Звал тебя я: «Иерусалим, отстроенный мой, подобен городу». «Что сравнится с тобой», как сидишь ты, так он подобно наверху, как не входит сейчас в тебя народ святой выполнять святую работу, так клянусь тебе Я, что не войду наверху, пока не поселюсь внизу. Это есть утешение твое, потому что ступень эта равна тебе во всем. А теперь что Я здесь, «Велико, как море, несчастье твое». И если скажешь, что нет тебе существования и излечения, М"И излечит тебя, именно эта высшая скрытая ступень, все оживляются ею, излечит тебя, и существует в тебе.

10. М"И верхний край неба, М"А нижний край неба, это унаследовал Яаков, что он светит от края до края, от края первого, которое М"И, до края последнего, которое М"А, т.к. стоит посредине. Поэтому кто создал это.

11. Сказал раби Шимон: Эльазар, сын мой, прекрати говорить и раскрой нам высшую тайну, людьми мира незнаемую. Молчал раби Эльазар. Плакал раби Шимон и сказал: минуту одну. Сказал раби Шимон: Эльазар, что это ЭЛЕ. Если скажешь звезды и знаки зодиака, эти видны нам постоянно. Но М"А созданы, как сказано, словом Творца небеса сотворены. Если о вещах скрытых, то не написано ЭЛЕ, которые раскрыты.

12. Но тайна эта не раскрылась, день один был я на берегу моря, и явился Элияу и сказал мне: раби, знаешь, что это, КТО СОЗДАЛ ЭТО. Сказал ему: это небо и его силы, деяния Творца, что есть у человека смотреть в них, благословить их, как написано, когда вижу небеса Твои дело рук Твоих, Господин наш, как величественно имя Твое по всей земле.

13. Сказал мне: раби, вещь одна скрытая была перед Творцом, и раскрыл в собрании высшем, и это оно. В час, когда скрытый из всех скрытых пожелал открыться, сделал вначале точку одну, и она поднялась быть мыслью. Нарисовал ею все рисунки и вырезал ею все образы.

14. Вырезал в свече святой скрытой образ рисунка скрытого святого святых, строение глубокое вышло из той мысли, и называется МИ – кто, начало строения стоящего и не стоящего, глубоко скрытого в имени. Не называется, а только МИ – кто. Пожелал открыться и называться по имени этому, оделся в одеяние дорогое светящееся и сотворил ЭЛ"Е, и поднялись ЭЛ"Е в имени. Соединились буквы эти с этими и завершилось имя Элоким. И пока не создал ЭЛЕ – эти, не поднялся в имени Элоким.

И эти прегрешившие в ягненке. О тайне этой сказано ЭЛЕ – это господь твой, Израиль.

15. Насколько связаны М"И с ЭЛЕ, так это имя соединено постоянно, и на тайне этой стоит мир. Улетел Элияу, и не видел я его. От него знал я это, стоящее на тайне, и объяснение ее. Пришел раби Эльазар, и все ученики, и преклонились перед ним, плакали и сказали, если (не) были должны (быть) только услышать – этого довольно.

16. Сказал раби Шимон: на это небо и его силы в М"А созданы, как сказано, когда я вижу небеса, деяния рук Твоих, и сказано: М"А – как величественно имя Твое на всей земле, которую поставил Ты выше небес, он поднимается в имени. Потому сотворил свет для света, одел это в это и поднял в имени высшем, это вначале сотворил Творец. Это Творец высший, потому что М"А не такое и не создано.

РОЗА

1. Раби Хизкия открыл (начал): «Сказано, как роза среди шипов» (Шир Аширим 2, 2; русский перевод стр. 165, 2, 2). Спрашивает: «Что означает роза». Отвечает: «Это – Собрание Израиля, т.е. малхут. Потому что есть роза и есть роза. Как роза среди шипов, есть в ней красное и белое, так и Собрание Израиля, малхут, есть в нем закон и милосердие. Как роза имеет 13 лепестков, так Собрание Израиля состоит из 13 видов милосердия, окружающих его со всех сторон. Ведь Элоким (имя Творца, указывающее на отношение к низшим силой закона), как сказано: «Вначале создал Элоким» (первое предложение в Торе), вначале-изначально, когда подумал, создал 13 слов для охраны Собрания Израиля, окружить ими Собрание Израиля, и вот они: ЭТ (предлог), НЕБО, И-ЭТ, ЗЕМЛЮ, И-ЗЕМЛЯ, БЫЛА, ПУСТА, И-ХАОТИЧНА, И-ТЬМА, НАД, ПОВЕРХНОСТЬЮ, БЕЗДНЫ, И-ДУХ – до слова Элоким» («и» в языке иврит пишется вместе со следующим за ним словом и потому считаются как одно слово).

Каббала берет как объект изучения единственное создание, единственное, что существует, кроме Творца, – человеческое «Я» и изучает его: эта наука разбивает «Я» на части, объясняет устройство и свойства каждой части, цель ее создания и назначение. Объясняет, каким образом каждую часть человеческого «Я», называемого душой, можно изменить, чтобы человек пришел к цели творения, состоянию, желательному как Творцу, так и самому человеку, если он осознает это.

Ни одна наука в мире не способна описать ни графически, ни аналитически в виде формул наши ощущения и наши желания, насколько они многообразны и разнообразны, так они изменчивы и совершенно различны у каждого, насколько непредсказуемы. Это потому, что наши желания постоянно, в определенной последовательности, постепенно раскрываются нам, нашему разуму и нашим ощущениям, с целью их осознания и исправления.

Наше «Я» – это наша суть, единственное, что характеризует человека. Но оно постоянно меняется, а остается лишь внешняя животная оболочка – поэтому говорится, что человек каждое мгновение как бы заново рождается. Но если это так, то как же мы должны относиться друг к другу, как же мы должны воспринимать самих себя? Как же мы можем что-либо в себе и вокруг «застабилизировать», если мы постоянно меняемся, а все воспринимаемое нами является функцией нашего внутреннего состояния.

Творец представляет собой источник света-наслаждения. Так ощущают Его те, кто приближается к Нему. Такие люди, приближающиеся к Творцу и потому ощущающие Его, называются каббалистами. От слова лекабэль – получать свет Творца. Приблизиться к Творцу можно только подобием желаний. Творец бестелесен, и только нашим сердцем Его можно ощутить. Под сердцем понимается, конечно, не насос, перегоняющий кровь в мясной массе, а центр всех ощущений человека.

Но не просто сердцем можно ощутить Творца, а одной маленькой точкой в сердце. Но для того, чтобы ее почувствовать, человек должен ее сам развить, и, когда она разовьется, расширится, в нее сможет войти ощущение Творца, Его свет. Наше сердце – это наши эгоистические желания, а маленькая точка в нем – это внедренная свыше, самим Творцом, часть духовного, альтруистического желания. И вот этот зародыш духовного желания мы должны в себе взрастить до такого размера, что он будет определять вместо нашей эгоистической природы все наши стремления. Одновременно при этом покоряется, сжимается, увядает, уменьшается эгоистическое желание сердца.

Родившись в нашем мире, человек обязан изменить свое сердце с эгоистического на альтруистическое во время пребывания в этом мире. Это цель его жизни, то, для чего он появился в этом мире, и это цель всего творения. Полная замена эгоистических желаний альтруистическими называется концом исправления. Достичь этого обязан каждый и все человечество вместе в этом мире. До тех пор, пока человек не достигнет этого, он будет рождаться в этом мире. Только об этом повествует Тора и все пророки. Методика исправления называется Каббала.

Достичь изменения своих желаний возможно, если только пожелать их изменить. Человек создан абсолютным эгоистом, и от себе подобных, от окружающего его мира, он не может перенять иные желания, никакой связи с духовными мирами у него тоже нет, потому что связь может быть только через общие свойства, только в альтруистических желаниях можно ощутить духовное.

Поэтому у человека в нашем мире нет никакой возможности самому выйти из границ нашего мира. Поэтому дана нам Тора, и ее наиболее действенная часть – Каббала, чтобы помочь человеку приобрести желания духовных миров.

Для того чтобы создать человека в удалении от Себя, дабы тот осознал свою ничтожность и сам возжелал подняться, Творец создал все творение в виде нисходящих от Него ступеней, по которым спустился свет Творца и создал, на самой низшей ступени, наш мир и человека в нем. Осознав свою ничтожность и желая подняться к Творцу, человек, в мере своего желания сблизиться с Творцом, поднимается по тем же ступеням, по которым произошло нисхождение.

Всего этих ступеней – 10 и называются они 10 сфирот: кэтэр-хохма-бина-хэсэд-гвура-тифэрэт-нэцах-ход-есод-малхут. Эти 10 сфирот, как 10 экранов или занавесей, скрывают от нас свет Творца или, что то же самое, Его самого. Эти 10 экранов являются 10 ступенями нашего удаления от Творца.

Таким образом, для того, чтобы приблизиться к Творцу на одну, поначалу самую нижнюю ступень, мы обязаны вместо наших свойств приобрести свойства этой, самой низшей ступени. Это означает, что мы становимся схожи с ней свойствами, а не находимся под ней. Приобрести сходные свойства – означает иметь те же желания. Как только наши желания совпадут с желаниями этой ступени, ее скрытие падает, мы как бы уже стоим на ней и отделены от Творца уже только 9-ю ступенями. И т.д.

Но есть отличие всех ступеней от самой последней, низшей: как только человек поднимается из нашего мира на 1-ю, он уже начинает видеть (ощущать) Творца. И все последующие ступени – это ступени сближения с Творцом. Только самая последняя ступень, на которой мы сейчас находимся, полностью скрывает Творца, тогда как все более высокие ступени только отдаляют Его.

Хотя мы считаем 10 ступеней, их всего 5, потому как 6 ступеней хэсэд-гвура-тифэрэт-нэцах-ход-есод объединяются в одну, называемую зэир анпин (з"а). З"а иногда сам называется тифэрэт, потому что эта сфира отражает общие свойства всех его 6 сфирот.

Итак, от Творца до нашего мира есть 5 ступеней сокрытия: кэтэр-хохма-бина-з"а-малхут. Каждая ступень называется также олам-мир, от слова олама-сокрытие. Каждая из ступеней имеет свои подступени, называемые парцуф (мн. число – парцуфим), а каждая из подступеней имеет свои подступени, называемые сфира (мн.ч. сфирот). Т.о. всего от нас до Творца: 5 x 5 x 5 = 125 ступеней-сфирот.

Ступени от Творца до нашего мира:

Творец: абсолютно альтруистическое желание создать душу – человека, чтобы насладить.

Мир бесконечности: нахождение душ в конечном совершенном состоянии.

МИРЫ	СФИРОТ	ПАРЦУФЫ	
1. Мир Адам Кадмон (А"К)	кетэр хохма бина з"а малхут	Гальгальта А"Б СА"Г М"А БО"Н	(*) (*) (*) (*) (*)
2. Мир Ацилут	кетэр хохма бина з"а малхут	Арих Анпин (А"А) Аба вэ Има (АВ"И) Исраэль-саба вэ Твуна (ИШСУ"Т) М"А (з"а и малхут называются зо"н) БО"Н, нуква	(*) (*) (*) (*) (*)
3. Мир Брия	кетэр хохма бина з"а малхут	Арих Анпин (А"А) Аба вэ Има (АВ"И) Исраэль-саба вэ Твуна (ИШСУ"Т) М"А (з"а и малхут называются зо"н) БО"Н, нуква	(*) (*) (*) (*) (*)
4. Мир Ецира	кетэр хохма бина з"а малхут	Арих Анпин (А"А) Аба вэ Има (АВ"И) Исраэль-саба вэ Твуна (ИШСУ"Т) М"А (з"а и малхут называются зо"н) БО"Н, нуква	(*) (*) (*) (*) (*)
5. Мир Асия	кетэр хохма бина з"а малхут	Арих Анпин (А"А) Аба вэ Има (АВ"И) Исраэль-саба вэ Твуна (ИШСУ"Т) М"А (з"а и малхут называются зо"н) БО"Н, нуква	(*) (*) (*) (*) (*)

Наш мир : 5 эгоистических желаний, ощущаемых в сердце.

(*) – состоит, в свою очередь, из 5 сфирот к-х-б-з"а-м.

Итого 125 ступеней от Творца до нашего мира.

ЦЕЛЬ ТВОРЕНИЯ: Поскольку в духовном не существует понятия времени, мы уже существуем в нашем конечном совершенном состоянии в мире бесконечности (Эйн Соф). Потому желание в духовном означает само действие, само желание действует, без тела. Поэтому, когда в Творце возникло желание создать души, желание насладиться, и наполнить их самым совершенным наслаждением – наслаждением своим совершенством, ощущением Себя, сделать творения такими же, как Он сам, тут же Его желание исполнилось. Таким образом возник мир бесконечности, в котором мы существуем уже в нашем конечном состоянии.

Но своими ощущениями мы еще должны этого состояния достичь, как спящий человек, хотя и спит в каком-то месте, не понимает, где же он находится, пока не проснется. Но чтобы нам дойти до этого совершенного состояния, мы обязаны пройти путь постепенного изменения своих внутренних свойств-желаний, что соответствует духовному подъему из нашего мира, через все миры, до мира бесконечности.

Для того чтобы привести нас к конечному состоянию, Творец управляет нами сверху вниз, через все миры. Таким образом, нет ничего в нашем мире, что бы не имело начала в мире бесконечности, где конечное состояние каждой души определяет, какой путь она должна пройти В ОБЩЕМ и какое изменение В ЧАСТНОСТИ она должна пройти в каждый момент-состояние своего духовного следования к миру бесконечности.

Нет пути обратно: все, что происходит, продиктовано необходимостью довести каждую душу до ее окончательного состояния, и только эта цель определяет «ежесекундное» состояние нашего мира, что в нем в общем и с каждым из нас происходит. Творец ничего не создал зря, а только во имя своей цели. Но воля, исходящая свыше, не исключает нашего активного участия в собственном продвижении: мы можем быть не рабами, идущими поневоле, из-за понукающей палки, называемой страданиями, а, осознав желаемой цель Творца, обратить наш путь страданий в путь Торы, т.е. самим активно и быстро пройти этот путь снизу вверх.

Это возможно при нашей просьбе о духовном возвышении, подъемом ма"н, молитвой. В ответ на это мы получим свыше духовные силы, которые помогут нам улучшить свои качества, т.е. подняться. Только об этом говорит вся Тора, а Каббала еще и объясняет детально сам путь, как по карте, показывая человеку, что он проходит в себе и где (в каком состоянии и на какой ступени) находится.

Каббала изучает строение духовных миров. Назначение этих миров – ослабить сигналы-желания Творца так, чтобы мы могли понять их своим эгоизмом и осознать своим разумом. Олам – мир на иврите, от слова олама – сокрытие, потому что эти миры скрывают, ослабляют свет Творца до такой степени, чтобы мы могли его ощутить.

В зависимости от духовных качеств каждого, т.е. от того, на какой ступени находится человек: в полном эгоизме = нашем мире, частичном альтруизме = духовных мирах, – он на каждой из 125 ступеней по-разному ощущает Творца, свет. Эти 125 ступеней сводятся всего к 10, называемым 10 сфирот от Творца до нас, где каждая нижняя сфира более непрозрачна для света Творца, в восприятии тех, кто на ней находится. Чем ниже сфира, тем меньше света Творца она пропускает для находящихся под нею.

СФИРОТ: Названия сфирот: КЭТЭР, ХОХМА, БИНА, ХЭСЭД, ГВУРА, ТИФЭРЭТ, НЭЦАХ, ХОД, ЕСОД, МАЛХУТ. Но 6 из них объединены в одну сфиру Зэир Анпин, итого есть всего 5 сфирот: кэтэр, хохма, бина, з"а, малхут. Но сам з"а иногда называется тифэрэт, потому что из 6 сфирот в нем тифэрэт – самая главная, вобравшая в себя свойства всех 6 сфирот з"а. Итак, Творец создал только 5 сфирот:

кэтэр – желание Творца насладить нас, малхут;
хохма – само наслаждение, то, чем Он желает нас насладить;
бина – передает наслаждение из хохма в з"а;
з"а – принимает наслаждение от бина и передает малхут;
малхут – принимает наслаждение.

Бина – состоит из двух частей: верхняя ее часть, называемая га"р или АВ"И, не желает получать свет от хохма. Но поскольку есть желание Творца передать этот свет низшим, то нижняя часть бины, называемая за"т или ИШСУ"Т, получает от хохма свет и передает его в з"а. А з"а – сам не желает получать свет. Но малхут, в мере своего исправления, возбуждает з"а получить свет от бина и передать ей. Поэтому иногда говорится об общем получении света з"а и малхут, которые вместе называются ЗО"Н = з"а и нуква.

Но процесс таков: малхут, в мере своих исправленных с эгоизма на альтруизм желаний, просит з"а о получении света «ради Творца». В этой мере з"а просит свет от бина. В этой мере бина обращается и получает свет от хохма, передает его в з"а. Малхут, в мере своих исправленных свойств, сливается с з"а подобием свойств-желаний и получает этот свет.

Кэтэр, хохма и га"р бина не желают получать свет, а начиная с за"т бина = ИШСУ"Т, в сфиротах появляется желание получить свет для передачи низшему:

кетэр	- гальгальта или мэцах	- лоб	"дающие"
хохма	- эйнаим	- глаза	
га"р бина	- никвэ эйнаим	- зрачки	Г"Э
за"т бина	- озэн	- ухо	
з"а	- хотэм	- нос	АХА"П
малхут	- пэ	- рот	"получающие"

Сама малхут и есть творение – эгоистическое желание получить наслаждение, насладиться светом Творца. Это желание насладиться светом Творца, или, что то же, самим Творцом, есть суть малхут. Мы – части малхут. Но если в нас есть только эгоистические желания, мы ощущаем свет Творца как наслаждения в нашем мире. Это микродоза Его света. Исправляясь в своих желаниях-свойствах, мы можем подняться на духовные ступени высших миров и там ощутить истинное наслаждение Творцом.

По замыслу творения малхут должна получить свет от 4 предыдущих сфирот и насладиться им. Поэтому она сама состоит из 5 частей: в 4 она получает свет от предыдущих сфирот, а в 5-й ощущает его. Все сфирот до малхут, кроме малхут, подобны нашим органам чувств. А малхут подобна сердцу, получает от всех органов: мозга, зрения, слуха, обоняния, осязания. Сердце – малхут, воспринимающие органы – 9 первых сфирот до малхут. Все эти части малхут эгоистичны – желают получить свет = наслаждение, чтобы насладиться им. С такими свойствами малхут не может получить более, чем микродозу света нашего мира, и ощутить Творца в «виде» называемом «этот мир».

Но если малхут, т.е. каждый из нас, получит свыше иные желания = стремления: отдавать Творцу, услаждать Творца, в той же мере, как сам ощущает, что Творец дает ему, то человек этим свойством-желанием духовно поднимается на ступень выше нашего мира и ощущает Творца в виде духовного светаальтруистического наслаждения и великого знания, постижения высших мыслей и сути существования.

ЭКРАН: Получить свет малхут (человек) может только в противоэгоистические желания. Если такие желания в ней возникают, вследствие осознания с помощью Каббалы, насколько эгоизм ей же враг, в мере своей ненависти к нему, она (человек) может отталкивать эгоистические наслаждения ради духовного совершенства = подобия Творцу, в желании услаждать и делать ради Него.

Такая возможность оттолкнуть самонаслаждение называется экраном, а отталкиваемое наслаждение называется отраженный свет (приходящее наслаждение называется прямым светом). Именно в отталкиваемом наслаждении, т.е. в желании беззаветно, бескорыстно «отдать», можно ощутить свет Творца и высшее знание.

Поскольку малхут (эгоизм человека) должна оттолкнуть наслаждение от 5 частей своего эгоизма, то и отражающий экран должен состоять из 5 частей, и поэтому он создает 5 частей отраженного света. 5 частей в малхут называются по именам сфирот, от которых они получают. 5 видов прямого света называются наранха"й = нэфэш-руах-нэшама-хая-йехида. В таком порядке свет исходит от Творца:

йехида
хая
нэшама
руах
нэфэш

ПАРЦУФ: После того как малхут отразила свет-наслаждение, она решает получить его для услаждения Творца, потому что Он желает, чтобы малхут получила наслаждение, ощутила Его. Отражение всего приходящего наслаждения называется рош-голова. Частичное получение света, в меру своих антиэгоистических сил, называется тох – нутро. Незаполненные желания, ввиду отсутствия на них экрана, называются соф – конец (см. рисунок на стр. 218).

Так построена душа (кли, сосуд, исправленное альтруистическое желание, парцуф, духовное тело). Части духовного тела мы называем именами нашего физиологического тела: голова, туловище, конечности. В голове 5 частей: лоб – гальгальта, глаза – эйнаим, уши – озэн, нос – хотэм, рот – пэ. В туловище, от рта – пэ, до пупа – табур, 5 частей. В конечностях, от табур до пальцев ног, 5 частей (см. рисунок).

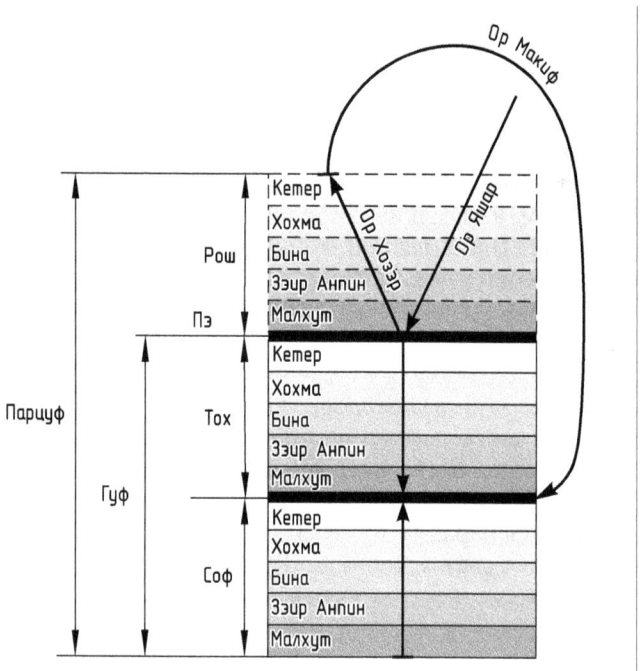

ОБРАТНАЯ ЗАВИСИМОСТЬ СОСУДА И СВЕТА: чем большие силы противодействия эгоизму есть в малхут, тем больший свет входит в нее. Но, хотя человек работает над исправлением грубой части сосуда, свет от своих усилий он получает в свои тонкие желания – т.е. есть обратная зависимость сосуда и света: чем более грубое желание (кли) исправляется, тем больший свет входит в малхут – сосуд, но в ее высшее кли – желание.

Поскольку малхут, т.е. все, кроме Творца, – абсолютно эгоистична, то исправить малхут можно, только придав ей свойства бины, свойства Творца – отдавать, но не получать. Это свойство абсолютного альтруизма, свойство бескорыстной отдачи. Получить такое свойство-желание означает подняться с уровня малхут до уровня бина.

	СВЕТ	Если все части кли могут получить
	йехида	свет, то весь свет снаружи
	хая	входит в сфирот:
	нэшама	
	руах	
СФИРА ▼	нэфэш	

СФИРА	СВЕТ
кетэр	йехида
хохма	хая
бина	нэшама
з"а	руах
малхут	нэфэш

СФИРА
кетэр
хохма
бина
з"а
малхут

Сама малхут – желание получить наслаждение. Запрет получать наслаждение ради (для) себя называется 1-м сокращением (Цимцум Алеф). Сокращение – это ограничение на получение наслаждения, но можно получать наслаждение, если помыслы получающего – насладить этим Творца, но не себя. Желает малхут этого или нет, но если в ней = душе = человеке есть эгоистические желания, свет в нее не войдет = не ощутится. Поэтому мы совершенно не ощущаем духовное, Творца.

МАЛОЕ СОСТОЯНИЕ: Но не только малхут не имеет права получить в себя свет: с мира Ацилут и ниже, сфирот бина и з"а также не могут получить в себя свет. Этот запрет называется 2-м сокращением (Цимцум Бэт): малхут своими желаниями как бы поднялась до сфиры бина, ее желания «получить» властвуют над 3 сфиротами бина – з"а – малхут, сфирот бина и з"а также оказались под поднявшейся малхут, под ее властью. желанием.

Если в парцуфе нет сил противостоять своим эгоистическим желаниям получить в сфирот бина – з"а – малхут, АХА"П, то эта, его нижняя часть, не имеет права получить свет Творца, потому что получит ради себя, чем нанесет себе огромный вред. Чтобы этого не случилось, верхняя часть парцуфа, сфирот кэтэр-хохма, Г"Э, отделяется от нижней парса – перегородкой, через которую свет не может пройти вниз. Поэтому, вследствие подъема малхут в бина, каждая ступень разделилась на две части:

| кетэр-гальгальта | ⟩ называются вместе Г"Э - гальгальта-эйнаим |
| хохма-эйнаим |

парса=поднявшаяся малхут

бина - озэн	
з"а - хотэм	⟩ называются вместе АХА"П - озэн-хотэм-пэ
малхут - пэ	

Малхут ограничила распространение света в парцуфе, и образовались 2 части в парцуфе: Г"Э получает свет, сфирот кэтэр и хохма со светами нэфэш, руах, а другая часть парцуфа – под парса и поэтому не получает свет: сфирот бина, з"а и малхут. Также вне парцуфа находятся соответствующие им света – нэшама, хая, яхида.

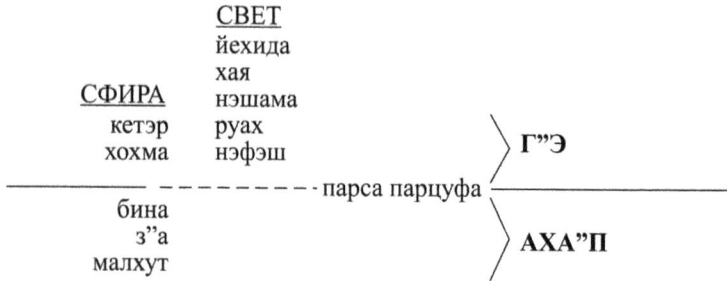

Такая ступень-парцуф лишена света нэшама-хая-йехида и остается только со светом нэфэш-руах, называемым «воздух». Это обозначается входом буквы юд в слово свет – ОР, = алеф-вав-рэш, чем из слова свет – ОР, получается слово воздух-АВИР = алеф-вав-юд-рэш. Такое состояние сосуда называется малое-катнут. Иными словами, подъем малхут в бина обозначается как вхождение буквы юд в слово свет ор = алеф-вав-рэш + юд = алеф-вав-юд-рэш = авир – воздух. Это означает, что от подъема малхут в бина потерял парцуф свет и остался в нем воздух.

В таком состоянии ступень или парцуф называются малыми (катнут): в сфирот к-х есть только свет нэфэш-руах, потому как сфирот б-з"а-м находятся под парса и не получают свет. Парса ограничивает распространение под ней света. Сфирот к-х и б-з"а-м обозначаются буквами:

кетэр	- мэм	- М
хохма	- юд	- И
бина	- хэй	- к
з"а	- ламэд	- Ло
малхут	- алеф	- Э

В обратном порядке эти буквы образуют имя Творца Элоким, где Г"Э=буквы мэм+юд=ИМ (говорится МИ), а АХА"П=буквы ЭЛЕ=алеф+ламэд+хэй. Поскольку человек постигает Творца снизу вверх, то имя Творца ЭЛоКИМ читается снизу-вверх

После рождения всех миров и нисхождения всего Творения до нашего мира, все парцуфы мира Ацилут и миров БЕ"А перешли в малое состояние: есть свет в Г"Э, но нет света в АХА"П. АХА"П высшей ступени упал в Г"Э низшей ступени. И таким образом создалась лестница от Творца до человека в нашем мире, а самая нижняя часть последней духовной ступени мира Асия упала в точку сердца человека. А все промежуточные ступени находятся одна в другой: АХА"П высшей находится в Г"Э низшей:

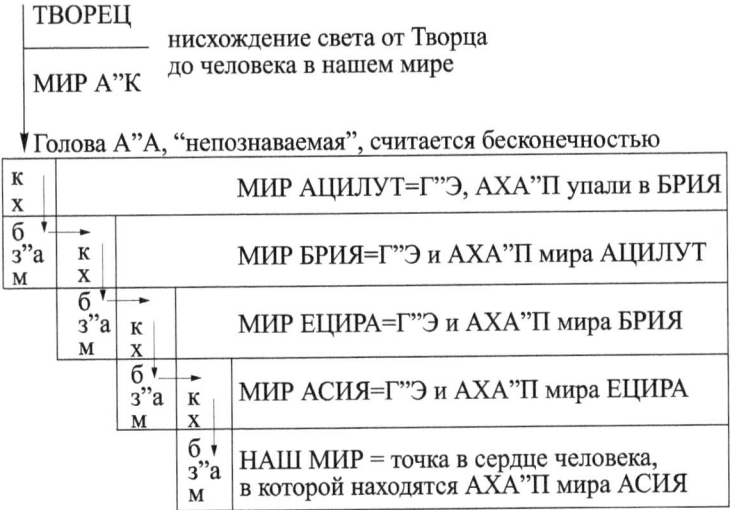

Желания человека в общем называются его сердцем. Поскольку наша природа, с которой мы рождаемся, это абсолютный эгоизм, то человек не ощущает духовную точку в своем сердце. Но в каком-то из перевоплощений-кругооборотов своих жизней человек начинает исподволь тянуться к познанию причин жизни, ее оценки, жаждет постичь самого себя, свой источник, как вы в данный момент. Именно стремление постичь свое происхождение и является стремлением к Творцу. Часто подспорьем в этих поисках служит неудовлетворенность жизнью, когда в окружающем не видит ничего привлекательного. Такое обстоятельство дается свыше, для того, чтобы человек начал ощущать в своем сердце пустую точку и возбудился желанием ее наполнить.

Творец проявляет свое свойство – как альтруистическое свойство давать наслаждение без какой-либо выгоды для себя. Отсюда поймем свойство сфирот к-х-б, имеющих свойства Творца, дающих. Единственное созданное творение – это малхут, желание получить свет-наслаждение. Мы все, весь наш мир, являемся самой низшей частью этой эгоистической малхут.

БОЛЬШОЕ СОСТОЯНИЕ. Но если малхут-человек поднимает просьбу = ма"н о своем духовном возвышении в виде своих усилий выйти из эгоизма и молитвы о помощи к Творцу, нисходит свыше свет А"Б-СА"Г, свет из мира А"К, приносящий малхут альтруистические силы и позволяющий ей вернуться из бины на свое место, т.е. к силам малхут не получать для себя наслаждения добавляются силы получать наслаждения ради Творца, получать ради Творца свет хохма в АХА"П: снова возвращаются к действию АХА"П, сфирот б-з"а-м, вновь есть все 5 келим-частей в парцуфе, уходит буква юд из слова «воздух», и оно становится словом «свет», парцуф наполняется всеми 5 светами наранха"й, буквы МИ соединяются с буквами ЭЛЕ, образуя имя Творца – Элоким. Такое состояние называется большое – гадлут.

ПОДЪЕМ НИЗШЕГО В ВЫСШИЙ: Вследствие подъема малхут в бина появилась связь высшего парцуфа с низшим, благодаря которой низший может подняться на уровень высшего. И в этом причина 2-го сокращения: дать возможность низшим = человеку подняться до мира бесконечности, вплоть до самого Творца.

Для того чтобы эта связь появилась, высший специально уменьшает себя, нисходит на уровень низшего, становится как низший по своим свойствам: АХА"П высшего парцуфа сам добровольно, будто нет у него сил получить в себя свет, падает в более низший, в Г"Э низшего, и становится с низшим как одно целое. Это подобно тому, как сильный человек входит в общество бандитов, подражая им, чтобы после того, как они примут его и появится связь между ними, он мог понемногу начать влиять на них и исправлять их.

Каким образом? Поступает высший свет, так называемый свет А"Б-СА"Г, дающий силы АХА"П высшего подняться к своим Г"Э. А вместе с ними поднимаются Г"Э низшего: потому как были одно целое, равны по свойствам внизу, то и одинаково получают силы подняться наверх.

Получив свет А"Б-СА"Г, Г"Э низшего становится как высший. Поэтому не надо рассматривать 2-е сокращение как отрицательное, но как помощь высшего: он нисходит в низший, сам испортив свои свойства, для того чтобы сравняться с низшим, дабы затем подняться вместе с низшим на свой бывший уровень. Таким образом самая низшая ступень может подняться не только на более высшую, но до самой высшей ступени духовной лестницы.

СВЕТ ЗО"Н – СВЕТ МИРОВ БЕ"А: Парцуф Ишсут – это АХА"П парцуфа бина мира Ацилут, и все, что он получает и передает в зо"н мира Ацилут, нисходит затем в миры БЕ"А и к нам.

В малом состоянии АХА"П Ишсут упали в зо"н. Затем Ишсут получает силы и, поднимая свой АХА"П, поднимает с ним зо"н. Поднявшись в Ишсут, зо"н становятся как Ишсут и получают там свет уровня Ишсут. На своем уровне зо"н никогда не могут получить свет хохма, а только свет, необходимый для их существования, свет хасадим.

Зо"н мира Ацилут называются Олам – мир, как и наш мир называется Олам – мир, потому что все, получаемое зо"н дэ Ацилут, может быть получено человеком в этом мире. И наоборот, все, чего зо"н дэ Ацилут не могут получить, не может быть получено человеком, потому что мы постигаем только до уровня-ступени зо"н, но не выше.

А потому как зо"н на своем месте не могут получить свет хохма, то Творец специально создал 2-е сокращение, опустив сфирот АХА"П парцуфа Ишсут вниз, в зо"н, чтобы зо"н смогли потом подняться в Ишсут и выше – до самой высокой ступени. Поэтому сказано в Торе (Берешит Бара): «Вначале создал Творец все в строгости (ограничении), но, увидев, что не может мир (зо"н) существовать (получить весь уготовленный ему свет хохма), добавил к строгости свойство милосердия».

Вначале – поднял малхут – ограничение Ишсут (потому что на нее есть ограничение получить свет), в бина – милосердие Ишсут. От этого АХА"П Ишсут упал в зо"н, соединился с ними. Но так еще не может существовать мир-зо"н. Поэтому добавил к строгости милосердие: дал силы Ишсут поднять свой АХА"П вместе с зо"н в ступень Ишсут. Там зо"н получают свет Ишсут и передают его вниз, во все миры БЕ"А и наш мир.

ИСПРАВЛЕНИЕ В ТРЕХ ЛИНИЯХ: Каждая из 10 сфирот состоит, в свою очередь, из 10 частных подсфирот. Малхут поднимается до бина в каждой частной сфире, т.е. по всей высоте 10 сфирот, в каждой из них малхут продвигается вдоль, от своего места до бины, что в этой сфире:

(м-з"а-I б-х-к) – К
(м-з"а-I б-х-к) – Х
(м-з"а-I б-х-к) – Б

(м-з"а-Iб-х-к) – З"А
(м-з"а-Iб-х-к) – М

Где знак **I** означает частную парса в сфире, ограничение распространения света. Оставшиеся в каждой сфире до парса Г"Э называются правой линией, потому что в них есть свет. Малхут, поднявшаяся в каждой сфире до бина, создает своим ограничением на получение света левую линию. Зивуг на поднявшуюся малхут, только на свободные, не находящиеся под запретом и ограничением келим к-х-б, дает возможность светить свету хасадим в Г"Э. И это получение света хасадим в Г"Э называется средней линией.

А теперь перейдем к выяснению сказанного в «Зоар»: Десять сфирот: кэтэр (к), хохма (х), бина (б), хэсэд (х), гвура (г), тифэрэт (т), нэцах (н), ход (х), есод (е), малхут (м). Но вообще-то их пять: кэтэр (к), хохма (х), бина (б), тифэрэт (т), малхут (м), потому что тифэрэт (называемая также зэир анпин – З"А) состоит из шести сфирот, от хэсэд до есод. Пять сфирот к-х-б-з"а-м создали пять парцуфим в каждом мире. В мире Ацилут это парцуфим: арих анпин (А"А), Аба вэ Има (АВ"И), Зэир Анпин вэ Нуква (ЗО"Н). Кэтэр называется А"А. Хохма и бина называются, соответственно, по имени АВ"И. Тифэрэт и Малхут называются, соответственно, по имени ЗО"Н.

Суть 7 дней творения заключена в парцуфим З"А и нуква мира Ацилут, состоящих из 7 сфирот: х, г, т, н, х, е, м. А из описания сотворения выясняется, как АВ"И, хохма и бина рождают ЗО"Н, все творение, включая нас, и взращивают их до окончательного состояния в течение 6000 лет. И об этом повествует нам далее книга «Зоар».

Раби Хизкия начал свои объяснения нуквы З"А мира Ацилут выяснением рождения ЗО"Н из Има, бина, называемой Элоким. И потому начал свои объяснения с розы, нуквы З"А. Нуква З"А в состоянии своего большого полного развития называется Кнэсэт Исраэль – Собрание Израиля. Потому что нуква состоит из всех душ, называемых Израиль, а поэтому сказано, что роза – это Кнэсэт Исраэль.

Есть в розе, малхут, два состояния: низшее, начальное, малое – когда она состоит только из одной сфиры кэтэр со светом нэфэш в ней, а 9 остальных ее сфирот – упавшие из мира Ацилут в мир Брия. И есть в нукве состояние зрелое, большое, полное – когда поднимаются ее 9 сфирот из мира Брия в мир Ацилут и восполняется ее парцуф до полного, в 10 сфирот. И тогда она, равная своему мужу, З"А, поднимается вместе с ним в АВ"И и одевается на них, т.е. получает их свет.

Одевание низшего, внешнего парцуфа на высший, внутренний, означает, что низший постигает часть высшего, поднимается на более высший духовный уровень, становится в чем-то подобен более высшему.

И тогда называется З"А по имени Израиль, от букв ЛИ (мне) РОШ (голова), что означает большое состояние, а нуква называется Собрание Израиля, потому что собирает в себя весь свет своего мужа, З"А, и передает его низшим – душам в мирах БЕ"А.

Малое состояние нуквы называется «роза между шипов», потому что 9 нижних ее сфирот в малом состоянии упали под парса мира Ацилут и потому опустели от света мира Ацилут, стали сухие, как шипы. А в большом ее состоянии она называется просто роза или Собрание Израиля. И потому сказано, есть роза и есть роза.

Красный цвет говорит о том, что есть в розе связь с внешними, нечистыми силами, которые ввиду этой связи могут сосать из нее силы-свет. Потому что 9 сфирот ее находятся в изгнании, под миром Ацилут, в мире Брия, где уже находятся нечистые силы. И есть в розе также белый цвет, в ее сфира кэтэр, потому что сфира кэтэр ее находится в мире Ацилут, над парса, где нет связи с низшими, нечистыми. Т.е. есть два противоположных состояния, совершенство и его отсутствие, свет и тьма. Они ощущаются удостоившимся этого человеком.

И поэтому сказано, как в розе среди шипов есть красное и белое, так и Собрание Израиля состоит из закона и милосердия, чтобы показать, что и в большом состоянии, когда малхут называется Кнэсэт Исраэль, несмотря на то что поднялась и наделась на бина, остается в ней свойство закона, ограничения, жесткого, справедливого, а не сострадательного отношения, потому что она нуждается в экране, силе противодействия своим эгоистическим желаниям, который, если имеется в ней, позволяет получить высший свет.

Закон, суд, ограничение не позволяет получить свет в эгоистические желания. Экран, стремление противостоять собственным эгоистическим желаниям, отталкивает высший свет, наслаждение, обратно, к его источнику, Творцу. Этот возвращаемый человеком свет называется обратным светом или светом закона, который позволяет, в мере интенсивности силы отражения, силы противодействия своему желанию самонасладиться, принять в себя, именно в эти альтруистические желания, 10 сфирот высшего света, называемые прямой свет или свет милосердия, ради Творца. И потому Собрание Израиля даже в своем полном состоянии состоит из закона и милосердия соответственно красному и белому цветам розы средь шипов.

И это есть бассейн, сделанный царем Шломо. Стоит он на 12 быках, потому что эти 9 низших сфирот малхут, упавшие в мир Брия, исправились там от 12 голов быков. А одна их сфира, кэтэр, оставшаяся в мире Ацилут, называется «бассейн», стоящий на этих быках. А вместе они называются 13 лепестками розы. (Причина деления 10 сфирот малхут на 10-хасадим или на 13-хохма выяснится далее.)

Свет полной нуквы, называемый хохма, оттого что есть в нем свет разума, нисходит из 13 имен, называемых «13 свойств милосердия». Но основное, что желает сказать нам раби Хизкия, – что роза среди шипов выше Собрания Израиля, потому что, как известно, все, что есть в нукве в ее полном состоянии, обязано быть, но в уменьшенном подобии, в ее малом состоянии.

И потому сказано, что свойства белого и красного в малом состоянии соответствуют свойствам милосердия и закона в большом состоянии. А 13 лепестков малого состояния при исправлении создают в нукве 13 свойств милосердия в ее большом состоянии. Далее мы рассмотрим, как эти 13 свойств малхут мира Ацилут изменяют ее в малом и большом состояниях.

Творец в своем созидательном процессе творения, как сказано: «вначале создал Элоким» (где Элоким – бина мира Ацилут) нукву З"А 13-ю словами: ЭТ, ШАМАИМ, ВЭЭТ, АРЭЦ, ВЭАРЭЦ, ХАЙТА, ТОХУ, ВАБОУ, ВЭХОШЭХ, АЛЬ, ПНЭЙ, ТЭХОМ, ВЭРУАХ (от слова Элоким и до слова Элоким). И эти 13 слов означают 13 лепестков розы среди шипов (малое ее состояние), как бассейн, построенный царем Шломо, стоящий на 13 (12)быках (9 низших сфирот малхут без света, потому что находятся в мире Брия, под парса мира Ацилут), являются подготовкой к очищению и исправлению Собрания Израиля для получения 13 свойств милосердия.

Эти 13 свойств милосердия, являющиеся светом полной нуквы, окружают и светят ей со всех сторон вокруг и сторожат ее от прикосновения посторонних (эгоистических желаний). Ведь до тех пор, пока нет в ней всего света, наполняющего ее во время ее полного, большого состояния, являющегося светом хохма, есть возможность присасывания к ней и вскармливания от нее посторонних, эгоистических желаний.

2. А далее упоминается имя Элоким второй раз: «Элоким витает». Зачем употребляется в таком смысле? Это для того, чтобы появились 5 твердых листьев, окружающих розу, называемых «спасением». И это 5 ворот. И об этой тайне сказано: «Кубок спасения» подниму (Шир Аширим 116, 13; русский перевод стр. 76, 13) – это кубок благословения. Кубок должен находиться на 5 пальцах, как роза сидит на 5 твердых листьях, соответствующих 5 пальцам. И эта роза – есть кубок благословения, от второго слова Элоким до третьего слова Элоким (стр.1 Торы) – есть там 5 слов: парит, над, поверхностью, вод, сказал – всего 5 слов против 5 листьев. А далее: «И сказал Творец: «Да будет свет» – это свет созданный, но скрытый и включенный в союз, вошел в розу и дал ей семя. И он называется «Древо плодоносное, в котором семя его по роду его» (Тора 1, 12; русский перевод стр.1, 12). А семя это находится в знаке союза.

5 листьев – это 5 сфирот отраженного от малхут света, который она поднимает от ударного зивуга. Прямой приходящий свет называется 5 хасадим х-г-т-н-х, и он облачается в 5 частей (видов ограничений) отраженного света х-г-т-н-х, называемого 5 твердыми листьями розы, соответствующими тексту от второго (дух Божий витал над водой) до третьего (и сказал) упоминания слова Элоким в Торе.

В этих словах говорится о том, как изъять из малхут (свойства) 5 твердых листьев, чтобы стала годной к зивугу достижению большого состояния. А во время большого состояния, когда 5 твердых листьев становятся 5 ограничениями, они определяются как 5 ворот получения света хасадим прямого света и называются спасением, а малхут называется кубком спасения или кубком благословения, удачи, потому как именно благодаря этим листьям – ограничениям, малхут может получить свет хасадим – благословение.

Необходимо держать кубок благословения на 5 пальцах, потому что малхут может получить свет хохма, только если он предварительно облачен в свет хасадим. Поэтому прежде надо сделать благословение, что означает получить 5 частей (наранха"й) света хасадим, с помощью 5 пальцев, 5 ограничений, а затем уже в них (в исправленные намерения) можно получить свет хохма.

Поэтому надо поднимать кубок вина двумя руками, ведь 5 пальцев правой руки символизируют милосердие – хасадим, а 5 пальцев левой – ограничения. Но, начав благословение, надо держать кубок только на 5 пальцах правой (хасадим, дающей) руки, иначе возбуждаются нечистые силы, берущие от левой (получающей) стороны, потому что нечистые силы прилипают только там, где есть получение света.

А далее следует большое состояние малхут, чему соответствуют слова Торы: «Будет свет». Эти 5 светов, как сказано в Талмуде (Хагига 12), в которых видел Адам мир из конца в конец. Но увидел Творец, что будут прегрешения в поколении потопа и Вавилонской башни, и скрыл этот свет. А последующие поколения уже должны сами постигать его.

Прежде эти 5 хасадим находились в есод з"а и малхут получала от него, а не как сейчас, от бины, называемой Элоким. Есод дэ з"а называется знаком союза с Творцом (после того как проходят исправления, называемые обрезанием), а 5 хасадим, получаемые на 5 ограничениях, называются «семя». Основная сила ограничений и ударных сил экрана, которыми он отталкивает обратно свет, находится в атэрэт есод, окончании сфиры есод. Там происходит ударный зивуг, от которого малхут получает свет. Только в конце исправления зивуг перейдет на саму малхут.

Поэтому в течение 6000 лет экран, находясь в есод, ударяет в приходящий свет-наслаждение своими 5 ограничениями, противодействующими эгоистическому наслаждению силами, создавая этим 5 частей отраженного света и получая в них 5 частей света хасадим. А затем эти 5 светов хасадим з"а из своего есод передает в нукву. И эти 5 светов хасадим называются «семя».

3. Как союз оплодотворяется в 42 зивугах от того семени, так имя тайное наполняет и осеменяет все 42 буквы начального деяния творения.

Имя 42 = М"Б = мэм + бэт = 40 + 2 слагается из АВА"Я = 4 буквы, наполненной АВА"Я = 10 букв, вдвойне наполненной АВА"Я = 28, итого 4 + 10 + 28 = 42, означающее семя, существующее в знаке союза, т.е. заключенное в 5 хасадим и в 5 гвурот.

В нукве есть две стороны: само ее тело – парцуф, появляющееся от бина; ее зивуг, называемый тайной единства с з"а. Нуква может быть в малом или большом состояниях. Малое состояние – это неполное, недостаточное состояние малхут, но оно необходимо как подготовительное для большого состояния, называемого раскрытием тайного, скрытого.

А так как большое состояние раскрывает малое и все, что скрыто в малом состоянии, выясняется в большом, то в состоянии духовного падения неясны человеку причины его состояния, но все проясняется, когда достигает следующего далее большого состояния.

Вследствие подъема малхут АВ"И до их бины, разделился парцуф бина, АВ"И, на два: верхняя часть, Г"Э, стала называться АВ"И, а нижняя часть, АХА"П, стала называться Ишсут. АВ"И наполнены светом хасадим, потому что не желают иного, а Ишсут получает его от них, хотя желает свет хохма, но не может его получить ввиду того, что малхут АВ"И поднялась над ним.

Но хотя в АВ"И нет света хохма, они нисколько не страдают от этого и потому находятся в совершенстве, называемом га"р, даже при отсутствии света хохма. И даже когда человек поднимает ма"н с просьбой получить силу, т.е. свет хохма, чтобы овладеть своими нечистыми желаниями, АВ"И не получают свет хохма. Его получает Ишсут и передает в з"а. Поэтому, хотя АВ"И находятся ниже головы А"А и нет в них света хохма, они не страдают от этого.

Но Ишсут страдает от отсутствия света хохма, чтобы передать з"а, и ждет ма"н от з"а, чтобы подняться в АВ"И в виде сфиры даат. Потому что, когда поднимают ма"н низшие, поднимается вся бина в голову А"А, получает Ишсут свет хохма от А"А и передает ее в зо"н. Это соответствует уходу юд из авир – воздуха и снова слово воздух – авир, превращается в слово ор – свет (хохма).

Но АВ"И при всем этом остаются даже в голове А"А только с ор хасадим = воздухом. Поэтому головы А"А и АВ"И называются «высшие воды» или «небеса». И это при том, что

АВ"И могут быть ниже головы А"А, но поскольку это не влияет на их независимость и совершенство, то будто находятся в голове А"А.

Под АВ"И находится небосвод – парса, мира Ацилут, разделяющий «дающие» и «получающие» келим мира Ацилут. А под парса, стоящей в груди А"А, находятся Ишсут и зо"н, низшие воды, нуждающиеся в свете хохма. Поэтому сказано, что низшие воды плачут – находятся в малом состоянии, потому что ощущают недостаток света хохма и желают подняться в голову А"А. Ни в коем случае не путать парса мира Ацилут, находящуюся внутри мира Ацилут, делящую его на Г"Э и АХА"П, с парса под миром Ацилут, отделяющую его от миров БЕ"А.

Свет, получаемый над парса мира Ацилут, называется свет Мэм-Бэт (М"Б). Но зо"н, 7 сфирот (6 сфирот з"а и 1 сфира малхут), означающие 7 дней творения, не могут получить этот свет М"Б, потому что находятся под парса, и получают от Ишсут только свет хасадим, минимум для существования.

Но когда низшие (человек) поднимают ма"н и нисходит ма"д от А"Б-СА"Г свет, который возвращает бина в голову А"А, тогда получает Ишсут свет хохма и передает его в зо"н, отчего зо"н поднимаются над парса, находящейся в груди А"А, и получают свет М"Б.

Поэтому свет М"Б в зо"н выражается в 32 Элоким и 10 изречениях, где 32 Элоким – это Ишсут в состоянии подъема, где получает 32 потока мудрости – хохма, рождающие в нем 32 имени Элоким, упомянутые в действии творения: «Вначале создал Творец» и пр.

10 изречений – это 5 хасадим. После того как зо"н уже получили свет хохма от 32 Элоким, то 5 светов хасадим, получаемые от АВ"И, означающие М"Б, называются «высшие воды». Видим, что 5 хасадим в зо"н не обращаются в имя М"Б, прежде чем получают от 32 Элоким. Поэтому сказано, что 32 Элоким с 10 изречениями составляют имя М"Б, т.е. в состоянии подъема.

Потому, сказал раби Хизкия, эти 5 светов в изречении «Будет свет», означающие 5 хасадим, называются семя (изобилие), которое есод з"а передает малхут. И называется оно М"Б, хотя в основном всего лишь 5 хасадим, но поскольку есть в нем свет хохма от 32 Элоким Ишсута, то относится к М"Б.

РОСТКИ ЦВЕТОВ

4. Вначале. Раби Шимон открыл: «Ростки цветов показались на земле (в иврите страна и земля обозначается одним словом – арэц. Песнь песней 2, 12; русский перевод стр.166, 12). Ростки – это действие начала творения. Показались на земле – когда? Это в 3-й день, когда сказано: «Да произрастит земля зелень» (Тора, стр. 1). «Время пения настало» – это 4-й день, время строгости, закона, ограничения. Потому в 4-м дне слово «светила» написано с пропущенной буквой, намек на строгость закона и проклятия. «Голос горлицы слышен» – это 5-й день, в который сказано: «Воскишат воды» создать потомства. Но слово «слышен» – это уже 6-й день, в который сказано: «Сотворим человека», который в будущем предварит действие пониманию (наасэ вэ нишма). Потому как здесь сказано: «сделаем человека», а там сказано: «сделаем и услышим». «В стране нашей» – это Суббота, которая, как страна жизни, будущий мир.

Нам совершенно непонятно, как «Зоар» сопоставляет сказанное в Шир Аширим (Песнь Песней 2, 12) со сказанным в Торе о первых днях творения. 6 дней творения – это 6 сфирот х-г-т-н-х-е з"а, из которых строятся все 10 сфирот парцуфа нуквы. Потому что нуква – это только желание получить (наслаждение), а все ее духовное тело, желания отдавать, строится от сфирот з"а, ее супруга, от тех альтруистических свойств, которые он передает ей.

Сама нуква – созданное желание самонасладиться – пустое, незаполненное светом, Творцом, место, т.к. свет может войти только в подобное себе по свойствам желание (кли). Поэтому, в мере своего подобия з"а, какие малхут получает свойства от него, такие, исправленные, ее свойства – становятся парцуфом и заполняются соответствующим своему исправлению светом: чем большее исправление есть в какой-то части, тем больший свет (из 5 светов наранха"й) входит в эту часть. Исправленная и заполненная часть малхут называется «мир». Здесь и далее «Зоар» объясняет, как нуква строится от з"а, т.е. как создается мир.

Нуква называется «земля». Ростки – это сфирот – свойства з"а, которые показываются, прорастают в малхут в 3-й день творения, что соответствует сфире тифэрэт (хэсэд-1, гвура-2, тифэрэт-3). Вначале малхут сотворилась по высоте как з"а, два одинаково больших светила, солнце – з"а, и луна – малхут, поэтому видимые нами в Полнолуние как равные по величине. Ведь все говорится относительно человека. В начальном состоянии, после своего сотворения, малхут представляет собой точку у ног з"а, а затем она растет вдоль него.

То есть в 3-й день творения малхут была равна по высоте тифэрэт з"а, т.е. имела те же свойства. Но в таком состоянии малхут не могла получить свет. Поэтому сказано СТРОГОСТЬ (закон) ПРОЯВИЛАСЬ НА ЗЕМЛЕ, т.е. в малхут.

Но в таком состоянии малхут не могла получить свет. Поэтому говорится, что ростки только показались. А затем – ВРЕМЯ ПЕНИЯ ПРИШЛО – это уже 4-й день творения, когда малхут уменьшилась, потому как жаловалась Творцу: «Не могут два ангела использовать одну корону» – если она равна з"а, одинакова с ним по высоте, то не может получить от него свет хохма.

Причина в том, что, не получив предварительно от з"а свет хасадим, малхут не может получить свет хохма, потому что свет хохма можно принять только внутрь света хасадим, одев свет хохма, наслаждение, в свет хасадим, намерение насладиться «ради Творца». А Творец ответил ей: «Так иди и уменьши себя». Т.е. если ты не можешь получать свет самостоятельно, вследствие своих эгоистических свойств, а только от з"а, то уменьши свои свойства, и прими его свойства, и постепенно исправляй себя, а потом сможешь получить весь свет и быть таким, как он (з"а = Творец). Все это описано в Талмуде, Хулин 60, 2, но только с объяснением книги «Зоар» перестает восприниматься как сказка.

Тогда спустилась малхут под есод з"а, а 9 низших ее сфирот упали под парса, в миры БЕ"А. И в Ацилут осталась только ее сфира кэтэр в виде точки, стоящей под есод з"а. А далее малхут строится не от своих сфирот – свойств, находящихся в БЕ"А, а от сфирот – свойств, нэцах и ход з"а. Хотя малхут ранее была больше, но не могла получить свет ввиду отсутствия света хасадим, теперь же она будет меньше, но у нее будет свет хасадим, в который она сможет получить свет хохма, – у нее будет хоть и меньшая ступень, но она может использовать ее, потому что свет хасадим отгоняет нечистые силы, присасывающиеся к нукве. Это и сказано словом ЗАМИР – пение, но здесь имеется в виду другой смысл этого слова – отсечение нечистых сил от малхут – ростка розы.

ГОЛОС ГОРЛИЦЫ: горлица – это сфира – свойство, нэцах з"а, а голос горлицы – это сфира ход з"а, 5-й день творения. А потому как малхут получает от есод, который получает от ход, соединенного с нэцах, то такое получение в малхут называется «голос горлицы».

Поэтому слово «слышно» – это 6-й день, так как голос горлицы малхут слышен только с помощью 6-го дня, есода з"а, включающего нэцах и ход вместе и передающего их свет в малхут. Поэтому сказано, что слышен этот голос в малхут только от есод, в 6-й день.

Причина этого в том, что малхут может получать свет только от средней линии з"а: или от есод з"а (получает ступень, называемую нэх"и = н-х-е, ибур-зародыш), или от тифэрэт з"а (получает ступень, называемую хага"т = х-г-т = ва"к, еника – вскармливание, или катнут-малое), или от даат з"а (получает ступень, называемую хаба"д = х-б-д = га"р, мохин – разум, или гадлут – большое).

линии			название ступеней	свет в ступени
левая	средняя	правая		
бина	даат	хохма	х-б-д = хаба"д	свет нэшама=свет хаба"д
гвура	тифэрэт	хэсэд	х-г-т = хага"т	свет руах=свет хага"т
ход	есод	нэцах	н-х-е = нэх"и	свет нэфэш=свет нэх"и

СДЕЛАЕМ ЧЕЛОВЕКА, ПОТОМУ ЧТО ОН В БУДУЩЕМ ПРЕДВАРИТ ДЕЛО – СЛУШАНИЮ: зрение – это сфира хохма, слух – это сфира бина. Дело, деяние – это свойство малхут. Чтобы исправить малхут, единственное, что создано Творцом (остальные сфирот – это свойства самого Творца, которыми он постепенно создавал малхут), создано 2-е сокращение – подъем малхут до бина, чтобы соединить свойства малхут, эгоистические – получить, со свойствами бина, альтруистическими – отдавать: малхут поднялась до АБА-хохма, и ИМА-бина оказалась под малхут – парса, где оказалась подобна малхут по свойствам.

Глаза – это сфира хохма, АБА. Малхут поднялась до глаз и стоит в зрачках глаз. Малхут называется нуква, а малхут, стоящая в глазах, называется нуква эйнаим – никвей эйнаим, Н"Э. Поэтому у А"А в голове есть только кэтэр и хохма: бина упала из головы в тело, малхут выше бина, т.е. малхут = действие выше, т.е. раньше, чем восприятие и понимание. Это означает «сделаем и услышим» – действие по 2-му сокращению, получение только в Г"Э. Такое состояние называется возвращение (свойствами к Творцу). Полное возвращение – это когда исправляется и присоединяется к ступени и ее АХА"П.

Вследствие подъема малхут в Н"Э она изменила свои свойства (только это и надо каждому из нас – подняться до уровня свойств Творца, чтобы, получив Его свойства, стать как Он) и стала готовой подняться до АВ"И, получить свет хая. Постоянный свет этого уровня называется 1-й Храм. Поэтому, при получении Торы, Израиль предпочел вначале делать, а потом слышать. А потому и удостоился получения Торы (Талмуд. Шабат 85, 1), потому что действие = малхут поднялась и наделась на АВ"И, чем раскрылась тайна 50-х врат бина.

Построение Храма означает не его земное сооружение, а достижение ступени Храма, ступени АВ"И мира Ацилут, света хая, 1-го Храма, или ступени Ишсут мира Ацилут, света нэшама, 2-го Храма.

Здесь же «Зоар» говорит: «слышалось» в 6-й день, потому что в этот день, т.е. в этом состоянии, произошло исправление малхут ее подъемом над бина, что называется предварить «деяние – слушанию», делать и слышать, как при получении Торы. Малхут в состоянии подъема в бина называется вечной землей, землей жизни, потому что обретает жизнь от бина.

В НАШЕЙ СТРАНЕ – ЭТО ШАБАТ, КАК ВЕЧНАЯ ЗЕМЛЯ ЖИЗНИ: ИМА-бина называется земля жизни или вечная земля. Вследствие действия 6-го дня, т.е. действия Творца свыше (фактором времени обозначается действие самого Творца, действие, не имеющее причин в нашем мире), поднялась малхут в 7-й день творения, Субботу, до ИМА и стала как та, потому что низший, поднявшись на ступень высшего, становится (свойствами) как высший. Поэтому малхут, поднявшись в бина и получив там свет хая, называется землей вечной жизни.

5. Иное объяснение: ростки – это отцы, вошедшие в разум и вошедшие в будущий мир, в бина, и скрытые там. И оттуда выходят скрытые и скрываются в истинных пророках. Родился Йосэф – и скрылись в нем. Вошел Йосэф в святую землю и построил их там. Тогда показались на земле и раскрылись там. Когда они показались? Когда видна радуга, то раскрываются они. В это время приходит время пения, т.е. время уничтожения всех грешников на земле. Почему спаслись? Потому что ростки показались на (из) земле. А если бы были видны ранее, не могли бы остаться в мире, и мир не мог бы существовать.

Здесь «Зоар» объясняет постижения з"а света хая. Н-х-е з"а называются «сыновья», а х-г-т з"а называются «отцы». Также горлица – это х-г-т з"а. Сам з"а состоит как бы из двух частей: до своей груди, его сфирот х-г-т называются большие зо"н, под его грудью, сфирот н-х-е, называются малые зо"н. Х-г-т – соответственно: Авраам – Ицхак – Яаков. Н-х-е – соответственно: Моше – Аарон – Йосэф. Малхут – Давид.

гвура-Ицхак хесед-Авраам тифэрэт-Яаков	Трое отцов
ход-Аарон нэцах-Моше есод-Йосэф	Трое сыновей
малхут-Давид	

Сфирот н-х называются «пророки», есод – «праведник» и пр. Здесь говорит о ростках, постепенно растущих из малого состояния до больших зо"н: вначале зо"н были малые, сфирот н-х-е, со светом нэфэш, называемые убар – зародыш. Затем с помощью еника – кормления, получения света от Има, выросли: сфирот н-х-е соответственно выросли своими свойствами до свойств сфирот х-г-т и получили свет руах. Таким образом уже стал парцуф из частей хага"т и нех"и со светом руах и нэфэш. Затем, вследствие дальнейшего получения сил от высшего, дальнейшего роста, достигли «гадлут алеф», 1-го большого состояния, сфирот х-г-т стали, соответственно, сфирот х-б-д со светом нэшама, сфирот н-х-е стали, соответственно, сфирот х-г-т и получили новые сфирот н-х-е. Таким образом парцуф вырос до 3-х частей х-б-д, х-г-т, н-х-е со светами нэфэш, руах, нэшама. И называется гадоль – большой (большой-1). А затем, вследствие дальнейшего роста, достигли зрелого состояния (большой-2) «гадлут бэт», 2-го большого состояния, в сфирот х-б-д вошел свет хая.

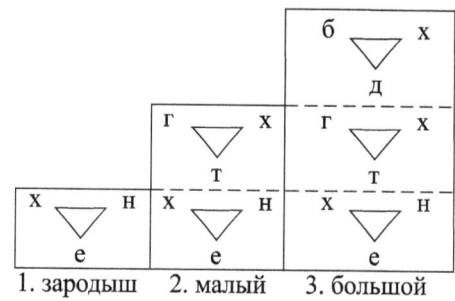

1. зародыш   2. малый   3. большой

«Рост» – имеется в виду рост экрана, противоэгоистических внутренних сил, желаний в самом человеке. Только это и отличает большой сосуд от малого, только в этом отличие парцуфим. А вследствие величины экрана изменяются и их внутренние свойства.

ЭТИ ОТЦЫ ВОШЛИ В ВЫСШИЙ РАЗУМ И ПОДНЯЛИСЬ В БУДУЩИЙ МИР – говорится о внутриутробном развитии з"а, когда он поднимается в АВ"И, называемые «высший разум», «высшая мысль». Аба-хохма называется «разум», «мысль», а Има-бина называется «будущий мир». А оба называются «родители», отец и мать, АВ"И. И там начинается начало создания, зачатие з"а с его первоначального состояния духовного зародыша.

Как в нашем мире зародыш совершенно зависим от матери, полностью предоставлен ей, совершенно не имеет никаких собственных желаний и жизни, развивается только благодаря ей, так и каждый человек может стать духовным зародышем, если полностью отстранит все свои желания и действия, и будет выполнять только то, что желает высший парцуф, сделает из себя духовного эмбриона, подобно физиологическому. Отличие физиологического зародыша от духовного в том, что, чтобы стать духовным зародышем, требуется огромное личное усилие и желание, тогда как быть физиологическому зародышу решают родители.

В итоге своего утробного развития в бине – что означает, что человек полностью уничтожает все свои личные желания и мысли и готов принять, как зародыш от матери, все, что она ему дает, все ее мысли и свойства, насколько бы они ни казались непонятными и противоестественными его существу, – этот зародыш достигает состояния своего духовного рождения.

Но это состояние еще большего сокрытия от него высшего света, потому как еще не имеет экрана получать этот свет. Поэтому такое состояние называется малое, СКРЫТОЕ В ИСТИННЫХ ПРОРОКАХ, т.е. в сфиротах нэцах и ход, которые з"а постигнет вследствие процесса кормления, получения молока, света хасадим от матери – Има – бина.

Свет кормления поступает в н-х-е з"а, и з"а постигает ва"к = свет нэфэш-руах = малое состояние. В кормлении з"а достигает сфиры есод – поэтому сказано, что родился Йосэф: после окончания кормления поднимается з"а получить от АВ"И свет нэшама – большое состояние, называемое Йосэф.

З"а состоит из 3-х частей: хаба"д = х-б-д, хага"т = х-г-т, нэх"и = н-х-е. Процесс роста з"а, процесс приобретения экрана на свои желания, начинается с самой светлой, наименее эгоистичной части – сфирот х-б-д, в которые он получает поначалу свет нэфэш. Затем он приобретает экран на более тяжелые эгоистические желания, сфирот х-г-т, и в них переходит свет нэфэш из х-б-д, а в опустевшие х-б-д входит свет руах.

Затем з"а приобретает экран также на самые эгоистические кли, сфирот н-х-е, и свет нэфэш из х-г-т переходит в н-х-е, в опустевшие х-г-т переходит свет руах из х-б-д, а в опустевшие х-б-д входит свет нэшама.

Достижение з"а большого состояния называется рождением Йосэфа, потому что появились сфирот н-х-е, где последняя сфира, есод, называется Йосэф. Но поскольку еще нет света хая, то называется такое состояние скрытием. ВОШЕЛ ЙОСЭФ В СВЯТУЮ СТРАНУ И ВОЗДВИГ ТАМ – т.е. после достижения 1-го большого состояния, получения света нэшама, продолжает з"а расти, взращивать свой экран, до получения в него света хая.

В таком состоянии малхут з"а отделяется от него в самостоятельный парцуф, называемый СВЯТАЯ ЗЕМЛЯ, потому что свет хая называется святость. Поэтому сказано, что вошел, вернее, ПОДНЯЛСЯ ЙОСЭФ, в большом состоянии з"а, В СВЯТУЮ ЗЕМЛЮ, стали з"а и нуква равными и одинаково большими в состоянии ПБ"П – паним бэ паним, лицом к лицу, состояние, определяющее зивуг между зо"н.

И ВОЗДВИГ ТАМ ЙОСЭФ – свет хая или хохма наполняет парцуф только во время зивуга, когда зо"н делают зивуг между собой. И этот свет остается в малхут, потому как только ею, ее экраном, раскрывается. Как АВ"И-га"р бина, а Ишсут – за"т бина – и только в Ишсут есть свет хохма, так з"а и малхут соотносятся между собой, и свет раскрывается только в малхут. Поэтому, только когда свет хохма наполняет нукву, говорится о том, что есть раскрытие света, а до этого он считается скрытым.

КОГДА ВИДНЫ ОНИ? КОГДА РАДУГА ВИДНА В МИРЕ – з"а называется «радуга», мир – это малхут, совместное их сочетание называется «радуга в облаке». ПРИШЛО ВРЕМЯ УНИЧТОЖИТЬ ВСЕХ ГРЕШНИКОВ ЗЕМЛИ – при увеличении грешников в мире, увеличении присасывания нечистых сил к зо"н, нечистые силы могут настолько повлиять на зо"н, что, как во время потопа, приведут к гибели всего мира. В таком случае нет иного спасения для человека, как только через раскрытие ему высшего света – света хая. Потому и говорит «Зоар», что спасается мир тем, что показываются ростки из земли, т.е. тем, что свет хая уничтожает нечистые силы человека из земли – желаний его, из малхут, и они не могут присосаться к ней, помешать человеку.

А ЕСЛИ БЫ НЕ ПОКАЗАЛИСЬ, НЕ БЫЛО БЫ СПАСЕНИЯ МИРУ – потому что вначале нуква строится большая, как з"а, что называется два больших светила, когда малхут имеет ту же ступень, что и з"а, но стоит за ним, спиной к спине, не в состоянии получить свет хохма, вследствие отсутствия света хасадим. Поэтому малхут жалуется, что от недостатка хасадим не может получить хохма: хоть и по размерам луна как солнце, но сама светить не может, может светить, если только солнце, з"а, даст ей свет. А поскольку недостает ей света хохма, то такое состояние называется обратным (ахор – спина). А в положении спина к спине не может быть зивуг.

Но после того как нуква рождается и растет (получает свойства) от тела з"а, как говорится в Торе, что Хава рождается из тела Адама, то становится равна ему и ПБ"П, паним бэ паним, лицом к лицу с з"а в зивуг. Но прошлый свет также остается в ней. И более того, именно вследствие ощущения недостатка света в своем первоначальном состоянии, именно в прошлые страдания, малхут получает свет хая. Более того, человек может ощутить наслаждение именно и только благодаря прошлым страданиям.

Поэтому, говорит «Зоар», если бы не показались ростки в малхут во время ее малого состояния, когда она стояла сзади з"а, не смогла бы получить свет хая во время своего большого состояния, потому как не было бы у нее келим – желаний получить этот свет. Все творение нового основано на ощущении тьмы, как сказано, Творец распространяет из Себя свет и из ничего сотворяет тьму. Ощущение тьмы человеком означает его подготовку к получению света.

6. Кто же оживляет мир и вызывает раскрытие отцов. Это голос детей, занимающихся Торой. Благодаря этим детям существует мир. Поэтому сказано: «Подвески золотые сделаем тебе» (Шир Аширим 1, 11; русский перевод стр. 165, 11). Это дети, подростки мира, как сказано: «Сделай два Крува золотых» (Тора. Шмот 25, 18; русский перевод стр. 100, 18).

Свет руах называется «дети мира», а зивуг в этом (ПБ"А – лицом к спине) состоянии называется ГОЛОС ДЕТЕЙ, ЗАНИМАЮЩИХСЯ ТОРОЙ. И это же называется золотые нити и два золотых Крувим. До роста нуквы были силы в нечистых силах уничтожить мир. Но именно тем, что в росте нуквы от з"а соединяются в ней правая и левая линии воедино, РАДУГА – правая, светит В ОБЛАКЕ – левая, может войти в малхут свет хая, без которого может быть уничтожен мир, как во время (в состоянии) потопа.

КТО ЖЕ ОЖИВЛЯЕТ МИР – кто вызывает появление света хая – именно дети, занимающиеся Торой. Дети, т.е. свет обратной стороны, свет руах, ощущение недостатка света хая, потому что ребенок – означает процесс вскармливания. Дети дома Рабан (тинокот Бэйт Рабан) – это свет хая, потому что рабан от слова рав – большой – хая. Они не познали прегрешения – не использовали АХА"П, своих (эгоистических, еще неисправленных желаний, т.к. дети означает малое состояние) желаний получить.

КТО СОЗДАЛ ЭТО

7. Вначале. Открыл раби Эльазар и сказал: «Поднимите глаза и увидите, КТО СОЗДАЛ ЭТО» (Ишаяу 40, 26; русский перевод стр. 277, 26). Куда поднять глаза? На то место, от которого зависят глаза всех. Кто Он? Он открывающий глаза, малхут головы А"А. И там увидите, что скрыт Атик и в нем – ответ на вопрос, КТО СОЗДАЛ ЭТО. КТО – это М"И, за"т бина, высшая граница неба, все зависит от Него. А потому как в нем есть вопрос, а Он скрыт, то называется М"И. Потому что М"И – это как спрашивают МИ – кто? Потому что выше Него уже нет вопросов. Только на верхней границе неба есть вопрос.

В иврите МИ означает вопрос «кто?», а также предлог «из». Поскольку Каббала говорит нам о свойстве корней нашего мира, то один духовный объект раскрывает нам подчас целую гамму связей, свойств и категорий. Так и здесь, слово «ми» является частью слова ЭлокИМ, где последние две буквы образуют слово МИ. Но одновременно они несут на себе множество дополнительных нагрузок и значений.

Раби Эльазар желает объяснить, каким образом созданы небо и земля. Естественно, как и вся Тора, «Зоар» имеет в виду только духовные ступени, категории, а не занимается объяснением физики происхождения и развития нашего мира. Кстати, понять истинное происхождение и развитие нашего мира невозможно без постижения духовного мира. Но более того, то, что постигает постигающий, он не в состоянии передать. Поэтому, даже постигнув всю суть происхождения и действия нашей природы, он все равно не сможет описать это в понятном для остальных виде.

Небо и земля составляют 7 дней Творения, это зо"н мира Ацилут. Но если это часть мира Ацилут, то почему о ней сказано БАРА – создал, от слова Брия, мира Брия, а не Ациль –

сотворил, от слова Ацилут? Но именно здесь и есть возможность открыть нам глаза на творение.

В голове А"А есть только к-х. Малхут, стоящая под глазами, под сфира хохма, называется «открытие глаз» – ведь через нее, при ее открытии нисходит свет хохма от головы А"А ко всем парцуфим мира Ацилут.

Потому сказано, что надо поднять глаза НА МЕСТО, ОТ КОТОРОГО ЗАВИСЯТ ГЛАЗА ВСЕХ, – потому что свет хохма может наполнить все парцуфим мира Ацилут только при открытии малхут в голове А"А. Поэтому вся тайна открытия заключается в малхут. Свет хохма, свет мудрости – это свет глаз. И он выходит из глаз, и только в этом свете можно видеть.

Слово БАРА означает БАР – вне, за пределами мира Ацилут. Потому что бина сама вышла из головы А"А и стала ниже, вне головы А"А, родив, т.е. именно БАРА – создав, зо"н. На иврите каждое понятие имеет несколько возможных наименований, определяющих, какое именно действие здесь произошло. Здесь рождение зо"н произошло выходом бины из своей ступени вниз, поэтому такое рождение зо"н называется Бара, от слова бар – вне (своей ступени).

Все творение – это всего лишь 10 сфирот. Но поскольку каждая сфира включает в себя все остальные и все взаимосвязаны, то каждый мир, ступень, сфира имеет свойства всех, состоит из частей, имеющихся у всех остальных. Поэтому есть к-х-б-з"а-м в каждой сфире, итого 5 x 5 x 5 = 125 сфирот, каждая из которых состоит, в свою очередь, из 5, итого 125 сфирот или ступеней лестницы от нас, наинизших, до Творца, наивысшего.

Свойство самой бины – не получать хохма. Но для того, чтобы передать свет хохма в з"а и малхут, которые желают получить его ради Творца, ибо получение хохма – это цель творения, бина выделяет в себе некоторую часть, называемую за"т бина или Ишсут, которая получает хохма от парцуфа хохма и передает его в зо"н. Основная часть, сама бина, называется га"р бина. Часть бины, получающая свет хохма, называется за"т бина.

Поэтому, если бина выходит из головы, падает с головы в тело, как это бывает во 2-м сокращении, это не отражается на ней самой, потому что она сама нисколько не страдает от отсутствия света хохма и будто не выходила из головы. Но это касается только верхней части бина, га"р бина, не желающей хохма. Эта часть называется АВ"И, и она находится от рта до груди А"А.

Кто создал это

Но за"т бина, желающая получить хохма для зо"н, как мать желает получить для своих детей, ощущает выход из головы А"А в его тело, потому что там она не может получить свет хохма, может получить только свет руах-нэфэш, ва"к света. Эта часть бины называется Ишсут, и она находится от груди до табур А"А.

Зо"н мира Ацилут, получающие от Ишсут, находятся от табур до конца ног А"А, стоящих на парса. Итак, есть две парсы: одна в мире Ацилут, отделяющая «отдающие» сфирот, Г"Э, от «получающих» сфирот, АХА"П. Эта парса находится в груди А"А. А вторая парса находится между Ацилут и БЕ"А. Но можно сказать, что в каждом парцуфе есть своя парса, отделяющая желания отдавать от желаний получать.

Хотя га"р бина находятся ниже головы А"А, но считаются, будто не вышли из нее, потому что сами они не ощущают этого, т.е. не желают хохма, желают только отдавать, а кто желает только отдавать, тот в любом месте чувствует себя в совершенстве. Все парцуфим и их части, которые не имеют отношения к получению хохма (к-х-га"р бина), отделяются парсой от остальных частей мира Ацилут, желающих хохма (за"т бина и зо"н).

«Существование вопроса», о котором говорит «Зоар», означает ощущение недостатка света хохма, желание света хохма. Это ощущают зо"н и потому поднимают ма"н. Ма"н – это просьба низшего о том, чтобы высший дал ему силы получить свет хохма ради Творца. Называется «вопрос», потому что вопрос подобен молитве, просьбе. Говорит «Зоар», что только в Ишсут существует вопрос, т.е. он получает ма"н снизу, из зо"н.

А до этого об Ишсут сказано БАРА от слова Брия = БАР, находящийся ВНЕ своей ступени. Что сделал? – БАРА ЭЛЕ, создал ЭЛЕ, ЭЛ"Е, АХА"П, зо"н. Но создал их также не имеющими головы, как он сам. Потому что слово БАРА = ВНЕ, говорит об отсутствии головы = келим мира Ацилут.

За"т бина, ожидающие «ответа на свой вопрос», свет хохма, называются М"И. О них сказано БАРА, потому что они сами вышли, спустились с уровня головы А"А под его грудь. Эти за"т бина, называемые Ишсут, М"И, «высшая граница неба», потому что небо это з"а, получающий от Ишсут. Малхут называется «земля».

з"т бина	–	небосвод
з"а	–	небо
малхут	–	земля

Все, что находится под Ишсут – зо"н и миры БЕ"А, получают от него, и потому считается, что Ишсут оживляет все творение: если есть у него, то получают и они. Но от них, от их ма"н, зависит, будет ли у Ишсут что дать им.

Га"р бина, АВ"И – НЕТ В НИХ ВОПРОСА, они не получают ма"н для получения хохма, никогда не ощущают недостатка в хохма, ни для себя, ни чтобы дать другим. Только за"т бина, Ишсут, создан и существует для вопроса, т.е. для получения ма"н – мольбы зо"н. Ишсут поднимает ма"н, полученный им от зо"н, в голову А"А и получает оттуда свет хохма. Ишсут называется высший край неба, потому что з"а, называемый небом, получает от него.

8. Но есть еще один внизу, называемый М"А. Что есть общего между тем и этим? Первый, скрытый, называется М"И. Есть в нем вопрос, чтобы спрашивал человек, исследовал, чтобы видеть и знать все ступени, до конца всех ступеней, до малхут. Это М"А. Что означает М"А = МА = что, что ты знаешь, что видишь, что исследуешь, ведь все изначально скрыто.

Малхут, будучи с з"а в зивуг ПБ"П, также называется М"А, как и з"а, и считается низшей границей неба, потому что она

Кто создал это

конец всех ступеней и заканчивает собою Ацилут. З"а, называемый «небо», стоит между малхут = нижней границей неба и Ишсут = высшей границей неба.

ЧЕЛОВЕК ДОЛЖЕН СПРОСИТЬ, УВИДЕТЬ, ИССЛЕДОВАТЬ – только если человек, находящийся под зо"н, поднимает ма"н, свою молитву, к зо"н, зо"н поднимают этот ма"н выше. Потому что сами зо"н исправлены светом хасадим и не желают получать свет хохма. И только если есть просьба снизу, от человека, поднимаются зо"н в Ишсут с просьбой получить свет хохма. Ишсут далее поднимает ма"н в АВ"И, АВ"И поднимают ма"н в А"А: АВ"И поднимаются в голову А"А, где есть свет хохма, и делают там зивуг на свет хохма.

Зивуг АВ"И называется смотрением их друг на друга. Смотреть означает получать свет хохма (слышать означает получать свет хасадим). Вследствие подъема АВ"И в голову А"А бина начинает получать хохма для зо"н. Все парцуфим мира Ацилут исправлены светом хасадим так, что сами для себя не желают получать свет хохма.

Человек, который в состоянии поднять свою просьбу, чтобы его просьба, ма"н, вынудила зо"н подняться в Ишсут, вследствие чего Ишсут вместе с АВ"И поднимется в голову А"А, получить свет для человека – такой человек называется «праведник», а не просто человек!

Поднимаемая просьба = ма"н от человека в зо"н называется душой человека, потому что душа – это сосуд, желание со светом. Но свет в сосуде определяется желанием. Поэтому само духовное желание, т.е. намерение сделать ради Творца, и есть душа. Естественно, если такого намерения в человеке еще нет, то нет в нем души. Духовный мир – это мир одних желаний, без телесных оболочек. Читатель обязан пересмотреть свои представления о душе, теле, связях между мирами, постоянно поправляя себя правильно понимать эти категории.

Итак, исправленные желания человека называются душами праведников. Души праведников поднимаются в качестве ма"н к зо"н и вызывают подъем зо"н в Ишсут. Присутствие зо"н создает у Ишсут желание получить свет хохма. Это вынуждает Ишсут = за"т бина подняться в голову А"А и соединиться там с га"р бина = АВ"И в один парцуф. Тогда смотрят АВ"И (А"Б+СА"Г = А"А+АВ"И) друг на друга и передают друг другу и вниз хохма для зо"н.

Без просьбы снизу АВ"И находятся в состоянии удовлетворения светом хасадим и не «смотрят» друг на друга. Только обращение их детей, зо"н, вынуждает АВ"И стать лицом друг к другу, ПБ"П, совершить зивуг. Има-бина получает в этом зивуге от Аба-хохма свет хохма для детей = зо"н.

Но происходит это, ПОТОМУ ЧТО СПРОСИЛ ЧЕЛОВЕК – вопрос человека означает подъем ма"н, чтобы посмотрели АВ"И друг на друга, т.е. чтобы сделали зивуг между собой, чтобы получила Има хохма от Аба для поднимающего свою душу человека. Нисходящий свет хохма называется знание-мудрость (даат), потому что зо"н поднимаются в Ишсут + АВ"И, вызывают зивуг там на свет хохма, называемый «знание». Поэтому сказано в Торе: «И познал Адам жену свою».

Таким образом, ПОЗНАТЬ означает получить свет хохма. Зо"н, находящиеся в АВ"И, вынуждающие АВ"И получить свет хохма, называются даат – знание, или сфира даат. Это не дополнительная сфира. Нет более 10 сфирот. Но чтобы обозначить, что в парцуфе из 10 сфирот АВ"И находится сейчас просьба зо"н о свете хохма, мы говорим, что в АВ"И есть сфира даат. В таком случае вместо обычного перечисления сфирот: к-х-б-х-г-т-н-х-е-м, перечисляются сфирот: х-б-д-х-г-т-н-х-е-м. Не говорится сфира кэтэр, а говорится сфира даат после хохма = Аба и бина = Има. ОТ СТУПЕНИ К СТУПЕНИ означает передачу света хохма от сфиры даат ступени АВ"И до ступени з"а, и ДО КОНЦА ВСЕХ СТУПЕНЕЙ – от з"а до малхут, называемой концом всех ступеней.

Когда в нукве есть свет, то она называется М"А, а свет, который она передает низшим, называется 100 благословений. Есть несколько состояний в нукве, малхут мира Ацилут. Их надо знать, потому что все, что мы получаем, получаем только от нее. Кроме всех стадий роста от точки до полного парцуфа, в выросшей малхут есть 1-е и 2-е большие состояния:

1-е большое состояние – его достигает малхут, когда она получает свет нэшама. Это происходит, когда от ее ма"н АВ"И поднимаются на одну ступень, со своего постоянного места в голову А"А. Но Ишсут, хоть и поднимается со своего постоянного места от груди до табур А"А на место, где находились АВ"И, от рта до груди А"А, но остается одетым на тело А"А, хотя и соединяется с парцуфом АВ"И в один парцуф.

А потому как сейчас Ишсут одевает снаружи от рта до груди А"А, то, с одной стороны, становится Ишсут как голова А"А, ведь соединился с АВ"И, находящимися в голове А"А, как один парцуф. А также поднялся из-под парсы Ацилута, что в груди А"А, над нею, где светит голова А"А.

Поэтому Ишсут передает свет хохма в з"а, а з"а передает его в малхут, которая наполняется этим светом, называемым «100 благословений», потому что, получив этот свет, зо"н могут подняться на постоянное место Ишсут, где ранее был Ишсут, от груди до табур А"А. Поднявшись на эту ступень, малхут становится как Има. В духовном мире только ступень, где находится духовный объект, определяет все его свойства. Да и в нашем мире только ступень, степень внутреннего развития человека, определяет его свойства, мысли и желания. Поскольку Има = 100, то и малхут называется 100, дабы подчеркнуть то, что поднялась до бина мира Ацилут.

Но, с другой стороны, малхут подобна сейчас М"И, как был Ишсут до подъема ма"н и передачи света, потому что одевает место малого состояния Ишсут, от груди до табур А"А, стоит под парса мира Ацилут, под которую не проходит свет из головы А"А.

Поэтому малхут не выиграла этим света, ради которого она поднимала ма"н. Но, с другой стороны, выигрыш малхут – в получении свойств Има = бина, потому что поднялась до Ишсут, называемого Има.

Поэтому считается получаемый малхут свет только как ва"к большого состояния или 1-е большое состояние. Га"р большого состояния, 2-е большое состояние, свет хохма, свет хая, малхут не сможет получить, находясь под парса Ацилут, что в груди А"А. (Каким образом малхут получает га"р большого состояния, объясняется в следующей статье, пп. 11–15.)

«Зоар» называет нукву, поднявшуюся в Ишсут, словом М"А от слова мэа = 100, потому что этим подъемом малхут выиграла свойства бины, 100 благословений. И выиграла ощущение вопроса – ощущает, что есть в ней только ва"к, половина, часть большого состояния, т.е. ощущает желание на его 2-ю половину, га"р. Но выиграла все же часть большого состояния, ва"к АВ"И.

То есть нуква стала как был Ишсут до поднятия ма"н, но выиграла свойства бины, 100 благословений. А потому как это ва"к свста большого состояния, то ощущает недостаток = вопрос, как ощущал это Ишсут до поднятия ма"н – у Ишсут на его месте было малое состояние. Когда поднялся до АВ"И, АВ"И поднялись в А"А, зо"н поднялись в место Ишсут. АВ"И светят из головы А"А на место Ишсут. Зо"н, стоящие сейчас там, ощущают получаемый от АВ"И свет и осознают, что это лишь часть света, что вызывает в них еще вопрос.

9. Эту тайну и определяет слово МА: ЧТО ты свидетельствуешь и ЧТО равно тебе. Когда разрушился Храм, вышел голос и сказал: «Что (ма) указать тебе, что (ма) сравнить с тобой» (Эйха 2, 13; русский перевод стр.179, 13). Но здесь МА означает: «Что за завет, свидетельство, МА – Что равно тебе». Потому что каждый день свидетельствует тебе прежние дни, как сказано: «Призываю в свидетелей ныне на вас небо и землю» (Тора. Дварим 30, 19; русский перевод стр. 265, 19). ЧТО равно тебе. Как сказано: «Украсил тебя я святыми украшениями и сделал тебя правительницей мира». Как сказано: «Это ли тот город, который называли совершенством красоты?» (Эйха 2, 15; русский перевод стр. 179, 15). Назвал тебя «Восстановленный мой Иерусалим» (Шир Аширим 122, 3; русский перевод стр. 82, 3). «ЧТО сравнится с тобой?» (Эйха 2, 13; русский перевод стр. 179, 13). Как ты сидишь, так Он наверху, в Высшем Иерусалиме. Как в тебя не входит святой народ, так и Я клянусь тебе, что не войду Я наверху, пока не войду в тебя внизу. И это успокоение твое, что сравняю тебя Я с этой ступенью, с Высшим Иерусалимом, т.е. с высшей малхут, которая царствует (малхут в переводе – царство) во всем. А пока ты здесь и «Велико, как море, несчастье твое» (Эйха 2, 13; русский перевод стр. 179, 13). Но если говоришь, что нет тебе существования и спасения, М"И – КТО излечит тебя (не Кто? – со знаком вопроса, а высшая сила, называемая КТО, излечит тебя), т.е. та высшая скрытая ступень, называемая М"И, бина, оживляющая все, излечит и оживит тебя.

То есть МА и МИ, кроме того, что переводятся как ЧТО и КТО, означают названия духовных объектов, которые производят действия, о которых говорит «Зоар». Разрушение Храма было следствием прегрешения Израиля получением ради себя, потому что не желали поднять ма"н для зивуга зо"н, а желали получить свет в нечистые силы, свои эгоистические желания, называемые «иные творцы» или «чужие боги» (элоким ахэрим). Есть только единственный Творец.

Есть только единственное свойство Творца, которое нам известно, – свойство «отдавать». Сближение с этим свойством называется работой «ради Творца». Любое иное желание может быть только отдалением от этого свойства, от Творца, потому что кроме этого свойства или ему противоположного, вернее его отсутствия, нет в творении ничего. Поэтому внутреннее движение человека к свойству «получать» является движением от Творца, а потому называется поклонением иным богам. Вследствие этого прекратился зивуг зо"н, исчезли 100 благословений из нуквы, разрушился Храм.

1-й Храм – малхут поднялась в АВ"И, получает там свет хая. Разрушение – малхут опускается до уровня получения света га"р руах.

2-й Храм – малхут поднялась в Ишсут, получает свет нэшама. Разрушение – малхут опускается до уровня получения света нэфэш в свою сфира кэтэр, все остальные 9 сфирот малхут упали под парса. Такое состояние называется галут – изгнание из духовного, из мира Ацилут. Единственная сфира малхут в мире Ацилут находится как точка под сфира есод з"а.

З"а называется «6 дней», а малхут называется «Суббота». Но разве малхут больше, чем з"а, как Суббота больше (выше), чем будни? Миры БЕ"А, в т.ч. и наш мир, получают свет, оживляющую силу от малхут. «6 будних дней» – называется такое состояние зо"н, когда з"а и малхут не соединены между собой. Субботой называется такое состояние зо"н, когда малхут соединяется с з"а, происходит зивуг, и малхут получает от з"а свет и передает его всему миру.

Поскольку нам важно состояние малхут, когда она передает от з"а свет нижестоящим, всему миру, то, измеряя наши состояния получаемым от малхут, мы называем меру наибольшего получения – Суббота. (Естественно, сказанное не имеет отношения к нашим календарным дням, а будни и Суббота-Шабат – это духовные состояния, находящиеся вне времени.)

ВЫШЕЛ ГОЛОС И СКАЗАЛ: «КАЖДЫЙ ДЕНЬ И ДЕНЬ ЗАВЕТ МОЙ В ТЕБЕ С ПРОШЛЫХ ДНЕЙ» – «Зоар» говорит о свете ва"к, получаемом зо"н в большом состоянии, который нуква получает как М"А. Этот свет называется «прошлые дни» (ямим кадмоним). Поэтому сказано в Торе (Дварим 4, 32; русский перевод стр. 229, 32): «Спроси о прошлых днях, которые были до тебя со дня сотворения Творцом человека, от края неба и до края, сбылось ли когда подобное этому великому делу?..»

Свет ва"к большого состояния называется в зо"н «прошлые дни», потому что это ва"к АВ"И. Ишсут – это за"т АВ"И. ЗА"Т – это сокращение слов ЗАин = 7 Тахтонот = нижних сфирот. За"т АВ"И, т.е. 7 нижних сфирот парцуфа АВ"И – это и есть Ишсут. Эти заин = 7 дней, т.е. 7 сфирот АВ"И первичные, относительно заин = 7 дней, 7 сфирот зо"н. Поэтому сказано «ЗАВЕТ МОЙ В КАЖДЫЙ ДЕНЬ НЕБОМ И ЗЕМЛЕЙ» (Тора. Дварим 4, 26) – эти слова Торы говорят о зивуге зо"н, называемых «небо» = з"а и «земля» = нуква. Прежние дни или высшие дни – это Ишсут, а низшие дни или настоящие дни – это зо"н.

В этом предложении Творец предупреждает, что необходимо постоянно осуществлять и поддерживать зивуг зо"н. В противном случае, предупреждает Творец, «исчезнете вы с земли». И это смысл предупреждения Творца о 100 благословениях – беречь их и постоянно создавать.

Потому что эти 100 благословений, которые нуква получает от з"а каждый день в зивуге М"А между ними происходят во время подъема зо"н в Ишсут, когда з"а становится как ИшС = Исраэль-Саба, а нуква становится как Т = Твуна. ИшСуТ = Исраэль-Саба у = и Твуна. Тогда свет, получаемый в нукву от з"а, становится 100 благословениями, как свет в Твуна.

Про это сказано «город, соединенный с ней вместе», потому что нуква, называемая город, соединилась с Твуна вместе, и нуква стала как Твуна. И нуква получает там, в Твуна, свет Твуны, называемый «святые украшения», и тогда она, как корона красоты, окружает землю и получает власть над землей.

Но, вследствие прегрешений Израиля (усиления нечистых желаний над чистыми), разрушен Храм (исчез свет), и Израиль изгнан со своей земли (упал в низшие ступени). И это привело также к отдалению нуквы (всех творений) от з"а (Творца), потому что 9 низших сфирот ее (ее желания) упали в нечистые силы (стали эгоистическими). То есть чистые = альтруистические 9 желаний = сил стали эгоистическими, лишились экрана, а сама нуква стала точкой, находящейся под сфира есод з"а.

Поэтому сказано: «КТО ВОССТАНОВИТ ТЕБЯ И КТО ВЫЛЕЧИТ ТЕБЯ» – если возвратятся сыны Израиля своими стремлениями к Творцу, т.е. к альтруизму, что называется «возвращением», исправят свои деяния (желания), поднимут свои молитвы о помощи в исправлении себя к Творцу, ма"н, в зо"н, то вновь смогут получить высший свет в зо"н, снова поднимется нуква в Ишсут, называемый М"И, и излечится этим (войдет высший свет в малхут, души, и придаст им свои свойства).

10. М"И – Кто, ограничивает небо сверху – Ишсут. М"А – Что, ограничивает небо снизу – з"а и малхут. И это унаследовал Яаков, потому что он з"а, светящий от края до края. От одного края, М"И, до другого края, М"А. Потому что он, з"а, Яаков, стоит посреди, между Ишсут и малхут. Поэтому сказано МИ БАРА ЭЛЕ: МИ – Ишсут, БАРА – сотворил, ЭЛ"Е – з"а и малхут.

Вообще надо было бы сказать «от начала, т.е. с высоты неба до его конца, т.е. низшей точки». Но сказано: «от края неба». МИ = М"И – это Ишсут, поддерживающий все своим вопросом, желанием получить свет для зо"н. МА = М"А – это нуква. Прежде чем нуква поднимает ма"н, она самая последняя ступень, стоящая под грудью з"а. Между Ишсут и нуква стоит Яаков – это з"а, одевающий А"А от табур до малхут А"А.

ТВОРЕЦ

МИР А"К

МИР АЦИЛУТ

			А"А	(Атик внутри А"А, непостигаем)
			голова	
			рот	
		АВ"И		
			грудь	- - парса мира Ацилут
	Ишсут		-табур	
З"А				
кетэр	малхут		ноги	парса миров АБЕ"А
9 низших сфирот малхут			МИР БРИЯ МИР ЕЦИРА МИР АСИЯ НАШ МИР	

А"А – это центральный парцуф мира Ацилут. Потому как Атик непостигаем, то все исходит от А"А и все парцуфим мира Ацилут надеваются на него, т.е. получают от него: голова А"А возвышается над всеми, и никто не может одеться на его голову, что означает постичь его мысли, причины его поступков.

Следующий парцуф – АВ"И. АВ"И одеваются на А"А, т.е. постигают его, от рта до груди. Затем, под АВ"И стоит парцуф Ишсут, надевающийся на А"А от груди до табур. Затем, под Ишсут стоит з"а от табур вниз: з"а неполный парцуф, имеет только 6 сфирот х-б-д-х-г-т, ва"к, малое состояние, заканчивается на своей сфире тифэрэт, своей груди.

Под з"а, вернее, параллельно его последней сфире, тифэрэт, груди з"а, стоит нуква, малхут. Она имеет только 1 сфиру кэтэр, а 9 остальных, низших сфирот ее упали под парса, в миры БЕ"А. Весь мир Ацилут заканчивается на груди з"а, где стоит 1 сфира малхут, называемая поэтому точкой.

В нашем мире есть желание и есть его физическое выполнение, действие. Например, человек желает получить, но не позволит себе взять, совершить физическое действие. При этом его желание взять остается тем же. В духовном мире нет тел, а есть одни оголенные желания. Поэтому само желание уже есть действие, само желание – как в нашем мире законченное мысленное и физическое действие. Поэтому только одно желание определяет духовное состояние человека.

Только представьте себе, если бы мы судили в нашем мире человека не по его действиям, а по его желаниям! Страшно представить себе, насколько мы удалены от духовных требований. Но наши желания являются следствием той ступени, на которой мы находимся. А как объясняет «Зоар», только подъем ма"н, просьба об исправлении, может вызвать излияние на нас высшего света, который исправит нас, поднимет на более высокую ступень. И мы тут же начнем мыслить и желать то, что уровень той ступени вызовет в нас.

Поэтому наша задача – возжелать исправления. Для этого необходим «вопрос», ощущение своего состояния непереносимым, что называется осознанием зла, осознание своего эгоизма как зла, что он мне причиняет зло, отрывая меня от духовного. Но для этого необходимо ощутить хоть немного, что такое духовное, насколько оно хорошо. Зло можно осознать только в контрасте с добром. Но как мы можем ощутить духовное, если еще не вышли из эгоизма? В каких келим = желаниях его мы можем ощутить? Хотя у нас нет исправленных желаний и потому духовное мы ощутить в себе не можем, но вследствие занятий Каббалой человек начинает ощущать окружающий свет, который дает ему желание к духовному. (См. «Предисловие к Талмуду Десяти Сфирот», п. 155.)

Желание человека, физически находящегося в нашем мире, но духовно находящегося в мирах БЕ"А, – это желание насладиться светом. Но против этих желаний у человека есть противожелание, называемое экран, которое нейтрализует природное желание насладиться.

Экран создается (появляется, возникает, рождается) в кли (желании, человеке) вследствие ощущения человеком духовного света (Творца). Поэтому все наши просьбы (молитвы, ма"н, «вопросы») должны быть только об одном: чтобы Творец дал нам силы духовно возвыситься, т.е. изменить наши желания, что называется в Каббале, приобрести экран. Невозможно аннулировать желание насладиться. Его сотворил Творец, и это Его единственное творение. Возможно только приобрести на него экран, противодействие и т.о. стать выше творения = эгоизма, стать подобным Творцу! А в мере подобия соединиться с Ним.

Итак, парцуф Яаков стоит от М"И = Ишсут до М"А = малхут, от края и до края. Но здесь говорится о состоянии зо"н, когда они поднимаются в Ишсут и получают там свет ступени Ишсут.

Все духовное расстояние от нас до Творца поделено на 125 невидимых ступеней, которым даны названия. Ступени отличаются одна от другой только величиной экрана на эгоистические желания человека. В свои исправленные, альтруистические желания человек получает свет. Величина получаемого света зависит от величины экрана, величины исправленной части желания.

На каждой ступени есть определенное ощущение Творца, называемое светом. Поэтому духовное состояние кли (человека) в духовном мире мы можем обозначить именем ступени или названием света, который он получает, потому что в каждой ступени находится определенный ее свет. Градации ощущения Творца, света – и есть духовные ступени.

Поэтому, поднявшись на ступень, называемую Ишсут, зо"н получают там свет Ишсут, хотя сам парцуф Ишсут поднялся, соответственно, на более высокую ступень и получает там свет той ступени, называемой АВ"И, а АВ"И, поднявшись на ступень, называемую А"А, получают там свет А"А. Ступени мы называем по именам парцуфим, которые в своем обычном, наинизшем, состоянии находятся на них. Такое состояние называется постоянным.

Хотя низший, поднявшись на более высокую ступень, получает там свет этой ступени, который, соответственно, изменяет его свойства, но при этом парцуф остается собою: как человек, получивший иные свойства, остается человеком, но уже иного уровня. Поэтому, когда говорят, что «низший, поднявшийся к высшему, становится как высший», имеют в виду лишь изменение внутренних свойств человека или парцуфа, но не его личности.

З"а, поднявшись в Ишсут, получает больший свет, потому что подъем в духовном мире означает увеличение экрана, а соответственно, он получает больший свет. То есть сам з"а вырос, но не превратился в Ишсут: ранее, на своем месте имел только свет руах-нэфэш, а поднявшись, получив экран, получает еще и света нэшама.

Поэтому все места от нас до Творца определены и на них находятся, как говорится, «стоят», парцуфим, в своем постоянном состоянии. Но все они, все миры, могут подниматься относительно своих постоянных, наинизших состояний на 1, 2 или 3 ступени вверх. В наинизшем состоянии у парцуфа есть только Г"Э и нет АХА"П, есть в нем только свет нэфэш-руах.

Получая свыше свет исправления, парцуф может постепенно исправить свой АХА"П: исправить сфиру бина и получить свет нэшама, что означает подъем на 1 ступень. Затем исправить сфиру з"а, получить свет хая, что означает подъем еще на одну ступень, т.е. уже на 2 ступени. Затем исправить сфиру малхут и получить свет йехида, что означает подъем еще на одну, т.е. 3-ю ступень.

Кетэр	=	Гальгальта	Г"Э - малое состояние
Хохма	=	Эйнаим	
---	---	---	парса, Н"Э, экран парцуфа
Бина	=	Озэн	(подъем бина к Г"Э = подъем на 1 ступень)
З"А	=	Хотэм	(подъем з"а к Г"Э = подъем на 2 ступени)
Малхут	=	Пэ	(подъем малхут к Г"Э = подъем на 3 ступени)

Но новый свет входит не в исправленное только что кли, сфиру, а, приходя свыше, он входит через сфира кэтэр:

Подъем (алия) человека может быть как следствие: а) возбуждения в нем желания свыше, что называется «особые дни» — праздники, новомесячье, Суббота. Такой подъем называется «возбуждение свыше» и он приводит к общему подъему всех миров АБЕ"А и, соответственно, всех, кто в этих мирах находится;

б) усилий самого человека в учебе и внутренней работе, молитвой достичь того, чтобы Творец дал лично ему силы подняться на более высокую ступень.

И такой подъем может быть не только на 3 ступени вверх, а до самого Творца, на все 125 ступеней. Подняться на самую высокую ступень и есть цель сотворения человека. Этого он обязан достичь еще при жизни в этом мире. А до тех пор, пока этой цели не достигнет, вынужден будет рождаться в этом мире.

Хотя зо"н называются «последние дни», но, поднявшись и получая свет Ишсут, они называются «прошлые, первые дни». В этом случае один край неба, малхут, М"А, поднялся и одевается на второй край неба, Ишсут, М"И. Сливаются М"А и М"И в одно, что и подчеркивает «Зоар». И ЗНАЙ:

М"И = КТО
БАРА = СОЗДАЛ
ЭЛ"Е = ЭТО

М"И — это Ишсут, стоящий на месте бина А"А, от груди до табур А"А. И хотя в мире Ацилут есть только келим Г"Э, «отдающие», но и среди них есть те, кто желает только «отдавать» – Атик, А"А, АВ"И и те, кто желает получить для отдачи, передачи далее – Ишсут и зо"н.

МИР АЦИЛУТ:

АТИК А"А АВ"И	- эти трое парцуфим являются Г"Э мира Ацилут
	парса мира Ацилут
ИШСУТ З"А МАЛХУТ	- эти трое парцуфим являются АХА"П мира Ацилут

Ишсут и зо"н желают получить свет для передачи его душам праведников, людям, желающим исправиться. Поэтому и внутри мира Ацилут есть разделение на 2 вида этих келим – Г"Э и АХА"П, и они отделяются друг от друга парсой мира Ацилут, стоящей в груди А"А.

МИР АЦИЛУТ:

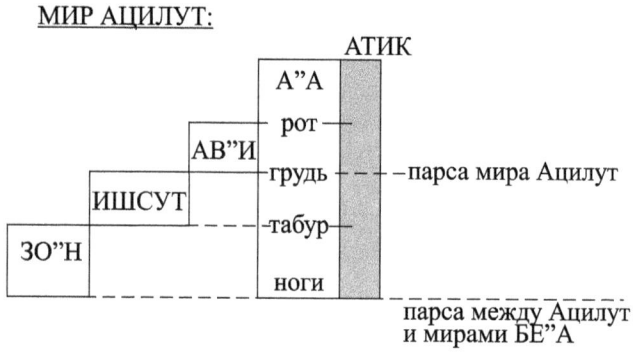

Под парсу мира Ацилут не проходит свет из головы А"А. Поэтому Ишсут в своем постоянном состоянии, или ЗО"Н, когда поднимаются в Ишсут, не могут получить свет головы А"А. Поэтому в них есть желание получить свет хохма, называемое «вопрос». Поэтому вопрос = желание получить хохма – сводится к М"И = Ишсут, свету Ишсут, который находится БАРА = вне ЭЛ-"Е = зо"н; и поднявшись, зо"н не получают свет хохма, находятся вне головы А"А, вне света хохма, но с вопросом, желанием к нему. И это дает им возможность дальнейшего подъема.

КТО СОЗДАЛ ЭТО (ПО ЭЛИЯУ)

11. Сказал раби Шимон: «Эльазар, сын мой, раскрой высшую тайну, которую совершенно не знают населяющие сей мир». Молчал раби Эльазар. Заплакал раби Шимон, помолчал и сказал: «Эльазар, что означает ЭЛ"Е? Если скажешь, что это как звезды и знаки зодиака (судьбы), то они же всегда видны (а не как знаки судьбы переменны) и в М"А, т.е. в малхут, они созданы, как сказано, «Словом Творца созданы небеса» (Теилим 33, 6; русский перевод стр. 19, 6), т.е. малхут, называемой словом Творца, созданы небеса. А если ЭЛ"Е говорят о скрытых тайнах, то не надо было бы писать ЭЛ"Е, потому что звезды и знаки судеб видны всем (слово ЭЛЕ = ЭТО – говорит о том, что вещь ясна).

Раби Эльазар не раскрыл получение света 1-го большого состояния, света нэшама, а раби Шимон желал раскрыть путь получения света 2-го большого состояния, света хая. Поэтому указал раби Эльазару высказаться и раскрыть путь постижения света нэшама, скрытый высшей тайной от людей, потому что еще не раскрылся этот свет в мире, а раби Шимон раскрывает его здесь.

Дело в том, что хотя и были праведники, постигшие свет хая, но еще не было среди них такого, кто бы объяснил в подробностях путь его постижения, раскрыл его для всего мира. И это потому, что понять самому – это означает самому постичь, подняться на эту ступень, что зависит только от усилий человека. И многие в поколениях смогли постичь ступень ЭЛ"Е. Но раскрыть миру – это еще большая ступень, и на это нужно особое разрешение Творца (см. статью «Условия разглашения тайн Торы»).

Раби Шимон спросил его, что значит ЭЛ"Е, что нового говорит нам Тора в словах МИ БАРА ЭЛЕ (КТО СОЗДАЛ ЭТО), где ЭЛ"Е означает зо"н? Ведь если говорится о звездах и знаках зодиака-удачи, которые означают свет ва"к большого состояния, то что же в этом особенного, ведь этот свет зо"н могут получить даже в будние дни. Не такая это особенность, чтобы о ней отдельно говорилось: М'И – КТО, ЭТО СОЗДАЛ.

(Можно сказать, что этот свет находится постоянно, ведь постоянно в зо"н только свет ва"к, но не га"р. И только вследствие ма"н получает зо"н свет ва"к большого состояния, свет нэшама. Ответ в том, что можно получить этот свет всегда, даже в будние дни в утренней молитве. Но еще непонятно ему, почему создались в М"А. Ведь этот свет относится не к бина, а к зо"н мира Ацилут, называемый М"А, и выходит из них, как сказано, СЛОВОМ ТВОРЦА, где Творец – это з"а, а слово – это малхут.)

12. Но тайна эта была раскрыта в другой день, когда был я на берегу моря. Явился ко мне пророк Элияу и сказал: «Раби, знаешь ли ты, что означает МИ БАРА ЭЛЕ – КТО СОЗДАЛ ЭТО?» Ответил ему я: «Это небо и небесные силы, действия Творца, глядя на которые люди должны благословлять Его, как сказано: «Когда вижу я небеса, дело рук Твоих» (Теилим 8, 4; русский перевод стр. 4, 4), «Господи! Владыка наш! Как величественно имя Твое во всей земле!» (Теилим 8, 10).

13. Ответил мне: «Раби, закрытое взял Творец и раскрыл его высшему совету. И вот оно: Когда пожелал раскрыться самый скрытый из всех скрытых, сделал он вначале одну точку, малхут, и это поднялось в его мысль, т.е. в бина, т.е. малхут поднялась и соединилась с бина. Изобразил в ней всех созданных и утвердил в ней все законы».

Парцуф Атик – первый парцуф и голова мира Ацилут. И он называется скрытый и самый тайный из всех парцуфов, о чем говорит его имя – Атик, от слова нээтак – изолированный, непостигаемый. Самого его, т.е. его свойства, никто не может постичь, но постигаем мы то, как он предстает перед нами: Атик специально уменьшает себя и изменяет так, чтобы низшие могли постичь, но не его самого, а ту его внешнюю форму (свойства), с которой он выступает относительно них.

Кто создал это (по ЭЛИЯУ)

Словами «Зоар», когда Атик пожелал раскрыться мирам, то, хотя сам он парцуф, действующий на 1-м сокращении, но относительно низших он создал на себя одеяние – внешний парцуф с законами 2-го сокращения, чтобы низшие смогли его ощутить-постичь.

Отличие свойств органов ощущений, воспринимающих ощущения 1-го или 2-го сокращений, огромно. Как у человека нашего мира нет от рождения органов ощущения духовных миров и потому он не может ощутить их, так и парцуф, исправленный до условий духовной работы 2-го сокращения, не в состоянии принять, т.е. ощутить свет, идущий по закону 1-го сокращения. Такого же типа отличие есть между парцуф Атик и остальными парцуфами мира Ацилут и миров БЕ"А.

Для того чтобы иметь связь с нижестоящими, Атик в голове нижестоящего А"А поднял малхут головы А"А до сфиры хохма. Вследствие этого сфирот бина и зо"н головы А"А упали из головы А"А в его тело: ведь малхут поднялась из рта в глаза, стоит в голове вместо бина, а бина и з"он вышли из головы. А тело начинается после малхут головы (после решения, как поступать), где бы она ни стояла.

Понимать это надо так: сфирот головы – это мысли, желания, на которые парцуф, внутренние свойства человека, т.е. сам человек, принимает свои решения: как их можно использовать, максимально сближаясь с целью творения. То, что сфирот бина и зо"н вышли из головы А"А, означает, что на них не может парцуф А"А принимать никаких решений, потому что на них нет экрана, отчего они и оказались вне головы, в теле.

Поэтому им осталась роль – только получать свет, как получают его все сфирот тела, из головы. Т.е. получать свет, принимаемый экраном сфирот кэтэр и хохма, которые остались в голове. Человек самовольно ограничивает использование своих желаний и использует только те из них, которыми может работать ради Творца.

Поэтому, когда малхут поднялась и стала под сфира хохма, то хохма стала как мужская – дающая, наполняющая часть, а малхут как женская – получающая, часть головы. А поскольку малхут стала вместо бина, называемой мыслью, то сейчас называется малхут мыслью, ведь теперь малхут делает зивуг и получает свет хохма.

Получающий от хохма определяется как бина, а не как малхут. Поэтому, хотя сама-то малхут – всего лишь черная точка, эгоистическое творение, но, вследствие своего подъема, стала она бина, обрела свойства бины. Потому малхут называется сейчас бина, мысль.

«Зоар» называет мысль – хохма или бина. Отличие в том, что мысль – это получаемое от хохма. Поэтому бина называется мыслью только в том случае, если она находится в голове и получает свет от хохма. В 1-м сокращении бина всегда является получающей от хохма и называется мыслью. Но во 2-м сокращении малхут поднялась над бина и стала получающей от хохма. Поэтому теперь малхут называется мыслью, а не бина.

Этим подъемом малхут в бина созданы все парцуфим миров АБЕ"А. Поэтому сказано: ИЗОБРАЗИЛ В НЕЙ ВСЕХ СОЗДАННЫХ И УТВЕРДИЛ В НЕЙ ВСЕ ЗАКОНЫ, – в голове каждого парцуфа остались сфирот кэтэр-хохма, зивуг производится на эти две сфиры, и потому получаемый в теле парцуфа свет состоит только из двух светов – нэфэш и руах. Ранее малхут находилась во рту головы и там заканчивалась голова – та часть парцуфа, которой он делал расчет, сколько света он может получить ради Творца. А затем парцуф получал этот свет из головы в тело, от рта до табур.

Теперь же малхут поднялась до глаз головы и стоит под ними, что называется подъемом малхут в Н"Э = зрачки, которые потому и называются Н"Э = нуква эйнаим = малхут глаз. До подъема малхут в глаза как бы не было зрачков, Н"Э. Следует отметить, что только в малхут (желании) мы можем ощутить окружающее нас (Творца, свет). Поэтому все наши органы ощущений построены на отверстиях: нэкев, нуква, малхут в глазах, ушах, носу, рту.

Только тот, кто может создать своими силами желания, работающие по принципу 2-го сокращения, может поставить малхут после к-х, т.е. мыслить на «отдачу», только тот начинает ощущать этим исправленным духовным органом. Там, где может находиться экран, тем органом человек может воспринимать высший свет.

После подъема малхут стала под хохма, сделала зивуг на свой экран, т.е. на сфирот кэтэр-хохма = Г"Э. Сфирот бина-з"а-малхут = АХА"П находятся под головой, в теле парцуфа и пассивно получают свет из головы. Это приводит к тому, что 10

Кто создал это (по ЭЛИЯУ)

сфирот тела к-х-б-з"а-м делятся, соответственно, как поделились 10 сфирот головы: сфирот к-х тела остаются получать от сфирот к-х головы, а сфирот б-з"а-м тела, потому как не получают от головы, становятся получающими от к-х тела, как сфирот под табур парцуфа.

Ведь, как известно, каждый парцуф состоит из головы, тела, конечностей. Голова решает, сколько может получить тело ради Творца, в соответствии с величиной экрана, отражающего свет = наслаждение. То, что решено принять этот свет, нисходит под экран, из головы в тело, наполняет тело от рта до табур. Каждая сфира головы наполняет соответствующую ей сфиру тела.

Парцуф в 1-ом сокращении

кетэр хохма бина з"а малхут	5 ЧАСТЕЙ ГОЛОВЫ
	— рот
кетэр хохма бина з"а малхут	5 ЧАСТЕЙ ТЕЛА
	— табур
кетэр хохма бина з"а малхут	5 ЧАСТЕЙ КОНЕЧНОСТЕЙ
	— стопы ног

Парцуф во 2-ом сокращении

кетэр хохма бина з"а малхут		2 части головы
		рот
	кетэр хохма бина з"а малхут	2 части тела
		табур
		кетэр хохма бина з"а малхут	2 части ног
			стопы ног
			части вне парцуфа

Если в голове только 2 сферы к-х, то и в теле остаются только 2 сферы к-х, потому что только они могут получить от соответствующих сфирот в голове. Сфирот б-з"а-м головы получают тот же свет, что сфирот к-х тела – это и означает, что они находятся под экраном = малхут, поднявшейся под хохма головы. Т.о., в теле есть к-х, получающие соответственно свет руах-нэфэш и АХА"П головы, получающие также эти 2 света руах-нэфэш.

Б-з"а-м = АХА"П тела не могут получить свет от головы, потому что соответствующие им сфирот б-з"а-м головы не участвуют в зивуге, за неимением сил экрана отражать эгоистические желания АХА"П головы, чтобы получать ради Творца. То есть, поскольку нет АХА"П в голове, нет, соответственно ему,

АХА"П в теле. А потому как АХА"П тела не получают свет от АХА"П головы, то они подобны конечностям – окончанию парцуфа, под его табур. Поэтому в конце, под табур есть Г"Э ног и АХА"П тела, упавшие туда. А АХА"П ног вообще не являются частями парцуфа, находятся на более низкой ступени.

Свет, который парцуф не может получить, остается снаружи, вокруг парцуфа, и ждет, когда у парцуфа появятся силы получить его. Он называется окружающим светом и соответствует не участвующим в зивуге желаниям, еще не исправленным, не имеющим экрана.

Если ранее, до 2-го сокращения, малхут, последняя сфира тела, находилась в табур, то если в теле остается только 2 сфиры к-х, малхут тела также поднимается до бины тела, называемой грудь. Поэтому при подъеме малхут в бина в голове весь парцуф становится «меньше» по размеру: голова только до глаз, затем тело – только до груди, затем конечности – только до табура. И потому такое состояние парцуфа называется малым.

Но если придут свыше к парцуфу новые силы, появится в нем экран, он сможет решать принимать свет ради Творца в свой АХА"П, то снова поднимутся из тела в голову АХА"П головы и дополнят голову до 10 сфирот, поднимутся сфирот АХА"П тела из его ног на свое место, чтобы получить дополнительный свет. И станет в голове, теле, ногах по 10 сфирот. Такое состояние парцуфа называется большим.

Языком «Зоар» сокращение парцуфа, его переход от большого к малому состоянию описывается как деление каждой части парцуфа, головы-тела-ног, на Г"Э = ЭЛ"Е и АХА"П = М"И. Все 10 сфирот называются именем Творца – Элоким, состоящим из букв ЭЛЕ-ИМ, которые делятся на МИ = Г"Э = К-Х и ЭЛЕ = Б-З"А-М. В малом состоянии остаются в своей ступени только сфирот ЭЛ"Е, а сфирот И"М падают на более низшую ступень. Слово Элоким читается снизу вверх, как его постигает человек.

парцуф в большом состоянии:

| М - к |
| И -х |
| Е -б |
| Л -з"а |
| Э -м |

парцуф в малом состоянии:

М - к	
И -х	парса
Е -б	
Л -з"а	
Э -м	

ИЗОБРАЗИЛ В НЕЙ ВСЕХ СОЗДАННЫХ И УТВЕРДИЛ В НЕЙ ВСЕ ЗАКОНЫ – имеется в виду деление каждой ступени на две части, их новая форма – деление на ЭЛ"Е и М"И, разделение «отдающих» и «получающих» келим-желаний, где, ввиду отсутствия сил противодействия своей природе – эгоизму, оказывается часть желаний-сфирот неиспользованными, вне своей ступени. А соответственно и свет их остается снаружи в виде окружающего света и ждет, когда у парцуфа появятся дополнительные силы и он, став большим, получит весь свет.

В течение 6000 лет все наше исправление происходит только по законам 2-го сокращения. А как только вновь появятся силы-экран получать бескорыстно свет в сфирот-келим б-з"а-м = ЭЛ"Е, сразу парцуф подсоединит их к себе и получит в них света нэшама-хая-йехида. И станет большой парцуф: 5 келим = 10 сфирот с 5 светами наранха"й.

14. Утвердил в святой скрытой свече (в малхут, соединившейся с бина) один скрытый вид, святое святых, тайное строение, исходящее из мысли, га"р, называемой М"И, начало строения. Оно стоит и не стоит, велико и скрыто в имени Элоким = ЭЛЕ + ИМ. Называется М"И от слова Элоким, т.е. недостает букв ЭЛ"Е имени Элоким. Пожелал раскрыться и называться полным именем Элоким – оделся в драгоценное сияющее одеяние, свет хасадим. Создал ЭЛ"Е. Поднялись буквы ЭЛ"Е имени Элоким и соединились буквы ЭЛ"Е с буквами М"И, образовав полное имя Элоким. А пока не создал ЭЛ"Е, не поднялся (не возвысился) до имени Элоким. Поэтому те, кто прегрешил в преклонении перед золотым тельцом, указывали на эту тайну, говоря: «ЭЛ"Е = ЭТО – это божество твоё, Израиль!» (Тора. Шмот 32, 4; русский перевод стр. 111, 4).

ЭЛЕ – ЭТО твое божество, Израиль! – т.е. эти эгоистические желания ЭЛЕ и есть твое божество, перед которым ты обязан преклоняться, до тех пор, пока не исправишь себя. Использование ЭЛЕ и есть причина всех прегрешений и крушений: разбиение сосудов-кли, прегрешение Адама и разбиение его души на 600 000 частей, поклонение золотому тельцу и разбиение Моше скрижалей завета, разрушение 1-го и 2-го Храмов и пр.

Вследствие поднятия ма"н низшими, просьб получить силы для зивуга, получения (ради Творца) света хохма нисходит свыше ответ, называемый ма"д, сила, дающая кли возможность создать экран, отражающий свет, противодействовать своей эгоистической природе. Эта сила приходит в виде света, ощущения величия Творца, и называется свет А"Б-СА"Г, потому что он нисходит от парцуфим хохма-А"Б и бина-СА"Г мира А"К. Если человек поднялся из ступени «нашего мира» в миры БЕ"А, то, где бы ни находился человек в мирах БЕ"А, его просьба о духовном исправлении поднимается через все миры и ступени до парцуфа СА"Г. СА"Г обращается к А"Б, получает у него свет хохма и передает этот свет вниз, через все парцуфим, по которым поднялся к нему ма"н.

Поскольку весь мир А"К находится в 1-м сокращении, выше 2-го, то исходящий от него свет дает силу кли, который этот свет получает, перейти из своего малого состояния в большое. Т.е. свет А"Б-СА"Г дает кли возможность сделать экран и отразить свет хохма, а затем получить его ради Творца. Большое состояние называется «святое святых», потому что оно, наполняясь светом га"р, называемых «святое святых», совершенно.

Свет А"Б-СА"Г нисходит вначале к голове парцуфа А"А и спускает точку, малхут, с мысли = бина на ее место, в рот, как было до 2-го сокращения. Вследствие этого 3 сферы б-з"а-м снова присоединяются к 2 сфиротам к-х и становятся в голове 5 сфирот, АХА"П = ЭЛ"Е поднимаются и соединяются с Г"Э = М"И и становится имя Творца – Элоким полным.

Но это не означает, что парцуф может наполниться 5 светами наранха"й – он только приобрел экран, силу, получить свет во все 10 своих сфирот. Поскольку в А"А светит только свет хохма, этот свет не может заполнить поднявшиеся келим ЭЛ"Е, потому что они могут получить свет хохма только в облачении света хасадим. Только га"р парцуфа, к-х-б, могут иметь чистый свет хохма, но за"т парцуфа, сфирот з"а-м, могут получить лишь уменьшенный свет хохма – наполовину смешанный со светом хасадим. Это называется получением света хохма в среднюю (состоящую наполовину из хохма, наполовину из хасадим) линию.

Поэтому, говорит «Зоар», СТРОЕНИЕ ЭТО СТОИТ И НЕ СТОИТ – хотя есть уже все сфирот в голове, но необходимо еще наполнить их светом, т.е. сфирот ЭЛ"Е еще не раскрыты в имени Элоким. Раскрыты, т.е. наполнены светом, пока еще только буквы М"И.

Поэтому вначале парцуф делает зивуг на свое малое состояние и получает свет хасадим. Затем одевает в это ДРАГОЦЕННОЕ ОДЕЯНИЕ СВЕТ ХАСАДИМ, свет хохма. И только после этого смешанный свет хасадим и хохма может наполнить сфирот за"т, ЭЛ"Е. И все 5 сфирот засветят в своем совершенстве.

Но прежде чем М"И даст свет хасадим в ЭЛ"Е, чтобы было у ЭЛ"Е во что принять хохма, не могут ЭЛ"Е получить свет хохма и во всем имени Элоким светит только свет М"И. А далее «Зоар» говорит, что если пренебрегают светом хасадим, намерением ради Творца, то это и есть все прегрешение. А потому как прегрешили, пренебрегли светом хасадим, не пожелали получать с намерением «ради Творца», а желали получить только свет хохма, то этим отделили М"И от ЭЛ"Е. Поэтому сказали ЭЛ"Е = ЭТО (желания получить, а не М"И, желания отдать) ТВОЙ ВЛАСТИТЕЛЬ, ИЗРАИЛЬ – и немедленно свет перешел к нечистым силам.

Тора повествует нам не об истории древнего народа, а об устройстве духовных ступеней, которые мы должны постичь. Для того чтобы знать свойства этих ступеней, взойти на которые означает приобрести их свойства, Каббала объясняет нам, как они создались, произошли – постепенным нисхождением, духовным огрублением от самого Творца.

Для того чтобы создать нам возможность исправления эгоизма, Творец, еще при создании духовных ступеней, смешал его с альтруизмом. Это смешивание противоположных свойств возможно только посредством «взрыва», иначе противоположные свойства соединить вместе нельзя. Таких соединений посредством взрыва, разбиения свойств, было несколько.

Об одном из них упоминает Тора (Тора. Шмот 32, 4; русский перевод стр.111, 4) в преклонении золотому тельцу сыны Израиля, альтруистические желания «отдавать», возжелали получать свет ради себя. Вследствие этого смешались сфирот, келим Г"Э и АХА"П, и проникли в АХА"П свойства, желания Г"Э. Через эти скрытые в маленьком, эгоистическом человеке альтруистические свойства, тайно находящиеся в нем, можно пробудить его, возбудить в нем стремление к духовному возвышению и пренебрежению этим миром.

Поэтому на все, что повествуется в Торе, необходимо смотреть как на данную нам инструкцию, а не как на историю. Все действия, описываемые Торой, положительны: все разрушения, в том числе разрушения 1-го и 2-го Храмов, войны, прелюбодеяния, убийства. Нам необходимо только понять, о чем именно повествует Тора. Правильно понять Тору можно, если прекратить относиться к ней только как к сборнику предписаний механического выполнения Заповедей.

15. Как соединяются М"И с ЭЛ"Е в одно имя Элоким – когда хохма одевается в хасадим, так же имя соединяется этим прекрасным светящимся одеянием. Благодаря этой тайне существует мир, как сказано, «Мир создан милосердием». А Элияу улетел, и более я не видел его. Но от него узнал я то, что стоял я на тайне и скрытии её. Приблизились раби Эльазар и остальные, преклонились пред ним. Заплакали и сказали: «Если бы пришли мы в этот мир, только чтобы услышать это, – достаточно нам!»

Раби Шимон продолжает свое объяснение: Существует только один закон получения света хохма: свет хохма можно получить, только если предварительно одеть его в свет хасадим. Как это происходит в парцуфе бина, называемом «высший мир», так же это происходит и в парцуфе малхут, М"А, нукве з"а, называемой «низший мир». Обычно малхут называется БО"Н, но когда она соединяется с з"а и получает от него свет, то тоже называется его именем М"А.

Высший мир, бина мира Ацилут, желает только хасадим, но низший мир, малхут мира Ацилут, желает хохма. Но пророк Элияу сказал только о порядке света и строении имени Элоким в АВ"И, бина мира Ацилут, а раби Шимон сам продолжает объяснение далее и в следующей статье объясняет строение и получение света в имени Элоким в самой малхут мира Ацилут.

МАТЬ ОДАЛЖИВАЕТ ДОЧЕРИ СВОИ ОДЕЖДЫ

16. Все небо, земля и их населяющие сотворены М"А, т.е. малхут, как сказано: «Когда я вижу небеса, деяния рук Твоих» (Теилим 8, 4; русский перевод стр. 4, 4). А прежде этого сказано: «М"А = ЧТО (Как) величественно имя Твое на земле (Теилим 8, 10), которую поставил Ты выше неба!» Ведь небо сотворено именем (свойством) М"А (малхут). Написано «на небе», что указывает на бину, называемую М"И, небо, которая выше з"а. Объяснение этого – в имени Элоким. М"А, малхут, поднимается и входит своими свойствами в бину, т.е. включается в бина, получает ее свойства. Бина называется Элоким. После того как СОТВОРИЛ СВЕТ ДЛЯ СВЕТА – как создал свет хасадим, называемый «драгоценные украшения или одеяния», чтобы одеть в него свет хохма. Тогда одевается свет хохма в свет хасадим, что и означает сотворение света для света, и малхут поднимается силой высшего имени Элоким, как называется бина, и, соединяясь с бина, принимает все ее свойства, включается в нее. Поэтому БЕРЕШИТ БАРА ЭЛОКИМ – говорится о высшем Элоким, о бина, а не о малхут. Потому как М"А, малхут, не создана именем М"И ЭЛ"Е.

Низший мир, малхут, М"А, получает от бина свет, отмеченный свыше именем Элоким. От этого света в малхут появляются силы, проявляются в ней свойства, подходящие для того, чтобы ею созданы были небо и земля, произведено потомство. Ведь не может быть потомства, рождения поколений, без света хая.

И это говорит «Зоар»: также и нижний мир, малхут, М"А, существует именем Элоким, именем из высшего мира, поэтому есть сила в малхут, свет хохма, создавать поколения. А если есть в малхут свет хохма, то ею можно создать мир.

(Хая – это один из видов света хохма. Есть один, исходящий из Творца свет. Вернее, ощущение Творца мы называем светом. Это ощущение зависит от того, в каких желаниях-келим мы Его ощущаем. А поскольку есть всего два вида желаний-келим – «получающие» и «отдающие», то есть всего два типа света – хасадим и хохма. Но есть несколько подвидов в каждом, и свет хая – одна из частных форм света хохма. Потому что хохма – это свет, наслаждение, ощущаемое желанием «получить», а хасадим – это наслаждение, ощущаемое желанием «отдать». Если в парцуфе есть только келим «отдать» = Г"Э, то он наполнен светом хасадим. Если есть в нем силы получать ради Творца, он наполняется светом хохма.) (Не путать с М"А которое употребляется здесь, где М"А-малхут с з"а = м"а в своей гематрии.)

«Зоар» объясняет, что свет нисходит от имени Элоким, благодаря соединению М"И с ЭЛ"Е. З"а называется «небо». Ишсут находится выше неба, з"а. В небе, в з"а, нет М"И, а только М"А. Но после того, как свет хохма одевается в свет хасадим, свет М"А = Г"Э в свет ЭЛ"Е = АХА"П, соединяются буквы все вместе и поднимаются именем Элоким выше неба = з"а = М"А, в Ишсут = бина = М"И.

М"И, бина, находится выше 2-го сокращения, выше его запрета, потому что ее свойства выше, лучше, чем то, на что распространяется запрет: свойство бина состоит в том, чтобы ничего не получать, поэтому запрет 2-го сокращения «не получать» просто не касается ее, ведь она сама по себе не желает получать.

Остается только запрет от 1-го сокращения, запрет получать свет в саму малхут, малхут дэ малхут, центральную точку всего творения, в единственное сотворенное. Сама малхут эгоистична, но если у нее есть экран и свет только с помощью ударного зивуга (противодействия собственному желанию, только ради Творца) в желания отдавать – то это называется получением не в малхут, а в 9 первых сфирот. Поэтому в свои 9 первых сфирот малхут может получать свет.

Т.е. если есть в малхут желание (силы) получить (насладиться) свет (наслаждение), но не ради себя, а только потому, что этого желает Творец, то она получает только это количество света (наслаждения). Для того чтобы получить с таким условием, малхут (тяга человека к приятному, к наслаждению) должна прежде оттолкнуть все наслаждение, которое к ней приходит, которое она ощущает как стоящее перед ней. Это называется удар света (наслаждения) об экран и его отражение от экрана (отражение наслаждения силой воли, не получить, вопреки природному, исконному желанию самонасладиться).

Отражаемое наслаждение называется светом хасадим. Это, в общем, не свет, а намерение малхут получить только ради Творца. Но это намерение и есть то необходимое и достаточное условие последующего получения света хохма от Творца. Потому что после того, как малхут оттолкнула весь свет, т.е. выразила свое намерение не получать ради себя, она этим выполнила условие 1-го сокращения, в это свое намерение получить только ради Творца, называемое отражаемым светом, или светом хасадим, она теперь может получить свет хохма, то наслаждение, которое Творец желает ей дать.

Но, получая этот свет, она уже не просто получатель – создание, а, подобно Творцу, дает наслаждение самому Творцу! Таким образом творение достигает ступени Творца, сравнивается с Ним по свойствам, потому что все желает отдать, полна света хасадим. А кроме того, малхут получает, наслаждается, потому что, если не будет испытывать наслаждение, не доставит наслаждение Творцу.

Поэтому малхут получает, т.е. наполнена светом хохма, полна знаний и наслаждений, как от отдачи, так и от получения ради Творца. И это совершенство созданного Творцом творения – творение становится совершенным и подобным Творцу. И это совершенство деяний Творца, создавшего творение, которое само может подняться до Его уровня!

Путь человека из низин нашего мира до наивысшей духовной высоты, Творца, можно представить себе в виде перехода по анфиладе комнат. Всего от нашего состояния до Творца есть 125 сквозных, проходных комнат. Каждая комната имеет свои свойства, и находиться в ней может только тот, кто имеет те же свойства. Если человек меняет свои свойства, неважно по какой причине, он автоматически как бы перемещается невидимым течением на соответствующее его новым свойствам место.

Так же можно передвигаться в этом пространстве комнат: малейшее внутреннее изменение свойств вызывает воздействие силового-духовного поля на человека, и он немедленно перемещается, занимая новое место своего равновесия, место, где его внутренние свойства полностью совпадают с внешними свойствами духовного поля. Поэтому нет стражи на входах-выходах комнат, но как только человек изменил себя под стать следующей, более высшей комнате, он автоматически перемещается туда духовным потоком, полем.

Какие свойства человек должен менять, чтобы перемещаться в духовном поле, из комнаты в комнату? Человек должен менять только свое стремление к виду наслаждения. Не наслаждаться мы не можем, потому что это весь материал творения, все что создано. Но мы можем менять объект наших стремлений, то, от чего мы желаем насладиться. От грубого получения, от получения только самого необходимого, оттого, что Творец доволен нами, оттого, что отдаем ему, оттого, что получаем, потому что он того желает.

Во всех наших желаниях, постоянно меняющихся, как по величине, так и по желаемому объекту, присутствует ощущающий наслаждение «Я». Это «Я» не пропадает никогда. Единственное, от чего человек должен избавиться – от ощущения, что делает это для того, чтобы это «Я» наслаждалось. Человек должен стремиться ощутить желания Творца, ощутить, как доволен (им) Творец (как мать радуется за успехи сына).

После того как малхут решила принимать только ради Творца, т.е. согласно силе своего экрана, силе противодействия своему эгоистическому желанию наслаждаться, она получает свет хохма только в соответствии с величиной отраженного ею света. Или, наоборот, можно сказать, что величина отраженного света определяет силу воли человека, его желание действовать во имя Творца.

Но 9 первых сфирот из 10 сфирот малхут не являются эгоистическими, потому что это свойства Творца, которыми он желает исправить малхут. И только последняя сфира в малхут, сама малхут, единственное творение, малхут дэ малхут, эгоистична, находится под запретом 1-го сокращения: туда, где есть желание самонасладиться, свет хохма не входит. Поэтому в первые 9 сфирот можно получить свет хохма.

Но после 2-го сокращения, чтобы исправить малхут – придать ей свойства милосердия, хасадим, чтоб могла желать «отдавать», приобрести свойства бина, переделать сам исконный первородный эгоизм на альтруизм, поднялась малхут к Аба, стала малхут в парцуфе Аба вместо бина, а бина

Мать одалживает дочери свои одежды

оказалась ниже малхут. Сама бина может получить свет хохма без всяких ограничений, даже под малхут. Но бина приняла на себя ограничения 2-го сокращения только для того, чтобы исправить малхут.

Поэтому, вследствие подъема ма"н от низших, просьб человека о духовном исправлении, нисходит свет от А"Б-СА"Г, опускающий обратно малхут с бина на ее место: малхут нисходит из бины, открывается свет постижения, мудрости.

Вследствие спуска малхут очищается бина от всех сокращений и ограничений и возвращается получать свет хохма. А после того как свет хохма одевается в свет хасадим, светит М"И в ЭЛ"Е и раскрывается имя Элоким, т.е. светит свет хохма.

Строение имени Элоким не может быть в М"А, потому что нижний край неба, сама малхут, имеет ограничение 1-го сокращения – запрет получать в себя свет хохма и ограничение в течение 6000 лет 2-го сокращения использовать только желания «отдавать». Поэтому, говорит «Зоар», имя Элоким создано с М"И, а не с М"А, тем свойством, которое малхут получила, поднявшись в бина.

17. Но в то время, как буквы ЭЛ"Е нисходят сверху, из бина, вниз, к малхут, потому что мать одалживает, передает во временное пользование свои одежды дочери и украшает ее в свои украшения, нисходит имя Элоким из бина, матери, к малхут, дочери. Когда украшает ее своими украшениями? – Когда видит перед нею мужское. Тогда сказано о ней: «Три раза в год да явится всякий возмужалый у тебя пред лицо владыки Творца» (Тора. Шмот 23, 18; русский перевод стр. 98, 18). Потому что тогда называется малхут господин, мужским именем. Как говорится, вот ковчег союза, господин всей земли. Тора – это союз, а ковчег – это малхут, называемая мужским именем «господин». Это потому, что она получила келим, свойства, желания, называемые «одежды», и свет, называемый «украшениями», от бина, своей матери. Тогда выходит буква хэй = А из М"А = мэм-хэй, и вместо нее входит буква юд = И, и малхут называется М"И, как бина. И тогда она украшается мужскими одеяниями, т.е. одеждами бины, принять всех мужей Израиля.

Как сказано в п. 13, 2-е сокращение действует с головы А"А и ниже, потому что его малхут поднялась в бина и, в свойстве 2-го сокращения, создала все нижестоящие парцуфы мира Ацилут. Таким образом, в каждом парцуфе А"А, АВ"И, ЗО"Н есть только 2 сферы к-х, а 3 сферы б-з"а-м отделились (своими свойствами) от этой ступени и отошли к более низкой ступени (сравнялись с ней своими свойствами). Так б-з"а-м = А-ХА"П парцуфа А"А упали в сфирот к-х = Г"Э парцуфа АВ"И, б-з"а-м = АХА"П парцуфа АВ"И упали в к-х = Г"Э парцуфа ЗО"Н, б-з"а-м = АХА"П парцуфа ЗО"Н упали под парса в миры БЕ"А.

ТВОРЕЦ

МИР А"К

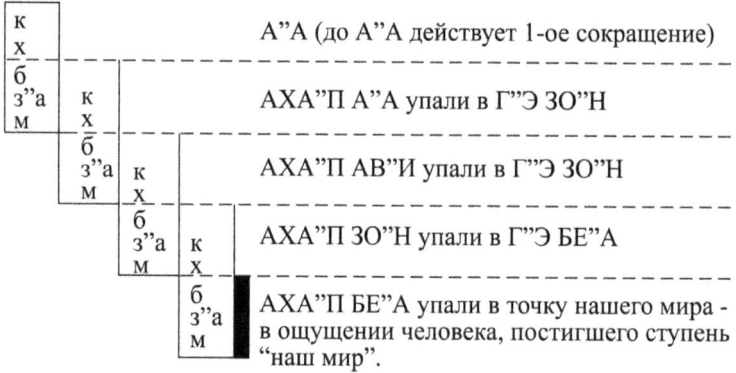

Сфирот к-х = Г"Э, оставшиеся на своей ступени, в своем парцуфе, называются М"И, а сфирот б-з"а-м, отделившиеся (своими свойствами) и опустившиеся (совпадением свойств) в более низкий парцуф, называются ЭЛ"Е.

НО В ТО ВРЕМЯ, КОГДА БУКВЫ ЭЛ"Е НИСХОДЯТ ВНИЗ – когда малхут изгоняется из бина, отделяются буквы ЭЛ"Е от АВ"И и падают в ЗО"Н, более низкую ступень, и одеваются в ЗО"Н: ЭЛ"Е Аба = Ишс = Исраэль-саба одеваются в З"А, а ЭЛ"Е Има = Твуна одеваются в малхут. Бина мира Ацилут представляет собою сложный парцуф: ее Г"Э – это АВ"И, 2 парцуфа, а ее АХА"П называется отдельным парцуфом Ишсут, потому что выполняет отдельные функции относительно ЗО"Н: бина: Г"Э = М"И = Г"Э Аба + М"И = Г"Э Има ЭЛ"Е = АХА"П Аба = Ишс(Исраэль Саба) + т(Твуна) = ЭЛ"Е = АХА"П Има.

Когда приходит свыше свет хая, вследствие чего малхут спускается с бина на свое место, возвращаются этим 3 сфирот б-з"а-м на свою ступень и, соответственно, в ставший полным, из 5 сфирот, парцуф входят к-х-б, называемые «святое святых». (Свет называется здесь по имени сфирот, которые он заполняет.) Был только свет руах-нэфэш в к-х, теперь добавился свет нэшама-хая-йехида в к-х-б, а руах-нэфэш спустились в з"а-м.

Но когда поднимаются АХА"П головы А"А, т.е. б-з"а-м головы А"А, упавшие в его тело, возвращаются из тела в голову А"А, то поднимаются вместе с ними в голову А"А келим Г"Э АВ"И (те келим Г"Э АВ"И, которые одевались на АХА"П А"А в его малом состоянии – когда АХА"П А"А был упавшим в Г"Э АВ"И) и получают там свет «святое святых», светящий в голове А"А.

Причина этого в том, что высший, спустившийся к низшему, становится как низший, а низший, поднявшийся к высшему, становится как высший. Потому что нет в духовном места и передвижения, и только изменение свойств перемещает парцуф или его часть в духовном пространстве, немедленно, автоматически, с изменением свойства, ближе = выше или дальше = ниже относительно Творца. Поэтому подъем сам означает изменение свойств низшего на свойства высшего, а спуск высшего означает, что его свойства стали как свойства той ступени, на которую он опустился.

Поэтому в малом состоянии, когда б-з"а-м = АХА"П головы парцуфа А"А отделяются от его головы и падают (перемещаются, согласно своим более худшим свойствам) в его тело, от рта до груди, где на парцуф А"А одевается парцуф АВ"И, становятся своими свойствами б-з"а-м = ЗО"Н = АХА"П головы А"А такими, как сами АВ"И, без света хохма, а только со светом бина = хасадим.

Поэтому в большом состоянии, т.е. когда возвращаются б-з"а-м = АХА"П А"А в голову, на ступень более высокую, чем тело, то они берут с собой также Г"Э АВ"И, потому что стали одной ступенью с ними в малом состоянии. Поэтому в большом состоянии Г"Э АВ"И поднимаются с АХА"П головы А"А в голову А"А, и становятся равны ему (свойствами), и получают там свет, который светит в голове А"А, называемого «святое святых».

Также поднимаются и ЗО"Н в АВ"И: после того как АВ"И получают свет в голове А"А, они приобретают этим силы, экран, и спускают малхут с бина на ее место, в малхут, – этим возвращаются их сфирот б-з"а-м = АХА"П на свою ступень, ступень АВ"И, как в А"А. Но когда келим-сфирот б-з"а-м = АХА"П бины, бывшие внутри к-х = Г"Э ЗО"Н, поднимаются в АВ"И, они берут с собою также те сфирот ЗО"Н, на которые надевались, т.е. к-х = Г"Э ЗО"Н, и т.о. к-х = Г"Э ЗО"Н поднимаются в АВ"И и получают там свет «святое святых», свет хая.

Поэтому сказано, что МАТЬ – Има, НИСХОДИТ К ДОЧЕРИ ОДЕТЬ И УКРАСИТЬ ЕЕ – 3 буквы ЭЛ"Е, Има, бина, в ее малом состоянии, спустились в малхут. Это означает, что МАТЬ НИСХОДИТ К ДОЧЕРИ, потому что 3 сфирот Има приняли свойство малхут, отделились этим от бины и стали частью малхут. Это подобно тому, что бина часть своих келим отдала малхут. Но эта отдача временная, будто бина ОДАЛЖИВАЕТ, ПЕРЕДАЕТ ВО ВРЕМЕННОЕ ПОЛЬЗОВАНИЕ, а малхут временно использует эти келим.

А затем Има-бина – мать, УКРАШАЕТ ДОЧЬ В СВОИ УКРАШЕНИЯ, потому что в большом состоянии, когда 3 сфиры ЭЛ"Е возвращаются к бина, то с ними поднимается на ступень бина малхут, и там она получает свет «святое святых», потому что подняться в бина означает стать по свойствам как бина, а потому имеет право получить тот же свет, что и бина.

Получается, вследствие того, что мать спустила в дочь свои келим (свойства) ЭЛ"Е, специально приняв на себя вместо своих свойств-желаний, свойства-желания малхут, сделав себе малое состояние, добровольно приняв на себя уменьшение, получив свойства малхут вместо свойств бина, благодаря этому бина-мать украсила малхут-дочь в свои украшения = свет во время пришедшего затем большого состояния: свет бина вошел в малхут, и это называется, что малхут получила украшения.

Есть два вида украшений от матери-бина дочери-малхут: свет хохма, свет хая, свет га"р, свет совершенства, потому что придает наполняемому кли свойство совершенства; свет, получаемый малхут от высшей матери, от Има, стоящей от рта до

Мать одалживает дочери свои одежды

груди парцуфа А"А, т.е. выше его парса; свет нэшама, еще несовершенство, получаемый от низшей матери, парцуфа Твуны, стоящего от груди до табур А"А, т.е. под его парса.

Естественно, для получения того или иного света, малхут должна подняться на соответствующую ступень, т.е. изменить свои свойства так, чтобы суметь получить, удостоиться этого света.

Когда малхут поднимается в Твуна и та украшает ее своими украшениями, эти украшения еще несовершенны, потому что малхут еще остается с «вопросом», т.е. без света хохма, как Твуна до подъема ма"н, т.е. малхут еще нуждается в получении ма"н от низших, называемых «мужи Израиля», чтобы достичь своего совершенства. В этом состоянии низшие, праведники или мужи Израиля, получают свет от з"а, поднявшегося в Ишс = Исраэль-саба.

Но когда малхут поднимается еще на одну ступень, на место высшей матери, бина, на место выше груди А"А, и получает там украшения от Има, а не от Твуна, то эти украшения совершенны, потому что есть в них свет хая, уже нет в ней «вопроса», потому она считается как мужское, дающее кли, и мужи Израиля получают от нее.

И все мужи Израиля предстают пред ней и получают свет от нее. И малхут НАЗЫВАЕТСЯ ГОСПОДИН – господин на иврите «адон». Обычная малхут называется именем Творца Адо-най, госпожа, АДН"И, женским именем, а в этом состоянии она называется именем мужским, именем Адон, господин.

И это потому, что уже нет в ней вопроса, потому что нет более подъема ма"н в ней, потому что достигла совершенства – света хая и потому называется «муж», господин – Адон. Поэтому сказано пророком (Иошуа 3, 11; русский перевод стр. 4, 11): ВОТ КОВЧЕГ ЗАВЕТА, ГОСПОДИН (адон) ВСЕЙ ЗЕМЛИ – малхут называется «ковчег», потому что дающий ей з"а называется «завет». «Зоар» называет малхут господином всей земли, мужем.

Вследствие того, что буква хэй из М"А = мэм-хэй, означающая женское, ушла из малхут, потому что эта буква хэй означает вопрос в малхут, т.е. отсутствие света хохма, а свет хохма приносит абсолютное знание, исчезают все вопросы – и буква хэй исчезает. Вместо ушедшей буквы хэй поднимается на ее место буква юд и называется малхут М"И, как Има, что и означает получение малхут имени Элоким, как имя Има.

18. Последние буквы, т.е. ЭЛ"Е, получает Израиль свыше, из бина, в то место, т.е. в малхут, называемую сейчас именем М"И, как имя бина. Произношу я буквы ЭЛ"Е и проливаю слезы всей моей души, ЧТОБЫ получить эти буквы ЭЛ"Е от бина в дом Элоким, малхут. Чтобы малхут называлась Элоким, как бина называется Элоким. Как я могу получить их? Голосом Торы благодарных песнопений и веселящихся масс. Сказал раби Эльазар: «Молчание мое создало высший Храм, бина, и низший Храм, малхут. Конечно, как говорят люди, «Слово – золото (в оригинале: сэла – монета), но вдвойне ценно молчание». «Слово – золото» означает, что произнес и пожалел. Вдвойне ценно молчание, молчание мое, потому что создались этим молчанием два мира, бина и малхут. Потому что, если бы не смолчал (см. п. 11), не постиг бы я единства обоих миров».

После того как ушла хэй из М"А и поднялась вместо нее юд, образовав М"И, тогда, поднимая ма"н, поднимает Израиль к малхут ПОСЛЕДНИЕ БУКВЫ ЭЛ"Е. Как уже объяснялось, ЭЛ"Е высшего упали в Г"Э низшего в малом состоянии – поэтому они относятся к низшему и в большом состоянии. Потому что, когда б-з"а-м = ЭЛ"Е высшего возвращаются в голову высшего, они поднимают с собой Г"Э низшего. Этим низший приобретает ЭЛ"Е высшего и свет, которым они наполнились в нынешнем своем большом состоянии.

Высший специально делает на свой АХА"П 2-е сокращение, малое состояние, чтобы сравняться с низшим. А связавшись с низшим, высший затем снова возвращается в большое состояние и передает свет в ту часть низшего, с которой был вместе в малом состоянии. Это подобно тому, как хороший, сильный человек входит к испорченным людям, связывается с ними, притворяясь, что он – как они. А затем, когда есть между ними связь, он начинает исправлять потихоньку их, именно через ту связь, которая образовалась между ними ранее.

Каждый парцуф в малом состоянии делится на две части, Г"Э и АХА"П. Но поскольку есть столб парцуфов от нашего мира до Творца, то есть связь через общие части высшего и низшего, именно потому что в каждом низшем есть часть высшего, то через это общее свойство может получать низший свыше силы и сам подниматься – до самого Творца.

Каждый высший, упав в низший, дополняет его келим до 10 сфирот: в Г"Э низшего упали АХА"П – и они вместе составляют 10 сфирот, потому как становятся на одном уровне. А АХА"П низшего, в свою очередь, упали в Г"Э более низшего, и т.д.

Затем, в большом состоянии, когда Г"Э высшего получают силы присоединить к себе свой АХА"П и поднимают его к себе, то вместе с АХА"П поднимается также и Г"Э низшего, потому что они были соединены внизу. Поэтому, поднявшись наверх, Г"Э низшего продолжает быть в соединении с АХА"П высшего и образует с ним парцуф 10 сфирот.

ПРОИЗНОШУ Я БУКВЫ ЭЛ'Е – Израиль (человек, желающий получить свойства Творца) поднимает ма"н (молитвы об этом), чтобы получить свет большого состояния (для самоисправления) с помощью букв ЭЛ'Е, Имы-бина, в малхут. Это достигается молитвой у Ворот Плача, с которой никто не возвращается с пустыми руками – т.е. после поднятия ма"н, спустил буквы ЭЛ'Е от АВ"И до малхут, дома Элоким. Потому что после получения ЭЛ'Е малхут сама называется Элоким, как Има.

СЛОВО ЗОЛОТО, НО ВДВОЙНЕ ЦЕННО МОЛЧАНИЕ – слова (духовное действие) раби Эльазара (этого духовного парцуфа) подняли малхут до Твуна, под грудь А"А, где еще нет света хохма, что означает наличие вопроса в малхут, просьбы о свете хохма. И называется «золото» (в оригинале сэла – золотая монета), потому что так называется малхут.

Но молчание раби Эльазара дало место раби Шимону раскрыть свет хая, поднятием малхут к высшей матери, чем и создались сразу оба мира, потому что низший мир, малхут, создался вместе с высшим миром, бина, что и говорится в словах «Зоар»: ВДВОЙНЕ (два мира) ЦЕННО МОЛЧАНИЕ.

19. Сказал раби Шимон: «Отсюда и далее совершенство написанного, как сказано, выводит число войск. Потому что это две ступени, каждая должна быть записана, т.е. отмечена. Одна, о которой сказано М"А, а другая – это М"И. Эта М"И – высшая, а М"А – низшая. Высшая ступень записывает, говорит и выводит число войск, где буква Хэй говорит об известной, нет подобной которой, т.е. о М"И. Подобно сказанному «Амоци

лэхэм» – взрастающий хлеб из земли (обращение к Творцу), где буква А = хэй говорит о знании известной, низшей ступени, т.е. М"А. А обе они вместе одна ступень, малхут. Но высшая – это М"И дэ малхут, а низшая – это М"А дэ малхут. Выводящая число. Потому что число 600 000 – это число звезд, стоящих рядом, а они выводят войска свои, которым нет числа.

«Зоар» имеет в виду слова из книги пророка Ишаяу (40, 26; русский перевод стр. 277, 26): «Поднимите глаза ваши в высоту небес и посмотрите: КТО СОТВОРИЛ ЭТО (их) – МИ БАРА ЭЛЕ? Тот, кто выводит воинство их счетом, всех их по имени называет Он; от великого могуществом и от мощного силой никто не скроется».

Запись – имеется в виду отмеченное буквой хэй, потому что две ступени должны быть записаны в малхут – М"И и М"А. С помощью света, получаемого во время подъема выше груди А"А, в высший мир, когда малхут становится как высший мир, она называется М"И, потому что уходит из М"А = мэм-хэй буква хэй и поднимается вместо нее буква юд, вследствие чего малхут называется М"И, как высший мир, и украшается мужским свойством.

Но все же не пропадает в малхут ее прежняя ступень, М"А. Причина этого в том, что ступень М"И необходима, чтобы передать свет, совершенство «святое святых», к поколениям, потомству малхут, нара"н праведников, к низшим. Но рождение и умножение этих поколений (сыновей) зависят от имени М"А. Поэтому, если будет недоставать в малхут одного из двоих, М"А или М"И, она не сможет рожать последующие поколения, создавать новые души, низшие, наполненные светом парцуфим.

Поэтому малхут ВЫВОДИТ ВОИНСТВО ИХ СЧЕТОМ – это ступень М"И, которую малхут наследует от высшей матери, потому что буква хэй перед словом выводит – моци = Амоци, что говорит о том, что в малхут есть совершенный свет, получаемый ею от АВ"И, называемый «украшения». И это максимальный свет, который может быть в малхут в течение 6000 лет.

Эта же буква хэй говорит о наличии в малхут света Ишсут, ступени М"А. Потому что и эта ступень должна быть записана, т.е. находиться в малхут. И эти две ступени, М"И и М"А, находятся в малхут: М"И выше, а М"А ниже.

«Зоар» называет малхут «раскрывающийся мир». То есть то, что малхут раскрывает, то и получают низшие. Это свое постижение, свои ощущения света, нисходящего от малхут, они называют своим миром. Так и мы называем нашим миром то, что ощущаем нашими органами чувств. А это не более чем то, что мы получаем от малхут самой нижней ступени мира Асия, малхут предыдущей ступени.

Но следует знать, что настоящее понятие «наш мир» означает истинное постижение человеком этой ступени, называемой «наш мир», т.е. ощущение крайнего удаления от Творца, полной беспомощности, осознание абсолютного собственного эгоизма. Этого ощущения можно достичь, только если свыше будет светить человеку духовный свет, в контрасте с которым человек увидит свое истинное духовное состояние. Но чтобы достичь такого состояния, необходимо приложить большие усилия в изучении Каббалы, чтобы вызвать на себя свечение окружающего света (см. п. 155 «Предисловия к ТЭС»). Но когда человек постигает такое состояние, то немедленно поднимает такую просьбу к Творцу, что этот ма"н не остается без ответа и человек получает силы выйти из «нашего мира» и взойти своими свойствами на более высокую ступень, малхут мира Асия. И тогда уже она становится его миром.

В нашем же случае мы говорим об очень высоких ступенях. Раскрывающаяся малхут – это малхут мира Ацилут, нуква з"а. А то, что «Зоар» называет ее высшей, говорит о том ее состоянии, когда она получает ступень М"И во время подъема и надевания на высший мир, высшую мать. Поэтому тогда и сама малхут называется высшей, а ступень М"А, соответственно, называется низшей.

ЗНАЕТ ВСЕ ВОИНСТВО ПО СЧЕТУ – счет, число означает совершенство. Свет без числа означает, что этот свет несовершенен, а свет с числом говорит, что свет совершенен. Действие з"а по передаче света от бина в малхут описано в выражении «НЕБО РАССКАЗЫВАЕТ О ВЕЛИЧИИ ТВОРЦА»: НЕБО – з"а, РАССКАЗЫВАЕТ – на иврите «месапэр», от слова миспар – число, совершенство света, который передает з"а от АВ"И в малхут, называемую ВЕЛИЧИЕ ТВОРЦА.

Этот свет называется 600 000. Потому что ступень малхут – единицы, ступень з"а – десятки, ступень Ишсут – сотни, ступень АВ"И – тысячи, ступень А"А – десятки тысяч.

В АВ"И 2 части: своя – тогда они считаются как тысячи, от света хохма, получаемого от головы А"А, – тогда они считаются как А"А за десятки тысяч. Но только не за полную ступень А"А, а как его ва"к, потому что они одевают А"А от его рта и ниже, до груди. А потому как ва"к = вав кцавот = 6 сфирот х 10 = 60, то ступень ва"к А"А это 60 х 10000 = 600 000.

Поэтому, когда малхут поднимается в АВ"И, она получает полное, совершенное число, 600 000, где 60 говорит о том, что это всего ва"к, потому что малхут еще не в голове А"А и недостает еще ей этой ступени. А 10 000-я ступень говорит о А"А, о части, одевающейся в АВ"И, потому что АВ"И – это ва"к А"А. Поэтому у малхут есть тогда число 600 000.

Итак в малхут есть (записаны) 2 ступени:
- М"И, ступень АВ"И, одевающаяся в малхут, отчего малхут получает ступень высшего мира и так называется, а свет в ней называется 600 000;
- М"А, ступень Ишсут, одевающийся в малхут, отчего в малхут есть вопрос, ощущение отсутствия света хохма и просьба о получении света хохма, отчего малхут называется «низший мир».

Эти две ступени создают в малхут один парцуф: в своей части выше груди она одевается в АВ"И, а своей частью ниже груди она одевается в Ишсут. Поэтому и в поколениях, потомстве малхут, есть в каждом парцуфе 2 части-ступени: от верхней части, от М"И есть свет 600 000, а от нижней части, от нижнего мира, М"А, есть в каждом потомстве отсутствие числа-совершенства.

ВЫВОДЯТ ВОИНСТВА СВОИ, КОТОРЫМ НЕТ ЧИСЛА, – не понимается как бесконечно большое, а «нет числа» означает несовершенство света, получаемого в нижнюю часть, потому как он исходит от Ишсут, ступень которого без числа.

Поэтому потомство малхут определяется как несовершенное, ибо эти 2 ступени существуют в ней как одна и связаны вместе, как одна. Поэтому и в ее потомстве две ступени: высшая – 600 000, низшая – без числа. Но низшая определяется как дополнение к совершенству и не считается недостатком.

Причина этого в том, что благословение семени, размножение, зависит только от низшего мира, М"А, без числа, как сказано в Торе на жалобу Авраама, что бездетный он (Берешит 15, 5;

Мать одалживает дочери свои одежды

русский перевод стр. 16, 5): «Посмотри-ка на небо и сосчитай звезды. Ты сумеешь их сосчитать? Таким же будет и потомство твое». Отсюда мы видим, что благословение на семя исходит от отсутствия числа, т.е. от имени М"А.

Поэтому после всего совершенства, которое постигает малхут от света АВ"И, М"И, есть в малхут дополнительное благословение от М"А, называемое «отсутствие числа», и обе эти ступени включаются в ее потомство – души и поколения.

20. «Всех из этих 600 000 и всех войск, которым нет числа, называет имена» – что значит «называет имена»? Если скажешь, что называет их по именам, то это неверно, потому что иначе было бы сказано: «Зовет по имени». Но когда эта ступень не поднимается в имени Элоким, а называется М"И, не рождает она и не раскрывает скрытых в ней. И хотя все были скрыты в ней, т.е. хотя уже поднялись буквы ЭЛ"Е, но еще скрыто драгоценное одеяние света хасадим. А когда оно скрыто, то не называется именем Элоким. Потому как создал буквы ЭЛ"Е, поднялись в его имени, т.е. оделись в драгоценные одеяния света хасадим, отчего соединяются ЭЛ"Е с М"И и называется Эло-им. Тогда, в силу этого имени, вывел их в совершенстве, что определяется как НАЗЫВАЕТ ИХ ИМЕНА, что означает: именем каждого назвал и вывел каждый вид и род, чтобы существовал в совершенстве. Поэтому сказано ВЫВЕЛ ЧИСЛОМ ВОЙСК всех по имени назвал, т.е. именем Элоким.

Уже говорилось, что совершенство света, являющегося именем Творца Эло-им, нисходит на души, поколения, потомство, в 2-х ступенях, соединенных в одну. В этой ступени есть как от высшей ступени 600 000, так и от низшей ступени, где неисчислимое число войск, и на обе нисходит имя Творца.

Благословение семени целиком зависит от М"А, потому что определяется светом хохма, ибо этот свет определяет совершенство. А свет без числа, свет хасадим, исходит именно от имени М"А. Как уже известно, свет хохма принимается только в одеяний света хасадим. До этого облачения, хотя ЭЛ"Е и поднимаются к М"И, нет действия имени Элоким: ЭЛО-ИМ = ЭЛЕ+ИМ.

Поэтому сказано, что М"И НЕ РОЖДАЕТ, хотя и ушла точка малхут из мысли-бина, и спустилась на свое место, и возвратились все 10 сфирот и весь свет в парцуф, но еще ИМЯ ЭЛ"Е СКРЫТО, потому что не может получить хохма, вследствие отсутствия хасадим.

Но, ПОТОМУ КАК СОЗДАЛ ЭЛ"Е, т.е. после того, как добавил зивуг на экран М"А, низший мир, малхут, появился свет хасадим, называемый НЕТ ЧИСЛА, и наполнились ЭЛ"Е светом хасадим, что и означает БАРА = СОЗДАЛ ЭЛ"Е, потому что одевание в свет хасадим называется БАРА – творение. Только после этого и НАЗЫВАЕТСЯ ЭЛОКИМ, потому что только после получения света хасадим могут получить свет хохма, называемый «свет числа», свет 600 000, отчего соединяются буквы до полного имени Элоким.

А также на души и на потомство, выходящее от имени Элоким, распространяется то же совершенство – одевание хохма в хасадим. И ЭТИМ ИМЕНЕМ ОН НАЗЫВАЕТСЯ – этим именем называется все, что выходит – этими свойствами производит все потомство, парцуфим от своего зивуга на свет хохма, ИМЕНЕМ 600 000 – т.е. хохма, и ОНИ С ХАСАДИМ – чтобы было в них совершенство имени, чтобы оделись свет в свет, как они одеты в ИМЯ. Поэтому сказано ВИДИШЬ, Я ЗОВУ ПО ИМЕНИ, потому что звать означает оживлять и доводить до совершенства.

21. Спрашивает: «Что означает от великих сил и богатства? Это голова ступени, куда поднимаются все желания и скрыто находятся там. Сильный, поднявшийся в имени, ЭЛОКИМ, как сказано, – это тайна высшего мира, называемого М"И. Ни один человек не пропадает – из тех 600 000, которых создал силой этого имени. А потому что никто из людей не пропал из числа 600 000, везде, где гибли сыны Израиля и получали наказания за свои прегрешения, находим потом, что не пропал из этих 600 000 ни один, чтобы все осталось в том же виде – как наверху, так и внизу. И как никто не пропал из 600 000 наверху, так не пропал ни один человек из этого числа внизу.

Мать одалживает дочери свои одежды

ОТ ВЕЛИКИХ СИЛ И БОГАТСТВА – означает кэтэр АВ"И, называемый ГОЛОВА СТУПЕНЕЙ. Это бина А"А, которая стала кэтэр парцуфа АВ"И, КУДА ПОДНИМАЮТСЯ ВСЕ ЖЕЛАНИЯ, ма"н низших и все ступени получают оттуда. Эта ступень наполнена светом хасадим и даже в отсутствие света хохма находится в совершенстве, потому что ее свет хасадим исходит от га"р бина А"А. Т.е. есть в ней такой большой свет хасадим, что эта ступень, хотя и вышла из головы А"А, не считается вышедшей из него, потому что не ощущает никакой потребности в свете хохма. Эта ступень, кэтэр АВ"И, – голова всех ступеней мира Ацилут, откуда получают АВ"И, Ишсут, зо"н.

СИЛЬНЫЙ – ЭТО ТАЙНА ВЫСШЕГО МИРА, свойство М"И, которое есть в малхут, откуда нисходит число 600 000. Потому что она надевается на высший мир, на АВ"И. Поэтому сказано, что НИ ОДИН ЧЕЛОВЕК НЕ ПРОПАДАЕТ ИЗ ТЕХ 600 000, потому что там малхут получает свет хохма, называемый 600 000. И потому сказано, КАК НАВЕРХУ НИ ОДИН НЕ ПРОПАЛ, ТАК И ВНИЗУ – потому что малхут надевается на АВ"И, что говорится в словах МАТЬ УКРАШАЕТ ДОЧЬ В СВОИ УКРАШЕНИЯ, вследствие чего малхут становится полностью как АВ"И. И как свет АВ"И совершенен, потому и называется 600 000 и НИ ОДИН ЧЕЛОВЕК НЕ ПРОПАЛ, т.е. не ощущается недостаток в свете хохма, так и малхут совершенна в этом числе, что означает и внизу НИ ОДИН ЧЕЛОВЕК НЕ ПРОПАЛ.

БУКВЫ РАБИ АМНОНА-САБА

22. Сказал раби Амнон: «В четырех первых словах Торы ВНАЧАЛЕ СОЗДАЛ ТВОРЕЦ Эт – Берешит Бара Элоким Эт, два первых слова начинаются с буквы бэт, а два следующих – с буквы алеф». (Буква алеф произносится как звук А и как звук Э.) Сказано: когда задумал Творец создать мир, все буквы были еще скрыты, и еще за 2000 лет до сотворения мира Творец смотрел в буквы и забавлялся ими.

На языке Каббалы то же предложение выглядит так: когда решил Творец (бина) создать мир (зо"н мира Ацилут), келим зо"н еще находились в бина. Хохма и бина – Аба вэ Има (АВ"И) называются 2000 лет. До создания мира, рождения зо"н, все буквы – келим зо"н – были в АВ"И в виде ма"н, а ма"н всегда вызывают у высшего желание заниматься им.

Высший парцуф относительно низшего называется Творец, потому что действительно рождает низший и все, что получает низший, он получает только непосредственно от своего высшего. Более того, можно сказать, что все желания, все существование высшего – только для низшего. И поэтому высший только и ожидает истинной просьбы низшего о желании духовно возвыситься, называемой ма"н, на которую, если это желание истинно, он немедленно откликается и передает низшему свет, несущий силы исправления.

Поскольку низший – это зо"н мира Ацилут, а все, что под этим парцуфом, все миры АБЕ"А и наш мир, является как бы его частью, то высшим парцуфом являются АВ"И мира Ацилут. Желания или свойства зо"н называются буквами, и здесь «Зоар» объясняет нам, с какими свойствами сотворен зо"н, т.е. духовный и наш мир, мы сами, какие свойства желательны, а какие нуждаются в исправлении и каким образом это достигается.

Поскольку свойства будущего Творения определяются целью Творца в творении, то говорится, что еще до создания мира Творец игрался с буквами. Играл – имеется в виду, что все творение относительно Творца, как игра Его с левиатаном (легендарным морским чудовищем), с Ему противоположным свойством. Все буквы в итоге соединяются и объединяются в конце исправления в единое имя Творца.

Порядок букв алеф-бэт говорит о прямом свете, сверху вниз, внутреннем свете, заполняющем парцуф. Обратный порядок букв с конца алфавита к началу говорит об отраженном свете, снизу вверх. Прямой порядок букв алеф-бэт говорит о милосердии, а обратный – о строгом законе и ограничениях на использование эгоистических желаний.

Когда прегрешил Адам, то буквы оторвались от него, и остались у него только шин и тав – келим для света ва"к нэфэш. Келим для света нэшама – буквы от алеф до юд, келим для света руах – буквы от юд до коф, келим для га"р нэфэш – буквы коф и рэш, исчезли у него.

Поэтому назвал своего сына, рожденного после грехопадения, ШэТ: шин-тав по 2 последним буквам алфавита, келим, которые остались у него. Кли ш-т годны только для отраженного света снизу вверх, но не для того, чтобы получить свет сверху вниз. Но после того, как получает есод з"а, букву юд, то становится из ш-т слово шит. А если Творец создает мир буквой бэт, то она входит между ш-т и получается ш-б-т шабат, состояние духовного совершенства, цель творения. Поэтому первое слово Торы – берешит: бара – создал шит.

23. Когда Творец задумал создать мир, пришли к Нему все буквы алфавита в обратном порядке, от последней – тав, до первой – алеф. Первой вошла буква тав и сказала: «Владыка мира! Хорошо, а также приличествует Тебе построить мною, моими свойствами, мир. Потому что я печать на кольце Твоем, называемом правда – эмэТ, заканчивающаяся на букву тав. А потому сам Ты называешься правда, и поэтому подходяще Царю начать мироздание с буквы тав, и ею, ее свойствами, создать мир».

Ответил ей Творец: «Красива и пряма ты, но не достойна, чтобы твоими свойствами был создан задуманный Мною мир, потому как в будущем ты будешь записана на лбах истинно верующих, выполняющих всю Тору от алеф до тав (от первой до последней буквы) и погибших из-за тебя» (см. Талмуд. Шабат 55).

Что значит то или иное имя Творца? Имя духовного объекта означает, каким образом можно достигнуть получения света, который наполняет его, каким образом можно достичь его духовного уровня. В общем, 22 буквы – это 10 сфирот-келим в зародыше (ибур) будущего парцуфа, находящиеся в сфире есод, потому что там находится экран зародыша нового парцуфа. Поэтому есод называется «число, номер» – ведь он измеряет размер нового парцуфа.

Из знания того, что каждое имя определяет собою определенные духовные свойства и состояние объекта, можно понять, что означает смена имени, смена места и смена действия.

Основой всех букв является АВА"Я, но наполнение каждой буквы выясняет саму букву. Наполнение буквы слышится при произношении буквы. В имени АВА"Я, юд-хэй-вав-хэй, когда мы говорим: юд, мы произносим 3 звука: буквы и-у-д, хотя пишем только одну букву, хотя звуки «у-вав» и «д-далет» слышатся вместе со звуком «и». Когда говорим «хэй», то слышится после звука «х» также «эй» = юд или «эй» = алеф. В этом заключается выяснение АВА"Я в процессе выхода этого имени.

Вид-свойства Творца обозначены на его деяниях, и поэтому три линии, которые есть в бина – Творце, отпечатываются, действуют и в его творениях, в низших мирах, как печать и ее отпечаток. Поэтому имя М"Б есть как в бина, так и в з"а, так и в малхут. Но в з"а это имя М"Б разделяется на 10 изречений и 32 силы творения Элоким, которые создают малхут-творение.

Бина обозначается буквой Мэм, буква бэт-малхут, имя М"Б обозначает создание бина малхут. Буква алеф-з"а, который передает малхут букве бэт, все 22 буквы, от алеф до тав, потому малхут называется ЭТ, Алеф-Тав.

Малхут – центральная часть, цель творения, единственное творение, частицы которого – это все миры и их населяющие, в том числе и мы. Части малхут, или, что то же, сама малхут, в зависимости от своих состояний, имеет различные свойства, обозначаемые различным сочетанием букв, и потому части малхут получают различные «коды»-сочетания свойств-букв или имена. Отсюда и происходят все слова в мире. Нет ни одного свойства в мире, кроме как в малхут. Каждое из ее свойств, т.е. каждое творение, ибо все творения являются ее частями, обозначается тем свойством, которым оно отлично от других, т.е. своим именным набором свойств-букв, что и образует его имя.

Малхут называется Шхина, потому что в ней располагается свет, Шохэн-Творец. Творец называется Шохэн, когда его таким в себе ощущает малхут. Если человек, как часть малхут, исправляет себя, частично или полностью, от эгоизма и заполняет, соответственно этому, светом свои исправленные желания, наполняется Творцом, то такой человек становится частью Шхина.

Малхут состоит из 4 частей, называемых по своим свойствам – также лицами: лицо льва, лицо быка, лицо орла, лицо человека, или малхут уподобляется духовному ореху, окруженному 4 скорлупами, соответствующими 4 клипот – нечистым силам: руах сэара – ураганный ветер, анан гадоль – большое облако, эш митлакахат – пожирающий огонь, нога – сияющая.

Каббала может описывать духовные действия или в виде имен сфирот и парцуфим, или в виде имен АВА"Я, ЭКЕ и пр., с их наполнениями, гематриями. Хотя чаще всего используется язык сфирот и парцуфим, но иногда употребляется, даже параллельно и одновременно, язык АВА"Я и её наполнений.

Составным образом рождается большинство слов Каббалы: Маациль – Творец, от слова цэль – тень, потому что творение рождается из скрытия Творца, его сокращений. Другое название Творца – Борэ от слов бо – приди, и рэ – смотри. Имя означает постижение. По тому, как постигает человек объект, он дает ему имя. Также и Творцу человек дает имя по тому свойству, которое он постигает, по тому, как ощущает Творца. Есть несколько видов имен Творца: имена по Его свойствам, как, например, в нашем случае, упоминается имя Творца ЭМЭТ – «Правда», «Истина», и имена Творца, составленные из ощущения Его света, заполняющего парцуф и пр.

Имена Творца в соответствии с именами сфирот:
– **кэтэр**: алеф-хэй-юд-хэй (ЭКЕ)
– **хохма**: юд-хэй (ЙА)
– **бина**: АВА"Я с огласовкой сэголь-холам-хирек, как Элоким: юд (юд-вав-далет)-хэй(хэй-юд)-вав(вав-алеф-вав)-хэй(хэй-юд)
– **хэсэд**: алеф-ламэд = ЭЛЬ (произносится КЕЛЬ)
– **гвура**: алеф-ламэд-хэй-юд-мэм (ЭЛОКИМ)
– **тифэрэт**: юд-хэй-вав-хэй (АВА"Я без огласовки)

— **нэцах**: АВА"Я ЦВАОТ. **ход** : ЭЛОКИМ ЦВАОТ
— **есод**: шин-далет-юд = ШАДАЙ
— **малхут**: АДОНАЙ (произносится АДНИ)

Когда надо показать слияние двух миров, низшего и высшего, то пишется АДНИ-АВА"Я, поднятия малхут-АДНИ до уровня бина-АВА"Я с огласовкой Элоким.

Имя з"а АВА"Я – от правой линии, хэсэд, а имя АДН"И – от левой линии, гвура. Объединив эти две линии, образуется средняя линия, в которой светит свет хохма, благодаря наличию от правой линии света хасадим. Такое состояние выражается смешанным написанием имен АВА"Я-АДН"И:

ЮД-алеф-ХЭЙ-далет-ВАВ-нун-ХЭЙ-юд. Соединение (зивуг) з"а и его нуквы обозначаются смешиванием имен.

АВА"Я-АДНИ: юд-алеф-хэй-далет-вав-нун-хэй-юд. Юд вначале говорит о свете хохма в з"а, а юд в конце – о передаче этого света нукве.

Вследствие 2-го сокращения малхут поднялась до бина, т.е. властвует своим желанием над бина и з"а. Вследствие того, что нельзя получить свет хохма в 3 сфиротах бина, з"а, малхут, в которых властвует эгоистическое желание малхут, нет в парцуфе света хохма, а только свет хасадим.

Это обозначается так: в слово свет – ор, алеф-вав-рэш, обозначающий ор хохма, вошла буква юд и получилось слово алеф-вав-юд-рэш, авир-воздух, обозначающий свет хасадим. Если парцуф вновь переходит к большому состоянию, то буква юд уходит из него, и снова он наполняется светом хохма, из авир – воздух становится ор – свет.

Ненаполненная АВА"Я – обозначает парцуф кэтэр. АВА"Я с наполнением А"Б = 72 обозначает парцуф хохма (А"А). АВА"Я с наполнением Са"Г = 63 обозначает парцуф бина (АВ"И). Все вместе эти три АВА"Я составляют М"Б = 42 буквы – святое имя света, исправляющее души своим влиянием на кли, экран.

Все, что создано, представляет собой желание насладиться, называемое нами творением. Кроме этого желания насладиться, не создано более ничего. Все миры, их населяющие, наш мир со всем, что есть в нем, – не более чем различные величины желания насладиться. Величина желания определяет его место в духовном пространстве, в котором находится все творение, в самой низшей точке которого находится наш мир.

Каким именно видом наслаждения насладиться, чего желать, определяет само местонахождение человека: в каком мире, на какой ступени находится он.

Для того чтобы из Творца появилось творение, свет, исходящий из Творца, должен пройти 4 стадии своего нисхождения, а 5-я стадия уже ощущает себя как самостоятельное, независимое от Творца, желание насладиться именно тем светом, который исходит из Творца.

Родившись последовательным распространением света из Творца, желание насладиться, называемое кли-сосуд, также состоит из 5 частей, обозначаемых буквами: точка – начало буквы юд, буква юд, хэй, вав, хэй. Эти 5 частей, 4 буквы называются именем Творца АВА"Я, потому что имя Творцу дает кли по своему ощущению Творца, т.е. по ощущению света, его наполняющего. Свет, наполняющий кли, называется милуй – наполнение.

Созданное Творцом кли – творение делится на 5 частей, называемых мирами. Каждая такая часть-мир делится еще на 5 частей, называемых парцуфим – лица – объекты. Каждый парцуф состоит также из 5 частей, называемых сфирот. Итого получается 5 x 5 x 5 = 125 духовных объектов или ступеней от самой низшей ступени до самого Творца.

Каждый парцуф состоит из 5 частей = 5 сфирот: точки и 4 букв: кэтэр-точка + хохма-юд + бина-хэй + з"а-вав + малхут-хэй = АВА"Я. Все отличие между всеми 125 парцуфим в том, какой свет их наполняет, а скелет кли, буквы АВА"Я, остается тем же. И это потому, что не может возникнуть желание, если свет Творца не пройдет предварительно 5 ступеней, где только 5-я ступень является рождением нового творения – нового желания.

Все мироздание, все миры представляют собою всего лишь 10 сфирот или имя Творца АВА"Я:

СФИРА	БУКВА	ПАРЦУФ	МИР	СВЕТ
кэтэр	точка, начало буквы юд	Гальгальта	А"К	ехида
хохма	юд	А"Б	Ацилут	хая
бина	хэй	Са"Г	Брия	нэшама
з"а	вав	М"А	Ецира	руах
малхут	хэй	Бо"Н	Асия	нэфэш

Наполнение АВА"Я светом является ее раскрытием. Этим буквы выходят наружу из скрытия, состояния, когда они не наполнены. Есть всего 5 парцуфим: Кэтэр (Гальгальта), А"Б, Са"Г, М"А, Бо"Н. Первый из них – парцуф кэтэр – основной и источник всех остальных. Его 10 сфирот – простая АВА"Я или внутренняя АВА"Я, потому что из каждой из 4 букв его АВА"Я выходит наружу, раскрывая новый парцуф и одевающий снаружи. Итак, из парцуфа кэтэр-Гальгальта: от юд – выходит парцуф хохма, А"Б, от хэй – выходит парцуф бина, Са"Г, от вав – выходит парцуф з"а, М"А, от хэй – выходит парцуф малхут, Бо"Н. Т.о. парцуф кэтэр обозначается простой АВА"Я, а одевающие его парцуфим обозначаются наполненными АВА"Я. Запись АВА"Я с наполняющим ее светом называется милуй, наполнение. Для краткости обозначения, именования парцуфа, введено понятие гематрия – числовая сумма света, наполняющего парцуф.

Мудрость – хохма, называется подсчетом – хэшбон – гематрия. Подсчет осуществляется только в месте получения света: а) происходит предварительный подсчет, сколько света парцуф в состоянии принять ради Творца, б) получение света, согласно расчету, в) подсчет полученного, называемый милуй, гематрия.

Малхут не может получать свет хохма без хасадим, в таком случае хохма не может светить в ней. Тогда малхут поднимается в бина и становится в ней как зародыш, отчего получает правую линию – хасадим. Соединяя прошлое и настоящее состояния, малхут получает хохма в хасадим и свет хохма светит в ней. Все эти действия малхут сопровождаются расчетами, называемыми гематриями.

Гематрия парцуфа, не наполненного светом, т.е. гематрия незаполненной, пустой АВА"Я:

АВА"Я = юд + хэй + вав + хэй = 10 + 5 + 6 + 5 = 26. Гематрия заполненной АВА"Я образуется наполнением каждой буквы: в иврите каждая буква имеет свое полное название: А-алеф, Б-бэт и т.д. Поэтому есть 4 вида наполнения АВА"Я – а) А"Б, б) Са"Г, в) М"А, г) Бо"Н:

а) АВА"Я наполнения А"Б:
юд = юд + вав + далет = 10 + 6 + 4 = 20
хэй = хэй + юд = 5 + 10 = 15
вав = вав + юд + вав = 6 + 10 + 6 = 22
хэй = хэй + юд = 5 + 10 = 15

Итого: 20 + 15 + 22 + 15 = 72 = А"Б, где буква А – обозначает не букву алеф = 1, а букву аин = 70. АВА"Я, наполненная таким светом, называется парцуф А"Б, парцуф хохма, потому что буква юд в наполнении означает свет мудрости, ор хохма. Такое наполнение называется АВА"Я с наполнением юд.

б) АВА"Я с наполнением СА"Г: Парцуф, наполненный светом милосердия, ор хасадим, называется СА"Г, т.к. такова его гематрия:

Са"Г = Самэх(60) + гимэль(3) = 63:
юд : юд + вав + далет = 10 + 6 + 4 = 20
эй : хэй + юд = 5 + 10 = 15
вав : вав + алеф + вав = 6 + 1 + 6 = 13
хэй : хэй + юд = 5 + 10 = 15
Итого 63 = 60 + 3 = Самэх + Гимэль = Са"Г.

Если келим и их наполнение исходят от 1-го сокращения, то в наполнении АВА"Я присутствует буква юд. Если же келим наполняются светом от 2-го сокращения, то в наполнении АВ"Я присутствует буква алеф. Отличие между гематриями А"Б и Са"Г в наполнении буквы вав: в А"Б гематрия вав = 22 от наполнения светом хохма, а в Са"Г гематрия вав = 13 от наполнения светом хасадим. Из сказанного ясно, что парцуф А"Б происходит от 1-го сокращения, а в парцуф Са"Г его буква вав, з"а, происходит от 2-го сокращения.

в) АВА"Я с наполнением М"А:
юд: юд + вав + далет = 20
хэй: хэй + алеф = 6
вав: вав + алеф + вав = 13
хэй: хэй + алеф = 6

Такое наполнение АВА"Я называется 20 + 6 + 13 + 6 = 45 = 40 + 5 = Мэм + Хэй = М"А (буква хэй читается как «а»).

г) АВА"Я с наполнением Бо"Н:
юд : юд + вав + далет = 20
хэй: хэй + хэй = 10
вав: вав + вав = 12
хэй: хэй + хэй = 10

Такое наполнение АВА"Я называется 20 + 10 + 12 + 10 = 52 = 50 + 2 = Нун + Бэт, и для более легкого произношения ее произносят как БОН. Это гематрия парцуфа малхут, и она равна удвоенной незаполненной АВА"Я: АВА"Я = 26; 26 x 2 = 52 = М"А.

Так как парцуф малхут не в состоянии сам получать свет от Творца, ввиду отсутствия в нем экрана, а может только пассивно получать то, что дает ему парцуф з"а, то двойная гематрия говорит, что все, что есть в малхут, есть в ней от з"а.

Из 4 видов АВА"Я видно, что корень творения не парцуф хохма или бина, а только парцуф з"а, потому как он первый построен на 2-м сокращении.

Основные 10 сфирот находятся в парцуф кэтэр, а выходящие от него А"Б, СА"Г, М"А, Бо"Н – это всего лишь ветви, выходящие из 1-го парцуфа. Но когда распространяется свет изнутри парцуфа, есть в нем 5 внутренних светов наранха"й и 5 внешних: из правого уха выходит 5 внешних светов бина, из левого – 5 светов бина внутренних, из правой ноздри выходит 5 светов з"а внешних, из левой – 5 внутренних.

Потому как две малхут удалены друг от друга, это дает в нашем мире, в человеке, разделение и отдаление отверстий ушей друг от друга, меньшее взаимное удаление – между отверстиями носа, а 5 внутренних и внешних светов общего света рта выходят из одного отверстия, и потому при выходе изо рта они ударяют друг в друга, переплетаются друг с другом, и от их столкновений рождаются буквы-келим.

Так как из бина-Са"Г = самэх + гимэль = 60 + 3 = 63 происходят 22 буквы, то отверстие, из которого они происходят, называется 63 + 22 = 85 = пэй + хэй = ПЭ-рот. Буквы выходят изо рта з"а, потому что во рту з"а находится есод Има.

Все познания о духовных мирах, всю нашу Тору мы получили от Великих наших праотцов, которые, духовно возвышаясь над нашим миром, ощущали высшие миры и описали нам их. Таким образом получена нами Тора во всей ее полноте, как письменная, так и устная.

Мы не можем представить себе духовное, потому что оно и не улавливается нашими органами чувств. Но для того, чтобы передать нам не постигаемые еще нами объекты и понятия, каббалисты используют несколько приемов, языков. Вся Тора повествует нам о пути создания, управления и исправления мира. И говорит только об этом и ни в коем случае не об истории, географии и пр. Как сказано в самой Торе, Тора – это святые имена, т.е. проявления, Творца, меры и методы Его постижения.

Эту информацию каббалисты, т.е. всякий поднимающийся в духовный мир и потому имеющий непосредственную связь с Творцом, доносят нам 4 языками:

1. Язык ТаНаХа (Т – Тора – пятикнижие, Н – Нэвиим – пророки, Х – Ктувим – священные писания). Этим языком написана письменная Тора.

2. Язык исполнения (выполнения Заповедей).
3. Язык сказаний.
4. Язык сфирот и парцуфим – язык Каббалы.

Все языки говорят об одном – о пути постижения Творца нами, живущими в этом мире. Потому что только для этого мы созданы и по замыслу Творца только для этого должны употреблять все наши умственные, физические и духовные возможности. И если бы мы устремили только к этому себя, то, естественно, только для этого употребляли бы язык нашего общения. Ведь все, что дано нам, дано только для выполнения нашей задачи в этом мире – постижения ощущения Творца еще при жизни.

Поэтому и первым языком, освоенным людьми, был иврит. Но, по мере удаления от выполнения своего предназначения, люди обрели дополнительные языки. И во всех остальных языках мира есть внутренний смысл, но поскольку эти алфавиты не раскрыты нам каббалистами, мы изучаем духовные силы, изображаемые ивритским алфавитом, источником всех остальных.

Каждый парцуф делится на правую и левую части. Правая часть состоит из Рама"х = Рэш – Мэм – Хэт = 248 частей-органов, наполненных светом хасадим, а левая часть состоит из Шас"а = Шин – Самэх – Хэй = 365 частей, наполненных светом хохма. З"а называется голосом, в основном он – это свет хасадим, а когда он соединяется с малхут, называемой речью, то она получает свет хасадим с хохма от з"а, и образуется речь.

7 основных сфирот з"а называются «7 небес». 70 имен з"а происходят от 70 = 7 х 10 сфирот з"а. Сам з"а называется небо, небеса, а малхут – земля. Сфирот з"а называются также: руах, по свету руах, что в них, который поднимается в бина-уши и преобразуется там в звук, хохма в левом ухе и хасадим в правом.

Есть отличие языка от алфавита, как в нашем мире есть люди, владеющие разговорным языком, но не умеющие читать и писать. Самый древний разговорный язык – язык Танаха, восходящий к Адаму. Из него произошел язык исполнения, затем язык сказаний. Все эти языки вместе и каждый в отдельности используются в нашей религиозной литературе.

Самым последним развился язык Каббалы. Потому что он самый трудный – ведь для понимания его необходимо ощущение самим человеком духовных категорий, о которых повествует язык. И самый точный из языков – язык Каббалы. Только он в состоянии абсолютно точно передать всю духовную информацию. Но язык этот изучить и получить информацию на нем может только ученик непосредственно из уст своего учителя-каббалиста. А так как в течение многих поколений постигающих были единицы и они не имели связи друг с другом, то язык Каббалы развился самым последним. И сегодня «изучить» его можно только непосредственно у учителя-каббалиста.

Поначалу все свои знания о духовном мире постигающие его скрывали в виде букв, очертания которых взяли из соотношения духовных сил. Иными словами, на каждой духовной ступени действует определенное, свойственное только ей соотношение духовных сил. Дав определенный знак каждому свойству, можно в рисунке изобразить соотношение и общий результат соединения духовных сил каждой ступени, ее суть.

Таким образом каббалисты создали наш алфавит в виде 22 букв. В книге «Зоар» большое внимание уделяется выяснению связи между буквами, что помогает изучающему обобщить свои знания и найти новые пути почувствовать в себе духовные силы и их действия.

Как сказано в книге, написанной нашим праотцом Авраамом, «Сэфэр Ецира» – «Книга создания», буквы представляют собой камни, из которых составляется здание-слово. Как повествуют нам мудрецы, мир создан буквами «святого языка», каждая буква которого представляет определенную святую, духовную, альтруистическую силу творения.

Буква представляет нам свойства этой силы своим начертанием, важностью по сравнению с остальными, своими возможными сочетаниями с остальными буквами, своей возможной огласовкой, коронами и нотными знаками, своим числовым значением – гематрией и вариациями.

Но это только если касаться отдельных букв и их сочетаний. Есть также определенные правила, по которым мы можем определять свойства духовных сил не из букв, а из целых слов. Причем часто используя замену букв в словах или целых частей слова на ему подобные.

Сам язык, корни его слов, говорят о свойствах объекта, который он называет. Например, Адам произошел из адама – земли, чем подчеркивается его ничтожность, и от слова адамэ –

подобен (высшему), чем подчеркивается его возвышенность. Имя Яаков происходит от слова экев – обойти (Эйсава). Подобных примеров есть в Торе множество, потому что все имеет свой корень, по которому называется, как отчество человека.

После того как мы выяснили, что вместо языка сфирот и парцуфим можно употреблять сочетания букв – келим (язык букв) в описании духовных действий, то все описание духовных миров сводится к изображению объектов и действий в виде букв и их сочетаний (как и написана вся Тора), т.е. слов:

а) каждая буква своим видом, элементами написания говорит о всех свойствах и общем состоянии духовного объекта, сфиры или парцуфа, ею изображаемого;

б) порядок букв в слове говорит о связи объектов, сфирот и их совместных действиях и свойствах. Постижение слова в его духовном значении означает подъем на духовный уровень этого объекта. В таком случае сам постигающий становится этим словом, называется им. Имя человека, поднимающегося по духовным ступеням, меняется в зависимости от того, на какой ступени он находится: именем этой ступени он и называется. Поэтому сказано, что все могут стать как Моше – достичь ступени, называемой «Моше»;

в) само слово в его «земном» чтении, его «земной» смысл говорит нам о его духовном корне и о его ветви – следствии в нашем мире;

г) сочетание слов говорит нам о целом духовном процессе, которому, как правило, есть соответствующее действие – Заповедь в нашем мире.

Имена изменяются в зависимости от того, какой аспект желательно выяснить:

а) по основам сфирот:

кэтэр	–	не имеет
хохма	–	огонь
бина	–	вода
з"а	–	воздух
малхут	–	земля

б) по цветам:

кэтэр	–	не имеет
хохма	–	белый – основа всех цветов

бина   — красный — наиболее выделяющийся
з"а   — зеленый — самый совершенный
малхут   — черный — не изменяемый никаким иным цветом

Цвета имеют место только в теле парцуфа, но не в голове. Эти цвета проецируются свыше на малхут, а от нее получают все низшие.

в) линии:

хэсэд   — правая   — белая
гвура   — левая   — красная
тифэрэт — центральная, включает все цвета   — зеленая

Часто вместо названия сфирот употребляются названия их свойств, их цветов, их 4-х основ: огонь, воздух, вода, земля («Зоар», Ваера, п.32). Малхут называется «земля», но малхут, поднявшаяся своими свойствами в бина, называется «земля Храма». 4 стороны мира — хохма, бина, тифэрэт, малхут соединяются в Храме и соединяются с 4 основами мира — огонь, воздух, вода, земля. Из двух точек бина и малхут, соединенных вместе, Творец создал один парцуф — Адам.

4 основы мира — они же 4 стороны мира:

огонь — север — шурук — левая линия   — гвура
воздух — восток — хирик — средняя линия — тифэрэт
вода   — юг   — холам — правая линия — хэсэд
земля — запад —   —   — малхут — получает от всех

4 основы от зивуг с малхут создают **4 основных металла**: золото, серебро, медь, железо. Все эти имена и многие другие употребляются в Торе, вместо названий 10 сфирот. И потому, хотя язык Торы, сказаний, Талмуда, Святых Писаний чрезвычайно красочен, язык Каббалы краток, и только он является точным языком описания высших миров.

4 вида записи на буквах:

Таамим — звуковые оттенки чтения буквы — обозначают прямой свет, распространяющийся сверху вниз в теле парцуфа.

Нэкудот — огласовки букв — обозначают свет во время его постепенного удаления из тела парцуфа снизу вверх.

Тагин — короны над буквами — обозначают воспоминания — решимот, от бывшего ранее света, от таамим. Тагин исходят от га"р бина.

Отиёт – буквы – это воспоминания – решимот, удаления света из тела парцуфа, от нэкудот. Буквы исходят от за"т бина.

10 сфирот делятся на 3 основные части – таамим, нэкудот, отиёт:

таамим	–	кэтэр
нэкудот	–	хохма
отиёт	–	за"т бина и зо"н

По свету в них сфирот делятся:

таамим	–	хохма
нэкудот	–	бина
отиёт	–	зо"н

Порядок создания букв: алеф, которая была вначале на правой стороне, родила букву шин, которая вышла из нее в левую сторону. Буква шин состоит из трех сторон: левой, средней, правой, отчего образуется из трех букв вав, а соединившись с буквой алеф, образовала в левой стороне слово алеф – шин = эш – огонь.

Затем из взаимодействия двух сторон, правой и левой, выдвинулись эти две буквы в противоречии между собой, где правая линия включает в себя воду, а левая линия включает в себя огонь. И из их столкновений родились буквы: рэш, вав, хэт – и образовалось слово руах – ветер. Этот ветер вошел между двумя сторонами, огонь и вода, и соединил их вместе, отчего установился порядок первых букв и их совершенство.

Вначале «Зоар» выясняет три линии в з"а в общем виде, обозначаемые тремя именами Творца: Эль, Элоким, Элокейну, а затем выясняет нисхождение ступеней наполнения з"а и малхут светом хохма в виде сочетания букв, в порядке нисхождения ступеней сверху вниз. Маим – вода, эш – огонь, руах – ветер – это три линии в з"а от АВ"И. Поэтому первые буквы в з"а – это от АВ"И.

Затем выявились дальнейшие сочетания: алеф выявила мэм со своей правой стороны и мэм стоит по левую линию от алеф. Мэм выявила шин как среднюю линию, потому что мэм изначально состоит из левой линии, ведь она находится в виде закрытой буквы мэм в слове Элоким, относящейся к левой линии, и т.д. Таким образом родились все буквы алфавита.

БУКВЫ АЛФАВИТА

БУКВЫ	НАЗВАНИЕ	ЧИТАЕТСЯ	ГЕМАТРИЯ
א	АЛЕФ	А, Э	1
ב	БЭТ	Б, В	2
ג	ГИМЕЛЬ	Г	3
ד	ДАЛЕТ	Д	4
ה	ХЭЙ	А, Э	5
ו	ВАВ	В, У, О	6
ז	ЗАИН	З	7
ח	ХЭТ	Х	8
ט	ТЭТ	Т	9
י	ЮД	И	10
כ	ХАВ	Х, К	20
ל	ЛАМЭД	Л	30
מ	МЭМ	М	40
נ	НУН	Н	50
ס	САМЭХ	С	60
ע	АИН	А	70
פ	ПЭЙ	П, Ф	80
צ	ЦАДИ	Ц	90
ק	КОФ	К	100
ר	РЭШ	Р	200
ש	ШИН	Ш, С	300
ת	ТАВ	Т	400

Буквы алеф и аин не имеют самостоятельного звукового значения, а произносится только сопровождающая их огласовка.

Буквы бэт, хав, пэй с точкой внутри читаются как Б, К, П, а без точки – как В, Х, Ф.

Буква хэй не произносится, а придыхается.

Начертание букв МаНЦэПа"Х в конце слова меняется.

Начертание, внешний вид букв: выступающий элемент буквы говорит о том, что свет в одной части буквы больше, чем в другой. Наполнение – милуй, говорит о величине, высоте ступени. Огласовка – некуд, говорит о происхождении каждой части парцуфа: произошла ли она от высшего, является его частью в настоящем парцуфе, или от низшего, или от самой себя.

Сами келим-сфирот называются «буквы», а их огласовки – нэкудот, говорят о свете, который входит и исходит из них. В келим может войти свет бина, з"а и малхут, но не свет кэтэр и хохма. Точка над буквой (холам) говорит о свете кэтэр и хохма, которые никогда не облачаются в кли, и потому стоит эта точка над буквой.

Две горизонтальные точки цэйрэ говорят о сфирот хохма и бина, что бина не получает свет хохма и есть только свет хасадим, свет милосердия (АВ"И спинами). Сама бина тоже называется цэйрэ, потому что з"а получает все от нее. Если посреди этих двух точек стоит третья (сэголь), то она означает, что з"а поднял свою просьбу в АВ"И получить свет хохма. Эта просьба з"а в АВ"И называется даат. Даат получает свет хохма для передачи в з"а. Знак камац означает, что з"а собирает – мекабэц, свет хохма.

Точка говорит о малхут с отражающим, но не принимающим экраном. Такое изображение говорит о том, что в таком кли нет света, – оно просто черная точка, потому что закон сокращения света властен над ней.

Сфира ход является включением свойств малхут в з"а и из неё з"а делает целый парцуф малхут. Буква хэй слова ход – это кэтэр в малхут, а 9 низших сфирот малхут находятся среди нечистых сил, и нечистые силы присасываются к ним. Это обозначается удлиненной вниз, под линию строки, ноги буквы коф и говорит о том, что через этот элемент буквы коф нечистые силы получают силы от духовно чистых сил.

Белый фон – простой, без всякого различия, и потому не воспринимаемый нами, свет. То, что мы в состоянии различать, может быть выражено только с помощью ограничений на распространение этого белого света. Виды, степени его ограничения называются буквами. Поэтому мы видим черные границы на белом фоне и постигаем только черные ограничения.

Любой свет в мирах обязан иметь границу своего распространения, но для изображения должно быть как притяжение, так и ограничение света. И эти две силы должны действовать одновременно. Также и при ощущении чего-либо в наших органах чувств мы ощущаем только с помощью ограничения, потому что поверхность объекта или звуковая, световая и др. волна сталкивается с нашим органом ее восприятия, который ограничивает ее распространение и поэтому может ее ощутить.

Духовные корни форм: Окружность – происходит от 1-го сокращения света в мире бесконечности, от 1-го ограничения распространения света. Поскольку это ограничение было равным и равномерным, то оно изобразилось в виде окружности.

Вертикальная линия, длина без ширины – говорит о том, что такое понятие не постигаемо нами, поэтому называется «тонкая линия» распространения света хохма. Получить свет хохма можно только при помощи экрана в малхут, создающего отраженный свет, в который и одевается свет хохма. Поэтому высший свет, приходящий к кли, называется линия.

Горизонтальная линия, ширина без высоты – сталкиваясь с экраном, от взаимного столкновения (желаний) вертикальная линия, распространение света хохма сверху вниз, переходит в горизонтальную линию (вправо), и получается вид английской буквы L, где ширина определяется величиной отраженного света, исходящего от экрана снизу вверх.

Прямоугольник – приходящий свет хохма и отраженный свет взаимно переплетаются и образуют прямоугольник: 5 вертикальных сверху вниз линий – 5 сфирот света хохма и 5 горизонтальных линий справа налево – 5 сфирот света хасадим. Величина стороны прямоугольника называется ама, состоит из 5 частей, тфахим (тэфах). Поэтому кли мы изображаем в виде прямоугольника. Ама и тэфах – единицы измерения расстояния.

Два распространения света, свет хохма и отраженный свет, называются, соответственно, правая и левая щёки, переходящие в верхнюю и нижнюю губы. Поскольку отраженный свет принимает только в 4, а не в 5 частей кли, т.к. в малхут после 1-го сокращения принять свет нельзя, то 4 х 4 = 16 зубов на верхней и 16 зубов на нижней челюстях рта (отраженный свет происходит от сопротивления, пережевывания, прежде чем получить свет внутрь).

Во 2-м сокращении образуется Треугольник, потому что малхут поднимается до бина и образует наклонную линию. Т.о. сочетания прямого света, отраженного света и ограничений рождают различные духовные фигуры.

Свет хасадим определяется как «выпирающий наружу», потому как выпирание за пределы духовного тела означает, что: 1) свет настолько большой, что выходит наружу в виде возвышения, выделения за пределы, 2) происходит от средней линии, тифэрэт. Впадина в теле происходит по причине: 1) недостаток света, свет не может светить там, 2) есть свет хохма, но по причине отсутствия хасадим не может свет хохма светить.

ОГЛАСОВКИ БУКВ АЛФАВИТА (НЭКУДОТ):

Сфира	Огласовка		Чтение огласовки
кетэр	камац	┬	А
хохма	патах	—	А
бина	сэголь	∴	Э
хэсэд	цэйрэ	‥	Е
гвура	шва	:	–
тифэрэт	холам	˙|	О
нэцах	хирек	‧|	И
ход	кубуц	∴	У
есод	шурук	˙|	У
малхут	нет огласовки		–

Нэкудот определяются по 3-м линиям:

В ГОЛОВЕ:
камац – кэтэр – правая линия
патах – хохма – левая линия
цэйрэ – бина – средняя линия
холам – тифэрэт – средняя линия

В ТЕЛЕ:
сэголь – хэсэд – правая линия
шва – гвура – левая линия
шурук – тифэрэт – средняя линия

В КОНЕЧНОСТЯХ:
хирек – нэцах – правая линия
кубуц – ход – левая линия
малхут – средняя линия (не имеет обозначения)

Уровни Нэкудот:
над буквами – свет нэшама
в буквах – свет руах
под буквами – свет нэфэш.

Зивуг нэкудот – это зивуг хохма Аба с хохма Има.
Зивуг букв – это зивуг бина Аба с бина Има.

Соединенные между собою буквы – это отражаемый свет, при подъеме экрана из табура в рот. Соединены, потому что все они поднимаются к своему корню, который все объединяет, а использование желания получить, хотя и ради Творца, разъединяет.

Разъединенные буквы – когда входит свет в кли, в сосуд, в буквы АВА"Я, то 4 буквы этим разъединяются, потому что свет делает отличие между сфирот, т.к. в зависимости от их различных свойств он облачается по-разному в них.

На экран толщиной 1 (авиют алеф) выходит АВА"Я с наполнением алеф, толщиной 2 – хэй. Просто имя обозначает толщину 0 со светом нэфэш. Просто буквы – если парцуф с экраном в толщину 1.

Истинно верующим в 3 основы: Творца, Его управление и в Тору, для духовного продвижения необходимы постоянно уравновешенные две линии: левая – знание, свет хохма, получаемый в желание получить, относящийся к левой стороне, и правая – вера – свет милосердия – свет хасадим, альтруистическое желание отдавать.

Находиться только в знании означает находиться под властью нечистых левых сил (клипат смоль), вследствие чего человек совершенно не ощущает духовного, находится в духовной тьме. Если же находится только в вере, означает, что находится во власти нечистых правых сил (клипат ямин), дающих ему ощущение, что находится в совершенстве, что нет более над чем работать в себе, исправлять себя, вследствие чего человек также лишается возможности продвигаться.

Продолжает «Зоар»: И еще, ответил ей (букве тав) Творец: «Тобою заканчивается слово смерть – мавэТ. А потому как таковы твои свойства, не подходишь ты для создания мира». Немедленно отошла от Него буква тав.

Как только Творец приступил к сотворению мира-зо"н тем, что начал выбирать их свойства, все 22 буквы зо"н явились перед Ним, начиная с последней – тав, и до алеф – главы всех букв. Причина того, что буквы пришли в обратном порядке, заключается в том, что они представляют собою ма"н зо"н, келим зо"н, порядок которых снизу вверх. Обычный, алфавитный, порядок букв соответствует свету (ма"д), нисходящему сверху вниз. Но порядок ма"н противоположен ма"д, потому как поднимается снизу вверх.

Буквы – это не что иное, как желания, свойства, мысли, которые, как человек думает, подходят для постижения духовного, Творца, Его управления. Человек бросается от одной мысли к другой, то он считает, что одним свойством можно постичь духовные миры, то ему кажется, что можно войти в духовные сферы, овладев другим свойством, то начинает упорно выполнять все Заповеди и рьяно молиться, то оставляет все действия и погружается в созерцание, чтение, то желает только знания, то желает веры, вплоть до фанатизма.

Как в нашем мире есть две крайности – знание и вера, так и в духовном мире есть духовная работа над постижением знания и веры, когда человек уже сознательно поднимается по духовной лестнице к Творцу. (Объяснения раби Ашлага к «Зоар» потому и называются лестница-Сулам.)

Каждая из 22 букв представляет собою то или иное свойство. Человеку попеременно кажется подходящим для постижения духовного – то свойство буквы тав, то какой-либо иной буквы. Это оттого, что одновременно со своим духовным подъемом человек начинает каждый раз все лучше понимать истинную цель творения, Творца, что и требуется от него.

И так он перебирает все, пока не доходит в своих поисках до истины: только с помощью буквы бэт, потому что ею начинается слово браха – благословение, – связь с Творцом, только с помощью этой силы можно прийти к цели.

Поэтому «Зоар» повествует, как приходят буквы – свойства, силы, желания к Творцу, подобно вознесению молитвы-ма"н человеком, каждый раз человек просит о том, что кажется ему настоящей целью, о том, каким свойством и силой он желает овладеть. И каждая буква-свойство пытается доказать, что она самая лучшая для достижения ощущения Творца, слияния с Творцом. А Творец доказывает, что самая лучшая и единственная – это буква бэт, что только она дает человеку связь с Ним. И потому Тора начинается с этой буквы.

Описание духовных сил, обозначаемых каждой буквой, необычайно глубоко, и чтобы выяснить все, нам необходимо преодолеть еще несколько предварительных объяснений: сотворение мира включает в себя его совершенствование и существование, чтобы мир смог достичь той цели, для которой создан.

Творец создал мир, состоящий из двух противоположных сил, и против каждой чистой, альтруистической силы создал нечистую, эгоистическую силу, равную и противоположную. Как есть 4 чистых мира АБЕ"А, так созданы Творцом противоположные 4 нечистых мира АБЕ"А.

Поэтому в нашем мире, последней ступени мира Асия, совершенно не отличается (в посторонних глазах) духовно развитый человек, ощущающий Творца, вышедший своими свойствами в духовно чистый мир, от эгоистического, духовно неразвитого, т.е. не достигшего духовных миров, человека. Это означает, что не ощущающему духовное совершенно нет возможности отличить духовно чистое от нечистого.

Мы видим, что в нашем мире нет сил идти вперед чистыми силами, а напротив, эгоистические стремления дают человеку силы завоевывать себе все в мире. Как часто можно видеть воодушевленных фанатиков, погруженных в нечистые стремления заполучить себе этот и будущий мир, но совершенно нет сил у стремящегося к Творцу даже на малейшее духовное движение! В нашем мире нет никакого доказательства и подтверждения того, что человек идет верным путем. И уж ни в коем случае не следует делать выводы, исходя из своего житейского опыта или основываясь на «здравом смысле».

Как же в таком случае может человек существовать и продвигаться к цели творения, находясь в нашем мире, если он не в состоянии отличить добро от зла, чистое от нечистого? Но есть один признак, по которому можно отличить чистое от нечистого: нечистая сила не приносит духовных плодов и поэтому идущие по пути нечистых миров АБЕ"А не достигают ничего духовного. А связанные с чистыми силами достигают духовных плодов в своем пути.

Как объясняется в предисловии к ТЭС, п. 18, если человек идет правильным путем, то в течение 3 или 5 лет достигает тайн Торы. Желающим достичь альтруистических желаний Творец помогает еще больше, чем они сами просят, и т.о. человек достигает желаемого. Человек своим маленьким желанием устремляется к Творцу снизу (ма"н), а Творец изливает на человека сверху вниз огромные высшие желания и силы (ма"д).

И это единственная возможность проверить, правильным ли путем идет человек или нет – к альтруизму или к еще большему эгоизму. Ни в коем случае не может быть проверкой правильности пути человека его хорошее самочувствие, его парение, его воодушевление и удачи. Именно находясь в ощущении совершенства, благополучия и удовлетворенности своим духовным состоянием, обязан спросить себя: «А постиг ли я тайны Торы?» – и если еще не постиг, то «совершенство» его нечистое.

В своем пути человек постоянно обязан добиваться средней линии – равновесия веры и знания – в трех понятиях: Творце, Его управлении, Торе. И ни в коем случае не идти в них только верой или только знанием. Если желает только познать Творца, Его управление, Тору – то входит в духовную тьму, потому как невозможно получить свет мудрости (ор хохма) без света милосердия (ор хасадим).

Такое состояние называется левой нечистой силой, «клипат Эйсав». Если же человек стремится идти только путем веры, то входит в нечистую силу правой стороны, «клипат Ишмаэль», которая говорит ему, что он находится в совершенстве. В таком случае он не видит никакого смысла в своей работе и потому не может продвигаться.

То есть даже если находится в радости, к чему в общем-то призывает Тора (чтобы принимал управление Творца с радостью, потому что радость говорит об оправдании творения, понимании управления как постоянно доброго), но если при этом не достиг тайн Торы – значит его путь неверен, потому как недостает ему намерения «ради Творца», открывающего тайны Торы.

Настоящая статья объясняет особенности свойств букв – как являются все буквы к Творцу с просьбой построить, каждая своим свойством, мир. Каждая из 22-х букв представляет духовную ступень в мирах АБЕ"А и каждая считает, что ее чистые духовные силы являются самыми подходящими, что при достижении ее ступени, обретении ее свойств, смогут населяющие мир возвысить чистые силы над нечистыми настолько, что придут к окончательному исправлению, к цели творения.

Но Творец отвечает каждой букве, что есть против нее соответствующая нечистая сила и поэтому не сможет человек с ее помощью произвести точное разделение нечистых и чистых сил, а затем, с помощью чистых сил, достичь цели. Пока не явилась буква бэт, которая представляет ступень, называемую «благословение Творца», против которой нет никаких нечистых сил.

И согласился Творец создать буквой бэт, ее свойством мир, потому что только в ней есть возможность произвести анализ добра и зла, определить, когда человек работает на себя, а когда ради Творца, потому как нет ей противоположного в нечистых силах. И потому только её силой, свойством может существовать мир: выявить чистые желания из общей «смеси» желаний человека, возвысить чистые желания над нечистыми, вплоть до уничтожения последних и достижения т.о. полного исправления своей природы.

Как следует из «Зоар», только помощь Творца, называемая благословением, является силой спасения человека, единственной возможностью выйти из власти нечистых сил. И эта сила, называемая благословением, нисходит лишь на того, кто идет по правильному пути.

Правильный путь – это совокупность трех условий: а) усилий человека в изучении истинных каббалистических (и только!) источников, б) связь с истинным каббалистом, которого он принимает как рава для себя, в) связь с желающими духовно возвыситься. Более подробное объяснение получит лишь серьезный ученик.

Все 22 буквы делятся на 3 ступени: бина, зэир анпин (з"а), малхут, потому как выше бина нет келим, т.е. букв. 22 буквы в бина называются большими, 22 буквы в з"а называются средними, 22 буквы в малхут называются малыми.

Так же на 3 ступени делятся и каждая из 3-х сфирот бина, з"а, малхут: в 22 буквах бина есть свои бина, з"а, малхут. Также в з"а есть свои 10 сфирот, из которых его бина, з"а, малхут также имеют 22 буквы. И так же в малхут.

А 22 буквы в каждой ступени делятся на 3 вида: от алеф до тэт (1–9) – единицы, и это 9 сфирот бина, от юд до цади (10–90) – десятки, и это 9 сфирот з"а, а 4 буквы коф, рэш, шин, тав (100–400) – сотни, и это 4 сфирот малхут, потому что малхут находится от груди з"а и вниз, что соответствует по высоте 4 сфирот з"а.

Бина, Единицы, Большие буквы, 9 букв: алеф, бэт, гимель, далет, хэй, вав, заин, хэт, тэт.

З"А, Десятки, Средние буквы, 9 букв: юд, каф, ламэд, мэм, нун, самэх, аин, пэ, цади.

Малхут, Сотни, Малые буквы, 4 буквы: куф, рэш, шин, тав.

Но известно, что единицы в малхут, десятки в з"а, а сотни в бина, что противоречит сказанному, что единицы в бина, десятки в з"а, а сотни в малхут. Обратная зависимость получается вследствие обратной зависимости света и келим: наинизший свет входит в наивысшие келим. Келим начинают рождаться с высших, с кэтэр до малхут, к-х-б-з"а-м, а свет в них входит начиная с самого малого света, нэфэш, и до света йехида.

Поэтому, если есть только единицы в келим, от алеф до тэт – есть только свет нэфэш. А если прибавляются еще и десятки в келим, то появляется уже свет руах. А если прибавляются еще и сотни в келим, то появляется свет нэшама.

И потому определяются сотни как бина, десятки как з"а, единицы как малхут. Но в отношении келим это обратно: единицы в бина, десятки в з"а, сотни в малхут.

Бина: 100 свет – 1 келим;
з"а: 10 свет – 10 келим;
малхут: 1 свет – 100 келим.

Буквы от бина нисходят в з"а и от него в малхут. Когда они нисходят из бина в з"а, они нисходят 3 линиями: 22:3 = 7 букв в каждой. И еще одна, 8 буква, в средней линии. Эти 22 буквы в три линии нисходят к малхут, которая состоит из 5 конечных букв МаНЦэПаХ, и всего получается в малхут 22 + 5 = 27 букв. Средняя линия называется «небо», «небосвод». Поэтому, когда «Зоар» говорит о буквах на небосводе, подразумевается, что две средние линии, 7 + 7 = 14 = юд + далет = яд – рука, пишет через среднюю линию, все 22 буквы на небесах-з"а. Так надо понимать слова Торы, что буквы появляются на небе или видели руку, пишущую прямо на небе.

22 буквы Торы – это келим для заполнения светом нара"н. Единицы: от алеф до юд – кли для света бина-нэшама. Десятки: от юд до коф – кли для света з"а-руах. Сотни: от коф до тав – кли для света малхут-нэфэш.

Буквы – это келим, в которые одевается свет, и есть всего 22 особых свойства, потому есть 22 знака их описания, называемые буквами. Как в языке нам достаточно сочетаний из 22 букв для описания всех знаний, так и сочетания, соединения, зивуг 22 келим, свойств, желаний парцуфа достаточно, чтобы с помощью всевозможных сочетаний (зивугей сфирот) получать и отдавать свет, выполнять все духовные действия, привести все буквы, желания человека, к исправлению.

Буквы – это различные соотношения зо"н:

а) з"а, состоящий из 6 частей своих конечностей, муж малхут, изображаемый буквой вав, сфира есод – уровень зародыша;

б) з"а, изображаемый буквой вав, сфира тифэрэт, состоящая из 6 частей рук – уровень вскармливания;

в) з"а стоит между АВ"И, а нуква должна подняться к нему, и тогда она достигает уровня получения света хохма;

г) з"а, буква вав, над ним юд-сфирот к-х, под ним юд-сфирот б-т-м – и все они составляют букву алеф, а конечное исправленное состояние наступит, когда в конце исправления малхут поднимется в кэтэр з"а-верхняя юд в букве алеф. Когда малхут поднимается над парса-вав, то получает сама, а когда нисходит под вав, то получает от з"а. Когда она поднимается, то образует таамим-звуковые нотные знаки. Когда спускается, называется нэкуда-точка. Когда сливается с з"а, называется точкой внутри вав = шурук.

Порядок АТБа'Ш: Есть особое сочетание букв алфавита: первой – последней А – Т, второй – предпоследней Б – Ш и т.д., обозначающее условия распространения сверху вниз высшего света.

МаНЦэПа"Х: Все миры и все парцуфим созданы 22 буквами малхут. Экран стоит в голове парцуфа и не дает свету войти. Он отталкивает свет, взвешивает, сколько может принять ради Творца, а лишь затем принимает.

Против каждого из 5 желаний получить находящихся в малхут, в теле парцуфа, есть свое ограничение в экране, стоящем во рту, чтобы свет не прошел в тело. Поэтому экран во рту состоит из 5 сил, частей.

Эти 5 ограничительных сил экрана, 5 усилий экрана обозначаются 5 конечными буквами алфавита мэм-нун-цади-пэй-кав, сокращенно МаНЦэПа"Х. Конечными – потому что они пишутся только в конце слов. Эти силы определяют прием света в тело и потому рождают остальные 22 буквы – келим, исправленные желания, получающие свет. 5 букв МаНЦэПа"Х пишутся в конце слов, но в устной речи 5 букв манцэпа"х означают 5 групп произношения 22 букв. И буквы манцэпа"х стоят во главе каждой группы.

Из 5 букв МаНЦэПа"Х происходят 5 групп звуков:

1. ПЭЙ-кэтэр – из горла выходит группа из 4 звуков-букв, называемых Ах"а – алеф-хэт-хэй-аин: алеф – это скрытый от низших свет парцуфа кэтэр мира Ацилут, называемый Атик; хэт – это свет парцуфа хохма мира Ацилут, называемого Арих Анпин, также скрытый от низших; хэй – это свет парцуфа бина мира Ацилут, называемого Има-мать, принимающего в себя свет хохма свыше от Аба-отца, для передачи его зо"н, своим детям; аин – это свет лица з"а. Так как свет з"а, входящий в малхут, называется Тора, то говорится, что есть аин = 70 лиц у Торы, что есть аин = 70 имен у Творца, у з"а. Ведь относительно малхут з"а является Творцом. Поэтому 70 душ спустились в Египет и пр.

2. ХАФ-хохма– из нёба выходит группа из 4 звуков-букв, называемых Гихи"к – гимель-юд-хаф-коф. Буквы Ах"а передают свет буквам Гихи"к: алеф передает свет в гимель, приносящий вознаграждение (гмуль-гимель) праведникам; хэт передает свет хохма в юд, но этот свет скрыт; хэй светит букве хаф светом бина, дающим радость; аин светит букве коф. Как аин = 70, потому что состоит из 7 сфирот х-г-т-н-х-е-м, каждая из которых состоит из 10 сфирот, так коф = 100, потому что состоит из 10 сфирот от кэтэр до малхут, каждая из которых состоит из 10 сфирот. Поэтому нёбо дополняет горло во всем.

3. НУН-бина – от языка выходит группа из 4 звуков-букв, называемых Датла"т: далет-тэт-ламэд-нун-тав.

4. МЭМ-з"а – от губ выходит группа из 4 звуков-букв, называемых Бомо"х: бэт-вав-мэм-хаф.

5. ЦАДИ-малхут – от зубов выходит группа из 5 звуков-букв, называемых Зашра"ц: заин-самэх-шин-рэш-цади.

Голос и речь: Голос – образуется в з"а, а речь – в малхут. Если праведник, находящийся в мирах БЕ"А, поднимает свои молитвы, ма"н, к малхут мира Ацилут, он этим вызывает подъем зо"н в АВ"И, сводит их в постоянный зивуг, чтобы обеспечить нисхождение света к низшим. Зо"н получают свет от АВ"И, называемый «голос» и «речь». И это сила праведников создавать, строить чистое и разрушать нечистое своим голосом.

Из легких зарождается речь человека: воздух, выходя из легких и достигая рта, становится голосом, а когда выходит изо рта, становится речью. Две части в легких – правая и левая, две губы принимают от них голос и обращают его в речь. Каждая из сторон легкого состоит из 5 частей – для того чтобы передать пяти частям во рту: горловым буквам Ах"а, губным Бомо"х, небным Гихи"к, язычным Датла"т, зубным Защра"ц.

7 основных сфирот з"а называются «7 небес». 70 имен з"а происходят от 70 = 7 х 10 сфирот з"а. Сам з"а называется «небо», «небеса», а малхут – «земля». Сфирот з"а называются также руах, по свету руах, что в них, который поднимается в бина-уши и преобразуется там в звук, хохма в левом ухе и хасадим в правом.

БУКВА ТАВ

Каждой из 22 букв соответствует определенная духовная ступень, на которой она действует. Вернее, сама буква и есть определенная духовная ступень. Поэтому буква тав утверждает, что она наиболее годная для создания ее свойствами мира, что ее свойствами можно привести мир к исправлению и к цели творения, потому что она определяет свойство «правда», являющееся печатью Творца.

Нечистые силы существуют только за счет того, что чистые силы посылают им маленький свет, называемый малая свеча – «нэр дакик». Без этого света нечистые силы не могли бы существовать и тем более функционировать – привлекать к себе человека, обещая наслаждения, которые в них есть только от этого маленького, упавшего с чистых сфирот света. Поэтому последняя, наинизшая чистая ступень, пропускает от себя вниз, к нечистым силам, немного высшего света.

Если бы чистые силы не поддерживали существование нечистых сил, нечистые силы немедленно бы исчезли. Возникает вопрос, а кому необходимо существование нечистых сил и для чего? Конечно же, нечистые силы специально созданы наравне с чистыми самим Творцом, ведь нет иной силы, кроме Творца, во всем мироздании.

Необходимость создания нечистых сил в том, чтобы сосредоточить его в огромные желания получить наслаждение, огромный эгоизм. Система нечистых миров АБЕ"А является как бы складом желаний насладиться, из которого человек, по мере своего исправления, может брать для исправления все новые и новые желания. Т.о., присоединяя к себе неисправленные нечистые силы, человек имеет возможность, исправляя их, подниматься все выше, вплоть до уровня Творца. Для этого Творец создал нечистые силы и поддерживает их существование через систему чистых сил.

Нечистая система миров АБЕ"А находится на одном уровне, параллельно с чистой системой миров АБЕ"А. Под двумя этими духовными системами находится наш мир. Наш мир тоже называется эгоистическим, нечистым, но его силы, желания настолько ничтожны, что находятся ниже миров нечистой АБЕ"А.

Когда же человек с помощью Каббалы преодолевает уровень эгоизма нашего мира, он входит в чистый мир Асия. И тотчас же на человека начинает влиять нечистый мир Асия, привлекая своими лживыми наслаждениями. Преодолевая соблазны нечистого мира Асия, человек духовно возвышается. Но до тех пор, пока человек не преодолел нечистых желаний своего тела, нашего мира, он не начнет ощущать, т.е. не выйдет в духовные миры, потому что не сможет противостоять нечистым силам, которые действуют там.

В отличие от сил, действующих в духовных мирах, в нашем мире на человека действует только эгоистическая маленькая сила, называемая его «телом», его эго. Человек может бороться с этой силой, побеждать и проигрывать свои схватки с нею. Но, даже проиграв, человек не теряет ту маленькую искру света, нэр дакик, которая есть в нем, которая поддерживает его существование.

Раби Ашлаг дал такой пример: работа человека в нашем мире подобна писанию на классной доске, с которой, если есть ошибка, можно стирать написанное, без всякого вреда для пишущего, исправлять и писать заново, пока не научится правильно писать. И только когда научится писать правильно, допускают человека вступить в духовный мир. И это потому, что если, будучи в духовном мире, ошибется, то потеряет все, что имеет, и должен будет начать все сначала!

Поэтому наш мир – самый ничтожный. С него обязан начинать каждый. И каждый до тех пор будет нисходить в него, рождаться в этом мире, пока не пройдет переход из нашего мира в духовный мир. (Правда, есть еще много условий, чтобы душа уже не возвращалась в наш мир, и кто удостоится – познает.)

Поэтому вертикальная линия, нога буквы коф, опускается ниже линии написания букв, что обозначает нисхождение через эту букву света в нечистые силы. И нет больше ни одной буквы, которая опускалась бы ниже линии написания, как буква коф.

Для того чтобы нечистые силы могли существовать – а существовать творение, как чистое, так и нечистое, может, только получая свет, – нисходит последняя, низшая ступень чистых сил в нечистые силы и дает им свет, необходимый для их существования и для выполнения их роли: соблазнять человека своими наслаждениями и убеждать его действовать по закону нечистых сил.

Вначале левая нога буквы тав тоже спускалась под линию букв. Но увидел Творец, что в таком случае будет слишком сильная связь нечистых сил с чистыми, потому разорвал Он эту связь и вернул вверх левую ногу буквы тав до уровня строки, до уровня нахождения чистых сил.

Вследствие этого укорочения удвоилась толщина левой ноги буквы тав, потому как сложилась вдвое. И уже не проходит через нее никакой свет к нечистым силам, и даже стала печатью Творца, тем, что не позволяет нечистым силам приблизиться и украсть высший свет, а наоборот, все дотрагивающиеся до нее нечистые силы немедленно умирают.

А вся сила, необходимая для существования нечистых сил, передается Творцом через букву коф, потому что она удалена от нечистых сил, как первая буква малхут, и нет такого страха и риска, что связь ее с нечистыми силами станет слишком сильной.

В малхут всего 4 буквы сверху вниз: коф, рэш, шин, тав. Коф – первая, тав – последняя, ниже которой располагаются нечистые силы. Поэтому если нечистые силы получают необходимый им по замыслу творения свет от буквы коф, самой удаленной от них, то нет у них возможности «украсть» себе больше, чем малхут, состоящая из 4 букв, обязана им дать.

Поэтому называется эта буква коф, чтобы показать, что от нее получает силу нечистая система АБЕ"А, лживый (несуществующий) человек, как обезьяна (коф – на иврите) подобна человеку.

И она вводит людей в заблуждение, потому как выдает себя за истину и говорит, что ее путем можно достичь духовности, Творца, «ли шма», постичь ощущение Творца. Но чистые силы утверждают, что только с помощью Торы человек может достичь такого исправления своих свойств, что достигнет слияния свойствами с Творцом.

И это утверждала буква тав: потому что она печать истины Творца – стоит в конце чистой системы и не позволяет нечистым силам приблизиться и присосаться к чистым силам, чтобы затем лгать, будто они и есть чистые силы, поэтому достойны ее свойства стать основой творения мира, чтобы ими производился анализ зла-добра, чистоты-нечистоты, чтобы были уверены населяющие этот мир, что, овладев ее свойствами, достигнут цели своего творения.

4 буквы коф-рэш-шин-тав составляют 4 сфирот малхут мира Ацилут: к-х-б-т, где тифэрэт состоит из 6 сфирот х-г-т-н-х-е. Но когда буква коф одна, без букв рэш-шин-тав, Тора, которая распространяется в мирах БЕ"А, светит также нечистым силам и ангел смерти получает силы умертвлять все живое. И это состояние обозначается буквой коф. А когда малхут в исправленном состоянии, то она обозначается буквой хэй, от которой буква коф отличается удлиненной левой ногой – малхут дэ малхут.

Удлиненная левая нога, превращающая букву хэй в букву коф, говорит, что от чистых сил – парцуфим, сходит свет в нечистые миры БЕ"А, нечистые силы, называемые смертью. А когда малхут соединяется с бина и получает от бина силы, поднимаясь, получать свет, то присоединяются к ней все остальные буквы, и она притягивает в себя свет жизни из бина.

В таком состоянии левая нога буквы коф вдвойне укорачивается, и из буквы коф образуется буква тав, в которой левая нога вдвойне утолщена за счет укорочения длины: та часть малхут, которая проводила свет в нечистые силы, поднялась из нечистых сил, и поэтому есть два типа малхут: мифтэха-ключ – та часть малхут, которая соединилась с бина, и манула-замок – та часть малхут, которая поднялась из нечистых сил.

Эти две части малхут проявляются по-разному: мифтэха проявляется открыто, а манула – скрыто. От них происходят два пути приведения человека к исправлению – добрым путем Торы или путем страданий. Но после того, как малхут исправила свои свойства, соединившись с бина, уже не отделяется от бина, а, получая от бина свет, изливает его на миры. И нет более силы у нечистых сил сеять смерть и властвовать в мире. А если необходимо наказать грешника, то должны нечистые силы получить предварительно разрешение на наказание, а без разрешения не могут раскрыть манула.

Таким образом, после того, как малхут соединилась с бина и исправила этим свои свойства, нет свободы у нечистых сил властвовать в мире, а только с получением разрешения на это.

Причина этого в букве тэт – последней букве бина, посылающей всем, с помощью мифтэха, свет жизни. А малхут, после того как получила связь с бина, стала мифтэха, уже не оставляет эту связь, и нет возможности нечистым силам, ноге буквы коф, сеять смерть.

Отсюда появляются 3 места: 1 – где властвуют свойства только буквы тэт, тем, что светит своим светом жизни этого мира; 2 – весь мир после соединения малхут с бина, определяемый как мифтэха, когда светит буква тэт всем, но дает право наказывать прегрешающих по правилу: «Или путем Торы вы идете к цели, или путем страданий»; 3 – ад, место постоянного наказания буквой коф, в противоположность 1-му месту, где буквой тэт, в месте ее властвования, постоянно процветает жизнь.

В месте Храма находятся все буквы со всеми тайными своими свойствами, описываемыми понимающими их, все высшие и низшие миры созданы и действуют в рамках их законов-свойств, а высшее имя – имя Творца АВА"Я, властвует над всеми.

Также Мишкан в Храме создан с помощью букв, потому что его строитель Бэцалель знал, каким образом необходимо соединять буквы, которыми создались небо и земля. А так как отличался он в этой мудрости от всех, поручено было ему строить Мишкан.

Как Творец выбрал Бэцалеля наверху, так желал, чтобы выбрали его внизу, как наверху сказал Творец Моше: «Выбери Бэцалеля», так внизу сказал Моше своему народу: «Творец выбрал Бэцалеля». Потому что уже таковым было его имя-свойство Бэцалеля: Бэцалель = бэ цэль эль – сидящий в тени Творца.

Творец называется з"а или сфира тифэрэт в парцуфе з"а, которая светит сфире есод, называемой цадик – праведник. Бэцалель называется сфира есод, получающая от сфиры тифэрэт свет ва"к – неполный свет, называемый поэтому «сидящий в тени» и, в свою очередь, светящий в малхут. Поэтому, как тифэрэт состоит из 6 сфирот х-г-т-н-х-е, так и сама сфира есод, передающая этот свет, состоит из 6 сфирот х-г-т-н-х-е.

Название буквы тав – «истина» – говорит о том, что для того, чтобы достичь ее, т.е. ее уровня, ее ступени, необходимо постичь свойство истины-правды. Поэтому, утверждала буква тав, постигнув мои свойства, сможет человек полностью анализировать добро и зло, отторгнет нечистые свои желания, как ложь, и, в мере отторжения нечистых желаний, приблизится к чистым желаниям-силам, отчего будет уверен, что достигнет цели творения – исправления всех своих желаний (гмар тикун).

И это в соответствии со сказанным: «Близок Творец только к тем, кто вправду просит о Его помощи». Ведь только с помощью Творца можно достичь исправления и духовного возвышения. Но эта помощь приходит только к искренне, «вправду», истинно требующим. Как только человек действительно сможет всеми своими силами вскричать о помощи к Творцу, немедленно получит ее. А если не получает ответ от Творца – это признак того, что его просьба еще неполная, что он еще не полностью осознал свою эгоистическую природу, свойства как ничтожные и еще не полностью прочувствовал свое полное бессилие самому выйти из своих свойств, исправить их. Поэтому была уверена буква тав, свойство правды, что, овладев этим свойством, человек сможет достичь цели.

Но ответил ей Творец, что она недостойна стать основой творения, потому что от нее произойдут слишком большие силы правосудия, настолько, что даже совершенные праведники, которые уже выполнили всю Тору от алеф до тав, достигли свойства правды, все равно наказываются ею, потому как не уничтожили всех грешников, как сказано в Талмуде (Шабат, 55).

И кроме того, Он отказывает ей, сказал Творец, потому что она является также печатью смерти, потому что ее силой родилась в мире смерть. Ведь человек обязан умереть, его смерть происходит оттого, что змей подделал ее печать и обманул этим Адама в понимании Древа знания. И потому не может мир существовать ее свойствами.

БУКВА ШИН

24. Предстала перед Творцом буква шин и сказала: «Творитель мира, мною подобает сотворить мир, потому что мною начинается Твое имя Шадай». Ответил ей Творец: «Хотя ты хороша, красива и правдива, но так как буквы-свойства слова шекер – ложь, взяли тебя быть с ними, не могу я твоими свойствами создать мир, потому как ШеКеР – ложь, существует только благодаря тому, что буквы Коф и Рэш взяли тебя».

Малхут состоит из 10 сфирот и имеет два окончания:
1) если имеет только свои свойства, то есть в ней все ее 10 сфирот, от кэтэр дэ малхут до малхут дэ малхут. При этом она строго ограничивает распространение света и обозначается буквой тав;
2) если Има-бина мира Ацилут наполняет ее своим светом, то парцуф малхут заканчивается не в сфира малхут, а в сфира есод и обозначается буквой шин.

Три вершины буквы шин, называемые короной, обозначают свет бина, ор хасадим – свет милосердия, который нисходит из парцуф Има-бина в парцуф малхут. Этот свет бина ор хасадим – свет милосердия, создает в малхут новые альтруистические свойства, альтруистические намерения получать ради Творца, после чего парцуф малхут в состоянии получать от парцуфа з"а ор хохма – свет мудрости (Талмуд. Санэдрин, 22). В такой связи между собой з"а и малхут называются мужем и женой, а свет, который малхут получает от з"а, называется «100 благословений».

Поэтому это новое окончание парцуфа малхут в сфира есод вместо сфира малхут, называемый есод нуквы, называется центральной точкой обитания, потому что все обитание мира происходит от него, благодаря ему. Парцуф малхут является суммой всех творений, все мы – его части. Все миры и их населяющие представляют собой различные части парцуфа малхут мира Ацилут.

Каждый высший парцуф относительно низшего называется его творцом, потому что произошел, родился из этого высшего. Поэтому относительно всех творений парцуф з"а мира Ацилут называется и является Творцом, нашим Творцом.

И поэтому называется буква шин – правда, как и буква тав, а также называется печатью Творца, как буква тав, потому как печать означает: окончание духовного объекта – парцуфа, подобно печати, ставящейся в конце письма, написанного от имени Творца; знак самого Творца подобен Ему самому, отчего печать называется знаком правды, потому что только наличие печати дает письму силу правды, печать утверждает правдивость написанного.

Но важность буквы шин превышает важность буквы тав, потому как буква шин – начальная буква слова «Шадай», одного из имен-свойств Творца, и обозначает Его силу, которой

Он сказал творению «дай» – остановись и не спускайся ниже (Талмуд. Хагига, 12) – не спускайся ниже буквы шин.

Этим раскрывается, что мир может существовать и его населяющие могут существовать только с помощью буквы шин, благодаря ее свойству, ограничивающему распространение света. Сказал Творец: «Остановись, творение, на букве шин и не распространяйся более, до буквы тав» – потому что если бы свет распространился до буквы тав, то нечистые желания получили бы такую большую силу, что не было бы у человека никакой возможности выйти из них и достичь альтруистических свойств. И потому называется точка окончания шин центральной точкой существования творения.

Поэтому, после того как увидела буква шин, что Творец отказал букве тав именно из-за того, что, оканчивая ею распространение света, создаются этим слишком тяжелые, непосильные условия для исправления мира человеком, утверждала буква шин, что ее свойством «Шадай» можно сотворить мир, и была уверена, что Творец изберет ее, ее свойства как основу творения, ведь есть в ней все преимущества, из-за отсутствия которых Творец отказал букве тав.

Причем есть в ней то же преимущество, что и в букве тав: она является печатью Творца, является правдой. А кроме того, есть в ней дополнительное преимущество: ею названо имя Шадай, новое окончание малхут для населяющих мир, вместо окончания свойством буквы тав. Исходя из всего этого, нашла в себе силы и смелость буква шин предстать перед Творцом с предложением создать ею мир.

Но ответил ей Творец, что именно ввиду её дополнительных преимуществ по сравнению с буквой тав усиливаются противоположные ей нечистые силы. Ведь против каждой буквы – силы – свойства духовно чистого, находится противостоящая ей, противоположная нечистая сила – эгоистическое желание, как сказано: «Это против этого создал Творец» (Коэлет, 7).

Усиление нечистых сил от свойств буквы шин произошло от соединения ее свойств с нечистыми свойствами обмана, подделывания под духовную чистоту букв коф и рэш: не было бы сил существования лжи в мире, ее бы сразу распознали, если бы буквы Коф и Рэш не взяли бы во главу букву шин, для образования слова ШеКеР – ложь. А когда во главе слова – свойства лжи, стоит правда, то, естественно, ошибается этим человек.

И это потому, что есть два источника нечистых сил: 1 – маленькое свечение (нэр дакик), которое сама чистая сила, сам Творец посылает нечистым силам-желаниям, чтобы могли существовать, чтобы не исчезли до тех пор, пока в них есть необходимость «наказывать» ими грешников. Но это небольшие силы, их высота небольшая, потому что получают только маленькое свечение, достаточное для поддержания их жизни.

Это маленькое свечение нисходит в нечистые силы от буквы коф, отчего начинают нечистые силы быть подобными человеку миров БЕ"А, как обезьяна по сравнению с человеком, как сказано (Коэлет, 7): «Это против этого создал Творец».

2-й источник нечистых сил происходит от духовного падения низших: вследствие дурных, эгоистических поступков людей, свет из системы чистых сил уходит в нечистые. А самый первый проступок – это прегрешение Адама, вследствие чего система нечистых сил приобрела такую же конструкцию, как и система чистых сил, и расположилась напротив, параллельно ей. В итоге против чистых миров АБЕ"А появились параллельные им нечистые миры АБЕ"А.

2-й источник нечистых сил – это буква рэш, говорящая о том, что нечистые силы поднимаются и присасываются к чистым силам вплоть до бина в малхут, обозначаемой буквой далет.

Как уже сказано, 22 буквы парцуфа малхут мира Ацилут делятся в ней на 3 группы букв: единицы в бина, десятки в з"а, сотни в малхут.

ПАРЦУФ	СФИРОТ	БУКВЫ
БИНА (ИМА)	бина з"а малхут	алеф-тэт юд-цади коф-тав
З"А	бина з"а малхут	алеф-тэт юд-цади коф-тав
МАЛХУТ	бина з"а малхут	алеф-тэт юд-цади коф-тав

Буквы алеф-бэт-гимель соответствуют сфирот кэтэр-хохма-бина, называемым голова духовного объекта (парцуфа), буквы с далет по тэт относятся к телу парцуфа:

алеф	- кетэр	
бэт	- хохма	ГОЛОВА
гимель	- бина	
далет	- хэсэд	
хэй	- гвура	
вав	- тифэрэт	ТЕЛО
заин	- нэцах	
хэт	- ход	
тэт	- есод	

Тело получает только то, что нисходит в него с головы. Поэтому далет, начальная буква тела, через которую тело получает свет от головы, называется «дала вэ ания» – лишенная и бедная. Далет получает только то, что гимель дает ей. Поскольку в гимель есть свет милосердия – ор хасадим, то он и нисходит в далет.

А буква гимель поэтому называется Гомэль хасадим – творящий милосердие (Талмуд, Шабат, 104) – по её действию относительно далет, которая без этого вообще была бы лишена света. Выпирающий острый правый угол в букве далет и есть признак того, что далет имеет в изобилии свет милосердия.

Но против чистой (альтруистической) малхут есть нечистая малхут, гордо не желающая получать от гимель и зависеть от нее. А восстает в желании сама быть головой, отчего стирается в букве далет острый угол, говорящий о наличии света милосердия, и превращается она в букву рэш, которая пишется, как и произносится, двумя буквами рэш и шин.

Настоящее слияние чистых з"а и малхут называется ЭХаД – один, и состоит из букв алеф, хэт, далет, потому как буквы от алеф до хэт – это 9 сфирот з"а, и он дает от буквы гимель бина букве гимель малхут, отчего малхут становится буквой далет, с выступающим правым углом, от наличия света милосердия. В итоге этого становятся з"а и малхут едины.

Когда низшие, т.е. человек, грешат в своих действиях, т.е. намерениях, они дают этим силу нечистой малхут присосаться к чистой малхут – далет, стереть ее острый угол света милосердия и сделать из нее букву рэш. И этим из слова эхад – един-один, становится слово ахэр – другой,иной,чуждый: алеф-хэт-далет слова эхад меняются на алеф-хэт-рэш слова ахэр, потому как вместо связи с Творцом появляется связь с другими, нечистыми силами, называемыми «иные боги» – элоким ахерим, которые присасываются к з"а и малхут чистого мира Ацилут.

Это приводит к тому, что буквы коф и рэш искажают печать Творца шин, букву истины. Вследствие этого есод малхут, получающая от есод з"а, становится связана, вместо чистого источника – с нечистым, потому как с помощью буквы шин создался новый есод нечистой малхут.

Отсюда нечистые силы развиваются до 10 сфирот, с головой и телом, а шин становится как исходная точка всего опустошающего, потому как от разрушения чистого рождается нечистое. И потому из этого родилась система нечистых миров АБЕ"А нечистого человека.

Итак, выяснилось, как буквы коф и рэш стали двумя источниками появления и развития нечистых сил. А потому как нечистые силы подделываются под чистые, то называются они ложными, поддельными буквами, цель которых уничтожить систему чистых сил и их единство с Творцом, чтобы создать себя из разрушения чистых сил.

Это рождение нечистых сил из разрушения чистых возможно вследствие того, что буква шин, есод малхут, соединилась с нечистыми силами, вследствие подделки буквы далет в букву рэш, чем переделали и подделали АХаД в АХэР и создали этим систему нечистых сил – элоким ахерим.

А если бы буквы коф и рэш не захватили букву шин, то не появилась бы такая большая система нечистых сил, с ее большими возможностями лгать и все подделывать в глазах человека.

Поэтому ответил Творец букве шин: «Хоть хороша ты, но станешь в начале слова шекер – ложь, с буквами коф и рэш, ведь, украв тебя, эти буквы смогут твоей силой создать целую систему нечистых сил лжи и подделки под чистые силы. Поэтому не могу я твоими свойствами создать мир, ведь потому как есть против тебя нечистая система, невозможно тобою достичь цели творения».

БУКВЫ КОФ И РЭШ

25. Из вышесказанного следует, что, если кто-либо желает сказать ложь, преуспеет, если вначале скажет правду как основу, на которой затем вырастет и станет действовать ложь. И это потому, что буква шин – это буква правды, в которой объединились праотцы, потому что три линии в начертании буквы шин Ш означают трех праотцов, являющихся сфиротами-свойствами хэсэд-гвура-тифэрэт.

Буквы коф и рэш указывают на плохую сторону, потому что из них состоит нечистая сторона, КаР – холод, лишена тепла и жизни, потому что сосет свою силу от малхут, когда малхут лед, а не живая вода. Но чтобы была в таком случае возможность существовать, эти буквы берут букву шин к себе и создают сочетание КеШеР – связь, узел, олицетворяющий собою силу и выживание.

Причина этого в том, что свет от хэсэд-гвура-тифэрэт бина, получаемый ею от есод з"а, строит новое окончание в малхут, новое кли-желание получения от з"а света, называемого 100 благословений. А потому как хэсэд-гвура-тифэрэт называются «праотцы» и от них приходит свет в малхут, то буква шин, обозначающая их, называется «правда».

Нечистые силы, стирая острый угол в букве далет, превращают ее в букву рэш. Этим они превращают слово АХаД в слово АХэР, чем крадут себе есод чистой малхут, обозначаемый Шин, и строят буквой шин есод нечистой малхут, отчего возникает сильное присасывание нечистых сил к чистым, называемое КеШэР – взаимная обоюдная связь чистых и нечистых сил, узел, который очень нелегко разрубить.

Из вышесказанного видно, что все желание букв, чтобы ими был создан мир, вызвано тем, что каждая считает, что именно она может своими свойствами исправить мир. Буква шин думает, что свет милосердия приведет души к цели творения. Но буквы коф и рэш, КаР – холод, не желают этот свет, потому что получать свет милосердия ради отдачи – это чистота, а получать его для наслаждения – это нечистота.

БУКВА ЦАДИ

26. Предстала буква Цади перед Творцом и сказала: «Создатель мира, стоит мною сотворить мир, потому как мною отмечаются Цадиким – праведники. Также и Ты называешься Цадик – праведник, ты сам записан во мне, потому что Ты праведник и любишь праведность. Поэтому подходящи свойства мои, чтобы создать ими мир».

Ответил ей Творец: «Цади, ты цадика – праведница, но должна ты быть скрыта и не раскрываться настолько, чтобы тобою начать сотворение мира, чтобы не давать повод миру». Скрытие буквы цади необходимо, потому что вначале была буква Нун, а затем присоединилась к ней буква юд от святого имени Творца юд-хэй-вав-хэй (АВА"Я) и стала над ней как знак связи творений с Творцом, возглавилась над буквой нун и соединилась с ней, с ее правой стороны, отчего и получилась буква цади.

Причина необходимости скрытия буквы цади, вследствие чего непригодна она для создания ею мира, в том, что, когда сотворил Творец Адама, т.е. з"а, Он создал его в виде двух парцуфим-объектов, мужского и женского, соединенных обратными сторонами друг с другом. Поэтому буква юд обращена обратной стороной к обратной стороне буквы нун, и их лица обращены в противоположные друг от друга стороны, как и изображается в букве цади: лицо юд смотрит вверх, а лицо нун смотрит вниз.

И еще сказал ей Творец: «В будущем Я отменю соединение обратными сторонами и соединю их лицом к лицу. И в ином месте возвысишься ты быть такой, но не в начале творения. Потому что в начале творения должна ты быть соединена обратными сторонами букв нун и юд, ибо как этот вид указывает на то, что свет в тебе скрыт. Поэтому нельзя создать тобою мир». Отошла от Него буква цади.

Цади пришла предложить создать мир своими свойствами, потому что после того, как увидела, что буква тав отвергнута Творцом, вследствие тяжелых законов в ней, а буква шин – от присасывания к ней нечистых сил, то подумалось ей, что если так, то может подойти она, ее свойства, для сотворения ими мира: ведь есть в ней также печать Творца и нет присосавшейся к ней нечистой силы.

Поэтому сказала цади Творцу, что ею, как печатью, означаются праведники в знаке святого союза их с Творцом, обрезанием и подворачиванием места соединения (зивуга) с Творцом, которое, вследствие этих исправлений, отталкивает все нечистые силы.

Творец, называемый бина, сам отмечен знаком цади, потому что является праведником, как з"а, потому как верхняя часть бина мира Ацилут, называемая аба вэ има (ав"и), соответствует мужской и женской части, как з"а и малхут. И АВ"И находятся в постоянной связи между собой, чтобы посылать вниз свет милосердия для поддержания существования всех находящихся под ними. Поэтому, считала цади, она подходит для творения ею мира, ведь светом милосердия живет мир и может прийти к своей цели.

Буква цади называется сфира есод з"а. Когда есод соединяется с малхут, он называется цадик – праведник. Потому как 9 сфирот з"а от юд до цади, а коф – это начало малхут, состоящей из 4 сфирот коф, рэш, шин, тав.

Когда малхут соединена с есод з"а, то коф соединена с цади и есод называется цадик – праведник. И на это ответил ей Творец, что она – цади в есод з"а: «И цади ты во Мне, потому как постоянно есть соединение АВ"И, для излияния вниз света милосердия, для поддержания существования низших. И праведник ты, потому что малхут также соединена с тобой, как буква коф следует в алфавите за цади. Но, несмотря на все это, недостойна ты своими свойствами стать основой мира».

Есод з"а включает в себя малхут в виде буквы коф в слове цадиК – праведник. А когда малхут включена в есод в виде цади, она обозначается буквой нун, потому что нун – это гвура з"а (юд-кэтэр, хав-хохма, ламэд-бина, мэм-хэсэд, нун-гвура).

Когда з"а вырастает и становится большим, его сфирот хэсэд-гвура-тифэрэт становятся сфиротами хохма-бина-даат. Таким образом, гвура становится бина. А когда з"а снова становится маленьким, то бина снова становится гвурой – нун. И это падение ее обозначено тем, что голова нун смотрит вниз.

Буква цади состоит из соединенных спинами букв нун и юд. Буква нун обозначает малхут, с включенными в нее свойствами сфиры есод, а юд обозначает сам есод з"а. Их соединение обратными сторонами, лицами наружу в противоположные стороны, говорит о присасывании к их спинам нечистых сил.

Они скрывают от посторонних свои спины: поскольку есть недостаток в их спинах – желание получить свет разума-ор хохма, необходимо скрыть этот недостаток, чтобы не дать нечистым силам присосаться к их спинам. Поэтому буква цади не подходит для сотворения мира ее свойствами. Ведь сам ее вид выдает возможность присасывания к ней нечистых сил. И потому Адам, созданный из з"а и малхут, находящихся в соединении вида цади, также создан состоящим из двух половин, мужской и женской, соединенных своими спинами.

А если бы буква цади возразила, что в большом состоянии, когда есть ор хохма, з"а и малхут соединяются лицами друг к другу, то получила бы ответ, что такое соединение возможно, но не на их месте, а только при их подъеме вверх, в АВ"И. А если бы такое соединение было на их месте, то сразу же присосались бы к ним нечистые силы. И потому недостойна буква цади стать основой мироздания.

БУКВА ПЭЙ

27. Вошла буква пэй и сказала: «Владыка мира, хорошо мною создать мир, потому как будущее освобождение мира вписано во мне, ибо слово Пдут – освобождение, избавление, начинается с меня. То есть освобождение – это избавление от всех страданий. И потому стоит мною сотворить мир».

Ответил ей Творец: «Хоть и хороша ты, но с тебя начинается и тобою втайне обозначается слово Пэша – прегрешение, подобно змею, жалящему и прячущему голову в свое тело. Также грешащий склоняет голову, пряча себя от постороннего взгляда, а руки протягивает грешить ими. Так и вид буквы пэй, голова которой скрыта в себе. И также ответил Творец букве аин, что непригодно ее свойствами создать мир, потому что в ней есть свойство Авон – грех, преступление. И хотя пыталась та возразить, что есть ее свойства в слове Анава – скромность, все равно отказал ей Творец.

Освобождение начинается с буквы пэй, т.е. свойство буквы пэй есть в будущем освобождении. И потому буква пэй говорит, что она достойна быть основой мира. Ведь галут – изгнание, и геула – освобождение, зависят от малхут: когда малхут не имеет внутреннего света хохма, то народ Израиля изгоняется из страны Израиля. Потому как земля Израиля в нашем мире находится в соответствии с малхут мира Ацилут, духовной страной Израиля.

Как есть вверху удаление з"а, называемого Израиль, от малхут, называемой его страной, так и внизу, в нашем мире, разделяются и удаляются народ Израиля от страны Израиля. А когда сыны Израиля улучшают свои действия, вызывают этим то, что в духовном мире Израиль наполняет светом свою малхут, называемую его страной, землей, и строит ее своим светом, и соединяется с ней лицом к лицу. И тогда внизу, в нашем мире, сыны Израиля удостаиваются избавления и возвращения на свою землю.

Свет от з"а, который строит и наполняет малхут, исходит из сфирот нэцах и ход в з"а. Хохма малхут облачается в нэцах, а бина малхут облачается в ход. Буквы аин и пэй – нэцах и ход в з"а. Поэтому буква пэй утверждала, что она, сфира ход в з"а, достойна стать основой мира. Потому как свет хохма, приносящий избавление всему миру, исходит из нее в малхут. И если придет мир к ее свойству, то, без всякого сомнения, полностью исправится, достигнет конца исправления – полного избавления.

Буква пэй считала, что она более буквы аин годна стать основой мира, потому что, хотя свет хохма входит в нэцах-аин и в ход-пэй и в основном находится в нэцах-аин, но освобождение зависит от ход-пэй. Потому что вначале бина освобождает малхут от ограничений, чем малхут удостаивается освобождения.

Этого освобождения малхут удостаивается потому, что бина передает ей свои свойства милосердия. Делается это таким образом: бина выходит за пределы своих свойств и соединяется с малхут, вследствие чего малхут, получив свет милосердия, может получить свет хохма. Ограничения в получении света действуют больше на левую сторону, т.е. на ход-пэй в з"а. И поэтому буква пэй думала, что поскольку свет от бина входит в нее, а не в нэцах-аин, то она более достойна стать основой мира.

Но до полного окончательного исправления все частные исправления в течение 6000 лет существования мира неполные, потому что нет полного высшего света, дающего возможность обнаружить и проанализировать в себе все нечистые силы. Поэтому нельзя получать свет в мирах БЕ"А, под парса, под границей мира Ацилут, отделяющей Ацилут от миров БЕ"А.

Парса – это малхут, которая поднялась до бина, чтобы ограничить распространение, получение света в находящиеся под бина свои части. А вследствие того, что Адам все-таки пытался получить свет под парса, этим вкралась в малхут нечистота, о которой сказано, что явился к Хаве змей и внес в нее нечистоту (Талмуд. Шабат, 146), которая исправится только в конце исправления.

Дело в том, что отсутствие высшего света в той силе, которая бы позволила отличать добро от зла во всей толщине малхут, порождает недостаток, называемый «слезы», две слезы, падающие в огромное море из двух глаз хохма и бина, скрытые от всех.

Два глаза – это хохма и бина, а слезы – это недостаток в них от наличия нечистой силы, появившейся в них вследствие прегрешения Адама, что привело к разрушению двух Храмов. Эти слезы высохнут в глазах малхут только при окончательном исправлении, исчезновении смерти из мира, когда засветит весь свет в хохма и бина (см. п. 56).

Поэтому сказано букве пэй, что хотя она приносит миру пдот – избавление своим светом, но этот свет неполный, хотя все избавления приходят только через нее. Все частные избавления несовершенны, потому как приходят и исчезают, как два Храма.

И это оттого, что в букве пэй свойства пэша – прегрешение, и пдот – освобождение, не настолько совершенны и полны, чтобы противостоять прегрешению Адама, потому что есть присасывание нечистых сил, ввиду отсутствия полного света хохма. А потому как есть присасывание нечистых сил, недостойна буква пэй быть основой мира.

А оттого что свойство пэша – прегрешение, находится в скрытии, то находится там сила змея, обманывающего людей и приводящего их к смерти. И невозможно умертвить его подобно змею, кусающему человека и немедленно втягивающему голову в себя, как головка буквы пэй, отчего невозможно его убить, потому как убить «змея» в себе можно только попаданием в «голову». И потому буква пэй не подходит для создания ею мира.

БУКВА АИН

Бина мира Ацилут называется Има Илаа – верхняя мать, и называется Анава – скромность, кротость. (А – введенное мною здесь обозначение буквы аин, дабы не путать ее с Алеф.) Сфира нэцах з"а, обозначаемая аин, одевающаяся, с наполняющим ее светом, в малхут, поднимается и одевается в бина, которая украшает ее в свои украшения: бина одевается в нэцах з"а. Но потому как скрыта в нэцах буква пэй, означающая Пэша – прегрешение, как сказано в п. 27, отказался Творец создать ее свойствами мир.

У слова прегрешение есть в языке иврит два слова: Пэша и Авон. Но в основном прегрешение находится в букве пэй, потому что малхут з"а включается в сфиру ход з"а. А к малхут з"а присасываются клипот, вследствие прегрешения Адама. Но нэцах з"а – это свойства самого з"а, к которому не могут присосаться нечистые силы. Но, как сказано в Талмуде (Бава Кама, 92), и к нэцах есть присасывание нечистых сил.

И этот недостаток – возможность присасывания нечистых сил к нэцах з"а – называется прегрешением. Но словом Авон, а не Пэша показано, что сам нэцах чист и прям, а прегрешает от связи со сфирой ход.

Причина того, что Творец обращается к букве аин заодно, когда обращается к букве пэй, исходит из того, что нэцах и ход как две части тела – две ноги, и потому обе вместе они предстали в своей просьбе перед Творцом. Но «Зоар» выясняет каждую из них (их свойства) по очереди.

БУКВА САМЕХ

28. Предстала перед Творцом буква самех и сказала: «Творец мира, хорошо моими свойствами создать мир, потому как есть во мне Смиха – поддержка для падающих, как сказано: "Поддерживает (сомэх) Творец всех падающих"». Ответил ей Творец: «Потому-то необходима ты на своем месте и не сходи с него. Но если сдвинешься со своего места, что в слове Сомэх – поддержка, потеряют опору в тебе падающие, потому как они опираются на тебя – твои свойства». Услышав это, отошла в сторону буква самэх.

Буква самэх – это сфира тифэрэт в з"а, т.е. бина в теле з"а. Так как сфирот кэтэр-хохма-бина (к-х-б) преобразовались в з"а в хэсэд-гвура-тифэрэт (х-г-т), опустошились от света хохма и остались только со светом хасадим, то изменились их названия с к-х-б на х-г-т (иногда к-х-б обозначается кх"б).

Как известно, бина делится на 2 части: верхнюю, называемую га"р, от слов гимель = 3 ришонот – первых – 3 первые сфирот к-х-б, нижнюю, называемую за"т от слов заин = 7 тахтонот – нижних – 7 нижних сфирот от хэсэд до малхут. Верхняя часть бина называется Аба вэ Има (АВ"И). Они наполнены светом милосердия и потому находятся в состоянии совершенства, в ощущении, что ничего не желают получать, а желают только отдавать.

АВ"И называются Самэх = 60, потому что включают в себя 3 сферы к-х-б и первые 3 сферы з"а, которые ввиду отсутствия в з"а света хохма называются в нем не к-х-б, а х-г-т. Поэтому АВ"И состоят из 6 сфирот, каждая, в свою очередь, из 10, итого 60 = Самэх.

За"т бина получает свет свыше и передает его в з"а. Эта часть бина имеет свойство не бина, а з"а, потому что должна получить именно то, что необходимо з"а и передавать ему. А так как должна получать свет мудрости – ор хохма, для з"а, испытывает недостаток в нем, в отличие от самой бина, не желающей ничего получать, то отделилась эта часть от самой бина и стала, из нижней ее части, отдельно существующий объект-парцуф.

Этот выделившийся из бина парцуф называется Ишсут и обозначается буквой мэм = 40, потому что состоит из 4 сфирот тифэрэт-нэцах-ход-есод от парцуфа АВ"И. А печатная буква мэм называется мэм стума – замкнутая, благодаря своей форме (своим свойствам).

Но это разделение АВ"И на 2 части имеет место, когда отсутствует в них свет хохма, а есть только свет хасадим. Вследствие этого верхняя часть бина остается в своем совершенстве, а нижняя, не получая света хохма, ощущает недостаток в своем состоянии. А так как духовные объекты разделяются отличием свойств, то ощущение несовершенства отделяет нижнюю часть бина от верхней.

Но если находящиеся внизу улучшают свои «намерения», что в духовном называется «действия», и просят у з"а помощи в улучшении своих действий, просят сил для преодоления эгоизма нечистых желаний и приобретения духовно чистых, альтруистических желаний, то з"а, в свою очередь, обращается к вышестоящему Ишсут, а тот обращается к АВ"И. АВ"И обращаются еще выше, получают свет хохма и передают его Ишсут.

В итоге Ишсут и АВ"И объединяются в один парцуф, потому что, получив свет хохма, Ишсут становится совершенным, как АВ"И совершенны от света хасадим. Ишсут передает свет хохма вниз в з"а, а з"а передает его малхут. Свет, который з"а передает малхут, называется 100 благословений, потому что самэх = 60 объединилась с мэм = 40.

Но когда человек грешит в своих намерениях-желаниях-действиях, то нет от него обращения к малхут о помощи, отчего исчезает свет хохма из з"а и з"а из большого состояния возвращается в малое (когда з"а имеет свет хохма он называется большой, а когда только свет хасадим – малый). И общий парцуф бина вновь разделяется на АВ"И и Ишсут.

В этом малом состоянии з"а и малхут находятся под угрозой присасывания к ним нечистых сил – клипот. И чтобы этого не случилось, ведь тогда они могут упасть с мира Ацилут под парса в миры БЕ"А, посылают им АВ"И свойство самэх-свет милосердия. И хотя это всего лишь свет хасадим без света мудрости – света хохма, но этот свет дает з"а и малхут ощущение совершенства в действиях отдачи, и потому нечистые силы уже не присасываются к ним, ведь все намерение нечистых сил – получить от чистого парцуфа свет мудрости.

И потому свет, наполняющий з"а в малом состоянии, называется самэх, что указывает на его действие: самэх – поддерживает з"а и малхут, чтобы не упали из мира Ацилут под парса.

Поэтому буква самэх считала, что если ее свойствами сотворить мир, то он сможет прийти к цели творения, к слиянию своими свойствами с Творцом, потому что ее свет может светить в з"а и малхут даже в их малом состоянии и нечистая сила не зарится урвать от них свет, а наоборот, нечистые, эгоистические силы убегают от ее света. А если ее свойствами создать мир, то она сможет защитить все творения, даже когда их действия испорчены. И даже в таком состоянии не будет у нечистой силы возможности навредить.

Но ответил ей Творец, что именно потому, что ее роль в поддержке падающих и защите низших в моменты их духовного падения, она должна быть только на этом месте и не двигаться с него. А если сотворить ею мир, ее власть будет всегда над всеми, что не даст возможности з"а и малхут вырасти из их малого состояния.

А если з"а и малхут не возбудят низших, человека, поднять ма"н – просьбу о помощи стать большими, не сможет снизойти высший свет, приносящий творениям окончательное исправление и избавление. Поэтому буква самэх обязана поддерживать низших, пока они недостойны большего. Но когда удостоятся, то смогут получить большой свет, называемый «100 благословений», в весь свой парцуф. И сказал Творец, что не может создать буквой самэх мир.

«Поскольку низшие нуждаются в букве самэх только в малом своем состоянии: только когда нет света мудрости – ор хохма, зо"н нуждаются в тебе, и ты можешь помочь им. Но только в малом состоянии. Но не помогаешь ты им дойти до состояния совершенства, а потому стать основой творения».

БУКВА НУН

29. Вошла буква нун и сказала Творцу: «Хорошо мною устроить мир, потому как мною написано Нора тэилот – великие хваления, а также сказано: «Восхвалением праведников».

Ответил ей Творец: «Вернись на свое место, потому как для тебя вернулась буква самэх на свое место. И опирайся на нее. Потому что буква нун находится в слове Нэфила – падение, исправить которое должна буква самэх, ради чего должна вернуться на свое место, чтобы укрепить низших». Немедленно отошла от Него буква нун.

Когда нун увидела, что буква самэх отослана Творцом, потому как используются ее свойства только в малом состоянии, т.е. только для поддержки упавших с большого состояния, то подумала нун, что она достойна стать основой создания мира, ведь в ней есть все преимущества самэх и, дополнительно к этому, она использует также свет мудрости, свет хохма большого состояния. То есть причина отказа букве самэх отсутствует в ней.

Гвура в з"а называется нун, потому что вся она смягчена свойством милосердия от бина, называемым Нун = 50 ворот бина. И от этого свойства сфиры гвура называется з"а Нора Тэилот – великие хваления. Има-бина называется Тэила – хвала, а так как гвура нисходит от бина, то называется Нора Тэилот – великие хваления, и нун используется в сфире есод, в большом состоянии з"а, во время его зивуга с нуквой. От этого и нуква получает имя Тэила – хваление, как Има, а з"а становится один и в Има, и в нукве – в обоих тэилот – хвалениях.

Поэтому и сказала буква нун, что она, находясь в гвура, левой линии з"а, притягивает свет милосердия, исходящий от буквы самэх, бина, Има, которая называется «верхняя Тэила», отчего з"а получает ее свойства и называется, соответственно им, Нора тэилот – великие хваления. И поэтому есть в ней все преимущества буквы самэх: свет милосердия, который дает совершенство и полностью отталкивает нечистые силы-желания.

«Но есть во мне, – сказала буква нун, – еще преимущество в том, что я используюсь во время большого состояния з"а в его есод, в букве цади, левым элементом которой я являюсь». Эта буква нун в букве цади и есть та Нун, которая определяется как Нора тэилот – хвала праведникам, так как даже когда з"а становится большим, во время подъема зо"н в АВ"И, то и тогда нун, действуя в есод в з"а, соединяет его с нуквой спинами, и получает з"а от АВ"И-самэх свет милосердия.

И в таком случае называется нун «хвала праведникам», потому что юд – праведник, основа мира, восседает на ней. И тогда называется буква нун «великие хваления», потому как притягивает в малхут свет мудрости в большом состоянии.

Находим, что всю свою красоту малхут получает от нун, находящейся в есод в з"а. Поэтому заявила буква нун, что она достойна, чтобы ее свойствами был сотворен мир, потому как ее свечением добавляется свет мудрости, сочетающий и оживляющий зо"н сам по себе, а не только поддерживающий их, как буква самэх.

Поэтому ответил ей Творец: «Неправильно думаешь, что ты достойна своими свойствами привести мир к полному исправлению, чтобы не было впредь присасывания нечистых сил. Ведь даже твои свойства нуждаются в поддержке буквы самэх. Ведь именно поэтому ты находишься обратными сторонами с буквой юд и свет буквы самэх – свет милосердия, охраняет тебя от присасывания нечистых сил к тебе. И потому твои свойства, опирающиеся на силу самэх, не более чем поддержка. А потому недостойна ты стать основой мира.

БУКВЫ МЭМ И ЛАМЭД

30. Вошла буква мэм и сказала: «Владыка мира, хорошо мною создать мир, потому что мною называется Мэлех – царь». Ответил ей Творец: «Верно это, но не сотворю мир тобою, потому что миру нужен царь. Вернись на свое место. А также не сотворю Я мир буквами ламэд и хав, составляющими слово МэЛеХ – царь, потому что не может существовать мир без царя.

Буква мэм – это сфира хэсэд в з"а, получающая от соответствующей ей сфиры хэсэд в бина. Когда з"а получает дополнительно к свету милосердия, к своему малому состоянию, еще свет мудрости и становится большим, его сфирот х-г-т становятся сфиротами хохма-бина-даат (х-б-д, ХаБаД). То есть хэсэд в з"а поднимается и становится хохма, отчего и открывается новый свет, свет хохма, свет лица Творца.

Поэтому и сказала буква мэм, что годится она для создания ею мира, потому что она раскрывает миру свет Творца и этим исчезает всякая опасность присасывания нечистых сил, а потому гарантируется миру окончательное исправление.

Но ответил ей Творец, что этот свет запрещено раскрывать миру, потому что мир нуждается, чтобы этот большой свет прежде оделся в 3 буквы слова МеЛэХ. Т.е. большой свет может раскрыться в мире, только если мэм будет соединена с буквами ламэд и каф (хаф). «Поэтому иди и соединись с ними», – сказал Творец.

Мэм слова мелэх – это хэсэд. Ламэд – это бина, передающая свет в з"а. Буква каф – это малхут, нуква з"а, ведь нет мелэх – короля, без малхут – царства. И именно благодаря малхут раскрывается весь свет.

В таком случае малхут светит от з"а в 3 местах:
1) малхут становится ему как царю кисэ – троном. Кисэ от слова кисуй – покрытие, скрытие, и потому изображается буква каф согнутой;
2) малхут становится одеянием для з"а. Потому что большой свет открывается только для Исраэль. А поэтому малхут становится одеянием для з"а, а когда раскрывается ее царство, он освобождается от этого одеяния и набрасывает его на народы мира, идолопоклонников, а свет его лица изливается на Исраэль. И тогда каждый праведник указывает пальцем на Творца и говорит: «Вот тот Творец, к которому я стремился!» Это распространение света обозначается буквой каф;
3) малхут становится короной на голове з"а. И это есть свойство буквы каф, кэтэр – короны з"а.

БУКВА КАФ

31. В это время снизошла с Кисэ – трона, Творца буква каф и предстала перед Творцом. Вострепетала и сказала Ему: «Сотворяющий мир, достойна я стать своими

свойствами основой мира, потому что я Кавод – величие Твое». Когда спустилась буква хав с трона Творца, вострепетали все миры и сам трон, почти до разрушения. Сказал ей Творец: «Каф, что тебе делать здесь, не создам я тобою мир, вернись на свое место, ведь ты в слове Клая – истребление, и в слове Кала – невеста».

Троном Творца является мир Брия. Представление буквы мэм перед Творцом привело к падению с трона буквы каф, отчего вострепетали хохма и бина мира Брия, а также все более низшие миры и их населяющие.

Все доводы букв, чтобы создать из каждой из них мир, это как «алият ма"н» – вознесение просьбы о получении свыше помощи в виде высшего света, называемой ма"д, точно в той мере, которая соответствует той или иной букве. В таком случае будет управление зо"н миром, а управление осуществляется именно светом, нисходящим с зо"н, в виде того количества ма"д, которое та или иная буква возбудила и причиной которого стала, потому что ма"д точно соответствует, по количеству и по виду, возносимому ма"н, а ма"н – это и есть свойство буквы. Поэтому каждая буква доказывает, что она может вызвать свыше такой свет, который точно приведет все творения к цели.

А также ответы Творца каждой из 22 букв зо"н мира Ацилут есть нисхождение ма"д, высшего света, силы, помощи, которые точно соответствуют ма"н, поднимающемуся от той или иной буквы. А когда нисходящий от той или иной буквы высший свет начинает свое действие в управлении миром, это означает ответ Творца данной букве. Потому что этим раскрывается ее неспособность управлять миром вследствие присасывания нечистых сил к какому-то ее свойству, так как две точно уравновешенные противоположные системы чистых и нечистых сил, миров создал Творец. И этим отстранил он каждую букву в ее претензии построить ее свойством мир, дабы привести его к цели творения.

И в этом заключается забава Творца с каждой из 22 букв, чтобы дать место каждой из них выявить свои свойства, власть, силы, пока не станет ясно из их стремления и анализа, какая действительно из них заслуживает, чтобы мир управлялся ею.

Отсюда понятно, что, когда начала буква мэм проявлять большой свет свой в мире, вызвала этим падение Кисэ – трона. Потому что Кисэ – трон, имеет два свойства: 1 – кисэ – покрывает, скрывает Творца, где кисэ от слова кисуй, 2 – раскрывает величие Творца в мирах с помощью 3 букв МеЛэХ. И тогда та малхут, которая стала кисэ – покрывалом, на Творце, поднимается вверх и становится каф – одеянием самого Творца. А царь – Творец раскрывается ею, и она становится венцом, короной на Его голове.

Но как только буква мэм, без одеяния в букву каф, стала раскрывать свет лица Творца, упала буква каф с Кисэ-трона величия Творца, прекратила скрывать Творца, заявив, что отныне только открытое величие Творца будет управлять ею, без всякого скрытия, как того желает мэм.

Из-за падения буквы каф с трона вострепетали 200 тысяч миров, исходящих от хохма и бина мира Брия и более низшие миры, от угрозы упасть. Ведь вся связь низшей ступени, парцуфа с более высшей, находящейся над нею, в том, что малхут высшей ступени становится кэтэр низшей ступени. Свойство буквы каф и состоит в одевании малхут высшего духовного объекта в кэтэр низшего.

Три особенности есть в троне: 1 – 6 ведущих к трону ступеней, 6 сфирот х-г-т-н-х-е низшего, 2 – 4 ножки трона, свет находящийся в сфирот к-х-б-д низшего, 3 – малхут высшего, нисходящая в низший и одевающаяся в него, по которой весь свет из высшего нисходит в низший. Поэтому, когда буква каф упала с трона величия Творца, оборвалась связь мира Ацилут с троном, миром Брия. И это потому, что каф, малхут мира Ацилут, одевающаяся в сфирот к-х-б-д мира Брия, изливает на мир Брия, называемый троном величия Творца, весь свет. Но когда буква каф упала с трона, оборвалась связь мира Ацилут с миром Брия, вострепетала буква каф, потому что исчезла ее сила отдавать миру Брия, и вострепетали 200 тысяч миров, т.е. хохма и бина из сфирот к-х-б-д мира Брия, и все миры вострепетали в страхе упасть, потому как исчезла из них вся сила жизни, получаемая ими из мира Ацилут.

Таким же образом в мире Ацилут бина мира Ацилут, Творец, связана с зо"н. Потому что парцуф бина мира Ацилут состоит их 10 сфирот. И последняя его сфира, малхут, своим свойством буквы каф, одевается в з"а мира Ацилут. Малхут сфиры бина, одевающаяся в з"а, и есть буква каф. И эта буква каф – трон Творца, находящегося в з"а. Потому что Творец – это бина, высшая над з"а сфира. А з"а становится троном для бина.

И разрывается связь бина с з"а в падении. Потому что каф – это малхут бина, одевается в з"а и передает ему весь свет.

И потому вострепетала она сама, т.е. исчезла ее способность отдавать в з"а. А также вострепетали 200 тысяч миров, являющиеся светом для з"а, называемые хохма и бина или к-х-б-д – 4 ножки трона, потому что исчез весь свет в них. И вострепетали в страхе упасть миры, сфирот х-г-т-н-х-е в з"а, включающие в себя всех, находящиеся под ними миры, потому как исчез из них весь свет бина.

Об этом сказал Творец букве каф, что вследствие ее падения с трона величия Творца вострепетали первые три сфиры в з"а и все остальные миры находятся под угрозой полного падения и разрушения, без всякой надежды на восстановление, а потому обязана буква каф вернуться на свое место в троне величия.

А возвращение буквы каф на свое место в троне Творца происходит вместе с ответом Творца букве мэм, что не создаст ею мир, потому что миру нужен царь. То есть трепет буквы каф, во время ее падения с трона величия Творца, отчего вострепетали все миры в страхе возможного падения, и ответ Творца букве мэм происходят одновременно.

БУКВА ЮД

32. Вошла буква юд и сказала: «Творитель мира! Хорошо мною сотворить мир, потому что мною начинается твое святое имя». Ответил ей Творец: «Достаточно того, что ты вписана в мое имя, в Меня, и все твои стремления ко Мне, и нельзя удалять тебя из всего этого».

Так как юд – это первая буква имени Творца АВА"Я (юд-хэй-вав-хэй), т.е. начало открытия Творца созданиям, первая ступень высшего святого света, то утверждала юд, чтобы её свойствами был создан мир, поскольку тогда будет абсолютно гарантировано полное его исправление. А Творец возражает ей. Как уже говорилось, вопрос каждой буквы и ответ на этот вопрос – это забава Творца с каждой буквой, где вопросы букв – это их ма"н, а ответ Творца – это ма"д в виде высшего света свыше.

Поэтому, сказав букве юд «достаточно», пояснил этим Творец создание ограничения, что только до него позволяется свету нисходить свыше и не более. И это ограничение зафиксировано в имени Творца ШаДаЙ (шин-далет-юд). Потому что после того, как юд начала распространяться с большим светом, остановил ее Творец и не дал распространяться до буквы тав, а только до шин (как сказано выше в п. 25), сказав ей: «Достаточно, и не распространяйся более. Потому что иначе не сможешь постоянно оставаться в моем имени АВА"Я».

Как сказано мудрецами: «Имя Мое не так произносится, как пишется. Потому что пишется АВА"Я, а произносится Адонай» (Талмуд. Псахим, 50). Ведь имя АВА"Я не изменяется, как сказано: «Я себя (АВА"Я) не меняю» (Малахи, 3). Потому что в дни существования мира проявляются неисправность и ее исправление, т.е. происходят постоянные изменения. Поэтому до окончательного исправления Творец называется по имени Адонай, потому что в этом имени возможны изменения, а не именем АВА"Я, в котором не может быть никаких изменений.

Но в будущем, после всего исправления, АВА"Я будет читаться, как и пишется. Поэтому сказал Творец: «Если я увижу в тебе какую-либо неисправность, порчу, то этим ты удаляешься из Моего имени, потому что в моем имени АВА"Я не может быть ничего испорченного или исправленного, ни порчи, ни исправления. И потому нельзя твоими свойствами создать мир». В букве юд, что в имени Творца АВА"Я, есть 3 ступени: в сфире хохма з"а, в сфире хохма АВ"И, в сфире хохма А"А, называемой скрытой мудростью.

АВА"Я начинается с точки, становящейся буквой юд. Затем юд, означающая ор хохма, распространяется в стороны и вниз и превращается в букву далет, состоящую из черты, как крыша, наверху, говорящей о свойстве бина-ИМА – хасадим, широте, милосердии. А когда ор хасадим закончил распространение вширь, начинает распространение свет хохма в виде вертикальной линии вниз, ноги буквы далет, как свойство хохма-АБА.

Общее свойство АВ"И обозначается буквой далет. АВ"И рождают з"а, что обозначается буквой вав внутри буквы далет, что в итоге дает очертание буквы хэй. Вернее, просьба з"а = вав о получении от АВ"И вынуждает их соединиться между собой, свои свойства – хохма (вертикальная линия) и хасадим (горизонтальная линия), с помощью буквы юд, отчего АВ"И проводят от юд свет в з"а.

Экран вместе с желаниями малхут называется точкой, потому что рождают от столкновения с приходящим светом отраженный свет. А так как получаемый свет всегда состоит из 10 светов, то экран называется 10 точек.

Юд означает распространение нэкудот в парцуфе кэтэр – от света хохма и ниже в парцуфе, а вав говорит о распространении нэкудот в парцуфе хохма. Но о распространении света в кэтэр – нет в АВА"Я никакого знака.

Вход или выход буквы юд в слове означает наличие или отсутствие света хохма; есть 4 вида исправления:

а) ибур 1 – зарождение малого состояния зо"н: абсолютно пассивное духовное состояние – буква юд входит в слово ор-свет, и оно становится авир-воздух – получается ва"к парцуфа;

б) буква юд выходит из слова авир, и оно становится ор-свет: свет хохма входит в ва"к парцуфа;

в) ибур 2 – зарождение большого состояния зо"н: аха"п бина поднимается из зо"н в бина и вместе с ним в бина поднимается г"э зо"н, потому что вместе они были в малом состоянии, что определяется как зарождение г"э зо"н;

г) распространение света ор хохма.

БУКВА ТЭТ

33. Вошла буква тэт сказала: «Создатель мира, хорошо мною создать мир, потому что мною Ты назван Хорошим». Ответил ей Творец: «Не создам тобою Я мир, ибо твое хорошее скрыто в самой тебе и невидимо. И потому нет ему части в этом мире, который я желаю создать, а только в будущем мире раскроется оно. А поскольку твое хорошее скрыто в тебе, утонут в земле врата дворца, потому что буква хэт напротив тебя, а когда соединитесь вместе, получится слово ХэТ – прегрешение. И потому не записаны эти две буквы в именах святых колен». – Немедленно отошла в сторону буква тэт.

Буква тэт = 9 – это внутреннее свойство сфиры есод в з"а, а наружное свойство сфиры есод в з"а – это буква цади = 90, и она соединяется с нуквой з"а, образуя понятие цадик – праведник. Кроме того, что буква тэт – внутреннее свойство сфиры есод в з"а, она еще и 9-я среди букв бина в з"а. И она называется Тов – хорошо. А так как тов – хорошо, называется цадик, ибо тэт есть внутренний свет сфиры есод, называемый цадик, к которому нет никакого присасывания нечистых сил, этим и объясняются претензии буквы тэт стать основой в творении мира.

В Талмуд (Хагига, 12) сказано мудрецами: «В свете, которым Творец создал мир, Адам видел от края мира и до края. Но увидел Творец, что деяния поколений потопа и строителей Вавилонской башни неугодные, скрыл Он тот свет для праведников в будущем» – поскольку Творец увидел, что от их действий будет угроза присасывания нечистых сил, то скрыл этот свет, т.е. этот свет нисходит скрыто от высших праведников-АВ"И к праведнику-есод в з"а, букве тэт.

И потому ответил ей Творец, что поскольку Он обязан скрывать ее от грешников, и удостоятся ее только праведники и только в будущем мире, то нет ей никакой части в создании и исправлении мира, потому что мир – это зо"н, а в букве тэт есть постоянная угроза присасывания нечистых сил.

А потому что свет этот светит только скрыто, внутри есод з"а, а не открыто, то не сможет нуква получить прямо этот свет, а только через его скрытие в ней. Поэтому погружаются ворота нуквы внутрь ее сферы есод, чем они предохраняются от присасывания нечистых сил, и уверены, что нечистые силы не смогут властвовать на ее воротах. И даже во время разрушения Храма не смогли нечистые силы властвовать над вратами Храма, а утонули в земле, поглотила их земля. «Но поскольку ты нуждаешься в такой охране, то не могу Я тобою создать мир», – ответил ей Творец.

В сфире есод в з"а мира Ацилут есть 2 трубы: правая – для рождения душ, левая – выбрасывать отбросы нечистым силам. Буква хэт – это сфира ход, свойство которой – это малхут в з"а, левая труба в есод з"а, потому что свойства буквы хэт – это свойства буквы коф, включенные в есод, а от буквы коф исходит «нэр дакик» – малый свет в нечистые силы, от которого нечистые силы получают силу быть подобными образу чистого человека, как обезьяна относительно человека, потому что чистое и нечистое параллельно создал Творец.

Эти две трубы очень близко расположены друг к другу, и разделяет их только тонкая перегородка, называемая «шелуха чеснока». Вследствие этого есть силы в левой трубе властвовать над правой, отчего образуется ХэТ, которая в гематрии – числовом значении – равна $Х + Т = 8 + 9 = 17$.

Числовое значение слова ХэТ = 17 равно числовому значению слова ТОВ = 9 + 6 + 2 = 17, что означает, что чистой силе противостоит нечистая. И если властвует правая труба, т.е. буква тэт, то при том же числовом значении из слова ХэТ – прегрешение станет слово ТОВ – хорошо, добро.

Есть сила в левой трубе, в хэт, властвовать над правой, тэт, вследствие чего могут нечистые силы отсасывать высший свет к себе, отчего появляется у грешников мира власть. И поэтому нет в именах колен Израиля ни буквы хэт, ни буквы тэт, чтобы показать, что они (колена) выше буквы хэт, являющейся корнем всех противостоящих нечистых сил.

После того как все буквы удостоились получить благословение через букву бэт, выстроились они все по своему порядку алеф-бэт, в котором соединяются буквы тэт и рэш вместе. Поднялась тэт и не занимает свое место, пока Творец не сказал ей: «Тэт, почему ты поднялась и не занимаешь свое место?» Ответила Ему: «Ты создал меня быть буквой во главе слова Тов-хорошо и Тору начал с меня, как сказано: «И увидел Творец свет как Тов – хороший. Как я могу соединиться и сесть с буквой рэш, когда она стоит во главе слова ра – зло?»

Ответил ей Творец: «Вернись на свое место, потому как именно ты нуждаешься в букве рэш. Потому что в человеке, которого Я собираюсь сотворить, соединятся все эти свойства вместе, ты – как правое свойство, а буква рэш – как левое». Вернулись после этого буквы тэт и рэш на свои места.

В мире Ацилут в з"а рождаются 3 линии. Но рождаются они в своем источнике, в бина: малхут вследствие 2-го сокращения поднимается в бина, отчего сфирот б-з"а-м упали в более низкий парцуф, в з"а. Бина называется Эло-им, и вследствие 2-го сокращения ее часть алеф-ламэд-хэй, ЭЛ"Е от Эло-им, АХА"П, упала в более низкий парцуф – з"а. Только буквы юд-мэм («им» от Эло-им) остались в бина, что означает, что осталась в ней половина, ва"к, Г"Э, от прежнего уровня, га"р. То, что осталось, обозначается знаком холам – вав с точкой над ней, потому как это правая линия, ор хасадим.

Затем в большом состоянии вернулись буквы ЭЛ"Е в бина и соединились с «ИМ», снова стал га"р, свет хохма в бина, но неполный, потому как исчез свет хасадим, а свет хохма не может светить без света хасадим. Вернувшиеся буквы «эло» являются шурук – вав с точкой внутри, потому как от ограничений в ней является левой линией.

Эти ограничения имеют место до тех пор, пока не происходит прием света на зо"н, поднявшиеся в бина, и выходит средняя линия, уменьшающая га"р хохма в левой линии. Вследствие этого правая линия соединяется с левой: внутри ор хасадим светит ор хохма. Эта средняя линия называется хирек – вав с точкой под ним, или экран хирек, потому что благодаря ей свет проходит внутрь парцуфа.

А потому как бина с помощью з"а вернула себе га"р, то и з"а, становясь обладателем 3-х линий, получает теперь от бина этот свет. Правая линия – ИМ, тэт, холам; левая – ЭЛ"Е, рэш, шурук.

А теперь переведем на язык сфирот. Когда бина вновь вернулась в большое состояние, вернулись ЭЛ"Е к ИМ, левая линия соединилась с правой, это изгнало тэт – правую линию, хасадим, от рэш, левой линии, и не могут они быть рядом, ввиду противоречия между ними. Пока Творец, з"а, средняя линия, силой своего экрана средней линии уменьшил га"р левой линии и правой линии, что означает: приказал ей Творец вернуться на свое место.

Га"р хохма называется манула – замок, запирающий распространение света в парцуф, а уменьшение его называется мифтэха – ключ, открывающий распространение света, ва"к ор хохма, в левой линии в парцуф. И тогда тэт, правая линия, получает ор хохма от левой, тэт соединяется с рэш, получая от нее свет хохма, а иначе бы осталась в ва"к. И от соединения этих двух линий создан Адам.

Но почему буква тэт не хотела соединяться с буквой рэш, а Творец заставил ее? В духовном мире корень управляет и властвует над всеми своими ветвями, а ветви покоряются ему. Поэтому не желала тэт соединиться с рэш, получить от нее свет хохма, ведь тогда рэш станет корнем, а тэт ветвью, подчиняющейся рэш, корню.

Но Творец желал, чтобы тэт получила свет хохма от рэш, чтобы от соединения этого и человек смог получить свет га"р. Потому создал так, чтобы при возвращении ЭЛ"Е в бина ослабились в бина ограничения и смогла рэш соединиться с тэт и получить от нее свет хасадим. Получается, что тэт стала корнем относительно рэш, ведь без нее свет хасадим рэш не смогла бы светить, вследствие ограничений на ее свет.

БУКВА ЗАИН

34. Вошла буква заин и сказала: «Творец мира, хорошо сотворить мною мир, потому что мною соблюдается шабат по сказанному Зхор – запомни день субботний, дабы соблюдать его». Ответил ей Творец: «Не создам тобой мир, потому как есть в тебе сила войны, потому что делаются тобою сабли и мечи, называемые «кли Заин» – вооружение. И ты как буква нун, которой не создан мир, потому как есть в ней Нэфила – падение» (см. п. 29). Услышав это, вышла от Него буква заин.

Буква заин изображается буквой вав и юд, как голова, над нею, что означает большое состояние и большой свет в малхут, жене з"а, потому что малхут включается в мужа, в з"а, обозначаемого буквой вав, и становится короной на его голове, обозначаемой юд. И эти две буквы, вав и стоящая на ней юд, образуют букву заин.

Потому сказано: «Помни день субботний для его освящения» – что вследствие возвышения субботы, т.е. подъема нуквы, до головы з"а, когда она становится его короной, она включается в слово Зхор – помни, и называется нуква кодэш – святая. Поэтому утверждала буква заин, что поскольку этот свет большой и святой, вплоть до полного покоя в этот день, ибо отделяется полностью святость от нечистоты в этом состоянии, называемом Суббота, то достойна она стать основой создания ее свойствами мира.

Заин – это сфира нэцах в з"а. И когда нуква включается в нэцах, соединяется с ее свойствами, то она приобретает силу подняться с з"а в АВ"И, где становится короной на его голове, и он украшается ею, что и означает субботний день. Но поскольку все это исправление только вследствие включения ее в мужскую основу и подъема в АВ"И, а не на ее месте, там, где она обычно находится с з"а, то нет ей полного исправления в течение 6000 лет.

И это вследствие того, что в будни, когда возвращается на свое место, определяется ее соединение с буквой заин как кли Заин – вооружение, вплоть до того, что от нее исходят все войны с нечистыми силами, как будни, подготавливающие субботу.

Потому что в будни каждый должен победить в себе нечистую силу, и тогда он заслуживает дочери короля, субботы.

Но в течение 6000 лет сам свет субботы недостаточен для полной нейтрализации нечистых сил, потому что возвращаются после субботы вновь будни и окружают субботу. И так до окончательного исправления, когда станет только один субботний день, без будней, как день полного совершенного состояния, навечно.

И потому ответил ей Творец: «Не создам тобой Я мир, ибо, когда ты находишься на своем месте, еще не совершенен твой свет и, только победив в войне нечистые силы, может достичь тебя человек. А буква вав, з"а, своим изображением подобна копью, готовому пронзить нечистые силы. Ведь гвурот – храбрость – левая линия мужской части от бина, нун.

БУКВЫ ВАВ И ХЭЙ

35. Вошла буква вав и сказала: «Хорошо мною создать мир, потому что я буква из твоего имени АВА"Я (юд-хэй-ВАВ-хэй)». Ответил ей Творец: «Вав! И тебе, и букве хэй должно быть достаточно того, что вы находитесь в Моем имени. И потому не сотворю Я мир вашими свойствами».

Хотя с подобной просьбой являлась буква юд и получила отказ, все-таки думала буква вав, что юд отказали, потому что она слишком большого размера – духовной силы. Поэтому утверждала буква вав, что хорошо ее свойствами сотворить мир, т.е. в мере вав-хэй, что в имени АВА"Я, светом высшей бина – Има мира Ацилут.

Ответил ей Творец так же, как и прежде ответил букве юд, что он ограничил ее тем, что сказал ДаЙ (далет-юд): «Хватит и не распространяйся более, только до буквы шин, чтобы не присосались к тебе нечистые силы». И потому буквы вав и хэй непригодны для создания их свойствами мира, ведь и они нуждаются в предохранении от нечистых сил.

(Сфира тифэрэт обозначается большой буквой вав, вав с головой, потому что есть в ней все 6 = вав сфирот х-г-т н-х-е. Сфира есод является сфирой, роль которой – передать свет от з"а в малхут. Поэтому в ней есть тот же свет, что и в малхут, т.е. свет н-х-е без х-г-т. И потому есод называется маленькой вав, вав без головы.)

БУКВЫ ДАЛЕТ И ГИМЭЛЬ

36. Предстали перед Творцом буквы далет и гимэль. Но сразу же ответил им Творец: «Достаточно, что вы обе вместе, чтобы пока не исчезли бедные с земли, было кому лиГмоль хэсэд – делать им милосердие. Далет называется же от слова далут – нищий, а гимэль – Гомлет хасадим – делает ему милосердие. Поэтому не можете вы расстаться, и достаточно вам т.о. помогать друг другу.

Уже говорилось в п. 24, что, хотя далет и получает свет от гимель и ее острый правый угол выступает от света милосердия, несмотря на это, есть силы в нечистых силах присосаться к ней, отделить ее и переделать ее острый угол на сглаженный, превратив ее т.о. в букву рэш.

Поэтому буква далет нуждается в особом предохранении, чтобы не испортиться и чтобы гимель могла наполнять ее, чтобы не исчезли нуждающиеся, далот, из мира. Поэтому достаточно этим двум силам поддерживать и дополнять друг друга, во взаимном сочетании наполнять одна другую, чтобы не властвовали нечистые силы. И достаточно им этой роли. Поэтому Творец не пожелал создать ими мир.

БУКВА БЭТ

37. Вошла к Творцу буква бэт и сказала: «Создатель мира, хорошо мною сотворить мир, потому что мною Благословляют Тебя и высшие и низшие. Ведь Бэт – это Браха – благословение». Ответил ей Творец: «Конечно, тобою Я создам мир, и ты будешь началом мира!»

Буква бэт является свойством хохма – мудрости, точнее, хэсэд в хохма, точка во дворце, потому что свет милосердия – это дворец для света мудрости. И он является браха – благословением. Этот свет совершенно не уменьшается, проходя все миры от Творца до последней ступени самого низшего мира.

Но каков этот свет на самой высокой ступени, получающей его из мира бесконечности, таков он во всей своей величине, величии и силе в мире Ацилут, а также вплоть до конца мира Асия. И совершенно не огрубляется и не ослабляется, проходя через все экраны сверху вниз.

Поэтому буква бэт претендовала на то, чтобы ее свойствами создать мир, потому что свет благословения одинаков и вверху, и внизу, и никакой экран не может ослабить его, и никакие грубые желания не могут навредить ему.

А потому это свойство милосердия (хасадим) – самое подходящее для сотворения им мира, потому как не будет в нем никакого присасывания нечистым силам, потому что нечистые силы могут присосаться только там, где есть недостаток, а так как в свойстве хасадим нет никакого недостатка, то нет никакой связи его с нечистыми силами никогда.

Творец согласился с ней в том, что ее свойство совершенно и подходит для сотворения им мироздания. Как сказано, олам – мир, хэсэд – милосердием, иБанэ – построен, где иБанэ означает Бонэ – построение, и аВана – понимание (В и Б в иврите обозначаются буквой Бэт). Потому что Творец установил, что этого свойства совершенно достаточно для точного определения и отделения чистого от нечистого.

А если тянутся за идолом вместо Творца, то не нисходит на них браха – благословение, потому что оно исходит только от Творца. И потому можно определить, кто праведник, а кто грешник, кто работает ради Творца, а кто – на себя, потому что мир милосердием сотворён.

Но Творец не определил свету милосердия властвовать в мире, а предназначил его только для хорошего начала, достаточного для приведения мира к всеобщему совершенству. А причина этого в том, что свет милосердия – неполный свет (ва"к, а не га"р) и недостаточен для рождения новых душ, для их сочетания и размножения, потому что не может ни один парцуф – духовный объект, родить до тех пор, пока не достигнет полного света хохма, называемого га"р или голова. А до достижения этого парцуф находится в состоянии несовершенства.

Обычное состояние (ниже которого быть не может, а только выше) определяется свойством буквы бэт, вследствие чего и положил это свойство Творец в основу создания мира. То есть основа состояния – это такое состояние чистого парцуфа – объекта, которому ничто не может помешать, которое уже ничто не уменьшит.

В таком случае добавка света хохма к свету милосердия, необходимая для рождения нового парцуфа, уже не считается основным и необходимым, а определяется не более как дополнение, т.е. зависит только от добрых действий низших. А основного, ва"к, никогда не будет недоставать.

БУКВА АЛЕФ

38. Стояла буква алеф и не вошла предстать перед Творцом. Сказал ей Творец: «Почему ты не входишь ко мне, как все остальные буквы?» Ответила ему: «Потому что видела, что все остальные буквы вышли от Тебя без желанного ответа. И, кроме того, видела я, как Ты дал букве бэт этот большой подарок. А ведь не может царь вселенной забрать обратно свой подарок и передать его другому!» Ответил ей Творец: «Хотя с буквой бэт Я создам мир, но ты будешь стоять во главе всех букв и не будет во мне единства, как только через тебя, с тебя всегда будет начинаться расчет всего и все деяния этого мира, а все единство только в тебе.

Как мы уже знаем, все вопросы букв – это «алият ма"н» – просьба каждой из них, молитва, вознесение желания буквы к Творцу. А ответы Творца на их вопросы – это «еридат ма"д» – ответ Творца, нисхождение свыше света, силы, изобилия в соответствии с просьбой. Большое совершенство, которое есть в букве алеф, происходит в ней не от просьбы снизу о духовном возвышении, исправлении, а от нисхождения свыше силы, света, духовно поднимающего находящихся внизу.

Поэтому буква алеф с начала и до конца исправления никогда не возбуждается вознести свою просьбу вверх, подобно другим буквам, свойствами которых происходит исправление в течение 6000 лет. И только если снизойдет свыше свет, дающий силу для духовного подъема, возбудится буква алеф, что произойдет только в конце исправления.

Причина того, что буква алеф не возносит свои просьбы, ма"н, вверх к Творцу, заключается в том, что она видела, как все буквы просили, но безрезультатно, потому что против свойства каждой буквы находилось противоположное свойство в системе нечистых сил. Поэтому буква алеф решила, что она нисколько не лучше остальных букв, что также и против нее есть соответствующая нечистая сила.

А кроме того, она не вознесла свои просьбы, ма"н, к Творцу, потому что уже видела, что Творец решил создать мир свойством буквы бэт, милосердием. А потому как не было у нее сомнения, что может после этого быть еще какое-то изменение в решении Творца, то решила не просить Его.

Хотя верно, что уже создан мир свойством буквы бэт и Творец не передаст свой подарок другой букве, но свойством буквы бэт создан только неполный парцуф, малый, ва"к без головы. А поскольку недостает головы в парцуфе до его большого состояния, которое возможно только при наполнении парцуфа кроме света милосердия, хасадим, еще и светом мудрости, хохма, это указывает, что недостает еще букв для соединения, зарождения и рождения нового парцуфа, нового состояния.

Достижение такого большого состояния возможно только при помощи свойства буквы алеф. Только алеф может довести парцуф до большого состояния, дополнения к его телу, ва"к, также и головы, га"р, мохин – света хохма. Буква алеф вызывает соединение з"а и малхут в состоянии лицом к лицу, тогда как до этого, в малом состоянии, наполнении только светом милосердия, з"а и малхут были в соединении спинами. Поэтому алеф создает голову у всех букв, что и объясняется тем, что она во главе всех букв алфавита.

«Поэтому, – сказал Творец, – Мое Единство проявляется в мире только свойством буквы алеф. И более того, все вознаграждение и наказание, отдаление и сближение, стремление к духовному исправлению (тшува), благодаря которым осуществляется конечное исправление, произойдет только свойством алеф. Потому что букву бэт Я утвердил основой парцуфа, чтобы никоим образом парцуф не зависел от действий низших, так что, даже если начнут грешить, не повлияет это на находящиеся выше».

«Но свет, что в тебе, алеф, – продолжал Творец, – прямым образом связан с действиями низших. И если грешат, то немедленно исчезает свет мудрости, свет га"р в тебе, а если исправляют свои поступки (тшува), то возвращается свет хохма. А единство Мое со всеми созданиями в конце исправления осуществится только буквой алеф».

Буквы – это кли, желание. И это относится как к отдельным буквам алфавита, так и к буквам, составляющим слова. Буквы в именах духовных объектов обозначают величину их желания, которое свет может наполнить. Буквы простого имени, без наполнения, обозначают скелет имени, без света, кли толщиной 0 со светом нэфэш. Буквы наполненного имени обозначают ту величину желаний, которые наполняются светом.

Два источника букв: буквы юд и алеф. Юд – истинный источник букв, так как, начиная писать что-либо, мы начинаем с точки = юд, затем, продолжая точку в нужное из 4 направлений, получаем линию. Буквы – это келим – желания, в которые получают свет – наслаждение. Желание к чему-то определенному рождается только при:

а) наполнении первоначального, еще не сознательного желания,
б) исходе наслаждения из него.

Потому что от воспоминаний – решимот, от бывшего наслаждения и рождается настоящее желание его получить, заново ощутить. А именно такое желание и есть кли. Наполненное кли нельзя назвать настоящим желанием, потому что оно удовлетворено. Поэтому исхождение света, ощущение духовного падения – это период создания новых кли на новые будущие получения света, новые постижения. Так как 1-е сокращение является основой исчезновения света во всех кли, то черная его точка юд и есть основа всех букв-кли.

Но только 2-е сокращение является истинным корнем всех миров, потому что 1-е было только на точку, 4-ю стадию, малхут, 4-ю букву хэй в имени Творца АВА"Я, а 2-е сокращение было на бина, в котором соединились вместе 2 точки – бина и малхут. Соединение двух точек дает линию, в длину или в ширину. Если это линия в ширину, то она называется «небосвод» – парса.

Сумма следствий 1 и 2 сокращений дает наклонную линию (\), с правой стороны которой изображается г"э = к-х, а с левой – аха"п = б-з"а-м. К-х находятся на прежнем уровне, изображаются буквой юд, первым корнем мира, а б-з"а-м упали на более низший уровень, вследствие 2-го сокращения, изображаемого (\). А так как буква юд первый, но очень удаленный корень миров, а все миры созданы после и по закону 2-го сокращения, то буква алеф стоит во главе алфавита.

Каким светом наполняется духовное кли, объект, парцуф также можно видеть из его обозначения: если он наполняется светом мудрости-ор хохма, то это наполнение обозначается буквой юд, а если наполняется светом милосердия – ор хасадим, то – буквой алеф.

39. Создал Творец верхние буквы, относящиеся к бина, большими, а низшие буквы, относящиеся к малхут, маленькими. Поэтому сказано: «Берешит Бара» – вначале создал – два слова, начинающиеся с бэт, а затем Элоким Эт-Творец сам – два слова, начинающиеся с алеф. Алеф и бэт первые – это буквы бина, а алеф и бэт вторые – это буквы малхут. И все они должны влиять своими свойствами взаимно одна на другую.

Когда высший желает помочь, дать свет низшему, он должен одеться в низший, что означает две первые буквы бэт и две буквы алеф, что в первых четырех словах Торы. Потому что первая буква бэт – верхняя, бина, а вторая буквы бэт – нижняя, з"а, первая бэт одевается во вторую.

Также и первая алеф относится к бина и одевается в алеф вторую в з"а, чтобы наполнять ее светом. Поэтому две буквы бэт – это как одна буква бэт, а две буквы алеф – это как одна буква алеф, потому как нижняя буква есть всего лишь влияние верхней, говорящее о том, что верхний парцуф наполняет нижний парцуф.

С алеф нельзя создать мир, потому что с нее начинается слово Арур – проклятие, и, если бы ею сотворился мир, нечистые силы, называемые арур, получили бы большую силу от чистых сил, называемых Барух – благословение. Поэтому создан мир, нуква з"а, буквой Бэт, а также силой буквы Бэт создан Адам из нуквы з"а. Поэтому малхут мира Ацилут является корнем всего творения, всех миров, и их населяющих.

ВЫСШАЯ МУДРОСТЬ

40. Спросил раби Юдай: «Что означает слово БЕРЕШИТ?» Это мудрость, на которой стоит мир, з"а, дабы войти в высшие скрытые тайны, т.е. в свет бина. И здесь находятся 6 высших больших свойств, ва"к бина, из которых выходит все, из них же создались 6 источников рек, ва"к з"а, нисходящих в большое море, малхут. Слово БЕРЕШИТ состоит из слов БАРА (создал) и ШИТ (шесть), т.е. создал 6 свойств. Кто создал их – тот о котором не упоминают, скрытый и неизвестный, А"А.

В мире Ацилут есть 2 вида света хохма:
1) исконный, свет хохма А"А, называемый скрытым светом хохма. Этот свет хохма находится только в парцуфе А"А и не распространяется с него к более низшим парцуфим;
2) свет хохма, нисходящий 32 путями от бина, поднявшейся в голову А"А, чтобы получить там свет хохма и передать его в з"а. Поэтому слово Берешит означает Берешит, с-хохма, но не скрытого в А"А настоящего света хохма, а нисходящего 32 путями от бина в з"а, благодаря которому существует зо"н.

Сказано, что мир стоит на «высших скрытых тайнах», – потому что, когда зо"н, называемые «мир», получают свет «хохма 32 путей», они поднимаются в АВ"И, называемые «высшие скрытые тайны». Поэтому говорится, что зо"н входит в высшие скрытые тайны, постигает ступень АВ"И, потому что низший, поднявшись к высшему, становится свойствами, как высший.

Кроме разделения на БЕ-РЕШИТ, слово БЕРЕШИТ делится на БАРА-ШИТ (на иврите пишется одинаково, ввиду отсутствия гласных), что означает СОЗДАЛ ШЕСТЬ – создал 6 сфирот-свойств, называемых ва"к, аббревиатура слов вав кцавот – 6 конечностей-свойств з"а, из которых выходят все создания.

Функцию сферы хохма, источника света хохма для зо"н, выполняет сфера бина, потому что малхут поднялась в бина, а бина вышла из головы А"А, стала как его тело и поэтому не может получить свет хохма А"А.

Но затем, вследствие подъема ма"н от низших, человека, духовно находящегося в мирах БЕ"А, возвращается бина в голову А"А, получает свет хохма от А"А, передает свет в зо"н, а зо"н передают свет во все миры. Получается, что из этих 6 свойств-конечностей, на которые разделилась бина, вышли все миры.

Поэтому сказано, что из бина выходят все 6 истоков рек, нисходящих в большое море, – разделение бина на 6 свойств, ва"к, когда она выходит из головы А"А, называется 6 источниками, потому что это еще только источник света для з"а. Но затем, когда бина возвращается в голову А"А, то они становятся светом хохма, называемым реками, нисходящими в парцуф з"а.

И называются 6 рек, как сказано (Теилим 110, 7; русский перевод стр. 73, 110, 7): «Из потока в пути пить будет, поэтому поднимет голову». А затем з"а передает этот свет в большое море, своей нукве. Реки или потоки – это свет з"а. Ва"к бина называются источники света мудрости, хохма, потому что вышли из бина наружу в виде ва"к, только для того, чтобы создать источник света для зо"н. А если бы бина не вышла наружу, не было бы у зо"н никакой возможности получить свет.

В слове Берешит заключено несколько смыслов: Бере = бара – создал, создал 6 свойств без света хохма, потому что слово бара означает скрытость. Поэтому в слове берешит есть 2 смысла: а) хохма, потому что слово решит – это хохма, б) бара шит – показать, как хохма разделилась на 6 частей без головы, без света хохма, являющихся источниками света для зо"н, называемых «мир». И эти 6 частей з"а и малхут называются 7 дней творения.

Но поскольку слово «бара» находится внутри слова «берешит», то создал это «скрытый и неизвестный», т.е. скрытая хохма А"А. Потому что он вывел бина из своей головы и сделал ее ва"к. Т.е. он создал 6 частей, описываемых в Берешит. Берешит – хохма. Не может низойти свет в з"а до тех пор, пока Има-бина не выйдет наружу. Потому что вследствие 2-го сокращения упали за"т бина в зо"н. Поэтому, когда бина в большом своем состоянии, то з"а получает свет хохма в келим – желания бина. Берешит = бара-шит, где слово бара также означает слово бар – вне, выход наружу.

ЗАМОК И КЛЮЧ

41. Раби Хия и раби Йоси шли по дороге. Когда приблизились к одному полю, сказал раби Хия раби Йоси: «Когда говорится БАРА ШИТ (сотворил шесть), имеется в виду, конечно, БЕРЕШИТ, потому что 6 высших дней, т.е. ва"к бина светят Торе, т.е. з"а, а остальные, т.е. га"р бина, скрыты.

З"а мира Ацилут называется Тора. 6 высших дней – это ва"к бина, находящиеся выше з"а. Поэтому в первом слове Торы – БЕРЕШИТ = БАРА – сотворил, ШИТ – шесть, есть указание, что сфира бина обращается к сфире хохма, чтобы получить свет хохма и передать его в з"а. А поскольку з"а не в состоянии получить от нее весь свет хохма, га"р хохма, свет от 10 сфирот, а только ва"к хохма, свет от 6 сфирот, то это подчеркивается в слове БАРА ШИТ – СОТВОРИЛ ШЕСТЬ, т.е. что з"а получает от бина только свет шести сфирот х-г-т-н-х-е, ва"к хохма, а га"р хохма, свет еще и от сфирот к-х-б, скрыты от него.

Причина этого в том, что хотя парцуф Атик является парцуфом 1-го сокращения, но обязан светить вниз, всем остальным парцуфам мира Ацилут и всем мирам БЕ"А, светом 2-го сокращения. Поэтому он представляется относительно низших парцуфим как парцуф, находящийся в Ц"Б. То есть он добровольно принял на себя такое внешнее, относительно других, сокращение своего излучения, чтобы низшие парцуфим смогли получать от него: он поднял малхут от рта в глаза и на экран, находящийся в Н"Э, сделал зивуг и родил парцуф А"А.

Поэтому А"А является парцуфом со свойствами 2-го сокращения и кэтэр всего мира Ацилут, вместо Атика. Так создано самим парцуфом Атик. И они разделились на две части: Г"Э остались в Атик, а АХА"П стали частью второго парцуфа –

А"А. А поскольку малхут поднялась в Н"Э, то парцуф А"А остался без малхут, а вместо малхут используется в нем сфира атэрэт есод. А малхут скрыта в Н"Э парцуфа Атик. Г"Э АТИК – скрыты от нижестоящих, малхут стоит в Н"Э головы АТИКА АХА"П АТИК = Г"Э А"А, атэрэт есод = малхут А"А.

По подобию этих парцуфим вышли и все последующие парцуфим мира Ацилут, т.е. все они разделились на две части – Г"Э и АХА"П: парцуф бина разделся на два парцуфа: Г"Э бина образовали парцуф АВ"И, а АХА"П бина образовали парцуф ИШСУ"Т. Малхут поднялась и осталась в АВ"И, а парцуф ИШСУ"Т остался без малхут.

Также и ЗО"Н: Г"Э образовали большие ЗО"Н, а АХА"П образовали малые ЗО"Н. Малхут осталась в Н"Э больших ЗО"Н, а у малых ЗО"Н есть только 9 сфирот без малхут, которую им заменяет атэрэт есод, как в парцуфе Атик. То есть как кэтэр = Атик разделился на две части: га"р = Атик и за"т = А"А, так разделилась и бина – на га"р = АВ"И и за"т = Ишсут, и зо"н на га"р = зо"н большие и за"т = зо"н малые: малхут осталась в га"р, а в за"т ее заменяет атэрэт есод.

Вследствие этого верхняя часть каждой ступени остается скрытой, как парцуф Атик, потому что малхут не спускается с того места, Н"Э, куда она поднялась, на свое прежнее место в рот. И хотя в большом состоянии возвращаются АХА"П на свое место, или, что то же, поднимаются к своим Г"Э, но Г"Э не наполняются, вследствие этого, светом хохма, светом га"р, потому что малхут остается в скрытом виде в Г"Э, а на малхут есть запрет еще от 1-го сокращения не получать свет хохма. И потому остаются Г"Э со светом хасадим.

И только нижняя часть каждой ступени наполняется в большом состоянии светом га"р, хохма: был авир(воздух) = Алеф-Вав-Юд-Рэш, ушла из этого слова буква юд, остались буквы Алеф-Вав-Рэш, образующие слово ор – свет, ор хохма, га"р.

Отсюда: все 5 парцуфов мира Ацилут имеют Г"Э, га"р келим, сфирот к-х-б-х-г-т, со светом хасадим, свет ва"к, а АХА"П, сфирот н-х-е, ва"к келим, в большом состоянии парцуфа заполняются светом хохма, светом га"р. Г"Э = га"р келим с ва"к света = свет хасадим, АХА"П = ва"к келим с га"р света = свет хохма. Поэтому сказано, что нет у з"а в мире Ацилут света большего, чем ва"к = 6 дней, а гар"р скрыты, даже в парцуфим более высших, чем з"а.

42. Но сказано в тайнах творения БЕРЕШИТ, что скрытый святой утвердил законы в бина, в скрытом и тайном, т.е. в малхут парцуфа Атик, являющегося парцуфом с малхут 1-го сокращения, поднявшейся до бина и убравшей АХА"П А"А ниже его головы. А тот же закон, который утвердил в бина, утвердил, скрыл все в нем и все спрятано под одним ключом. А тот ключ спрятал в одном зале. И хотя все спрятано в этом зале, самое главное находится в том ключе, потому что он все открывает и закрывает.

СКРЫВАЕМЫЙ СВЯТОЙ – А"А, потому что его хохма скрыта. УТВЕРЖДЕНЫ ЗАКОНЫ В НЕМ – в малхут Атика. Утвержден недостаток келим АХА"П. Малхут 1-го сокращения, называемая центральной точкой всего творения, единственное творение, на которую и было 1-е сокращение. В противоположность ей, если экран находится не в малхут, а в сфире есод, вернее, в атэрэт есод, месте союза (обрезания), месте зивуга, разрешенном после 2-го сокращения, то этот экран позволяет принимать свет и потому называется точкой населения, а не центральной точкой.

– кэтэр
– хохма
– бина
– з"а есод
– з"а – малхут, получившая свойства з"а «отдавать», – населенное место
– малхут – нельзя производить зивуг, пустынное место

Дело в том, что в А"А нет га"р, потому что высшая, находящаяся внутри него малхут Атика исправлена уже так, что находится в Н"Э своего парцуфа. В большом состоянии экран спускается с Н"Э в рот, отчего АХА"П возвращаются на свое место и происходит зивуг на все 10 сфирот, получая га"р света, свет хохма. Поэтому экран в Н"Э называется замок, ведь он перекрывает собою вход в парцуф га"р света. Га"р света называется светом хохма. Но, спускаясь с Н"Э в рот, экран открывает вход свету в парцуф, а потому называется вход «отверстия глаз».

Хотя Атик сам находится с малхут в Н"Э, но это действует на А"А, а не на сам Атик, потому что А"А создан экраном, стоящим не в малхут, а в атэрэт есод (или просто в есод) и нет в нем малхут. Поэтому в Н"Э А"А властвует не малхут, а атэрэт есод. Поэтому его свет можно постичь, в отличие от света Атика. Потому что в Атике малхут – это центральная точка, которая не делает зивуг на свет хохма. Хотя относительно Атик А"А – это АХА"П Атика, но сам А"А имеет свои Г"Э и АХА"П.

Затем А"А создал АВ"И и утвердил также в них отсутствие света хохма, вследствие отсутствия АХА"П келим. И этот АХА"П – есть ЗАЛ, в котором скрыт весь свет хохма (га"р нэшама, га"р хая, га"р йехида). Этот КЛЮЧ СПРЯТАН В ОДНОМ ЗАЛЕ: зал – это бина, являющаяся залом для света хохма. В га"р бина, АВ"И, властвует поднявшаяся туда малхут, но там не ощущается отсутствие света хохма, потому что свойства АВ"И желать только света хасадим, он важен им, полностью заменяя свет хохма. А в ва"к бина властвует ключ, атэрэт есод.

В ТОМ КЛЮЧЕ, ПОТОМУ ЧТО ОН ВСЕ ОТКРЫВАЕТ И ЗАКРЫВАЕТ, – скрытие и открытие производится малхут, стоящей в Н"Э: когда малхут поднимается в Н"Э, она скрывает свет хохма, потому что в таком случае парцуф остается без своих келим АХА"П, не может использовать свои желания «получить» ради Творца. А потому, соответственно, отсутствует в нем свет хохма – ведь свет хохма можно получить только в келим АХА"П.

А когда парцуф получает свыше силы противодействия эгоистическим желаниям своих келим АХА"П «получить» и может «получить» ради Творца, это означает, что он приобрел экран против своих желаний и может с ними также работать на Творца. Тогда он возвращает свою малхут из Н"Э в рот, или, что то же, поднимает в голову свои келим – желания АХА"П и начинает на них производить расчет, сколько может в них получить ради Творца, но чтобы не было полученное наслаждение таким большим, что начал самонаслаждаться – и затем получает этот свет хохма в свое тело.

Таким образом, только малхут, стоящая в Н"Э, открывает или закрывает доступ света в парцуф. А так как открывать доступ света она должна в за"т, в котором властвует не малхут, поднявшаяся в Н"Э, а атэрэт есод, называемая ключ, а га"р всякого парцуфа остаются со светом хасадим (желающими только свет хасадим), то открытие и закрытие поступления света хохма в парцуф, постижение Творца, зависят только от ключа, а не от самой малхут.

43. В том зале скрыты огромные сокровища, одни над другими. В том зале есть наглухо закрытые ворота, чтобы закрыть доступ света. И их 50. Разделились они по четырем сторонам и стали – 49, потому что у одних ворот нет стороны и неизвестно: они наверху или внизу. А потому остались они закрытыми.

Есть много видов га"р: га"р света нэшама, или хая, или йехида. И в каждом из них есть бесконечное множество частных ступеней, деталей. Поэтому сказано ОДНИ НАД ДРУГИМИ. Но пока малхут находится в Н"Э, все эти ступени света скрыты и неизвестны.

Ворота означают сосуд – желание получить свет. В духовном мире нет тел, есть только желания, само желание называется телом. Нет желания – нет тела, некуда получать свет-наслаждение. Чем больше желание, тем «больше» тело. Но все тела своим строением подобны друг другу: как тело человека нашего мира состоит из 613 частей, так и духовное тело состоит из 613 духовных частей-желаний.

Если человек может использовать какое-то из желаний своего духовного тела для, ради Творца, то это действие называется «Заповедь». Получаемый свет называется Тора. У духовного парцуфа есть голова – место принятия решений. Там находятся только такие желания, у которых заранее известно наличие экрана, сопротивления этим желаниям, чтобы духовно, альтруистически использовать их, повернуть их из «ради себя» в «ради Творца». Если человек выполнил все 613 Заповедей Торы и 7 Заповедей народов мира, всего 620 Заповедей, то он поднялся т.о. на 620 ступеней и полностью слился с Творцом.

Выполнить все Заповеди означает полностью наполнить свой духовный парцуф светом Торы – вследствие выполнения Заповедей действия (мицвот осэ) и запретительных Заповедей (мицвот ло таасэ). Выполнение последних заключается в нежелании получать наслаждения, находящиеся в них.

Есть два вида желаний или ворот: когда они находятся закрытыми и не получают ничего; когда они открываются и получают высший свет. Когда все они закрыты, их 50. Но раскрыть можно только 49 из 50. 10 сфирот к-х-б-х-г-т-н-х-е-м или 5 сфирот к-х-б-з"а-м (потому что з"а состоит из 6: х-г-т-н-х-е). Но малхут состоит также из этих 6, и потому есть в ней все 10 сфирот. А поскольку каждая из 5 сфирот состоит из 10, то всего 50.

Но так как зивуг происходит не на малхут, а на атэрэт есод, то сама малхут дэ малхут не получает свет: получают свет 4 сфирот к-х-б-з"а, находящиеся до малхут. Каждая из них состоит из 10, поэтому 4 х 10 = 40. И 9 сфирот в самой малхут от кэтэр до есод. Итого 40 + 9 = 49. Только 1 сфира из всех 50, малхут сфиры малхут не получает света, потому как до конца исправления всех келим – желаний нельзя получать в нее свет, ибо заранее известно, что у нее нет сил противодействовать такому большому эгоистическому желанию самонасладиться.

В сфире есод дэ малхут стоит экран вместо малхут дэ малхут, и это место называется брит – союз, место, в котором необходимо совершить Заповедь обрезания, чтобы производить зивуг не на саму малхут, на 1-е сокращение, а на есод, вернее, на атэрэт есод, на 2-е сокращение. Сама малхут дэ малхут называется «Шаар нун» – пятидесятые ворота. Это касается малхут каждого парцуфа миров АБЕ"А.

И хотя малхут парцуфа АВ"И опускается с Н"Э АВ"И на свое место в рот, а их АХА"П и одевающийся на АХА"П Ишсут поднимаются на ступень АВ"И, и соединяются АВ"И и Ишсут в один парцуф, вследствие чего нисходит к ним свет хохма от А"А, но АВ"И не желают, а потому не получают ничего от этого света хохма, а остаются только со своим светом хасадим, будто малхут и не спускалась с их глаз в рот.

Поэтому по свету АВ"И нельзя знать, находится малхут в Н"Э или во рту. Наоборот, глядя на АВ"И, нам всегда кажется, что малхут стоит в Н"Э. И только по состоянию Ишсут можно судить, где находится малхут, потому как в большом состоянии, когда поднимается в АВ"И, он получает свет хохма.

Хотя в АВ"И сама малхут может получать свет хохма, но поскольку АВ"И вообще не получают свет хохма, то они не используют свою малхут. А в Ишсут уже есть вместо малхут атэрэт есод, и потому он получает свет, что называется, «открывается», а АВ"И остаются закрытыми.

Но отсутствие 50-х ворот, зивуга на саму малхут в Ишсут, вызывает отсутствие соответствующего света хохма во всех парцуфим, о чем сказано: «50 ворот бина, и все вручены Моше, кроме одного, последней тайны отсутствия высшего света». Потому что этот высший свет можно получить только в келим - желания самой малхут, первозданного эгоизма, что произойдет после конца всего исправления, после 6000 лет.

44. В тех воротах есть один замок и узкое место, чтобы просунуть в него ключ. Не записан, а узнаваем только по записи ключа, о чем не знают в том узком месте, а только в самом ключе. И об этой тайне сказано БЕРЕШИТ БАРА ЭЛОКИМ – ВНАЧАЛЕ СОЗДАЛ ТВОРЕЦ. Вначале – это ключ, и все скрыто в нем, он открывает и закрывает. И шесть ворот включает в себя тот ключ, открывающий и закрывающий. Когда закрывает те ворота – включает их в себя, то написано ВНАЧАЛЕ, открытое слово, хотя обычно закрытое. БАРА – СОЗДАЛ – везде это закрытое слово, говорящее о том, что ключ открывает и закрывает его.

Малхут, стоящая в Н"Э, называется «замок», потому что закрывает доступ света хохма в парцуф. Весь парцуф заканчивается в хохма – только в к-х может быть свет, а потому он всего нэфэш-руах. Ведь при отсутствии келим-сфирот б-з"а-м, отсутствуют света нэшама-хая-йехида. Есод дэ малхут – это 49-е ворота – максимум того, что может быть до конца исправления, потому что сама малхут дэ малхут – это 50-е ворота.

Если в есод дэ малхут, в 49-е ворота, входит ключ, атэрэт есод света, то этот свет опускает малхут на ее место, с Н"Э до рта, парцуф открывается этим светом и наполняется светом хохма. Поэтому атэрэт есод называется ключом.

Но есть особая запись, чтобы не использовать малхут дэ малхут как место зивуга до окончательного исправления всех остальных, кроме малхут дэ малхут, келим-желаний. Эта запись находится в АВ"И: так как в них самих никогда нет получения света хохма, т.е. они не используют этот ключ, то их настоящий АХА"П не поднимается. Но и ненастоящего АХА"П АВ"И достаточно, чтобы Ишсут получил свет хохма и осознал, что знание означает наличие света хохма.

Если свет, соответствующий атэрэт есод, входит в соответствующую ему сфиру в малхут, т.е. в есод дэ малхут, 49-ю сфиру, то малхут, 50-е ворота, не запрещает этому свету наполнить парцуф, не запирает парцуф, потому как в ней есть запись запрета только на то, что входит в саму малхут. Причина этого в том, что запись-память ключа властвует в за"т бина, т.е. в Ишсут. Поэтому этот свет называется «ключ».

А слово БЕРЕШИТ – ВНАЧАЛЕ, включает в себя только ключ, только атэрэт есод, 49 сфиру, кроме малхут дэ малхут, 50-е ворота. Но все к-х-б всех парцуфов мира Ацилут не получают свет хохма, а вместо этого светит в них свет хасадим. Поэтому слова ВНАЧАЛЕ СОТВОРИЛ означает ХОХМА СКРЫЛ, потому что слово сотворил – БАРА, происходит от понятия бар – вне, что означает – вывел за пределы получения света хохма, отчего эта часть келим заперлась отсутствием света.

АВРААМ

45. Сказал раби Йоси: «Слышал я от великого источника света, т.е. от раби Шимона, что БАРА – это скрытое слово, ключ к которому закрыл его и не открывал. А потому как ключ закрыл слово БАРА, не было мира и возможности его существования, а пустота покрывала все. А когда пустота властвует, нет ни мира, ни его существования.

46. Когда же открыл ключ те ворота и готово все к существованию и развитию поколений? Это когда явился Авраам, свойство хэсэд, милосердия, о котором сказано: «Это поколения неба и земли бэ-барам – которыми строил. Но читать надо не бэ-барам, а бэ Авраам (на иврите эти два слова имеют те же буквы, но ввиду отсутствия огласовки можно читать по-разному). Тогда все, что было скрыто в слове БАРА, открылось буквами, т.е. келим открылись слушать. И выходит столб, производящий поколения, святой есод, на котором основано существование мира. Потому что БАРА – это буквы слова ЭВАР – открыт.

Спрашивает: «Когда он откроется, можно действовать и производить поколения?» – в этом вопросе есть 3 вопроса:

а) Когда откроется? – когда спустится малхут с глаз, куда она поднялась вследствие 2-го сокращения, на ее прежнее место, в рот, вследствие чего раскрываются 49 врат хохма;

б) Когда можно использовать? – когда одевается свет хохма в свет хасадим, от чего АХА"П может получить свет хохма, потому что без одеяния в хасадим МИ = Г"Э не может светить в ЭЛЭ = АХА"П, свет еще не годен для получения и использования низшими;

в) Производить, размножать поколения? – поколения – это души, находящиеся в мирах БЕ"А, рожденные зо"н мира Ацилут. После того как з"а получает свет хохма и хасадим, т.е. свет совершенства, этот свет дает ему возможность сделать зивуг с нуква и родить души праведников.

```
МИР А"К
МИР АЦИЛУТ: А"А мира Ацилут
          АВ"И мира Ацилут
          зо"н мира Ацилут - рождают и питают души праведников
—парса————————————————————————
   МИР БРИЯ    ⎤
   МИР ЕЦИРА   ⎬ души праведников в мирах БЕ"А
   МИР АСИЯ    ⎦
—махсом - переход от эгоизма к альтруизму ————————
   НАШ МИР - ЭГОИСТИЧЕСКИЙ
```

Авраам – это свойство сфиры хэсэд в парцуфе з"а во время его большого состояния, когда хэсэд поднимается и становится хохма: сфирот х-г-т становятся х-б-д:

ПАРЦУФ З"А:

бина - хохма даат	х-б-д=хаба"д
гвура - хэсэд тифэрэт	х-г-т=хага"т
ход - нэцах есод	н-х-е=нэх"и

Прежде чем явился Авраам, все было скрыто в слове БАРА и властвовала пустота в мире – в зо"н не было ни света хохма, ни света хасадим. Но когда явился Авраам, свет сфиры хэсэд, нисходящий в з"а, открылись ворота для света хохма, потому что малхут спустилась с глаз в рот, и Ишсут соединился с АВ"И в одну ступень, отчего снизошел в Ишсут свет хохма, потому как уже был в з"а свет хасадим от свойств Авраама.

Тогда оделся свет хохма в свет хасадим, и соединились вместе МИ и ЭЛЭ, Г"Э и АХА"П, и имя Творца стало полным:

ЭЛО-ИМ, и хохма наполнила з"а. Тогда спустилась малхут с глаз до рта в з"а и получил з"а новый АХА"П от бина, перешел в большое состояние, передал через свой есод свет в малхут, «называемую низший мир», вследствие чего малхут рождает души праведников.

47. Когда есод з"а соединяется со словом БАРА-малхут, создается закрытое высшее деление на имя и на величие Творца, называемое МИ, и сотворяется ЭЛЭ. Также святое имя М"А вышло из БАРА. Святой закрытый ЭЛЭ существует, как и есод. Но когда достигает полного состояния есод, достигает полного состояния парцуф, соответствует есоду буква хэй, а ЭЛЭ – буква юд.

Здесь «Зоар» выясняет, какой свет есть в з"а в зависимости от его состояний. В сфере есод парцуфа з"а есть окончание, т.е. место ее соединения с малхут, место союза между Творцом = з"а и шхина или душами праведников, Израилем, малхут. Это место контакта между ними называется атара есод – окружение есода или корона з"а.

Слово БАРА означает малое состояние, возникающее вследствие поднятия малхут в Н"Э. АВ"И никогда не оставляют свойств га"р бина, свойств милосердия, не желают получать. Малхут, поднявшаяся и стоящая в них, называется манула – замок, не позволяющий свету распространиться ниже себя. Атара есод з"а называется мифтэха – ключ, потому что его свойством можно получить свет в парцуфим, находящиеся под АВ"И.

Это можно при условии, что ЭЛЭ = АХА"П поднимутся к МИ = Г"Э. На келим ЭЛЭ, желающие свет хохма, можно получить свет хохма, но только при их подъеме вверх, над парса. Но до того, как свойства малхут не получили свойство бина, не смягчились свойством бина, нет возможности получить свет и малхут называется «50-е ворота».

Отсюда видим, что слова МИ БАРА ЭЛЭ – означают не вопрос «Кто создал это», а действие: М"И = Г"Э бара, создало, ЭЛ"Э = АХА"П тем, что опустилась малхут с Н"Э обратно до рта, поднялись этим ЭЛ"Э = АХА"П в голову и получили там свет га"р, хохма.

Малхут, опустившаяся в рот, называется М"А, потому что низший мир называется М"А, и ее экран во рту делает зивуг, на который нисходит свет хасадим, называемый светом благословения, потому что этим аннулируется запрет и замок на распространение света.

48. Когда пожелали буквы хэй и юд дополнить друг друга, произошла из них буква мэм и составилось, слиянием двух сторон, слово ЭЛО-ХИМ = ЭЛ"Е + хэй + юд + мэм. От слова ЭЛ"Е произошло слово ЭВЭР + хэй + мэм = Авраам. Но можно сказать, что Творец взял слово ЭЛ"Е и М"И, соединил их, и получилось слово ЭЛОКИМ, а из слов М"А и ЭВЭ"Р получилось слово Авраам, где слово М"И говорит о 50 воротах бина. А слово М"А говорит о числовом значении святого имени, потому что АВА"Я с наполнением буквой алеф составляет гематрию М"А = 45.

В этих двух буквах, ЮД и ХЭЙ, существуют оба мира – этот и будущий, в юд – будущий мир, а в хэй – этот мир. Поэтому с М"И – сотворил будущий мир, а с «М"А – сотворил этот мир. Поэтому сказано: «Это поколения неба и земли бэибарам – созданные», где буквы бэибарам слагают слово Авраам, потому как пока не сложились буквы в это слово, не было совершенства. Поэтому в Торе имя Творца АВА"Я встречается первый раз только после слова Авраам.

Свет хасадим в М"А и свет хохма в ЭЛ'Е возбудились дополнить друг друга и дополниться один в другом, вследствие чего оделся свет хохма в свет хасадим и малхут получает от обоих, хасадим и хохма. Этим соединяются М"А и М"И, создавая М"М – малхут, получающую свыше свет хохма, одетый в свет хасадим.

ВИДЕНИЕ РАБИ ХИЯ

49. Распростерся раби Хия на земле и поцеловал ее. Заплакал и сказал: «Земной прах, насколько тверд ты и бессердечен, скольких ты поглотил, все столпы света, великие души поглощены тобою. А самый великий, светоч всего мира, светящий и управляющий нисходящим к нам светом, благодаря кому существует наш мир – раби Шимон, свет всех миров, – также поглощен тобою, и ты властвуешь в мире?» Но опомнился мгновенно и сказал: «Не гордись, прах земной, не будут светочи мира преданы тебе, и раби Шимон не поглощен тобою!»

Сама малхут – это единственное, что создано Творцом. И это единственное создание является только желанием получить наслаждение. Таким оно создано, и саму его суть изменить нельзя. Но можно изменить намерение – зачем, ради чего или ради кого наслаждаться.

Вследствие соединения малхут с бина, с альтруистическим желанием отдать, дать наслаждение, в малхут, кроме своего желания, появилось желание бина. То есть в малхут образовалось еще одно желание – отдавать, противоположное ее природе.

Только на это желание бина в малхут может быть зивуг и наполнение светом. Когда малхут получит все, какие только в состоянии, желания от бина и наполнит их светом, в ней останется неисправленным только ее личное исконное эгоистическое свойство, но и оно исправится свыше самим Творцом. Порядок исправления и получения света на свойства бина в малхут называется получением на зивуг есод, и он происходит последовательно по 6000 ступеням, называемым 6000 лет.

Малхут дэ малхут мира Ацилут не может получать никакого света в течение 6000 лет – до окончания исправления всех своих остальных частей. Все зивуги в течение 6000 лет производятся не на саму малхут, а на полученные ею свойства бина.

Место такого зивуга называется есод дэ малхут или атэрэт есод. Сама же малхут (эгоистические желания) остается закрытой для света и потому называется «закрытые ворота».

Получение света в течение 6000 лет, исправление парцуфим и постепенное наполнение малхут светом происходит с помощью желаний бина в малхут, называемой «мифтэха» – есод дэ малхут, потому что над этой частью малхут не властвует нечистая (эгоистическая) сила.

Есод дэ малхут означает, что малхут действует только свойствами, полученными ею от более высокой сферы – от есод, над которым не властвуют нечистые силы. Все свойства, кроме малхут, альтруистические, т.к. исходят от бина. Но мы обычно говорим не бина, а есод, т.к. хотим обозначить, что зивуг происходит на альтруистическое желание, выше, чем эгоистическое желание малхут, а потому как над малхут находится сфера есод, то, желая сказать, что зивуг происходит на альтруистические желания в малхут, мы говорим, что зивуг происходит на есод. А поскольку, получив свойства есод, малхут может получать свет, то такое действие получения света на есод дэ малхут называется «мифтеха», от слова мафтэах – ключ, открывающий вход высшему свету.

Но поскольку сама малхут, т.е. малхут дэ малхут, «закрытые ворота», остается закрытой для света в течение 6000 лет, не мог понять раби Хия (определенная духовная ступень), как же смог раби Шимон (духовный парцуф, называемый раби Шимоном) достичь того полного совершенства, которого достиг. Ведь раби Шимон – это такой высокий духовный парцуф, который получает свет йехида. А получить такой свет невозможно, не используя зивуг на саму малхут дэ малхут. Но ведь нельзя использовать эту часть малхут, потому что она не исправлена до окончания всего исправления, до конца 6000 лет. Отрицая эти желания, человек как бы исправляет уже ее частично. К малхут дэ малхут и относятся все запрещающие Заповеди. Поэтому запрет на ее использование и называется ограничением.

А если нельзя заполнить светом «каменное сердце» – «лев эвэн», саму малхут дэ малхут, корень и зерно эгоизма, основу творения, то как может достичь полного исправления хотя бы одна душа? Ведь полное исправление означает получение света во всю малхут. В каждой душе, части малхут, которую дано исправить человеку, есть часть от всех частей малхут, есть его доля и от малхут дэ малхут, с которой он не имеет права работать до конца всего исправления.

С другой стороны, раби Хия видит раби Шимона находящимися в состоянии окончательного исправления. Как же он смог достичь такого состояния? Это противоречие вызвало в раби Хия такое душевное возбуждение, что он распростерся на земле и вскричал.

Невозможно постоянно «переводить» слова Торы или книги «Зоар» на понятный нам язык: что земля означает эгоизм, так же как прах – нечистые силы, что вскричать означает поднять ма"н и пр. Все слова и определения в тексте «Зоар» следует пытаться воспринимать чувственно, а не буквально, в физических действиях нашего мира. То есть то, что говорит «Зоар», – это внутренние духовные ощущения и переживания человека, ощущающего духовный мир.

Все миры представляют собой «окружение», духовную сферу, в которой Творец создал единственное Свое творение – человека, Адама. Все, кроме человека, создано только для помощи человеку в выполнении его духовной задачи – стать как его Создатель.

Как в нашем мире сам мир и его наполняющие, кроме человека, являются не существами со свободой воли, а роботами своей животной природы, так и в духовных мирах, кроме души, все остальные являются роботами своей духовной природы. Родившись в нашем мире, человек тоже является животным, не имеет свободы воли в действиях против своего эгоистического желания самонасладиться. Таким же он обычно остается все время своего существования на земле, ничем не отличаясь от неживого, растительного, животного мира, так же автоматически выполняющего приказы внутреннего своего повелителя – эгоистической природы.

Только с помощью Каббалы человек может постепенно получить высшие духовные силы и обрести т.о. свободу действия: выйти из-под власти эгоистических нечистых сил, стать вольным в своих желаниях, как Творец. Но такая возможность предоставляется человеку только в мере его власти над своей автоматически действующей эгоистической природой: в мере своего экрана человек возвышается (внутренне, в своих ощущениях, перемещается) из этого мира в духовный мир.

Создав духовные миры как жилище для своего будущего творения, Творец создал творение – душу, Адама. Душа представляет собою желание самонасладиться ощущением Творца (Его светом). Чувство ощущения Творца называется светом. Кроме света и души, нет в мироздании ничего более!

Хотя сама душа является малхут дэ малхут, единственным эгоистическим творением, Творец придал ей свойство альтруистичности, создав ее соединенной с келим (желаниями) бина и показав т.о., насколько прекрасно быть подобным Ему.

В процессе альтруистических действий душа, Адам, решила использовать и свой природный эгоизм, саму малхут дэ малхут, для получения в нее, с альтруистическими намерениями, света Творца. Но, начав получать огромный свет йехида в малхут дэ малхут, не смогла уже удержаться и возжелала эгоистически наслаждаться им. Такое изменение желаний души называется ее грехопадением.

Вследствие грехопадения Адама разделилась его душа на множество (600 000) частей и все они упали в плен нечистых – эгоистических сил (обрели эгоистические желания). После своего грехопадения Адам исправил некоторые из душ (приобрел антиэгоистический экран), но только частично. А затем, из всего общего количества душ, последовательно выбираются души на исправление, спускаются в наш мир, облачаясь в тела, поколение за поколением.

Нисхождение (удаление от Творца) в наш мир (в эгоистические ощущения только своих желаний) происходит вследствие добавления душе определенного эгоистического «довеска». В духовном мире перемещение (ближе-дальше относительно Творца) и расстояние (от Него) определяется соотношением в душе эгоистических и альтруистических желаний.

Цель нисхождения душ в наш мир в том, чтобы с помощью Каббалы изменить свои эгоистические желания и достичь возвращения к Творцу, своими намерениями, совершением альтруистических поступков. Нисхождение душ продолжается до полного исправления каждой из них и всех вместе.

Самые же высокие души, относящиеся к ступеням света йехида и га"р хая, зависят от исправления самой малхут в малхут мира Ацилут, называемой «закрытые ворота», которая не подлежит исправлению в течение 6000 лет, а исправится только после исправления всех остальных. Потому что существует

Видение раби Хия

обратная зависимость душ и света в них: чем эгоистичнее душа, чем она ниже, тем больший свет входит в общий парцуф, в общую душу, при ее исправлении:

СВЕТ ДУШ	-	йехида	-	хая	-	нэшама	-	руах	-	нэфэш
МАЛХУТ	-	кэтэр	-	хохма	-	бина	-	з"а	-	малхут
(типы душ)										

Поэтому эти высокие души поглощены прахом земли, нечистой силой, т.е. нечистая сила властвует над ними своей большой и наглой властью, потому как уверена, что никто и ничто не может спасти эти души от ее плена.

Поэтому и рыдал раби Хия, восклицая: «Насколько жесток ты, прах земной!», что все, самые высокие души, «Разлагаются в тебе без всякой надежды спастись от тебя!» То есть само зерно творения, первозданный эгоизм, исправить нельзя.

И поэтому все праведники мира, светящие всему миру, сами же не могут достичь совершенства, вследствие пленения высоких душ под властью нечистых сил. Поскольку все души взаимосвязаны, ни одна душа не может достичь конца исправления до тех пор, пока не будут исправлены все души. А потому и они подвержены жестокой власти земного праха.

Вначале раби Хия хотел сказать, что и сам раби Шимон также поглощен прахом, не достиг полного исправления. Он слышал, что раби Йоси также считает, что закрытые врата – закрыты для всех. Но затем, поразмыслив, спросил: «Но если раби Шимон оживляет все миры и управляет ими, как же может быть, чтобы он не достиг совершенства?»

Поэтому пришел к выводу, что раби Шимон не поглощен прахом, т.е. достиг всего исправления, что он наверняка в полном и абсолютном совершенстве. Только как такое состояние может быть достигнуто кем-то (отдельной душой) до (без) окончательного исправления всех – этого раби Хия понять не мог: как раби Шимон достиг конца исправления, когда этого нельзя достичь до окончания исправления всех душ. Объяснить это себе раби Хия не мог.

50. Встал раби Хия, начал ходить и плакать. Присоединился к нему раби Йоси. Постился 40 дней, чтобы увидеть раби Шимона. Отвечено было ему, что все равно

недостоин он увидеть его. Заплакал и постился еще 40 дней. Тогда показали ему видение: раби Шимон и его сын раби Эльазар обсуждают его, раби Хия, слова, сказанные им раби Йоси, и тысячи прислушиваются к их обсуждению.

Хотя пост, о котором говорит «Зоар», – духовное действие, но и в рамках нашего мира это описание хорошо как пример, насколько сильным должно быть желание, на которое только и может быть получен ответ свыше. Таким же духовным действием является плач, слезы – малое состояние духовного парцуфа, в нашем случае называемого «рав Хия». Естественно, раби Шимон и прочие персонажи «Зоар» – это духовные парцуфим, а не люди нашего мира.

Хотя духовный уровень человека, жившего в нашем мире, известного под определенным именем, и его духовный уровень, описываемый в Торе, могут совпадать. Но выяснение этого выходит за рамки данной статьи. Только необходимо заметить, что фараон в земном Египте, естественно, не был духовным фараоном, каким он описывается в «Зоаре», – парцуфом, включающим всю малхут, а Лаван, описываемый в Торе как злодей, является высшим духовным светом парцуфа А"Б, высшим светом хохма. Но об этом – в продолжении.

От сильного желания постичь ступень раби Шимона увидел его раби Хия, потому что твердо решил, что не мог раби Шимон поглотиться прахом. Именно благодаря дискуссии с раби Йоси пришел он к такому выводу и потому страстно захотел увидеть раби Шимона.

51. В том же видении увидел раби Хия несколько высших больших крыльев, как поднялись на них раби Шимон и его сын раби Эльазар и взлетели на собрание небосвода. А крылья ждали их. Затем вернулись оба на свое место и светились еще больше прежнего, больше, чем свет солнца.

Собрание небосвода – это собрание ангела Мататро"н. Но полное имя его не произносится, а произносится оно как Матат, потому что произнесение имени равнозначно действию, что не всегда желательно. Высшее собрание – это собрание самого Творца, а собрание небосвода – это собрание Матата.

Видение раби Хия

Крылья, которые ждали раби Шимона и его сына раби Эльазара, – это ангелы (духовные силы, подобно роботам или тягловым животным в нашем мире), обязанность которых помогать душам подниматься со ступени на ступень. И как эти крылья обязаны помогать душам в их подъеме, также они обязаны помогать им спускаться на свое место. Поэтому сказано, что крылья ждали, чтобы спустить раби Шимона и раби Эльазара.

А когда раби Хия увидел их возвращающимися с собрания небосвода на свое место, т.е. на собрание раби Шимона, увидел новый свет их лиц и свечение вокруг них, большее, чем свет солнца.

52. Открыл раби Шимон и сказал: да войдет раби Хия, и да узрит, насколько Творец обновляет лицо каждого праведника в будущем мире. Счастлив, кто придет сюда без стыда. Счастлив, кто стоит в том мире, как крепкий столб против всего. И увидел раби Хия себя, как входит он, а раби Эльазар и все остальные столпы мира, сидящие там, встали перед раби Хия. А он, раби Хия, восстыдился, вошел, пригнувшись, сел у подножия раби Шимона.

Открыл раби Шимон (открыл путь свету) и сказал: «Счастлив входящий без стыда». И все, находящиеся там, не стыдились. Кроме раби Хия. Потому что у них были силы противиться праху, а у раби Хия – не было. Все они были совершенны, а у раби Хия был недостаток – желание познать. И этого стыдился.

53. Раздался голос: «Опусти глаза, не поднимай головы, не смотри». Опустил свои глаза и увидел свет, светящий издалека. Вновь возник голос и сказал: «Высшие – скрытые и замкнутые, имеющие глаза, следящие по всему миру, взгляните: низшие спят, свет глаз их скрыт в зрачках. Пробудите их!»

После того как выполнил указание опустить глаза вниз и не поднимать голову (не использовать желания получить свет, а только желания отдавать), удостоился услышать (свет хасадим) призыв, с помощью которого постиг все, что желал. Голос делит все души на две группы: первая – группа высших скрытых святых, удостоившихся открытия глаз, чтобы узреть весь мир; вторая группа душ, свет глаз которых скрыт внутри их глазниц, отчего и ослепли. Поэтому голос призвал души первой группы смотреть, т.е. использовать получение высшего света, притянуть высший свет совместно со второй группой.

54. Кто из вас, изменивший тьму на свет, кем горечь вкушалась как сладость, еще до того, как явился сюда, т.е. еще во время его жизни в том мире. Кто из вас, кто каждый день надеется и ждет света, светящегося, когда отдаляется Властитель, когда возрастает величие Властителя и называется Он Царем всех царей мира. Но кто не ждет этого каждый день, находясь в этом мире, нет ему места и в том мире.

Цель Творца – чтобы человек при жизни в нашем мире полностью достиг Его, ощутил Его, как до нисхождения в этот мир, до облачения в физиологическое тело. Отсюда явно видно деление на две группы людей нашего мира, и к ним взывает голос.

Голос подчеркивает каждой группе основное преимущество каждой из них: первой группе он говорит, что они обратили тьму в свет, – это души мира Ацилут. Потому что в мирах БЕ"А создал Творец две противоположные системы: систему тьмы и горечи против системы света и сладости. Поэтому в Торе БЕ"А есть деление на пригодное/непригодное, чистое/нечистое, запрещенное/разрешенное, святое/нечистое, тогда как в Торе мира Ацилут, где вся Тора является святыми именами Творца, нет в ней ничего нечистого.

И Лаван – грешник, в мире Ацилут считается святым именем, как Фараон. И все имена, которые в БЕ"А являются нечистыми силами, обращаются в мире Ацилут в исправленные, высокие и чистые духовные объекты и силы, с соответствующими святыми именами. Поэтому души, достигшие света мира Ацилут, обращают всю тьму в свет и всю горечь в сладость. То есть все отличие между святым, чистым, пригодным и противоположным им только в исправлении желания, обретении противоэгоистического экрана на желание насладиться.

А второй группе сказал голос, что ждут они помощи Творца, что поднимет он Себя (шхина – свое явление низшим) из праха (в их ощущениях), а те, кто не ждет Его, поглощенные иными стремлениями, – те не восстанут из праха, останутся в скрытии ощущения Творца от них.

55. В своем видении разглядел раби Хия многих товарищей вокруг тех стоящих столбов. И увидел, что поднимают их на собрание небосвода, одних поднимают, а иных опускают. А над всеми увидел имеющего крылья, приближающего Матата.

Пока голос звал, увидел раби Хия несколько душ праведников, принадлежащих двум группам, вокруг тех двух столбов, которые уже были в собрании раби Шимона и которых он уже видел поднимающимися в собрание небосвода. Часть из них поднимается, а часть опускается, причем это движение происходит во взаимно противоположных направлениях.

Таким образом, эти две группы помогают друг другу, в соответствии с призывом голоса, указывающего, чтобы первая группа опускалась, а вторая поднималась. Также увидел раби Хия, что от возбуждения стремления всех этих душ, т.е. от силы обеих этих групп, спустился Матат с высшего собрания в собрание раби Шимона и принес присягу.

56. Этот ангел Матат присягнул и поклялся, что слышал из-за занавеси, как Творец скорбит и вспоминает каждый день о малхут, низвергнутой в прах. И в то время, когда Он вспоминает о ней, Он ударяет в 390 небосводов и все они содрогаются в ужасном страхе пред Ним. А Творец роняет слезы о шхине, малхут, павшей в прах. И эти слезы, вскипая, как огонь, падают в большое море. И силой этих слез оживает управляющий всем морем по имени Рахав, и благословляет святое имя Творца, и обязуется поглотить все, с первых дней творения, и собрать все вместе в себе, когда все народы соберутся против святого народа, и вода осушится, и пройдет Израиль по суше.

Клятва заключается в том, что Творец не забывает и вспоминает каждый день, что шхина в прахе. Но не имеется в виду вся святая шхина – в этом Творец не должен клясться, ведь это открыто и видно всем, находящимся в высших мирах, что Он все делает только для шхина, малхут.

Но имеется в виду только малхут в малхут – о ней-то и думает раби Хия, что она в плену нечистых сил и вовсе оставлена. Поэтому он плакал: «О, прах земной, поглощающий всех!» И тут явившийся в собрание раби Шимона ангел Матат открыл раби Хия великую тайну, что Творец управляет всем и вспоминает о малхут дэ малхут каждый день.

Зивуг – сочетание масах-экрана со светом-наслаждением определяется как удар света в экран, вследствие желания света войти, перейти границу экрана, а экран ограничивает его в этом и отталкивает обратно. Это отталкивание называется отраженным, обратным светом, поднимающимся от экрана снизу вверх и одевающим приходящий свет.

Происходящее можно уподобить примеру с угощением – светом, которое предлагает хозяин – Творец своему гостю – кли, желающему насладиться угощением – светом. Но вследствие стыда от ощущения себя получающим отказывается гость, отталкивает экран угощение-свет. Этим он как бы говорит хозяину – Творцу, что ради себя, своего наслаждения, не согласен принимать. Отталкивание угощения – света, образует отраженный свет, потому что исходит не просто от желания не ощущать стыда, как в нашем мире, а потому, что духовное кли желает быть подобным Творцу.

Отраженный свет и есть альтруистическое намерение, желание. И это и есть духовное кли, и только в него можно получить свет, только в этом намерении можно ощутить Творца.

А после того, как кли смогло оттолкнуть все приходящее к нему наслаждение, показало, что может выполнить условие 1-го сокращения «не получать ради самонаслаждения», оно начинает взвешивать, сколько света оно может получить ради Творца. Только то количество наслаждения, которое кли уверено, что сможет получить ради Творца, оно получает в себя.

Полученное внутрь наслаждение называется «внутренний свет». Мера полученного света определяет меру подобия Творцу: кли поступает как Творец – как Творец желает насладить кли, так кли в мере полученного внутреннего света желает насладить Творца. Поэтому величина кли от рта до табура, куда кли получает свет, определяет меру слияния с Творцом, в этом месте кли слито с Творцом свойствами, намерениями.

Если в кли нет сил сопротивления столь больших, чтобы получить ради Творца, а оно в состоянии только не получать, оно находится в состоянии, называемом «малое». Родившееся от Творца кли – самое сильное. Но затем, по мере нисхождения, экран кли все более ослабевает и достигает такой ступени, что далее вниз уже нет в кли сил получать ради Творца. Единственное, на что в нем остаются силы, – не получать для себя. Поэтому начиная с этой ступени и ниже есть запрет на получение света в желания кли «получить». Кли может использовать только Г"'Э, но не АХА"П. А преграда распространения света в АХА"П называется парса, небосвод и пр. Эта преграда свыше – даже если кли и пожелает получить свет для себя, оно не сможет получить.

Экран разделяет небосвод и состоит из 4 частей х-б-т-м, 4 букв АВА"Я. Так как малхут соединилась с бина и вследствие этого исправила свои свойства с эгоистических на альтруистические, то экран стоит не в малхут, а в бина. Бина считается как сотни, поэтому 4 части х-б-т-м равны 400. Но на саму малхут дэ малхут нет зивуг – принятия света, потому ведь она и называется «закрытые ворота». Это означает, что есть в малхут не 100, а 90 сфирот: 9 сфирот, каждая состоящая из 10.

Поэтому экран, называемый небосводом и совершающий зивуг с высшим светом путем его отражения, имеет 390 частей, ведь не хватает части, относящейся к малхут дэ малхут. И потому говорится, что небосвод состоит из 390 небосводов и на него происходит ежедневный зивуг с шхина, но не с прахом, означающим 10 частей, на которые нельзя делать зивуг. Удар экрана в приходящий свет подобен содроганию от страха получить в себя, за пределы своих ограничений.

5 сфирот в голове парцуфа:

кэтэр	–	гальгальта (или мэцах)	–	лоб
хохма	–	эйнаим	–	глаза
бина	–	озэн	–	уши
з"а	–	хотэм	–	нос
малхут	–	пэ	–	рот

И как выделяемое из физиологических глаз человека наружу называется слезами, так и выделение света хохма из части духовного кли, называемой «глаза», называется «слезы». Слезы – это та часть света, которая не принимается парцуфом по причине отсутствия экрана на малхут дэ малхут. Весь приходящий к парцуфу свет желает войти сквозь экран внутрь, наполнить парцуф своим наслаждением, даже ту его часть, на которую нет у парцуфа сил экрана получить с альтруистическими намерениями. Поэтому немедленно экран отталкивает эту часть света.

Но между ударом света сверху вниз и отталкиванием экрана снизу вверх происходит проникновение маленьких капель высшего света вниз, под экран, которые экран со всей своей поспешностью не в состоянии отразить. Эти капли не имеют никакого отношения к уровню хохма парцуфа, потому что они лишены одеяния отраженного света. Они выходят наружу парцуфа хохма и называются «слезы». Но это свет!

Это подобно тому, как мы наполняемся слезами сострадания к ближнему. Ведь все, что существует в нашем мире, существует потому, что исходит из своего духовного прообраза, а все, происходящее в нашем мире, происходит только потому, что исходит из своего высшего, духовного корня.

Ведь то, что высший свет ударяет в экран, стремясь пройти его ограничение, исходит из того, что высший свет нисходит с самого высокого места, от самого Творца, и не имеет отношения к тому, что создание пожелало принимать его в границах своих альтруистических возможностей. Свет исходит из мира бесконечности, от Самого Творца, еще до всех ограничений, которые кли, родившись, пожелало принять на себя.

Высший свет желает и стремится наполнить созданное им желание насладиться, как сказано, «желает Творец поселиться в низших своих созданиях». Свет или Творец – это одно и то же, ведь ощущение Творца человек называет духовным светом. И этот высший свет стремится пробиться сквозь экран, внутрь желания человека. Но экран отбрасывает его обратно. И отталкиваемый высший свет становится отраженным светом, и именно отраженным светом называются альтруистические намерения человека насладить Творца.

Сталкиваясь с экраном, части света падают наружу, поскольку эти слезы происходят от сострадания и любви Творца к творению. И вследствие этого духовного действия, в нашем мире выделяются наружу слезы у человека, переполняющегося страданием и любовью. Но духовные слезы не пропадают.

И об этом сказано в «Песни песней» (8, 6, стр. 170): «Ибо сильна, как смерть, любовь, как преисподня – люта ревность; стрелы ее – стрелы огненные – пламень Господа!» Потому что эти слезы исходят от любви и сострадания высшего к низшему. И как жгут горящие слезы плачущего в нашем мире, так кипящие и обжигающие высшие слезы горят, как огонь, как пламя Господа!

Малхут, как имеющая связь со свойством хохма, называется морем. Поэтому сказано, что эти слезы, свет хохма без предварительного одеяния в свет хасадим, падают в море, попадают в малхут. И, как сказано, многие воды моря не погасят любовь Творца, проявляемую в виде этих слез к Его творениям.

Во время создания мира было сказано: «Да соберутся воды в одно место». Но ангел, управляющий морем, не желал поглотить эти воды и потому был убит, опустошен от света. Теперь же, от падающих слез, он встает вновь к жизни.

Причина этого в том, что во время создания мира не было никакого исправления самой малхут дэ малхут, потому что Творец создал миры АБЕ"А в особом исправлении, называемом ма"н дэ бина или атэрэт есод, а не ма"н дэ малхут или малхут дэ малхут. То есть исправление возможно, если только человек исправляет не саму малхут дэ малхут, свое естество, а, полностью отвергая ее использование (использование эгоизма), малхут дэ малхут, получает высшие, альтруистические, желания от бина, и в них, в сфирот к-х-б-з"а дэ малхут, в 390 сфирот, получает свет Творца.

Эти высшие альтруистические желания называются желаниями бина или ма"н дэ бина, а получение света в них, зивуг, производится не на эгоизм, саму малхут, а на желание «отдать», называемое атэрэт есод. Поэтому этот зивуг достаточен для заполнения светом только первых 9 сфирот в малхут, но не заполняет саму малхут.

Об этом сказано пророком Ешаяу: «С кем вы, партнеры? Я начал миры, а вы заканчиваете их!» Потому что все исправление малхут дэ малхут возложено только на сами создания. Поэтому, когда было сказано управителю моря: «Да соберутся воды в одно место», он воспротивился и не пожелал поглотить сотворенные воды, потому что нечистые силы преобладали и властвовали над ним, вследствие отсутствия исправления малхут дэ малхут. И потому он был убит.

Но эти слезы исправляют малхут дэ малхут и потому дают жизненную силу управляющему морем, чтобы мог воскреснуть, освятить имя святого Владыки, выполнить волю Творца, поглотить все первозданные воды. Потому что тогда исчезнут все нечистые силы в мире, все зло, и соберутся все (желания) в одно место (свойство), имя которому Ацилут, ибо мир Ацилут распространится вплоть до окончания мира А"К, до нашего мира, и настанет конец исправления, потому что миры БЕ"А вернутся своими свойствами в мир Ацилут.

В будущем, в конце исправления, после исправления первых 9 сфирот малхут, когда останется исправить только малхут дэ малхут, последнюю, 10-ю сфиру, когда все народы мира (малхут дэ малхут) объединятся, чтобы уничтожить Исраэль (первые 9 сфирот в малхут, желание исправить все 10 сфирот малхут), раскроется тогда действие управителя моря в том, что поглотит он все первозданные злые воды, и высохнут воды (строгие ограничения), и сыны Израиля (стремящиеся только к Творцу) пройдут по суше.

Об этом сказано у пророка Миха: «Во время исхода из Египта видели мы чудеса». Но это было только начало, потому что было только в Конечном море (Красном, но ивритское название Конечное море означает конец малхут, малхут дэ малхут) и только ограниченное время. Но в конце исправления исчезнет смерть навсегда.

Так объяснил Матат свою клятву: не забывает Творец о малхут, брошенной в прах. Потому что, хотя зивуг, происходящий ежедневно с шхина, только на 390 небосводов, на 9 сфирот малхут, а не на саму малхут дэ малхут, которая остается брошенной в прах и, как кажется нам, совершенно забытой Творцом, но это вовсе не так, и Он исправляет ее каждым зивугом, потому что при каждом зивуге падают слезы наружу, вследствие ударов в 390 небосводов, и не пропадают эти слезы, а падают в великое море – малхут дэ малхут, получающую от этих слез медленные, но постепенные исправления, хотя это и свет хохма без одеяния в свет хасадим. И в мере ее исправления восстает к жизни, оживает управляющий моря, пока не соберутся слезы в таком достаточном количестве, чтобы исправить всю малхут, чтобы все намерения были ради Творца.

А будет это в то время, когда соберутся все народы мира напасть на Израиль. Тогда воскреснет к жизни управляющий морем и поглотит все первозданные воды, потому что малхут дэ малхут получит недостающее ей исправление, ибо Творец заботится о ней каждый день, пока не достигнет она, его единственное создание, своего окончательного исправления.

И тут раскрылось раби Хия его заблуждение: увидел он, что ничего не исчезает в прахе, а наоборот, ежедневно есть исправление всей малхут, в чем клялся Матат.

57. Сквозь все это услышал голос: «Освободите место, освободите место! Машиах, царь-освободитель, прибывает в собрание раби Шимона». Потому что все находящиеся там праведники являются главами групп и собраний, а все участники собраний поднимаются из этого собрания в собрание небосвода. А Машиах прибывает на все эти собрания и подтверждает Тору, исходящую из уст праведников. И в этот момент прибывает Машиах в собрание раби Шимона, в окружении всех глав высших собраний.

Вследствие великого открытия, скрытого в клятве Матат, открытия конца исправления, возвысились все эти праведники, бывшие в собрании раби Шимона, а тем более те две группы праведников, которые привели к явлению Матат и произнесению им клятвы. Вследствие этого все постигли высшие ступени и все достигли уровней глав собраний. Потому что в каждом собрании есть участники и есть глава. И отличие между ними, как отличие ва"к, Г"Э ступени, парцуфа, от га"р, полного парцуфа.

Поэтому сказано, что необходимо освободить место для Машиаха. Ведь, когда открыл Матат тайну конца (исправления), т.е. каким именно образом произойдет освобождение (от эгоизма), появился голос и призвал освободить место Машиаху, Царю-освободителю, потому что конец исправления связан с Царем – Машиахом. Но заслужить прихода Машиаха могут только праведники в собрании раби Шимона, которые выше всех глав собраний, потому что удостоиться приема лица Машиаха могут только те, кто находится на том же духовном уровне, на котором находится Царь – Машиах (кто уже исправил все остальные свои качества, первые 9 сфирот в своей части желаний-малхут, исправил все свои качества, кроме первородного эгоизма, малхут дэ малхут).

Уровень Машиаха – это свет йехида. Если бы все участники не достигли уровня глав собраний, га"р ступеней, т.е. не исправили все, что смогли сами исправить, то не смогли бы удостоиться приема лица Машиаха. Но главы собраний – это не уровень га"р низких ступеней, а очень высокий уровень, настолько, что все участники удостоились подняться до собрания небосвода, собрания Матат.

А теперь удостоились все участники стать главами собраний, откуда удостоились подняться в собрание небосвода. И не только это, но, кроме того, удостоились, ввиду своих исправлений, того, что сам Машиах явился во все эти собрания, украситься их деяниями в Торе. А теперь удостоились все участники собраний достичь уровня глав этих собраний. И потому Машиах украшается Торой глав собраний, т.е. сам Машиах, благодаря им, поднимается на более высокую ступень.

58. В это время встали все участники. Встал раби Шимон, а его свет поднимался до небосвода. Сказал ему Машиах: «Раби, счастлив ты, что твоя Тора поднимается в 370 лучах света и каждый луч делится на 613 лучей (свойств), поднимающихся и окунающихся в реки святого Афарсэмона. А Творец подтверждает и подписывает Тору твоего собрания, собрания Хизкия, царя Егуды, и собрания Ихия Ашилони».

Когда открылся им Машиах и явился в собрание раби Шимона, встали все участники (встать – означает подняться с уровня ва"к до уровня га"р), а раби Шимон встал на той же ступени, что и Машиах. А свет поднялся до высоты небосвода. Это говорит о том, что раби Шимон достиг света десяти небосводов, недостающего ранее 10-го небосвода, вследствие закрытых ворот малхут дэ малхут, достиг света йехида, который смог теперь получить, поскольку смог сделать зивуг на малхут дэ малхут. А свет йехида, светящий от этого зивуга, называется Машиах. Уровень «сидеть» – это 390, ва"к, а уровень «стоять» – это 400, га"р.

И сказал Машиах раби Шимону, что его Тора вызвала в парцуфе Атик свет яхида. Потому что:

единицы (0 – 9) – в малхут,
десятки (10 – 90) – в з"а,
сотни (100 – 900) – в Има,
тысячи (1000 – 9000) – в Аба,
десятки тысяч (10 000 – 90 000) – в Арих Анпин,
сотни тысяч (100 000 – 900 000) – в Атик.

Поскольку каждая сфира парцуфа Атик равна 100 000, то 4 сфирот АВА"Я, х-б-т-м Атика, вместе составляют 400 000.

Но в таком случае должен был сказать, что Тора произвела действие в 400 000, а сказал, что свет, исходящий от Има, не используется на 400, а только на 370, потому что Тора, хотя и дошла до зенита небосвода, но все равно не дошла до га"р последней, высшей сотни, и потому есть только 370, и недостает высших 30 в Има.

А также относительно тысяч, свет Аба, не использует га"р каждой тысячи, а только ва"к каждой, т.е. 600 вместо 1000, вместо га"р каждой тысячи использует 13, являющиеся хохма от «32 нэтивот хохма». Потому что «13» обозначает хохма «32 нэтивот хохма», слабый свет хохма, называемый святой Афарсэмон.

Поэтому сказано, что Тора достигла 370 светов, каждый из которых делится на 613 лучей, отчего в 400 Има недостает 30 высшего света хохма, отчего есть в ней только 370. А в каждой тысяче недостает 400 высших, га"р хохма. А вместо использования 13 путей святого Афарсэмона есть в каждой тысяче не более чем 613, потому что все высшие тайны скрыты в собрании раби Шимона. И сам Творец запечатал их, ведь Он возвышается и украшается достижениями всех праведников в Торе.

Известно из Талмуда (Санэдрин, 99, 1), что все, сказанное пророками, сказано только относительно прихода дней Машиаха, но (Ишаяу, 64) в будущем каждый сам узрит Творца. Потому что тогда уже исправятся все ступени и уровни, относящиеся к дням Машиаха, и все тайны Торы станут явными, все достигнут полного раскрытия света, Творца, в себе, как сказано, что каждый сам увидит, где зрение говорит о га"р света хохма.

Из вышесказанного выясняется, что есть возможность лично достичь своей частной малхут дэ малхут еще до того, как все души достигают этого в будущем. В таком случае у постигающего становится ЛИЧНЫЙ уровень 400, хотя его ОБЩИЙ уровень, как и у остальных, не может быть более 370. Такой ступени и достигли раби Шимон, раби Хизкия и Ашилони.

59. Сказал Машиах: «Я явился не для того, чтобы подтвердить Тору твоего собрания, а потому что «имеющий крылья» явится сюда. Потому что знаю я, не войдет он ни в какое иное собрание, а только в твое». В то же время рассказал ему раби Шимон о клятве, данной «имеющим крыльям». Немедленно вострепетал Машиах, возвысил свой

голос, вздрогнули небосводы, возмутилось великое море, встрепенулся Левиатан, весь мир грозил перевернуться.

В то время увидел раби Хию в украшениях раби Шимона. Спросил: «Кто дал здесь человеку украшения, одеяния того мира?» (одеяние того мира на тело этого мира). Ответил раби Шимон: «Это ведь раби Хия! Он светоч Торы». Сказал ему: «Соберите его и его сынов (что ушли из этого мира) и да присоединятся они к твоему собранию». Сказал раби Шимон: «Время дали ему, дали ему время» (еще не пришло время раби Хия).

Машиах сказал раби Шимону, что пришел не ради Торы, а по причине явления в собрание «имеющего крылья», желающего знать, что сказал Матат. Потому как Матат раскрыл, что конец исправления предрешен огромными страданиями для Израиля, то сотряслись небосводы и великое море, грозил перевернуться мир, как предсказано (Талмуд. Санэдрин 97): «Все сокрушено». Поэтому возвысил свой голос в желании смягчить все эти возмущения.

Машиах удивился одеянию раби Хия: тем, что раби Хия находится в материальном теле нашего мира, в свойстве нашего мира. Потому что, если достиг такого уровня, что удостоился явления Матат и его клятвы, достиг ступени полного исправления всего своего зла. А поскольку удостоился узреть лик Машиаха, получить свет йехида, то, очевидно, закончил всю работу в этом мире и нечего ему более делать в нем. Поэтому он должен выйти из него и войти в собрание раби Шимона в райском саду.

Но раби Шимон убедил раби Хия, что ему необходимо продолжить в этом мире дополнительные новые исправления. И Машиах с раби Шимоном объяснили раби Хия, что именно он еще обязан делать в этом мире.

60. Вострепетал раби Хия, когда вышел Машиах, и глаза его были полны слез. Потому что Машиах покинул собрание раби Шимона в рыданиях от великого желания полного окончательного исправления и освобождения. И раби Хия также сокрушался от страстного желания полного исправления. Заплакал раби Хия и сказал: «Счастлив удел праведников в том мире, счастлива участь раби Шимона бар Йохая, удостоившегося всего этого».

С КЕМ ВЫ НАПАРНИКИ?

61. Берешит: раби Шимон открыл: «Положи мои слова в рот свой. Сколько должен человек прикладывать усилий в Торе день и ночь, потому что Творец внимателен к изучающим ее. И каждым словом, которое человек постигает в Торе своим усилием, он строит один небосвод».

Творец дал силу своей речи праведникам. И как Творец создает силой своего слова творение, так и праведники силой своего слова творят новые небеса. Потому этим изречением открыл свои речи раби Шимон в объяснении слов «Вначале создал Творец небо и землю». Потому что слово бара – создал, имеет понятие «закрыто». И необходимо понять, почему создал Творец его в таком закрытом виде. И отвечает: для того, чтобы вложить в речи праведников исправление неба и земли, сделать их своими напарниками, участниками в создании неба и земли.

Есть два вида обновления неба и земли, которые Творец вложил в уста праведников:

1. Исправление прегрешения Адама, исправление прошлого. Творец, еще до сотворения Адама, сделал скрытое исправление неба и земли, как сказано об этом в начале Торы, в главе Берешит: зо"н мира Ацилут поднялись к АВ"И и к А"А, а Адам поднялся до зо"н и Ишсут. Вследствие этого Адам получил свет нара"н мира Ацилут, потому что оделся на Ишсут и зо"н мира Ацилут, поднялся до их уровня.

Адам находится внутри миров БЕ"А и поднимается вместе с этими мирами. Все миры с Адамом внутри себя могут подниматься выше своего постоянного состояния или спускаться на свое место. В соответствии с положением определяется духовный уровень Адама и свет, который он получает (смотри стр. 382).

В ПОДЪЕМЕ:	ПОСТОЯННОЕ СОСТОЯНИЕ:
	Атик
АВ"И	А"А
зо"н	АВ"И
Адам-Брия	Ишсут + зо"н

―――――――――――――――――――――――――― парса мира Ацилут

Адам-Ецира	Брия
Адам-Асия	Ецира
	Асия

В других источниках, например, в Талмуде (Бава Батра 58, 2), это описывается подъемом Адама до уровня солнца (з"а дэ Ацилут). Этот свет называется «Зэара илаа» («Зэара» на арамите означает «зоар» на иврите или «свет светящийся» на русском).

Вследствие своего прегрешения Адам духовно упал до уровня нашего, материального мира (см. Талмуд. Хагига.12, 1). И свет к нему вместо нара"н мира Ацилут, как до грехопадения, теперь приходит от миров БЕ"А, находящихся под парса. А небо (з"а) и земля (малхут) мира Ацилут снизошли, вследствие его прегрешения, до уровня ва"к – у з"а и точки у малхут, потому что они спустились под табур парцуфа А"А.

И возложено на праведников, живущих в этом мире, но духовно уже находящихся в мирах БЕ"А, исправить все происшедшее по вине Адама и вернуть, обновить небо и землю – зо"н мира Ацилут – и поднять их до АВ"И и до А"А, з"а до А"А, а малхут до АВ"И, как до прегрешения. А праведники получат в результате своей работы свет мира Ацилут, полагающийся исправленному Адаму, потому как они, их души, духовные кли, их внутренний духовный парцуф – части его.

2. Но и до прегрешения Адам не находился в самом совершенном своем состоянии, ради которого его создал Творец. Поэтому после того, как праведники исправят последствия прегрешения Адама и постигнут нара"н мира Ацилут, бывший у Адама до прегрешения, возлагается затем на них новая работа – получить новый, еще никогда ни спускавшийся вниз, высший свет. То есть если 1-я цель – исправить прегрешение, то 2-я – достичь еще большего, что и называется «создать новые небо и землю», новые свойства зо"н, в которые можно получить новый, высший свет.

Этот новый, еще не бывший ни в одном кли, уровень, ступень называется «Никто не увидит Творца, кроме тебя», а ступени, которые праведники добавляют к мирам, называются «новые небеса» и «новая земля», потому что они действительно новые, еще не бывшие в действительности.

А эти небо и земля, которые праведники исправляют до уровня, на котором они были до прегрешения Адама, во время творения Берешит – эти небо и земля не называются новыми, потому что уже были и сам Творец исправил их, еще до прегрешения Адама. А потому они называются обновленными, а праведники, исправляющие их, не называются напарниками Творца.

«Вкладывает в их уста» – имеется в виду получение такого высшего света, которого Адам не получал, который еще не выходил из Творца, а сейчас, действиями праведников, которые потому и называются напарниками, сотрудниками, участниками творения, выходит и светит в творении. Таким образом, мы видим, что все праведники делятся на две группы: те, кто исправляет прегрешение Адама, и те, кто создает новые ступени постижения. И последние называются напарниками Творца.

З"а называется голосом, а малхут называется речью. Когда праведник занимается Торой и поднимает этим ма"н от своей души к зо"н, голосом и речью его Торы, его голос поднимается в з"а, а речь поднимается в малхут. Голос Торы, поднимающийся с ма"н в з"а, называется Творец (Кадош Барух Ху). А каждое слово, обновляемое в Торе, строит новый небосвод. Слово – это речь, а всякая речь, обновляющая Тору занимающимся ею, поднимается в виде ма"н в малхут, называемую «слово и речь». От этого создается новый небосвод, в виде экрана, на который делается зивуг Творца и Шхины – вот что достигается подъемом ма"н от занятий праведников Торой!

Но обновление в словах Торы не означает нового в голосе Торы. Это потому, что малхут должна для каждого зивуга создать себя заново. Потому что после каждого зивуга она возвращается в состояние девственницы, вследствие ма"н праведников, которые постоянно обновляют в ней новые свойства, ее есод – кли получения света от з"а. И поэтому сказано, что каждым словом обновляется Тора, потому что слово, т.е. малхут, обновляется речью праведников в Торе. Потому что после каждого зивуга исчезает прошлое кли и возникает новое.

62. Учили мы, что в то же время, когда Тора обновляется устами человека, это обновление поднимается и предстает пред Творцом. А Творец берет эту мудрость, целует ее и украшает в 70 украшений. А сама обновленная мудрость поднимается и восседает на голове праведника, оживляющего миры, а затем летит, паря в 70 000 мирах, и поднимается в Атик, сфира кэтэр. А все, что в Атике, – это скрытая высшая мудрость.

Когда человек поднимает ма"н от своей Торы, то это слово, являющееся нуква з"а, поднимается и включается в Творца в зивуге с Ним. Творец берет это слово, целует и украшает – два вида зивуга в зо"н:

1) зивуг дэ нэшикин;
2) зивуг дэ есодот.

Каждый зивуг состоит из двух зивугов, потому что зивуг на свет хохма должен одеться в парцуф-одеяние свет хасадим. Поэтому необходим предварительный зивуг на свет хасадим, роль которого – стать одеянием для света хохма. Поэтому каждый зивуг состоит из двух зивугов:

1) зивуг на ступень хохма, называемый зивуг дэ нэшикин – поцелуй, потому что он во рту головы парцуфа, на уровне головы и га"р;
2) зивуг на уровень хасадим, называемый зивуг дэ есодот, потому что он на уровне тел парцуфим.

Поэтому сказано, что Творец взял нукву в этом слове и поцеловал ее, т.е. сделал зивуг нэшикин – уровень га"р, а затем украсил ее, т.е. сделал зивуг есодот на уровне хасадим, отчего одевается свет хохма в свет хасадим и нуква получает полный свет.

В 70 УКРАШЕНИЙ – полный свет нуквы называется «70 украшений», потому что малхут – это 7-й день, а при получении от з"а становятся ее сфирот десятками, как сфирот у з"а, а потому малхут становится 7 x 10 = 70. Мохин – мудрость, свет хохма, называется атара – украшение, корона, и потому называется получаемое ею – 70 украшений. С помощью ма"н праведников малхут, получив свет хасадим, становится годной для получения высшего света хохма – 70 украшений.

Как сказано выше, есть 2 вида обновления неба и земли, зо"н:
1) возвращение всего в то состояние, которое было до грехопадения Адама. Малхут в этом случае называется словом Торы, ва"к, где Тора – з"а;
2) создание неба и земли с новым светом, который еще даже Адам не постиг до своего грехопадения. И это постигаемое слово называется га"р.

Сказано (Талмуд. Брахот, 7, 1), что праведники сидят с украшениями на голове. Потому что поднялась малхут, чтобы стать украшением головы праведника, з"а, в есод его, называемый «Хай оламим» – «Оживляющий миры» (точнее, в его Атэрэт есод – место обрезания). И произошло это вследствие ма"н праведников, постигших уже высший свет Зэара Илаа Адама, то, что было у него, как постигли уже этот свет раби Шимон и его товарищи.

Свет хохма называется светом хая. Поскольку з"а желает только хасадим, то получить свет хая он может только с помощью своей нуквы, малхут. Получается, что з"а хай – жив, получает свет хая, только если он находится в зивуг с нуква, называемой олам – мир. От этого и происходит имя Хай Оламим – оживляющий миры. А также нуква, украшение на его голове, становится важной, кэтэр – короной, потому что удостаивается з"а такого света только благодаря своей малхут. Хотя малхут родилась от з"а, но поскольку именно она вызывает, дает возможность получить свет жизни, он называет ее своей матерью, ведь от нее получает жизнь – ор хая, свет жизни.

Поэтому сказано, что малхут летит и парит в 70 000 мирах – после того, как произошел ее зивуг с з"а на его атара, украшение на его голове, она поднимается еще выше, до А"А, где исправляются 7 ее сфирот, называемые 7000, потому что 1 сфира А"А равна 10 000. А затем малхут поднимается еще выше, до Атик. И все эти подъемы зо"н до Атик происходят благодаря усилиям праведников, поднимающих ма"н: от зивуг атара зо"н поднимаются до АВ"И, оттуда поднимаются до А"А, называемый 70 000 миров, оттуда поднимаются до Атик – самой высокой точки возможного подъема.

Поэтому сказано, что все слова высшей мудрости Атика закрыты, ибо малхут, поднимаясь в Атик, получает там высший свет, а каждая ступень, получаемая ею от Атика, – это скрытая высшая мудрость, т.е. га"р хохма, потому что слова мудрости означают ступень хохма, а скрытые, тайные, высшие говорят о га"р. И они раскрываются только поднимающимся на уровень Атика, но не ниже его, потому как в А"А есть уже Ц"Б, 2-е сокращение.

63. И эта скрытая мудрость, обновляющаяся здесь, в этом мире, когда она поднимается, она соединяется с Атик, поднимается и опускается, входит в 18 миров, где ничей глаз не видел Творца, кроме тебя. Выходят оттуда и приходят полные и совершенные, предстают пред Атик. В это время Атик испытывает ее, и желательна она ему более всех. Тогда берет он ее и украшает в 370 000 украшений. А она, обновленная Тора, поднимается и опускается. И создается из нее один небосвод.

Во время подъема малхут в Атик она включается в зивуг, который происходит там, и создает отраженный свет, принимая прямой свет на уровне свойств Атика. Поднимается – означает, что малхут поднимает отраженный свет от нее и вверх. Спускается означает, что она посылает прямой свет сверху вниз. И тогда она получает скрытую, тайную, высшую мудрость. Соединяется – означает, что включается с отраженным и прямым светом, что в самом Атике.

Зивуг происходит в Атик на его есод, а не на малхут, потому что малхут дэ Атик скрыта до конца исправления. И этот есод называется Хай Оламим, как есод з"а в его подъеме в АВ"И. Но отличие в том, что есод Атика называется «Никто, кроме тебя, не видит Творца», потому что зивуг на есод поднимает отраженный свет и одевает в него прямой свет. Ниже Атика, в АВ"И, определяется этот экран, как крылья, заслоняющие высший свет. Это показывает, что есть в экране сила ограничения, закона, суда, отчего отраженный свет называется светом ограничения. Итак, в АВ"И есть отраженный свет.

Тогда как масах в есод Атика, о котором сказано, что там «Уже не скрывается от тебя Творец» (Пророк Ешаяу 30, 20; русский перевод Пророков стр. 267, п. 20), хотя и поднимает отраженный свет, но не скрывает этим Творца, не имеет свойства крыльев.

Поэтому он и называется Хай Оламим – оживляющий мира, но скрывающийся до уровня, пока постигающий не достигает его сам, как сказано: «Только твои глаза увидят Творца». Нет там крыльев или чего-то еще, скрывающего его от посторонних глаз, потому что нет никаких ограничений и все открыто. А в отраженном свете тоже нет никаких ограничений, а сплошное милосердие и благодушие, как и в прямом свете.

Имя Хай Оламим говорит о том, что зивуг не на 10 сфирот сверху вниз прямого света и 10 сфирот снизу вверх отраженного света, не на 20 в сумме сфирот, т.е. зивуг не на саму малхут, а на есод дэ малхут. В таком случае есть 9 сфирот прямого света и 9 сфирот отраженного света, потому что есод – это 9-я сфира, 9 + 9 = 18 = 10 + 8= юд + хэт, что произносится хэт-юд, в обратном порядке, потому что свет отраженный, это составляет слово хай. Отсюда слово жизнь = хай, хаим, потому что способный совершить зивуг на есод получает высший свет жизни – свет хохма.

От этого высшего зивуга проявляется в Атик огромный высший свет. И это потому, что все миры и все их наполняющие включаются тогда в нуква и одновременно все достигают истинного совершенства, того уровня, для которого задуманы и созданы изначально Творцом.

Поэтому говорится, что слово летит в небосводе, что означает создание отраженного света снизу вверх, вследствие чего нисходит сверху вниз прямой свет от Творца. А одевание прямого света в отраженный создает небосвод, потому что экран, появляющийся в малхут для создания отраженного света, появляется вследствие добрых деяний праведников, поднятия ими ма"н – просьб о духовном возвышении – чтобы сделать приятное Творцу. Так вот – этот экран, после зивуга с высшим светом, сам становится небосводом, с помощью которого постигают праведники всю высоту ступени, на которую сделали сейчас зивуг.

Это происходит потому, что, когда эта ступень нисходит к праведникам сквозь небосвод, она одевается в отраженный свет – в одеяние этого небосвода, который вместе с прямым светом, одевающимся в него, переворачивается и оба нисходят под экран, под небосвод и т.о. становятся постигаемыми праведниками.

Те праведники, которые удостоились такого совершенства, что поднимают ма"н к столь высокому зивугу, уже совершенно лишены эгоизма, желания получить что-то ради себя, а ма"н, просьбу, они поднимают только для того, чтобы порадовать Творца. Поэтому своими исправлениями, ма"н, они исправляют экран в малхут и делают ее способной к большому зивугу тем, что создают в ней отраженный свет, поднимающийся от экрана малхут вверх. Ведь все поднимающееся вверх является альтруизмом, отдачей, отталкиванием, отказом от получения ради себя, отказом от самонаслаждения.

Затем происходит зивуг с высшим светом и высший свет одевается в отраженный, поднимающийся свет. Этот нисходящий высший свет одевается в отраженный и входит в праведника – человека, создавшего ма"н. Снизу вверх означает отталкивание человеком, а сверху вниз означает получение человеком.

А поскольку высший свет проходит к человеку через небосвод, то он берет с собой отраженный свет небосвода в качестве своего одеяния и человек получает высший свет, одетый в отраженный свет. Это означает, что и после того, как человек уже принимает получаемую духовную информацию всей ступени, он наслаждается от сошедшего к нему высшего света только в той мере, в которой желает сделать этим приятное Творцу, т.е. в мере его силы, силы экрана, количества отраженного света, одевающего прямой высший свет.

Такое получение высшего света, только в мере величины отраженного света, созданного человеком, называется получением ради Творца. А в чем не находит возможности усладить Творца, того он не получает. Поэтому его получение одето в отдачу: высший прямой свет одет в отраженный свет, т.е. низший получает от высшего только через небосвод, только одетый высший свет.

64. И так каждое деяние создает небосводы, представляющиеся пред парцуфом Атик, а он называет их новыми небесами. Вернее, обновленные небосводы, закрытые, с высшей мудростью. А все прочие части Торы, обновляющиеся не посредством высшей мудрости, предстают перед Творцом, поднимаются и превращаются в земли жизни (арцот хаим), и спускаются, и украшают одну землю. И обновляется, и возникает из всего, обновленного в Торе, новая земля.

Праведники постоянно поднимают все новый ма"н. И т.о. получают все новые ступени постижения от Атик с помощью небосводов, создаваемых высшим зивугом. Из этих небосводов создаются новые небеса, обновляемые в ступенях Атика.

Поэтому эти высокие постижения праведников называются скрытыми тайнами высшей мудрости, потому что нисходят одетыми в одеяния, получаемые от небосводов.

Малхут называется земля, бина называется «страны жизни» (рацот хаим). Когда малхут постигает все ступени бина, она называется «земля жизни», а также называется «новая земля», потому что поменяла свои свойства со свойств малхут на свойства бины. И все, что ранее было малхут, сейчас стало бина. Поэтому сказано, что в будущем БО"Н станет СА"Г, а М"А станет А"Б. Потому что небо – это з"а, поднявшийся теперь до ступени Атик, т.е. А"Б, хохма. Земля, нуква дэ з"а, малхут, стала СА"Г, бина. Поэтому новая земля и новое небо – это малхут и з"а, ставшие СА"Г и А"Б, Атик и А"А.

65. Сказано: «Когда новая земля и новые небеса, которые делаю Я». Не сказано «делал», в прошедшем, а «делаю» – в настоящем, потому что создаются они постоянно из обновления и тайн Торы. И об этом сказано: «И положу это в рот твой, и в тень одеяния рук твоих, взять небо и основать землю». Сказано просто небо, потому что имеется в виду обновленное Торой небо.

Все, что говорится в Торе, говорится в настоящем времени, потому что в духовном мире нет времени, а все, что написано, написано относительно постигающего в данный момент Тору человека. Это и желает подчеркнуть здесь «Зоар»: речь идет о постоянной работе человека над собой, над своей природой. А праведники, которые уже постигли высший свет, и далее создают все новые небеса и земли, как сказано: «Праведники идут от вершины к вершине», и этот процесс бесконечен.

66. Сказал раби Эльазар: «А что значит «в тени одеяния рук твоих». Ответил ему: «Когда передавалась Тора Моше, явились тысячи высших ангелов, дабы сжечь его пламенем уст своих, но защитил его Творец. Поэтому сейчас, когда обновление в Торе поднимается и предстает пред Творцом, Он защищает его и скрывает сделавшего это обновление человека, дабы не прознали об этом ангелы и не позавидовали ему – пока не создаются из этого обновления Торы новые небо и земля. Потому и сказано: «В

тени одеяния рук твоих, взять небо и основать землю». Отсюда вывод, что все, скрываемое от глаз, достигает высшего результата. Поэтому сказано: «в тени одеяния рук твоих». А зачем скрываемое от глаз именно ради высшего результата. Поэтому сразу же сказано: взять небо и основать землю. Как учили – чтобы появились из этого скрытия новые небо и земля.

В тени одеяния рук твоих – имеется в виду отраженный свет, одеяние, исходящее от небосвода, одевающее и покрывающее свет хохма. Это одеяние, как тень, скрывает хохма от глаз посторонних, и не знают они о том, что внутри. Для чего скрываются большие ступени от ангелов? Чтобы не завидовали человеку. Потому что ангелы, будучи сами из очень светлого материала, т.е. без эгоизма, когда смотрят на праведника, видят в нем отрицательные свойства, завидуют ему за достигнутую им большую ступень. А затем они начинают наговаривать на этого праведника, о его свойствах, обнаруженных ими, что во вред праведнику.

Поэтому, когда одевается ступень в одеяние небосвода, в отраженный свет, это одеяние отмеряет саму ступень, ее величину – чтобы не получил более, чем намеревается ради Творца, только в мере отраженного света. В таком случае он защищен от зависти ангелов и от их возможности навредить его духовному положению, потому что становится равен им по свойствам: его отраженный свет делает его равным им.

Малахим, как и все остальные, наполняющие миры, – это внутренние свойства и силы человека. Чтобы человек не навредил сам себе, возжелав более высоких ступеней еще до того, как есть у него на них отраженный свет, необходимо скрытие этих ступеней. Но кроме отраженного света, должна быть предосторожность против возжелания.

Этим объясняется правило: «Видит глаз и возжелается сердцем», и не сможет защитить своё намерение, чтобы было только ради Творца, а возжелает получать и ради себя. Но одетый в одеяние небосвода может быть уверен, что не получит более, чем его намерение получить ради Творца.

Уже объяснялось в предыдущих книгах этой серии, как зарождается желание в человеке: человек смотрит первый раз, еще не зная, что увидит. Это подобно тому, что объект попадает случайно в поле его зрения. Естественно, что на это не может быть никакого запрета, потому что это происшествие не зависит от человека. И не может быть за это, естественно, ни награждения, ни наказания.

Но посмотреть второй раз – на это уже существует выбор человека. И на это есть запрет – если второй взгляд приведет к желанию насладиться. Если человек не сдерживается и смотрит второй раз, то из глаз поступает сигнал в сердце и оно начинает желать. Таким образом, человек властен над тем, допустить ли в себе рождение желания или нет, что и говорит выражение «видит глаз и возжелается сердцем».

67. Сказал этим вратам и словам, находящимся один на другом в обновленной Торе: «С кем вы? Вы – Мои напарники: как Я создаю небо и землю своими речами, как сказано, словом Творца созданы небеса, так и вы создаете новые небо и землю своим трудом в Торе».

Свойства получения называются «врата», потому что они, как открытые ворота, всегда готовые получить. А слова – это свойства отдачи, свойства подъема ма"н к Творцу. Находятся друг на друге – одеваются один в другого, и т.о. происходит получение ради отдачи.

68. Но если утверждать, что обновление Торы человеком, который даже не знает, что говорит, создает небосвод, то посмотри на того, который не имеет дела с тайнами Торы: поскольку он обновляет Тору, не зная достаточно для этого, обновленное им поднимается, и на него выходит оборотный человек (мужская часть нечистой силы) и лживый язык (от нуквы нечистой силы, называемой тэхом раба – большой бездной), а оборотный человек проскакивает 500 парсаот (мер расстояния), получить это обновление Торы, и берет его, и делает с ним лживый небосвод, называемый Тоу – бездна.

Как мы уже знаем, праведники поднимают ма"н для того, чтобы доставить этим наслаждение Творцу. И это называется «слова Торы». Потому что обновленные слова обновляются вследствие высшего зивуга и зо"н получают от этого зивуга новый свет – вплоть до того, что удостаиваются своими действиями обновить небо и землю, чем становятся партнерами-напарниками Творца, потому что, как и Он, они обновляют своими словами небо и землю.

Но тот, кто не знает тайн Торы, т.е. путей Творца, чтобы знать и стеречь себя, дабы не повредить высшие ступени, хотя и говорит сам, что его намерение ради высшей цели, но обманывает себя, потому что не знает того, что точно знает его душа, – что его намерения ради себя. Страшное наказание ждет его, потому что дает возможность нечистым силам убивать работающих в Торе, как объясняет «Зоар», если не знает точного смысла слов, т.е. поднимает ма"н к большому зивугу и не знает досконально все тонкости происходящего, в таком случае оборотный человек и лживый язык завладевают его словом.

Клипот, нечистые силы человека, также состоят из мужской и женской части. Мужская часть называется «возврат впустую». А женская часть называется «ложь». Мужская часть клипы не настолько плохая, как женская. И когда она одна, то не подталкивает человека лгать именем Творца, а наоборот, хорошее бросается в глаз, но только глаз – дурной. И каждый попавшийся в руки мужской нечистой силы произносит имя Творца впустую, потому что отрывается от Творца и не получает от Него никакого света, то есть говорит слова, делает якобы действие, но впустую – это не действия экрана со светом.

Поэтому сказано мудрецами: «О каждом гордящемся говорит Творец: «Не можем Я и он быть вместе» (Талмуд. Сота, 5, 1). Потому что его намерения – получение всего ради себя, своего блага, ради гордости и самолюбия, ведь ощущение своего «Я» и есть самое сильное проявление гордости, а потому он попадает во власть дурного глаза и на подъем ма"н, который он поднимает, не получает никакого света свыше, и произносит имя Творца впустую, потому и называется мужская часть нечистой силы пустой, тщетной, фальшивой, напрасной, безуспешной, безрезультатной, ведь Творец не может соединиться с ним ввиду различия свойств.

Если же человек, наоборот, ощущает себя неподобным Творцу, а противоположным по свойствам, ощущает себя самым плохим, то он может склонить себя пред Творцом, подавить все свои свойства, от ненависти к ним, а остальную часть его исправления проделает сам Творец. В то время как гордец – не только не понимает, насколько он удален от Творца, но считает, что положено ему получить более других, что Творец обязан ему.

Нуква дэ клипа называется «ложь». После того как человек попадает в сети мужской части нечистой силы, последняя делает зивуг со своей нуквой – нечистой горькой и злой силой, которая вследствие соединения с мужской частью, подделывает имя Творца, а затем спускается и подговаривает, поднимается и жалуется на человека и забирает его душу. Какова была святая душа – всю ее забирает нуква дэ клипа себе.

Естественно, здесь говорится о человеке, работающем над собой, идущем вперед, для которого работа ради Творца является основным занятием жизни, но иногда он неточно может соблюсти все ограничения и попадает в подобные ситуации. Простой же человек, не работающий над собой, над изучением Каббалы, естественно, не имеет дела ни с чистыми, ни с нечистыми духовными силами.

Мужская нечистая сила говорит, например, что надо учить Тору. Но затем она забирает себе результаты усилий человека – пропадает вкус к учению, и снова необходимо укрепиться в усилиях и в движении вперед. И хотя достигает человек какого-то постижения Творца, раскрытия света, но впустую – исчезает это от него, не получает ничего от этого постижения.

Поэтому, говорит Тора, называется это «оборотный человек»: ведь вначале ел и пил и сказал «иди», т.е. подними ма"н к Творцу, и получи свет ради высшей цели, а не ради себя, и показывает себя, будто он не нечистая сила, а наоборот. Но затем, в силу своего свойства «возврата впустую», он делает зивуг со своей нуквой, великой бездной, которая ложью своей забирает всю душу человека и убивает его – и не остается у человека ни малейшей святой, чистой части в его душе!

Поэтому сказано, что он пропускает 500 парса: зо"н нечистых сил имеют изначально только ва"к в з"а и точку в малхут, т.е. только, соответственно, могут быть равными зо"н дэ Ацилут в их малом состоянии, когда они также ва"к и точка, и нет в них никакой силы и места соединиться с бина. Но вследствие ма"н, поднимаемых низшими, дается возможность нечистой мужской силе проскочить за"т дэ бина, питающие святые, чистые зо"н, составляющие сфирот х-г-т-н-х = 5 x 100 = 500, потому что сфира в бина равна 100. И это благодаря ма"н, поднятому человеком, не знавшему точно своих намерений — делает ли он все ради Творца.

Оборотный человек затем делает зивуг со своей нуквой на этот лживый ма"н и получает высший свет для построения своего парцуфа, подобно новым духовно чистым небесам, созданным на чистый ма"н. А новые небеса, созданные на нечистый ма"н, называются обратными, пустыми. А поскольку в этом принимала участие нечистая малхут, то эти небеса называются Тоу.

69. И этот оборотный человек пролетает по пустому небосводу 6000 парсаот за один раз. А после того, как этот пустой небосвод останавливается, немедленно выходит нечистая женщина, держит этот пустой небосвод и участвует в нем. Выходит она из него и убивает многие сотни тысяч, потому что в то время, когда она находится на том небосводе, дана ей власть и сила летать и пересекать весь мир в одно мгновение.

Все, что исходит от пустого небосвода, исходит от нечистой силы, находящейся, соответственно, против высшей святой мудрости света хохма. Сфира хохма равна 1000. Поэтому говорится, что летает по небосводу в 6000 = 6 сфирот х-г-т-н-х-е парцуфа хохма, каждая из которых 1000.

После того как завершились новые небеса нечистой мужской стороны, называемые пустыми небесами, открывается сила его женской половины – нуквы, называемой «Великая бездна». Ее сила атакует небосвод ложью именем Творца, она парит в небе, и тогда небеса называются Тоу.

Поскольку нуква нечистых сил участвует в этом небосводе, она укрепляется и растет еще больше, чем уровень мужской нечистой части. Потому что мужская нечистая часть растет до ва"к хохма, что равно 6000 парсаот, а нуква, с его помощью, растет до 10 полных сфирот, т.е. до целого мира.

Поэтому она имеет огромную силу и может сокрушить многих, потому что, как говорит Раши: «Это против этого создал Творец». И как вследствие ма"н, поднимаемого праведниками, создаются новые святые небеса и земли, так же с помощью ма"н тех, кто не знает точно, как надо работать на Творца, создаются нечистые небеса и земли.

70. Об этом сказано: «Не способствуйте прегрешению попусту». Прегрешение – это мужская часть. Как оглобли повозки, тяжело прегрешение. Какое прегрешение? Это нечистая нуква. Она тянет мужскую нечистую часть поводьями к пустому. А затем, вследствие этого, происходит прегрешение, потому что мужская часть тянет в сторону этой нуквы, которая растет и начинает свой полет убивать людей. И таким образом умертвила множество. А кто причина этому – это те изучающие Тору, которые не достигли ора и мора – отдачи и света. Да смилуется над ними Творец!

Как уже сказано, мужская нечистая часть не столь зла, как женская. Это потому, что она делает себя подобной святой части творения и потому называется пустой. Но ввиду ее подобия есть в ней большая сила опутывать в свои сети людей, ведь, например, говорит, как говорят мудрецы, что надо учить Тору. Но цели ее – не цель Творца, а другие – получить мудрость (хохма), а не стать альтруистом.

А после того, как человек уже попал в его сети, нечистая мужская сила делает зивуг со своей нечистой нуквой – и тогда уже, как тяжелые оглобли, тянут они человека в большую бездну, такую тьму, что не осознает, что он во тьме и кажется ему, что наоборот – он мудрец и праведник. Мужская часть только связывает человека, ловит его, приводит и повергает человека к ногам нечистой нуквы, а затем уже он сталкивается, падает в большую бездну и погибает.

71. Сказал раби Шимон товарищам: «Очень прошу я вас, не произносите вслух мудрости Торы, чтобы не узнали и не услышали от великого Древа истины. Дабы не способствовали вы нечистой нукве убивать множество людей даром. Открыли все и изрекли: «Милосердный, спаси, милосердный, спаси!»

Раби Шимон сказал, что если вы сами знаете мудрость, то разрешается вам, но если нет, то обязаны вы слушать, как работать на Творца, Великое Древо, т.е. большого человека, на которого можно полагаться в его чистоте и знании.

72. Приди и смотри – Торой создал Творец весь мир. И Он смотрел в нее не один, и не два, и не три, и не четыре раза. И только затем создал мир. Это должно учить людей, как не ошибаться.

73. Против этих 4 раз видел, считал, готовил, расследовал Творец то, что создал. Еще до того, как создал. Поэтому сказано: «Вначале создал Творец эт (артикль)» – 4 слова, соответственно 4 вышеприведенным. А затем сказано: небо – против всех 4 слов, потому что смотрел Творец в Тору прежде, чем начал претворять в деяние свой замысел.

4 этих слова – это 4 времени, они же – 4 сфирот х-б-з"а-м. Видел – хохма. Считал – бина. Готовил – з"а. Расследовал – малхут. После 4 этих создал Творец то, что создал. Так и в Торе: Берешит – хохма. Сотворил – бина. Творец – з"а. Эт (артикль) – малхут, включающая в себя все, от алеф до тав. Все буквы, все свойства. Поэтому обозначена в Торе словом ЭТ = алеф-тав, от первой буквы алфавита алеф, до последней тав. А после этих 4 создал Он небо и землю – раскрыл следующую, более низкую, следующую под малхут, ступень.

ПОГОНЩИК ОСЛОВ

74. Раби Эльазар, сын раби Шимона, шел навестить раби Йоси, сына Лакуния, своего тестя, и раби Аба шел с ним. Один человек, погоняя их ослов, следовал за ними. Сказал раби Аба: «Откроем врата Торы, потому как сейчас время исправить наш путь».

Погонщик на арамите, на языке, на котором написан «Зоар», означает «колющий». Потому что действие погонщика ослов сводится к тому, что он, покалывая острием палки ослов, заставляет их двигаться.

75. Открыл раби Эльазар и изрек: «Сказано, храните Мои Субботы». Давайте посмотрим: в шесть дней создал мир Творец. И каждый день раскрывал свои деяния и давал силы тому дню. Когда раскрыл свои деяния и дал силы? В четвертый день творения. Потому что первые три дня были совершенно скрыты и не раскрывались. Пришел четвертый день, раскрыл действия и силы всех дней.

Давал силы тому дню – означает, что все отдал субботнему дню. Потому что 6 дней – это х-г-т-н-х-е, и они раскрывают производимую в течение этих дней работу и силу в субботний день, являющийся малхут.

Но если деяния всех дней скрыты и раскрываются в их конце, в Субботу, то почему сказано, что они раскрываются в четвертый день творения? Дело в том, что малхут называется четвертой и седьмой: четвертой относительно первых трех сфирот х-г-т, называемых «Отцы»: хэсэд – Авраам, гвура – Ицхак, тифэрэт – Яаков. И седьмой – относительно шести сфирот, после еще трех сфирот, называемых «Сыновья»: нэцах – Моше, ход – Аарон, есод – Йосэф. Сама малхут – царь Давид, субботний день.

Малхут растет, набирает свои исправления постепенно, в две основные стадии, называемые ибур – зарождение. Первые три дня соответствуют первому ибуру, а вторые три дня – второму ибуру (большое состояние, получение света хохма).

Говоря иначе, малхут создается постепенно от сфирот з"а: х-г-т в три дня и образуется сама в четвертый день, сфира нэцах дэ з"а. И потому в этой своей фазе роста она называется четвертой от Отцов. А затем приходит Суббота на нашу землю – малхут называется землей и Субботой. Состояние, которого достигает малхут, вследствие своего роста от сфирот н-х-е з"а, называется Субботой на земле. И это состояние она получает, будучи седьмой, от всех сфирот з"а.

Три первых дня не раскрываются в малхут, потому что до тех пор, пока в парцуфе отсутствует малхут, этот парцуф определяется как закрытый, тайный. Такими определяются будни. А когда малхут полностью постигает ступень, на которой она находится, этим она постигает саму себя. И это состояние определяется как Суббота.

Но если малхут получает от 6 сфирот з"а, то они, т.е. 6 будних дней, должны быть более важными, чем малхут – суббота, низшая сфира относительно них и получающая от них?

Дело в том, что все будние дни недели – это отдельные ступени исправления – работы будней, лишенные малхут, отчего и называются будни, ведь парцуф без малхут является закрытой ступенью, не могущей получить свет, а потому не имеющей святости. Ведь если отсутствует малхут, то отсутствуют га"р света, свет хохма. И только при раскрытии малхут в парцуфе, что означает приход Субботы, открывается святость ВСЕЙ ступени, ВСЕЙ – потому что все 6 дней получают заработанное ими, во всех днях недели светит свет, и именно благодаря им.

Когда вышли три первых дня творения х-г-т, прежде чем вышла малхут, эти три первых сфирот были без света, т.е. скрытые. Когда же появилась малхут, настал 4-й день, проявилась важность и святость всех 4-х дней, потому что малхут дополняет всю ступень и благодаря ей проявляется совершенство творения. На языке Каббалы это говорится т.о.: все 6 дней творения – это ор хохма, а Суббота – это свет хасадим. В будние дни есть свет хохма, но он не может светить из-за отсутствия света хасадим, а когда в субботу приходит свет хасадим, то весь свет хохма светит благодаря свету хасадим субботы.

76. Есть огонь, вода и воздух, х-г-т, три первых дня творения. Хотя они первые и высшие основы всего последующего, но их действия не раскрываются до тех пор, пока земля, т.е. малхут, не раскроет их. И тогда раскрывается полностью работа каждой из высших основ.

Поэтому только в четвертый день раскрывается сила трех первых дней.

77. Но ведь точнее будет сказать о третьем дне как раскрывающем творение первых трех дней. Ведь сказано о нем: ДА ПРОИЗВЕДЕТ ЗЕМЛЯ ТРАВУ. То есть раскрытие действия земли, малхут, есть уже в третий день. Но, хотя это было сказано в третий день, тифэрэт, это был четвертый день, малхут. Но малхут соединилась с третьим днем, потому что тифэрэт и малхут неотделимы. А затем открыл четвертый день свои деяния – выявить работу каждого из х-г-т, потому что четвертый день есть четвертая ножка высшего трона, сфира бина, а 4 ножки трона: х-г-т-м.

Малхут раскрывает святость и духовную силу 3-х дней. Поэтому поднялась малхут и соединилась с 3-м днем, чтобы раскрыть соединением этих 3-х дней, 3-х линий всю их высокую духовную суть.

Поэтому сказано, что раскрывается деяние в 4-й день, потому что именно и только малхут завершает после 3-х дней их раскрытие. А после этого выходят еще 3 дня, н-х-е: после того как раскрылась святость первых 3-х дней, х-г-т, называемых «Отцы», которые являются основой з"а, и вышел з"а в них, т.е. проявилась его основная часть, настал черед рождения Сыновей – н-х-е, последних 3-х дней из 6 дней творения.

Поэтому сказано, что з"а определяется как 4-я ножка трона бина и нет совершенства и законченности в троне до тех пор, пока не проявляется, не заканчивается его 4-я нога-основание – ведь з"а не закончен до проявления малхут в нем, т.е. до 4-го дня, и только после выхода малхут он в состоянии породить Сыновей – 3 завершающих дня творения.

78. Все деяния всех сфирот, и в первые 3 дня творения, х-г-т, и в последние 3 дня творения, н-х-е, зависят от субботнего дня – малхут, га"р всей ступени з"а и его совершенства. Потому и сказано, И ОТДЫХАЛ ТВОРЕЦ В СЕДЬМОЙ ДЕНЬ, СУББОТУ, 4-я ножка трона, потому что 7-й и 4-й дни – оба они являются малхут. Только 4-й день – это малхут, включающая себя в сферу тифэрэт з"а, от его груди вверх, а 7-й день – это малхут всего з"а, совершающая с ним слияние-зивуг лицом к лицу.

Хотя первые 3 дня, х-г-т, завершаются 4-м днем, который является итогом их деяний, все равно не завершаются они в 4-м дне полностью, а их совершенство проявляется только в Субботу, вместе с последними 3 днями, н-х-е.

Поэтому сказано, что Суббота – это 4-я нога трона, хотя это 7-й день, поскольку, хотя и выходит после Сыновей, но завершает также деяния Отцов, потому что первые три дня не завершили все свои исправления в 4-й день и необходимо еще, чтобы 7-й день, Суббота, завершил их исправления.

Причина этого заключается в том, что в 4-й день малхут находится в своем малом состоянии, называемом малой фазой Луны, вследствие чего Луна-малхут возвращается затем в состояние, называемое Субботой, когда весь свет всех дней творения проявляется, светит в ней. Поэтому и первые 3 дня творения раскрываются своим светом только в Субботу.

79. Но если Суббота – это малхут, то почему сказано в Торе: «Храните мои Субботы», имея в виду две? Говорится о двух частях Субботы: ночь – малхут и день – з"а, светящий в малхут. Поэтому нет разделения между ними, ведь сливаются они вместе, в зивуг лицом к лицу, и поэтому называются две Субботы.

Спрашивает – две малхут, четвертого дня и седьмого дня, совершенно отдельные, как и сказано: «Храните мои Субботы», имея в виду две? Но после того, как выясняется, что 4-й день проявляется в совершенстве только в 7-й день, ясно, что есть только одна Суббота. Но имеется в виду з"а и малхут, светящие в святости Субботы. Потому что день Субботы – это захар-мужская часть, дающая, а проявляется он в малхут, нукве, женской части. Потому и называется Субботы – множественным числом, но, соединяясь в совершенство, сливаются в одно целое, отчего также и з"а называется Субботой.

80. Спросил погонщик ослов, идущий позади с ослами: «А почему сказано «Бойтесь святости?» Ответили ему: «Имеется в виду святость Субботы». Спросил погонщик: «А что же такое святость Субботы?» Ответили ему: «Это святость, нисходящая свыше, от АВ"И». Ответил им: «Если так, то Субботы – не святой день, ведь святость нисходит на нее свыше, от АВ"И». Ответил ему раби Аба: «Так оно и есть. И так сказано: «И назови Субботу наслаждением, святым днем, посвященным Творцу». Говорится отдельно про один день Субботу и отдельно про один святой день». Сказал погонщик: «Если так, то что означает святой для Творца?» Ответил ему: «Это когда святость нисходит свыше, от з"а, и наполняет Субботу, малхут». «Но если святость нисходит свыше, то сама Суббота не особый день, – возразил погонщик, – а ведь сказано: освятите Субботу, т.е. саму Субботу». Сказал раби Эльазар раби Аба: «Оставь этого человека, потому как есть в нем много мудрости, которой мы не знаем». Сказал погонщику: «Ты говори, а мы будем слушать».

Вопрос погонщика заключается в том, что если Суббота – это з"а, то почему говорится о ней как о святости, ведь святость – это свойство только АВ"И и только они называются святостью. Поэтому возразил, что Суббота – отдельно и святость – отдельно. Суббота, з"а сам по себе не святость, а потому что получает святость свыше, от АВ"И. То, что он получает от АВ"И, и называется святостью Творца.

81. Открыл погонщик и сказал: «Сказано: субботы, т.е. обычно две. И это говорит нам о границе Субботы, составляющей 2000 ама в каждую сторону от города. Поэтому добавлено слово «эт» перед словом Субботы, обозначающее множественное число – высший Шабат и низший Шабат, соединяющиеся вместе».

Хотя сказано (Тора, Шмот, 16): «Да не выйдет человек со своего места в седьмой день», т.е. в единственном числе, но во многих местах Торы употребляется слово «эт», как, например, «Эт две тысячи ама в каждую сторону от своего места». Слово «эт», состоящее из букв алеф-тав, первой и последней букв алфавита, означает малхут, соединяющуюся с з"а, что и означает состояние Субботы, отчего раскрывается, светит свет АВ"И, как дополнительное свечение света, в зо"н. Потому что АВ"И называются «две тысячи», и потому присутствует слово «эт», говорящее о дополнении света в Субботу.

Есть Суббота наверху и есть Суббота внизу: высшая Суббота – это парцуф твуна, нижняя часть парцуфа бина. Низшая Суббота – это парцуф малхут, нуква з"а мира Ацилут. В мире Ацилут парцуф бина делится на два парцуфа: верхняя часть бина называется парцуф АВ"И, а нижняя часть бина, та часть, в которую она получает свет от верхней части, для передачи в з"а, называется парцуф Ишсу"т (Исраэль Саба у Твуна) или просто Твуна. Отношение бина-АВ"И и твуна как отношение з"а и малхут. Бина называется «высший мир», малхут называется «низший мир». В Субботу зо"н поднимаются в бина: з"а в АВ"И, а малхут в твуна.

В Субботу малхут сливается с твуна. Но это не означает, что не остается никакого различия между ними, ибо малхут получает свет от твуна только потому, что она поднялась на уровень твуна. Но на своем месте, на последней, низшей ступени мира Ацилут, малхут не в состоянии получить свет от твуна. И в той мере, в которой малхут еще не может получить свет от твуна в своем обычном состоянии, малхут определяется как еще закрытая.

Но также и твуна страдает от закрытия малхут, оттого что малхут не в состоянии на своем месте получить свет от нее. Потому что раскрытие твуны может быть только через малхут. Поэтому, хотя в Субботу твуна и Има соединяются в один парцуф и нет закрытия в ней, но, так как ее свет светит только вместе с малхут, поднявшейся к ней, чувствует твуна закрытие малхут и потому тоже страдает.

82. Осталась одна Суббота, не упомянутая ранее, и стыдилась. Сказала Ему: «Создатель вселенной, со дня моего создания называюсь я Суббота. Но нет дня без ночи». Ответил ей Творец: «Дочь моя, Ты – Суббота, и этим именем Я назвал тебя. Но вот Я окружаю и украшаю тебя в самое высшее украшение». Возвысил голос и изрек: «Освящающие да убоятся. И это ночь Суббота, излучающая страх». Но кто она? Это слияние вместе,

называемое Я, малхут, ночи субботы, с самим Творцом, з"а, который сливается с малхут вместе в одно целое. А я слышал от своего отца, что слово «эт» говорит о пределах-границах Субботы. Субботы – две Субботы – определяются как окружность и квадрат в ней – итого два. Соответственно им есть две святости, которые мы должны упомянуть в Субботнем благословении: «Вэ яхулу» – состоит из 35 слов и «Кидуш» – также состоит из 35 слов, и вместе они составляют 70 имен з"а, в которые украшаются з"а, Творец и малхут, собрание Израиля.

83. Потому как окружность и квадрат – Субботы, оба они заключаются в указании: «Храни день Субботний». Но высшая Суббота включается не в указание – «Храни», а в указание – «Помни». Потому что высший Царь, бина, совершенен, как память. Поэтому называется бина – Царь, совершенство которого в мире, в памяти. И потому нет наверху противоречия.

Малхут дэ малхут называется центральной точкой творения, и она не получает свет даже в Субботу, потому что она – замок – закрыта для света. А весь свет в нее входит только в виде ключа, в есод дэ малхут, малхут, соединяющуюся свойствами с бина. А сама она потому и называется закрытой.

Эта центральная точка творения – единственное, что создал Творец, и включает в себя все творения, в том числе души людей. И возражает она Творцу, что в начале творения, в мире А"К, весь свет раскрывался и светил в созданиях благодаря ей, потому что в мире А"К не было иной малхут, кроме центральной точки. И только вследствие 2-го сокращения, уже в мире Ацилут, она сократилась и стала закрытой для получения света.

И это великая и прекрасная тайна. Потому что, возражает малхут, даже в первый день сказано: «И будет вечер, и будет утро – день один», т.е. единство раскрывается совместно, на ночь и день вместе. Но почему не упоминается ночь в первой Субботе в Торе, а говорится «в день седьмой». Творец ответил малхут, что подразумевается Суббота будущего, в седьмом тысячелетии, когда настанет такой день Субботы навсегда.

А пока, в течение 6000 лет, Творец поднимает малхут до бина, отчего она получает высшие украшения, большие, чем были у нее в мире А"К. Потому что там она действовала как окончание всех сфирот, а теперь она поднялась действовать в месте га"р, в АВ"И, называемых «святая святых». Если малхут находится в есод, то ощущается недостаток света хохма, но если малхут поднимается в АВ"И, где свет хасадим, где нет никакой потребности в свете хохма, то это состояние определяется совершенным.

Малхут называется «страх», потому что на нее было сокращение, чтобы не получать в ее желание насладиться свет Творца. Поэтому она не получает сверху вниз свет в себя, в свое желание самонасладиться, а получает свет только в отраженный ею свет, при отказе от использования эгоизма.

Происходит это т.о.: 1 – прямой свет, свет от Творца приходит к малхут и желает войти в нее (малхут ощущает наслаждение и свое желание им насладиться, принять его); 2 – желая быть подобной Творцу, малхут отталкивает свет (малхут запрещает себе получить наслаждение). Это отречение от самонаслаждения называется «отраженный свет», потому что малхут отталкивает свет-наслаждение от себя; 3 – после того как малхут создала отраженный свет, она начинает получать в него прямой свет (в свое новое желание получить только потому, что Творец желает, чтобы она получила). Это получение возможно потому, что в малхут есть противодействующая ее эгоизму сила, сила воли, называемая экраном.

Духовный мир – это мир ощущений, желаний, сил вне облачения их в оболочки-одеяния вроде материальных тел нашего мира. Также и все фигуры, описываемые в Каббале, – имеется в виду не изображение чего-то, а демонстрация соотношения сил, свойств.

Поэтому окружность говорит о том, что свет светит во всех местах в одинаковой степени и нет никакого ограничения его свечению, а потому не может быть никакого изменения в его свечении. Квадрат или прямоугольник говорят о том, что есть ограничения, вследствие чего есть отличие между сторонами: правой-левой, верхом-низом. Поэтому голова имеет круглую форму относительно прямоугольного тела – ведь в голове нет ограничений, а в ва"к, теле, – есть.

Суббота – это такое духовное состояние, когда зо"н поднимаются до АВ"И, и одеваются на АВ"И, и Суббота низшая (зо"н) и Суббота высшая (АВ"И) соединяются вместе. Высшая Суббота, АВ"И, определяется как окружность, а низшая

Суббота, зо"н, определяется как квадрат. В Субботу сливаются зо"н с АВ"И, что описывается как поднятие квадрата и помещение его внутри окружности.

Свет хохма обозначается буквой аин. Поскольку свет хохма раскрывается только при подъеме низшей Субботы к высшей, то свет хохма делится на две части: половина – для высшей Субботы и половина – для низшей. Поэтому есть в словах «Вэяхалю» 35 слов – половина света относящегося к высшей Субботе, и в самом благословении есть 35 слов, относящихся к половине света низшей Субботы. И этим светом украшается общая душа, называемая «Собранием Израиля», малхут, называемая Субботой.

Поскольку окружность и квадрат соединяются вместе и называются Субботы, две Субботы, то свет окружности определяется как «СТЕРЕГИ» – охраняющий, как и квадрата. И хотя СТЕРЕГИ говорит об ограничениях и границах, которые необходимо соблюдать и бояться нарушить, а в высшей Субботе, обозначаемой окружностью, нет ограничений и границ, но ввиду соединения в одно целое двух Суббот появились ограничения и в окружности.

Сама высшая Суббота называется «ПОМНИ», а не «ХРАНИ», потому что в ней нет никаких ограничений. Но так как она соединилась с низшей Субботой, называемой «ХРАНИ», то и в ней появилась необходимость СТЕРЕЧЬ, что есть обычно только в малхут. Только вследствие подъема малхут в бина появилась в бина необходимость стеречь, как в малхут. Но сама бина находится только в свойстве ПОМНИ. Потому что СТЕРЕЧЬ необходимо только те желания, в которых есть эгоистические желания самонасладиться.

Высшая Суббота, бина, обозначается буквами МИ = мэм-юд. Низшая Суббота, малхут обозначается буквами МА = мэм-хэй, и формой квадрат, означающей наличие противоречия между его свойствами – правой и левой сторонами, что и дает форму квадрата.

84. Два вида мира есть внизу. Один – Яаков, тифэрэт. Второй – Йосэф, есод. Поэтому сказано два раза МИР – привествие: «МИР, МИР дальнему и ближнему». Дальний – это Яаков, ближний – это Йосэф. Или, как сказано: «Издалека видится мне Творец», «Остановился вдалеке».

Внизу – имеется в виду в зо"н, в котором есть одно из свойств, называемое Яаков, сфира тифэрэт з"а. А также есть в зо"н свойство, называемое Йосэф, сфира есод. Обе эти сфиры указывают место возможного зивуга между з"а и малхут, потому что Мир означает зивуг. Высший зивуг – Яаков – предназначен для получения свыше света хохма, низший зивуг – Йосэф – наполняет малхут только светом хасадим.

Уже говорилось, что невозможно получить свет хохма без одеяния его в свет хасадим. Поэтому свет хохма или зивуг на него определяется как далекий, потому что предварительно необходимо одеяние в свет хасадим и только затем получение света хохма. Поэтому сказано: «Издалека Творец увиделся мне».

Нижний зивуг называется близким, потому что свет хасадим получается парцуфом без предварительных действий. И более того, затем, с помощью этого света хасадим, парцуф получает ор хохма. Поэтому сказано два раза: «Мир, мир близкому и дальнему» – соответственно приветствие Яакову и Йосэфу, которые оба участвуют в большом зивуге (получении ор хохма) в з"а.

Эти два приветствия определяются в зо"н как квадрат, потому что есть между ними противоречие, определяемое как противоречие между правой и левой сторонами, и они заканчиваются в букве хэй-нукве, малхут. В то время как высшая нуква, бина, заканчивается буквой юд, означающей не женскую часть, а мужскую. И потому в ней нет противоречия. И даже понятия близкий и дальний – в самой бине не существует, потому что она сама относится к га"р, совершенству, а га"р могут получать хохма вблизи, т.е. не нуждаются в предварительном облачении в свет хасадим, а получают свет хохма без света хасадим. Поэтому сказано, что высшая малхут – это Царь, имеющий мир, и нет у него два понятия мира, как в зо"н.

85. Издали – это высшая точка, стоящая в Его чертоге, о которой сказано «Стерегите». «Бойтесь Моей святости» – это точка, стоящая в центре, которой нужно бояться более всего, потому что ее наказание – это смерть, как сказано: «Прегрешающие в ней умирают». Кто они – эти прегрешающие? Это те, кто вошел в пространство окружности и квадрата и согрешил. Потому сказано «Бойтесь!» Эта точка называется «Я», и на неё есть запрет раскрывать её, называемый АВА"Я. «Я» и АВА"Я – это одно целое. Сошли раби Эльазар и раби Аба со своих ослов и поцеловали его. Сказали: «Какая в тебе мудрость, а ты погоняешь ослов за нами! Кто же ты?» Ответил им: «Не спрашивайте меня, кто я, а пойдем далее и будем заниматься Торой. Каждый скажет мудрость свою, дабы осветить наш путь».

Далекая точка – так называется точка, открывающая 32 ручьям света хохма путь в парцуф. И это есть буква бэт в первом слове Торы – слове Берешит, называемая «точка в зале», откуда свет хохма нисходит в зо"н, когда зо"н поднимаются в АВ"И. Потому что тогда соединяются две Субботы, высшая-АВ"И и низшая-зо"н, вместе, и о них сказано: «Издалека увидел я Творца», потому что зо"н не могут получить свет хохма без облачения в свет хасадим.

Хохма и бина, называемые «точка в зале», называются «далекие от зо"н», потому что нуждаются в облачении в свет хасадим от низшего мира, нуквы, называемой М"А. Малхут мира А"К, центральная точка, называется «замок», а малхут мира Ацилут, точка в зале, – «ключ», потому что на нее можно получать свет от за"т бина-Ишсут.

Окружность называется АВ"И, квадрат – зо"н. Зо"н поднимаются в АВ"И и т.о. квадрат входит в окружность, и получается в малхут АВ"И два свойства: замок – малхут дэ малхут, центральная точка, малхут дэ АВ"И и ключ – точка в зале, есод дэ малхут, малхут Ишсут. Малхут АВ"И называется пространством, потому что оно непостигаемо, а желающий наполнить его светом карается смертью. Об этом сказано «Берегитесь Моей святости».

Сама точка называется «Я», а АВ"И – это АВА"Я, соединяющаяся с ней. И они определяются как одно целое, отчего и сама точка называется именем АВ"И, т.е. сама точка определяется как святая, как свойство АВ"И.

Как уже не раз указывалось, «Зоар» и вся Тора говорят только о духовных ступенях, устройстве духовных миров, раскрытии управления Творца нам. И нет ни одного слова в Торе о нашем мире, а вся Тора – это, как сказано, «святые имена Творца». А те, кто своими комментариями спускает Тору с духовных Ее высот на земной уровень, низвергают всю Ее.

Как говорит Раши, Тора говорит языком человека, но только языком, а повествует о духовных путях человека навстречу своему Творцу.

Поэтому, когда сказано, что один раби пошел навестить другого, – имеется в виду переход с одной духовной ступени, называемой раби Эльазар, например, на другую духовную ступень, называемую, к примеру, раби Йоси.

У з"а есть свои АВ"И, называемые высшими АВ"И. И также есть АВ"И у жены з"а, нуквы-малхут, называемые Ишсут. Вначале з"а постигает АВ"И своей жены, т.е. Ишсут, свет хасадим, а затем поднимается на более высокую ступень, постигает сами АВ"И, свет хохма (свет хая). Праведники, идущие по духовным ступеням вверх, являются составляющими парцуфа з"а. Поскольку ступень раби Эльазара и раби Аба – свет хасадим (свет нэшама), то подъем означает, что он пошел (духовно) увидеть (в свете хохма) другую духовную ступень.

Погонщик ослов в духовных мирах представляет собой особую духовную силу, которая помогает душам праведников передвигаться с одной духовной ступени на другую. А без этой, посылаемой Творцом, помощи невозможно выйти из своей ступени и подняться выше. Поэтому посылает Творец каждому праведнику (праведником называется тот, кто желает подняться) более высокую душу свыше, каждому свою, согласно его ступени, свойствам и назначению.

И вот поначалу праведник не отличает этой высокой души, и кажется она ему низкой, привязавшейся к нему в его духовном пути. Такое состояние называется ибур – зарождение души праведника: поскольку высшая душа еще не закончила свою помощь и предназначение, то она еще не ощущается праведником высокой душой.

Но после того, как полностью закончила всю свою помощь и привела душу праведника на заданную ей высшую ступень, постигает тогда праведник высокие свойства этой, помогающей ему, души. И это называется открытием душ праведникам.

В нашем случае душа, посланная помочь душам раби Эльазара и раби Аба, была душой раби Амнона-саба, душа очень высокая и совершенная, свет йехида. Но поначалу она раскрывается праведникам в своем наименьшем объеме, называемом ибур, зарождение (в ощущениях), и потому ощущаема ими как уровень духовного погонщика ослов – простая душа.

Осел на иврите «хамор» – слово, означающее также материю – хомэр! Тот, кто умеет управлять своим ослом, своим телом, его желаниями, стоит т.о. выше материи – уже духовный человек. А так как желает в своих желаниях стать выше материи, называется праведником. Но здесь «Зоар» говорит о более высоких ступенях.

Задача погонщика ослов – перевести ездоков, восседающих на своих ослах, с места на место. Он же сам идет пешком впереди своих ослов и проводит т.о. их по духовным ступеням. Поскольку каждое слово Торы имеет несколько значений ввиду многозначности высших корней, откуда нисходят понятия слов, то понятие «погонщик» более точно означает «проводник ослов» и имеет в виду свойства грубые, грешные, наиболее низкие.

Поэтому сказал раби Аба: «Давай откроем врата Торы, потому как настало время исправить наш путь» – т.е. открыть души с помощью открытия тайн Торы, чтобы исправленным был их путь и привел к Творцу. Затем начал разбирать раби Эльазар отрывок Торы, где сказано: «Стерегите Мои Субботы», потому что стоял своими свойствами на этой ступени (свет Ишсут). И потому сделал вывод, что сама Суббота – это свойство зо"н, которые еще не в свойстве святости, а только получают в Субботу свет Ишсут. Об этом свете сказано: «Берегитесь Моей святости», потому что свет хохма, приходящий от Ишсут в з"а, вызывает страх в них.

И вот тут они получили помощь от ведущего ослов, раскрывшего им тайну света хая. Он объяснил, что «Стерегите Мои Субботы» – имеется в виду высшая и низшая Субботы, приходящие вместе, вследствие подъема зо"н в АВ"И, отчего зо"н сами становятся святыми – квадрат в окружности, – получают свойства бина, милосердия, альтруизма, света хасадим. И потому о них указывается – не бояться и стеречь. Потому что свет хая отталкивает посторонние, нечистые силы, желания, и все ограничения отменяются в Субботу, а потому отсутствует страх.

А сказанное: «Бойтесь Моей святости», относится, как объяснил ведущий ослов, только к центральной точке, используемой в га"р АВ"И, в га"р света хая, который невозможно постичь и где есть страх.

На этом закончила свою роль душа ведущего ослов, потому как привела их к постижению света хая. Тогда только удостоились они постичь высоту помогающей им души, потому что достигли раскрытия ее и т.о. смогли оценить.

Поэтому спустились раби Элизер и раби Аба и поцеловали его, потому что постижение высшего определяется действием «поцелуй». Но на этом еще не закончилась вся помощь этой высокой души, потому что еще обязана она помочь им достичь постижения света йехида. Но поскольку постижение уровня света хая уже дает совершенство, то постигли этим уже ступень сына раби Амнона-саба. Уровень же самого раби Амнона-саба – это ступень постижения света йехида. Поэтому, постигнув только свет хая, ошиблись и решили, что препровождающая их душа – это сын раби Амнона-саба. Но после того, как погонщик ослов раскрыл им тайну постижения света йехида, стало ясно им, что их спутник – это сам раби Амнон-саба.

А причина того, что не могли ранее узнать его в том, что, пока не окончилась вся роль помогающего душам, не видны еще все его силы. Поэтому просили его раскрыть свое имя, но он ответил им, чтобы не спрашивали о его имени, потому что еще недостойны раскрытия тайн Торы, так как еще не произведены ими все исправления. И он должен помочь им в занятиях Торой, потому как надо еще освещать их путь, ведь не достигли желаемого.

86. Сказал ему: «Кто указал тебе идти здесь, быть проводником ослов?» Ответил ему: «Буква юд восстала войной с двумя буквами хав и самэх, чтобы пришел я соединиться. Буква хав не желала оставлять свое место, потому что должна поддерживать этих падающих, ибо без экрана нет им жизни».

87. Буква юд пришла ко мне одна, поцеловала меня и плакала со мной. Сказала мне: «Сын мой, что я могу сделать для тебя. Но вот я исчезаю из многих хороших деяний, из тайных высших основных букв. Но затем вернусь я к тебе и буду в помощь тебе. И дам я тебе тогда в помощь две буквы, более высокие, чем те, которые исчезли, буквы юд-шин, которые будут тебе всегда полным хранилищем. А потому, сын мой, иди и погоняй ослов. И потому я здесь в такой роли».

Как мы уже знаем, погонщик – это вспомогательная сила тому, кто желает подняться на более высокую ступень в его пути к сближению с Творцом, как ослы перемещают на себе людей, помогая им т.о. перейти из одного места в другое. Но при этом праведник падает со своей прошлой ступени и входит в состояние зародыша новой ступени, как и душа, пришедшая ему помочь. Но свойство ибур-зародыша (ибур также от слова авара-переход) состоит в том, что весь бывший в нем в прошлой ступени свет во время ибур, зарождения новой, более высокой ступени, исчезает из него.

Это-то и желали знать от погонщика: «Как сделал Творец, чтобы ты явился к нам в состояние ибур, в нашем состоянии ибур, отчего мы пришли к состоянию исчезновения света из нас. Кто спускает тебя с высших ступеней?» Потому и ответил погонщик, что буква юд воевала с буквами хаф и самэх, чтобы соединиться с ними. Ступень хасадим называется самэх (свет нэшама).

«Когда пришло время, чтобы постигли вы свет хая, т.е. юд из АВА"Я, ступень, с которой я пришел помочь вам достичь свет хая, действительно желала хохма связать со мной свет нэшама, который был прежде в вас. И тут происходит война юд с хаф и самэх. Малхут высшего парцуфа одевается в низший парцуф, и это обозначается буквой хаф. Был свет нэшама, а теперь свет хая. А юд, желающая также и свет нэшама, соединяется со светом нэшама, не желая хаф».

Потому что вся связь между ступенями от высшей ступени мира Ацилут до конца мира Асия осуществляется только с помощью того, что малхут высшего спускается и одевается в низший парцуф. А она не может спуститься со своей ступени Ишсут, ступени нэшама, ни на мгновение, потому что иначе тут же произойдет разрыв в цепочке связи ступеней. Свойство самэх – это свойство самого света, который душа получает от сфирот х-б-д-х-г-т АВ"И (выше груди), которые АВ"И передают в зо"н, когда те в малом состоянии (катнут), и поддерживают их (поддерживать на иврите «сомэх» – от названия буквы самэх), чтобы зо"н не упали вниз из мира Ацилут.

Буква хаф, хасадим, не желает оставить свое место, соединиться с хохма, потому что должна соединять высший парцуф с низшим. И потому должна быть постоянно на своем месте: ибо все ступени постоянны и только душа получает изменения во время ее продвижения со ступени на ступень, движется внутри миров. Душа потому и называется «внутреннее» относительно мира, внешнего, потому что существует в нем и перемещается в нем изменением своих свойств.

Поэтому не желал свет души соединиться с буквой юд, ступенью хохма, т.е. с душой раби Амнона-саба, во время ее нисхождения для помощи раби Эльазару и раби Аба. Потому что нуждались в новом свете, который построил бы в них новую ступень – ступень света хая, а каждая новая ступень строится с нуля – с состояния ибур – зарождения. При этом вся предыдущая ступень, весь ее свет, пропадает. Так и в их случае новая ступень начинается с ибур и достигает уровня хая. Это подобно тому, как зерно, для того чтобы вырасти деревом, должно прежде покинуть прежнюю форму, сгнить.

Поэтому сказано, что пришла ко мне без света х-б-д-х-г-т дэ АВ"И, называемого самэх, света хасадим. Самэх – свойство милосердия, желание бескорыстно отдавать, чистый духовный альтруизм. И потому не желает связи с юд – светом хохма. Но свет хохма не может войти, наполнить парцуф, без предварительного облачения в свет хасадим, потому что одевание света хохма в свет хасадим означает, что парцуф получает свет хохма не ради себя, а ради Творца. А свет хасадим, самэх, не желает принимать в себя, не желает связи со светом хохма! Поэтому плакала буква юд, что не в состоянии наполнить парцуф своим светом, потому что хасадим не желают принимать хохма.

В связи с этим сказано: поэтому я теперь обязан исчезнуть, а ты, погонщик ослов, приди в состоянии ибур, чтобы заново построить собою ступени постепенного развития нового парцуфа-состояния: зародыш (ибур) – рождение (лида) – вскармливание (еника)– большое (мохин).

И знай, что таков порядок в создании-рождении каждой новой ступени: каждый раз, когда человеку предстоит получить новую ступень, он должен пройти в своих ощущениях полное исчезновение из него предыдущей ступени-уровня постижения-света и начать сначала, получать новые постижения, от самой низкой новой ступени, света нэфэш, называемого ступенью ибур, затем свет руах, называемого ступенью еника и т.д., будто не имел никогда, никогда не было в нем, ни одного духовного уровня.

Потому что невозможно ничего взять с собой от предыдущей ступени, и потому обязан снова начать с наинизшего уровня – ИБУР, НАЗЫВАЕМОГО «ПОГОНЩИК ОСЛОВ». Свет хая АВ"И называется ЕШ-юд-шин, где юд-хохма, а шин-бина. И они, конечно, важнее ранее бывшего в парцуфе света нэшама.

88. Возрадовались раби Эльазар и раби Аба, заплакали и сказали: «Сядь ты на осла, а мы будем погонять за тобою». Ответил им: «Разве не сказал я вам, что это приказ Царя так действовать мне, пока не придет тот погонщик ослов» (намек на Машиаха, который, как сказано, явится бедным, верхом на осле). Сказали ему: «Вот ты даже не открыл нам имя твое! Где находишься ты?» Ответил им: «Место моего нахождения прекрасное и очень мною ценимое. Оно – башня, парящая в воздухе, большая и особая. Живут в этой башне только двое – Творец и я. Вот в таком месте проживаю я. А удален я оттуда для того, чтобы погонять ослов». Посмотрели на него раби Эльазар и раби Аба, и непонятны им были его слова, ведь были сладки им пуще манны и меда. Сказали ему: «Может, скажешь ты нам имя отца твоего, дабы целовали мы землю у ног его». Ответил им: «Зачем это вам? Не в моих правилах так гордиться Торой».

После того как познали величие ступени погонщика, не могли более терпеть его малое состояние ибур, в котором он находился ради них, и потому сказали ему, что, поскольку уже достигли света хохма, достаточно с него и он может выйти из состояния ибур. А если и необходимо будет еще что-либо добавить им, то смогут они сами войти в состояние ибур, а не обязан он страдать ради них.

Но еще ранее предупредил погонщик, чтобы не спрашивали его имени, потому что необходимы им еще открытия тайн Торы. И намекнул им сейчас еще раз, что имеется в виду ступень света йехида, недостающая им, означающая получение света лица царя Машиаха, о чем сказал, намекая на бедного погонщика осла, как сказано у пророка (Захария, 9). И заповедано ему Творцом помочь им достичь света йехида.

Потому спросили они, какая у него душа: «Ведь не желал ты называть свое имя, т.к. еще не получили от тебя мы того, что должны достичь. Но в таком случае, хотя бы скажи, где ты живешь, какова твоя ступень? Тогда узнаем мы хотя бы, чего недостает нам. Что еще мы должны взять от тебя, постичь от тебя».

Ответил, что его место намного выше, чем то, на котором он находится сейчас, потому что он сам сейчас не может постичь свой личный уровень. Это происходит вследствие того, что, когда высший парцуф нисходит на место низшего, он полностью становится как низший парцуф и также не может в это время (в этом состоянии) постичь свой уровень. Просто башня, парящая в воздухе, – бина, хасадим. Башня Машиаха – великая башня – это время (состояние) подъема в га"р А"А, когда есть свет хохма.

89. Но место проживания отца моего было в великом море. И он был большой рыбой, постоянно кружащей, из конца в конец, по всему морю. И был он велик и состарился, пока не проглотил всех рыб в том море. А затем выпустил их из себя, живых и полных всего самого лучшего в мире. И в его силах было проплыть все море в одно мгновение. И вытащил его, достал, как воин стрелой, и доставил в то место, о котором сказал я вам, в башню, парящую в воздухе, но вернулся он на свое место и скрылся в том море.

Скрытый зивуг называется «50-е ворота» (шаар нун). Великое море – это малхут. Все зивуги от парцуфа Атик мира Ацилут и ниже не включают в себя все великое море, все сфирот малхут, а только 9 первых сфирот малхут, но малхут дэ малхут не включается ни в один зивуг.

И эта сфира, малхут дэ малхут, единственное творение, потому что все остальное – это свойства духовных сил, желаний, находящихся в Творце, выше малхут, относящихся к Творцу, сфирот, существующих только для исправления самой малхут дэ малхут. На эту малхут есть зивуг только в Атик, и этот зивуг раскроется всем только в конце исправления.

Рав Амнон вышел из этого, скрытого от всех, зивуга в Атик, и потому погонщик называет его «мой отец». И говорит, что его отец жил в великом море, потому что зивуг был на всю малхут, т.е. на малхут дэ малхут, называемую «великое море». Но если возразить, что все парцуфим делают зивуг света с экраном, стоящим перед малхут, то тот зивуг происходил на 50-е ворота, на все части желания, всю глубину, что есть в великом море – малхут, до самого последнего ее желания и свойства, от кэтэр дэ малхут до малхут дэ малхут, от конца до конца великого моря. Но это происходит только в парцуфе, называемом Атик мира Ацилут, но не ниже его. И это не сам погонщик, а его отец.

Это происходит потому, что большой зивуг поглощает в себя все остальные частные зивуги – проглотил всех остальных рыб великого моря и поглощает в себя все души во всех мирах, потому что все они намного слабее его, а потому будто не существуют в его величии и силе. А поскольку он включает в себя всех и вся, то называются все именем Нунин, от буквы нун = 50.

Это говорит о том, что после всех больших исправлений, происходящих после этого большого зивуга, возвращаются и заново рождаются все эти света и души, которые он поглотил во время своего зивуга, и они рождаются к вечной жизни, потому что вследствие большого зивуга они полностью наполнились всем светом, именно потому, что он поглотил их в своем большом зивуге.

Все зивуги ниже парцуфа Атик происходят от взаимного соединения сфирот одних с другими, и эти соединения определяются как перерывы в зивуге. Тогда как зивуг в Атике – без всякого соединения, прямой, и потому определяется как мгновенный, ибо в его течении нет перерыва. Потому сказано, что пересекает море в одно мгновение, без всякого одеяния-соединения. И он в атаке, потому что в этом зивуге есть большие силы получения света хохма, потому и сказал: «Породил как стрелой в руке воина».

Об этом зивуге в парцуфе Атик сказано: «Никто, кроме тебя, не видел Творца». Но нет рождения без сил сопротивления, потому что, как сказано (Талмуд, Хагига, 16): «Семя, не посылаемое, как стрела, не рождает». Поэтому, после того как родил меня и скрыл меня в великой башне, вернулся в свой скрытый зивуг.

90. Посмотрел раби Эльазар на сказанное им и ответил: «Ты сын Святого источника, ты сын раби Амнонасаба, ты сын Источника Торы – и ты погоняешь за нами ослов!» Заплакали вместе, поцеловались и пошли далее. Сказал далее: «Может, угодно господину нашему сказать нам свое имя».

Сказано «посмотрел» – потому что зрение – это хохма, и нельзя употребить слово «сказал» или «услышал» – бина, или «подумал» и пр. Поскольку еще не постигли сказанное погонщиком в совершенстве, а постижение их было пока только до света хая, восторгались порожденным раби Амнон-саба, потому как рав Амнон-саба это свет йехида. Просил сказать свое имя – получить ступень его, потому что постижение имени означает постижение ступени. Поэтому, когда говорится, что вся Тора – это имена Творца, это означает, что вся Тора – это ступени, которые человек обязан постичь, вплоть до самой высшей – Любви (см. предисловие к Талмуду Десяти Сфирот, п. 70–71).

Каждая ступень в постижении высших миров называется своим именем. Все имена Творца: Моше, Фараон, Авраам, Храм, Синай – все-все слова Торы – это уровни ощущения Творца, ступени Его постижения, потому что, кроме человека и его Создателя, нет более ничего, а все, что кроме этого, как нам кажется, это различные степени нашего ощущения самого Творца: то он предстает нам в виде этого мира, то в виде мира Асия, затем – Ецира, затем – Брия, затем – Ацилут, а затем – совершенно открыто полностью, не скрываясь частично, как в духовных мирах, или полностью, как в этом мире, отчего и происходит название мир-олам, от слова олама – сокрытие.

91. Открыл и начал. Сказано: «Бэнияу, сын Яуяда». Это красивое повествование, но для того, чтобы показать высшие тайны Торы. А само имя Бэнияу, сын Яуяда, говорит нам о тайне света мудрости – света хохма. Бэн Иш Хай – это праведник, оживляющий миры. Рав Паалим – говорит о том, что Он властитель всего происходящего, что все силы и высшее войско, все исходит из Него, и называется Он – Творец Силы, хозяин всех, всего, и во всем Он.

«Бэнияу, сын Яуяда», – сказано в пророках (Шмуэль-2, 23, 20. Русское издание: «Пророки», стр.151, абзац 20). Здесь «Зоар» открывает нам высшие тайны Торы, потому что святое имя Яуяда состоит из двух: юд-хэй-вав – первых трех букв АВА"Я и слова яда-знание.

Кэтэр мира Ацилут называется РАДЛА – непостижимая голова, а сам Атик является окружающим все остальные парцуфы мира Ацилут: А"А, АВ"И, ЗО"Н. Атик называется макиф – окружающий, потому что остальные, низшие парцуфим, не могут постичь его, не могут постичь его зивуг. Но кроме этого, не могут постичь то, что исходит от него. То есть, не исходит от него вниз ничего к более низким парцуфим. И даже А"А скрыт от более низких парцуфим, отчего и называется «скрытая хохма». Но не определяется непостижимым, как Атик, потому что есть в нем зивуг на свет хохма, только этот свет не нисходит вниз, а к низшим нисходит лишь маленькое его свечение – аярат хохма.

И весь свет, наполняющий миры в течение 6000 лет, исходит от АВ"И и Ишсут, называемых хохма 32 путей, или 32 силы (Элоким) творения – 32 вида маленького свечения света хохма. Этот свет хохма получается оттого, что бина поднимается в А"А, получает там свет хохма и светит вниз. Поэтому весь свет хохма, раскрывающийся до конца исправления, в течение 6000 лет, – не более чем свет бина, получивший в себя свет хохма при своем подъеме в А"А.

А"А называется яда – знание, потому что он дает свет хохма бина. И он знает все пути прохождения света хохма в бина и через нее, к более низшим. Сам А"А, делая зивуг, не дает свой свет вниз, но АВ"И, поднимаясь в него, получают свет хохма, называемый «32 ручья», «пути мудрости». И они постигаемы низшими.

Все, что сказано здесь, в «Зоар», сказано в общем о всех душах. Но есть исключения, которые не изучаются обычно, – есть особые души, высокие души, которые удостаиваются стать кли, МА"Н, для большого зивуга РАДЛА после своего исхода и получить там, в высшем мире, ступень йехида, получаемую от этого зивуга. Это души Бэнияу бэн Яуяда, раби Амнон-саба и еще очень немногих. И эти высокие души раскрываются праведникам в этом мире, отчего праведники еще в этом мире удостаиваются насладиться светом йехида, светящим только в столь высоких душах.

Поэтому имя Бэнияу бэн Яуяда указывает на то, что это имя исходит от внутренней мудрости, нераскрываемого света хохма Атика, и это имя вызывает скрытие также свечения хохма, потому что смысл имени Яуяда: юд-хэй-вав + яда (знание) в том, что тот, кто постигнет юд-хэй-вав, три первые буквы имени Творца АВА"Я, тот познает его – и никто другой.

Поэтому это имя остается скрытым в своем месте. Вначале погонщик объясняет качество этого зивуга в Атик, его высоту, силу света, на него выходящего в голове парцуфа Атик, о чем сказано в имени этого зивуга «Бэн иш хай рав паалим вэ мекабциэль». А затем он объясняет, что скрыто, а что нисходит к душам.

Уже говорилось, что этот зивуг происходит в конце исправления всей малхут, поэтому он включает в себя все частные зивуги и все ступени, выходящие на них в течение 6000 лет. Весь свет собирается в один. Все виды ма"н собираются в один и поднимаются просить этот зивуг, включающий в себя все страдания и наказания, постепенно испытываемые в течение 6000 лет.

Поэтому нет предела высоте и величию этого зивуга и ступени света, выходящего на него, который уничтожает полностью и окончательно все нечистые силы. Есод з"а, из которого исходит свет этого зивуга, составляющий все света за все 6000 лет, называется «Иш хай рав паалим» – многодейственный живой человек. А малхут, сочетая в себе весь ма"н, страдания, работу за 6000 лет, называется Мекабциэль – собирающая.

А «Зоар» называет его еще и Цадик хай оламим – праведник, оживляющий миры, потому что указывает этим на сфиру есод, дающую свет малхут. В самой сфире есод нет места получения света для себя, и потому она живет – хай, только для передачи света малхут, отчего называется «праведник» (цадик), «оживляющий миры» (хай оламим). А называется рав паалим – многодейственный, потому что включает в себя весь ма"д всех добрых деяний и все ступени, раскрывшиеся постепенно в течение 6000 лет. Поскольку сейчас все эти ступени раскрываются вместе, все за один раз, в собранном вместе свете, и все вместе выходят из есод и входят в малхут. А потому как сейчас есод собирает весь свет за 6000 лет в один и передает его в малхут, то по этому действию он и называется Рав Паалим – многодейственный.

92. Рав Паалим он и Мекабциэль – Многодейственное и Собирающее это высокое древо, самое большое из всех. Из какого места вышло оно? Из какой ступени произошло? Вновь указывает нам источник – из Мекабциэль, потому что он – высшая ступень, скрытая, которой никто не видел. Все есть в ней, она собирает в себе весь высший свет. И все исходит из нее.

Малхут-нуква называется также по имени Мекабциэль, потому что она получает и собирает в себе весь свет сразу от есод, отчего есод называется Многодейственный. Ступень, выходящая на этот зивуг, называется «Древо высокое и главное», вышедшее из есод, пришедшее в малхут. И объясняет «Зоар», что для того, чтобы показать нам качество этой высокой ступени, откуда она произошла, называет «Зоар» имя Мекабциэль – собирающий, что высший свет собирается в есод, передающий его в нукву. И оба, есод и малхут, называются Мекабциэль.

А ступень, выходящая на этот зивуг есод и малхут, называется «Никто, кроме тебя, не видел Творца» – эта ступень выходит после всего исправления, в мгновение присоединения последнего исправления, дополняющего все. Поэтому эта ступень определяется как ступень, содержащая в себе все, ведь она собирает в себе весь свет, все за все 6000 лет и потому проявляется за один раз в своем истинном совершенстве.

93. Этот высший святой и скрытый зал, в котором собираются все ступени, и все скрыто в нем. Внутри того зала находятся все миры. Все святые силы питаются от него, оживляются им и зависят от него.

Говорит о голове Атик, в которой сосредоточены и скрыты все ступени и весь свет всех миров. Далее объясняет, как может произойти этот зивуг до полного исправления, чтобы сочетал в себе все ступени, выходящие одна за другой в течение 6000 лет, а вышел бы в один момент: в течение 6000 лет существования мира (мир – олам, от слова алама – скрытие, после 6000 лет произойдет полное раскрытие Творца созданиям, поэтому мир-сокрытие перестанет существовать) ступени в непрекращающемся подъеме и спуске, потому что, как только раскрывается какая-либо новая ступень, новое постижение Творца, новый свет, эта ступень исчезает, вследствие прегрешения низших, которые не могут удержать эту ступень постоянно.

Так вот, когда ступень исчезает, она исчезает только из ощущения достигнувшего новой ступени человека, но сама же она поднимается вверх в голову Атик и скрывается там, чтобы, соединившись вместе с другими ступенями, проявиться в конце исправления. И таким же образом Атик собирает в себе все ступени, раскрывающиеся в мирах в течение 6000 лет, и скрывает их в себе, пока не наступает время конца исправления: КОГДА ИСПРАВЛЯЕТ ПОСЛЕДНЮЮ ПОРЦИЮ ТОГО, ЧТО ДОЛЖЕН ИСПРАВИТЬ, А ПОТОМУ НЕ МОЖЕТ БОЛЕЕ ПРЕГРЕШИТЬ. И НЕ ДОЛЖЕН БОЛЕЕ ПРЕГРЕШАТЬ, ЧТОБЫ ИСПРАВЛЯТЬ СЛЕДУЮЩУЮ ПОРЦИЮ ЭГОИЗМА. ПОЭТОМУ ОСТАЕТСЯ ЭТА, ПОСЛЕДНЯЯ, СТУПЕНЬ ПОСТОЯННО И НЕ ИСЧЕЗАЕТ. Тогда собирает все ступени Атик, и проявляются все они одновременно.

У каждого человека есть свой парцуф Атик. Каким образом человек может ускорить свое продвижение по ступеням исправления в этом и в духовных мирах? Сказано в Талмуде, старик ходит согнувшись, будто потерял и ищет потерянное: старик – означает имеющий мудрость, хохма; даже ничего не потеряв, он заранее ищет, что исправить в себе, и находит поэтому, а потому не нуждается в том, чтобы предыдущая ступень постижения исчезла из него. Если же человек не находит новых эгоистических свойств в себе для исправления, то исчезает его прошлая ступень и начинается новая, но этот процесс происходит значительно медленнее, чем если он действует, как старик, в поиске своих недостатков.

Атик определяется в течение 6000 лет как непостигаемый. Поэтому его голова называется РАДЛА – аббревиатура слов, означающих «непостигаемая голова», а само имя Атик происходит от слова нээтак-изолированный от низших, потому что он не светит им. И хотя он собирает в себе все света, исходящие из него и раскрываемые в более низких мирах, не раскрывается этим свет конца исправления. Получается, что каждая ступень, после того как исчезает, вследствие прегрешения низших, поднимается в голову Атик и скрывается там.

Но тело Атика, от его рта и вниз, находится внутри всех остальных парцуфов мира Ацилут, т.е. постигаемо ими. Таким образом, Атик, одеваясь в парцуфим мира Ацилут, светит через них в них, и во все, более низкие, миры БЕ"А. И любой свет, светящий в творении в течение 6000 лет, исходит только из тела Атика, а не из какого-либо иного духовного объекта.

Обычно мы говорим, что то, что есть в голове парцуфа, проявляется в его теле. Это имеет место во всех парцуфим мира А"К и во всех остальных парцуфим всех миров – кроме парцуфа Атик! Потому что для себя Атик находится в 1-м сокращении и нисходит до нашего мира, а для остальных, более низких, он ведет себя как находящийся во 2-м сокращении, делает на себя особый зивуг, и это нисходит от него в низшие миры.

Свет, приходящий оживлять миры, называется питанием – свет хасадим, а свет, приходящий для роста парцуфов, делающий из маленького парцуфа (катнут) большой парцуф (гадлут), – это свет хохма. Оба этих света исходят из тела Атика. Свет хохма, делающий парцуф большим, называется светом, поднимающим парцуф, потому что положение лежа называется ибур-зародыш, новорожденный, положение сидя – катнут, малое, а положение стоя – гадлут, большое.

94. Он убил двоих – Ариэль и Моав. Два святых Храма существовали благодаря Атику и получали от него – Первый Храм и Второй Храм. Так как исчез Атик, приостановлен процесс, исходящий свыше. Это подобно тому, будто он ударил и уничтожил их.

Исправить необходимо только саму малхут дэ малхут и ничего более, потому что все остальные свойства не нуждаются в исправлении. Эта малхут дэ малхут и есть малхут мира бесконечности, бхина далет, нуква дэ з"а, парцуф бо"н – единственное созданное Творцом создание, желание самонасладиться, желание получить (наслаждение) ради себя. Именно от этого желания и произошло разбиение келим-сосудов, прегрешение Адама.

А вся работа праведников в течение 6000 лет сводится к тому, чтобы исправить малхут, чтобы она стала такой, какой была до разбиения келим и до прегрешения Адама – в итоге раскроется большой зивуг на 1-е сокращение в голове Атика, свет от которого позволяет человеку полностью определить и отделить нечистые свои желания от чистых и т.о. навсегда избавиться от нечистых, эгоистических сил. Именно об этом и говорит пророк Ишаяу (25;8; русское издание «Пророки», Йешайа, стр. 262, 25, 8): «Уничтожит он смерть навеки».

А так как полностью будет уже исправлена малхут, парцуф бо"н мира Ацилут, и не нуждается более ни в каких исправлениях, то парцуф бо"н ее поднимается до уровня парцуфа СА"Г мира А"К, малхут достигает полных свойств бина.

Но тем временем, после большого зивуга в Атик, но до подъема парцуфа бо"н в СА"Г, исчезает свечение света Атика, вследствие чего разрушаются два Храма – два свечения хохма: свет от АВ"И, свет хохма хая, светящий в 1-м Храме, и свет от Ишсут, свет нэшама, светящий во 2-м Храме. И весь свет, полученный Израилем от Атик, исчезает. Но все эти разрушения и исчезновения света – это исправления и вехи в пути к освобождению и полному исправлению, сотворение совершенства, а не разрушения, именно они и есть последние исправления, возвращающие БО"Н в СА"Г.

Поскольку в духовном находятся все корни, источники, происходящего в нашем мире, и все они должны произойти один раз в нашем мире, каждый корень должен «коснуться» своей ветви в нашем мире, но не имеет значения, когда это происходит: в духовном мире все происходит в строгом причинно-следственном процессе, а в нашем мире эти же следствия могут произойти совершенно в иное время.

Примером этому может быть именно разрушение 1-го и 2-го Храмов, уже произошедшее на земле, а в духовном мире это происходит только при достижении последнего этапа исправления. Причину этого, ввиду сложности вневременных понятий, мы разберем в другой книге. Но так или иначе только наши внутренние духовные свойства могут стать Храмом, в котором ощутим мы Творца, в котором навсегда поселится Он!

Свет хая и свет нэшама в конце исправления называются 1-м и 2-м Храмами. Также свет хая до конца исправления, получаемый на зивуг малхут, включенную в есод, называется Шабат – Суббота, а свет нэшама называется Холь – будни. Как мы видим, нет никакой связи между этими светами и днями недели на нашей земле, в нашем мире.

После разрушения духовных Храмов – исчезновения света – они вновь создадутся свыше, с неба: экраном бина, называемой небом, так как экран парцуфа СА"Г является свойством совершенного милосердия и не имеет никаких ограничений в действии, ибо желает только отдавать, но не получать свет хохма, потому находится вне действия всех сокращений и ограничений.

Вследствие этого зивуга восстановятся навечно два Храма и «будет свет Луны – малхут, как свет Солнца – бина» (Ишаяу, 30): свет бина, который сейчас является светом з"а, называемого Солнцем, будет в 7 раз больше, как за"т Атика, и оттуда этот свет снизойдет в АВ"И и создаст 7 первых дней творения, потому что з"а-Солнце станет как А"Б, в нем будет свет тела Атика. Малхут станет как з"а и получит его свет, свет Солнца. В конце исправления произойдет зивуг на саму малхут, на первозданный, но исправленный эгоизм, вследствие чего исчезнут все частные зивуги на все света, произведенные в течение 6000 лет, сделанные не на малхут, а на ее включение в есод.

Храм восстановится с неба – потому что бина сама не желает получать свет хохма. И не потому, что не в состоянии, а потому что сама не желает. Эта ступень называется «в руках неба». Пример: в благословении новомесячья говорится: «жизнь, в которой есть страх неба и страх прегрешить» – выше нашего знания и желаний, ибо сказано «выше знания» должна быть вера, иначе явятся прегрешения. Поэтому человек не желает ничего, а только идти выше своих знаний и желаний, потому что боится согрешить. Но есть ступень выше этой: когда уже не боится согрешить, т.к. имеет экран, но все равно предпочитает идти выше своих знаний и желаний, потому что желает раствориться в высшем.

Причина исчезновения света из тела Атика перед этими исправлениями в том, что нет более двух малхут – бина и малхут, называемых СА"Г и БО"Н. После большого зивуга Атика аннулируется БО"Н и вместе с ним экран СА"Г, потому что есть в теле Атика связь бина и малхут, для их взаимодействия в течение 6000 лет.

Вследствие такого взаимодействия бина с малхут и появилась возможность частичного, постепенного исправления малхут. В таком взаимном зивуге Атик создал вначале А"А, а за ним все остальные парцуфим мира Ацилут и миров БЕ"А, именно с малхут, соединенной с бина, соединенной со свойствами бина.

А поскольку сейчас не стало экрана малхут, экрана дэ БО"Н, то исчез, соединенный с ним, экран бина, экран дэ СА"Г – а из-за отсутствия малхут и экрана прервался зивуг, и все свечение от тела Атика, исходившее от зивуга на общий, малхут и бина, экран, пропало, а потому и весь свет, нисходящий из его тела вниз, называемый Храмами, исчез.

В голове Атик есть зивуг на саму малхут 1-го сокращения. Экран малхут, соединенной с бина, существующий в течение

6000 лет, исчез, вследствие чего исчез свет. Малхут еще не поднялась до СА"Г получить свое совершенство – нет еще нового света. Это полнейшее отсутствие света и называется разрушением. Но вслед за этим малхут получает свет АВ"И и БЕ"А сливаются с миром Ацилут.

95. А святой трон, малхут, низвергнут. Поэтому сказано пророком Ихэзкель: «Я в изгнании». То есть та ступень, называемая «Я», малхут, в изгнании. Почему? «На реке Квар». Квар – уже, что уже была, а сейчас исчезла. Как сказано, река уничтожена и иссохла – уничтожена в 1-м Храме и иссохла – во 2-м Храме. Потому сказано, что ударил и уничтожил обоих, Ариэль и Моав. Моав-ми Ав, что означает «от небесного Отца», все уничтожены для Него, весь свет, светящий Израилю, исчез.

Курса – кисэ – трон, или кисуй – покрывало, означает совмещение свойств малхут с бина, отчего и нисходит свет в БЕ"А в течение 6000 лет. Святой трон низвергнут – оттого что аннулирован экран бина-кисэ, сказано «я в изгнании»; я – малхут. Весь духовный комплекс построен лестницей, где малхут высшего парцуфа становится (переходит) кэтэр низшего. Это также указывается в обозначении: малхут – Я-ани = алеф-нун-юд, кэтэр – НЕТ-эйн = алеф-юд-нун. Кэтэр называется «нет», потому что он совершенно непостигаем. Постигается только то, что ощущается в малхут, отчего она и называется «я».

Только малхут высшего парцуфа является связью, существующей между парцуфим: высший делает зивуг на свою малхут, создает отраженный свет, получает (одевает) в него высший свет, а затем малхут высшего спускается, в виде отраженного света, в низший парцуф. И это состояние одевания высшего в низший называется состоянием изгнания высшего, потому что исчезает из него зивуг с высшим светом и исчезает высший свет со всех парцуфим – и высыхает река, потому что исправленный экран называется река, ибо высший свет нисходит благодаря ему, к низшим.

Но сейчас, когда исчез экран, исчезает река – исчезает нисхождение высшего света. Уничтожена река в 1-м Храме – исчез свет хая, иссохла река во 2-м Храме – исчез свет нэшама. Уничтожена река в 1-м Храме – потому что прекращен зивуг в АВ"И, иссяк свет в Ишсут – иссохла река второго Храма.

Источник света хая и нэшама – Аба, называемый «Небесный Отец», потому что он светит в з"а, называемый «небо», светом, поднимающим зо"н в Ишсут, во 2-й Храм и в АВ"И, в 1-й Храм. И там от прекращения света из тела Атика исчез весь свет, нисходящий в Израиль, – не только свет двух Храмов, но весь светящий Израилю, даже свет ва"к, и свет в мире БЕ"А.

96. И еще. Спустился и ударил льва. Вначале, когда река эта несла свои воды вниз, Израиль был в совершенстве, потому что приносили приношения и жертвоприношения за свои прегрешения для спасения душ своих. Тогда спускался свыше образ льва, тогда видели его на жертвеннике топчущим тела жертв и пожирающим их, а все собаки (все, наговаривающие на Израиль) замолкали.

Огонь, пожирающий жертвы, возложенные на жертвенник Храма, напоминал собою льва и возвышался над жертвами, как лев (Талмуд. Йома 21;2), и тот огонь сжигал жертвы, возложенные сынами Израиля. Но это все – материалистическая картина, видимая простым человеком в нашем мире.

Мы же, следуя нашему высшему анализу, оторвемся от нее и объясним, что за действие происходит в духовном мире, описываемое этим языком. Все языки Торы, в том числе и тот, которым описана вполне земная картина жертвоприношения, говорят только о духовных действиях. Самый точный язык описания этих действий – это язык Каббалы. Но этот язык понятен только поднявшимся в духовные миры, видящим и корни, сами события в духовном мире, и их земные следствия.

Прежде чем исчез свет Атика, когда высший свет еще светил Израилю, как река, несущая свои воды, был Израиль в своем совершенстве: с помощью жертвоприношений поднимал он свой ма"н – просьбу, и вызывал этим высший зивуг на экран, отчего нисходил на него ма"д – свет, изобилие. В итоге таких действий сблизился он с небесным Отцом, а все нечистые силы отдалились от него, потому что искупал он свои души, а искупление означает отдаление от нечистых сил-желаний, подобно запачканной одежде, очищаемой от нечистоты.

Отсюда и название жертвы на иврите «курбан» – от слова каров – близкий, потому что жертва есть отторжение человеком части своего внутреннего животного эгоизма ради сближения с Творцом и потому она сближает Израиль с их небесным Отцом.

А так как Израиль был в совершенстве и поднимал свой ма"н только ради услаждения Творца, то его ма"н поднимался до бина. Свет бина называется светом хасадим, а его вид – напоминает образ льва, подобно свойству отдачи – хэсэд. Этим определяется, что лев-бина получала добрые желания и деяния Израиля. И видели, как ма"н Израиля поглощается бина, и свет хасадим из бина нисходит на этот ма"н, подобно танцующему на жертве льву, пожирающему свою жертву = ма"н.

Пожирание львом жертвы – это основное в жертвоприношении, потому что это означает поднятие ма"н для укрепления экрана и создания отраженного света. А поскольку величина прямого, получаемого света определяется величиной = высотой отраженного света, который создает экран, то выходит, будто прямой свет существует и растет в зависимости от отраженного света. Чем больше отраженный свет, тем больше нисходящий свет.

Иными словами, в той мере, в которой каждый из нас желает «отдавать», он вызывает наверху, в корне своей души, соответствующий отклик. И как жизнь и силы живого существа в нашем мире зависят от питания, с прекращением которого оно умирает, так высший свет зависит от отраженного экраном света, и с прекращением его исчезает высший свет из парцуфа – человек перестает его ощущать.

Высший свет нисходит от бина вниз в виде прямого высшего света, называемого «лев», т.е. в виде «отдачи», в соответствии с природой бина. И видит человек (ощущает!), как прямой свет облачается в отраженный, поднимающийся от его жертвоприношения (отказа от эгоизма), являющегося питанием льва.

И он пожирает жертву и от этого растет: насколько Израиль в совершенстве и в состоянии приносить жертвы, «отдавать», настолько велик поднимаемый им ма"н, настолько силен удар прямого света в экран, отражающий всеми возможными силами прямой свет-наслаждение, снизу вверх. Причем экран отражает высший свет в великом страхе: а вдруг он не в состоянии отразить его и захочет самонасладиться светом этой Заповеди.

Именно здесь и есть работа человека, называемая «эмуна лемала ми даат» – «вера выше знания», работа в вере, чтобы была она выше знаний-эгоизма и разума. А те, которые получают внутреннюю уверенность в том, что достаточно идти внутри своей природы, называются «домэм дэ кдуша» – чистое неживое (неразвивающееся), потому что такое знание не позволяет им духовно расти.

Поэтому, если высота отраженного света большая, это определяется, как лев рвет и поглощает жертвы, как победитель, потому что, благодаря усилиям низшего – человека, возрастает он сам и поднимается на более высокий духовный уровень.

Нечистая сила, желание самонасладиться, получить для себя называется «собака», как сказано в книге Мишлей 30, 15 (русское издание: «Ктувим» (святые писания), стр. 125, п. 15): «У пиявки две дочери, (требующие) давай-давай» – лающие, как собака, и требующие (получить) и этот мир, и будущий. И эта нечистая сила, называя Клипа, тем сильнее, чем выше поднимается человек. А самая сильная ее часть соответствует свету яхида, против льва, пожирающего жертвы.

Потому что лев – это милосердие и отдача, не желающий ничего получать для себя, как сказано в трактате «Изречения отцов» 95: «Хасид – милосердный праведник, говорящий «твое – твое и мое – твое», так и нечистая сила, собака – она вся направлена на получение и нет в ней никакого стремления отдачи, как сказано в Талмуде (Бава-Батра 10, 2): «В праведниках народов мира – все их милосердие только ради себя», потому связаны с нечистой силой собаки. (Ни в коем случае не следует понимать сказанное дословно, потому что, как уже не раз предупреждалось, вся Каббала говорит только о человеке-прототипе. Израиль – внутреннее стремление человека к Творцу, гой – иноверец, – его эгоизм (безотносительно, независимо от происхождения человека). Сравни со сказанным выше о земном и духовном Храме, где нет связи камней и духовных объектов. Также непонятно непосвященному, почему альтруизм – свойство льва, а преданное животное собака – корень эгоизма и нечистоты).

Поэтому сказано, что в то время, когда был Израиль совершенен, удостоился свойства льва, все собаки отстали от него, потому что дал силу малхут поднять отраженный свет на большую высоту – пожирал жертву как победитель, а нечистая сила, как собака, боялась приблизиться к нему и пряталась в страхе от льва.

97. Но когда умножились прегрешения, спустился Он на низшие ступени и убил льва. Потому что не желал дать ему жертву как вначале, определяется это, будто убил его. Поэтому он ударил льва, сбросил его в яму – согласно своему пониманию, в плохую сторону. Увидела это плохая сторона и послала одну собаку, пожирать жертвы с жертвенника, вместо льва. А как имя того льва? А как кличка той собаки? Баладан зовут ее, потому что слово – «баладан» состоит из слов «бал-адам», где буква нун заменяется буквой мэм, ведь вообще-то он не человек, а собака и лицо его как морда собаки.

(Он – это Бнэяу бэн Яуяда бэн Иш Хай, Рав Паалим, Мекабциэль, в котором светит весь свет одновременно, ступень Атик.) Вследствие того, что исчез экран малхут-бо"и и бина-са"г, Израиль внизу также не смог поднять более ма"н, желание «отдать», экран, являющийся пищей льва. Прекратился зивуг, и высший свет-лев исчез, скрылся в высоте в своем корне.

Сбросил его в яму – корень желания самонасладиться находится в глазах, как сказано Раши (недельная глава Шлах): «Видит глаз – и возгорается желание сердца». Это желание самонасладиться называется пустой ямой без воды (Тора. Берешит, 37). Высший свет не наполняет её, хотя и пуста она, но негодна служить емкостью свету, как сказано (Талмуд. Сота, 5): «Не можем Я и он находиться в одном месте».

Этим сброшен в яму лев, потому что удар ему был нанесен на глазах у нечистой эгоистической силы, называемой пустой ямой без воды. И эти ямы появились сейчас из своих укрытий и проявляют свою власть, появляется лающая собака вместо льва.

З"а-М"А = 45 называется Адам = алеф-далет-мэм = 1 + 4 + 40 = 45, когда получает свет от бина. Свойство бина – это свойство отдачи. Поэтому сказано (Талмуд. Явамот, 61): «Вы зоветесь человеком» – только тот, кто достигает свойства отдавать – но не те прочие, о которых сказано (Талмуд Бава-Батра, 10, 2): «Даже милосердие их только ради своей выгоды», поэтому называется БАЛАДАН от слов БАЛ-АДАН.

98. В день снегов, день прихода несчастий свыше, из высшего суда, сказано «не боится дом ее снега», т.е. высшего суда, называемого снег, потому что весь дом ее в

двойных одеяниях и потому может вынести сильный огонь. Так говорит книга.

Строгость, суд (дин), ограничение на использование эгоизма в мужской части – называются «снег», исходящий из высшего суда. Эти строгости и ограничения очень сильны, но смягчаются под грудью, где их получает малхут. Про эти строгости сказала нуква (Песнь песней, 2): «Окружите меня розами», говоря о двух огнях: высшем – бина, и низшем, своем, малхут.

После того как есть эти два огня в ней, малхут ослабляет строгость холодного снега своим огнем. Поэтому сказано в Песни Песней, что не убоится дом ее снега – высшего суда – ограничений на мужскую часть, потому что одет ее дом вдвойне. То есть наоборот, этот снег помогает ей вынести жар своего огня. Именно теперь, когда нет экрана и зивуга – и нет уже этих двух огней, возвращаются снова ограничения снега.

99. Что сказано далее. И он ударил египтянина. Здесь говорится о тайне, что каждый раз, когда прегрешил Израиль, скрывался от него Творец и ограничивал в получении всего хорошего, всего света, которым светил ему. Он ударил египтянина. Он – это Моше, свет, светящий Израилю. Потому что в Египте родился, вырос и достиг высшего света.

Тора не имеет в виду человека, а говорит о свете, который исчез и скрылся. Потому и определяется, будто убил его. Исчез большой свет, которым Моше светил Израилю. А называется этот свет «египтянин», потому что Моше родился в Египте, и вырос там, и там удостоился большого высшего света, принесшего освобождение Израилю от Египта.

100. Человек зеркала. Как сказано, зеркало и человек, как сказано, Божий человек, супруг этого зеркала, величия Творца, малхут. Потому что удостоился управлять этой ступенью всей землей во всем своем желании, чего не достиг никто другой.

Отличие Моше от прочих пророков в том, что Моше является основанием з"а, он строит и передает от з"а свет в малхут.

Тогда как остальные пророки являются основанием малхут и получают от нее. Поэтому сказано о нем «Божественный человек», муж малхут, называемый величием Творца. А почему Моше определяется как супруг малхут – потому что достиг уровня з"а и дает свет малхут. Поэтому сказано о нем, что он достиг того, чего не достиг никто. Потому что остальные пророки получают от малхут и поэтому ею управляются.

Тот, кто постигает малхут, получает от нее. Ступень, называемая Моше, означает, что стоящий на ней человек сам дает малхут, а не получает от нее. Но как же это может быть – человек выше малхут, если все наши души исходят из малхут, находятся в мирах БЕ"А, как можно достичь такого уровня? Имеется в виду состояние подъема выше малхут, как Моше поднялся до бина.

101. Это посох Творца, переданный ему, как сказано: «Посох Творца в руке моей». Это посох, сотворенный вечером, в шестой день творения, перед Субботой. И в нем святое имя Его. И этим посохом прегрешил Моше, дважды ударив скалу. Сказал ему Творец: «Моше, не для этого вручил тебе Я посох Мой, и посему не будет он более у тебя».

Вечер, сумерки, означает состояние смягчения строгости малхут свойствами бина настолько, что невозможно отличить – это малхут или бина. Потому что в Субботу поднимается малхут в АВ"И и становится бина. Но в сумерки перед Субботой малхут еще не совсем бина, но уже не малхут (везде говорится только о свойствах объектов, потому что, кроме желаний, нет в духовном мире ничего. Это в нашем мире желания облачены в физические тела).

Поэтому сказано, что 10 вещей созданы в сумерки, когда нет отличия самой вещи от того, откуда она происходит, от бина или от малхут, потому что в самой малхут не ощущается отличия. И это свойство посоха, созданного в сумерки перед первой Субботой мира, отчего есть в нем святое, т.е. особое свойство имени Творца, указание на свойства бина, из которой нисходит святость-альтруизм. И эту святость готова получить малхут.

И эти два свойства бина и малхут находились в посохе Творца, совершенно неотличимые одно от другого, потому что созданы в сумерки. Поэтому с помощью этого посоха, т.е. такого свойства соединения малхут с бина, можно принести Израилю все удачи и чудеса, весь свет, потому что в этом заключается нисхождение света из бина в малхут. С помощью этого свойства-«посоха» удостоился Моше подняться до бина, до ступени «Божий человек». Поэтому посох называется посохом Творца по имени бина.

Малхут называется Цур, а малхут, поднявшаяся в бина, называется Сэла – скала. Внутренний зивуг между зо"н (з"а и малхут), т.е. в состоянии их подъема в АВ"И, когда нуква использует келим Има, называется РЕЧЬ. Внешний зивуг между зо"н, т.е. когда они находятся на своем месте, называется «ударный зивуг».

Поэтому в недельной главе Торы Бешалах (Шмот 18, 6; русский перевод стр. 91, 6) сказано Моше: «Ударишь в скалу (Цур), и вытечет из нее вода», потому что в самой малхут происходит ударный зивуг. Но в недельной главе Хукат (Бамидбар 20, 8; русский перевод стр. 197, 8) сказано: «И говорите скале пред всеми, чтобы она дала воду», потому что скала – в бина и зивуг в ней называется «речь».

И в этом состоит прегрешение Моше – он дважды ударил: кроме того, что ударил в Цур, ударил и в Сэла, в которой нет удара, а только зивуг в виде речи. Поскольку в посохе Творца нет отличия, к чему он относится, к малхут или к бина, то использовал его и к Сэла-бина. На что ответил ему Творец, что посох был ему вручен только для использования с Цур, но не с Сэла.

102. Немедленно спустился к нему в строгости и забрал посох из руки египтянина, потому что в то мгновение, когда был отнят у него посох, отнят навсегда. И убит им – вследствие прегрешения удара в скалу тем посохом умер он и не вошел в святую землю. А свет тот скрыт от Израиля.

Уже говорилось выше в п. 94: вследствие большого зивуга в Атик должен был исчезнуть только бо"н, но не СА"Г, тогда бо"н сразу мог бы подняться и навечно стать как СА"Г. Но поскольку СА"Г и бо"н были слиты вместе, то вместе с бо"н пропал и СА"Г.

По той же причине исчез свет Моше от Израиля, потому что он еще более прегрешил и нанес вред соединению бо"н и

СА"Г от удара в Сэла. Поэтому спустился на него строгий суд, что означает исчезновение света СА"Г, ведь действительно нет уже в нем никакого соединения с бо"н, и аннулирование бо"н совершенно не влияет на него.

В этом смысл сказанного (Теилим-псалмы 74, 5; русский перевод стр. 47, 5): «Подобен был он тем, кто поднимает топор на заросли, а ныне все украшения его молотом и топором разбивают». Потому что вследствие подъема и исправления малхут в бина она подобна зарослям, потому что и СА"Г от соединения с бо"н аннулировался от этого подъема малхут, как от молота и топора.

Потому сказано, что отнят посох у египтянина и никогда более не вернется к нему, ибо посох относится к малхут. Поэтому исчез навечно тот свет, ведь бо"н сам обновляется затем и становится навечно СА"Г. Поэтому нет более надобности использовать посох для удара.

В связи с этим сказано, что убит тем же посохом, ведь если бы остерегся и использовал его только один раз, ударив в Цур, но не в Сэла, то СА"Г не аннулировался бы вместе с бо"н и он не умер бы, а немедленно бы поднялся в СА"Г. Поэтому сказано, что не войдет Моше в святую землю, в Израиль, потому что Израиль – это бо"н в состоянии его подъема в СА"Г, и называется святая земля, потому что свет бина, называемый святым, светит в нем. Но прежде конца исправления есть еще подъемы и падения, отчего есть разрушения – исчезновение света, и открытия – свечение света. Но в конце исправления останется бо"Н в СА"Г постоянно, как ЭРЭЦ ИСРАЭЛЬ, и не будет впредь изгнания из нее.

103. Самый уважаемый из тридцати – это высший, получающий свыше и передающий вниз, получающий и приближающий. Но не являющийся к трем, а те являются к нему и отдают ему всем сердцем, но он не является к ним.

Га"р, т.е. х-б-д, называются «тридцать», каждая из трех сфирот х-б-д состоит из 10 – итого 30. И их свет светит во все 6000 лет. Душа Бнэяу появляется от большого зивуга Атик, собирающего все эти зивуги в течение 6000 лет. Поэтому называемый Рав Поалим – многодействующий, и Мекабциэль – собирающий все в одну ступень-парцуф, называемую Бнэяу бэн Яуяда.

Поэтому он получает от всех высших тридцати их свет, нисходящий к его душе, внизу, в конце всех. Весь он состоит из частных единичных зивугов, происшедших в течение 6000 лет, которые он собирает в один. И хотя они отдают ему все свои наилучшие свойства, от всего сердца, он все-таки не может приблизиться к ним после этого и получить от них. Потому что от исчезновения экрана в зо"н исчез также экран в СА"Г. Поэтому он не может явиться к ним, поднять ма"н и получить от них еще.

104. Несмотря на то, что не вошел в их счет, услышал Давид этот смысл, что не отделяется от сердца никогда, потому что нет им разделения никогда. Давид обратил на это внимание всем своим сердцем, а он не обратил внимания на Давида. Потому что восхваления, песни, милосердие, которые луна воспевает солнцу, этим она притягивает к себе, чтобы быть вместе с солнцем.

Давид – это малхут. Малхут от слова мелех – царь, поэтому Давид царь, т.к. его свойства – это свойства малхут – царствования. И это 4-я нога-опора от га"р. Поэтому сказано, что, хотя и не может быть вместе с тридцатью, т.е. с га"р, все равно прилепился к этим свойствам и не отделялся от этих качеств никогда.

Причина этого в том, что все совершенство малхут раскрывается в нем, ибо происходит от большого зивуга Атик, уничтожающего все нечистые силы бо"н, как сказано: «Уничтожает зло навечно».

Поэтому Давид принял это на свое сердце, чтобы уже не расставаться с этим никогда, так как это его совершенство. Но Бэнияу бэн Яуяда не обратил внимания на Давида, потому что Давид – это 4-я опора от га"р, поэтому как бы не может получить от га"р. А так как не может получить от Давида, то не обращает на него внимания.

С помощью ма"н малхут, называемого Сэара – ветер, поднимаемого в з"а, называемый небом, вследствие воспеваний, восхвалений и милосердия, малхут получает свет души Бэнияу бэн Яуяда, являющийся законченным совершенством, и сливается с ним навечно.

105. Упали пред ним раби Эльазар и раби Аба на лица свои и более не видели его, встали, пошли во все

стороны и не видели его. Сидели, плакали и не могли даже говорить друг с другом. Затем сказал раби Аба: «Верно учили мы, что на всех путях праведников – Тора с ними, являются к ним праведники из того мира, чтобы раскрыть им тайны Торы. Это, верно, рав Амнон-саба явился к нам из того мира, раскрыть нам эти тайны. Но прежде чем успели мы узнать его, исчез он». Встали и хотели вести своих ослов, но не могли. Снова и снова понукали ослов – но не могли идти. Возбоялись и оставили своих ослов. До сего дня зовется то место «Место ослов».

Оттого что не могли вынести столь большой свет, открывшийся им во время раскрытия тех тайн, упали (малое состояние) и встали (большое состояние), настолько не могли вынести. После того как удостоились получить от него столь большую ступень, сразу же исчез и не появлялся более этот свет, не могли более постичь его. А потому плакали (разновидность малого состояния) от большого горя, что ушло от них столь высокое постижение, и не могли разговаривать (отсутствие келим).

Из-за своего горького ощущения пропажи осознали, что это была ступень самого раби Амнона-саба, а не, как думали ранее, более низких, чем он. Силы, которые они получили от души раби Амнона-саба, называются ослами, с помощью которых они могут поднимать ма"н – просьбу постичь более высокие ступени, хая и йехида.

То есть душа – это духовная сила света, как тягловая сила осла, помогающая преодолевать эгоистические желания и идти с места на место в духовном мире, на более высокую ступень. Поднимать ма"н означает ощущать, чего недостает, чего необходимо достичь – в этом вся работа человека.

В этом вся работа души праведника, помогающая тем, что усаживает (поднимает) человека на его осла (эгоизм) и идет впереди (тянет), чтобы осветить (дать силы) человеку путь праведников. А сейчас, после окончания своей роли, эта душа исчезает, хотя они очень желали бы и далее подниматься и восседать на его ослах, т.е. желали поднимать заново ма"н, чтобы вернуться и постичь еще раз.

Но уже не смогли получить силу поднять ма"н. И потому испугались, и оставили своих ослов на том месте, которое поэтому называется «место ослов», потому как не могли более пользоваться ослами.

106. Открыл раби Эльазар и сказал (Теилим 31, 20; русский перевод стр. 18, 20): «Как велико благо Твое, которое хранишь Ты для боящихся Тебя! Как бесконечно хорошо то, что Творец даст людям в будущем, тем высшим праведникам, боящимся прегрешения, занимающимся Торой, когда они являются в тот высший мир».

Великое благо: слово рав – большой, говорит о гадлут, о постижении света га"р. Потому что основа парцуфа – это его ва"к – необходимое для существования количества света, получаемого от зивуг АВ"И, которые делают зивуг и излучают свет хасадим, необходимый для существования миров. А весь дополнительный свет, свыше этого, необходимый для существования, называется га"р, свет хохма, дополнительный, услаждающий, рав – большой.

Этот свет хохма, свет га"р, исходит от бина, называемой «будущий мир», и одет в свет хасадим, рождающийся от зивуга сфиры есод, называемой хай оламим – жизнь мира, а оттуда свет нисходит к праведникам, боящимся прегрешений.

Зивуг АВ"И, когда они на ступени бина – дает свет хасадим в з"а для существования миров. Но зивуг АВ"И, когда они поднимаются в А"А и рождают своим зивугом новые души, – зивуг непостоянный, от него нисходит свет хохма, называемый «новые души».

107. Еще можно объяснить название «Великое благо» – что в нем находятся все тайны высшей мудрости, которые нисходят от з"а в малхут. Есть большое дерево, называемое з"а, называемое рав – большой, сильный, а есть маленькое дерево, растущее из него, малхут. И возносит его до высшего небосвода.

Дополнительно к постижению света га"р есть еще внутренняя часть высшей мудрости с ее тайнами, раскрывающимися в зивуг Атик в конце исправления, после 6000 лет. М"А означает низший мир, малхут. Большое и сильное дерево – это з"а в состоянии его подъема в парцуф А"Б, потому что в этом состоянии он получает свет хохма, а хохма – это сила. (Не «знание –

сила», а сила света хохма в том, что позволяет идти против знания, вопреки здравому смыслу, в вере выше знания!)

Но когда з"а на своем месте, то называется просто деревом, потому что не имеет света хохма, а только ва"к, свет хасадим. Малхут также называется деревом и растет вместе с з"а, з"а поднимается в Аба, т.е. до самой большой высоты – ДО ВЫСШЕГО НЕБОСВОДА, до Атик.

108. Великое благо – это свет, созданный в первый день творения и скрытый, для раскрытия в будущем праведникам в том мире. Действия Твои – это высший райский сад, созданный ДЕЙСТВИЕМ Творца.

Свет, созданный в первый день творения, – это тот свет, в котором видел Адам от края мира и до края. И поэтому сказано в Торе, в описании первого дня творения, 5 раз слово «свет». Свет, предназначенный затем праведникам в будущем мире, потому что скрыт в сфире есод Аба и в есод Има, которые вместе называются праведник и справедливость.

(На иврите это один корень цэдэк – справедливость, цадик-праведник, справедливый. Так называется человек, который, постигая управление Творца, видит, что управление это справедливо, и потому оправдывает все деяния Творца, отчего и называется праведником. Другой смысл слова праведник связан с тем, что праведником считает Творца. Потому что духовно человек называется именем той ступени, которую он постигает. Если постиг, что праведен Творец, получил это постижение от ступени, на которую поднялся, значит, сам уже называется по имени этой ступени.)

Свет хохма можно получать только в дорогие одеяния, называемые праведностью и справедливостью, т.е. только с этими намерениями. А тут говорится об открытом действии – имеется в виду распространение света без какого-либо прикрытия, что будет после всего исправления. Такое состояние называется «высший райский сад».

А пока в том высшем райском саду находятся только законченные, совершенные праведники, т.е. души Бнэяу бэн Яуда и пр., удостоившиеся получить свет от большого зивуга Атика, собирающего весь свет 6000 лет. Место отдохновения этих душ называется «райский сад».

Есть райский сад земли, называемый нижним, это ва"к. И есть высший, это га"р. Все души находятся в нижнем райском саду. И только в Новомесячье и Субботы поднимаются они в высший райский сад, а затем возвращаются на свое место. Но есть отдельные, особые личности-души, место которых в высшем райском саду. И об этом говорит раби Шимон: «Видел я поднимающихся, но малочисленны они».

109. Нижний райский сад, в нем стоят все праведники, одетые в драгоценные украшения, подобные по свойству и виду тем украшениям, в которых они были в этом мире, что называется, в том же виде, как люди в этом мире, согласно действию человека в этом мире. Стоят там и улетают по воздуху оттуда, поднимаются на собрание в высший райский сад, летают там, омываются в росе чистой реки Афарсэмон, нисходят и парят внизу, в нижнем райском саду.

Основное отличие между га"р и за"т – и в парцуфим, и в душах – в том, что га"р = к-х-б не нуждаются в одеянии в свет хасадим и могут получить свет хохма как он есть. Тогда как парцуфим ва"к и души, рожденные от зо"н, для которых основа – это ва"к, т.е. свет хохма, одетый в хасадим, могут получить свет хохма только после его одеяния в свет хасадим.

Руах праведников в нижнем райском саду одет в свет хасадим, как души людей в этом мире. И с помощью этой одежды, называемой драгоценной, они могут подняться в высший райский сад и получить там свет хохма. А затем они возвращаются на свое место в нижнем райском саду. Потому что там их постоянное место.

Силой света хасадим, называемого «воздух», они поднимаются, летают в высший райский сад, чтобы получить свет хохма, называемый рекой Афарсэмон. Но не могут оставаться там и немедленно нисходят вниз, из высшего в нижний райский сад. А сравнивает их «Зоар» с душами людей, потому что как те высшие души, так и души людей, должны получить одеяние в свет хасадим, чтобы исправить себя и подняться.

110. А иногда эти праведники показываются как люди, чтобы делать чудеса, как высшие ангелы, как мы только видели сияние высшего света, но не удостоились увидеть и узнать больших тайн мудрости.

НЕ УДОСТОИЛИСЬ УЗНАТЬ БОЛЬШИХ ТАЙН МУДРОСТИ – потому что исчез, ушел от них погонщик ослов. Здесь идет речь об особых душах, находящихся в высшем райском саду. Хотя они и поднялись столь высоко, что души из нижнего райского сада поднимаются к ним только в Новомесячье и в Субботу и не могут оставаться там, а немедленно спускаются вниз, на свое постоянное место, все же подобны они душам людей, которые нисходят из высшего райского сада в этот мир и встречают людей, как высшие ангелы, изредка нисходящие в этот мир.

Подобно тому, как видели сейчас свет высшего светила, свет Амнона-саба, который снизошел на них с самого верха, из высшего райского сада и раскрылся пред ними в этом мире, т.е. во время их жизни в этом мире.

КАК ЛЮДИ – имеются в виду души в нижнем райском саду, которые имеют вид людей, и воздействует на них свет высшего райского сада, который они могут получить во время подъема по Новомесячьям и Субботам, вследствие чего они удостаиваются встретить души высшего райского сада, а затем нисходят на свое постоянное место.

Но можно сказать, что КАК ЛЮДИ – имеется в виду именно люди этого, нашего физического мира, а души из высшего райского сада нисходят иногда в этот мир, как высшие ангелы, и предстают пред глазами праведников.

111. Открыл раби Аба и сказал: «И сказал покойник жене, умрем мы, потому как Творца я видел». Хотя и не знал, что сделал, как сказано: «Не знал он, что ангел это». Но поскольку сказано: «Не может увидеть Меня человек и остаться в живых», видим мы, что вот, умер он. А мы удостоились, что этот великий свет шел с нами, и существует мир, потому что сам Творец послал его нам, открыть нам тайны высшей мудрости своей. Как счастливы мы!»

Когда видел ангел покойного, еще не имел тот должной высоты постижения, и потому не желал ангел раскрыть свое имя. Но хотя и не знал, и не познал его, все-таки боялся сказанного (Тора. Шмот 33, 20; русский перевод стр. 113, 20): «Ибо человек не может видеть Меня и остаться в живых».

А мы удостоились полного постижения, потому как узнали его имя, что он раб Амнон-саба. И мы живем и существуем в этом мире. Отсюда понятно, что ступень раби Амнон-саба называется «Покажи мне славу Твою» (Тора. Шмот 33, 19), что просил Моше у Творца.

Но ответил на это Творец: «Не сможешь ты видеть лица Моего, ибо человек не может видеть Меня и остаться в живых». Из этого видно, что они постигли больше, чем постиг Моше. Про такое состояние сказано мудрецами (Ялкут Шимони, конец): «Не было выше пророка, чем Моше, но мудрец был». И как сказано (Талмуд. Бава-Батра 12, 1): «Мудрец предпочтительнее пророка». Этим они возвысили их духовное состояние, что удостоились явления столь высокой души, еще будучи в этом мире.

112. Шли и пришли к горе. Село солнце. Начали стучать друг о друга ветви дерева, что на горе той, и воспевать. Еще в дороге услышали сильный голос: «Сыны святого Творца, разбросанные посреди жизни в этом мире, их освещают сыны собрания, соберитесь в свои места и возвеселитесь с вашим Творцом в Торе». Испугались и остановились. Сели.

Пришли к горе – как сказал царь Давид (Теилим 24, 3; русский перевод стр. 14, 3): «Кто взойдет на гору Творца и кто встанет на месте святом Его?» – кто достоин этого? Когда взошли на гору, село солнце (свет ушел из парцуфа). Но услышали что-то от деревьев, как сказано (Теилим 96, 13; русский перевод стр. 62, 13): «Запоют тогда все деревья леса».

Слышали голос один, говорящий им, чтоб вернулись они на свое место возрадоваться Творцу и Его Торе, чтобы спустились с горы. И зовет их по имени той высокой ступени, которой они достигли. Но намекает им, что недостойны быть люди одновременно и в этом мире, и на этой ступени. Но, хотя напал на них страх, не ушли с горы, а сели и не двигались с места. Испугались, остановились, сели – духовные состояния парцуфа.

Мы видим, как «Зоар» объясняет путь праведников – тех, что переступают махсом = перегородку, отделяющую наш мир от духовного и начинают подниматься по ступеням духовной лестницы. Многообразен этот путь, и каждая книга Торы описывает его своим языком: языком Каббалы, сказаний, языком юридических законов, языком исторических свидетельств Пятикнижия и пр. «Зоар» рисует нам яркую картину – как путеводитель для тех, кто окажется на месте этих высших путников в духовном мире. Тогда вы сами увидите, что подразумевается под понятием «гора», «дерево», «голос» и пр. А «Зоар» тогда станет для вас истинным путеводителем!

Невозможно более подробно описать состояния парцуфим, т.е. внутренних ощущений, поднимающегося духовно человека, потому что для этого у читателя должны быть определенные адекватные личные ощущения. Если бы хоть раз увидеть, что означает описанное или что-то подобное ему, то далее уже можно вполне четко представлять, о чем идет речь. Как это и происходит в нашем мире: хотя мы и не были в какой-то стране, но можем себе представить, о чем нам рассказывают, по аналогии с известным нам. Но здесь никакого подобия нет. И впервые увидевший духовный мир понимает, как он ошибался во всех своих прошлых представлениях! Поэтому о многих состояниях, описываемых «Зоар», мы не можем говорить.

113. Тем временем вновь прозвучал голос: «Крепкие скалы, великие молоты громов, бина стоит на столбе, войдите и соберитесь». Тем временем услышали сильный голос тысяч деревьев, говорящий: «Голос Творца разрушает кедры». Упали на лица свои раби Эльазар и раби Аба. Напал на них сильный страх. Встали поспешно и ушли, не слышали более ничего, спустились с горы и пошли далее.

Ранее говорилось, что они не могли нагрузить своих ослов, что означало, не могли поднять ма"н, потому что уже закончил рав Амнон-саба свою роль, заключающуюся в том, чтобы помочь им. Поэтому лишились былой силы своих ослов. И не могли далее продолжать использовать их, чтобы поднять ма"н и удостоиться более высоких ступеней.

Поэтому сказал ранее раби Эльазар, что не удостоились они увидеть и познать тайны высшей мудрости. Дело в том, что после того, как они постигли ступень йехида, т.е. открытие души Бнэяу бэн Яуяда с помощью раби Амнон-саба, исчезновение экрана бо"н вызвало утрату экрана СА"Г, и поэтому не смогли более поднимать ма"н.

Прекращение нисхождения света из тела Атика к ним произошло специально для того, чтобы дать им возможность, вернее, силы заново создать экран дэ СА"Г. Вследствие этого БО"Н станет как СА"Г и они вернутся вновь поднимать ма"н и снова смогут подниматься от ступени к ступени.

Поэтому также у раби Эльазара и раби Аба с тех пор, как они оставили своих ослов, пропали силы снова поднимать ма"н, чтобы возвратить БО"Н до уровня СА"Г. Но голос возвестил им, что они сильные, как скала и громы, потому что выстояли во всех испытаниях до сих пор, и они соберут силы выстоять против сильных скал и преодолеть, как и ранее, все препятствия, вплоть до того, что разобьют они эти препятствия, как великие молоты громов, низвергающиеся с высот вниз.

Бина называется источником красок, хотя сама она не имеет никакого цвета, потому что вся милосердие, но все остальные свойства исходят именно из нее, с помощью того, что выстаивают, как скалы, во всех испытаниях. От всего этого получает бина новые формы, потому она получила силы нового экрана, на который выходят, рождаются все новые парцуфим и ступени.

Вместе с голосом, который известил их о том, что есть в бина новые силы, услышали еще один голос (Теилим 29, 5; русский перевод стр. 17, 5): «Голос Творца сокрушает кедры», известивший их, что все кедры – препятствия, на их пути к высшему возвышению, убраны. Это дало им силы сойти с горы и продолжать свой путь к высшим ступеням.

114. Когда достигли дома раби Йоси, сына раби Шимона бэн Кануния, увидели там раби Шимона бэн Йохая. Возрадовались. Возрадовался и раби Шимон. Сказал им: «Верно прошли вы путь высших знаков и чудес, потому что сейчас я спал и видел вас и Бнэяу бэн Яуяда, посылающего вам две короны с одним старцем, увенчать вас ими. Уверен я, что на этом пути был Творец. Еще и потому, что

вижу, как изменились ваши лица». Сказал раби Йоси: «Правильно сказано, что мудрец предпочтительней пророка». Явился раби Эльазар и положил свою голову на колени отца своего, раби Шимона, и рассказал ему о происшедшем.

Здесь «Зоар» иносказательно объясняет два состояния: во-первых, что удостоились вновь достичь свет СА"Г, называемый раби Йоси. Во-вторых, что теперь соединились СА"Г и А"Б вместе, в постоянном зивуге. Это видно из того, что встретились с раби Шимоном, а раби Шимоном называется свет хохма. То есть сейчас удостоились того, что их БО"Н вернулся стать как СА"Г, навечно, в постоянном зивуге с А"Б.

Бнэяу бэн Яуяда послал им через раби Амнона-саба 2 короны: свет йехида, называемый сам Бнэяу бэн Яуяда, и новый свет А"Б-СА"Г, который они только что постигли, тоже исходящий к ним силами Бнэяу бэн Яуяда в награду за преодоление всех испытаний, благодаря которым именно они и удостоились этой ступени, исходящей от большого света его души.

Поэтому получается, что он послал им 2 короны. Но все эти падения, которые были у них в их духовном пути, не были какими-то неудачами, а сам Творец вел их к той высокой ступени, которую они сейчас постигли. Поэтому сказано: «УВЕРЕН Я, ЧТО НА ЭТОМ ПУТИ БЫЛ (с вами) ТВОРЕЦ». Но «КАК ИЗМЕНИЛИСЬ ВАШИ ЛИЦА», потому что постигли нечто еще, о чем говорит выражение: МУДРЕЦ ПРЕДПОЧТИТЕЛЬНЕЕ ПРОРОКА.

115. Боялся раби Шимон и плакал. Сказал: «Творца слышал и убоялся». Об этом сказал пророк Хавакук, когда увидел смерть свою и как Элиша оживляет его. Почему его имя Хавакук? Потому что сказано, к этому времени будет ХУВКАТ – обнят сын. Потому что Хавакук был сыном Ашонамит. И было двое объятий: одно – матери, а второе – Элиши, как сказано: «И приложил свой рот к его рту».

Во-первых, непонятно, как мог пророк Элиша передать Шонамит в своем благословении семя, которое не может существовать, т.е. родить. Ведь Элиша был больше всех пророков после Моше, и его душа была из высшего райского сада.

Поэтому БО"Н его (на иврите бэн = сын и бо"н пишутся одинаково: бэт-нун) был уже абсолютно чист и совершенен.

Поэтому, когда передал ей сына, привязал его к мужской стороне, а привязал Хавакука только к женской стороне. А так как женская сторона, нуква, ближе к нечистой силе, то присосалась к нему она, и умер. Поэтому причина смерти – в высоком уровне пророка, потому что БО"Н его сам уже чист и свободен от присасывания нечистых сил.

Потому молился пророк (Малахим 2, 4, 27): «Творец скрыл от меня и не сказал мне!» То есть что не мог даже подумать, что может умереть, если связан только с БО"Н. Поэтому необходимо было возвратиться, оживить и привязать к высшему миру, к оживлению мертвых.

Суть зародыша – это белое – свет хохма в нем, как сказано (Талмуд. Нида 31, 1), что Аба-отец – это хохма, потому что хохма называется белое, как сказано (Теилим 104): «Все сделал хохма (мудростью)». Но необходимо еще одеяние в свет хасадим, намерение «ради Творца», потому что невозможно принять свет хохма, свет знания, постижения, наслаждения, без одеяния в свет хасадим, без альтруистического намерения.

Поэтому необходимо красное от матери, т.е. экран, дающий необходимый свет хасадим, для одевания в них хохма. Вследствие того, что свет хасадим обнимает (одевает, обволакивает собой) свет хохма, существует зародыш. А здесь все объятие, которое было у зародыша, шло только от матери Ашонамит, т.е. только от женской, БО"Н, стороны.

Поэтому, когда оживил его, передал ему белое – хохма, и красное – хасадим, заново. Получается, что Элиша обнял его во второй раз сам. Поэтому и говорится, что было два Хавакука (от слова хибука – объятие): один от матери, а второй от Элиши.

116. Нашел в книге царя Шломо, что содержит имя Хавакук 72 имени. Создал Элиша его словами. Каждое слово состоит из трех букв. Потому что буквы алфавита, которые Отец поначалу утвердил ему, улетели во время его смерти. Но Элиша обнял его и своим духом утвердил в нем все эти буквы, в его 72 именах. А всего букв в его 72 именах – 216, по три в каждом имени.

Зародыш строится из 216 = РИ"Ю (рэш - 200 + юд = 10 + вав = 6) букв, означающих свет хохма, нисходящий к Ишсут. Поэтому это значит, что у зародыша есть РИ"Ю букв, что означает в гематрии РИЯ = рэш-алеф-юд-хэй, т.е. свет видения, потому что рия – видение на иврите, а видение возможно только в свете хохма, ибо видеть означает постигать, а свет глаз – это свет хохма.

А когда растущий парцуф, постигая большое состояние, получает одеяние света хасадим высшего мира от АВ"И, РИ"Ю одевается в свет хасадим, то парцуф называется А"Б имен, потому что каждые 3 буквы соединяются в одну и получается из РИ"Ю = 216 букв А"Б групп букв, по 3 буквы в группе, или А"Б = 72 имен.

А когда свет хасадим, одеяние парцуфа, только от низшего мира, он определяется как РИ"Ю букв. А когда постигает А"Б, хасадим от высшего мира, снова соединяются каждые 3 буквы в одну группу и получается А"Б имен, как сказано, что УТВЕРДИЛ В НЕМ ВСЕ БУКВЫ – Элиша, когда оживил Хавакука, сына Ашонамит, создал имя Хавакук, А"Б = 72 буквы из РИ"Ю = 216, потому что передал ему свет хасадим высшего мира, от А"Б.

Вследствие этого все 216 букв соединились по три и стали сверху вниз в 3 линии: правая, левая, средняя. Ячейка из 3 букв правой, левой, средней линий, находящихся горизонтально, т.е. относящихся к одному экрану, типу кли, считается как одна. Поэтому вместо А"Б имен говорят А"Б букв, считая, что эдесь каждая буква состоит из 3-х, слившихся в одну. Когда свет хохма входит в эти 72 ячейки, то парцуф называется А"Б и определяется как имеющий полный свет хохма.

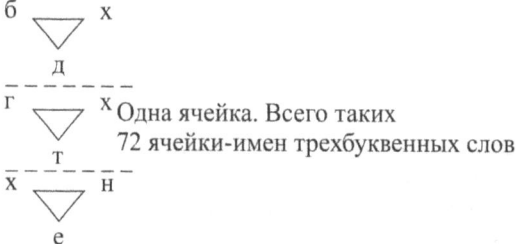

Одна ячейка. Всего таких 72 ячейки-имен трехбуквенных слов

Свет хасадим – это свет, дающий успокоение в том состоянии, в котором парцуф находится в данный момент, потому как его свойство не желать ничего себе, а отдавать. Но свет хасадим, получаемый от низшего мира, – это только успокоение «за неимением лучшего», а свет хасадим, получаемый от высшего мира, создает настолько сильное свойство «отдавать», что парцуф получает свет хохма, показывая этим, что, несмотря на то, что есть в нем свет хохма, он предпочитает свет хасадим.

Это подобно тому, как в нашем мире человек говорит, что ему ничего не надо. Но есть отличие: говорит ли он это в состоянии, когда не имеет ничего, но может иметь все, что пожелает, но желает ограничиться самым необходимым, а все остальное отдать.

Поэтому, когда растущий парцуф, сын = БО"Н, имел только хасадим от низшего мира, то не мог получить в них свет хохма и потому назывался РИ"Ю букв. А так как есть к ним еще присасывание нечистых сил, соблазняющих его получить свет хохма для себя, то свет хохма не может одеться в них.

Вот эти РИ"Ю букв, которые были у Хавакука со дня его рождения, УЛЕТЕЛИ ВО ВРЕМЯ ЕГО СМЕРТИ. И поэтому необходимо было передать ему РИ"Ю букв и А"Б имен заново, что и сделал Элиша СВОИМ ДУХОМ, потому что обязан был создать в нем РИ"Ю букв заново, чтобы соединить их в А"Б ячеек с помощью высших хасадим (объединить все в 3 линии), когда все объединяется в А"Б имен.

117. Все эти буквы утвердил Элиша в душе Хавакука, чтобы оживить его буквами 72 имен. И назвал его Хавакук, потому что это его полное имя, описывающее все его свойства, потому что говорит о двух Хавакуках, о 216 буквах святого имени, ибо имя Хавакук в гематрии 216, из которых образовались 72 имени. С А"Б именами оживил его и возвратил в него дух, с РИ"Ю буквами оживил его тело и дал существовать. Потому и называется Хавакук.

Хавакук = хэт + бэт + коф + вав + коф = 8 + 2 + 100 + 6 + 100 = 216. Слово Хавакук говорит о двух объятиях – хивук, множественное число хибуким = хавакук. (Как и все имена в иврите, это имя говорит о свойстве носящего это имя. Например, Яаков от слова экев – обошел Эйсава. Авраам = Ав – отец , ам – народа.)

Первое объятие было от Има, но это еще не дало возможности свету хохма войти в парцуф, в РИ"Ю букв, потому что нечистая сила присасывается к красному, что в матери – Има. Но затем Элиша обнял его от хасадим высшего мира, от АВ"И, что объединило буквы в группы = имена и свет хохма вошел постоянно в эти имена, потому что нечистая сила не может присосаться к хасадим высшего мира.

Как выше в примере, даже если предложить весь свет хохма, парцуф, получивший защиту в виде желания хасадим высшего мира, получает столь большую силу-желание отдавать, что не желает хохма никогда. Именно поэтому хохма и может наполнить его навсегда.

Поэтому имя Хавакук говорит о двух хивуким – объятиях, от матери и от Элиши, чем придал ему совершенство со всех сторон: как со стороны света хохма, так и со стороны света хасадим. Объятия – это свет хасадим от АВ"И, а получаемый в свет хасадим, свет хохма называется «тайны РИ"Ю».

Поэтому сказано, что А"Б ИМЕНАМИ ОЖИВИЛ ЕГО ДУХ, РИ"Ю БУКВАМИ ОЖИВИЛ ЕГО ТЕЛО – вследствие объятия Элиши оживился, потому что из РИ"Ю букв образовались имена, т.е. 3 линии, в которые можно получить свет хохма, вследствие получения света хасадим от АВ"И, высшего мира. В этом свете нет возможности нападения нечистых сил – эгоистических желаний человека, и потому нет смерти – следствия получения света хохма для себя. А затем он получает свет хохма, который приносит ему полное исправление тела.

Но РИ"Ю букв были у парцуфа, сына Ашонамит, с момента его рождения и ушли из него в момент его смерти. Так почему же называется Хавакук – два объятия, ведь одно, первое, объятие Има – матери, ушло от него в момент смерти, а от смерти его оживил Элиша, обняв только один раз, поэтому есть в нем только одно объятие Элиши?

Дело в том, что Элиша не дал ему ничего нового при оживлении, кроме объятия, т.е. света от высшей Има = СА"Г, свет которой вызывает воскрешение мертвых. А РИ"Ю букв от объятия его низшей матерью = БО"Н просто оживились. И это то же РИ"Ю от БО"Н, с которыми он родился. А иначе была бы это совсем новая душа, о которой нельзя было бы сказать, что она была мертва и оживилась.

Поэтому действительно есть сейчас у него 2 объятия, ведь и первое оживилось: БО"Н поднялся в СА"Г. А потому как БО"Н в месте СА"Г, считаются его хасадим как от высшей матери, которые полностью нейтрализуют нечистые силы и смерть, потому что их свойства-желания только «отдавать», чего не переносит нечистая сила и потому не может соблазнить человека. Поэтому называется Хавакук по действию 2-х объятий.

118. Он сказал: «Творца слышал я и убоялся имени Его». Слышал то, что было у меня, попробовал от того мира – в момент смерти, прежде чем Элиша оживил его. И убоялся. Начал просить милосердия к душе своей. Сказал: «Творец, деяния Твои, что ты делал мне в течение лет, были моей жизнью». А всякий, кто соединяется с прошлыми годами, как называются сфирот Атика, соединяется с жизнью. В течение лет дай жизнь той ступени, которая безжизненна, т.е. ступени малхут дэ малхут.

Страх его – от прошлого времени, прошлых состояний, потому что сейчас уже стал совершенен со всех сторон, и потому уже не имеет места страх. А страх остался от прошлого, когда ушел из мира – говорится о состоянии после смерти и между воскрешением. Но из прошлого состояния он продолжает получать страх, чтобы он помог ему создать экран для подъема ма"н. Именно в силу страха с прошлых времен-состояний начал поднимать ма"н – просьбу о милосердии к себе.

Это и есть тайна будущего экрана, после того как БО"Н становится СА"Г. Ведь тогда «Уничтожит Он смерть навеки» (Ишаяу 25, 8; русский перевод стр. 262, 8) и не будет никакой силы, вызывающей страх смерти, страданий или которая может навредить чистоте и святости человека, поэтому не от кого устраняться, некого остерегаться и избегать.

Так откуда же может человек, достигший такого духовного состояния, взять страх? Ведь без этого он не сможет далее подниматься! Только взяв страх из своих прошлых состояний! Потому что память, запись, воспоминания о прошлых состояниях остаются у парцуфа БО"Н даже после подъема в СА"Г, когда БО"Н становится как СА"Г.

Если бы не оставались воспоминания страха из прошлых состояний, не смог бы парцуф создать экран в состоянии, когда ему уже нечего бояться. Объясняя это, и рассказал раби Шимон о Хавакуке, дабы научить их, как получить страх, подобно Хавакуку, взявшему страх из прошлого.

ДЕЯНИЯ ТВОИ... В ТЕЧЕНИЕ ЛЕТ... БЫЛИ МОЕЙ ЖИЗНЬЮ – потому что были у него 2 периода – годы, предшествующие его смерти, и годы после его воскрешения, а между ними было состояние выхода из этого мира, смерть, – время, в течение которого находился в том мире, между двумя периодами своих лет. То есть вследствие того, что я помню время своей смерти, я связываюсь этим с жизнью высшего мира, которую дал мне Элиша, оживив меня.

За"т Атика называется «прошлые (иногда древние) годы», потому что свой свет они получают от малхут мира А"К, малхут 1-го сокращения. Но в низшие парцуфим и миры за"т Атика не светят своим светом 1-го сокращения. И в течение 6000 лет светят вниз за"т Атика, уменьшая свой свет, сокращая его по законам 2-го сокращения. И только в конце всего исправления они станут передавать вниз весь свой свет. Свет, передаваемый Атиком в течение 6000 лет, обозначается малой буквой хэй в слове АВРАхАМ, как написано в Торе.

Но поскольку смерть Хавакука полностью очистила его, как в конце исправления, то он удостоился соединиться с «прошлыми годами» Атика, вследствие наличия сил, переданных ему в объятии и оживлении Элишей. Поэтому сказано, что после того, как очистился и ощутил страх в момент своей смерти, силой этого страха удостоился связать себя с за"т Атика и получить свет, называемый «вечная жизнь».

Потому что, получив очищение вследствие своей смерти, получил БО"Н свое полное исправление, поднявшись и став СА"Г во время своей смерти. Тогда он находится на ступени малхут дэ малхут, зивуг на которую возможен только в конце исправления, – и получает эту ступень, этот свет жизни своей.

119. Заплакал раби Шимон и сказал: «И я видел от Творца то, что слышал». Воздел руки свои выше головы и сказал: «Но ведь раби Амнон-сабу, свет Торы, вы удостоились видеть лицом к лицу, а я не удостоился этого». Упал на лицо свое и увидел того, вырывающего горы и зажигающего свечи в зале царя – Машиаха. Сказал ему: «Раби, в том мире мы будем соседями с руководителями собраний пред Творцом. Отсюда и далее звал он раби Эльазара, сына, и раби Аба, по имени Паниэль, как сказано: «Потому как видел Творца лицом к лицу».

Восхвалил сам себя, что и он использует тот же страх, что и пророк Хавакук, т.е. из прошлого времени.

В зале царя – Машиаха, уже готовы и приготовлены все исправления, до самой последней детали, которые должны раскрыться в конце всех исправлений, с появлением царя – Машиаха. А души в этом зале – это те души, которые удостоились совершить все свои личные исправления. Потому что есть личное, частное исправление и есть общее исправление.

Малхут дэ малхут – это единственное творение, и она делится на части, называемые душами. Эти части соединяются с людьми нашего мира, и каждая из них, будучи в человеке, должна достичь, каждая своего, личного исправления – постепенно сменить свои свойства-желания на свойства-желания Творца. Это называется личным или частным исправлением души. Так вот, те души, которые достигли своего личного исправления, достигают и находятся в состоянии, называемом нахождением в зале царя – Машиаха.

Свет в этом зале, свет Торы, называемый Амнон-саба, полностью освобождает человека от нечистых сил, т.е. полностью очищает человека от всех исконных его эгоистических желаний, исправляет малхут дэ малхут, «кажущуюся праведникам как высокая гора» (Талмуд. Сота 52), исправляет тем, что создает новый экран типа СА"Г, чтобы поднять ма"н – просьбу об окончательном исправлении. Ма"Н называется «мэорэй эш» – искры огня, как сказано: «Свеча Творца есть душа человека» (Мишлей 20).

Свет солнца означает нисхождение света, ма"д, как свет солнца нисходит на нас сверху вниз, а пламя огня – это отраженный свет, поднимающийся снизу вверх, как пламя огня свечи. Поэтому говорит «Зоар», что 2 этих исправления по уничтожению нечистой силы и подъему, чтобы зажечь свечи в зале царя – Машиаха, – в руках раби Амнона-сабы.

А совершенные праведники, нуждающиеся в этих 2-х последних исправлениях, удостаиваются, получают их только через открытие им души раби Амнона-сабы. И сообщил он, что они, ученики раби Эльазара и раби Аба, удостоятся после своей смерти прислуживать там, в зале царя – Машиаха, и станут его соседями, и станут там главами собраний Творца.

ДВЕ ТОЧКИ

120. Рав Хия начал и открыл: «Начало хохма – мудрости, – страх Творца, и все доброе получают выполняющие это. Начало мудрости? – спрашивает, – но ведь надо было бы сказать, что конец мудрости страх Творца, потому что страх Творца – это свойство малхут, а она последняя, конец хохма – мудрости. Но, – отвечает, – именно малхут начало входа в ступени получения высшей мудрости. Поэтому сказано: «Откройте мне врата справедливости», т.е. врата малхут, называемой справедливость, это ворота Творца. А если не войдет (человек) в эти врата, то не войдет ни в какие иные к высшему Царю, потому как Он скрыт, отделен, и создал много ворот на пути к Себе.

Страх Творца – это сфира малхут. Но как малхут может служить входом, если малхут – последняя из 10 сфирот? Ведь ее можно назвать конец хохма, окончание парцуфа, но не начало. Но это не иносказательное выражение, а сама суть. Потому что ОН СКРЫТ И ОТДЕЛЕН и ничья мысль не способна постичь Его. Поэтому воздвиг Он множество ворот НА ПУТИ К СЕБЕ, и именно благодаря этим воротам дал Он, страждущим приблизиться к Нему, возможность достичь этого.

Именно об этом сказано (Теилим 118; русский перевод стр. 76, 19): «Откройте мне ворота справедливости», которые и есть те врата, которые создал Творец, чтобы вошли к Нему именно через них. НО В КОНЦЕ ВСЕХ ВОРОТ ПОСТАВИЛ ОСОБЫЕ ВРАТА СО МНОЖЕСТВОМ ЗАМКОВ – эти ворота малхут дэ малхут, конечной точки всего творения, конечной точки всех высших ворот.

И эти последние ворота (сверху вниз) и есть первые ворота (снизу вверх) к высшей мудрости, потому что невозможно удостоиться высшей хохма – мудрости, как только через постижение именно этих последних ворот. Потому что для постижения высшей мудрости эти ворота первые. Поэтому сказано (Теилим 111, 10; русский перевод стр. 74, 10): «Начало мудрости – страх (благоговение) перед Творцом», потому что страх Творца называется последними воротами, которые первые на пути к высшему постижению.

121. А в конце всех ворот поставил особые ворота с несколькими замками, несколькими входами, несколькими залами, одни над другими. И сказал Он: «Кто пожелает войти ко Мне, пусть будут это первые врата его ко Мне. Кто войдет этими вратами, войдет. Только это первые врата к высшей мудрости, ворота страха Творца, малхут, потому и называемая «начало».

Замки, входы, залы – это три последовательных процесса постижения, осознания духовного внутренним ощущением человека. Мыслью, которая создала мир, являлась мысль Творца о создании творения, души человека, для того чтобы насладить это творение. Но невозможно насладиться, будучи в отрыве от Творца. Потому что Он – единственно существующее. И он создал нас таким образом, что чем ближе мы к Нему, тем большее наслаждение ощущаем, а отдаление от Него ощущается нами как страдание.

В нашем мире, т.е. тем, кто ощущает только этот мир, остается верить или не верить в вышесказанное. Но каббалисты, поднимающиеся вверх, т.е. сближающиеся с Творцом, утверждают это и описывают нам свои постижения. От нас же самих зависит, как и когда проделать тот же путь к Творцу, достичь полного слияния с Ним. Но мы обязательно, желаем мы этого или не желаем, обязаны будем пройти весь путь от нашего мира до полного сближения с Творцом – еще при нахождении в нашем теле, в одной из жизней в этом мире. Это и есть цель творения. И пока она не будет выполнена, человек обязан возвращаться в тело, в этот мир, как сказано мудрецами: «Возжелал Творец вселиться в низших».

Наш мир создан совершенно противоположным Творцу, потому что он создан в свойстве эгоистического желания самонасладиться, а это свойство совершенно противоположно свойству-желанию Творца насладить нас, и в самом Творце совершенно отсутствует желание получить наслаждение.

Поэтому о человеке нашего мира сказано (Йов 11, 12; русский перевод стр. 137, 11): «Подобно дикому ослу рождается человек». Поэтому все управление Творцом, находящимся в нашем мире, кажется совершенно противоположным цели творения, насладить создания – ведь именно так мы воспринимаем Его управление нами, ощущаем окружающий нас мир в наших эгоистических ощущениях.

Замысел Творца в том, чтобы человек исправил свои эгоистические желания на альтруистические, а затем Творец наполняет их, по мере исправления, высшим, абсолютным наслаждением. До достижения этого состояния человек ощущает страдания – или от желания наслаждения этим миром, или духовным.

Эти ощущения называются замки на воротах, потому что все многочисленные противоречия единству действий Творца, которые мы ощущаем в этом мире, хотя вначале они отделяют нас от Творца, отталкивают от сближения с Ним. Но когда мы прилагаем усилия выполнять Тору и Заповеди с любовью, всем сердцем и душой, как предписано нам, т.е. беззаветно, только ради Творца, чтобы только сделать приятное Ему, без какой-либо выгоды себе, то все эти силы, отделявшие нас от Творца, и каждое противоречие, которое мы преодолели в нашем пути к Нему, становятся воротами постижения Его высшей мудрости, света хохма, потому что каждое противоречие раскрывает свою же особенность в постижении управления Творца.

Таким образом именно те вопросы и противоречия, которые вроде бы мешали нам принимать единство управления Творца, становятся затем знаниями, благодаря которым мы понимает и постигаем Его единство в управлении.

А удостоившиеся этого преображают (в себе) тьму в свет, горечь в сладость – так они ощущают постижение и ощущают его именно на прежних ощущениях тьмы и горечи. Потому что отталкивающие от Творца силы, являющиеся нашим разумом, ощущающиеся телом как горькие, преобразились в ворота постижения высших ступеней. И становится тьма светом, а горечь сладостью.

И чем более прежде управление Творца ощущалось и представлялось отрицательным, тем теперь глубже осознание совершенного управления, и весь мир оказывается на чаше заслуг, потому что каждая сила и понимание служат теперь как ША-АРЭЙ ЦЭДЭК – ворота истины, через которые можно войти и получить от Творца все то, что Он задумал дать еще в замысле творения. Поэтому о таких противоречиях, обращающихся в понимание Единства, сказано (Теилим 118, 20; русский перевод стр. 76, 20): «Это врата к Творцу, праведники войдут ими».

Поэтому, прежде чем удостаивается человек, с помощью Торы и Заповедей, обратить свои желания «получить для себя» в «получить ради Творца», находятся на всех воротах к Творцу крепкие замки (ощущения несовершенства в управлении Творца), потому что тогда выполняют они свою обратную роль: отдалить и отвратить человека от Творца. И называются замки, потому что закрывают ворота сближения и отдаляют нас от Творца.

Но если мы преодолеваем их, прилагая усилия, чтобы они не влияли на нас, не охладили в наших сердцах любовь к Творцу, то обращаем этим замки во входы, тьму – в свет, горечь – в сладость. Потому что на каждый замок мы получаем особую ступень постижения Творца. И эти ступени становятся входами к ступеням ощущения самого Творца. А сами ступени становятся залами, чертогами мудрости.

Таким образом мы видим, что замки, входы и залы – это три вида ощущений одного материала, нашего желания «получить», нашего эгоизма, ибо, прежде чем мы обращаем его желание самонасладиться в получение (наслаждения) ради Творца, альтруизм, этот материал обращает, согласно нашему (эгоистическому) вкусу, свет в тьму, сладость в горечь. То есть в тех же видах воздействия эгоизм ощущает страдание, а альтруизм – наслаждение. Потому нам необходимо только изменить свои органы ощущений, чтобы ощутить окружающий нас свет-наслаждение. А пока мы этого не сделали, этот свет ощущается нами как «тьма», страдание.

Вначале все видимые нами случаи управления Творца, отдаляют нас от Него, потому что воспринимаются нами отрицательно – в это время из нашего эгоизма – желания получить наслаждение, рождаются замки. Но после того, как сможем переделать наши желания на «получение ради Творца», обращаются эти замки во входы, а входы затем обращаются в залы, вместилища мудрости, света хохма.

Как уже известно, конец всех ступеней, т.е. самая последняя ступень, ниже которой быть ничего не может, называется малхут дэ малхут. Чтобы достичь высшей мудрости, вначале необходимо преодолеть эти последние ворота, становящиеся первыми, поднимающемуся снизу вверх, к залу высшей мудрости, сфире хохма. Потому что все ворота обращаются входами и залами мудрости Творца. Поэтому сказано ВНАЧАЛЕ – слово, с которого начинается Тора, потому что ВНАЧАЛЕ означает страх Творца, последние ворота, малхут, которые на пути к постижению высшей мудрости становятся первыми.

122. Буква Бэт слова БЕРЕШИТ – ВНАЧАЛЕ, показывает, что двое соединяются вместе, в малхут, обе они – точки, одна скрытая, а вторая явная. Но так как нет разделения между ними, называются НАЧАЛО, т.е. только одна, но не обе, потому что тот, кто берет одну, берет также и вторую. И это – одно, потому что Он и имя Его едины, как сказано: «И познаете, что это единственное имя Творца».

Буква бэт имеет числовое значение 2, что говорит о двух точках. Две точки – это исправление эгоистической точки малхут, на которую есть строгость, ограничение в использовании от точки милосердия, бина. Исправление достигается при подъеме малхут-строгости в бина-милосердие, как сказано (Мегила Рут 1, 19; русский перевод стр. 172, 19): «И шли они обе», бина и малхут. Поэтому экран в малхут состоит из обеих, и потому эти две точки соединены вместе как одна.

В Мегила Рут объясняется, как соединяются малхут с бина, Рут с Номи, отчего впоследствии произошло исправление малхут и произошел первый царь (царь – мелех, от слова «малхут») Израиля – Давид.

НО ОДНА СКРЫТАЯ, А ВТОРАЯ ЯВНАЯ – потому что строгость в точке малхут скрыта, а только свойство милосердия от точки бина явно, ведь иначе мир не смог бы существовать, как сказано (Берешит Раба п. 1): «Вначале создал мир свойством строгости, затем, видя как он не может существовать, присоединил к нему свойство милосердия».

Хотя ограничение скрыто, но это не значит, что на нее не делается зивуг, потому что эти две точки сливаются в одну и точка малхут получает зивуг вместе с точкой бина, но участвует в нем тайно, отчего и сказано ВНАЧАЛЕ,

Две точки

потому как слово «начало» говорит об одной точке, в которой две как одна.

Оттого что малхут участвует совместно с бина во всех зивугах в течение 6000 лет, хотя и скрыто, но благодаря этому она исправляется настолько, что в конце всего исправления даже свойство ограничения исправляется, приобретая свойство бина. И про это состояние сказано, что в тот день будет Творец един и имя Его едино.

Потому как свойство ограничения также находится в скрытом виде в букве Бэт слова БЕРЕШИТ – вначале, то называется это свойство РЕШИТ – первым, у хохма – мудрости. Но исправление этого свойства происходит только в конце всего исправления, когда и раскроется высшая мудрость, как сказано пророком (Ишаяу 11, 9; русский перевод стр. 252, 9): «Ибо полна будет земля знанием Творца». Потому что последние ворота будут первыми. Потому и сказано (Теилим 83, 19; русский перевод стр. 54, 19): «И да узнают, что Ты един и имя Твое – Владыка – высшее над всей землей!», потому что раскроется знание Творца для всех в нашем мире.

123. Почему малхут называется страх Творца. Потому что малхут – Древо добра и зла: удостоился человек – оно доброе, не удостоился – оно злое. Поэтому находится в том месте страх. И через эти ворота идут ко всему хорошему, что только есть в мире. ВСЕ ХОРОШЕЕ – это двое ворот, т.е. две точки, которые как одна. Раби Йоси сказал, что ВСЕ ХОРОШЕЕ – это древо жизни, потому что оно доброе, совершенно без всякого зла. А так как нет в нем зла, оно полностью доброе, без зла.

Про последние ворота сказано: НАЧАЛО МУДРОСТИ СТРАХ ТВОРЦА. Почему же они называются страхом Творца? Потому что это тайна древа познания, которым прегрешил Адам, потому что за использование этой точки (эгоистических желаний) следует наказание смертью (исчезновение света). А большой страх необходим, чтобы не дотронуться до нее, не использовать прежде исправления всего остального, всех остальных желаний. Но в конце исправления, когда эта и эта точка полностью исправится, навечно исчезнет смерть. Поэтому она называется страх.

Творец создал единственное творение – эгоистическую малхут. Целью творения является наполнение ее светом Творца с альтруистическим намерением, вследствие чего она сливается с Творцом и получает безграничное наслаждение.

Малхут, единственное созданное творение, состоит из 5 частей: к-х-б-з"а-м. Ее части к-х-б-з"а, кроме малхут дэ малхут, имеют альтруистические свойства, полученные ими от света.

В результате своего решения не получать свет в эгоистические желания, называемого 1-м сокращением, малхут получает свет только в первые 4 свои желания: к-х-б-з"а. В малхут дэ малхут свет войти не может. Так как же ее можно исправить?

Для того чтобы исправить свойства (желания) самой малхут дэ малхут, Творец создает такие условия, что бина и малхут смешиваются между собой, вследствие чего малхут получает свойства бина.

Такой процесс должен произойти не один раз, для того чтобы все части малхут смешались с бина: и каждый раз, когда он происходит во все более глубинном слое малхут, это называется разбиением святости, потому что бина нисходит в малхут, передает ей свои свойства, но при этом смешении сама разбивается, якобы теряет свои альтруистические свойства.

Отсюда мы можем сделать вывод, что все разбиения сосудов, разбиение души Адама, разрушение 1 и 2 Храмов и прочие духовные катастрофы происходят не как наказание, потому что наказания (в нашем понимании) в духовном нет, а только для все более глубокого проникновения альтруистических желаний бина в эгоистические желания малхут.

Последняя точка малхут, еще не исправленная малхут дэ малхут, и называется той точкой, за использование которой следует наказание смертью (исчезновение света называется смерть). До конца исправления всех остальных свойств малхут, к-х-б-з"а в ней, этой точкой, малхут в малхут, пользоваться запрещено. Вернее, если во всех своих действиях человек отталкивает себя внутренне от использования эгоизма, точки малхут дэ малхут, и использует только остальные свои альтруистические желания, он постепенно, каждый раз, создает сам на малхут дэ малхут экран «не получать».

Наполнив все свои остальные исправленные желания светом, он достигает конца исправления того, что мог сам исправить. Как только это происходит, т.е. человек получает свет во

Две точки

все свои 9 первых сфирот, к-х-б-з"а, своей души, кроме малхут, нисходит свыше свет, называемый Машиах, который придает альтруистическое свойство «отдавать», делать ради Творца и самой малхут дэ малхут. Этим заканчивается весь процесс работы человека над исправлением своей души, он достигает полного слияния с Творцом. Цель Творца в творении заключается в том, чтобы этого состояния человек достиг в состоянии своего нахождения в нашем мире, в своем физическом теле, чтобы совместил все миры, духовные и материальный, в себе.

И ЭТО ВОРОТА ЯВИТЬСЯ КО ВСЕМУ ХОРОШЕМУ – потому что раскрытие высшей мудрости – это самое лучшее, что только может быть в мире, заключенное в замысле творения. А потому как страх Творца – это последние ворота к высшей мудрости, то страх Творца является также воротами ко всему хорошему.

ЭТИ ДВОЕ ВОРОТ как одни – эти две точки, бина и малхут, соединены вместе в букве Б (бэт) слова БЕРЕШИТ – ВНАЧАЛЕ, первом слове Торы. А то, что говорится о двух точках, – это потому, что имеется в виду состояние после исправления, когда называются эти две точки двумя вратами, потому что оказываются обе хорошими, лишенными зла – уже причиняющими человеку только совершенное добро.

Но до конца исправления, когда человек должен усилиями отделять в себе желания, относящиеся к точке бина, от желаний, относящихся к точке малхут, и желания малхут отрицать, отталкивать от использования, а пользоваться, наперекор эгоизму, желаниями бина – в этот период работы над самоисправлением, называемый периодом 6000 лет, эти две точки называются Древо познания добра и зла.

РАБИ ЙОСИ СКАЗАЛ – раби Йоси не возражает раби Хия. Они говорят о двух различных состояниях: раби Хия говорит о состоянии после окончательного исправления малхут, когда обе точки становятся воротами, и нет в них более зла. А раби Йоси объясняет нам состояние в процессе исправления, когда две точки, бина и малхут, находятся в нас в виде древа нашего познания добра и зла – и поэтому говорит нам, что ВСЕ ХОРОШЕЕ (находится только) ЭТО ДРЕВО ЖИЗНИ.

З"А, наполненный светом ИМА, бина, называется Древо жизни, потому что обладает только хорошими свойствами. А две точки, хорошее и плохое, добро и зло, бина и малхут, обе, до самого конца исправления, находятся в малхут, отчего малхут называется Древом добра и зла.

124. Всем действующим – это верное милосердие Давида, поддерживающее Тору. Эти держащие Тору будто сами сотворяют ее. Все занимающиеся Торой – нет в них действия, когда они занимаются ею. Но те, кто держит Тору – есть в них действие. И этой силой существует мир, вечна мудрость и Тора, и трон стоит, как должен стоять.

Ранее сказано, что страх Творца – это последние ворота, но первые к высшей мудрости. Получается, что ВСЕ ЭТИ ЗАНИМАЮЩИЕСЯ ТОРОЙ уже исправили последние ворота и стали для них две точки двумя входами, всем хорошим без зла. Поэтому говорится, что НЕТ В НИХ ДЕЙСТВИЯ, т.е. работы в анализе добра и зла – ведь уже все исправили.

Но те, кто еще не достиг конца исправления, называются поддерживающие Тору. В них есть действие, потому что еще не исправили добро и зло в дереве добра и зла каждого – еще не познал каждый в своем внутреннем дереве, во всех своих свойствах, «что такое хорошо, а что такое плохо» для него истинном духовном.

Поэтому сказано, что ЭТИ ДЕРЖАЩИЕ ТОРУ БУДТО САМИ СОТВОРЯЮТ ЕЕ – потому что все отталкивающие и мешающие силы (мысли, желания) точки малхут, вследствие усилий человека отрицать их использование, обращаются в ворота, а все замки обращаются в входы, а все входы превращаются в залы мудрости, полные света хохма.

Находим, что вся мудрость и вся Тора раскрываются только вследствие усилий поддерживающих Тору, поэтому они БУДТО САМИ СОТВОРЯЮТ ЕЕ. Потому как в них находятся в смешении силы добра и зла, и они становятся поддерживающими Тору, потому что благодаря их внутренней работе по разделению и исправлению добра и зла раскрывается Тора.

И называются такие люди действующими, потому как они будто сами создают Тору. Ведь без скрытия Творца (Торы, света), которое они ощущают в себе и преодолевая которое они обращают скрытие в ворота, входы, залы, никогда не смогла бы раскрыться Тора.

Совершенство деяния Творца заключается в том, что, создав такого ничтожного человека (ничтожные эгоистические

Две точки

желания, полярное удаление от Творца своими свойствами, совершенное бессилие самому себя изменить), Он создал человеку возможность стать как Творец (свойствами, величием, ощущением собственного созидания), самому создать в себе все миры, самому создать Тору – раскрывая весь свет, человек как будто создает его.

Поэтому считаются такие личности как создающие Тору, потому что они раскрывают ее. А сказано БУДТО, потому что Тора создана до создания нашего мира (Талмуд. Псахим 54, 1), и, конечно, Сам Творец создал ее. Но без добрых деяний держащих Тору не раскрылась бы она миру. Потому считаются они делающими и создающими ее.

А мудрость и Тора стоят вечно, т.е. и после всего исправления, потому что и тогда необходим страх Творца. Но после исправления всего эгоизма, неоткуда взять этот страх, потому как Древо добра и зла становится только добрым и невозможно получить от него страх Творца.

Но именно потому, что в прошлом получали страх, то могут в настоящем, после всего исправления, когда уже нечего бояться (ограничений в малхут), пользоваться своим страхом Творца из прошлого, именно потому, что во время исправления трудились над созданием в себе ощущения абсолютного управления Творцом и вечности Торы. А потому как страх не прерывается, то и трон Творца стоит вечно в их постижении.

НОЧЬ НЕВЕСТЫ

125. Раби Шимон сидел и занимался Торой в ночь, в которую невеста, малхут, соединяется со своим мужем, с з"а. И все друзья, находящиеся в свадебном зале невесты в эту ночь, следующую за праздником Шавуот, обязаны вместе с женихом стоять под хупой и быть с ним всю ту ночь, и веселиться с ним исправлениям невесты, т.е. учить Тору, затем Пророков, затем Святые писания, а затем и мудрость, потому что именно эти исправления и есть украшения невесты. А невеста исправляется и украшается ими и весела с ними всю эту ночь. А назавтра, в день праздника Шавуот, она является к хупе только вместе с ними. А эти ее друзья, занятые всю ночь Торой, называются сыновьями хупы. А когда она является к хупе, Творец спрашивает о них, благословляет их и украшает их украшениями невесты. Счастливы удостоившиеся этого!

Все дни изгнания называются ночь, потому что это время скрытия лица Творца от Израиля, вследствие власти нечистых сил, отделяющих работающих на Творца от Него. Но именно в это время соединяется невеста со своим мужем (на иврите муж и хозяин одно слово, поэтому необходимо в слово муж вносить и второй смысл). Хупа – это свадебный полог, под которым совершается обряд соединения жениха и невесты, их слияние в зивуге.

Соединение невесты с мужем («Зоар» употребляет слово муж, а не жених) происходит благодаря Торе и Заповедям праведников, называемых в это время «поддерживающими Тору», а все высокие ступени, называемые «тайны Торы», раскрываются именно благодаря им, потому что они называются ДЕЛАЮЩИМИ, будто делают саму ТОРУ, как сказано в п.124. Поэтому время изгнания называется НОЧЬ, В КОТОРУЮ

Ночь невесты

НЕВЕСТА СОЕДИНЯЕТСЯ С МУЖЕМ. А ВСЕ ДРУЗЬЯ, СЫНОВЬЯ ЭТОГО ВЕСЕЛЬЯ НЕВЕСТЫ, НАЗЫВАЮТСЯ ПОДДЕРЖИВАЮЩИМИ ТОРУ.

А после КОНЦА ИСПРАВЛЕНИЯ и полного освобождения, о котором сказано у пророка Захарии (14, 7; русский перевод стр. 490, 7): «И будет день один, известен он будет Творцу, не день и не ночь, и будет к вечеру: будет свет», НАЗАВТРА ЯВЛЯЕТСЯ НЕВЕСТА С МУЖЕМ ПОД ХУПУ, потому что БО"Н станет как СА"Г, а М"А станет как А"Б». (См. п. 64).

Поэтому такое состояние определяется как следующий день и как новая хупа. В это время, в этом состоянии, праведники называются СЫНОВЬЯМИ ХУПЫ, в которых нет никакого действия, потому что тогда, как сказано (Ишаяу 11, 9; русский перевод стр. 252, 9): «Не будут делать зла на моей святой горе, ибо полна будет земля знанием Творца, как полно море водами».

А так как эти праведники своими деяниями подняли БО"Н в СА"Г, т.е. сделали его по свойствам как СА"Г, считается, будто они сделали новую хупу, а потому зовутся они сыновьями хупы.

Ночь праздника Шавуот называется НОЧЬ, КОГДА НЕВЕСТА СОЕДИНЯЕТСЯ С МУЖЕМ. Потому что назавтра, в день праздника Шавуот, в день получения Торы, происходит хупа. В день получения Торы достигает все творение состояния конца исправления, как сказано пророком (Ишаяу 25, 8; русский перевод стр. 262, 8): «Уничтожит он смерть навеки, утрет Сам Творец слезы со всех лиц».

Об этом состоянии сказано в Торе (Шмот 32, 16; русский перевод стр. 111, 16): «начертано на скрижалях». Слово начертано = харут на иврите, но читать надо херут = свобода, свобода от ангела смерти. Но затем произошло прегрешение тельцом, и потеряли эту высокую ступень. А потому как Шавуот – это день получения Торы, то этот день то же, что и конец исправления.

Поэтому все необходимые приготовления, т.е. исправления за все время скрытия, заканчиваются заранее, ночью перед праздником Шавуот. Поэтому эта ночь определяется как ночь, в которую невеста соединяется со своим мужем, чтобы завтра пойти с ним под хупу, т.е. днем, в праздник Шавуот, когда кончаются все исправления и освобождаются от ангела смерти, вследствие действий праведников, делающих этим новую хупу.

Все друзья невесты, поддерживающие Тору, называемые сыновья зала невесты, все они обязаны быть слиты с Шхина-малхут, называемой невестой, всю ту ночь, называемую изгнание, потому что только тогда она исправляется их действиями в Торе и Заповедях, очищается от примеси зла в добре, чтобы явиться с такими свойствами, в которых есть только добро без зла.

Поэтому поддерживающие Тору должны радоваться вместе с невестой за все большие исправления, которые они сделали в ней. А затем они с весельем продолжают свои исправления В ТОРЕ, ЗАТЕМ – в ПРОРОКАХ, ЗАТЕМ – в СВЯТЫХ ПИСАНИЯХ. Все ступени и открытия тайн Торы, являющиеся строением самой Шхина в конце ее исправления, производятся только самими поддерживающими Тору праведниками во время изгнания.

Поэтому все эти ступени, рождающиеся праведниками во время (состоянии) изгнания, называются исправлениями и украшениями невесты из Торы, Пророков и Святых писаний, потому что сфирот х-г-т – это Тора, сфирот н-х-е – это Пророки, малхут – это Святые писания, свет ва"к называется мидрашим, свет га"р называется тайны Торы. И все эти исправления необходимо сделать в малхут, невесте, в ту ночь, в которую заканчивает невеста свои исправления (т.е. именно во тьме изгнания из духовного совершает человек всю работу по своему внутреннему исправлению).

Известно, что конец исправления не приносит с собой ничего нового, ранее неизвестного, а с помощью света Атика соединится весь ма"н и ма"д, все зивуги и все ступени, вышедшие в течение 6000 лет, один за другим, соединятся в одну ступень, с помощью которой все исправится.

Тогда войдет невеста под свою хупу и СПРОСИТ ТВОРЕЦ О КАЖДОМ, т.е. о каждом, который поднимал ма"н хоть раз для высшего, последнего зивуга. Потому что Творец ждет, пока соберутся все маленькие зивуги вместе, как бы спрашивая о каждом и ожидая каждого. А после того, как соберутся вместе, произойдет один большой зивуг, называемый «РАВ ПААЛИМ У МЕКАБЦИЭЛЬ», БЛАГОСЛОВЛЯЮЩИЙ ЕЕ И УКРАШАЮЩИЙ ЕЕ, когда все творения благословляются и украшаются одновременно, и тогда заканчивается исправление, называемое украшением короны невесты.

126. Поэтому раби Шимон и все его товарищи бодрствовали эту ночь, и каждый из них вновь и вновь обновлял Тору. А раби Шимон был счастлив, и с ним – его товарищи. Сказал им раби Шимон: «Сыновья мои, счастлив ваш удел, потому как завтра именно с вами явится к хупе невеста, потому как все эти, исправляющие невесту в эту ночь, радующиеся ей, все будут записаны в книгу памяти, а Творец благословит их 70-ю благословениями и украшениями корон высшего мира».

В Книге памяти, упоминаемой у пророка Малахи (3, 15; русский перевод стр. 493, 15) сказано: «Скажете вы: «Тщетно служить Творцу! Какая польза, что исполняли мы службу Его, что ходили унылыми пред Творцом. А теперь считаем мы счастливыми нечестивых: и устроились, делающие нечестие, испытали Творца и спаслись». Тогда говорили друг с другом боящиеся Творца; и внимал Творец, и выслушал, и написана была памятная книга пред Ним для боящихся и чтущих имя Его. Станут они для Меня избранными в тот день, который определю Я, и помилую их Я, как милует человек сына своего, трудящегося на него».

Но как понять, что когда говорили плохое о Творце, то говорит пророк, что говорили о страхе пред Творцом. И более того, записаны в памятную книгу как боящиеся Творца и уважающие Его имя?

Дело в том, что в конце исправления, когда проявится большой общий зивуг Атика, раскроется большой свет во всех мирах, в свете которого все возвратятся полной любовью к Творцу. Как сказано (Талмуд. Йома 86, 2, «Предисловие к ТЭС»): «Достигшему возвращения от любви – намеренные прегрешения его обращаются заслугами».

И это говорит пророк о грешниках, утверждающих о тщетности духовной работы: в тот большой день конца исправления, когда засветит свет возвращения от любви, все самые злостные и намеренные прегрешения, хуже которых уже ничего нет, все они обратятся в заслуги и засчитаются их речи не пренебрежением, а страхом перед Творцом.

Поэтому все прегрешения, как и все добрые деяния, записываются пред Творцом, потому что Он нуждается в них в тот великий день, когда творит чудо: собираются все заслуги и дополняют кли, получающее недостающий до полного исправления свет. Поэтому сказано, что Творец напишет в книгу памяти боящихся Его, ибо в тот день Он нуждается в них, чтобы дополнить общий парцуф. Что и говорит пророк: в то время будут ему близки оставшиеся, как сыновья, трудившиеся ради Него.

Поэтому сказано, что все и всё будет записано в памятную книгу, даже намеренные прегрешения, но запишет их Творец, как будто это заслуги, как будто они работали на Него, как и сказано пророком.

Число 70 означает свет хохма, га"р, украшение, корона, а свет хасадим называется благословение, потому что мир создан буквой БЭТ – благословение, как сказано в Теилим (89, 3; русский перевод стр. 57, 3): «Мир построен милостью (милосердием)», ва"к. Но в конце исправления и свет хасадим будет как 70 корон, как свет хохма, потому что М"А и БО"Н поднимутся до А"Б и СА"Г. Поэтому, говорит «Зоар», Творец благословит их 70-ю благословениями и украшениями корон высшего мира.

127. Открыл раби Шимон и сказал: «Небеса рассказывают о величии Творца. Уже объяснял я это, но в это время, когда невеста пробуждается, чтобы войти назавтра под хупу, со всеми товарищами, которые радовались с нею всю эту ночь, и радуется с ними она, исправляется и светит своими украшениями.

128. А назавтра множество, массы, войско и полчища собираются к ней. А она и все эти массы, войска и полчища ожидают каждого из тех, кто исправлял её, занимаясь Торой в эту ночь. Потому что соединились вместе з"а и малхут, малхут видит своего мужа, и сказано: «Небеса говорят о величии Творца». Небеса – это жених, входящий под хупу, з"а, называющийся «небеса». Небеса говорят – т.е. светятся, как свечение сапфира, от края и до края, на всю малхут.

День окончания исправления называется завтрашний день, как сказано (Талмуд. Эрувин 22, 1): «Сегодня делать, а завтра получать вознаграждение». Массы – это земные массы, не включающие в себя работающих на Творца, войска – это работающие на Творца, полчища – колесницы с воинами в доспехах – это высшие группы ангелов, сопровождающие души, как сказано (Теилим 91, 11; русский перевод стр. 60, 11): «Потому что ангелам Своим заповедал Он хранить тебя на всех путях твоих». Как ранее сказано, что Творец ждет каждого, так и Шхина ждет каждого.

Небеса – это жених, входящий под хупу, – это состояние конца исправления, о котором сказано (Ишаяу 30, 26; русский перевод стр. 267, 26): «И будет свет луны (малхут) как свет солнца (з"а)». Потому что Творец называется «небо», а в конце исправления называется «жених», как сказано (Ишаяу 62, 5; русский перевод стр. 296, 5): «Как радуется жених невесте, возрадуется тебе Творец твой».

Потому что везде, где указано, что Творец нисходит, указывается на Его строгость и суд, ибо говорится о понижении Его величия в глазах низших, как сказано: «Сила и величие Его на Его месте». Но в конце исправления, когда все прегрешения обратятся в заслуги, потому что выяснится, что все духовные падения были именно духовными подъемами, называется Творец женихом, а Шхина называется невестой.

Слово невеста на иврите «кала», от слов «калат Мошэ» (Тора. Бамидбар 7), где говорится об окончании работы над жертвенником. Поэтому слово кала в Торе означает окончание работы в возведении строения. Слово жених – хатан, означает нисхождение по духовным ступеням, как сказано (Талмуд. Явамот 63, 1): «Нисходит по ступеням». Но это нисхождение более всех предыдущих подъемов, потому что происходит навстречу невесте в момент окончания исправления.

Хупа – это сумма всего отраженного света, получившегося на ма"н, поднимаемый праведниками во всех зивугах, во все времена, в течение 6000 лет, потому что сейчас все они собрались в один большой отраженный свет, поднимающийся и парящий над Творцом и Шхина, над женихом и невестой, когда отраженный свет парит над ними, как хупа – свадебный полог.

А праведники в этом состоянии называются сыновьями хупы, потому что у каждого из них есть своя часть в этой хупе, в мере поднятого каждым своего ма"н в экран малхут, вызвавшего, породившего соответствующий величине этого ма"н отраженный свет. Творец в момент конца исправления называется «хатан-жених», потому что «нэхит дарга» – нисходит со своей ступени к невесте и входит под хупу.

В это время-состояние небеса ГОВОРЯТ – это большой зивуг в будущем, по сказанному (Талмуд. Брахот 3, 1): «Жена говорит с мужем», где под словом «говорит» = «месапэрэт» имеется в виду зивуг. А слово «месапэрэт» от слова «сапир» (сапфир), названия шхины, как сказано в Торе (Берешит 24, 10; русский перевод стр. 99, 10): «А под ногами Его – как блоки сапфира». СВЕТЯЩИЙСЯ САПФИР – это отраженный свет, поднимающийся снизу вверх. СВЕТИТСЯ, КАК СВЕЧЕНИЕ, – каков отраженный свет, таков и прямой – СВЕЧЕНИЕ. В этом большом зивуге соберется весь отраженный свет всех зивугов за 6000 лет, и засветит в нем весь прямой свет, как сказано, ОТ КРАЯ И ДО КРАЯ.

129. Величие Творца = ЭЛЬ – это невеста, малхут, называемая ЭЛЬ, как сказано: «ЭЛЬ гневается каждый день». Все дни года она называется ЭЛЬ. А сейчас, в праздник Шавуот, когда уже вошла под хупу, она называется ВЕЛИЧИЕ и называется ЭЛЬ, главнее главного, светящееся из светящегося, власть властей.

Имя Эль – это имя большого милосердия. А здесь сказано: «Эль гневается каждый день», что противоположно милосердию. Сказано в Торе: «И будет вечер, и будет утро, день один». Потому что Шхина – это малое светило, Луна, властвующее ночью. И она называется «страх неба», потому что это свойство праведников, которые должны поднимать ма"н своим стремлением исправиться и т.о. исправить малхут отраженным светом, чтобы снизошел к ней сверху – вниз свет.

Поэтому сказано (Коэлет 3, 14; русский перевод стр. 187, 14): «Сотворил Творец, чтобы боялись Его». Потому что невозможно поднять ма"н без чувства страха. Отсутствие страха перед Творцом и есть власть малхут по ночам, в состоянии тьмы. Потому что вследствие отсутствия света проявляются все ограничения и страдания, противоположные свойству дня, милосердия, появляется страх перед Творцом. А если бы не этот страх, не могло бы проявиться свойство утра и дня.

Поэтому сказано: «И будет вечер, и будет утро, день один» – потому что ночь также входит в утро, потому что, если бы не ночь, не было бы утра, и невозможно без ночи. Поэтому сказано, что ЭЛЬ ГНЕВАЕТСЯ КАЖДЫЙ ДЕНЬ. Ведь свойство милосердия, называемое ЭЛЬ, раскрывается только с помощью ночи, свойством ГНЕВА. Поэтому это свойство также расценивается как милосердие. Отсюда и Шхина называется ЭЛЬ.

Поэтому сказано, что ВЕЛИЧИЕ ТВОРЦА = ЭЛЬ – ЭТО НЕВЕСТА, МАЛХУТ, НАЗЫВАЕМАЯ Э"Л = ЭЛЬ – потому что невозможно достичь состояния «день» без состояния «ночь». Так это в 6-ти днях творения, о каждом из которых сказано «И будет вечер, и будет утро, день один» или день второй и пр. Видим, что ночь входит в название дня. И как они вместе называются 6-ю ДНЯМИ творения, так и 6000 лет называются «ночь» в свойстве милосердия.

А в большом зивуге конца исправления настанет день, станет свет луны как свет солнца, как сказано пророком (Захария 14, 7; русский перевод стр. 490, 7): «И будет к вечеру: будет свет», отчего ступени малхут возрастут вдвойне, потому что и в течение 6000 лет свет луны был в соответствии со сказанным: «И будет вечер, и будет утро».

А в конце исправления, когда луна станет как солнце, з"а, будет у луны двойное величие, потому что сама стала величием, ибо равна по величине з"а, что и говорит «Зоар»: «ГЛАВНОЕ ИЗ ГЛАВНОГО, ВЛАСТЬ ВЛАСТЕЙ». Потому что, хотя и в течение 6000 лет присоединялась к свету утра, как сказано: «И будет вечер, и будет утро, день один», но теперь, когда она большая, как солнце, з"а, она сама становится светом, СВЕТЯЩЕЕСЯ ИЗ СВЕТЯЩЕГОСЯ, тогда как ранее свет ее был только от включения в нее свойств высших сфирот.

А также ВЛАСТЬ ВЛАСТЕЙ – потому что в течение 6000 лет была у нее власть только как у малого светила, по ночам, а теперь добавилась к этому также власть днем, потому как она большая, как солнце.

130. В тот час, когда небо, з"а, входит под хупа и светит малхут, все ее товарищи, исправлявшие ее своими занятиями Торой, все известны, каждый по имени, как сказано: «Деяния рук Его повествует небо». Деяния рук Его – участники этого союза, называемые «деяния рук Его». Как ты говоришь: «Деяния наших рук утверди для нас», что является знаком союза, отпечатанного на теле человека.

Друзья – это поддерживающие Тору, в которой есть действия добра и зла, даже те части в них, которые еще являются злом, неисправленные, ИЗВЕСТНЫ КАЖДЫЙ ПО ИМЕНИ (своей исправленной части), как сказано, ДЕЯНИЯ ЕГО РУК ПОВЕСТВУЕТ НЕБО. Небо – это книга памяти (или памятная книга), являющая собой свет большого зивуга, приводящего к возвращению – исправлению от любви, когда намеренные прегрешения, как сказано (Талмуд. Йома 86, 2), становятся заслугами.

И даже о тех из них, которые говорили плохое, сказано: «Тогда поведают о страхе перед Творцом один другому» (см. п. 126). Поэтому это действие, называемое «поддерживающие Тору», в котором есть добро и зло, где для удостоившегося предназначено хорошее, а для неудостоившегося плохое, теперь становится полностью хорошим и святым. И обращается в ДЕЯНИЕ РУК ЕГО – Творца, потому что даже о недостойных ПОВЕСТВУЕТ НЕБО. И обнаруживается, что все товарищи совершали только добрые действия и святую работу, потому что все исправляли малхут, ВСЕ ИЗВЕСТНЫ ПО СВОИМ ИМЕНАМ.

Поэтому сказано: «ДЕЛО РУК НАШИХ УТВЕРДИ ДЛЯ НАС» (Теилим 90, 17; русский перевод стр. 59, 17). Но ведь непонятно, это действия наших или Его рук? Говорится здесь только о том, что союз называется «деяния наших рук», потому что утверждение его – это есод (есод – это не только название сфиры, но и основа, фундамент на иврите), основа всего здания.

Исправлением есода является брит мила – обрезание. Потому сказано, что существование союза называется делом наших рук, потому как мы, действием наших рук, отделяем орла – крайнюю плоть от есода. Но это до конца исправления. А в конце исправления раскроются ДЕЙСТВИЯ ЕГО РУК. То есть сам Творец отделит орла от нас, и ДЕЯНИЯ ЕГО РУК ПОВЕСТВУЕТ НЕБОСВОД. Но до этого состояния, исправление обрезанием возложено на нас, и мы просим: ДЕЛО РУК НАШИХ УТВЕРДИ.

131. Рав Амнон-саба сказал так: «Не позволяй своему рту прегрешить своему телу» – т.е., чтобы не позволил человек своему рту приблизиться к злу, не позволил, чтобы рот был причиной прегрешения святого тела, на котором есть печать святого союза с Творцом. Потому что, если делает так, увлекают его в ад. А управляющий адом,

Ночь невесты

по имени Домэ, и сотни тысяч ангелов с ним, стоят в воротах ада, но нет ему позволения приближаться к тем, кто соблюдал святой союз в этом мире.

Здесь есть предупреждение, чтобы каждый человек остерегался произносимого, подъема ма"н с помощью Торы и молитвы, чтобы молитва его была чистой. Потому что если к его молитве присосется нечистая сила, то она получит ма"н его, и в силу этого у человека возникнут претензии к Творцу, к посторонним мыслям, отчего вновь притянет орла к святому союзу, отчего его святая душа упадет в плен нечистых сил, которые увлекут душу в ад. Это подобно сказанному раби Эльазаром (см. п. 68) о падении в руки Лилит.

СВЯТОЕ ТЕЛО, НА КОТОРОМ ЕСТЬ ПЕЧАТЬ СВЯТОГО СОЮЗА, – имеется в виду святая душа, хранимая с помощью святого союза, как сказано: «Из своего тела увижу Творца своего», что означает – из природы, из свойств своих. Но из-за сомнений возвращается нечистая сила ОРЛА: дотрагивается до святого союза, отчего немедленно уходит высшая Божественная душа. Поэтому «вскричало Древо: Грешник, не дотрагивайся до меня» – ведь это Древо – есод, атэрэт есод – крайняя плоть (самая суть творения, эгоизм) – это Древо познания добра и зла.

УПРАВЛЯЮЩИЙ АДОМ ПО ИМЕНИ ДОМЭ – ДОМЭ от слова дмама – безжизненность, потому что забирает у человека душу жизни и оставляет безжизненным. Это ангел, вызывающий в человеке сомнения в величии Творца и желания прегрешить тем, что вызывает у человека представление о замыслах Творца как замыслах рожденного женщиной, т.е. как о замыслах в нашем мире. И так как делает мысли Творца в воображении человека подобными человеческим, от слова подобие = ДОМЭ и получил свое имя.

Вначале человек понимает, что мысли Творца не подобны нашим, пути Творца не подобны нашим, т.е. не может постичь Его разум сотворенный, ни Его мысли, ни Его управления, потому что наш разум сотворен ниже Его самого. Но вследствие прегрешения ангел Домэ вносит в человека глупый дух, убеждающий человека сказать, что рожденный женщиной подобен разумом Творцу, отчего человек готов ко всем сомнениям, УВЛЕКАЮЩИМ ЕГО В АД.

Поэтому вся сила ангела Домэ – в его имени, как говорится: «Кто, как Ты, могущественен и кто ПОДОБЕН Тебе, Царь умертвляющий и воскрешающий», где указывается, что связь с ПОДОБНЫМ приводит к смерти, а в осознании, что нет подобного Ему, находит человек жизнь.

Но сомнения и мысли, которые возникают в человеке от ангела Домэ, бесчисленны, как говорит «Зоар», СОТНИ ТЫСЯЧ АНГЕЛОВ С НИМ, и все они находятся у ворот ада, через которые увлекают человека в ад, но ворота еще не являются самим адом.

НО НЕТ ЕМУ (АНГЕЛУ) ПОЗВОЛЕНИЯ ПРИБЛИЖАТЬСЯ К ТЕМ, КТО ХРАНИЛ СВЯТОЙ СОЮЗ В ЭТОМ МИРЕ, – и даже если человек не полностью хранил (соблюдал) союз и есть в его действиях еще добро и зло, все равно считается соблюдающий святой союз. Если не случается прийти к сомнению, нет у ангела Домэ позволения увлечь человека в ад.

132. Когда случилось у царя Давида то, что случилось, – объял его страх. В то время поднялся Домэ перед Творцом и сказал: «Владыка мира, сказано в Торе (Ваикра 20, 10; русский перевод стр. 153, 10): «Человек, который прелюбодействует с женой замужней». Давид нарушил свой союз, как же?» Ответил ему Творец: «Давид праведник, и его святой союз непорочен, потому как открыто мне, что Бат Шэва была уготована ему со дня сотворения мира».

Хотя и не прегрешил Давид, как сказано (Талмуд. Шабат 56, 1), что тот, кто говорит, что Давид прегрешил, ошибается, все равно напал на него страх, будто и впрямь прегрешил, вследствие жалобы на него ангела Домэ, приведшего в основу сказанное в Торе.

Но Бат Шэва предназначалась Давиду со дня сотворения мира (Талмуд. Санэдрин 107, 1), поэтому он не нарушил свой союз. Но если Бат Шэва предназначена Давиду, почему была прежде женою Урия, ведь жена – это половина тела мужа своего. А если она половина тела Давида, то как мог взять ее Урия, когда нет в нем ничего соответствующего ей?

Дело в том, что Бат Шэва действительно нуква Давида со дня сотворения мира, потому что Давид – мужская часть малхут, а Бат Шэва нуква в малхут. Но поскольку во время создания мира малхут поднялась в бина, чтобы получить от бина свойства милосердия-отдачи, то и Бат Шэва нуждалась в таком исправлении в га"р, без которого не смогла бы родить душу царя Шломо.

А Урия Ахэти – это была высокая душа, свойства га"р, отчего и имя его Урия = Ур-ия, где Ур = Ор(свет) ия = и(юд) + я(хэй) = первые 2 буквы АВА"Я, т.е. Урия означает «свет Творца». А то, что в его имени есть только юд-хэй = х-б и нет 2 последних букв, вав-хэй = з"а-м, говорит о том, что свет его – это свет га"р. Поэтому, чтобы исправить Бат Шэва в свойстве милосердия, соединили с ней Урия, вследствие чего стала она пригодной для царствования, стала царицей Израиля.

133. Сказал ему Домэ: «Владыка мира, если открыто тебе, то перед ним это не открыто». Ответил ему Творец: «Все, что делал Давид, было с Моего разрешения. Потому что ни один из уходящих на войну не уходит, пока не даст жене своей гет (подписку о разводе)». Сказал тогда Домэ: «Но если так, то Давид должен был ждать 3 месяца, а он не ждал». Отвечал ему Творец: «Отсрочка нужна только для того, чтобы убедиться, не беременна ли женщина от прошлого мужа, но раскрыто ведь мне, что Урия никогда не приближался к ней, потому как имя Мое отпечатано в нем, как свидетельство, ведь Урия – это Ор-ия, свет Творца, а написано Урияу = Ор + и + я + у = ор + (юд-хэй-вав), без последней хэй, малхут, и это говорит о том, что не использовал малхут».

Буквы юд-хэй в имени Урия, Алеф-рэш-юд-хэй, говорят о том, что он никогда не прикасался к Бат Шэве. Потому что Урия относится к га"р без ва"к. А если хотят указать, что используется ва"к, то указывается имя Урияу, как подчеркивает «Зоар». Но здесь указано, что первый муж Бат Шэвы был Урия, т.е. не было в нем от ва"к ничего, а только га"р, т.е. свет хохма без света хасадим, ведь вав означает хасадим. И потому не может приблизиться к Бат Шэве.

134. Сказал ему: «Владыка мира, это то, что я и сказал: если открыто Тебе, что Урия не лежал с ней, кто же раскрыл это Давиду. Обязан был ждать 3 месяца. А если скажешь, что знал Давид, что Урия не лежал с ней никогда, почему отослал его Давид к жене, сказав ему: спустись к дому своему и вымой ноги».

Обычно читающие Тору приводят затем пример с этим «треугольником» как доказательство не столь высоких свойств царя Давида. И как пример непоследовательности суда Творца, как прощается ему «убийство» Урии ради Бат Шэвы и пр. Мы же обязаны помнить, что все повествующееся нам Торой – это суть духовных миров и их законов, не имеющих в нашем мире явных следствий. Есть связь причина – следствие: то, что происходит в нашем мире, есть следствие высшей причины, но ни в коем случае не наоборот: то, что описывается о духовном мире, не обязано быть в нашем мире. Считать, что описываемое в Торе – это рассказ о нашем мире, означает низвести Тору мира Ацилут, святые имена Творца, свет Творца, до наинизшего уровня творения, на что есть прямой запрет: «Не сотвори себе идола».

135. Ответил ему: «Конечно, Давид не знал, но ждал более 3 месяцев, потому что 4 месяца прошло. Как учили, 15-го числа месяца Нисан послал Давид приказ всему народу Израиля собираться на войну, Йоав – 7-го Нисана, покорили земли Моава и задержались в них 4 месяца, пока в месяц Элул был он у Бат Шэвы. А в Судный день простил ему Творец то прегрешение. А есть утверждающие, что 7-го числа месяца Адар послал сообщение, 15-го числа месяца Яар собралось войско, а 15-го числа месяца Элул был он у Бат Шэвы, а в Судный день был прощен Творцом и избавлен от наказания смертью в руках ангела Домэ.

Домэ – управляющий и ответственный за прелюбодеяния. А так как Давид получил прощение в Судный день, то избежал этим смерти от рук Домэ. Но смерть его была вследствие смерти Урия, которого убили мечом сыновья Амона, как засвидетельствовано это в книге царей (Малахим 1, 15, 5; русский перевод стр. 184, 5): «За то, что Давид делал праведное в очах Господа и не отступил во все дни жизни своей от всего того, что Он заповедал ему, кроме поступка его с Урия Ахэти».

136. Сказал Домэ: «Владыка мира, но одно есть у меня к нему: почему он открыл рот и сказал: «Праведен

Господь, потому как смертный делает так» – и сам себя судил к смерти. Поэтому есть у меня силы умертвить его». Ответил ему Творец: «Нет у тебя разрешения умертвить его, потому как повинился он и признал: «Прегрешил я пред Творцом», хотя и не прегрешал. Но в чем прегрешил, в умерщвлении Урия. Записал я его наказание, и он получил его». Немедленно оставил свои претензии Домэ и отошел в унынии на свое место.

В последней букве хэй имени АВА"Я есть 2 точки – ограничение, строгость и милосердие, и все исправления малхут с помощью союза-обрезания состоят в том, чтобы скрыть точку строгости, а милосердие – раскрыть. Тогда нисходит в малхут имя Творца. Потому что, хотя и находится там малхут, на которую есть запрет 1-го сокращения, т.е. строгость и суд, от которой сосут все нечистые силы, но поскольку эта точка скрыта, а только свойство милосердия от бина раскрыто, то нет сил у нечистых, посторонних от святости и духовности, сил-желаний присосаться здесь.

Нарушить союз означает раскрыть строгость и суд в малхут, букву хэй, отчего немедленно присасываются к ней посторонние (не духовные), нечистые силы, сосать от нее, потому что это свойство – их часть. Отчего немедленно исчезает святая душа, имя Творца, как сказано (Йов 4, 9; русский перевод стр. 131, 9): «От дыхания Божьего исчезают».

Сам Давид является частью малхут со стороны свойства милосердия малхут и поэтому нуждается в особой охране, чтобы не раскрылось в нем свойство строгости малхут. Потому что раскрывающий свойство строгости, т.е. нарушающий союз с Творцом, отдается нечистым силам, присуждающим его к смерти, потому как раскрывается в нем самом свойство строгости перед нечистой силой, ангелом Домэ, который желал присосаться к душе Давида и увлечь ее в ад.

За прелюбодеяние, хоть и невиновен, просил Давид прощения и получил его, а за то, что послал Урию на смерть, не имел права ангел Домэ просить наказания, потому что ответственен только за прелюбодеяние.

137. И на это ответил Давид: «Если бы Творец не помог мне, почти уже забрал мою душу Домэ». «Если бы Творец не помог мне» – означает: если бы Творец не был моим стражем и руководителем против ангела Домэ. «Почти» – это как толщина нити, отделяющая меня и другую, нечистую сторону, настолько был я близок к тому, чтобы забрал Домэ душу мою в ад.

Давид – это малхут, про которую сказано (Мишлей 5, 5; русский перевод стр. 100, 5): «Ноги ее нисходят к смерти», потому что она есть конец, окончание святости – духовного. И от малхут существуют нечистые силы, как сказано (Теилим 103, 19; русский перевод стр. 66, 19): «Царство его властвует над всем», она оживляет их.

Но когда малхут находится в своем исправленном свойстве милосердия (см. п. 122), то определяется как состоящая из 2 точек, где есть точка строгости ее самой и точка милосердия, полученная ею от бина. Точка строгости ее находится в скрытости, а точка милосердия раскрыта. И благодаря этому исправлению, в нечистых силах есть от малхут не более чем Нэр дакик – маленькое свечение, что достаточно только для поддержки существования нечистых сил, но нет в них от этого никаких сил для распространения.

Нэр дакик, источник существования нечистых сил, называется также Хотэ дакик – маленькое прегрешение, корень прегрешений, как сказано (Талмуд. Сука 52, 1): «Вначале нечистая сила кажется человеку тонкой нитью паука, а затем превращается в толстую, как оглобли, силу». А называется маленькая – дакик, потому что строгость и ограничения скрыты внутри свойства – точки милосердия.

Но тот, кто нарушает союз, вызывает раскрытие точки строгости в малхут, вследствие чего нечистые силы приближаются к ней и сосут из нее много света, получая этим силы для большого распространения. А человек, поступивший так, своими же руками отдает свою душу, как сказано (Йов 4, 9; русский перевод стр. 131, 9): «От дыхания Божьего исчезает».

А затем, когда удостаивается возвращения к Творцу, возвращается и исправляет малхут свойством милосердия, почему и называется этот процесс возвращение – тшува, от слова тшув + а = возвратится + А, где А = хэй – обозначение Творца, т.е. возвращение к свойству милосердия, а свойство строгости возвращается к скрытому виду, скрывается внутри свойства милосердия, как маленькая свеча и не более.

Поэтому сказано: ЕСЛИ БЫ ТВОРЕЦ НЕ ПОМОГ МНЕ – тем, что принял мое возвращение и оттолкнул ангела Домэ, тем, что вернул малхут на ее место к свойству милосердия, а от свойства строгости оставил только маленькую свечу, тонкий, как нить, огонек, СВЕТ КОТОРОГО НАХОДИТСЯ МЕЖДУ МНОЮ И НЕЧИСТОЙ СИЛОЙ.

Это и есть та минимальная величина, которая обязательно должна оставаться между малхут и нечистой силой, чтобы дать ей возможность существовать от этого маленького света, называемого маленьким прегрешение, настолько, что ДОМЭ НЕ ЗАБЕРЕТ ЗА ЭТО МОЮ ДУШУ В АД.

Именно эта величина спасла меня, и не попал я в руки Домэ, потому что если бы не вернулась сила строгости в малхут, в размере маленького прегрешения, то был бы я в руках Домэ.

138. Поэтому должен остерегаться человек, не говорить, как Давид, потому что нельзя сказать ангелу Домэ, «Что совершил оплошность, ошибку» (Коэлет 5, 5; русский перевод стр. 189, 5), как было у Давида, когда Творец победил в суде против Домэ. «Зачем гневается Творец из-за слова твоего» (там же), т.е. за сказанное тобой. «Губил дело рук твоих» (там же), т.е. святого тела, святого союза, который ты нарушил и увлекаешься за это в ад ангелом Домэ.

Есть два вида возвращения к Творцу (см. «Предисловие к ТЭС» п. 45, 59, 64; Талмуд. Йома 86, 2):
1) возвращение от страха – когда намеренные прегрешения оборачиваются ненамеренными,
2) возвращение от любви – когда намеренные прегрешения оборачиваются заслугами.

Прежде конца исправления, когда еще необходима сила строгости, ограничения и суда в мире, как сказано (Коэлет 3, 14; русский перевод стр. 187, 14): «Сотворил Творец так, чтобы боялись Его», малхут обязана поддерживать существование нечистых сил в величине Нэр дакик – маленькой свечи, чтобы не исчезли нечистые силы из мира.

Потому в это время (в этом состоянии) все исправление малхут в двух точках, милосердия и строгости. Но строгость скрыта, а милосердие открыто действует. Поэтому существует страх перед Древом добра и зла: удостоился человек – оно доброе, не удостоился – злое (см. п. 120 – 124).

Поэтому В ТЕЧЕНИЕ 6000 ЛЕТ МЫ ВОЗВРАЩАЕМСЯ К ТВОРЦУ ТОЛЬКО ОТ СТРАХА, вследствие чего наши намеренные прегрешения обращаются в ненамеренные, в ошибки, оплошности. Потому что вследствие нашего возвращения мы возвращаем малхут к свойству милосердия. Но строгость и суд в ней скрыты до меры малой свечи и малого прегрешения, потому что малхут еще обязана оставаться в свойстве страха. Потому называется такое возвращение «возвращением от страха».

Малое прегрешение, которое обязано остаться, называется ненамеренное прегрешение, оплошность, ошибка, потому что само по себе это не прегрешение, но приводит человека к совершению ненамеренного прегрешения. Человек совершает намеренное прегрешение только после того, как совершил до этого ненамеренное: совершал что-то ненамеренно, оказалось, прегрешил.

Так маленькое прегрешение остается в малхут, потому что хотя и остается, но это не прегрешение. Но вследствие этого скрытого суда, строгости, мы приходим к намеренным прегрешениям. А потому сказано: «Вначале он как тонкий волос», т.е. как малое прегрешение. А затем, если не стережем наш союз как надо, то «становится как оглобли повозки», потому что раскрывается свойство строгости и суда в малхут.

Поэтому сказано, что Домэ стоит в дверях ада. Потому что сила малого прегрешения – это только вход, ведь сказано, что вначале оно выглядит как волос, нить паутины. Поэтому называется наше возвращение прощенными прегрешениями, и обращаются они в ненамеренные оплошности, будто были ошибками. Потому что осталось малое прегрешение, в силах которого привести нас к намеренным прегрешениям.

Все это сказано о возвращении от страха. А 2-й вид возвращения – это возвращение от любви, при котором намеренные прегрешения обращаются в заслуги – см. п. 126.

Поэтому ДОЛЖЕН ОСТЕРЕГАТЬСЯ ЧЕЛОВЕК ГОВОРИТЬ, КАК ДАВИД, – т.е., чтобы не сказал слово, вызывающее раскрытие свойства строгости в малхут, как это сделал Давид, ПОТОМУ ЧТО НЕЛЬЗЯ СКАЗАТЬ АНГЕЛУ ДОМЭ, ЧТО СОВЕРШИЛ ОПЛОШНОСТЬ, ибо не уверен, что сможет немедленно возвратиться к Творцу, чтобы простилось ему прегрешение и обратилось в ненамеренное, КАК БЫЛО У ДАВИДА, КОГДА ТВОРЕЦ ПОБЕДИЛ В СУДЕ ПРОТИВ ДОМЭ.

У Давида произошло так, потому что всю свою жизнь он совершал только прямые (чистые) действия пред Творцом и не было у него ни одного преступления, кроме поступка с Урия. Поэтому стал ему Творец защитником и помог немедленно возвратиться к Себе, и обратилось прегрешение оплошностью, как говорит «Зоар» (п. 137): ЕСЛИ БЫ ТВОРЕЦ НЕ ПОМОГ МНЕ, ПОЧТИ УЖЕ ЗАБРАЛ МОЮ ДУШУ ДОМЭ. Но остальные люди обязаны бояться этого ангела, так как от ненамеренного прегрешения можно затем попасть от руки Домэ и в ад.

ГУБИЛ ДЕЛО РУК ТВОИХ, СВЯТОГО ТЕЛА, СВЯТОГО СОЮЗА, КОТОРЫЙ ТЫ НАРУШИЛ И УВЛЕКАЕШЬСЯ ЗА ЭТО В АД АНГЕЛОМ ДОМЭ – исправление в нас, называемое святой союз, называется деянием наших рук, как сказано: «Дело рук наших упрочь». Святая душа называется святым телом, святой плотью, как сказано (Йов 19, 26; русский перевод стр. 144, 26): «Из плоти моей увижу я Творца» (см. п. 131). Вследствие раскрытия свойства строгости и суда в малхут, испортилось исправление союза, увлекается душа в ад ангелом Домэ.

Поэтому О ДЕЯНИИ РУК ЕГО ПОВЕСТВУЕТ НЕБО (п. 130). В конце исправления небо расскажет о Его деяниях, потому что тогда раскроется вознаграждение за все эти исправления, раскроется, что они вообще не ДЕЯНИЯ РУК НАШИХ, а ДЕЯНИЯ РУК ЕГО, и это ПОВЕСТВУЕТ НЕБО. И на эти деяния-исправления произойдет большой зивуг РАВ ПААЛИМ У МЕКАБЦИЭЛЬ (см. п. 92). ПОВЕСТВУЕТ – означает нисхождение свыше полного света.

И знай, что в этом все отличие нашего мира до конца исправления и после него. Потому что прежде конца исправления называется малхут деревом добра и зла, ибо малхут – это раскрытие управления Творца нашим миром. А до тех пор, пока люди не дойдут до такого состояния, что смогут получать Его свет, как Он задумал и уготовил каждому еще в замысле творения, управление происходит добром и злом, вознаграждением и наказанием.

Причина этого в том, что наши «кли кабала – желания получить» – нечистые, запачканные в эгоизме, который 1) не позволяет получить в эти желания свет Творца, 2) отделяет нас от Творца. А бесконечно доброе, что Он уготовил нам, возможно получить только в альтруистические желания, потому что эти наслаждения неограниченны рамками творения, как эгоистические наслаждения, в которых наполнение немедленно гасит наслаждение.

Поэтому сказано (Мишлей 16, 4; русский перевод стр. 110, 4): «Все сотворил Творец для почитания Своего», т.е. все деяния в мире изначально созданы Им только для того, чтобы мы могли услаждать Его. Поэтому люди в нашем мире занимаются совершенно противоположным тому, чем обязаны заниматься согласно цели своего создания. Ведь Творец явно говорит, что для Себя Он сотворил весь мир (Ишаяу 43, 7; русский перевод стр. 280, 7): «Во славу Свою сотворил Я».

А мы говорим совершенно обратное, что весь мир для нас создан и желаем проглотить его весь, для своего наполнения, наслаждения, ублажения и возвеличивания. Поэтому нет ничего удивительного в том, что мы недостойны получить совершенное благо от Творца. И потому он управляет нами добром и злом, в виде вознаграждения и наказания, потому что одно зависит от другого: вознаграждение и наказание вызывают добро и зло.

И это оттого, что мы используем наши желания получать (наслаждения), а становясь т.о. обратными Творцу, ощущаем Его управление как зло для себя. Это исходит из того, что не может ощутить человек явное зло от Творца, ведь это большой ущерб в величии и совершенстве Творца, если творения ощущают Его как творящего зло, ведь это недостойно Совершенного.

Поэтому во время ощущения плохого, зла человеком в той же мере, в какой он ощущает отрицание управления Творца миром, тут же нисходит на него пелена и исчезает осознание существования Творца, что является самым большим наказанием в мире!

Поэтому ощущение добра и зла в Его управлении дает нам ощущение вознаграждения и наказания, потому как прилагающий усилия не расстаться с верой в существование и управление Творца, хотя и вкушает зло в Его управлении, получает вознаграждение в том, что находит силы не расстаться с верой в управление и в добрую цель, преследуемую в этом «злом» воздействии на него Творцом. Но если не удостоился возможности приложить усилия верить, что это Творец причиняет ему с определенной целью неприятное ощущение, получает наказание тем, что отдаляется от веры в Творца, ощущения существования Творца.

Поэтому, хотя только Он делал, делает и будет делать все действия в мире, остается это полускрытым от ощущающих добро и зло, потому как, когда ощущают зло, позволяется нечистой силе скрыть управление Творца и веру в Него и получает человек самое большое наказание в мире – ощущения отделенности от Творца, и переполняется сомнениями и отрицанием существования Творца и управления миром. А когда возвращается к Творцу, получает соответственно вознаграждение, и вновь может соединиться с Творцом.

Но в силу самого управления вознаграждением и наказанием приготовил нам Творец возможность с помощью этого управления достичь конца исправления – когда все люди постигнут исправленные кли-желания использовать их ради услаждения Творца, в мере сказанного, что ВСЕ сотворил для Себя, как и было все создано с самого начала! То есть наша отдача должна быть совершенно полной.

И тогда раскроется большой зивуг Атик, от чего все мы возвратимся к Творцу от любви, а все намеренные прегрешения – обратятся заслугами, а все зло – ощутится, как бесконечное добро, и раскроется каждое Его управление во всем мире, т.е. ВСЕ УВИДЯТ, что только Он один делал, делает и будет делать все действия в мире, и нет никого действующего, кроме Него. Потому что после того, как обратилось ощущение зла и наказания в ощущение добра и вознаграждения, изменением эгоистических желаний на альтруистические, дается нам возможность постичь Действующего, потому что соответствуем мы действиям рук Его, потому что благословляем и возносим Его выше всяких зол и наказаний, которые в свое время ощущали.

Но главное, что необходимо здесь подчеркнуть, – что до конца исправления все исправления считались как ДЕЯНИЯ НАШИХ РУК, поэтому мы получали за них вознаграждение или наказание. Но в большой зивуг в конце исправления раскроется, что все исправления и все наказания – это все ДЕЯНИЯ РУК ЕГО. И потому сказано, что ДЕЯНИЯ РУК ЕГО ПОВЕСТВУЕТ НЕБО, ведь большой зивуг означает, что расскажет небо: все это Его действия, это Он все совершил, совершает и будет совершать все деяния в творении.

139. И поэтому о одеянии рук Его повествует небо. Это те товарищи, которые соединились в невесте, малхут, своими занятиями Торой в ночь праздника Шавуот. И все они – участники союза с ней, называемые «деяния рук Его». А она восхваляет и записывает каждого. Что такое небо, небосвод? Это небосвод, на котором солнце, луна, звезды и знаки удачи (зодиака). Этот небосвод называется памятная книга, и он повествует, записывает их, чтобы стали они сынами его зала, и выполняет все их желания.

Есод з"а, на который делается зивуг для раскрытия всех высших ступеней, называемых солнцем, луной, звездами, знаками зодиака, называется небосводом. Все высшие светила находятся на небосводе, называемом есод з"а. И все существуют благодаря ему, потому что он делает зивуг с нуква, называемой землей, и светит ей всеми этими светилами, т.е. дает ей все эти светила.

Но получается, что малхут меньше, чем солнце, з"а. Но в конце исправления – будет свет луны, как свет солнца, а свет солнца в 70 раз больше, чем ранее – малхут станет как величина з"а в 6 дней творения. Когда будет так? Отвечает раби Юда: когда исчезнет навсегда смерть, и в тот день будет Творец един и имя Его едины.

Небо или небосвод, з"а, – это АВА"Я, называемое солнцем. Малхут, нуква, получает от него и называется луной. В течение 6000 лет малхут получает от 6 дней творения, но не раскрывает з"а, что Творец и имя Его едины, поэтому луна меньше солнца. Меньшие ее размеры являются следствием того, что малхут состоит из добра и зла, вознаграждения и наказания.

Есть большое отличие между «Он» и «имя Его»: имя Его – это малхут, в которой собираются, зивуг за зивугом, состояния соединения и отдаления. Но в конце исправления, во время, о котором сказано «исчезнет смерть навсегда», «будет АВА"Я один и имя Его едины». Имя, малхут, станет как свет з"а, только добро без зла. И раскроется в ней частное управление, что означает, что свет луны станет равным свету солнца.

Поэтому в такое время (состояние) называется нуква книгой записи, или памятной книгой. Малхут называется книгой, потому что в ней записаны все деяния людей. Есод з"а называется памятью, потому что он помнит деяния всего мира, исследует и анализирует все творения, которые получают от него.

В течение 6000 лет до конца исправления есть отдельно книга и память, иногда – вместе, иногда – врозь. Но в конце исправления эти 2 ступени соединяются в одну, и сама малхут называется «книга памяти», потому что з"а и малхут становятся одним целым, ибо свет малхут становится как свет з"а.

Поэтому небосвод – это место, где находятся все звезды, луна, солнце и знаки удачи. Ведь небосвод – это есод з"а, из которого исходит весь свет мира и которым все существует. Он передает свет в малхут, когда она меньше его, когда еще не достигнуто состояние «Он и имя Его едины». И сам он в конце исправления будет как малхут, называемая потому книгой памяти.

Поэтому, когда получит малхут все свойства з"а, небосвода, называемого памятью, назовется малхут книгой памяти, а память, т.е. небосвод, будет с ней воедино.

140. День за днем принесет Омэр – сноп. Святой день из этих дней (сфирот) царя (з"а) прославляет товарищей, занимающихся Торой в ночь Шавуот, говорящих один другому: «День за днем принесет сноп», и славят его. А «Ночь за ночью», т.е. все ступени, сфирот малхут, властвующие ночью, славят одна другую тем, что каждая получает от товарища, от другой сфиры. А от полного совершенства они все становятся друг другу любимыми товарищами.

После того как «Зоар» объяснил, что ДЕЯНИЯ РУК ЕГО ПОВЕСТВУЕТ НЕБО, – это КНИГА ПАМЯТИ, далее продолжает «Зоар» выяснять написанное там же в книге Малахи (3, 14; русский перевод стр. 493, 14): «Сказали вы: «Тщетно служить Творцу! Какая польза, что исполняли мы службу Его и что ходили унылыми пред Господом? А теперь считаем мы счастливыми нечестивых: и устроились делающие нечестие, и Бога испытали, и спаслись». Тогда говорили ОДИН ДРУГОМУ боящиеся Господа; и внимал Господь, и выслушал, и написана была ПАМЯТНАЯ КНИГА пред Ним, для боящихся (каждый день) Господа и чтущих имя (святое) Его. «И станут они для

Меня избранной частью, – сказал Господь, – в день тот, который Я определю, и помилую Я их, как милует человек сына своего, работающего для него, – в тот день, когда Я сделаю чудо, в день конца исправления».

Потому что до конца исправления. т.е. до того, как мы подготовим свои желания «получать», получать только ради услаждения Творца, а не ради самонаслаждения, называется малхут Древом добра и зла, потому что малхут – это управление миром согласно поступкам-деяниям человека. А потому как мы еще не подготовлены получить все то высшее наслаждение, которое уготовил нам Творец, еще в Своем замысле творения, то обязаны мы получать управление добром и злом от малхут.

И именно это управление подготавливает нас в конце концов исправить все наши желания получать (келим кабала), чтобы были только ради отдачи (келим ашпаа), и достичь т.о. добра и наслаждений, задуманных Им для нас.

Как уже сказано, ощущение добра и зла создает в нас ощущение вознаграждения и наказания. Поэтому, если человек старается при ощущении зла, чтобы это ощущение не уменьшило веру в Творца, и может сохранить выполнение Торы и Заповедей, как до ощущения плохого в жизни, он получает вознаграждение.

А если не может выстоять в этом испытании и получает отдаление от Творца, он наполняется сомнениями в добром управлении или вообще не верит, что Творец управляет миром, или возникает в ответ на плохие ощущения недовольство Творцом. И за все мысли Творец наказывает, как за действия (Талмуд. Кидушим 40, 1).

Также сказано, что праведность праведника не помогает ему в день его прегрешения. Но иногда настолько усиливаются сомнения в человеке, что сожалеет даже о своих добрых деяниях в прошлом, о всех своих усилиях, и говорит (Малахи 3, 14; русский перевод стр. 493, 14): «Сказали вы: «Тщетно служить Творцу! Какая польза, что исполняли мы службу Его, что ходили унылыми пред Господом?» – потому что становится законченным грешником, жалея о праведном прошлом (Жаль, что потратил так много времени и сил, вместо того чтобы наслаждаться, как другие, этим миром!), и теряет все добрые деяния, совершенные им, вследствие своих сомнений и сожалений, как и предупреждает нас Тора: «Праведность праведника не поможет ему в день прегрешения».

Но и в таком состоянии имеет место возвращение к Творцу. Но только считается начинающим свой путь сначала, как только что родившийся, потому что пропали все добрые его деяния прошлого.

Сказанное не надо понимать буквально даже в духовном смысле, потому что тот, кто работает, чтобы достичь беззаветных, альтруистических действий, тот постоянно находится в подъемах-падениях, где попеременно наполняется сомнениями, пытается противодействовать им. Только такому продвигающемуся кажется, что он каждый раз начинает свою работу заново, что не понимает ничего, как только что родившийся. В то время как работающий в своих эгоистических желаниях, относящийся к массам, постоянно наполнен чувством собственного достоинства, каждый день он дополняет к предыдущему, ничего, кажется ему, не пропадает — и в этом причина невозможности его духовного роста.

Только по-настоящему восходящий по духовным ступеням ощущает себя каждое мгновение, как вновь родившийся, как ребенок пред своим Создателем. Ведь когда переходит со ступени на ступень, прошлое состояние-ступень пропадает, а пока не постиг следующую, находится в полной тьме и ощущает, что начинает все заново, а не дополняет свой багаж, как ощущает это духовно не растущий (домэм дэ кдуша).

Управление добром и злом вызывает в нас подъемы и падения, у каждого свои... Каждый подъем считается как отдельный день (ощущение света), потому что вследствие большого падения, которое только перенес тем, что сожалел о прошлых добрых поступках, что называется «тоэ аль аришонот», находится во время подъема, как только что родившийся.

Поэтому в каждом подъеме он как будто начинает свой путь к Творцу заново. Поэтому считается каждый подъем как отдельный день, ведь есть перерыв, ночь, между этими состояниями. А потому каждое падение считается как отдельная ночь.

Это и говорит нам «Зоар»: ДЕНЬ ЗА ДНЕМ ПРИНЕСЕТ СНОП — в каждом подъеме, сближаясь с высшим днем Творца (концом исправления), ОН СЛАВИЛ ТОВАРИЩЕЙ И ГОВОРИЛИ ДРУГ ДРУГУ. Потому что вследствие большого зивуга в конце исправления все они удостоятся возвращения от любви, ибо закончится исправление желания «получить» и станут получать только ради Творца, чтобы доставить радость Ему.

В этом большом зивуге-единстве раскроются нам все высшее добро и наслаждение замысла творения. И увидим тогда своими глазами, что все эти наказания, ощущаемые нами в состоянии падения, приводящие нас к сомнениям и сожалениям о сделанных усилиях в Торе, – эти наказания очищали и исправляли нас, что они-то и есть прямые причины получения и ощущения нами сейчас, в конце исправления, всего самого лучшего.

Потому что, если бы не ужасные страдания, наказания, не смогли бы мы придти к состоянию наполнения совершенным наслаждением. Поэтому сами же эти намеренные прегрешения обращаются в заслуги, как и сказано: ДЕНЬ ЗА ДНЕМ ПРИНЕСЕТ СНОП – каждый подъем до конца исправления, как отдельный день в малхут.

Этот день раскрывается словом, во всем своем величии поддерживающим Тору. Каким словом? Когда говорили они «Тщетно служить Творцу! Какая польза, что исполняли мы службу Его и что ходили унылыми пред Господом?»

Эти слова вызвали наказания, теперь обернувшиеся заслугами, потому что все совершенство и богатство того большого дня они могут раскрыть сейчас благодаря именно прошлым наказаниям. Поэтому сейчас считаются говорившие эти слова как боящиеся Творца и славящие имя Его (а их мог говорить только тот, кто прилагал усилия в Истинном пути и разочаровывался вследствие получения неисправленного эгоизма более высокой ступени, т.е. разочарование приходит только к истинно работающим на Творца).

Поэтому сказано про них: «Сказал Господь: в день тот, который Я определю, и помилую Я их, как милует человек сына своего, РАБОТАЮЩЕГО для него» – потому что все ночи: состояния падения, страдания и наказания, прерывающие их связь с Творцом, теперь также обратились в заслуги и добрые деяния, и ночь светит, как день, тьма, как свет, и нет перерыва между днями, и собираются все 6000 лет в один большой день.

А все зивуги, совершенные последовательно, один за другим, раскрывшие подъемы и отдельные, последовательные, друг за другом, ступени, – собрались сейчас в одну ступень одного большого зивуга – Единства, светящегося от края мира и до края. Поэтому сказано: ДЕНЬ ЗА ДНЕМ ПРИНЕСЕТ СНОП, т.е. разрывы между днями обращаются сейчас большим величием, потому что обратились в заслуги. А потому становится все одним великим днем Творца!

А «Ночь за ночью», т.е. все ступени, властвующие ночью, славят одна другую, и каждая получает все, что человек ощущает как страдания в состоянии падения, это называется ночь. И вследствие таких ощущений получаются перерывы между ощущениями дня. А в общем этим отделяется каждая ступень от другой, ночь есть ощущение стремления познать Творца. Каждая из ночей полна тьмы. Но сейчас собираются все ночи (состояния ощущения недостатков, уныний, тяжести усилий, скрытия Творца) и образуют один сосуд получения высшего знания, наполняющего всю землю Знанием Творца, ночи светятся, как день.

И это оттого, что каждая ночь получает свою часть в Знании только вследствие соединения с остальными ночами, а поэтому каждая ночь считается как помогающая в Знании другим ночам, т.е. человек готов получить Знание, только если соединится с остальными ночами.

А поскольку ночь – это чувство недостатка знания, постижения, ощущения Творца, то, соединяясь вместе, ночи образуют совершенный сосуд получения этого Знания Творца. И каждый славит другого, потому что именно благодаря другому получил свою часть Знания Творца, как бы получил ее от своего товарища, вследствие соединения с ним, потому как если бы не соединился, то не получил бы, и только все вместе стали достойными получить высшее Знание. Потому сказано, что вследствие совершенства, полученного всеми вместе, стали все ночи любящими друг друга.

141. Говорит об остальных в мире, которые не слушаются Творца и которых Он не желает слышать? Но они по всей земле сделали линии, т.е. эти вещи делают линию из находящихся наверху и из находящихся внизу. Из одних – создаются небосводы, а из других, из их возвращения, создается земля. А если скажешь, что они же кружатся по миру на одном месте, говорится, что и в конце мира они.

До сих пор мы говорили о самых страшных в мире наказаниях и страданиях, заключающихся в отдалении от Творца, в отдалении веры в Него. Кроме того, говорит «Зоар», все наказания мира – от всех личных прегрешений, страданий ада и страданий тела, которыми полон этот мир, все они также собираются и включаются в общий большой зивуг, как сказано (Тора. Дварим 28, 63; русский перевод стр. 262, 63): «И будет, как радовался Господь вам, творя вам добро и умножая вас, так точно будет радоваться Господь, уничтожая вас и истребляя вас».

Потому что все соберутся и станут большим светом, и обратится все в большую радость и веселье. Поэтому сказано, что НЕТ СНОПА И НЕТ ВЕЩЕЙ В ОСТАЛЬНЫХ СЛОВАХ МИРА, которые являются страданиями этого мира в ощущениях человека. Но обратятся они в веселье и радость, вследствие чего святой Царь также пожелает вслушаться в них.

Итак, все страдания в течение 6000 лет соберутся и обернутся в конце исправления огромным наслаждением, как сказано пророком (Ермия 50, 20; русский перевод стр. 370, 20): «В те дни и в то время – сказал Господь – даже если будут искать вины Израиля, то не будет ее».

Потому что все обернется заслугами, настолько, что запросят и начнут искать, «а есть ли еще прегрешения из прошлого, которые можно также включить в зивуг и над которыми можно смеяться, потому что ощущали это как страдания, а теперь получают веселье и радость». Но не найдут. И нет более страданий в их истинном виде, какими они были в прошлом, хотя очень желали бы найти и ощутить их, потому что сейчас все страдания оборачиваются большим светом.

Эта большая ступень, создаваемая большим зивугом из всех душ и всех деяний, хороших и плохих вместе, вся эта ступень определяется сейчас как столб света, светящий от края мира и до края. И это есть совершенное единство и единение, как сказано пророком (Захария 14, 9; русский перевод стр. 490, 9): «будет Творец один (для всех) и имя Его одно» – будет только одно постижение всеми чувствами – постижение полного, совершенного имени Творца «Бесконечно добрый».

Благодаря тому, что эта, самая большая ступень получается вследствие присоединения всех страданий и наказаний – именно поэтому заполняет она светом все мироздание, в том числе землю. Но необходимо подчеркнуть, что страдания, о которых говорит «Зоар» здесь, это не страдания оттого, что тело не получает достаточно наслаждений и потому страдает, а страдания от отсутствия слияния с Творцом!

Но в любом случае, если страдания настолько полезны, то почему сказано «не их и не вознаграждения за них»? Страдания должны быть, потому что они – исправление. Но настоящие страдания, на которые человек может получить ступень конца исправления, – это страдания оттого, что вследствие ощущения их человек временно, пока ощущает боль страданий, отдаляется от Торы и Заповедей, чем доставляет огорчение Творцу, ОТЧЕГО ЕСТЬ СТРАДАНИЯ ШХИНЫ, потому что, ощущая страдания в сердце своем, человек поневоле говорит плохо о ней, страдания оттого, что унижает Шхину тем, что не желает терпеть и достичь конца исправления, хотя ему говорит Тора ждать, т.е. терпеть и верить выше знания, бескорыстной верой, что все это – его исправления, которые обязан пройти.

Душа человека – это тоже парцуф из 10 сфирот. В первоначальном своем, духовно еще неразвитом, неродившемся состоянии, душа определяется как точка, потенциальное будущее духовное тело. Если человек работает над собой, то постепенно в нем, на эту точку, рождается экран, на который человек производит зивуг – отталкивает все наслаждения ради желаний Творца, и получает внутрь этой точки свет, «раздувая» ее т.о. до парцуфа, превращая точку в тело – новорожденный парцуф.

А затем он далее взращивает свой экран, постепенно делая из малого состояния все большее, пока не получит в свое духовное тело весь свет, предназначенный для него Творцом. И это состояние называется конец личного, частного исправления. Когда все такие частные исправления сольются вместе, наступит общее исправление всего мира, т.е. всей малхут. Потому что малхут – это парцуф, состоящий из отдельных душ, каждая душа, парцуф каждой души – это часть малхут. А малхут – это собрание, сумма всех парцуфим, которые все люди должны сделать: создать экран и наполниться светом.

НАХОДЯЩИХСЯ НАВЕРХУ И НАХОДЯЩИХСЯ ВНИЗУ – порядок времён в духовном, вечном мире, не такой, как в нашем. Когда Творец пожелал создать мир, то создал сразу все: все души и их наполнение светом в законченном, совершенном виде, называемом конец исправления, где все творения получают бесконечное наслаждение, задуманное Им.

Это конечное состояние рождается немедленно с первой мыслью Творца создать мир, и оно существует в своем законченном виде с первого мгновения, потому что будущее, как настоящее и прошлое, слиты у Творца и нет в Нем фактора времени.

Весь прогресс человечества необходим только для того, чтобы мы смогли себе мысленно представить, что может быть и такое, как:

1) изменение времени: удлинение времени до бесконечности, т.е. остановка времени, слияние настоящего и будущего; течение времени в обратном направлении; отсутствие времени. А ведь время – это единственное, что дает нам ощущение существования. «Отключив» время, мы перестаем ощущать, что живем!

2) преобразование пространства: его растяжение или сворачивание в точку, пространство, складывающееся в иные формы, в иные измерения, бесконечность и отсутствие места вообще.

Я уже не раз касался этих вопросов в предыдущих книгах и не хотел бы здесь уходить от связи с текстом «Зоар». Но помнить о том, что у Творца нет понятий пространства и времени, необходимо для понимания истинного нашего состояния, а не того, которое мы сейчас ощущаем. На самом деле мы совершенно не такие, какими ощущаем себя сейчас, а находимся в ином виде и состоянии. Но ощущаем себя сейчас такими ввиду искажения наших ощущений эгоизмом, пропитавшим наши органы ощущений, вселившимся в наши тела, как облако духа.

Поэтому все, о чем говорит Тора, относится только к духовному миру и совершенно вневременно, говорит как о нашем прошлом, так и о нашем настоящем, так и о будущем, потому как время существует только относительно тех, кто еще находится в своих эгоистических кли-желаниях. Отсюда можно понять сказанное в Торе (Талмуд. Санэдрин 38, 2): «Показал Творец Адаму каждое поколение и его представителей, а также показал и Моше».

Но ведь описываемое происходит еще до сотворения этих поколений? Как же показывает их Творец Адаму и Моше? Это возможно, потому что все души и все их судьбы, от создания и до конца их исправления, вышли пред Творцом в полной действительности и находятся все в высшем райском саду. И из этого места они нисходят и входят в тела в нашем мире, каждый в свое «время». И там, «наверху», показал их Творец Адаму, Моше, да и остальным, достойным этого. Но это сложное понятие, и не всякий ум готов воспринять его.

Поэтому сказано в «Зоар» (Трума 163): «Как соединяются между собой 6 сфирот з"а наверху, выше груди з"а, в ОДИН, где нет с ними нечистых сил, так и малхут соединяется с з"а внизу, ниже груди з"а, в ОДИН, чтобы было внизу единство, так же как и наверху. Потому что Творец, з"а, Один Он наверху. И малхут становится Одна, чтобы был Один с Одним. Это и выражает тайну единения «Он и имя Его едины», потому что Он – з"а, имя Его – малхут. И они один в другом.

Потому что ступень, рождающаяся в конце исправления, в состоянии «Он и имя Его едины» уже существует наверху от суммы всех 600 000 душ и деяний в «течение» 6000 ступеней (называемых «лет») в мире, которые появятся до конца исправления, но наверху уже существуют в своей вечной форме, где будущее существует как настоящее.

Поэтому столб света, который осветит весь мир от края до края в конце исправления, уже существует в высшем райском саду и освещает его так, как раскроется нам в будущем. Потому что в конце исправления засветят две ступени, как одна, и будет «Он и имя Его едины». Возникнет столб-линия светящий из находящихся наверху, т.е. из душ, находящихся в высшем райском саду, и из находящихся внизу, т.е. из душ, одетых в тела нашего мира, и «один получает один», светятся эти 2 ступени вместе – этим и раскрывается единство Творца, как сказано, что в тот день будет «Он и имя Его едины».

Из вышесказанного можно подумать, что столб света, светящий в высшем райском саду, нисходит и светит в райском саду в нашем мире. Но это не так, А ИЗ НИХ СОЗДАЮТСЯ НЕБОСВОДЫ, потому что ступень эта выходит на зивуг есод з"а, называемый небосвод. Поэтому все зивуги, которые выходят выше небосвода, затем светят получающим их с небосвода и вниз. Ступень, выходящая выше небосвода, называется небо, а ступень, получающая от небосвода, называется земля.

Когда линия (столб) света соединяет живущих наверху и внизу, остается еще отличие высшего райского сада от населяющих этот мир, потому что от зивуга выше небосвода – получают населяющие высший райский сад, и получаемое ими называется новое небо для живущих наверху. И только небольшое свечение, называемое новая земля, нисходит под небосвод к населяющим внизу. Это и говорит «Зоар»: Из этих создаются небосводы, а из этих, из возвращения, создается земля.

Хотя в этом большом зивуге, как и во всех зивугах, то, что решается наверху, выше небосвода, выше зивуга, затем распространяется под линию зивуга, на землю, но не следует думать, что этот зивуг, как все до него, лишь тонкая линия света, называемое одно, т.е. ограниченное, место, как сказано в начале творения, «Да соберутся воды в одно место», т.е. во внутреннее место миров, место Израиля, а не в наружное место.

Но свет от этого зивуга кружится по миру и наполняет весь мир – и в конце мира, т.е. даже для наружных частей миров, даже для народов мира доходит этот свет, как сказано у пророка (Ишаяу 11, 9; русский перевод стр. 252, 9): «И наполнится земля знанием Творца».

142. А потому как создались из них небеса, кто же находится в них? Вернулся и сказал: «Для солнца есть там укрытие в них. Это то святое солнце, называемое з"а, там его место поселения и нахождения. И украшается оно ими».

143. Потому как з"а находится на тех небосводах и одевается в них, то он, как жених, выходит из-под своего свадебного полога (балдахина), и он весел и мчится по этим небосводам, и выходит из них, и входит, и мчится к одной башне, в другом месте. От одного конца неба выходит он, из высшего мира, самого высшего места, т.е. из бина. А период его – где он? Это противоположное место внизу, т.е. малхут, которая является периодом года, образующая все окончания и связывающая все, от неба и до этого небосвода.

«Зоар» говорит о большой тайне выхода солнца из своего укрытия. Необходимо заметить, что в каббалистических книгах часто употребляется слово «тайна», а затем тут же начинает автор объяснять и вроде бы раскрывает тайну. Но читатель должен понимать, что нет в мире тайн. Все постигается человеком от той ступени, на которой он находится. Даже в нашем мире, развиваясь, человек постигает на каждой ступени своего умственного развития все новые понятия. И то, что еще вчера было для него тайной, сегодня уже понятно и раскрыто пред ним.

Так и в духовных ступенях постижения. Каббала называется тайным учением, потому что обычным людям оно не раскрыто, тайна для них. Но как только человек получает экран и начинает ощущать духовный мир, то, что начинает ощущать, переходит из области тайны в явь. И так далее, пока все мироздание перенесет в свое постижение, полностью постигнет тайны Творца (см. «Предисловие к ТЭС» п. 148).

Выход солнца из своего укрытия (нартика), из-под хупы – свадебного полога: и выходит, и мчится к одной башне, в другом месте – после большого зивуга под хупа, з"а выходит из укрытия в малхут, называемой башней Оз имени Творца, потому что тогда поднимается малхут и соединяется с ним в одно.

Окончание малхут называется «период года». И до конца исправления к нему присасываются нечистые силы, называемые «конец дней». А теперь, после окончания исправления, необходимо еще исправить эту часть малхут, называемую «конец дней», с помощью выхода солнца из своего укрытия, КАК ЖЕНИХ ВЫХОДИТ ИЗ-ПОД СВАДЕБНОГО ПОЛОГА, и светит, и является в башню Оз, малхут, и МЧИТСЯ, и светит на все окончания, которые есть в малхут, чтобы исправить «период года» нижнего края неба.

Потому что это последнее действие исправляет все окончания в малхут, связывает все от неба до небосвода, т.е. малхут получает свет КРАЯ НЕБА свыше от небосвода, з"а.

144. Нет ничего скрытого вследствие периода года и от периода солнца, вращающегося во все стороны. И нет скрытия, т.е. нет ни одной высшей ступени, скрытой от него, потому что все были связаны и каждый являлся к нему, и нет, кто бы был скрыт от него. Благодаря ему, благодаря им, и возвращался к ним, к товарищам, во время полного возвращения и исправления. Весь этот год и все это время – для Торы, чтобы занимались ею. Как сказано: «Тора Творца совершенна».

После большого зивуга появилось скрытие на весь высший свет (см. п. 94) и потому необходим новый зивуг, БАШНЯ, который вновь раскрывает весь высший свет, скрытый вследствие исчезновения ступени БО"Н, прежде чем она начинает подниматься в СА"Г. Поэтому НЕТ НИЧЕГО СКРЫТОГО ОТ ТОГО ПЕРИОДА СОЛНЦА, ВРАЩАЮЩЕГОСЯ ВО ВСЕ СТОРОНЫ, ведь зивуг периода солнца с периодом года исправляет окончания малхут со всех сторон, пока не закончит все исправление, так что поднимется БО"Н и станет как СА"Г, что и является его полным исправлением, после чего НЕТ СКРЫТИЯ, НЕТ НИ ОДНОЙ ВЫСШЕЙ СТУПЕНИ, СКРЫТОЙ ОТ НЕГО, потому что все ступени и высший свет снова раскрываются в совершенном и полном виде, И НЕТ (того), КТО БЫ БЫЛ СКРЫТ ОТ НЕГО, потому что все ступени и свет возвращаются и являются к нему постепенно, пока не раскроется все.

Поэтому сказано, что это раскрытие не происходит в мгновение, потому что в течение своего периода солнце проходит и светит в той мере, которая становится достаточной для ПОЛНОГО ВОЗВРАЩЕНИЯ, как сказано, что грешники наказываются Им, а праведники излечиваются Им. А затем все удостаиваются полного раскрытия Светила.

145. 6 раз написано слово АВА"Я и 6 предложений, от «небо повествует» и до «Тора Творца совершенна» в Теилим (19, 2-8; русский перевод стр. 11, 2-8). И эта тайна слова БЕРЕШИТ, состоящего из 6 букв: СОТВОРИЛ ТВОРЕЦ ЭТ (артикль) НЕБО И ЗЕМЛЮ, всего 6 слов. Остальные источники предложения от «Тора Творца совершенна» и до «лучше золота они» (там же в Теилим), соответственно, против 6 раз сказанного в них имени АВА"Я, источников от «небо повествует» до «Тора Творца совершенна» они для 6 букв слова БЕРЕШИТ, а 6 имен – они для 6 слов от «сотворил Творец» и до «небо и землю».

Известно, что любая ступень, рождающаяся, раскрывающаяся в мирах, раскрывается вначале своими буквами, что означает еще непознаваемое. А затем она предстает в сочетании букв. И тогда эта ступень становится познаваемой, становится известно, что есть в ней, как уже говорилось ранее о буквах, РИ"Ю = 216 и А"Б = 72 (см. п. 116).

6 букв слова БЕРЕШИТ включают в себя все находящееся на небе и на земле, но в непознаваемом виде, и потому обозначаются только этими буквами, без их сочетаний. А затем есть 6 слов СОТВОРИЛ, ТВОРЕЦ, ЭТ (артикль), НЕБО, И, ЗЕМЛЮ, где уже есть постижение того, что находится в слове БЕРЕШИТ – небо, земля и все их наполняющее.

По этому же принципу можно понять находящееся в 6 предложениях от «небеса повествуют» и до «Тора Творца совершенна» – это только начало раскрытия постижения конца творения, т.е. в виде букв, как 6 букв в слове БЕРЕШИТ. А полное раскрытие, т.е. постижение конца исправления, начинается от «Тора Творца совершенна», где есть 6 имен, каждое из которых означает особое постижение, указывая, что только после завершения этой ступени, как сказано, НЕТ СКРЫТОГО ВСЛЕДСТВИЕ ЕГО, раскрываются и постигаются все сочетания букв, что есть в большом зивуге в конце исправления.

Поэтому говорит «Зоар», что ОБ ЭТОЙ ТАЙНЕ НАПИСАНО (ГОВОРИТ) СЛОВО «БЕРЕШИТ», СОСТОЯЩЕЕ ИЗ 6. В слове БЕРЕШИТ есть 6 букв, в которых скрыты небо и земля, а затем в 6 словах СОТВОРИЛ ТВОРЕЦ ЭТ НЕБО И ЗЕМЛЮ они приходят к своему раскрытию. Так же и 6 предложений в Теилим (19, 2-8) от НЕБО ПОВЕСТВУЕТ и до ТОРА ТВОРЦА СОВЕРШЕННА еще не раскрывается большой зивуг конца исправления, а только после НЕТ СКРЫТОГО ВСЛЕДСТВИЕ ЕГО раскрываются 6 имен, в которых раскрывается весь конец исправления, во всем своем совершенстве и полноте.

146. Когда они сидели и разговаривали, вошел раби Эльазар, сын раби Шимона. Сказал им: «Конечно, лицо Шхины явилось, потому назвал я вас Паниэль, от слов Пани (паним) – лицо, и Эль – Творец» (см. п. 119), потому что увидели вы Шхину лицом к лицу. А теперь, когда вы познали, раскрыл вам о Бнэяу бэн Яуяда, конечно же, это относится к Атик, к сфире кэтэр, как и все, случившееся затем, как сказано в Торе, «и он убил египтянина». А тот, скрытый ото всех, – Атик.

Говорится здесь, в продолжении «Погонщика ослов», который раскрыл им, раби Эльазару и раби Аба, душу Бнэяу бэн

Яуяда, вследствие чего и назвал их раби Шимон по имени Паниэль. Потому что душа Бнэяу бэн Яуяда – это ступень, которая раскрывается в будущем, в конце исправления. Поэтому и они были в состоянии скрытия высшего света (см. п. 113), как говорилось уже о зивуге периода солнца и периода года, пока отыскали раби Шимона бэн Лакуния и пр., вследствие чего удостоились снова всего света.

Поэтому, говорит им раби Шимон здесь, ВЫ ПОЗНАЛИ, РАСКРЫЛИ ВАМ О БНЭЯУ БЭН ЯУЯДА, что они уже постигли 6 предложений, постигли сказанное в НЕБЕСА ПОВЕСТВУЮТ, и они уже в 6 именах, потому что уже познали они раскрытие души Бнэяу бэн Яуяда. Потому что, когда постигли его душу с помощью погонщика ослов, еще не было их постижение раскрыто им, потому что были тогда еще в 6 предложениях, потому-то и было скрытие. Но теперь познали, раскрыли они душу Бнэяу – что эта душа есть большой зивуг Атика, когда все раскроется всем.

147. Сказанное, «Он убил египтянина», объясняется в другом месте, т.е. на иной ступени, в ином виде. Открыл и сказал: «Он убил египтянина, человека рослого, пяти локтей». Это все одна тайна. Этот египтянин – это тот известный, о котором сказано «очень большой в земле египетской в глазах еврея», потому что он большой и ценный, как объяснил уже тот старец (см. п. 99).

В самой Торе сказано об убийстве египтянина в книге Шмот (2, 12; русский перевод стр. 69, 12). Как уже мы выясняли в статье с равом Амнон-саба, на другой ступени, т.е. на ином языке, сказанном в Диврэй аямим, это выражается иными словами, но эти два изречения являются одной тайной, потому что в книге Шмуэль (2, 23, 21; русский перевод стр. 151, 21) сказано: «И он убил одного египтянина, человека видного», а в Диврэй аямим (1, 11, 23; русский перевод стр. 304, 23) сказано: «И он убил египтянина, человека рослого, пяти локтей». Эти оба изречения одна тайна, которую «Зоар» продолжает выяснять.

148. Этот случай разбирался на высшем собрании. Человек видный и человек рослый – это одно и то же. Потому что это Суббота и Субботнее расстояние. Как

сказано: «Измеряй его вне города». И сказано: «Не делай затруднений ограничениями в измерении». Поэтому рослый человек он. Именно таков, длиной от края мира и до края. Таков он, первый человек, Адам. А если возразишь, дескать, сказано, что пять локтей, знай, что пять локтей – это от края мира и до края.

Речь идет о собрании Творца, о котором сказал раби Шимон: «Видел я поднимающихся, но как малочисленны они» (Талмуд. Сука 45, 2). Есть собрание низшее, и это собрание ангела Матат. Но то, о чем здесь идет речь, происходит в высшем собрании, о чем и пойдет речь далее.

Видный человек – это ступень Моше, о котором сказано (Тора. Дварим 34, 10; русский перевод стр. 271, 10): «И не было более пророка в Израиле, как Моше», о котором сказано (Тора. Бамидбар 12, 7–8; русский перевод стр. 186, 7–8): «Не так с моим рабом Моше, доверенный он во всем доме Моем. Устами к устам говорю Я с ним, и явно, а не загадками».

Видный человек – имеется в виду также величина, измеряемая от края мира и до края. Причем вид и размер соответственно подобны Субботе и Субботнему расстоянию, где Субботнее расстояние есть конец меры Субботы. В течение 6000 лет субботнее расстояние ограничено только 2000 ама (локтей), а после конца исправления Субботнее расстояние будет от края мира и до края, как сказано (Захарая 14, 9; русский перевод 490, 9): «И будет Господь царем на всей земле».

Как мы уже знаем, до парса мира Ацилут высший свет может нисходить и наполнять парцуфим. Субботой называется такое духовное состояние, когда миры БЕ"А и их населяющие поднимаются над парса, в мир Ацилут. Выше парса существуют только добрые силы, исправленные желания-келим. Поэтому, естественно, никакой работы по разботу чистых келим из нечистых и их исправление в Субботу производить не надо.

Но свечение Субботы действует не только в мире Ацилут, а и за его пределами: оно воздействует таким образом на 16 сфирот, от парса до груди мира Ецира, что с этими желаниями душа может быть также в состоянии «Суббота». В изложении духовных законов языком нашего мира это излагается, как разрешение выходить на 2000 ама за пределы города Ацилут 70 ама – до груди мира Брия и еще 2000 ама – от груди мира Брия до груди мира Ецира (70 ама считаются как находящиеся в пределах границ города).

Но после исправления всех келим-желаний не будет никаких ограничений, и Ацилут распространится до нашего мира, и наступит только состояние Субботы во всем мире – во всех желаниях всех творений.

Поэтому сказано: ЧЕЛОВЕК ВИДНЫЙ И ЧЕЛОВЕК РОСЛЫЙ – ЭТО ОДНО И ТО ЖЕ. ПОТОМУ ЧТО ЭТО СУББОТА И СУББОТНЕЕ РАССТОЯНИЕ. КАК СКАЗАНО: «ИЗМЕРЯЙ ЕГО ВНЕ ГОРОДА», И СКАЗАНО: «НЕ ДЕЛАЙ ЗАТРУДНЕНИЯ СУДА В ИЗМЕРЕНИИ». Отсюда видно, что мера объекта есть его конечная граница, так же как слова ЧЕЛОВЕК РОСЛЫЙ указывают на конец, границу Субботы после конца исправления, которая будет от края мира и до края.

И БУДЕТ ИМЕННО РОСЛЫМ ЧЕЛОВЕКОМ – это говорит о том, что не размер властвует над ним, а он над размером, и он определяет этот размер, согласно своему желанию. ТАКОВ ОН, АДАМ, что до своего прегрешения был размером от края мира и до края (Талмуд. Хагига 12, 1) и светил от края мира и до края, как Субботнее расстояние после конца исправления.

ЭТИ ПЯТЬ ЛОКТЕЙ ОТ КРАЯ МИРА И ДО КРАЯ – потому что 5 локтей – это 5 сфирот к-х-б-з"а-м, которые после конца исправления расширятся и заполнят все, от края мира и до края.

149. И это подобно сказанному (Шмуэль 1, 17, 7; русский перевод стр. 93, 7): «как ткацкий навой», так посох Творца (Тора. Шмот 4, 20; русский перевод стр. 72, 20) был в его руке, открывающий, утвержденным в нем тайным именем, светом сочетания букв, которые выбил Бецалель и ученики его, называемые вязью, как сказано, заполнил их и пр. и СВЯЗАЛ. А посох тот – светило в нем тайное имя, начертанное на всех его сторонах, светом мудрецов, которые утвердили тайное имя в 42 свойствах. А сказанное здесь и далее – это как объяснил уже нам ранее старец. Счастлива его участь.

Тайна сочетания букв в святых именах называется вязанием, ткачеством, подобно тому как ткач соединяет нити в полотно,

Ночь невесты

так соединяются буквы в сочетания святых имен, означающие их духовное высшее постижение человеком. Поэтому «Зоар» говорит, что посох Творца, который был в руках Моше, выбил те сочетания букв тайного имени, которые выбил Бецалель и его ученики в их работе по созданию Скинии.

Поэтому называется посох Творца ткацким навоем. Навой – на иврите МАНОР от слова ОР – свет, означает, что свет сочетания букв тайного имени был тем, что соткал и выбил Бецалель, как сказано светом сочетания букв, которые выбил Бецалель.

Но до конца исправления посох не светил со всех сторон, потому как было в нем отличие посоха Творца от посоха Моше. О посохе Моше сказано (Тора. Шмот 4, 20): «Пошли руку твою, и схвати за конец (хвост змея) его, и станет он посохом в руке твоей», откуда видно, что светил не со всех сторон.

Но после конца исправления он засветит со всех сторон, как сказано: «А посох тот, светило в нем тайное имя, начертанное на всех его сторонах, светом мудрецов, которые утвердили тайное имя в 42 свойствах. Потому что тайное имя, которое было выбито на посохе, светило со всех сторон, т.е. в свойстве «Уничтожит Он смерть навеки» (Ишаяу 25, 8; русский перевод стр. 262, 8). И потому засветит со всех сторон одинаково. А свет имени, которое выбито на посохе, – это свет хохма имени М"Б.

150. Присядьте, уважаемые, сядьте и обновим исправление невесты в эту ночь, в которую всякий, кто соединяется с нею в эту ночь, охраняется весь этот год, свыше и внизу. И проходит этот год миром для него. О таких сказано (Теилим 34, 8-9; русский перевод стр. 20, 34, 8-9): «Стоит станом ангел Господень вокруг боящихся Его и спасает их. Вкусите, и увидите, как добр Творец».

Как уже говорилось выше (п.125), есть два объяснения сказанному здесь. Согласно первому объяснению, потому как день вручения Торы является светом конца исправления, когда навечно исчезает смерть и наступает свобода от ангела смерти, то желательно прилагать усилия для получения этого света в течение дня праздника Шавуот, потому что этот, обновляющийся в праздник свет несет с собой избавление от смерти.

Согласно же приводящемуся там же второму объяснению малхут называется годом, и от обновления света поддерживающими Тору после конца исправления произойдет также полное и окончательное исправление года, т.е. малхут. Потому что обновление света поддерживающими Тору называется исправление ночи невесты, малхут, называемой год, вследствие чего получается исправленный год.

НЕБО И ЗЕМЛЯ

151. Открыл раби Шимон и сказал: «Вначале сотворил Творец небо и землю». Необходимо посмотреть в сказанное, потому что каждый, утверждающий, что есть другой Творец, исчезает из мира, как сказано: «Утверждающий, что есть другой Творец, исчезает как с земли, так и с неба, потому что нет иного Творца, кроме Всевышнего».

Здесь «Зоар» продолжает говорить об исправлении невесты. Поэтому начинает с первого предложения Торы: ВНАЧАЛЕ СОЗДАЛ ТВОРЕЦ, с корня и источника всех исправлений невесты, исправления малхут в течение 6000 лет. Все исправление малхут происходит только вследствие ее соединения с бина и получения свойств бина. Поэтому говорит Тора: ВНАЧАЛЕ СОЗДАЛ ТВОРЕЦ, где Творец именуется словом Элоким, означающим бина, т.е. свойством бина Он создал мир с целью исправления.

Элоким состоит из М"И-бина и ЭЛ"Е-малхут. Благодаря постоянному соединению М"И с ЭЛ"Е существует мир. Потому что Творец – это бина, называемая Элоким, а соединение М"И и ЭЛ"Е дает ЭЛ"Е также свойство бина, вследствие облачения света хохма в свет хасадим. И благодаря этому исправлению существует мир.

Соединение М"И и ЭЛ"Е не дает существовать иным, чужим, эгоистическим силам в парцуфе, так называемым «иным творцам», «иным элоким», которые не могут дать миру существование, потому как отделяют М"И от ЭЛ"Е, не облачают свет наслаждения хохма в альтруистическое намерение хасадим, ради Творца, вследствие чего свет хохма уходит из парцуфа, из ЭЛ"Е. Поэтому есть запрет на веру в управление человеком иными силами, кроме Творца, ведь вера в них приносит миру, человеку не существование, получение света жизни, а разрушение, исчезновение этого света.

152. Все, кроме слова ЭЛЕ, сказано на языке арамит, называемом «перевод». Спрашивает: но если скажешь, что это потому, что святые ангелы не понимают перевода, т.е. арамейского языка, то ведь тогда надо было говорить все на иврите, чтобы слышали святые ангелы и благодарили за это. Отвечает: именно поэтому и написано в переводе, т.е. на арамейском, потому что святые ангелы не слышат, не понимают его, и поэтому не будут завидовать людям, что во вред последним. Потому что в этом случае и святые ангелы называются творцы, и они в группе творцов, но они не создали небо и землю.

Арамейский язык называется «перевод», он очень близок святому языку, ивриту, но, несмотря на это, ангелы не нуждаются в нем и не знают его. А остальные языки народов мира они знают и нуждаются в них. Причина этого в том, что перевод со святого языка называется его обратной стороной, его ва"к с отсутствием га"р.

То есть существует альтруистический язык, называемый поэтому святым, и его обратная, предварительная стадия, называемая поэтому его переводом, арамейский язык. И никакой иной язык мира не может быть переводом святого языка, только арамейский. Все остальные языки народов мира – эгоистических желаний – сугубо эгоистичны и не связаны с альтруизмом, не являются АХА"Пом относительно Г"Э – святого языка.

Поэтому действительно перевод близок к святому языку. Но есть здесь одно отличие, вследствие которого ангелы не нуждаются в нем: святой язык, как язычок весов, показывающих меру равновесия правой и левой чаш весов, где указатель-язычок находится между чашами и выносит свой приговор – в сторону чаши вознаграждения за заслуги или в сторону чаши наказаний за прегрешения, и возвращает все к исправленности, чистоте и святости, потому и называется святым языком (см. «Предисловие к ТЭС», п. 120).

Как сказано в п. 16: Все небо, земля и их населяющие сотворены М"А, т.е. малхут, как сказано: «М"А = ЧТО = КАК велико Твое имя на земле, которую поставил ты выше неба!» Ведь небо сотворено именем (свойством) М"А (малхут), а говорит про небо, указывая на бина, называемую М"И. Но все объясняется именем Элоким.

Небо и земля

В небе и земле, созданных силой М"А, имя Элоким раскрывается только с присоединением букв ЭЛ"Е от Има-бина, с помощью ма"н и добрых дел низших. Поэтому свет га"р, т.е. свет хохма, называемый Элоким, непостоянен ни в небе, в бина, ни на земле, в зо"н.

Обычно выше парса, в зо"н мира Ацилут, есть только Г"Э, а их АХА"П находится под парса в мирах БЕ"А, потому что сами зо"н не желают получать свет хохма, только если это необходимо для передачи в парцуфим – души праведников, находящихся в мира БЕ"А.

Потому что, когда поднимают низшие, праведники, находящиеся духовно в мирах БЕ"А, ма"н снизу вверх, со своих мест в БЕ"А в малхут мира Ацилут, обращается М"А в М"И, а буквы ЭЛ"Е присоединяются к М"И, создавая вместе слово Элоким, являющееся светом неба и земли. Но если низшие портят свои действия, погружаясь в эгоистические намерения, исчезает свет и остаются сфирот к-х со светом руах-нэфэш, называемые М"И или М"А, а буквы ЭЛ"Е падают в нечистые силы, потому что М"И – это Г"Э, а ЭЛ"Е – это АХА"П.

Поэтому все исправление зависит только от присоединения букв ЭЛ"Е к М"И с помощью ма"н. И потому называется это исправление «святой язык», как язык весов, определяющий уравновешивание эгоистических желаний с альтруистическими намерениями, получение ради Творца. Потому язычок весов устанавливается посреди, и с помощью такого взаимодействия свойств малхут-желания получить и бина-желания отдать достигается получение света хохма ради Творца.

Свет, называемый «святой», потому что передает святое имя Элоким в ЗО"Н, нисходит из бина в зо"н и переносит буквы ЭЛ"Е в чистую, святую сторону, на чашу заслуг. Поэтому называются весы «мознаим», от слова озэн, ведь свет в АХА"П называется по высшему в нем свету, свету озэн, сфиры бина, свету нэшама.

кетэр	- гальгальта	- лоб	- йехида	Г"Э
хохма	- эйнаим	- глаза	- хая	
бина	- озэн	- ухо	- нэшама	
з"а	- хотэм	- нос	- руах	АХА"П
малхут	- пэ	- рот	- нэфэш	

А противоположен святому языку весов язык перевода, называемый ТАРГУМ. Потому что, когда низшие не поднимают ма"н, находятся не в своих чистых намерениях, определяется это их состояние как стремление использовать только желания получить, обозначаемые только буквами ЭЛ'Е, и не стремятся соединить их с желанием, буквами М"И-бина, свойством отдавать. Вследствие этого нисходят АХА"П ЗО"Н, называемые М"А, и возвращаются небо и земля, т.е. ЗО"Н, в состояние ва"к.

Такое состояние называется языком таргум. Гематрия слова ТАРДЭМ"А, сон, равна гематрии слова ТАРГУ"М. Слово «таргум» пишется на иврите теми же буквами, что и слова «тэрэд ма», что означает «опускается М"А», потому что вследствие этого языка, который духовно нечист, раскрывается АХА"П = М"А, обозначаемый ТЭРЭД М"А, и наступает состояние нисхождения с чаши заслуг к чаше наказания. Состояние, в котором находится при этом Г"Э, называется сон.

Но все это относится только к ЗО"Н, т.е. к небу и земле, созданным в М"А, желаниям получить, потому что вышли от зивуг на есод, называемый М"А. Но святые ангелы, которые вышли от зивуг поцелуя АВ"И и в которых нет М"А, а только М"И, только альтруистические желания отдавать, свойство ИМА, бина – они находятся в состоянии ва"к постоянно, без га"р, т.е. без света хохма. Но, с другой стороны, их ва"к – это свет милосердия, свет хасадим от М"И = Има, бина. А свет хасадим в бина важен как га"р, потому что наполняет желания таким ощущением совершенства, как га"р, настолько, что не желают свет хохма, как Има. И потому они святые, и потому га"р называется святым.

Поэтому ангелы не реагируют на язык ТАРГУМ, добавляющий М"А к ЗО"Н и возвращающий зо"н к состоянию ва"к, по двум причинам:

    а) потому, что даже во время нахождения ЗО"Н в состоянии га"р от воздействия святого языка ангелы не получают от него га"р, хохма, ибо желают только свет хасадим, как Има,

    б) потому, что добавление ахораим = АХА"П совершенно не относится к ангелам, ведь нет в них свойств М"А.

Поэтому говорит «Зоар», что СВЯТЫЕ АНГЕЛЫ СОВЕРШЕННО НЕ НУЖДАЮТСЯ в переводе И НЕ ПРИСЛУШИВАЮТСЯ к нему – не нуждаются, потому что ничего не проигрывают от его наличия и ничего не выигрывают от его исчезновения, ввиду того, что они являются свойством ва"к и нет в них свойства М"А.

И НЕ БУДУТ ЗАВИДОВАТЬ ЧЕЛОВЕКУ – в основном это предложение касается проклятия иных творцов – сил, мешающих раскрытию га"р, света хохма, вследствие чего человек лишается света и букв ЭЛ"Е, потому что в ангелах тоже нет свойств га"р хохма, а только га"р хасадим. Вследствие этого они ощущают стыд своего падения на такую ступень и зависть к нам оттого, что мы ощущаем себя настолько важными.

Говорит «Зоар», что в этом случае и святые ангелы называются творцами, но они не создали небо и землю и называются «творцы-элоким» (силы), потому что исходят от Има-бина, называемой Элоким, поэтому они в общем Элоким. Но НЕ СОЗДАЛИ НЕБО И ЗЕМЛЮ, потому что не могут поддерживать существование неба и земли в га"р хохма. «А для неба и земли (исправления мира до его наивысшего слияния с Творцом) нет существования без поселения человека в нем (чтобы человек состоял из эгоистических и альтруистических желаний), без сеяния и сбора урожая (исправления своих эгоистических желаний соединением со свойствами бина). И существование это возможно только в свете га"р хохма (получении света хохма ради Творца). Поэтому ангелы не создают небо и землю.

153. Спрашивает, земля названа словом «арка», но ведь надо было сказать «ар'а». Отвечает: потому что арка – это одна из 7 стран внизу, в которой находятся сыновья сыновей Каина. Ведь после того, как были они изгнаны с лица земли, спустились туда и родили поколения, знание запуталось настолько, что прекратилось понимание, и это двойная страна, т.е. состоящая из света и тьмы.

Все 7 сфирот (шесть сфирот з"а и одна малхут) включают, каждая в себе, свойства шести остальных, так что есть в каждой из них 7 сфирот х-г-т-н-х-е-м. То есть и в малхут есть 7 сфирот, а также и в нижней земле есть 7 стран, называемых: ЭРЭЦ, АДАМА, АРКА, ГИА, НЭШИЯ, ЦИЯ, ТЭВЭЛЬ.

Наша страна (земля) называется ТЭВЭЛЬ, и она наивысшая из 7 стран, а АРКА – это 3-я из 7 стран. Души Каина и Эвэля исходят от слова Элоким, но вследствие нечистоты, полученной

Хавой, женой Адама, от змея, вышла вначале душа Каина из букв ЭЛ"Е, а затем вышел Эвэль из букв М"И. И они, эти два парцуфа, должны были соединиться и включить взаимно свои свойства друг в друга, отчего имя Элоким стало бы светить в обоих, как от присутствия М"И в ЭЛ"Е постоянно.

Но нечистая сила, вышедшая вместе с душой Каина, вызвала в нем жалобы на брата своего, на М"И слова Элоким настолько, что восстал и убил Эвэля, т.е. М"И от Элоким, потому что вызвал исчезновение свойства М"И-бина в нем, в ЭЛЕ, что и есть убийство.

А ЭЛ"Е, его личное свойство, без поддержки свойствами М"И упало в нечистые силы, с (духовного уровня) святой земли в нечистое место (эгоистические желания). И потерял потомство (парцуфим со светом) вследствие властвования нечистых сил (исчезновения экрана), и потому святой язык в нем заменился на перевод, потому что исчезло в нем знание (свет хохма), ведь нечистые силы не имеют знания, ибо есть в них только свет х-б без даат.

Убийство Эвэля (исход света из этого парцуфа; см. п. 152) есть следствие того, что только силой ма"н, поднимаемых чистыми помыслами праведников из БЕ"А, образуется М"И в ЗО"Н. А затем получаем буквы ЭЛ"Е. И становится полным слово Элоким в ЗО"Н, как в АВ"И, и малхут заканчивается как з"а, как Има, вследствие ухода буквы хэй и прихода вместо нее буквы юд (см. п. 17).

Но буква хэй из М"А не исчезает навсегда, она просто входит во внутреннюю часть малхут и скрывается там (желание получить получает насыщение от альтруистических действий, света хасадим, поэтому их эгоистические стремления временно не ощущаются, скрываются в свете хасадим). А буква юд в М"И раскрывается наружу.

Поэтому святое имя Творца Элоким находится также в ЗО"Н, в небе и земле. Но Каин поднял ма"н не в святости и чистоте, а желал использовать относящиеся к нему буквы ЭЛ"Е для собственного наслаждения, что описывается как И ВОССТАЛ КАИН НА СВОЕГО БРАТА ЭВЭЛЯ, потому что поставил себя выше, во власти над М"И = Эвэль.

Но немедленно раскрылись АХА"П нуквы, буква хэй дэ М"А, которая была скрыта, и слово М"И исчезло из малхут. Поэтому и душа Эвэля, исходящая из М"И нуквы, наполняющий парцуф светом, называемым его душой, тоже исчез вверх, что и говорится словами И УБИЛ, потому что исход света из парцуфа называется смертью.

Поэтому «Зоар» в главе Берешит п. 2–4 описывает: нечистая сила змея была в Каине, вследствие чего желал усилить буквы ЭЛ"Е, аннулировать М"И и властвовать над ними. Потому открыл АХА"П нуквы, т.е. М"А, и исчезли М"И из нуквы, а потому исчезла душа Эвэля, нисходящая из М"И, – И УБИЛ.

А сам Каин, т.е. ЭЛ"Е, упал во власть нечистых сил, называемых АРКА, называемые еще ЭРЭЦ НОД, как сказано в Торе (Берешит 4, 15; русский перевод стр. 5, 15): «И поселился в земле Нод».

Как говорит «Зоар»: и это двойная страна, т.е. состоящая из света и тьмы – потому что свет и тьма действуют (властвуют) там вперемешку, не разделяясь, ибо есть там два управляющих, поровну властвующих над той страной. Один – управляющий тьмой, а другой – светом. Поэтому не в состоянии человек отделить свет от тьмы в таком состоянии и только помощь свыше, нисходящий свыше свет разума, дает ему возможность отличить истинного Управляющего от властителя тьмы.

154. И есть там два управляющих властителя, один над тьмой и один над светом, и становятся враждебными друг другу. Когда низошел Каин туда, соединились все и дополнились всем. И видели все, что они потомство Каина. Поэтому две головы их – как две змеи, кроме того времени, когда управляющий светом побеждает другого, управляющего тьмой. Поэтому включаются они в свет, включаются в тьму и становятся как один.

Необходимо повторить п. 14 о рождении святого имени Элоким: вначале поднимаются буквы ЭЛ"Е и соединяются с М"И в простое слово, потому что недостает света хасадим, а святость = свет хохма, не может войти в кли-желание насладиться без одеяния в свет хасадим, и потому скрыта в имени Элоким.

Поэтому делается зивуг в М"И, чтобы получить свет хасадим, в который одевается свет хохма, исправляя этим имя Элоким: М"И БАРА ЭЛ"Е – БАРА – это источник света хасадим, в который оделся свет хохма, связав этим М"И с ЭЛ"Е, отчего исправилось имя Элоким. Потому что в М"И-бина есть га"р,

АВ"И, со свойством чистого альтруизма, никогда не получающий свет хохма, и за"т, Ишсут, получающий свет хохма.

Поэтому вначале поднятия букв ЭЛ"Е к М"И они поднимаются к за"т дэ М"И, Ишсут, получающим свет хохма. Но тогда они скрыты в имени Элоким. А затем происходит 2-й зивуг на га"р дэ М"И, АВ"И, альтруистические желания, которые дают ЭЛ"Е свет хасадим, отчего исправляется имя Элоким.

```
АВ"И    -   га"р бина   -   свет хасадим
Ишсут   -   за"т бина   -   свет хохма
ЗО"Н
```

ЭЛ"Е в отсутствии света хасадим, вследствие чего находящиеся без хохма называются парцуфом Каин. Каин не только не поднял ма"н получить М"И с хасадим, но более того – желал получить свет хохма от АВ"И, чем убил парцуф, называемый Эвэль, потому что обнажились эгоистические желания АХА"П малхут мира Ацилут. Свет исчез из парцуфа Эвэль, что означает его смерть. И сам упал в нечистые силы, т.е. в ЭЛ"Е.

Место этих нечистых сил называется АРКА, и есть там 2 управляющих от нечистых ЭЛ"Е: когда в малхут АХА"П дэ М"А в скрытии и АХА"П дэ М"И открытый, она может передавать душам свет от чистого, святого имени Элоким в состоянии совершенства, потому что тогда свет хохма букв ЭЛ"Е, полученный Ишсут, одевается в хасадим, полученный от АВ"И, и раскрывается святое имя Элоким.

Но, так как нечистые силы присасываются только к АХА"П чистых сил, т.е. к М"А, то находятся в них буквы ЭЛ"Е в 2-х несовершенных состояниях: а) совершенно отсутствуют хасадим, б) свет хохма в ЭЛ"Е не может одеться в хасадим, вследствие отсутствия хасадим дэ М"И, поэтому ЭЛ"Е находятся во тьме.

Это мужская часть нечистых ЭЛ"Е, потому что эти келим – келим для света хохма, но пустые от хохма, вследствие отсутствия хасадим дэ М"И, и потому они в темноте, пустые и от хохма, и от хасадим. Но это большие келим, потому что если бы смогли получить свет хасадим, то смогли бы получить свет хохма в эти хасадим.

А женская часть нечистых ЭЛ"Е происходит от АХА"П дэ М"А святой нуквы, которая является кли света хасадим. Но нечистая нуква очень повреждена, потому что она основа отдаления всех, кто отдаляется от Творца, ибо подделывается под святую малхут. И в зависимости от меры испорченности имеет много нечистых имен. Но есть в ней маленький свет (Нэр дакик), ввиду происхождения ее келим от АХА"П дэ М"А, которые в своем корне келим света хасадим.

Эти мужская и женская части нечистых ЭЛ"Е, з"а и малхут нечистых сил, 2 управляющих в АРКА: мужская часть управляет тьмой, а женская часть ответственна за свет, который там. Они жалуются друг на друга, потому как противоположны друг другу: мужская часть, оттого что она – это пустые от света хохма келим букв ЭЛ"Е, она ненавидит силы отдаления от Творца и подделывания, которые находятся в келим женской части нечистых сил, и предпочитает быть в своей тьме.

А нуква нечистых сил, имеющая маленький свет хасадим, не стремится вообще к свету хохма, а тем более к тьме, в которой пребывает ее мужская часть. И потому жалуется на него и отдаляется от него, как и говорит «Зоар», что есть там два управляющих властителя, один (мужская часть) над тьмой и один (женская часть) над светом, и враждебны друг другу, потому что мужская часть властвует над тьмой, а женская – над светом, ненавидят и наговаривают, жалуются друг на друга. А так как они отдаляются этим друг от друга, не могут распространять свою власть и нет в них сил вредить.

Но после того, как прегрешил Каин и уронил буквы чистые ЭЛ"Е своей души в нечистые силы АРКА, то оделись его ЭЛ"Е, скрытые от хасадим, в маленькое свечение, что в нечистых силах. Это оживляет маленькие келим дэ хохма в ЭЛ"Е Каина, потому что свет нечистых сил дает им жизнь подобно чистому свету хасадим.

А вследствие этого также и мужская часть ЭЛ"Е нечистых сил сделала зивуг с этой нуквой, одевшей ЭЛ"Е Каина, потому что и он имеет эти келим Каина. А с помощью этого зивуга породил Каин потомство – искры света хохма, остающиеся в буквах ЭЛ"Е, не смешивающиеся с мужскими нечистыми келим ЭЛ"Е, которые оделись в свет нуквы нечистых сил.

Поэтому, говорит «Зоар», когда низошел Каин туда, соединилось все и дополнилось – потому что искры света хохма, оставшиеся в ЭЛ"Е Каина, оделись в свет нуквы нечистых сил, вследствие чего возжелала ее мужская нечистая сила насладиться от искр света хохма, что в ЭЛ"Е Каина. Поэтому совершили зивуг, т.е. распространились и дополнили друг друга – и видели все, что они потомство Каина, что от этого зивуга вышло потомство, одеяние искр света хохма в нечистых ЭЛ"Е Каина. А этим раскрылись искры света хохма души Каина, и все увидели, что это – потомство Каина, родившееся от дурного зивуга.

Поэтому две головы их – как две змеи, потому что родились из соединения мужской и женской частей нечистой ЭЛ"Е, изначально противоположных друг другу. Поэтому потомство Каина имеет две головы двух нечистых сил, одна из которых тянется к тьме желаний получить свет хохма, а вторая тянется к свету, что в нечистых желаниях нечистой нуквы. А две змеиные головы – это соответственно против двух животных в системе чистых сил: быка и орла.

Но две головы имеют место только в состоянии властвования мужской нечистой части, власти тьмы. Ведь одеванием в свет нуквы, чтобы насладиться малыми искрами света хохма, мужская часть, вопреки своему желанию, поневоле поддерживает этим также власть своей нуквы, потому как желает ее свет. Вследствие этого есть в их потомстве две головы – одна тянет в одну сторону, а другая – в другую.

Нуква нечистых сил совершенно не нуждается в мужской части нечистых сил, потому как ее мужская часть находится во тьме и ничего не может дать ей. Поэтому нуква властвует и побеждает в своей нечистоте, не оставляя от свойств мужской части ничего. И тогда потомство Каина из двухголового становится с одной головой.

И говорит «Зоар», что управляющий светом побеждает другого, управляющего тьмой – когда властвует нечистая нуква, имеющая свет, она побеждает мужскую нечистую часть и побеждает также другого мужского управляющего. Потому что она побеждает мужскую часть, подминая ее полностью под свою власть, и включаются они в ее свет, в тьму, и становятся как один, отчего включается власть мужской части, тьма, под властью женской части, света, и становятся две головы как одна.

155. Потому что эти двое управляющих, называемые Африра и Кастимон, имеют вид святых ангелов с 6 крыльями. Один из них в виде быка, второй – в виде орла. А когда соединяются – создают вид человека.

Мужская нечистая сила называется Кастимон, от слова кости – разрушение, потому что он тьма и непригоден для жизни человека. А нечистая нуква, женская часть, называется Африра, от слова афар – прах, непригодная для посева семени. И называется так, чтобы показать, что, несмотря на то что есть в ней свет, этого недостаточно для посева семени и получения урожая для питания людей.

А говорит «Зоар», что ее вид подобен виду святых ангелов с 6 крыльями, потому как у высших ангелов есть 6 крыльев, соответствующих букве вав в имени АВА"Я. А противоположно этому в нечистых силах есть только 4 крыла, соответственно имени АДН"И, показывающих высоту нечистых сил относительно противоположных им святых высших ангелов.

Высший свет называется «вино», веселящее Творца и людей. Но есть в остатке (отстое) вина сигим, винные дрожжи. И из этих отходов выходит главный вредитель мира, потому что он еще соединен с чистотой, т.е. с дрожжами, и имеет вид человека, но когда он нисходит вредить людям, то принимает вид быка. Поэтому бык – это первый из 4 основных вредителей.

Поэтому и говорит «Зоар» нам, что Кастимон – это вредитель в обличии быка, показывающий этим, что он основа всех вредителей, называемых «нечистый бык». И он – сигим высшего света хохма святого имени Элоким, нечистые ЭЛ"Е, соответствующие чистым ЭЛ"Е имени Элоким. Потому что сигим и дрожжи стоят под ним, а так как еще соединен с чистотой, то имеет вид человека, ибо свет хохма имени Элоким – это ЦЭЛЕ"М (образ и подобие) человека, про который сказано, что по образу и подобию, БЭ ЦЭЛЕ"М ЭЛОКИМ, сотворил человека.

Но когда отделяется (ухудшением своих желаний) от чистоты (альтруизма) и (соответственно ухудшению своих свойств) спускается на свое (подобающее этим свойствам) место в АРКА, то принимает обличье (свойства) быка, а его нуква, что в АРКА, принимает вид (свойства) орла, в соответствии с ее целью и действием ленашэр – выпадать, вызывать падения душ людей, попадающих под ее власть. Потому слово нэшэр – орел, от слова нэшира – падение, как листья с дерева, потому что роль нечистой нуквы заключается в выискивании в мире людей и доведении их до состояния ощущения ночи и тьмы, т.е. поражение святого союза, вследствие чего исходят души от людей (см. п. 131).

Поэтому говорит нам «Зоар»: «А когда соединяются, создают вид человека», – если возвращаются и соединяются с чистотой, то потому что находятся, как дрожжи под вином, то возвращаются и принимают снова вид человека, как прежде нисхождения в АРКА, до того как стали вредителями.

156. Когда во тьме – они оборачиваются в змея с двумя головами. И передвигаются, как змей. И парят в пустоте, и моются в большом море. А когда приближаются к цепи Азы и Азаэля, сердят их, пробуждают их, и они прыгают в горах тьмы и думают, что Творец желает привлечь их к суду.

Я предлагаю читателю попробовать самому, без помощи, прокомментировать «Зоар», а затем сравнить свои мысли с нижесказанным. Таким образом мы, может быть, поймем то, что сделал для нас раби Й.Ашлаг своими комментариями. До появления его комментариев на книги «Ари» и на «Зоар» не было никакой возможности правильно понять Каббалу, и только единицы в каждом поколении могли самостоятельно всходить по духовной лестнице. Я же уверяю читателя, что просто постоянным чтением даже моих книг, пересказыванием сочинений великих каббалистов – раби Й.Ашлага и его старшего сына, моего рава Б.Ашлага, – любой из читателей имеет возможность достичь восхождения к Творцу. Мне думается, что те, кто уже читал предыдущие книги, поняли, что это действительно возможно!

Как уже говорил «Зоар» в п.154, когда нечистая нуква властвует имеющимся в ней светом над человеком, становятся две головы – одной. Но во тьме, т.е. когда властвует мужская часть, называемая Кастимон, они оборачиваются змеем с двумя головами, потому что мужская часть не в состоянии аннулировать власть женской части, ибо нуждается в одеянии в ее свет, и поэтому змей имеет 2 головы, и передвигаются как змей – идут вредить (свойство змея), т.е. соблазнить Хаву откушать от древа Знания.

Силой головы нечистой нуквы они парят в пустоте, где находится корень нечистой силы, называемый «пустота», наибольшее падение, как сказано (Теилим 107, 26; русский перевод 71, 26): «Поднялись они в небо, опустились в бездну». Силой нечистой мужской части они моются в большом море, в свете хохма нечистых сил.

Поэтому называется АРКА – землей НОД, потому что постоянно колеблется от управления 2-х голов: то поднимаются находящиеся в ней в большое море, то спускается в пустоту.

Ангелы Аза и Азаэль – очень высокие ангелы. Ведь даже после их падения с неба в наш мир, в горы тьмы, связанные металлической цепью, настолько была все же велика их сила, что с их помощью достигал Билам ступени пророчества, о котором сказано (Тора. Бамидбар 24, 4; русский перевод стр. 203, 4): «Видит явление Творца».

Это называется «падает и открывает глаза» – потому что Аза называется «падающий», вследствие его падения с неба на землю. А Азаэль называется «открывающий глаза», относительно Азы, которому Творец бросает тьму в лицо. А о ступени пророчества Билама сказали наши мудрецы (Бамидбар-раба, 14): «Не было более такого пророка в Израиле, как Моше, в Израиле не было, а среди народов мира был, и имя его Билам» – настолько велика была ступень его пророчества.

А причина падения их с неба на землю – в их жалобах на человека в момент его сотворения. Но ведь многие ангелы жаловались и возражали тогда – почему же сбросил Творец только этих двух? Ответ на это см. в «Зоар». Балак. п. 416–425. Но вкратце состоит он в том, что, когда появилось в Творце желание сотворить Адама (или человека, потому что на иврите адам – это и есть человек), Он позвал к Себе всех высших ангелов, посадил их пред Собою и сказал им о Своем желании сотворить человека.

Ответили ему ангелы (Теилим 8, 5; русский перевод стр. 4, 5): «Что есть человек, что Ты помнишь его?», т.е. что за свойства есть у того человека, которого Ты так желаешь создать? Ответил им: «Человек этот будет подобен Мне, а мудростью будет выше вас. Потому что душа человека включает в себя всех ангелов и все высшие ступени, подобно тому как его тело включает в себя все существа нашего мира».

Поэтому в момент создания души человека созвал Творец всех высших ангелов, чтобы передали они свои свойства и силы в душу человека. Поэтому сказано: «Создадим человека по образу нашему, по подобию нашему», что в «образе и подобии» человека заключены все свойства всех ангелов. Слова «образ и подобие» взяты в кавычки, потому что слова «ЦЭ-ЛЕ"М и ДМУТ» – «образ и подобие» – не просто являются словами, описывающими сходство, а несут в себе емкие духовные понятия.

Но вопрос ангелов следует понимать как: «А что же это за создание человек, какова его природа, что мы получим от передачи своих свойств человеку, от того, что свойствами свяжемся с ним?» На это и ответил им Творец: «Человек этот будет подобен Мне, а мудростью будет выше вас». То есть этим Творец пообещал им, что человек вберет в себя их качества-свойства, свойства ЦЭЛЕ"М, будет мудрее их, но вследствие связи с ним и они выиграют от его больших постижений, приобретут все, чего не хватает им сейчас.

Потому что душа человека содержит в себе все высшие ступени и все наивысшие свойства всех ангелов. И как его тело включает в себя все материалы и творения нашего мира, все их свойства, так пожелал Творец, чтобы душа человека вобрала в себя все Его творение.

На изречение Торы (Бамидбар, 23, 23; русский перевод стр. 203, 23): «Скажут Яакову и Израилю о том, что творит Творец», – сказали мудрецы, что в будущем спросят ангелы у Израиля то, чего не знают сами, потому что высота постижения Израиля будет выше ангелов. И потому все ангелы приняли участие в сотворении человека, соединили свои свойства в человеке.

Но после того, как человек был создан и прегрешил, стал виновен пред Творцом, предстали пред Творцом ангелы Аза и Азаэль и заявили, что есть у них обвинения на человека, потому что человек, которого создал Ты, прегрешил перед Тобой. За такие слова Творец сбросил обоих с их высокой святой ступени, вследствие чего стали они вводить в заблуждение людей.

Из всех ангелов только эти двое, Аза и Азаэль, явились жаловаться Творцу на прегрешения Адама, потому что только они знали, что человек возвратится к Творцу. Но Аза и Азаэль также знали, что вред, полученный ими от прегрешения человека, не будет исправлен возвращением человека к Творцу. И более того, желательно для них, чтобы вообще не возвращался своими желаниями к Творцу, а потому только они жаловались на прегрешение Адама, потому что относительно них это прегрешение неисправимо.

Все дело в том, что разбиение сосудов и прегрешение Адама – это одно и то же разбиение, исчезновение экрана, исчезновение противоэгоистической силы воли, исчезновение намерения действовать ради Творца. Но разница в том, что разбиение сосудов – это разбиение экрана в парцуфе, называемом «мир», а прегрешение Адама – это разбиение, исчезновение экрана в парцуфе, называемом «душа». Отличие этих 2 парцуфов в том, что парцуф, называемый «мир» – внешний относительно более внутреннего, называемого «душа». Душа находится внутри мира, живет, существует, получает от него.

Разбиение имеет свои причины и следствия, оно необходимо для смешивания всех свойств бина и малхут и обязано произойти как в духовном мире, так и в душе, чтобы дать малхут свойства бина и таким образом дать ей возможность исправить себя.

Разбиение мира Нэкудим привело к разбиению 8 сфирот х-г-2/3т-1/3т-н-х-е-м, по 4 сфиры х-б-з"а-м в каждой, состоящей из 10 сфирот, итого 8 x 4 x 10 = 320 = ША"Х частей. Каждая часть, вследствие смешивания всех частей, состоит из 320 частей. Все эти 320 частей, называемых Нэцуцин, приобрели эгоистическое желание самонаслаждаться получением света Творца, что означает, будто они упали в нечистые силы.

В духовных мирах нет мест, нет отдела чистого и нечистого. Но мы, для наглядности передачи информации, представляем получение более низких свойств – падением, получение более духовных свойств – подъемом, достижение подобия свойств – соединением, выделение нового свойства – отделением. Появление в духовном объекте эгоистических желаний называется его падением в нечистые силы, хотя эти нечистые силы находятся в нем самом, а не он в них и только больше проявляют себя. Вокруг человека нет ничего: все внутри, все миры, все желания, как чистые, так и нечистые.

Изучая Каббалу, мы вызываем на себя излучение окружающего нашу душу света (см. Предисловие к ТЭС, п. 155), и он создает в нас желание исправиться. А выйдя на ступени духовных миров, человек начинает ощущать соответствующий каждой ступени духовный свет, при помощи которого он начинает видеть в каждом своем свойстве части эгоистическую и альтруистическую. Эгоистическую свою часть по сравнению со светом он ощущает как зло для себя и в мере этого ощущения отдаляется от нее, отказывается использовать эти желания. Альтруистические желания он воспринимает как хорошее для себя, но поскольку не имеет для их использования сил, просит об этом, получает силы, принимает свет ради

Творца и т.о. поднимается на более высокую ступень, где этот процесс повторяется.

Возвращение (тшува) означает, что, поднимая ма"н, нашу просьбу об исправлении, мы поднимаем некоторые из 320 испорченных частей, из нечистых сил, куда они упали, обратно в мир Ацилут, где они и находились до прегрешения Адама. Но нет в нас сил отсортировать и исправить, т.е. поднять 32 части самой малхут, находящиеся в 8 сфирот этого парцуфа-мира, потому что их повреждение выше наших сил.

Поэтому мы можем, имеем право и обязаны отсортировать и исправить из 320 частей (ША"Х = Шин + Хэт = 300 + 20) только 320 - 32 = 288 частей (РАПА"Х = 288) нашим возвращением к Творцу, т.е. 9 х 32, где 9 – это разрешенные нам исправлять первые 9 сфирот в каждой сфире, но малхут каждой сферы мы не в силах исправить, потому что для этого нужен особой силы свет. Его мы получим от Творца только после исправления всех остальных 288 частей, т.е. в конце исправления.

Эти 32 части самой малхут, которые невозможно, а потому и запрещено исправлять, называются «ЛЕВ АЭВЭН» – Л"Б ЭВЭН – 32 камня. Как я уже не раз упоминал, в Каббале нет понятия «запрещено», а употребляется это слово, когда необходимо указать бессмысленность попыток ввиду слабости и ограниченности: запрещено – означает невозможно, не под силу человеку, причем «запрещено» не Творцом, а сам человек должен принять верой и своим опытом, что запрещенное – это то, что еще не под стать ему исправить.

И потому скрыты га"р дэ АВ"И, не светит их свет. Ведь, чтобы он светил, светили все 10 сфирот, необходимо сделать зивуг на саму малхут, потому что Лев Аэвэн, 32 неисправленные части самой малхут, являются дополнением их 10 сфирот. И до тех пор, пока не хватает этих келим, нет и полного зивуга. Но когда закончится полный анализ и исправление 288 нэцуцим (рапа"х нэцуцим, рапа"х = рэш + пэй + хэт = 200 + 80 + 8 = 288), то Лев Аэвэн исправляется сам по себе и не требуется никаких усилий и исправлений с нашей стороны.

Так говорит пророк (Ихэзкель 36, 26; русский перевод стр. 423, 26): «И дам вам сердце новое и дух новый вложу в вас. И удалю из плоти вашей сердце каменное, и дам вам сердце из плоти». Тогда получат АВ"И свой свет. Но будет это в конце исправления. А до конца исправления не смогут АХА"П АВ"И

Небо и земля

получить исправление нашим возвращением, потому что все наши эгоистические желания мы можем исправить, кроме самой нашей сути, малхут дэ малхут.

Так вот, эти ангелы Аза и Азаэль и есть настоящие АХА"П АВ"И, которые были уничтожены во время разрушения сосудов, а перед прегрешением Адама почти уже восстановились, но прегрешение Адама вновь уничтожило их, уже теперь до самого конца исправления.

Поэтому жаловались оба эти ангела Творцу на свой свет, исчезнувший по вине Адама, потому что видели, что нет им никакой надежды, что Адам сможет исправить их своим возвращением к Творцу. И более того, они видели, что Адам своим возвращением еще более понизил их ступень: ведь теперь все исправление и возвращение должно быть только на 288 частях, без всякого участия и даже приближения к 32 запретным частям, называемым Лев Аэвэн, относящимся к исправлению самих АВ"И, свет которых является светом этих ангелов, как келим истинного АХА"Па АВ"И являются их келим.

Каждый подъем ма"н есть отсечение, отделение нечистоты, Лев Аэвэн, от еды, РАПА"Х = 288 нэцуцин, частей, которые можно исправить. Поэтому получается, что, отстраняя от участия в исправлении Лев Аэвэн, мы еще более опускаем Аза и Азаэль. Поэтому эти два ангела жаловались Творцу и мешали Адаму совершать возвращение, ведь возвращение опускает их еще ниже, потому что 32 части относятся к ним самим.

А потому, как увидел Творец, что их жалобы грозят ослабить силы человека возвратиться к Нему, сказал им, что Адам не испортил им ничего своим прегрешением, потому что, хотя и есть в них величие и святость, когда находятся в небе, где нет присасывания нечистых сил, но это неполное, незаконченное совершенство, потому как еще не могут находиться в нашем мире, в месте нечистых сил.

«Поэтому, – сказал им Творец, – вы ничего не потеряли прегрешением человека, ведь в любом случае вы не лучше его, потому как вся ваша ступень является результатом места, где вы находитесь». А поскольку речи Творца – это и есть Его действие, то немедленно упали с неба на нашу землю (в эгоизм, конечно, а не на физическую землю!).

А поскольку пришли (духовно опустились) к земной (по определению Каббалы) жизни, то начали выбирать и анализировать

32 части законченного эгоизма, называемые «дочери человеческие», о чем повествует нам Тора (Берешит 6, 2; русский перевод стр. 7, 2): «И увидели сыны великих (ангелы) дочерей человеческих (нукву эгоистическую), что красивы они (видели в ней возможность самонаслаждения), и брали себе жен (использовали эти свои эгоистические желания), каких выбирали (сами выбирали именно такое низкое состояние)», потому что не желали отделять нечистоту 32 эгоистических частиц и предпочесть только 288, а брали все, что выбирали, вместе с Лев Аэвэн.

Поэтому прегрешили также сами с нуквой Лилит, грешницей, и пожелали весь мир увлечь к прегрешению, ввергнуть в последнюю стадию эгоизма, потому что не желали возвращения человека, как совершенно противоположное их корню.

Что предпринял Творец? Заковал их в железные цепи! – потому что видел Творец, что если будет в них сила вернуться на небо после прегрешения, то все люди будут терпеть неудачу в своих попытках устремиться своими желаниями к Творцу, потому что власть этих эгоистических ангелов-сил в человеке будет слишком большой. (Вся Тора говорит, как пишет Раши, словами человека. Поэтому все излагается в понятиях времени, последовательности событий, а Творец также якобы творит, а затем видит результаты своего деяния.)

Поэтому, несмотря на то что их корень очень высок, дал Творец разрешение действовать корню нечистых сил (здесь видно, что Творец управляет всеми силами творения) по имени БАРЗЭЛЬ – железо, как сказано (Малахим 1, 6, 7; русский перевод стр. 165, 8): «Никакого железного орудия не было слышно в доме при постройке его», потому что железо – это нечистая сила.

А так как эта нечистая сила присосалась к двум ангелам, связав их, как железными цепями, своими желаниями, которые диктует им, то такое состояние характеризуется как их нахождение в горах тьмы, из которых они уже не могут подняться до всеобщего исправления.

А когда приближаются к цепи Азы и Азаэля, сердят и пробуждают их – это пробуждение 4-й части желания получить, малхут дэ малхут, наибольшее желание получить, называемое «гнев и злоба», и они перескакивают через горы тьмы и думают, что Творец желает привлечь их к суду, потому что не смогли подняться к своим корням, получить хохма, ввиду сжимающих их железных цепей.

Потому это характеризуется как подпрыгивание, попытка подняться вверх и падение вниз, вследствие чего еще больше опускаются в горы тьмы. И думают, что Творец все более строг к ним, ввиду их прыжков, попыток получить свет от своего корня, поэтому решают более не прыгать.

Но хотя не могут ничего дать, потому что их попытки достать – это только подпрыгивания и падения, все-таки этого достаточно для двух управляющих, чтобы получить от них хохма, потому что получают этим силу плавать в море хохма нечистой силы, тогда как ранее была в них сила только мыться в нем.

Причина в том, что в этой высокой нечистой силе нет никакого действия, а все заключается и все оканчивается только в мысли и желании, потому что такова суть нечистых сил, желаний, отделяющих нас от Творца, что, прежде чем достигается действие, чистота успевает исчезнуть оттуда. И потому никогда не смогут нечистые силы достичь действия.

Поэтому «Авода зара» – работа, чуждая духовной, работа на нечистые силы, по их указанию, по тем желаниям, которые они вводят в мысли человека, называется чуждой, потому что противоположна работе «ради Творца». И в этой чуждой работе на чужого господина Творец наказывает даже только за мысли и желания, как сказано пророком (Ихэзкель 14, 5; русский перевод стр. 391, 5): «Чтобы понял дом Израиля сердцем своим», как сказано мудрецами, что человек обвиняется и наказывается даже только за мысли, желания и сомнения в «чуждой работе», возникающие в его сердце, совершенно также и в той же степени, как за законченное действие. Поэтому достаточны прыжки Азы и Азаэля в их желании получить хохма, хотя в действительности они не получили ничего.

157. И эти двое, поставленные Творцом управляющие плавают в большом море, взлетают из него и идут ночью к Наама, матери ведьм, которой ошибочно увлеклись первые люди (см. Тора. Берешит 6, 1-4; русский перевод стр. 7, 1-4) и думают приблизиться к ней, и она прыгает на 60 000 парсаот и принимает несколько различных обличий, дабы ввести людей в заблуждение и увлечь их.

После того как получили силу от Азы и Азаэля, могут уже совершить зивуг с Наама, как и ошиблись первые ангелы Аза и Азаэль. От того зивуга с Аза и Азаэль родила Наама всех духов и ведьм мира (см. «Зоар». Берешит-1, п. 102), а сами Аза и Азаэль называются в Торе (Берешит 6, 2; русский перевод стр. 7, 2) «сыны богов» или «сыны великих».

Но как может быть, чтобы такие высшие ангелы дошли до столь развратных действий с Наама и почему родила она вследствие этого духов и ведьм, а не людей?

Дело в том, что высший мир, т.е. АВ"И, создан буквой юд, мужской частью, и нет в них совершенно ничего от 4-й части малхут, называемой малхут дэ малхут. Но ЗО"Н, т.е. низший мир, создан буквой хэй, включающей в себя малхут дэ малхут. АВ"И постоянно стремятся только к свету хасадим, альтруистическим поступкам, отдаче, потому что такой вышла в первый раз бина в 4-х ступенях рождения малхут, еще до появления первого кли-малхут дэ малхут.

Но ЗО"Н нуждаются в свете хохма, потому что таким создан з"а в 4-х ступенях рождения малхут, желающим получить свет хохма в уже имеющийся в нем свет хасадим.

От зивуга АВ"И, называемых «высший мир», рождаются ангелы, желающие только свет хасадим, как АВ"И, от которых они родились. От зивуга ЗО"Н, называемых «низший мир», рождаются души людей, желающие только свет хохма, как и ЗО"Н, от которых они родились.

В момент рождения общей души всех творений – Адама из ЗО"Н мира Ацилут ЗО"Н находились на уровне высшего мира одетыми на высший мир, АВ"И, также заканчивались в «ЮД» имени АВА"Я, как АВ"И. А буква «ХЭЙ» имени АВА"Я была скрыта в их обратной части – ахораим, АХА"П. Поэтому высота Адама была довольно велика, ведь ввиду нахождения ЗО"Н в высшем мире и их окончания в букве юд, был уровень ЗО"Н как уровень ангелов, рождающихся от АВ"И, но вместе с тем получал ЗО"Н свет хохма согласно своим желаниям, как ЗО"Н.

Вследствие этого было в ЗО"Н имя Элоким, высшая хохма, в совершенстве высшего мира, потому что в букве ЮД нет запрета от 1-го сокращения получать свет хохма. Из этого состояния родились Каин и Эвэль, Каин из ЭЛ"Е, а Эвэль из М"И, и в обоих не была открыта сама малхут, последняя буква хэй имени АВА"Я (юд-хэй-вав-ХЭЙ), а только раскрыта буква юд. И потому была в них высшая хохма.

Но в основном хохма принимается в келим ЭЛ"Е, за"т бина, душой Каина. Это свойство Каина скрыто в М"И, потому что в юд находится скрытая хэй – последняя, а Каин хотел сделать зивуг с ней, что означает получить свет хохма в малхут дэ малхут, скрытую в душе Эвэля.

И этим он убил Эвэля, потому что после того, как раскрылась хэй – последняя, раскрылся с ней также и запрет получения света хохма в нее, запрет 1-го сокращения. Потому исчезло имя Творца Элоким из обоих: М"И, потому что относится к га"р, исчезло вверх, что означает убийство Эвэля, а ЭЛ"Е Каина, потому что относится к за"т, упало в место нечистых сил, называемое АРКА.

Но хотя и упало в место нечистых сил, все равно остались в этих келим-желаниях искры света хохма, как и говорится, что его дочери не очень пострадали от этого и были в них еще искры от бина. Отсюда поймем, что Наама, одна из дочерей Каина, была самой красивой из всех женщин мира, потому что в основном прегрешение было в мужской части Каина, а не в его женской части, как сказано в Талмуде (Санэдрин, 74, 2).

Поэтому, после того как сбросил Творец Азу и Азаэля в этот мир, созданный буквой хэй, и увидели они Нааму, появилось в них новое желание, которого не было никогда ранее, – желание получить свет хохма, потому что в своей основе есть в них желание только к свету хасадим, и только вид Наамы родил в них новое желание получить свет хохма.

А так как в их основе нет хэй – последней, на которую запрещено получать свет хохма, а также и в основе Наама нет хэй-последней раскрытой, потому что происходит из ЭЛ"Е Каина, то ОШИБЛИСЬ в ней, думая, что она в состоянии получить свет хохма, и совершили с ней зивуг.

А ошибка их была в двух вещах:
1) несмотря на то что нет в них от рождения хэй – последней, поскольку место определяет, а они находятся в этом мире, то уже властвует над ними хэй – последняя, и запрещено им получать свет хохма;
2) думали, что в строении Наамы нет хэй – последней, а она была в скрытии, поэтому родились из зивуга с ней духи и ведьмы.

Отсюда поймем сказанное в Талмуде (Хагига 16, 1), что ведьмы наполовину как ангелы, а наполовину как люди, – ведь со стороны их отцов Азы и Азаэля – они ангелы, а со стороны Наамы они как люди. Но не смогла родить людей, потому что было в ней семя от ангелов, а не от людей.

Причина того, что они вредят, в том, что родились от разврата, т.е. самого большого отдаления от Творца. Поэтому идет с ними и нечистота их вредить во всем, где только возможно. Поэтому говорит «Зоар», что они идут ночью к Нааме, матери ведьм, которой ошибочно увлеклись первые люди (см. Тора. Берешит 6, 1–4; русский перевод стр.7, 1–4), ведь после того, как получили силу от этих ангелов, которые первыми развращались с Наамой, смогли также и они продолжить разврат с ней. Именно поэтому, указывает «Зоар», идут ночью, потому что сила хохма нечистых сил властвует только во тьме ночи, время власти строгости и ограничений, а также вследствие корней, которыми являются Аза и Азаэль, находящиеся в горах тьмы.

Но после разврата с ними она прыгнула на 60 000 парсаот, т.е. поднялась настолько, что хотела аннулировать парса, находящуюся над ва"к А"А, каждая сфира которого определяется как 10 000, потому ва"к = 6 сфирот его равны 60 000.

Но только думают приблизиться к ней, как она прыгает на 60 000, но немедленно падает обратно вниз и не может прикоснуться к ним, потому что в этих высших нечистых силах нет никакого действия, а все прегрешение и все ошибки только в мысли, в намерении.

Но все-таки есть в ней достаточно силы, чтобы люди ошибались и увлеклись за ней, хотя и не достигает человек нечистых действий, а только увлекается за ней желаниями и мыслями. Но Творец наказывает здесь за мысль и желание, как за действие, как предупреждает нас пророк (Ихэзкель 14, 5; русский перевод стр. 391, 5): «Чтобы понял дом Израиля всем сердцем своим». А нечистая сила принимает несколько различных обличий, как, например, разврат с замужними женщинами, убийства и прочее, возложенное на Лилит.

158. Эти два управляющих парят во всем мире и возвращаются на свои места. И они возбуждают сыновей сынов Каина, духом плохих желаний, плодить потомство.

Парят во всем мире – во всех мыслях, где только могут, вредят человеку, увлекают его во тьму ночи. Потому что, после того как человек грешит, возвращаются они на свое постоянное место, в АРКА, и возбуждают там сыновей Каина испачкать потомство в нечистотах.

Но, кроме того, говорит «Зоар», что они подталкивают сыновей Каина к греху в АРКА, они также парят в нашем мире, в ТЭВЭЛЬ, и понуждают к прегрешению сыновей этой земли.

159. Небеса, которые властвуют там, будто не наши небеса, и земля не рождает силой неба семя и хлеб, как наша, и зерна не возвращаются к прорастанию, как только раз в несколько лет. Потому сказано о них, что они не смогли исправить ШМАЯ и АРКА и пропали с высшей земли, называемой ТЭВЭЛЬ, в которой не смогут властвовать и находиться, и не будут вызывать людей к прегрешению вследствие ночи. А потому исчезли с АРКА и с пространства ШМАЯ, созданного именем ЭЛ"Е (как сказано выше в п. 14).

Свет, необходимый для рождения последующих парцуфим, наше небо получает от з"а, имеющего свет хохма. Поэтому наша земля, получающая в малхут з"а, получает зерно и семя. Но небо в АРКА не имеет света, позволяющего плодоносить, рожать, вследствие властвования там нечистых сил. И потому АРКА не может производить, нет в ее земле силы получать и взрастить семя, как в нашей земле, а появляется такое свойство в ней только раз в несколько лет.

Здесь «Зоар» говорит вновь о двух управляющих Африроне и Кастимоне, которые не смогли исправить ШМАЯ и АРКА, чтобы смогли плодоносить. Поэтому нет разрешения этим управляющим находиться здесь и совращать к прегрешению людей в нашей земле, т.е. в ТЭВЭЛЬ, потому что, когда они находятся здесь, они вредят нашей земле, чтобы стала как их ШМАЯ и АРКА.

Поэтому, говорит «Зоар», они пропали с высшей земли ТЭВЭЛЬ, с нашей земли, потому что выискивали здесь, как бы навредить силой ночи, – они вызывают людей к прегрешению вследствие ночи, что является проклятием, висящим над АРКА вследствие их властвования там.

Под нашим небом, созданным именем ЭЛ"Е – потому что наше небо получает от з"а, исправленного свойствами ЭЛ"Е, словами ВНАЧАЛЕ СОЗДАЛ ТВОРЕЦ, где М"И связано с

ЭЛ"Е, а потому наша земля исправлена также высшей святостью и чистотой. И потому нет разрешения этим двум управляющим властвовать здесь.

160. Поэтому существует ТАРГУМ – перевод (с иврита на арамит; сам арамит называется Зоаром Таргум), чтобы не подумали высшие ангелы, что это говорят про них, и не вредили нам. И это тайна слова ЭЛЕ, как мы сказали, – это святое слово, которое непереводимо на Таргум.

Потому что все переведено на язык Таргум, кроме слова ЭЛ"Е, как сказано в п.149, что исчезли с АРКА и с пространства ШМАЯ ЭЛ"Е, потому что слову ЭЛ"Е нет перевода, потому что это вся связь ЭЛ"Е с М"И, вызывающими нисхождение света хохма. А если нарушают, портят буквы ЭЛ"Е, как Каин, то падают в нечистые силы, так, что даже святости Таргум не остается в них, т.е. даже ва"к чистых сил.

СРЕДИ ВСЕХ МУДРЕЦОВ НАРОДОВ МИРА НЕТ РАВНОГО ТЕБЕ

161. Сказал раби Эльазар: «Сказано: «Кто не боится царя народов мира!» Какое это восхваление?» Ответил ему раби Шимон: «Эльазар, сын мой, об этом сказано в нескольких местах. Но не надо понимать сказанное: «Среди всех мудрецов народов мира и во всех их царствах нет равного Тебе» – буквально, в его простом смысле, что, конечно, дает повод дурным намерениям грешников, т.е. тем, кто считает, что Творец не знает их темных мыслей, их сомнений и намерений. Поэтому необходимо объяснить их глупость. Явился ко мне один философ народов мира. Говорит мне: «Вы говорите, что ваш Творец властвует над всеми небесами. И все силы небесные не могут постичь Его и познать место Его пребывания. Но это не прибавляет Его величию, как сказано, что «среди всех мудрецов народов мира и во всех их царствах нет равного Тебе». Что это за сравнение Его с человеком, который ничто».

Это подобно сказанному в Теилим – псалмах, 73, 12 (русский перевод стр. 46, п.12) о грешниках: «И говорят: откуда знает Творец? А есть ли знание у Него? Вот эти грешники, вечно спокойны, богаты и сильны». Так и говорит в нашем случае философ. Был он один из выдающихся мудрецов народов мира и явился к раби Шимону опозорить мудрость Израиля и работу Израиля в полной вере ради Творца, которая должна быть в большой цельности, совершенстве, честности и беспорочности, потому что не может мысль охватить Его.

Мудрец же был представителем философов, утверждающих, что главное в работе на Творца – это постижение Его, а не служение Ему верой, потому что, согласно их пониманию, они постигают Его. И явился он сейчас с целью высмеять подход Израиля.

Поэтому сказал: «Творец выше всей мудрости человека, и этим властвует Он, и указал вам работать на Него в вере и беспорочности, не сомневаясь в Нем, потому что разум человеческий не в состоянии постичь Его, ведь даже силы небесные, Его войска и ангелы не постигают Его, как сказано, говорящие: «Благословен Творец на Его месте», потому что не знают «Его места».

Но высказывание, что нет подобного Творцу среди всех мудрецов мира, не говорит о величии Творца. Ведь если пророческое высказывание приводится для того, чтобы возвеличить Б-га Израиля, что он более важен, чем бог, которого постигают мудрецы народов мира своими человеческими силами и разумом, то, естественно, это не увеличивает величие Б-га Израиля, ведь Его сравнивают с ничтожными преходящими силами. Напротив, есть в таком высказывании большое пренебрежение к вашему Творцу, когда вы сравниваете Его с мудрецами народов мира, созданиями смертными и ограниченными». Такие слова изрек перед раби Шимоном ученый мудрец, представитель мудрости народов мира.

Естественно, «Зоар» не имеет в виду заграничного мудреца, явившегося к раби Шимону. Как и все остальные названия мест и персонажей в Торе, Талмуде, Каббале, имена мест, животных, людей и действий, так и в книге «Зоар», совершенно без всякого отличия от остальных книг Торы описывается только духовный мир, действия Творца и каким образом достичь цели творения. Ни в коем случае не описаны события в нашем мире!

Поэтому подразумевает под мудрецом народов мира – внутреннее эгоистическое свойство человека все исследовать и познать, вместо того чтобы верить верой выше знания, как того требует Тора. Это свойство человека, «мудрец народов мира», эгоистический разум, постоянно находится во внутреннем споре с духовным альтруистическим свойством человека, называемым Израиль, стремлением к Творцу. Но, возражая ему, человек строит себя и растет.

162. И еще: вот вы говорите, как сказано в вашей Торе, что нет более пророка в Израиле, подобного Моше. В Израиле нет, а среди народов мира есть! И я также говорю: нет подобного Тебе среди мудрецов народов мира, но среди мудрецов Израиля есть как Ты. Но если есть как Он среди мудрецов Израиля, то не может быть Он высшим управителем. Посмотри в слова мои, и увидишь, что прав я.

Здесь философ (внутренний эгоистический голос человека) говорил мудро. Потому что понимал, что если будет говорить прямо, то услышит четкие ответы на свои вопросы. Сказано: «Среди всех мудрецов народов мира нет подобного Тебе», что означает: нет такого, кто бы постиг Тебя. Ведь слова «нет подобного Тебе» означают, что нельзя сравниться с Тобой, постичь Тебя, Твою ступень.

Но поскольку мудрецы народов мира (разум человеческий) гордятся тем, что они постигают Творца (понимают Его намерения и действия), то считается, будто они и Он подобны, ведь постижение означает совпадение свойствами со ступенью, которую постигаешь. Поэтому говорится, что это ложь и нет подобного Ему, потому что не постигают Его, а обманывают себя тем, что постигают.

Это понимал (внутренний) философ (человека) и поэтому начал (уводить человека с пути веры, что выше и вопреки разуму) совсем с иного вопроса: «Если особо сказано, что нет равного Творцу среди мудрецов иных народов, это означает, что среди мудрецов Израиля есть постигающие Его? Ведь иначе зачем надо было бы специально говорить, что нет равного ему среди народов мира.

Но в таком случае Он не может быть Высшим Управляющим, если подобен вам! Как тогда вы говорите, что Б-г Израиля непостижим разумом и управляет всеми – говорите силой веры в Его величие, но ведь есть среди ваших мудрецов такие, как Он, т.е. постигающие Его».

163. Ответил ему (раби Шимон): «Хорошо возражаешь ты, что есть среди Израиля подобные Творцу. Ведь кто оживляет мертвых, если не сам Творец! Но явились Элияу и Элиша – и оживили мертвых! Кто посылает дожди, если не сам Творец? Но явился Элияу и отменил их, а затем призвал их своей молитвой! Кто создал небо и землю, если не сам Творец? Но явился Авраам, и ради него, как сказано, оживились небо и земля».

Раби Шимон отвечает, что мудрец (человека) говорит правду, утверждая, что среди Израиля есть подобные Творцу. Но это совершенно не отменяет простую веру в непостижимость Творца человеческим разумом. И конечно, Он владеет и управляет всеми небесами и выше всех их настолько, что даже высшие ангелы не постигают Его и не знают место пребывания Его.

Но именно потому и дана нам Тора и Заповеди – чтобы, используя их, выполняя Заповеди (зивуг экрана со светом) и изучая Тору (получая свет) ради Творца, мы, Израиль, т.е. стремящиеся к Творцу, смогли полностью (своими свойствами) слиться с Ним, чтобы Его свет вошел в нас, оделся в нас, настолько, что мы сами удостаиваемся (начинаем желать и получаем силы экрана) производить те же действия, что и сам Творец: оживляем мертвых (исправляем эгоизм), посылаем дожди (свет хасадим), оживляем небо и землю (наполняем светом от своих действий парцуфим всех миров).

В этом именно мы совершенно как Он, что и говорится: «Из Твоих деяний (ощущая их на себе) постигну я Тебя». Но все это мы постигаем только ввиду полной беззаветной веры (свойство бина), которая не оставляет совершенно никаких побуждений постичь Его нашим разумом (проверить, а потом делать), как путь мудрецов народов мира (нашего эгоизма). Наш эгоизм состоит из парцуфа, называемого «мудрец народов мира», Его голова – это знание, желание все познать, а тело – желание самонасладиться.

Философ возражает, что если Израиль может делать то, что делает Творец, значит, Израиль постигает Творца. Это верно, потому что если человек способен поступать как Творец, то он, в мере своих действий, постигает Его и ощущает Его. Ведь сказано: «Из действий Твоих познаю я Тебя» – если человек действует как Творец, то он понимает своими действиями аналогичные действия Творца и тем самым ощущает Его. Но человек сначала идет путем веры выше разума, вследствие этого достигает свойств Творца, а затем становится таким же в действии, как Он.

164. (Продолжает раби Шимон:) «Кто управляет солнцем, если не Творец. Но явился Иошуа и остановил его. Творец выносит свое решение, но тут же Моше выносит иное свое решение – и оно выполняется. Творец желает наказать, а праведники Израиля отменяют Его решение. И еще: Творец заповедал нам точно идти Его путями и быть подобными Ему во всем». Пошел тот философ и

стал Исраэль, жил в селе Шахалаим, и звали его Йосиакатан (маленький Йосэф). Много учил Тору и был среди мудрецов и праведников своего села.

Вопрос в том, что если человек все делает только в силу своей веры, то ему не остается никакой возможности постигать Творца, потому что постижение происходит применением разума, а как только начнет применять свой разум, тут же это уменьшает веру. Как же можно совместить веру и разум?

Верно, что стремящиеся сблизиться с Творцом, называемые Израиль, уменьшают свою беззаветную простую веру – но они делают это только потому, что Он приказывает им поступать так, чтобы постичь Его действия, дабы затем уподобиться Ему, как сказано в Торе (Дварим, 21): «Иди Его путем». И этим выполняют они то, что заповедал Он. Поразила эта истина философа настолько, что стал «Исраэль», выполняющим Тору и Заповеди.

Поразило его то, что узнал, что действия Израиля, т.е. их постижения духовных миров, не уменьшают их веру выше разума, потому что все их действия, постижения исходят из веры и на основе веры. Израиль постигает Творца потому, что Творец велит постигать Его, а не потому, что они желают этого своим эгоизмом.

165. А теперь пришло время смотреть в сказанное. Сказано, что все народы мира как ничто против Него. Но чем это возвышает Его? Поэтому сказано: «Кто видит царя народов мира?» Но царь народов мира – это не тот же царь Израиля? Везде желает Творец возвысить Израиль и потому везде зовется царем Израиля. Говорят народы мира, что есть у них иной царь на небесах, потому что кажется им, что только ими управляет Он, но не нами.

Народы мира убеждены, что их высший царь – не царь Израиля, что царь, сидящий на небесах и управляющий ими, – только их царь, а царь Израиля не властвует над ними. Так представляется эгоизму человека, что он находится под иной, чем альтруизм, системой управления. Эгоизм не осознает, что его именно таким создал Творец для достижения своей цели – приведения человека, именно с помощью эгоизма, к абсолютному альтруизму, из «ради себя» к «ради Творца».

166. Сказано: «Кто не убоится царя народов мира?» То есть их высший царь для того, чтобы угрожать, преследовать и делать с ними то, что ему заблагорассудится. Потому надо бояться его. И боятся его все высшие и низшие. Ведь сказано, что среди всех мудрецов (ангелы-управляющие этими народами) народов мира в их царствах (наверху) нет равного Тебе. Есть 4 царства наверху, и они управляют, согласно воле Творца, всеми народами. И нет ни одного, который мог бы совершить малейшее действие без личного указания Творца. Мудрецы народов мира – это их управляющие силы свыше, и вся мудрость народов мира от этих управляющих. «Во всех их царствах» означает, что воля высшего Творца властвует над ними.

В этих строках повествуется, как невеста в состоянии изгнания готовится к своему будущему окончательному исправлению. Вся сила народов мира (в каждом из нас) сводится к тому, чтобы завоевать нас (альтруистические желания к Творцу) и поставить под свою власть (служить только на благо тела), изгнать из-под власти Творца под власть иных желаний, называемых народами мира. Наши эгоистические желания, называемые народами мира, делают это с помощью их власти (соблазняя нас всяческими наслаждениями) и мудрости (взывая к нашему здравому смыслу и применению разума).

Их действия над нами (духовными стремлениями) исходят от системы нечистых сил, их нечистых (эгоистичных) ангелов (наших внутренних эгоистических сил), которые посылают народам мира силу и разум. А те уже (наши эгоистические желания) с помощью их мудрости приводят нас (сынов Израиля, только тех, кто стремится к Творцу) к всевозможным сомнениям и желаниям понять Творца, Его пути и мысли, причем без всякого страха и без всякого внимания к Его величию и власти.

Вследствие этих сомнений мы отдаляемся от Творца, от его высшего света, который, вследствие этого, переходит к ним (нашим эгоистическим желаниям). Как сказано: «Отстраивается Цур (столица нечистых сил) только от разрушения Иерусалима (столица чистых сил)». И этим они приобретают силы преследовать и унижать Израиль, заставляют выполнять их волю (подавляют своими убеждениями и доказательствами своей «реальной» правоты единственный истинный путь к духовному – веру выше разума, вопреки разуму). А как уже объяснялось в «Предисловии к книге «Зоар», пп. 69–71, наше внутреннее, духовное порабощение приводит к нашему внешнему, телесному порабощению, преследованию и унижению народами мира.

И это тайна 4-х царств, властвующих над нами в 4-х наших (духовных, а потому и физических) изгнаниях, соответствующих сфиротам х-б-з"а-м, обозначенных образом Навуходоносора, как сказано у пророка Даниэля (Даниэль, 2, 32; русский перевод стр. 216, 32): «Вот этот идол: голова его из чистого золота, грудь и руки из серебра, чрево и бедра из меди, голени из железа, ступни из железа, а часть их из глины».

Когда властвует этот идол над нами, издеваются над нами народы мира, что есть у них свой царь. Но все так задумано Творцом, как сказано (Коэлет 3, 14, русский перевод стр. 187, 14): «Сотворил так Творец, чтобы боялись Его», потому что ощущение Творца, называемое шхина, называется также страхом перед Ним. Но пока мы не ощущаем Творца, а потому недостойны бояться Его самого, вследствие ощущения Его всесилия и величия, то находимся мы под страхом перед Царем народов мира.

Это говорит о том, что нет у нас никакой иной возможности полностью и навсегда слиться с Творцом, как только с помощью великого страха перед Его величием, приняв на себя Его Тору и Его желания – Заповеди в беззаветной и полной вере, без каких-либо сомнений в Его свойствах.

Тогда лишь мы сливаемся с Ним навечно в абсолютном слиянии, и тогда Творец изливает в нас все то доброе, ради чего создал нас, что замыслил еще в начале творения, что и стало причиной всего творения. Такое состояние называется полное окончательное освобождение и исправление.

Но прежде этого, до достижения такого высокого духовного состояния, стремящиеся к Творцу, как сказано пророком (Хагай 1, 6; русский перевод стр. 478, 6): «Сеете вы много, а собираете мало, едите, но не насыщаетесь, пьете, но не напиваетесь», потому что постоянно, в любых наших (кто стремится к духовному) действиях нечистая сила (наш эгоизм) забирает свет себе, вследствие наших сомнений в вере в Творца, которые она же в нас и растит.

Но эти наказания вовсе не для нашего горя! Все происходит по замыслу Творца, и все только для нашего продвижения к исправлению. Поэтому пока человек находится в состоянии, в котором он способен слушать только эгоистические доводы, то Творец постепенно развивает нас через эти силы. И с их помощью мы постепенно становимся пригодными ощутить страх перед Творцом, ввиду множества испытаний и страданий, которые наше изгнание (из духовного) преподносит нам.

Но в конце мы удостаиваемся получить полную беззаветную веру и страх перед Его величием. И о таком состоянии сказано (Теилим, 98, 3; русский перевод стр. 63; 98, 3): «Вспомнил он милость Свою и верность Свою дому Израиля, и увидели все ничтожные на земле помощь и освобождение Творцом».

Потому что в конце дней вспомнит Творец своим милосердием о нас и даст нам силы получить полную беззаветную веру в Него, вследствие чего восстановится Иерусалим (столица альтруизма) на развалинах Цора (столицы эгоизма), потому что весь свет, который малхут нечистой силы грабительски забирала от нас в течение нашего изгнания (из духовности), вернется к нам, после рождения в нас полной беззаветной веры, и воссияет в нас всей своей силой.

Тогда увидят воочию все ничтожества земли (проявления эгоизма) спасение свое (исправление свое) нашим Творцом. Потому что увидят все народы мира (что в нас), что всегда и до последнего мгновения перед своим исправлением они для нас хранили этот свет, чтобы вернуть нам его в нужное время. И увидят все, что (Коэлет 8, 9; русский перевод стр. 192, 9) «власть человека над человеком – во вред властвующему!».

Тяжесть нашего рабства и власть над нами, над святостью, нечистой силы, только во вред нечистой силе, потому что этим она вынуждает нас быстрее прийти к полной, беззаветной вере в Творца! И об этом времени говорит пророк: «Кто не убоится царя народов мира?» – потому что после того, как раскрылось, что Он – царь народов мира, преследующий и властвующий над самими народами мира: ведь то, что казалось ранее им, что они (наши эгоистические намерения) преследуют нас (наши альтруистические стремления), открылось теперь как обратное – что они были только как слепые исполнители воли Творца, слуги и рабы наши, дабы довести нас до совершенства.

А то, что казалось нам ранее побоями, выясняется теперь, что этим они били себя, потому что, благодаря этим побоям (страданиям от неисполнения эгоистических желаний, погоней –

и вечным ненасыщением), они ускорили наше освобождение, достижение совершенства (нашим осознанием необходимости принятия пути веры выше разума). И т.о. они же сами ускоряли свой конец (свое исправление).

А там, где казалось (нашему разуму), что они восставали против Творца (показывали нам своими доводами, что не Творец является источником всего происходящего) и поступали (якобы), как им вздумается и возжелается, чтобы унизить нас и насытить свои низменные эгоистические желания, и казалось, что нет судьи (высшего) и нет закона (развития творения к его цели), теперь открылось, что всегда и во всем они выполняли только желание Творца – привести нас (все наши желания, т.е. и самих себя) к совершенству.

И так любой и каждый человек в мире, желает он того или не желает, всегда и во всем выполняет только желание Творца. Но почему же он тогда не называется работающим на Творца? – потому что делает это неосознанно, не в силу своего желания. А чтобы заставить его выполнять Свое желание, Творец дает ему какое-то постороннее желание, желание насладиться, что и заставляет человека выполнять действие, но выполняет он его как раб своего желания, а не как человек, выполняющий желания Творца.

В качестве примера в статье «Система мироздания» говорится о том, как Творец дает человеку постороннее желание приобрести деньги, заставляя его открыть ресторан, чтобы выполнял альтруистическое действие как раб своего эгоистического желания.

То есть чтобы заставить нас выполнять необходимое, Творец создал в нас эгоистическое желание самонаслаждения и принуждает нас выполнять Им желаемое тем, что дает нам видеть наслаждение в тех действиях и объектах, над которыми хочет, чтобы мы работали. Поэтому мы постоянно в погоне за наслаждениями, а вообще-то мы неосознанно постоянно выполняем волю Творца. Это подобно тому, что детям дали много интересных игрушек, чтобы заставить их играть, но, играя, они выполняют работу.

Весь мир выполняет волю Творца, но наша цель, цель нашего развития – достичь сознательного выполнения этой воли Творца, т.е. постичь ее, осознать, поднять себя настолько, чтобы желать ее самим, выполнять ее не как сейчас, поневоле, совершенно неосознанно, а полным нашим желанием. Чтобы желания Творца и наши желания полностью совпали, что означает полное сознательное слияние с Ним.

Этим выясняется, что царь народов мира – это тот же Творец, который властвует над ними и заставляет их выполнять все Свои желания, как царь своих рабов. А теперь открылся страх перед Его величием всем народам мира. Всем народам мира: имеется в виду ангелам – управляющим народами мира, как то Апарирон, Кастимон, Аза, Азаэль и пр., от которых мудрецы народов мира (наш эгоизм и разум) берут свою мудрость, с помощью которой затем угнетают Израиль (наши альтруистические желания).

В ИХ ЦАРСТВАХ – есть всего 4 царства, властвующих над 70 народами мира (зо"н = 7 сфирот, в каждой по 10 частных сфирот, итого 70 сфирот) и над нами (альтруистическими стремлениями) в 4-х наших изгнаниях, соответствующих нечистым сфиротам х-б-з"а-м, описываемым образом Навуходоносора, как сказано пророком (Даниэль, 2, 32; русский перевод стр. 216, 32): «Вот этот идол: голова его из чистого золота (1-е царство), грудь и руки из серебра (2-е царство), чрево и бедра из меди (3-е царство), голени из железа, ступни из железа, а часть их из глины (4-е царство)».

Нет среди них ни одного, способного сделать хоть малейшее личное действие, а только то, что Ты велишь им. Но это проявится только в конце творения и раскроется всем, что все наши страдания и невзгоды, в силах которых было отвергнуть нас от Творца, были не чем иным, как верными исполнителями стремления Творца, чтобы приблизить нас к Нему. Причем эти жестокие силы не совершали ничего иного, как только то, что Он приказывал им.

И все происходило только с целью привести нас к такому состоянию, чтобы мы могли получить все то совершенное и бесконечно доброе, что было изначально в Его намерении, еще в замысле творения, дать нам. Творец обязан привести нас к полной беззаветной вере, вследствие чего, как сказано пророком (Даниэль, 2, 35; русский перевод стр. 217, 35): «Тогда скрошились сразу железо, глина, медь, серебро и золото и стали подобно мякине на летнем току, и унес их ветер, и не осталось от них следа. А камень, который разбил их идола, превратился в большую гору и заполнил всю землю».

Цельная вера называется «неразбивающийся (некрошащийся) камень». После того как человек удостоился полной веры, исчезает нечистая сила (его внутренние эгоистические желания и мысли), будто никогда и не существовала, а с нею и все ничтожные, населяющие землю (разум и логика, философия и здравый смысл) видят избавление Творцом, как говорит пророк (Ишаяу 11, 9; русский перевод стр. 252, 11, 9): «Не будут делать зла и не будут губить на Моей святой горе, ибо полна будет земля (весь внутренний мир человека) знанием Творца, как полно море водами».

167. Но среди всех мудрецов народов мира и во всех их царствах, нашел я в древних книгах, что все высшие войска, хотя и точно следовали указам и получал каждый точные указания, которые обязаны были выполнять – но кто из них может это выполнить, как не Ты, кто выполнит лучше Тебя. Потому что Ты превосходишь всех, как своими качествами, так своими деяниями. Потому сказано «нет равного Тебе».

Непосредственно Сам Творец выполняет своим светом все действия творения и доводит их до выбранной Им цели. Задача человека только в том, чтобы осознать все творение и управление, всем сердцем согласиться во всеми действиями Творца и стать активным участником духовного созидания.

168. Сказал раби Шимон своим товарищам: «Эта свадьба должна быть свадьбой всем вам, каждый должен принести подарок (свою часть в общей малхут) невесте». Сказал раби Эльазару, сыну своему: «Дай один подарок невесте, ведь завтра посмотрит з"а, когда войдет под свадебный полог на эти песни и восхваления от сыновей свадебного деяния, стоящих перед Творцом».

КТО ЭТО

169. Открыл раби Эльазар и сказал: «Кто это поднимается из пустыни?» МИ ЗОТ – кто это – это общее двух вопросов, двух миров, бина и малхут, связанных вместе. **ПОДНИМАЕТСЯ** – поднимается стать «святое святых». Потому что МИ – это бина, называемая «святое святых». И она объединяется с ЗОТ, с малхут, чтобы малхут могла подняться **ИЗ ПУСТЫНИ,** потому что из пустыни унаследовала ЭТО, стать невестой и войти под свадебный полог.

«Зоар» объясняет сказанное в «Песни Песней» (8, 5; русский перевод стр. 170, 8, 5): «Кто это восходит из пустыни, опираясь на возлюбленного своего!?» Говорится о состоянии в конце исправления, когда невеста входит под свадебный полог. МИ ЗОТ: Ми – это бина, ЗОТ – это малхут. В конце исправления соединяются малхут и бина вместе, и обе называются святыми. Но до окончания исправления только сама бина называется святой, а малхут поднимается к ней и получает святость от бина.

Но в конце исправления сама малхут становится как бина, обе становятся святыми, малхут полностью соединяется с бина, подобием своих свойств, полностью сливается с источником жизни, потому что экран, ограничение на получение света в малхут, создает отраженный свет, соединяющий все сфирот в одну.

Именно в этот отраженный свет и можно получить весь свет хохма Творца. Вследствие этого малхут заканчивается буквой ЮД и навечно становится подобной бина. Потому говорится, что подобием желаний малхут и бина соединяются вместе, как одно целое.

Также свет малхут будет постоянно связан со светом бина, как один, потому что малхут сама поднимается до уровня «святое святых», становясь как бина. **ПОДНИМАЕТСЯ** – как поднимается жертвоприношение, являющееся «святое святых». Потому что М"И – это АВ"И, бина, «святое святых», соединяется с ЗОТ, малхут, чтобы малхут поднялась и сама стала «святое святых». Жертвоприношение – это часть малхут, животного эгоизма человека, поднимающегося своими свойствами в бина.

А когда соединяются М"И с ЗОТ, бина с малхут, и становится сама ЗОТ «святое святых» – после этого уже нет уменьшения состояния малхут, ведь уменьшение происходило только вследствие ухудшения свойств самой малхут, когда начинали возникать в ней новые эгоистические желания.

А теперь, когда малхут стала святой, альтруистической по свойствам, как бина, исчезает смерть, исключается падение малхут в эгоистические свои желания, потому как полностью исправилась, достигла свойств бина, а свойства бина называются святыми. И вследствие приобретения малхут этих свойств высший свет, жизнь, входит в нее. Малхут из пустыни, ощущения отсутствия света жизни, вследствие отсутствия альтруистических свойств, восходит под свой свадебный полог.

Происходит это (п.124) вследствие усилий человека, называемых «поддерживающие Тору». Эти усилия – главное в творении, потому что они создают Тору, приводят малхут к большому зивугу в конце ее исправления, к наполнению светом всей малхут. И этот большой зивуг на всю исправленную малхут, включая малхут дэ малхут, достигается именно из ощущения духовной ПУСТЫНИ человеком.

170. Из пустыни поднимается, из пустыни тихого голоса губ, поднимается она, как сказано (Шир Аширим 4, 3; русский перевод стр. 167, 3): «Уста твои милы». Потому что слово МИДБАР – пустыня, как слово ДИБУР – говор. Сказано о великих силах, что это великие силы бьют Египет всеми ударами пустыни, потому что все, что сделал им Творец, сделал не в пустыне, а в поселениях. А в пустыне – означает сделал говором, словами. Поднимается это из говора, изо рта – из малхут, когда поднимается она и входит под крылья Има – матери – бина. А затем говором она нисходит на весь святой народ (отличие говора от речи в том, что говор – это действие, из которого происходит речь).

До окончательного исправления, когда малхут еще называется древом добра и зла, все исправления происходят с помощью ма"н – молитв-просьб, с помощью которых праведники, т.е. желающие сблизиться по свойствам с Творцом, поднимают малхут в бина, вследствие чего, на время подъема малхут в бина, она получает свойства бина, потому что подъем означает постижение свойств, малхут становится святая, альтруистическая, как бина.

Ма"н – это тихая (в сердце) молитва человека, потому что малхут означает говор. Но не может быть слов только хороших, без плохих, до окончательного исправления, т.е. до тех пор, пока не будут голос и речь от самой бина, когда малхут станет как бина, что означает единство голоса и речи, означает зивуг зо"н в их большом, исправленном состоянии.

З"а получает голос от Има и передает его в речи в малхут. Поэтому эта речь совершенно хорошая, без всякого зла, и малхут получает от бина свет святости – хасадим. А без исправления абсолютно хорошим, альтруистическим голосом бина, голос малхут всегда состоит из хорошего и плохого. Поэтому к нему присасываются нечистые – эгоистические силы, и малхут не может получить ничего от святости – бина.

Поэтому подъем ма"н, который поднимают праведники в своих молитвах, как тихое шептание губ, речи без голоса, как сказано у пророка (Шмуэль 1.1, 13; русский перевод стр. 71, 13): «Только двигаются губы, но не слышен голос», потому что нет никакой связи ма"н с нечистой силой и можно поднять малхут до бина, чтобы она получила голос от бина.

Вследствие этого создается святое здание малхут и она получает свет от зивуг голоса и речи, и святость ее речи нисходит на головы праведников, поднявших ма"н и этим оживляющих малхут.

Поэтому сказано ИЗ ПУСТЫНИ ПОДНИМАЕТСЯ ОНА – потому что невеста-малхут приглашается сейчас к большому зивугу под свадебный полог, вследствие подъема ма"н праведниками, которые соединили этим бина – голос – Има с малхут-речь, отчего речи малхут стали прекрасными, как бина.

Потому что все эти частные зивуги, происходившие в течение 6000 лет последовательно один за другим, различными праведниками в течение многих поколений, каждый из которых представляет маленькую часть в общей малхут, соединяют сейчас все части малхут, все души праведников, вместе, в один большой зивуг восхождения невесты-малхут под свадебный полог.

То есть именно тихая молитва, подъем ма"н в течение 6000 лет речью без голоса, потому что в голосе малхут еще смешано хорошее с плохим, создает условия для большого зивуга малхут с з"а, человека с Творцом.

А вследствие того, что с помощью праведников малхут получила голос бина, от Има-матери, от всех добрых дел праведников в течение 6000 лет, собирается сейчас все в один большой высший зивуг под свадебным пологом. Потому что малхут становится полностью хорошей без всякой примеси плохого, становится «святая святых», как Има.

Тихая речь определяется как шевеление губ, без участия нёба, горла, языка и зубов. Таков путь поднятия ма"н, когда малхут поднимается между крыльями бина, т.е. получает голос крыльев Има в свою речь. А затем, получив речь, нисходит на головы святого народа. Потому что после получения голоса свойством милосердия Има, становится малхут святой, как сама бина, и ее святость нисходит на тех, кто исправил ее. Вследствие этого они называются «святой народ», потому что теперь речи малхут святые, как речи Има-бина.

(Есть голос и речь. Голос – внутренняя часть, а речь – это раскрытие голоса наружу. Основа раскрытия – выдох, беззвучная буква хэй. З"а называется голосом, а малхут называется речью. По нотам – таамим, букв поют их, а за ними уже следуют буквы и их огласовки.

Уровень света хая, называемый коль – голос, выходит на экран во рту 3-го уровня толщины, называемый «зубы». От этого света з"а получает свет хохма, и тогда его голос слышится наружу – рождает души низших.

Но ниже уровня нэшама голос з"а не слышен, потому как нет в нем силы экрана, достаточного для получения света хохма. Уровень света йехида в з"а, называемый дибур – речь, выходит на экран во рту, 4-го уровня толщины. Это самый большой экран, открывающий весь свет, называется «губы».

Свет наранха"й раскрывает внутреннюю высшую скрытую мудрость – хохма, скрытую мысль, внутренний свет бина, который не может светить низшим, т.е. в з"а, потому что зо"н не могут получить от рта А"А. Но 2 уровня света, хая и ехида, нисходящие от А"А, с помощью бина обращаются в голос и речь, хотя это свет мысли, мудрости, разума.

Голос – образуется в з"а, а речь – в малхут. Если праведник поднимает свои молитвы, ма"н, к малхут, вызывая этим подъем зо"н в АВ"И, которые находятся в постоянном сочетании, чтобы обеспечить свет низшим, то зо"н получают свет от АВ"И, называемый «голос и речь». В этом свойство праведников – создавать, строить чистое и разрушать нечистое своим голосом. Поначалу на всей земле был один язык, лашон кодэш-святой язык, одна речь. На иврите слово «язык», словесный и анатомический, – одно слово лашон, а речь обозначается словом сафа – губа.

171. Спрашивает: «А как поднимается малхут в речи?» И отвечает: «Вначале, когда человек встает утром, когда открывает свои глаза, обязан благословить своего Творца-господина. Как должен благословить? Как это делали первые хасиды: сосуд с водой ставили они перед собой, чтобы, проснувшись ночью, сразу же омыть свои руки и встать заниматься Торой, благословив ее. Когда звал своим голосом петух, возвещая точно середину ночи, когда находился Творец с праведниками в райском саду. А утром запрещено благословлять с нечистыми руками».

Спрашивает: поскольку сказано, что начало исправления малхут должно быть в шептании губ, то как возможно, проснувшись (духовно пробудившись), сразу благословлять во весь голос? Ведь должно быть благословение произнесено тоже шепотом, чтобы вначале получить голос от Има, чтобы голосом, силой Има-бина поднять малхут до бина, придать ей альтруистические свойства.

Отвечает «Зоар»: первые хасидим исправили это. С началом сна человека (когда человек падает до уровня света в своем духовном парцуфе, называемым сон) уходит вверх его святая душа (свет, который был в его духовном парцуфе) и остается в нем только нечистый дух первозданного змея (эгоистического свойства), потому как сон есть 60-я часть смерти (Талмуд. Брахот 57, 2).

Поскольку смерть – это нечистое свойство первородного змея, то в момент пробуждения (получения свыше нового света)

Кто это

не уходит еще полностью нечистый дух (эгоистические желания) из человека, а остается на кончиках пальцев рук (не все желания человека меняются под действием полученного свыше света, называемого светом утра, пробуждения).

И чем большая святость, больший свет, был в человеке до отхода ко сну (до падения в пониженное духовное состояние, называемое сном), тем больше присасывается нечистая (эгоистическая) сила к этим желаниям, когда исходят из них альтруистические намерения, во время впадания в сон.

А кончики пальцев – это самое чистое место (желания) всего тела (всех желаний), самые духовные желания человека, потому что там место наполнения светом хохма (в эти желания с помощью экрана, от зивуга, входит затем свет хохма).

Поэтому даже после пробуждения (с началом духовного подъема) не уходит из этого места желаний нечистая (эгоистичесая) сила, желая получить хоть что-то от того большого света, который может наполнить эти, наиболее альтруистические, желания человека.

Поэтому необходимо омовение рук, отторжение от них эгоистических остаточных желаний. Для этого необходимо заготовить два сосуда: высший – кружку – и низший – для нисхождения в него, получения им нечистоты.

Верхний, высший сосуд означает бина, от света которой нечистая сила убегает.

Поэтому омовение кончиков пальцев водами (силами-желаниями бина) обращает в побег из этого места нечистую силу, эгоистические желания человека. И этим освящается, освобождается малхут от зла, эгоизма, что был в ней, и становится только доброй, хорошей. А после этого уже можно заниматься Торой и благословлять за нее Творца, потому что омовение рук – подобно поднятию ма"н, в произнесенной шепотом молитве, к крыльям Има.

А когда петух кричит (особый духовный знак ангела Гавриэля) – это точно полночь, как сказано (Тора, Берешит 1): «Большое светило для правления днем, а малое светило для правления ночью». Потому как малое светило, святая шхина-малхут уменьшилась, оделась в нечистые силы и (Мишлей 5, 5; русский перевод стр. 100, 5): «Её ноги нисходят к смерти».

И это потому, что малхут в течение 6000 лет, до своего окончательного исправления, состоит из дерева (основ) добра и зла: удостаивается человек – становится его добром, очищает себя, недостоин – становится ему злом. Поэтому также власть ночи делится соответственно на две части: первая половина относится к «недостоин, зло», а вторая половина ночи соответствует состоянию «достоин, добро».

Первое исправление доброй части малхут производится точно в (состоянии) полночь, потому что тогда получает малхут голос бина, т.е. малхут поднимается и исправляется внутри малхут Има = бина, отчего строгость и суд в малхут становятся святой строгостью, судом с хорошей стороны, совершенно без зла. Смысл этого в том, что строгость и суд падают на нечистые силы, а для Израиля это обращается милосердием.

Ицхак – это ограничение, свойство малхут, в бина. Петух – на иврите «тарнэголь», от слова гевер – мужчина – это ангел Гавриэль, прислуживающий малхут, малому светилу. Строгость бина пробивает крылья петуха – Гавриэля, и т.о. малхут получает через него голос бина.

А когда Гавриэль передает голос бина в малхут, то исходит от него зов ко всем петухам этого мира, т.е. к свойству строгости в духовной пустоте, состоянию, называемому «этот мир», малхут дэ малхут. И все говорят только этим голосом, исправленным свойством милосердия бина. Поэтому голос малхут, ее строгость уже не властвуют во второй половине ночи, а это место забирает голос бина, о чем и возвещает «петух нашего мира» – свойство строгости в малхут дэ малхут.

Поэтому крик петуха (изменение свойств) раздается точно в полночь (происходит изменение состояний), ведь этот крик означает, что уже исправлена малхут голосом бина, уже находится голос бина в малхут – а это и есть мгновение полуночи, с которой начинается вторая половина, совершенное добро без зла.

А после того, как малхут получает голос бина, праведники (свойства человека в мирах БЕ"А) поднимают ма"н с помощью занятий Торой после (в состоянии) полуночи, поднимают этот ма"н вплоть до веселящей строгости в Има, о чем сказано (Мишлей 31, 15; русский перевод стр. 126, 15): «Встает она еще ночью», потому что высшая малхут именно ночью раскрывает себя во всем великолепии.

А само ее раскрытие происходит только в райском саду, т.е. для тех праведников, которые исправляли ее своими занятиями и учебой (в состоянии) после полуночи. С ними Творец веселится (веселье означает наполнение светом хохма) в райском саду, ведь исправленная малхут называется «святая шхина» или «райский сад», потому что получает хохма и веселится с праведниками, состоящими в ней как её ма"н.

А то, что сказано, что нечистота (эгоистические желания) уходит с кончиков пальцев человека (с его самых высших желаний) только после их омовения (исправления на альтруистические свойства) – это верно не только для ночи (поднимается с меньшей ступени «сна» на большую «пробуждение», отличающееся тем, что ранее получал только необходимый для жизни свет хасадим, что называлось сном, а пробуждение означает получение света хохма). Потому что постоянно присасывается нечистая сила к концам пальцев человека (именно для того, чтобы исправил ее и т.о. достиг еще больших духовных высот), и потому перед каждым благословением (обращение к Творцу за получением) он обязан омыть руки (сделать свои желания-намерения «ради Творца»).

172. Потому что во время сна человека его душа (дух) оставляет его. А как только оставляет его душа, сразу сменяет ее нечистый дух, и наполняет его руки, и оскверняет их, и запрещено благословлять без омовения рук. А если возразишь, что, когда человек не спит, и душа не оставляет его, и нечистая сила не нисходит на него, если вошел в отхожее место, все равно обязан омыть руки, а до этого запрещено ему прочесть и одно слово Торы. А если скажешь, что это потому, что руки запачканы, то это неверно, ведь в чем запачкались?

173. Но ой что ожидает тех в этом мире, кто не остерегается, и не стережет почет Творца, и не знает, на чем стоит мир. В каждом отхожем месте мира есть один дух, находящийся там, наслаждающийся от мерзости и кала, и немедленно он спускается на пальцы рук человека.

По примеру раби Й. Ашлага, я также воздерживаюсь от комментария на пп. 172-173 «Зоар», а удостоившийся – поймет этот текст сам.

КТО ВЕСЕЛИТСЯ В ПРАЗДНИКИ

174. Открыл раби Шимон и сказал: «Тот, кто веселится в праздники и не дает часть Творцу, того дурной глаз черт ненавидит и наговаривает на него, и удаляет его из мира, и множество несчастий создает ему».

Уже разбиралось в п. 68, что есть в нечистых силах (эгоистических духовных силах человека, знающих о наслаждении, таящемся в свете Творца и желающем его для себя) мужская и женская часть. Мужская часть менее вредящая, чем женская. Она приводит человека к таким прегрешениям, как лгать именем Творца: вроде бы вдохновляет делать Заповеди, но только не в полной чистоте, не только ради услаждения Творца, а с примесью самовыгоды, самонаслаждения, как сказано в Мишлей царя Шломо (23, 6; русский перевод стр. 117, 6): «Не вкушай хлеба недоброжелателя и не возжелай угощений его. Ибо как он думает в душе своей, таков он и есть: «Ешь и пей!» – скажет он тебе, а сердце его не с тобой».

Вследствие того, что в мужской нечистой силе нет никаких намерений отдавать, Заповедь остается без страха и любви, т.е. без сердца. Но поскольку мужская нечистая сила уже притянула человека в свои сети, появляются в ней силы сделать зивуг со своей нечистой женской половиной, нечистой нуквой, являющейся злой и горькой нечистой силой, обманывающей именем Творца и забирающей, в итоге своих соблазнений, всю душу человека.

Поэтому говорит «Зоар», дурной глаз ненавидит его и наговаривает на него, и удаляет его из мира тем, что провоцирует неудачу в выполнении Заповеди веселья в праздник (получения света хохма – веселье на более высшей ступени), чтобы получилось это веселье не ради Творца, как будто ест один и не дает нуждающимся, вследствие чего нечистая мужская сила совершает зивуг с нуквой и забирает душу человека.

175. Действие Творца в том, чтобы веселить нищих, насколько может делать это. Потому что в дни праздников является Творец посмотреть на все Его разбившиеся келим, и входит к ним, и видит, что нечему радоваться, и плачет о них, и поднимается наверх уничтожить мир.

Для того чтобы понять это и возражения ангелов, необходимо прежде понять сказанное мудрецами (Мидраш раба 86): «Сотворяя мир, спросил Творец ангелов: «Создадим человека по нашему образу (ЦЭЛЕ"М) и подобию?» Ответили ему 4 ангела (силы, свойства) творения:

Милосердие сказало: СОЗДАДИМ, ведь он делает хасадим – милосердие. Правда сказала: НЕ СОЗДАДИМ, потому что весь он ложь. Справедливость сказала: СОЗДАДИМ, ведь он делает справедливое. Мир сказал: НЕ СОЗДАДИМ, потому что весь он вражда». Что же сделал Творец? – взял правду и скрыл в земле, как сказано (Даниэль 8, 12; русский перевод стр. 232, 12): «Правда сброшена наземь». Вся причина нашего занятия Торой и Заповедями в том, что благодаря им, как сказано в Талмуде (Псахим 50, 2): «Из занятий «ло ли шма» – с намерением ради себя, приходит человек к занятиям «ли шма» – ради Творца».

Поскольку человек рожден настолько ничтожным в своих желаниях и силах, он не в состоянии немедленно начать заниматься Заповедями Творца ради услаждения Дающего эти Заповеди, потому что, как сказано (Иов 11, 12; русский перевод стр. 137, 12): «Подобно дикому ослу рождается человек» и не в состоянии, по причине своей эгоистической природы, сделать никакого внутреннего движения или поступка, если не ради себя.

Поэтому создана Творцом возможность, чтобы человек начал заниматься Заповедями только ради себя, преследуя свою личную выгоду, НО, НЕСМОТРЯ НА ЭТО, ОН ПРИТЯГИВАЕТ ДУХОВНЫЙ СВЕТ В СВОИ ДЕЙСТВИЯ. А затем, с помощью полученного им света, приходит к выполнению Заповедей ради Творца, чтобы сделать наслаждение Творцу.

И именно это предъявляла ПРАВДА как основание своего неодобрения создания человека, сказав, что весь он ложь. Ведь как можно сотворить человека, чтобы занимался Торой и Заповедями в состоянии абсолютной лжи, т.е. «ради себя».

Но МИЛОСЕРДИЕ сказало «создадим», потому что он делает милосердные поступки. Заповеди милосердия, которые человек исполняет, пусть даже механически, поначалу «ради себя», хотя являются только действиями, без намерения отдачи, т.е. внешними действиями, но с их помощью человек постепенно исправляет свои намерения, вплоть до того, что сможет исполнять все Заповеди «ради Творца». Поэтому есть полная уверенность и гарантия, что, в результате своих усилий, человек достигнет цели – альтруистических действий, «ради Творца», а потому можно создавать человека.

Также и МИР утверждал, что человек весь «вражда», а поэтому может заниматься Заповедями «ради Творца», если только есть также выгода «ради себя». Но вследствие такой смеси намерения и действия человек постоянно находится во вражде с Творцом, потому что кажется ему, что он большой праведник, и совершенно не ощущает своих недостатков, т.е. совершенно не ощущает, что все его занятия Торой и Заповедями только ради себя.

А оттого, что ощущает так, наполняется претензиями и злобой к Творцу: почему Творец не относится к нему, как подобает относиться к совершенному праведнику. Выходит, то он в мире с Творцом, то в споре с Ним. И потому, утверждал МИР, не стоит сотворять человека.

Но СПРАВЕДЛИВОСТЬ утверждала, что надо создать человека, потому что он творит справедливость. А выполнением Заповеди подаяния бедным, даже с намерением «ради себя», он постепенно обретает свойство «отдавать», достигает действий «ради Творца» и удостаивается постоянного МИРА с Творцом.

После того как услышал эти мнения Творец, согласился Он с ангелами МИЛОСЕРДИЯ и СПРАВЕДЛИВОСТИ, а ПРАВДУ отдал в «землю». Этим Он разрешил человеку начать выполнять Заповеди даже с намерением «ради себя», несмотря на то, что это ложь.

Получается, что Творец опустил ПРАВДУ в землю, потому что принял утверждение МИЛОСЕРДИЯ и СПРАВЕДЛИВОСТИ, что вследствие Заповеди помощи и подаяния бедным придет человек в конечном итоге к ПРАВДЕ, т.е. к работе ради Творца, и потому поднимется ПРАВДА из земли.

Единственное, что создано Творцом, – это малхут дэ малхут, эгоизм, и ее можно исправить, только «впрыснув» в нее свойства Творца, свойства бина, милосердия. Но как сделать это, ведь это противоположные свойства. А в духовном расстоянии пропорциональны отличию свойств. Так как же можно соединить малхут с бина?

Для этого было произведено разбиение кли: духовное, т.е. альтруистическое, желание потеряло экран и превратилось в эгоистическое. Но в нем остались искры света. И эти искры света находятся в эгоистических желаниях, и потому эгоистические желания имеют силу власти над нами.

От этих искр высшего света исходят всякого рода наслаждения и любовь, потому что свет – это наслаждение. А поскольку эти частички света находятся внутри нечистых одеяний, во власти нечистых сил, то человек начинает ощущать эти чувства наслаждения и любви, будто бы они присущи нечистым силам, будто эгоистические одеяния несут с собой наслаждения и это их свойство. И человек считает, что свойства наслаждения и любви являются свойством самих нечистых сил, не понимая, что нечистые силы притягивают его именно той искрой духовности, которая упала в них.

Но, обладая притягательной силой, нечистая сила доводит человека до всевозможных прегрешений, таких, как воровство, разбой и убийство. Но вместе с тем она же дает нам желание выполнять Тору и Заповеди для собственной выгоды. И даже если мы начинаем выполнять их в состоянии «не ради Творца», а «ради себя», т.е. для собственного блага, чтобы наполнить наши низменные стремления, согласно желаниям разбитых, т.е. ставших эгоистическими, сосудов, келим, то постепенно приходим в своих действиях к намерению «ради Творца» и удостаивается цели творения – получить все то высшее наслаждение, которое задумано и уготовано ему еще в замысле творения «насладить человека». Таким образом, нечистые силы сами себя убивают, но так и задумано, и для этого они созданы Творцом.

И говорит «Зоар», что в эти дни праздников является Творец смотреть на все разбившиеся келим, потому что в дни праздников – когда человек выполняет Заповедь веселья, вследствие большого количества света, полученного им от Творца, является Творец увидеть свои разбитые сосуды, посредством которых дается человеку возможность выполнять Заповеди «не ради Творца». Проходит Творец и смотрит, насколько эти разбитые сосуды выполнили свое назначение – привести человека к выполнению Заповедей с намерением «ради Творца».

Но Творец входит к ним и видит, что нечему радоваться. И плачет о них, потому что видит, что еще не создано из разбившихся сосудов ничего духовного, альтруистического, что человек не исправил еще ни один разбитый сосуд (еще ни одно свое эгоистическое желание). То есть ни один, специально разбитый Творцом сосуд еще не привел человека к намерению «ради Творца», а человек веселится в праздники только для собственного удовольствия.

Тогда плачет Творец, сожалеет о том, что разбил сосуды, потому что разбил их и опустил ПРАВДУ в землю только ради человека, чтобы дать человеку возможность, начав работать во лжи, в намерении «ради себя», постепенно прийти к правде, к намерению «ради Творца». А когда видит Творец, что человек еще совершенно не изменился в своих стремлениях к самонаслаждению, будто Он напрасно разбил сосуды, потому и плачет о них.

И поднимается вверх уничтожить мир – поднимается для того, чтобы прекратить нисхождение света вниз и т.о. уничтожить мир. Потому что мир, творения могут существовать, только если получают, пусть даже неосознанно, свет Творца. Но если состояние, действия человека «ради себя» не способны привести его к намерению «ради Творца», то сам свет оказывается во вред человеку, потому что в погоне за этим светом человек все больше погружается в эгоистические желания, нечистые силы, во все большую зависимость от эгоизма. И потому желательнее, полезнее для человека, чтобы прекратилось в нем ощущение наслаждения в нечистых желаниях, чтобы не уничтожило это его полностью, чтобы не достиг таких сильных эгоистических желаний, из которых никогда уже не сможет выйти к духовному, став рабом наслаждений.

176. Являются пред Творцом участники собрания и говорят: «Владыка мира, милосердным и всепрощающим зовешься Ты, пошли Свое милосердие на сыновей Твоих». Отвечает им: «Не так ли Я сделал, создав мир на основе милосердия, как сказано «мир создан милосердием», и мир стоит на этом. Но если не совершают милосердия по отношению к бедным, уничтожится мир». Говорят высшие ангелы пред Ним: «Владыка мира, вот есть человек, который ел и пил вдоволь, мог бы совершить милосердие к бедным, но не сделал ничего». Является обвинитель, получает разрешение и преследует того человека.

Высшие души, называемые участниками или сынами собрания, начинают молиться за низших, чтобы Творец не прекратил доступ света к ним, чтобы смилостивился над своими сыновьями. Они всячески оправдывают состояние человека и говорят, что поскольку тот делает свои Заповеди в вере, то называется сыном Творца, а потому заслуживает милости Творца, как отец милостив к сыну.

Отвечает им Творец, что Он создал мир свойством милосердия и только на этом свойстве стоит мир. То есть не придет к человеку никакого исправления светом Творца до тех пор, пока он пренебрегает бедным, потому что сотворение мира было вследствие согласия Творца с ангелом МИЛОСЕРДИЯ, что вследствие совершения человеком милосердных действий сможет существовать мир и постепенно придет к намерению «ради Творца». Но теперь, поскольку не совершают милосердия, не произойдет никакого исправления.

Тогда отвечают высшие ангелы: «Владыка мира, тот человека ел и пил, и насытился, и мог совершить милосердный поступок с бедными, и не дал им ничего». То есть и высшие ангелы начинают в таком случае обвинять, а не защищать человека, даже ангелы МИЛОСЕРДИЯ и СПРАВЕДЛИВОСТИ. И все, которые были согласны на сотворение человека, не желали сотворения эгоистического человека, с желаниями «ради себя», но согласились на его сотворение только потому, что деяниями милосердия и справедливости, полагали они, он сможет от эгоизма «ради себя» прийти к свойству «ради Творца», и сейчас все они против человека.

Если не сможет человек прийти к намерению «ради Творца», раскаиваются и сожалеют ангелы о своем согласии на сотворение человека и сами обвиняют человека перед Творцом. А после того, как становится ясно, что человек не придет к альтруистическому свойству «ради Творца» с помощью выполнения Заповедей, передается человек в руки обвинителя.

177. Нет более великого в нашем мире, чем Авраам, творивший милосердие со всеми творениями. В день, когда сделал пир, сказано: «Вырос сын и стал большим, и сделал Авраам большой пир в день отнятия Ицхака от груди». Сделал Авраам пир и созвал всех предводителей поколения. Известно, что на всяком пиру находится и

высматривает высший обвинитель. И если есть бедные в доме, обвинитель удаляется из того дома и не входит более в него. Но если обвинитель входит в дом и видит веселье без бедных, без предварительного милосердия к бедным, поднимается вверх, обвиняет и доносит на хозяина веселья.

178. Поскольку Авраам был предводителем своего поколения, спустился обвинитель и стал в дверях его дома в облике бедного. Но никто не посмотрел на него. Авраам прислуживал царям и министрам, а Сара кормила всех детей, потому что не верили в то, что она родила, а говорили, что Ицхак подобран ими, что купили его на рынке. Поэтому привели с собой своих детей, и Сара при всех кормила их грудью. А обвинитель стоит в дверях. Сказала Сара: «Смех сделал мне Творец» («Ведь всякий, кто услышит, посмеется надо мной» – Тора. Берешит 21, 6; русский перевод стр. 23, 6). Немедленно поднялся обвинитель к Творцу и сказал: «Властитель мира, ты говорил, что Авраам любимец Твой. Вот сделал пир он и не дал ничего ни Тебе, ни бедным, не пожертвовал Тебе ни одного голубя. А Сара говорит, что смеялся Ты над нею».

До окончания исправления невозможно полностью избавиться от нечистых сил. Поэтому даже высшие праведники, сколько бы они ни старались выполнять Заповеди Творца в чистоте всех своих альтруистических намерений, без примеси собственной выгоды, все равно остается у нечистых сил возможность обвинять их и находить погрешности и недостатки в выполнении Заповедей.

Поэтому подготовил Творец для праведников другую возможность заставить молчать обвинителя тем, что дает праведник некоторую часть от святости и чистоты обвинителю – и этим, как взяткой, затыкает тому рот. И уже не желает обвинитель обвинять его, чтобы не исчез праведник, потому что этим лишится сам обвинитель своей части от святости, света, которую получает при выполнении каждой Заповеди праведником.

Отсюда вытекает необходимость наружного волоса в тфилин, отпущение тельца, красная телица и пр. (см. «Зоар». Эмор.

стр. 88). Отсюда мы видим, насколько неординарным, неоднозначным, сложным создан мир, насколько невозможно судить о поступках и управлении по их внешнему, видимому нами действию, насколько «перепутаны» связи между чистыми и нечистыми силами и как велика их взаимозависимость.

Даже на примере великих наших предводителей-каббалистов видно, насколько они страдали, вынуждены были склоняться пред ничтожными правителями или невежественными массами, какие преследования выпадают именно на тех, кто ближе к Творцу! И эти помехи чувствуют даже только начинающие свой путь.

Здесь же, в примере с Авраамом, говорится не об обычном обвинителе, потому что, конечно же, дал Авраам всем бедным еду, как всегда это делал, еще до того, как предложил откушать видным гостям, а этот обвинитель требовал свою часть от святости-света. Но Авраам не желал давать нечистоте ничего от святости, а желал подавить его силу и полностью оттолкнуть от себя. Поэтому поднялся обвинитель наверх обвинить Авраама.

Но, говорит «Зоар», обвинитель был не бедным, а только принял вид бедного и требовал ублажить его от праздничного обеда Авраама. Авраам почувствовал, что это не бедный, а нечистая сила в облике бедного, и потому не пожелал ничего дать.

Поэтому сказано – даже одного голубя. Потому что согласно порядку жертвоприношения (отторжения частей эгоизма, человеческого «я») приносятся только два голубя, соответствующие двум, соединенным вместе точкам в малхут: свойству малхут, исправленной свойством милосердия – бина. В этой общей точке есть свойство ограничения и милосердия вместе, но свойство ограничения находится в скрытии, а свойство милосердия раскрыто (см. п. 122).

Без этого сочетания свойств малхут со свойствами бина, называемого смягчением или подслащением малхут, мир, т.е. малхут, не смог бы существовать, т.е. получать свет Творца. Поэтому необходимо принести в жертву именно двух птенцов голубя. Один голубь – это тот, которого послал Ноах со своего ковчега и который более не вернулся (Тора. Берешит 8), потому что один голубь означает свойство ограничения в малхут, без всякого смягчения ее свойством милосердия бина. А потому как Ноах не смог исправить в ней ничего, то не вернулся голубь к нему (см. «Зоар». Шлах, стр. 52).

Претензии и жалобы обвинителя, чтобы получить свою долю от трапезы Авраама в день отнятия Ицхака от груди, исходили из его требования получить свою часть, т.е. исправления той части малхут, которую невозможно исправить до окончания всего исправления. Это и есть свойство ограничения в малхут, с которым мир не может существовать и которое поэтому обязано быть скрыто. Это свойство и есть голубь, не вернувшийся к Ноаху.

На человека возложено не исправление своего исконного, созданного Творцом эгоизма, ибо то, что создано Творцом, переделать невозможно. Но человек может не пользоваться эгоизмом, а совершать свои поступки, получая желания от бина, спрятав свой эгоизм, скрыв малхут. Поэтому в человеке создалось сочетание свойств малхут – эгоизма, и бина – альтруизма, чтобы он своими усилиями скрывал свойства малхут и поступал только соответственно свойствам бина.

Когда человек сможет полностью отторгнуть использование своего эгоизма и руководствоваться свойствами бина, он достигнет такого состояния, которое называется «конец его исправления». Исправление происходит в течение 6000 лет, т.е. по ступеням 6000 последовательных действий. А затем приходит к человеку его Машиах – спаситель, является к нему высший свет, который переделывает отвергаемый в течение 6000 лет эгоизм, исконную природу человека, в ему противоположное, в альтруизм. И тогда эгоистические свойства человека служат для получения света наслаждения ради Творца. И он уже не должен отвергать их использование.

Свойство малхут, с которым человек не может работать ради Творца до своего окончательного исправления, называется ограничением. До полного исправления малхут постепенным ее очищением свойствами бина в течение 6000 лет на использование свойств самой малхут есть запрет, ограничение, называемое также «строгость», «суд», потому что это ограничение и является источником всех наказаний и запретов.

Авраам не мог исправить это свойство ограничения в малхут – получить свет во всю малхут. А потому ничего не получил в эту часть – именно как и поступил с обвинителем. Поэтому тот немедленно поднялся обвинять Авраама перед Творцом, утверждая, что Авраам своим пиром ничего не исправил в свойстве ограничения малхут. Это свойство ограничения называется

БЕДНАЯ, потому что не имеет света, не получает его, потому является самой сутью малхут, эгоизмом.

Поскольку Творец смягчил ограничительное свойство малхут свойством милосердия, смешал малхут с бина только для того, чтобы дать возможность миру существовать, то свет, получаемый благодаря свойству милосердия, определяется как часть света, принадлежащая всем населяющим мир, с помощью которого исправляется сама малхут, являющаяся личной частью только самого Творца, потому как создал ее для того, чтобы лично наполнить ее.

А так как вследствие чуда кормления грудью младенцев, принесенных Саре, получил Авраам весь свет, который есть в свойстве милосердия, начал сомневаться, в состоянии ли он исправить также часть малхут, называемой «БЕДНАЯ», ничего не получающая (потому что нельзя ее использовать в течение 6000 лет), которая является личной частью Творца.

Поэтому поднялся обвинитель с обвинением, что Авраам не дает БЕДНЫМ и не дает части Творца, т.е. самой малхут дэ малхут, которую человек не в состоянии сам исправить, которую даже Ноах не мог исправить, и не дал ничего ни Тебе, ни бедным, не пожертвовал Тебе ни одного голубя.

А Сара говорит, что смеялся Ты над нею: Сара – это та часть бина, которая светит в малхут. Словами: «Ведь всякий, кто услышит, посмеется надо мной» (Тора. Берешит 21, 6; русский перевод стр. 23, 6), дала Сара-бина в малхут настолько большой свет хасадим, что малхут перестала ощущать эгоистические желания, ощутила совершенство альтруизма, временно, под действием света хасадим, приобрела свойства бина.

Но возникает страх, что вследствие такого ощущения совершенства и отсутствия страданий от ненаполненных желаний, отсутствия ощущения недостатка, останется сама малхут неисправленной.

Такое состояние подобно сказанному в Торе о состоянии Адама (Берешит 3, 22; русский перевод стр. 4, 22): «Как бы не простер он руки своей, и не взял также от дерева жизни, и не поел, и не стал жить вечно» – т.е. чтобы не перестал ощущать свою собственную природу и то, что обязан исправить свой изъян в «древе познания». И поэтому был Адам низвергнут в подходящее для исправления, самое низменное эгоистическое место – наш мир.

179. Сказал ему Творец: «Кто в мире как Авраам?» И обвинитель не ушел оттуда, пока не поглотил все угощение. А Творец повелел принести Ицхака в жертвоприношение. И указал, что Сара умрет от горя своего сына. Причина этого горя в том, что не дал ничего бедным.

Жертвоприношение Ицхака было для исправления самой малхут, для того, что не смог исправить Авраам на большом своем пиру в честь дня отнятия Ицхака от груди. Смерть Сары была вследствие большого света, который она передала в малхут, сказав: «Смех сделал мне Творец», свет, который мешает исправлению малхут.

Поэтому этот свет, нисходящий в малхут, дающий ей ощущение совершенства, мешает ей исправляться, и потому он был прекращен Творцом, что и означает смерть Сары, потому что Сара и есть этот, входящий в малхут свет бина. Таким образом, все, о чем говорит Тора, есть суть стадии процесса исправления малхут, до окончательного исправления.

ТОРА И МОЛИТВА

180. Открыл раби Шимон и сказал: «Сказано, повернулся Хэзкияу лицом к стене и помолился Творцу. Давайте посмотрим, насколько велика и действенна сила Торы и насколько она превыше всего. Ведь тот, кто занимается Торой, не боится ни высших, ни низших, не боится никаких болезней и порчей в мире, потому что он связан с Древом Жизни и учится от него каждый день.

181. Потому что Тора учит человека идти путем истины, учит его, как вернуться к его Господину и отменить предопределенное. И даже если указывается человеку, что предопределенное ему не отменяется, оно отменяется и полностью аннулируется, немедленно исчезает и не довлеет над человеком в этом мире. Поэтому должен человек заниматься Торой день и ночь и не оставлять ее. Как сказано: «Занимайся Им дни и ночи». А оставляющий Тору будто оставляет Древо Жизни.

«Занимайся Им дни и ночи» – «Им» – имеется в виду Творцом! В другом месте в «Зоар» говорится, что молитва Хэзкияу была принята Творцом, потому что не было ничего (никаких эгоистических желаний), отделяющего его от стены (стена – это шхина, ощущение Творца, наподобие Стены Плача).

Такой совет он получил от Торы, когда, в результате своих усилий в Торе, осознал, каким образом можно достичь полного возвращения к Творцу, такого, что не будет ничего, что бы отделяло его от Творца (от стены, от шхины – ощущения Творца). Вследствие этого отменилось намечавшееся ранее указание о его смерти (исхождении света из его парцуфа). Настолько велика сила Торы.

182. Приди и смотри – вот совет человеку: когда он поднимается ночью в свою постель, должен принять на себя управление Творца свыше, всем своим сердцем вверить свою душу Творцу. Вследствие этого человек немедленно спасается от всевозможных дурных болезней, наветов и сглазов, которые уже не могут властвовать над ним.

Здесь нам надо точно понять некоторые определения Торы, которые не совсем подобны нашим привычным понятиям: свет дня – это ощущение слияния с Творцом. А называется оно «свет», так как хорошее ощущение человек называет «свет». Поэтому день – это когда человек ощущает близость Творца, величие духовного.

Тьма – ночь в нашем мире. А в духовных состояниях человека тьма – это соответственно отсутствие ощущения Творца, отсутствие ощущения высшего света, вследствие действия нечистых эгоистических сил человека, отделяющих его от Творца. Мы спим ночью в нашем мире. Духовный парцуф находится при минимальном наполнении светом в неосознанном состоянии, называемом «сон». А света в нем при этом так мало, что это называется одной шестидесятой (6 сфирот з"а х 10 в каждой) частью смерти, полного отсутствия духовного света, потому что это власть нечистых сил.

Ввиду этих двух управляющих нами и властвующих над нами сил мы не можем полностью и навсегда слиться с Творцом, потому что нечистые силы, властвующие ночью, мешают нам в этом, ибо возвращается попеременно власть этих сил над нами и создается этим перерыв в нашей связи с Творцом, в работе ради Творца, вследствие ощущения состояния ночи.

Чтобы исправить это, дает нам раби Шимон совет: каждой «ночью» (ощущая отдаление от духовного), когда человек идет «спать» (погружается своими ощущениями все больше в наш мир), пусть примет на себя всем сердцем власть Творца над собой, передаст себя во власть Творца. Потому что, если ночь (ощущение ночи) исправлена, как в действии творения, где вначале следует ночь, а затем – день, как сказано: «И будет вечер, и будет утро – день один», то ночь и день становятся как одно целое.

И ночь, называемая властью малхут, не смешается ни с какой нечистой силой – не нападут на человека, вследствие исчезновения ощущения Творца, эгоистические желания и помехи «разума». Потому что он прежде всего осознал необходимость ночи для постижения затрашнего дня (еще большего ощущения Творца, большего альтруистического желания) и воспринимает оба эти состояния как одно целое, как движение вперед, хотя в его ощущениях ночь – это удаление от духовного.

На языке духовной работы это означает, что если человек ощущает отдаление от Творца, и, несмотря на все остальные возможные наслаждения, нерадостен он, то это состояние называется ночью для него. В таком состоянии полного неощущения, неверия в Творца, он может именно своим усилием, занятиями, не ощущая никакого вкуса в Торе, отдать себя во власть Творцу, т.е. закрывает глаза свои, как идущий спать, и говорит: «Я принимаю на себя власть Творца, выполняю Его волю». Тогда это состояние называется «падение для дальнейшего подъема», как трамплин, с которого человек достигает еще более светлого «дня».

Но для этого человек должен принять на себя власть высшего царства полностью, чтобы не было ничего, что отделяло бы его от Творца. То есть принять на себя высшую власть абсолютно: или жизнь, или смерть, что никакая сила в мире не помешает его соединению с Высшим Управителем, как говорится в Торе (Дварим 5; русский перевод стр. 232, 5): «Возлюби Творца своего ВСЕМ сердцем твоим, ВСЕЙ душой твоей и ВСЕМИ силами твоими».

И если человек принимает все, что посылает ему Творец всем сердцем, то уверен, что нет более ничего отделяющего его от Творца. Это и определяет выполнение условия передачи себя, своей души Творцу. Потому что заранее передал себя в руки Творца тем, что принял решение выполнять все Его желания – Заповеди в совершенстве, вплоть до самопожертвования.

Поэтому во время сна, когда душа его (ощущение Творца), наполняющий его ранее свет, покидает его тело (желания), он не испытывает вкус 60-й части смерти, потому что нечистые (эгоистические) силы не властвуют над ним, т.е. не отделяют его от Творца, а только Сам Творец временно не ощущается им.

Поэтому не могут нечистые силы прервать его духовную работу даже в состоянии, называемом «ночь», потому что у него уже вечер и утро как один день – свет Творца, ночь стала частью дня, потому что именно благодаря ночи он понимает, что удостаивается затем получить еще больший свет.

Потому что ночь его происходит не от власти нечистых сил, а он понимает, что Творец посылает ему специально такие состояния, и он видит в ощущении ночи возможность, даже в таком состоянии тьмы и неощущения, отсутствия влечения и вкуса в духовном, слиться с Творцом. И это означает, что нет ничего отделяющего, находящегося между ним и стеной.

183. А утром, когда он встает со своей постели, обязан благословить Творца и войти в дом Его, и преклониться пред Ним в страхе и трепете, а затем молиться. Да возьмет пусть совет у святых отцов своих, как сказано: «Я, по великой милости Твоей, приду в дом Твой, преклониться в трепете пред святым величием Твоим».

Я, по великой милости Твоей, могу благословить сейчас Тебя за то милосердие, которое Ты совершил со мной тем, что закончилось мое духовное падение и я вновь прихожу в дом Твой, к ощущению Тебя. Но рад я изменению своего ощущения не потому, что сменились ощущения страданий приятными, а потому, что сейчас я могу благодарить Тебя. Прихожу в дом Твой для того, чтобы преклониться в трепете пред святым величием Твоим, которое теперь, еще более, чем прежде, постигаю я.

Молитва, которую мы произносим в своем сердце, – это исправление в малхут (шхине, ощущении Творца, общей душе Израиля) и наполнение этой общей души высшим светом (ощущением Творца), соответственно всем ее исправленным желаниям. Поэтому все наши просьбы произносятся во множественном числе, потому что молитва не за свою частную, а за общую душу Израиля. А все, что есть в шхина, есть затем, естественно, в каждой частной душе Израиля. А чего недостает общей душе Израиля – недостает каждой частной душе.

Поэтому, прежде чем приступить к молитве, мы обязаны понять (ощутить), чего именно недостает малхут, шхине, чтобы знать, что необходимо исправить в ней, чем наполнить. Наше сердце, средоточие наших желаний, и есть частичка этой малхут-шхина. Все поколения Израиля включаются в общую душу – шхину. Но то, что исправили в шхине предыдущие поколения, нам уже не надо исправлять. Нам необходимо исправить только то, что осталось после исправлений предыдущих поколений душ.

Наши праотцы, духовные парцуфим, называемые Авраам, Ицхак, Яаков, сфирот х-г-т парцуфа з"а мира Ацилут, включают в себя все общество Израиля, все свойства, которые затем проявляются в исправленной малхут, называемой, в своем исправленном состоянии, Израилем. Потому что праотцы — это три духовных корня 600 000 душ Израиля во всех поколениях, т.е. это три источника желаний, которые рождаются в части малхут в человеке для его исправления.

Все добрые деяния, т.е. получение света и его отдача, производимые «обществом Израиля», т.е. каббалистами, во всех поколениях, вызывают вначале получение высшего света святыми нашими праотцами, сфирот з"а, потому что через них проходит весь свет сверху вниз. А от них нисходит высший свет на общество Израиля — праведников того поколения, находящихся своими свойствами в мирах БЕ"А, которые своими молитвами и вызывают нисхождение этого света.

Потому что таков порядок духовных ступеней: любая ветвь может получить не самостоятельно, а только через ее корень, предыдущую, более высокую ступень. И основной свет остается в корне, а только небольшая часть света нисходит в вызвавшую его ветвь. Поэтому все исправления, которые уже сделаны в обществе Израиля, в шхине, в общей душе, охраняются и существуют в душах наших святых праотцов.

(Свет, полученный в исправленные келим, остается в них навсегда. А то, что мы говорим, что свет исходит, следует понимать условно, потому что парцуф получил новые пустые желания, которые должен исправлять, и ощущение пустоты от полученных пустых желаний ощущается как уход света. Но, исправив новые полученные желания, парцуф получит в них еще больший свет, чем наполнял его прежде.)

Поэтому вся суть нашей молитвы заключается в том, чтобы восполнить в шхине то, чего недостает ей до полного исправления, после всех предыдущих исправлений, которые совершены в ней предыдущими поколениями каббалистов. Поэтому поднимающемуся необходимо вначале узнать и совершить самому все те исправления, которые уже произведены в шхине, а после этого он сможет понять, что же осталось исправить ему.

Поэтому сказано, что не может человек войти в молитвенный дом (на иврите «дом собраний» — «бэйт кнэсэт», от слова конэс — собирать) прежде, чем соберет всю молитву, спросит совет у святых отцов, потому что прежде надо знать, что уже исправлено, а что еще необходимо исправить. А это возможно только после того, как получит через шхину все то, что исправили отцы – только после этого узнает человек, что еще осталось исправить в шхине.

Отцы исправили в шхине молитву. Молитва и шхина – это одно и то же, т.к. молитва – это просьба, подъем ма"н, кли, исправленная малхут, желание ради Творца. Исправление, совершенное Авраамом, называется шахарит (утренняя молитва), Ицхаком – минха (полуденная молитва) и Яаковом – аравит (вечерняя). Поэтому прежде всего человек обязан сам повторить все, ими уже исправленное, в молитве. Тогда он узнает, о чем еще ему лично надо молиться и какие есть еще недостатки, которые только лично он может, а потому обязан исправить в мироздании.

184. Человек может войти в бэйт-кнэсэт, молитвенный дом, только если получает разрешение Авраама, Ицхака, Яакова, потому что они исправили молитву пред Творцом. Поэтому сказано: «И я в великой милости Твоей, явлюсь в дом Твой» – это Авраам, потому что его свойство – милосердие, сфира хэсэд. «Преклониться пред залом святым Твоим» – это Ицхак, потому что благодаря ему малхут называется эйхаль-зал, сфира гвура. «В страхе и трепете» – это Яаков, потому что его свойство – это свойство сфиры тифэрэт, называемое трепет. И необходимо прежде войти в эти свойства, а затем войти в бэйт-кнэсэт, вознести свою молитву. О таком состоянии сказано: «Вот раб Мой Израиль, которым Я украшаюсь».

Здесь «Зоар» разбирает три первые основные исправления, которые совершили отцы в шхине: Авраам исправил в ней свойство «баит – дом, постоянное жилье», отсюда возможность у человека слиться с нею и постоянно, непрерывно находиться в свойствах и ощущениях Творца, подобно тому, как может постоянно находиться в своем доме.

Ицхак дополнил исправление и исправил малхут в свойстве «святой зал», чтобы сам Царь находился в ней постоянно, как царь находится постоянно в своем зале. Яаков добавил ей исправление свойством страха, соответствующее вратам перед домом, условию, при выполнении которого человек может войти в малхут, как в дом Авраама, что в ней, так и в святой зал Ицхака, что в ней.

После того как человек включает в себя все эти три исправления святых отцов в совершенстве, он познает, что же исправлено в святой шхине, а затем приступает к исправлению того, что еще не исправлено.

Авраам – это источник свойства милосердия в душах Израиля. Потому и исправил святую шхину так, чтобы могла получить свет милосердия, свет хасадим. И шхина полностью получила этот свет для всех душ Израиля. И если бы оставалась такой, то все души Израиля были бы постоянно в полном соединении свойствами с Творцом, слиянии с Творцом, а шхина была бы полна света-наслаждения. И не было бы ни одного желающего расстаться с шхиной (ощущением Творца) даже на мгновение.

Но все исправление Авраама было в том, что сделал совершенное «отдающее» кли, состоящее только из света хасадим, без всякой возможности испортить его свойства, внести в него неисправность, потому что это кли-желание состояло только из желания отдавать и совершать услаждения Творцу, как свойство Авраама – хэсэд-милосердие, о чем сказано (Авот 85): «Мое – твое и твое – твое – это свойство милосердия». Придав творению свое свойство, Авраам полностью отделил нечистые силы (мысли, желания) от шхины и сделал ее совершенно святой и чистой.

Но замысел творения этим еще не исчерпан, потому что он состоит в том, чтобы насладить души. А мера наслаждения зависит от стремления насладиться, от величины ощущения голода. И только в мере предварительного голода, желания получить наслаждение, будет мера последующего ощущения наслаждения, при его получении.

Поэтому, после того как шхина (малхут мира Ацилут, сумма всех душ) получила исправление от Авраама, высшей силы хасадим, сферы хэсэд з"а мира Ацилут, и приобрела от нее свойства милосердия, без какого бы то ни было желания получить себе, т.е. вообще пропало в ней желание получить что-либо от Творца, а осталось желание только отдавать Ему, называемое желанием «отдавать ради отдачи» – этим еще не пришло никакого исправления душам (частям шхины), потому что их роль – получить уготованное наслаждение от Творца, для чего они должны иметь прежде желание «получить»: ведь наслаждение ощущается, только если существовало предварительное к нему стремление, желание, и в мере этого желания.

Поэтому сказано, что Авраам родил Ицхака: Ицхак нашел шхину в полном духовном совершенстве, в свойстве только бескорыстно отдавать, наполненной светом хасадим, вследствие всех исправлений в ней, совершенных Авраамом. Но Ицхак, левая духовная сила, согласно своим свойствам, ощутил в таком состоянии шхины недостаток – что она еще не исправлена, чтобы «получить» все задуманное в замысле творения.

Поэтому исправил ее тем, что сделал ее кли (сосудом) получения, добавив ей желание «получать», чтобы смогла получать все уготованное ей совершенство. Ицхак возбудил в шхине желание получить наслаждение от Творца, но только в виде «получения ради Творца», получения с намерением, что получает ради Творца, получает, чтобы этим доставить удовольствие Творцу.

Получение ради Творца означает, что хотя страстно желает получить наслаждение, но получает не потому, что желает насладиться, а только потому, что дающий Творец желает, чтобы он получил, а если бы дающий Творец не желал этого, не было бы в человеке никакого желания получить от Него.

Из предыдущих объяснений в книгах данной серии уже известно, что получение ради Творца тождественно бескорыстной отдаче и потому нет у нечистой, эгоистической силы никакой возможности присосаться к такому желанию. Поэтому Ицхак исправил шхину до полного большого и конечного совершенства, ибо теперь она способна получать все, что Творец задумал как цель своего творения.

Поэтому в таком состоянии, после исправления шхины Ицхаком, малхут-шхина называется эйхаль – зал Творца, ведь сейчас ее может наполнять Собой, Своим светом, Творец, что означает, что Он пребывает в ней, живет в ее чертогах.

Но исправление Авраама, называемое «дом», еще не позволяло наполниться шхине, сделать ее достойной вселения Творца. Отсюда считается, что Ицхак исправил все гвурот – силы воли и противодействия эгоизму в душах Израиля, что означает – усластил все законы и ограничения, имеющие место в управлении Творца: потому что все запреты и наказания приходят в мир только для того, чтобы исправить желания получить в душах, чтобы стали пригодными получить все бесконечно доброе, находящееся в замысле их сотворения. А так как Ицхак исправил шхину до ее полного совершенства, то исправлены в ней все ограничения и силы, и все ее свойства достигли желаемой цели.

Но и его исправление не осталось в таком виде в шхине, а испортилось, потому что мир еще не был готов к концу всего исправления. И поэтому произошел из Ицхака грешник Эйсав, испортивший исправление Ицхака в шхине и не устоявший перед тем, чтобы получить, но не ради Творца, как исправил Ицхак. Он не смог удержаться и получил ради себя, что означает: даже когда ему стало ясно, что дающий-Творец не желает, чтобы он получил, желал все равно получить, потому что желал самонасладиться.

Поэтому присосалась к шхине нечистая сила (клипот-шелуха, оболочка, кожура на чистых силах), и тем спустились ноги, сфирот н-х-е-м, парцуфа малхут мира Ацилут в место клипот, под парса, где эгоистические желания властвуют над желаниями н-х-е-м. Но голова и верхняя часть тела, до пояса, парцуфа малхут остались выше власти нечистых сил, и потому головой понимает, как надо действовать (поэтому голова Ицхака погребена вместе с телами Авраама и Яакова в пещере Махпэла), но тело стремится получить наслаждения ради себя.

А поскольку видел Яаков, какой ущерб внес Эйсав, то исправил шхину, добавив ей свое свойство страха, как сказано: «Рука его держит бедро Эйсава» (Тора, Берешит 25). То есть, поскольку понял Яаков неисправность, внесенную Эйсавом в шхину, в созданные души, то исправил себя в страхе настолько, что поднял шхину, как корону-украшение. Этим он удержал также исправленное Авраамом и Ицхаком.

Но исправление Яаковом – еще не окончательное, потому что этот страх подобен страху прегрешения, а не бескорыстному страху, исходящему от самого себя. Потому что этот страх рождается в нем от бедра Эйсава, даже без того, что он сам прегрешил получением, как Эйсав. А в конце исправления наступит иное состояние: аннулируется бедро Эйсава, как сказано «исчезнет смерть из мира навсегда», а страх будет только потому, что Творец велик и всемогущ.

Яаков сам постиг этот истинный страх. Но для всего общества Израиля, для всех душ, составляющих шхину, – им осталось еще исправить себя во всех поколениях, от первого до последнего, до конца всего исправления. (Только Моше постиг качество настоящего страха, страха от величия, от любви, и никто более. Потому нет даже объяснения о страхе от любви к Творцу, как сказано в Талмуде.)

Поэтому приводит «Зоар»: «И я по великой милости Твоей приду в дом Твой» – это Авраам, потому что Авраам исправил шхину до качества «дом», полный всего хорошего, т.е. наполненный светом хасадим. «Преклониться пред святым залом Твоим» – это Ицхак, исправивший шхину с «дома» до «зала», достойного Творца. «В страхе» – это Яаков, исправивший шхину своим качеством страха, чем сделал ее кли-сосудом получения, включающим все исправления Авраама и Ицхака.

Но каким образом он узнал, что еще необходимо исправить в шхине? Только тем, что сам исправил себя, включил себя в эти три исправления, которые уже исправили до него святые праотцы. Это означает, что может действовать так же, как они, согласно условиям этих исправлений. То есть Яаков соединился с их качествами, поднялся до их уровня.

Таким образом, прежде всего необходимо человеку постичь эти качества, исправить эти свойства самому в себе. А только после того, как принял в себя все эти три качества, свойства трех исправлений, может начать исправлять их с того места, которое оставил нам праотец Яаков, т.е. поднять страх до меры величия и всемогущества Творца, и молитвой вызвать высший свет, своим страхом величия Творца. А высший свет принесет с собою наполнение шхины, конец ее исправления. Поэтому в молитве человека должны быть два стремления: постичь страх перед истинным величием Творца и при помощи этого постижения достичь окончательного исправления от эгоизма.

ВЫХОД РАБИ ШИМОНА ИЗ ПЕЩЕРЫ

185. Раби Пинхас стоял пред раби Рахума на берегу озера Кинэрэт. Был он мудрым, старым, почти слепым. Сказал он раби Пинхасу: «Слышал я, что у нашего друга Шимона бар Йохая есть драгоценный камень – сын, посмотрел я на свет этого драгоценного камня, а он, как свет солнца, освещает весь мир».

Полностью исправленная малхут называется драгоценным камнем (обычно – жемчужина). Раби Нахум говорит раби Пинхасу, что удостоился уже раби Шимон полного исправления. Потому что сын – это последующее состояние, последующий парцуф, выходящий, рождающийся из предыдущего. А раби Пинхас видит это, глядя (своим духовным зрением, называемым руах акодэш – святой дух) на свет этой жемчужины, которая светит как солнце, выходящее из своего укрытия (нартика). Этим говорится, что в будущем исправлении малхут, луны, ее свет станет как свет солнца и осветит собою весь мир.

А когда свет луны-малхут станет как свет солнца, поднимется до зенита, осветит от неба до земли, одним столбом луча света, весь мир, и будет светить, пока раби Шимон не закончит исправление Атика. Это говорит о том, что он уже удостоился постичь ступени двух раскрытий Творца, т.е. конца исправления.

186. А тот свет стоит от неба до земли и освещает весь мир, пока не явится Атик-кэтэр и воссядет на свой трон, что происходит в конце исправления. А тот свет находится весь в твоем доме (потому что дочь раби Пинхаса была женой раби Шимона бар Йохая, а раби Эльазар был т.о. его внуком). И от света, наполняющего дом, отделяется маленький тонкий луч света, называемый сыном дома, раби Эльазаром, выходит наружу и светит всему

миру. Счастливы удостоившиеся такой судьбы! Выйди, сын мой, выйди! Иди за этим драгоценным камнем, освещающим мир, потому как время благоприятствует этому!

Так как дочь раби Пинхаса была женою раби Шимона (раби Шимон и его жена – это два духовных парцуфа, более низких, чем раби Пинхас), то раби Шимон (с женой) являлся (включенным в парцуф) членом дома раби Пинхаса. Имеется в виду раби Эльазар, парцуф, вышедший из света и осветивший мир, наполняющий дом (10 сфирот парцуфа) раби Пинхаса, т.е. вышедший из парцуфа раби Шимона и его жены.

187. Вышел пред ним, стоял в ожидании взойти на корабль. Были с ним две женщины. Увидел двух птиц, парящих над водой. Возвысил голос и сказал: «Птицы, вы парите над морем, видели ли вы место, где находится бар Йохай». Подождал немного и сказал: «Птицы, птицы, летите». Улетели они и пропали в море.

Раби Шимон убежал от властей, которые осудили его на казнь, и спрятался со своим сыном в одной пещере. И не знали, где он. Поэтому вышел раби Пинхас искать его.

Хотя все описываемое – историческая истина, но нам необходимо понимать слова «Зоар» в первую очередь как действия высших духовных причин, следствия которых определяют происходящее на земле. Эгоистические власти-силы столь высокого парцуфа, как раби Шимон, пытаются преодолеть его же альтруистические стремления, лишить его света, что означает убить. А он прячется от них в пещере – принимает на себя малое состояние, светясь светом милосердия, что называется «уходит в пещеру», становится невидимым для эгоистических сил, потому что они желают свет хохма, а свет хасадим не видят.

188. Прежде чем взойти на корабль, приблизились птицы, и в клюве одной из них – письмо. Написано в нем, что раби Шимон сын Йохая вышел из пещеры со своим сыном раби Эльазаром. Пошел к ним раби Пинхас и нашел их очень изменившимися: все тело их было в язвах (подобно дырам в земле – см. Талмуд. Бава-Батра 19, 2) от постоянного продолжительного нахождения в

пещере. Заплакал и сказал: «Горе мне, зачем я увидел вас такими!» Ответил ему раби Шимон: «Счастлив я своей судьбой, что увидел меня ты в таком виде, ведь если бы не увидел меня таким, не был бы я тем, кем стал!» Открыл раби Шимон о Заповедях Торы и сказал: «Заповеди Торы, которые дал Творец Израилю, все описаны в общем виде».

Множество лет (ступеней) нахождения в пещере (в свете хасадим) вынужден был сидеть в песке (внешнее одеяние-левуш, покрытие парцуфа определенным свойством «земли»), чтобы покрыть голое тело (желания), дабы заниматься Торой (получать высший свет в свой парцуф с намерением ради Творца), отчего (от покрытия песком) все его «тело» покрылось «ржавчиной и язвами» (но это были необходимые исправления).

И не только сам парцуф, называемый раби Шимон, нуждался в таком исправлении, как скрытие в хасадим – пещере, и покрытие посторонним одеянием, отраженным светом, но и его следующее состояние, рожденное им, называемое его сыном раби Эльазаром, более низкий парцуф, также нуждался в этих исправлениях для достижения всего света Творца.

Заплакал и сказал: «Зачем я увидел вас такими!» Ответил ему раби Шимон: «Счастлив я своей судьбой, что увидел меня ты в таком виде, ведь если бы не увидел меня таким, не был бы я тем, кем стал!» – т.е. если бы не таким был мой вид, не заслужил бы тех тайн Торы, которых удостоился, потому что всего чего достиг, достиг в течение тех 13 лет (13 последовательных исправлений), которые прятался в пещере.

Открыл раби Шимон. Сказано о Заповедях Торы: «Заповеди Торы, которые дал Творец Израилю, все описаны в общем виде» – все Заповеди Торы описаны в отрывке Торы от «Вначале создал Творец» и до «Да будет свет», потому что это Заповеди страха и наказания, в которые включены все Заповеди Торы. Потому называются «в общем».

ЗАПОВЕДЬ ПЕРВАЯ

189. БЕРЕШИТ БАРА ЭЛОКИМ (вначале создал Творец) – это первая Заповедь, основа и глава всего. И называется «страх Творца» или Решит (начало), как сказано: «Начало мудрости – страх Творца». Страх Творца – начало знания, потому что страх называется началом. И это врата, через которые приходят к вере. И на этой Заповеди стоит весь мир.

Трудно понять, почему страх называется началом, прежде мудрости, предваряющий мудрость, а также почему он вначале, ранее веры. И отвечает: потому что страх – это начало каждой сферы, невозможно постичь никакой сферы (свойства), если вначале не постигнуть свойство страха. Но отсюда следует, что страх – это всего лишь средство достижения остальных качеств, свойств? Но если это всего лишь средство, то почему он входит в перечень Заповедей, как первая Заповедь? Может, тогда страх – это как бы предварительное условие?

Поэтому «Зоар» говорит, что невозможно постичь совершенную, беззаветную веру, как только из страха перед Творцом. И в мере страха будет мера ощущения веры. Поэтому на Заповеди страха держится весь мир. Потому что весь мир существует только благодаря Торе и Заповедям, как сказано пророком (Ермияу 33; 25; русский перевод стр. 347, 25): «Если бы не мой союз с днем и ночью, не установил бы я законы неба и земли».

А так как страх – это начало и врата в остальные Заповеди, потому как страх – это врата к вере, то на свойстве страха держится весь мир. Поэтому сказано, что в Заповедь страха включены все остальные Заповеди Торы, а если бы не страх, не создавал бы Творец ничего.

190. Страх бывает трех видов, из которых два не имеют истинной основы, а один – имеет. Если человек в страхе, чтобы жили его дети и не умерли, или в страхе за свое здоровье или боится телесных страданий, или в страхе за материальное благополучие, то такой страх, даже если пребывает в нем постоянно, – не является основой, корнем, потому что только желательные последствия являются причиной страха. Это называется страхом перед наказанием в этом мире. А есть страх наказания в будущем мире, в аду. Эти два вида страха – страх перед наказанием в этом и в будущем мире – не являются истинной основой и корнем.

191. Истинный страх – это страх перед Творцом, потому что Он велик и всемогущ, потому что Он – Источник всего, и все остальное – как ничто пред Ним. И да приложит все свое внимание человек к постижению этого вида страха.

Есть три вида страха перед Творцом, но только один из них считается истинным страхом. Если человек боится Творца и выполняет Его Заповеди для того, чтобы были здоровы его дети, не пострадало его здоровье, не пострадало его материальное благополучие и пр. – то это 1-й вид, страх перед всевозможными наказаниями в этом мире. Если выполняет Заповеди Творца, потому что боится наказания в аду – то это 2-й вид страха. И эти два вида страха не являются истинными, как говорит «Зоар», потому что выполняет Заповеди только из-за боязни наказания, ради своего блага, а не потому что это Заповеди Творца.

В таком случае собственное благо является причиной, основой, корнем выполнения, а страх – это следствие от желания самонаслаждения. Истинный же страх должен быть вследствие того, что Творец – великий и могущественный, управляющий всем, потому что Он – Источник всего, из Него выходят все миры и величие Его деяний свидетельствует о Его величии, а все созданное Им – ничто в сравнении с Ним, потому что не добавляет ничего к Нему.

Отсюда видно, в частности, что нет отличия в действии: выполняющий вследствие 1-го или 2-го вида страха и выполняющий вследствие истинного, 3-го вида страха, – все они внешне выполняют одни и те же действия – Заповеди Творца. А все огромное отличие между ними – только в их внутреннем намерении, основе, причине – ПОЧЕМУ они выполняют указание Творца!

Поэтому невозможно определить духовный уровень человека по его внешнему, видимому всем, выполнению Заповедей. И более того, кто выполняет их ради получения немедленного вознаграждения от окружающих, тот обычно выполняет их с наибольшим внешним усердием. А тот, чьи намерения и мысли направлены внутрь, на поиски истинного выполнения, как правило, ничем не выделяется из масс.

Только во все более внутреннем выполнении Заповеди страха, во все более внимательном всматривании внутрь себя, каким образом и на что направлены его мысли, только в своем намерении, человек должен искать постоянное улучшение и дополнение, но ни в коем случае не в механическом «перевыполнении», о чем есть точное указание: «не преувеличивай в Заповедях».

Но обязан человек все внимание своего сердца отдать постижению истинного страха всем желанием своего сердца, как и положено первой Заповеди Творца. Как сказал раби Барух Ашлаг: «Страх перед Творцом – это постоянное беззаветное желание, выражаемое в мысли: «А все ли я уже сделал, или есть еще, что можно сделать Творцу?».

192. Заплакал раби Шимон, причитая: «Ой, если раскрою, и ой, если не раскрою: если скажу, узнают грешники, как работать ради Творца, если не скажу, не дойдет это до моих товарищей. Потому что в том месте, где находится истинный страх, там же находится против него, соответственно внизу, плохой страх, бьющий и обвиняющий, и это плеть, бьющая грешников (наказывающая их за грехи. А потому боится раскрыть, ведь могут узнать грешники, как освободиться от наказания, а наказание – это их исправление!).

Здесь раби Шимон предупреждает, что не может раскрыть все полностью (имеется в виду «авода ли шма», что значит деяние «ради Творца»), потому что боится навредить этим грешникам. И это потому, что желает раскрыть здесь, как приблизиться и слиться с Древом Жизни, но не прикасаться при этом к Древу Смерти. Но это относится только к тем, кто уже исправил себя относительно Древа Добра и Зла.

Но грешники, т.е. те, что еще не исправили свои прегрешения в Древе Добра и Зла, не имеют права знать это, потому что им еще предстоит трудиться во всех работах до тех пор, пока они не исправят себя в Древе Добра и Зла. Отсюда видно, что грешником Тора называет человека, еще не исправившего в своей душе Древо Знания.

А указание на запрет раскрывать такому человеку истинность работы ради Творца основано на сказанном в Торе (Берешит, 3;22; русский перевод стр. 4, 22): «Вот Адам стал как один из нас в познании добра и зла, и теперь, как бы он не простер руку свою, и не взял также от Древа Жизни, не поел, и не стал жить вечно».

И вот после прегрешения Адама в Древе Знания выслал его Творец из рая, дабы исключить вероятность того, что Адам соединится с Древом Жизни и станет жить вечно. Ведь тогда то, что он испортил в древе Знания, останется неисправленным. Поэтому, чтобы только праведники познали, раскрывает эту мудрость раби Шимон в виде намека.

193. Но кто боится наказания побоями, не может снизойти на того истинный страх перед Творцом, но нисходит на него дурной страх, в виде страха наказания плетью.

194. И поэтому место, называемое страхом перед Творцом, называется началом знания. И поэтому включена здесь эта Заповедь. И это основа и источник всех остальных Заповедей Торы. И кто выполняет Заповедь страха перед Творцом, он выполняет этим все. А кто не выполняет Заповедь страха перед Творцом, не выполняет остальные Заповеди Торы, потому что эта Заповедь – основа всех остальных.

Здесь «Зоар» снова возвращается к тому, что в одном месте сказано «начало мудрости есть страх Творца», а в другом месте сказано «страх Творца начало знания». И «Зоар» объясняет, что в окончании страха Творца, там, где заканчивается это свойство, есть там дурной страх, наговаривающий и бьющий. И об этом сказано в Каббале, что ноги чистого парцуфа малхут нисходят в место нечистых сил.

Но выполняющий Заповедь страха, потому что Творец велик и могуществен, соединяется с Творцом, что означает совпадение по свойствам, чтобы не было стыда в получении от Него. А кроме этого исправления, нет никакой работы для созданий. И это называется страх Творца для жизни, потому что вследствие слияния с Творцом наполняются творения жизнью. А иначе они подпадают под власть ограничения, поскольку в 1-м сокращении создалось ограничение, запрещающее получать свет в эгоистические желания. И такое кли (желание) является причиной смерти, ведь это пустое (от света) место. Поэтому должен быть страх перед невыполнением исправления, возложенного на создания.

Но те, кто выполняет Заповеди из страха, а не от осознания величия Творца и Его указания, – страх пустоты малхут властвует над ними и бьет их. А потому как конец страха находится в дурной плети, то истинный страх называется «Начало знания страха Творца», что указывает на необходимость стремиться только к этому страху и стеречься дурного страха, вследствие чего исправляется прегрешение Адама.

195. Поэтому сказано ВНАЧАЛЕ, означающее страх, СОЗДАЛ ТВОРЕЦ НЕБО И ЗЕМЛЮ. Потому что тот, кто нарушает это, нарушает все Заповеди Торы. А его наказание – это дурная плеть, т.е. дурной страх, бьющий его. И ЗЕМЛЯ БЫЛА ПУСТА И ХАОТИЧНА, И ТЬМА НАД ПУСТОЙ БЕЗДНОЙ, И ДУХ ТВОРЦА – здесь говорится о 4-х наказаниях грешников.

196. Пуста – это удушение. Хаотична – это побивание камнями, т.е. камни, падающие в большую пропасть для наказания грешников. Тьма – это сожжение, огонь на голову грешников – чтобы сжечь их. Дух Творца – это отсечение головы.

Те, кто выполняет Заповедь страха перед Творцом не потому, что это Его указание, а потому что боится наказания, те попадают в ловушку нечистой силы, называемой «пустота», вследствие чего недоумевают они, не понимают мыслей и деяний Творца. И эта нечистая сила определяется как веревка на шее человека, перекрывающая доступ чистого (святого) воздуха к

Заповедь первая

его душе, не дающая получить жизнь. И в мере его незнания нечистая сила душит его!

А когда он уже пойман нечистой силой в петлю, затягивающуюся на его шее, то есть в ней уже сила и возможность командовать человеком, как ей вздумается – или побить его камнями, или сжечь, или отсечь голову. Побить камнями означает, что нечистые мысли бьют его в голову своими желаниями наслаждений и тянут его этим к бездне, чтобы наказать его тьмой-сожжением, а нечистая сила поворачивает человека на сильном огне до тех пор, пока не сожжет в нем всю чистую жизненную силу.

197. Дух Творца – это отсечение головы, потому что знойный ветер (руах сэара) – это меч обжигающий, наказание тем, кто не выполняет Заповеди Торы, указанные после Заповеди страха, называемой основой, потому что включает все Заповеди. Потому что после БЕРЕШИТ-НАЧАЛО, что означает страх, далее сказано ПУСТОТА, ХАОТИЧНОСТЬ и ДУХ – а всего 4 вида наказания смертью. А далее следуют остальные Заповеди Торы.

После первого предложения Торы остальная часть Торы говорит об остальных Заповедях, которые являются частными относительно Заповеди страха, общей, собирающей все.

ЗАПОВЕДЬ ВТОРАЯ

198. Вторая заповедь – это Заповедь, с которой неразывно связана Заповедь страха, и это Заповедь любви – чтобы любил человек Творца своего совершенной любовью. Что означает совершенная любовь? Это большая любовь, как сказано: «Ходит пред Творцом своим в цельной честности и беспорочности», что означает совершенство в любви. Поэтому сказано: «И сказал Творец: «Да будет свет» – это совершенная любовь, называемая «большая любовь». Именно так должен любить своего Творца человек.

Есть зависимая любовь – которая появляется как следствие всего доброго, получаемого от Творца (см. «Предисловие в Талмуде Десяти Сфирот», п. 66 – 74), вследствие чего сливается человек с Творцом всей душой и сердцем. Но хотя и сливается с Творцом в полном совершенстве, определяется такая любовь как несовершенная. Это подобно любви к Творцу, испытываемой Ноахом (Берешит Раба п. 30), которому постоянно требовалось подкреплять свои чувства – видеть, как Творец посылает ему только доброе.

Но Аврааму не требовалось ничего для укрепления своей любви к Творцу, как сказано: «Ходит он пред Творцом в своей цельной бескорыстности», потому что «ходит пред» – означает, что ему не требуется подкрепление своих чувств, т.е. не нуждается ни в чем для ощущения в себе любви к Творцу. И даже если ничего не получает от Творца, все равно его любовь такая же постоянная цельная и бескорыстная в желании слиться с Творцом всей душой и сердцем.

199. Сказал раби Эльазар: «Я слышал объяснение, какая любовь называется совершенной». Сказали ему: «Расскажи это раби Пинхасу, потому что он находится на

этой ступени». Сказал раби Эльазар: «Совершенная любовь означает, что она совершенна с обеих сторон, а если не включает в себя обе стороны, такая любовь не совершенна».

Сказали ему обратиться к раби Пинхасу, потому что, поскольку тот уже постиг эту ступень совершенной любви, сможет точно понять его. С двух сторон – имеется в виду и с хорошей стороны, и с плохой, т.е. если получает от Творца доброе, а также если получает от Творца ограничения, ощущаемые неприятными, и даже если забирает его душу – все равно его любовь к Творцу абсолютно совершенна, будто получает от Творца сейчас все наилучшее в мире.

200. Поэтому есть, кто любит Творца, чтобы стать богатым, чтобы долго жить, чтобы иметь много здоровых детей, властвовать над ненавистниками, – получает то, что желает, а потому любит Творца. Но если получит обратное, если Творец проведет его через колесо страданий, возненавидит Творца и совершенно не ощутит к Нему никакой любви. Поэтому в такой любви нет требуемой основы.

Поскольку его любовь основана на том, что получает от Творца, то, прекратив получать, прекращает любить. Понятно, что можно любить только одно из двух – или себя, или Творца!

201. Любовь называется совершенной, если она с обеих сторон, со стороны закона и со стороны милосердия (успеха в жизни). Когда человек любит Творца, как уже говорили, даже если Творец забирает его душу – это есть совершенная, полная любовь с обеих сторон: милосердия и закона. Поэтому свет первого действия творения раскрылся, но затем был скрыт. И вследствие скрытия проявился жесткий закон в мире, соединились обе стороны, милосердие и закон, вместе, чтобы получилось совершенство. И это желательная любовь.

Свет, созданный в первый день творения, т.е. в выражении «Да будет свет», затем был скрыт, как сказано, для праведников в будущем мире. Скрыт – для того, чтобы появился строгий закон в этом мире, вследствие чего соединяются обе стороны, закон и милосердие, как одна, потому что появляется возможность выявить совершенство любви также в момент, когда забирает душу человека, и дана возможность восполнить и совершенствовать любовь. А если свет не был бы скрыт, то не проявилась бы строгость закона, и БОЛЬШАЯ ЛЮБОВЬ была бы скрыта от праведников, и не было бы никакой возможности прийти к ее раскрытию.

202. Поцеловал его раби Шимон. Приблизился раби Пинхас, поцеловал и благословил. Сказал: «Видно, Творец послал меня сюда. Это тот тонкий свет, о котором сказано было, что находится в доме моем, а затем осветит весь мир» (см. п. 186). Сказал раби Эльазар: «Конечно же, страх не должен забываться во всех Заповедях, а тем более в этой Заповеди, Заповеди любви, должен быть страх постоянно соединен с самой Заповедью. Как он соединяется? Любовь хороша с одной стороны, когда получает от Любимого добро, здоровье, блага, питание и жизнь – вот тут-то и необходимо возбудить страх, чтобы не согрешить, дабы не обернулось колесо, о чем сказано: «Счастлив постоянно боящийся», потому что страх находится внутри его любви.

203. Так необходимо пробуждать страх со стороны строгого закона, потому что, когда видит, что строгий суд находится над ним, необходимо возбудить страх перед своим Господином, дабы не ожесточилось сердце, о чем сказано: «Ожесточающий сердце падает в плохое», падает в другую сторону, называемую плохой. Поэтому страх соединяется с обеими сторонами, с хорошей, любовью, а также со стороной строгого закона. И состоит из обеих. А если страх соединен с хорошей стороной и любовью, а также – со строгостью закона, то такая любовь совершенна.

Страх – это Заповедь, включающая в себя все Заповеди Торы, потому что она является воротами к вере в Творца, ибо в мере страха получает человек веру в Управление Творцом. И поэтому не забудет о страхе в выполнении каждой Заповеди, а тем более в Заповеди любви, в которой особенно необходимо возбудить одновременно страх, потому что в Заповеди любви Заповедь страха должна постоянно присутствовать. Поэтому необходимо возбудить страх в себе в двух состояниях любви: в любви с хорошей стороны, когда получает от Творца хорошие ощущения, и с плохой стороны, когда получает от Творца строгие ограничения, по закону.

Но было бы ошибкой думать, что совершенная любовь – это любовь в состоянии, когда получает от Творца плохие ощущения, вплоть до того, что забирают его душу. Ошибка думать, что человек не должен бояться суда и строгости Творца, а, несмотря на ощущаемое, привязаться любовью, отдавая всю душу, к Творцу, без всякого страха.

Во-первых, человек должен возбуждать в себе страх, чтобы не ослабла вдруг его любовь к Творцу, – таким образом он сочетает вместе любовь и страх. А также с другой стороны любви, со стороны ощущения на себе строгости, должен возбудить в себе страх перед Творцом и не ожесточить свое сердце, чтобы не перестало обращать внимание на неприятные ощущения наказания. Таким образом, и в этом случае он включает страх в любовь и если постоянно, в обеих сторонах любви действует так, то постоянно его любовь связана со страхом и, благодаря этому, его любовь совершенна.

О включении страха в любовь с хорошей стороны сказано: «Счастлив тот, кто постоянно в страхе», где слово ПОСТОЯННО указывает, что, несмотря на то, что ПОСТОЯННО получает от Творца только хорошее, все равно боится Его – боится, что может прегрешить.

А о включении страха в любовь с плохой стороны, когда ощущает на себе наказания и строгости закона, сказано: «Ожесточающий сердце свое впадает в трепет», что означает, что нельзя ни в коем случае, ни по какой причине, ожесточать свое сердце во время воздействия на него закона, потому как упадет в нечистые силы, называемые «зло». В таком случае необходимо еще более возбудить в себе страх перед Творцом и включить страх в любовь.

Но как первый, так и второй страх – это не страх за себя, за свое благополучие, а страх – как бы не уменьшил свои намерения и действия ради Творца, чтобы все они были только для услаждения Творца.

Таким образом выяснились две первые Заповеди Торы – Заповедь страха и Заповедь любви. Заповедь страха, основа всех остальных Заповедей и всей Торы, заключена в первом слове Торы БЕРЕШИТ – ВНАЧАЛЕ, и в первом предложении ВНАЧАЛЕ СОЗДАЛ ТВОРЕЦ НЕБО И ЗЕМЛЮ, где страх называется НАЧАЛО, из которого рождаются НЕБО и ЗЕМЛЯ, т.е. ЗО"Н и их потомство, миры БЕ"А. А второе предложение в Торе говорит о наказании, в виде 4 видов духовной смерти: ПУСТА – удушение, ХАОТИЧНА – побиение камнями, ТЬМА – сожжение, ДУХ – отсечение головы. Заповедь любви описана в Торе в предложении: «И СКАЗАЛ ТВОРЕЦ: ДА БУДЕТ СВЕТ».

В этой Заповеди есть две стороны – «добро и долголетие» и «всей душой своей». Здесь имеется в виду, что любовь должна ощущаться при самом плохом, т.е. когда Творец забирает душу, совершенно такой же, как при самом хорошем.

И именно для того, чтобы раскрыть эту совершенную любовь, и скрыт свет творения. Также необходимо включить страх в обе стороны любви: в той части, когда должен человек бояться, как бы не прегрешить и не уменьшить свою любовь к Творцу, и в той части, когда человек должен бояться ввиду скрытия, закона, по которому Творец судит его. Но чтобы понять эти духовные категории, необходимо нам выяснить их в несколько ином изложении.

Многократно в Торе употребляется призыв к любви: «Возлюби ближнего...», «Не делай другому, что нелюбимо тобой...» и пр. Но основа всего этого – это любовь между Творцом и человеком, к этому наши просьбы: «Привлеки нас с любовью...», «Выбирающий Израиль с любовью...». Раскрытие Творца – это раскрытие любви Творца к человеку. Но альтруистическая любовь совершенно отличается от наших представлений о любви, потому что наша любовь всегда зависима от эгоистической причины. И если причина вдруг пропадает, мгновенно исчезает любовь.

Возьмем даже любовь не между чужими, а между отцом и сыном, т.е. любовь природную. К единственному сыну, естественно, самая большая любовь со стороны родителей. В таком случае большая любовь должна быть и со стороны сына, на которого обращена вся любовь родителей.

Но мы сами видим, что это не так: если сын ощущает безграничную любовь родителей, по закону природы, независимо

Заповедь вторая

от него, его любовь к ним начинает уменьшаться. Причина этого в том, что отец любит сына естественной любовью. И как отец желает, чтобы сын любил его, так и сын желает, чтобы отец любил его. Это взаимное желание рождает в сердцах обоих чувство страха: отец боится, что сын может ненавидеть его в какой-то, даже самой малой, мере, а также и сын боится того же со стороны отца.

Этот постоянный страх рождает в них добрые поступки: каждый стремится показать другому свою любовь, чтобы возбудить в другом любовь к себе. Но когда возрастает любовь до максимально возможной, настолько, что уже невозможно что-либо к ней прибавить, то любимый сын обнаруживает в сердце любящего его отца абсолютную любовь – такую, которая не зависит ни от чего.

Немедленно любящий перестает бояться уменьшения любви к нему, а также нет у него никакой надежды, что любовь к нему возрастет, потому-то она называется «абсолютной». И это приводит к тому, что начинает лениться сын проявлять свою любовь добрыми поступками. И в мере их уменьшения уменьшается его любовь, вплоть до того, что доходит до второй природы – ненависти, потому что все, что бы ни делал отец – в его глазах это ничтожно и недостаточно по сравнению с тем, какими должны быть действия отца со стороны «абсолютной» любви. Поэтому соединение любви и страха в человеке приводит его к совершенному состоянию.

4 буквы имени АВА"Я = юд + хэй + вав + хэй соответствуют сфиротам х-б-з"а-м и называются «Зоар», соответственно, СТРАХ, ЛЮБОВЬ, ТОРА, ЗАПОВЕДЬ:

ЮД	-	ХОХМА	-	СТРАХ
ХЭЙ	-	БИНА	-	ЛЮБОВЬ
ВАВ	-	З"А	-	ТОРА
ХЭЙ	-	МАЛХУТ	-	ЗАПОВЕДЬ

Парцуф А"А является основным и включающим в себя весь мир Ацилут.

Он светит во все остальные миры через свои одеяния, называемые АВ"И, ИШСУТ и ЗО"Н, где АВ"И и ИШСУТ одеваются на А"А от его рта до табур, а ЗО"Н одеваются на А"А от табур до конца его ног, стоящих на парса.

А"А называется «скрытая хохма», потому что его свет хохма скрыт в его голове и он не светит этим светом остальным парцуфим и мирам, а только его бина светит вниз. И потому бина, а не А"А называется БЕРЕШИТ – НАЧАЛО, потому что она основа и корень всех миров, и называется СТРАХ ТВОРЦА, т.е. страх Его величия, «Потому что Он единственный Властитель и корень всего, а все творения – ничто пред Ним». А из бина выходят ЗО"Н, называемые НЕБО И ЗЕМЛЯ. Потому сказано в Торе ВНАЧАЛЕ, со страхом, АВ"И, СОЗДАЛ ТВОРЕЦ НЕБО, з"а, И ЗЕМЛЮ, малхут.

Поэтому сказано: «Начало мудрости – хохма, – страх перед Творцом», «Страх перед Творцом – начало знания (даат)» – свет хохма исходит не от сфиры хохма А"А, а только от сфиры бина А"А. Потому что сфира бина А"А, когда она поднимается в голову А"А, становится там сфира хохма и затем передает свет вниз. Поэтому получается, что бина, страх Творца, является источником света хохма, что и сказано: «Начало хохма – страх перед Творцом».

А также страх – начало знания, потому что сфира даат – это начало зо"н: зо"н поднимают в голову А"А свою просьбу, чтобы получить хохма. И эта просьба зо"н о получении света хохма, которую получает и ощущает А"А, называется сфира даат – знание. Потому и сказано, что «Страх перед Творцом, бина, есть начало знания, даат».

А затем, говорит «Зоар», страх и любовь соединяются вместе и уже не расстаются никогда, потому что хохма называется «любовь», ведь юд имени АВА"Я – это сама бина, т.е. га"р бина, АВ"И, желающая только свет хасадим, а свет хохма скрыт в ней.

А место раскрытия света хохма – за"т бина, называемый Ишсут, первая буква хэй имени АВА"Я. И потому это место называется любовь, и это вторая Заповедь, после Заповеди страха, то, что светит в ЗО"Н, потому что этот свет хохма не получается от самой хохма АВ"И, а от бина, а бина называется страх.

И говорит «Зоар», что страх соединяется с любовью и не отпускает уже ее никогда, что бина постоянно соединяется с хохма и не расстается с нею. А в каждом месте, где есть бина, там же с ней находится и хохма. И хотя вроде бы сказано, что одна Заповедь страх, а вторая любовь, что это отдельные

Заповедь вторая

Заповеди, но они всегда приходят вместе и никогда не существуют отдельно: как есть в первой Заповеди вторая, так есть во второй – первая.

А называются раздельно – потому что мы разделяем их по их властвованию: в первой заповеди это АВ"И, га"р бина, сама бина и ее свойство, поэтому называется «страх», а во второй Заповеди основное – это властвование хохма, и потому называется «любовь».

Поэтому сказанное Торой: «ВНАЧАЛЕ СОТВОРИЛ ТВОРЕЦ»,... скрыто, и открытие сказанного в этих словах происходит начиная со слов ДА БУДЕТ СВЕТ, означающее подъем бина = НАЧАЛО в голову А"А, где бина становится как хохма.

Тогда вместе хохма и бина называются БОЛЬШАЯ ЛЮБОВЬ, что и является смыслом слов ДА БУДЕТ СВЕТ. Потому что бина поднялась до А"А и передает свет во все нижестоящие миры БОЛЬШОЙ ЛЮБОВЬЮ, т.е. двумя светами хасадим и хохма.

Поэтому сказано, что С ДВУХ СТОРОН ВЫЯСНЯЕТСЯ ЛЮБОВЬ ТВОРЦА, как сказано: ДА БУДЕТ СВЕТ В ЭТОМ МИРЕ И БУДЕТ СВЕТ В БУДУЩЕМ МИРЕ: потому как видел Творец, что этот мир не может получать свет, скрыл Он свет Свой, поднял его в место над парса А"А, называемое, по своим исправленным свойствам, «будущий мир», туда, где находятся АВ"И, га"р бина, выше груди А"А.

Под грудью А"А находится парса, отделяющая высшие воды, АВ"И, от низших вод, Ишсут + зо"н. Поскольку под грудью А"А уже не светит свет хохма, то сказано, что свет скрыт от парцуфим Ишсут и зо"н.

Отсюда видно, что бина делится на две части: га"р бина – АВ"И, находящиеся выше груди = парса А"А, высшие воды, светит в них высший свет, т.е. есть в них раскрытие тайн. Поднявшийся на эту ступень получает ее свет, вследствие чего удостаивается «богатства (хохма) и долгих лет жизни (хасадим), сыновья (его будущие исправления), как побеги маслин (масло = свет хохма), вокруг стола (хасадим) его, властвует над своими ненавистниками (нечистыми силами) и, в чем пожелает, преуспеет (потому как есть свет хохма внутри света хасадим)». За"т бина – находящиеся под грудью А"А низшие воды, от которых скрыт свет, и те, кто получает от них, должны любить Творца видом любви, «даже если забирает твою душу».

И это есть две ступени любви к Творцу. То есть любовь к Творцу не является просто желанием и решением человека, а, как и любое наше желание, появляется только вследствие овладения определенной ступенью: если человек достигает ступени Ишсут, то эта ступень позволяет ему любить Творца в виде, «даже если Творец забирает его душу». Но еще более совершенная любовь возникает в том человеке, который поднимается на ступень АВ"И: от этой ступени он получает такой свет, что его любовь к Творцу становится совершенной с обеих сторон.

Но необходимо включить страх в оба типа любви. Потому что на ступени АВ"И необходим страх, чтобы не прегрешить в состоянии духовного подъема в АВ"И. А в состоянии нахождения на ступени Ишсут должен быть страх перед тем, чтобы не ожесточить свое сердце. Потому что хохма и бина – это соответственно любовь и страх, соединенные постоянно вместе. Поэтому необходимо включить свойства бина, страха, также и в га"р бина, АВ"И, как и в за"т бина, Ишсут.

Только в таком случае любовь будет совершенной с обеих сторон, в двух видах, га"р и за"т бина. Не может любовь быть совершенной только с одной стороны, а только если в каждой стороне есть страх, потому что не может быть хохма без бина, любовь без страха.

Получается, что зависимая любовь – это ступень АВ"И, а независимая любовь, т.е. более совершенная, – это ступень Ишсут. Но ведь Ишсут ниже, чем АВ"И. Дело в том, что сначала получает человек более высокие сфирот своего создающегося парцуфа, по порядку к-х-б-з"а-м, но свет в них входит в обратном порядке наранха"й: вначале получает человек сфира кэтэр со светом нэфэш, а в конце получает сфира малхут, но входит в сфира кэтэр свет йехида. Поэтому, если измерять по сфиротам, келим, то ступень АВ"И = Г"Э = к-х, зависимая любовь, меньше, чем ступень Ишсут = АХА"П = б-з"а-м, независимая любовь.

ЗАПОВЕДЬ ТРЕТЬЯ

204. Заповедь третья – это знать, что есть Великий Управляющий всем миром. И соединять каждый день это в 6 высших конечностях, х-г-т-н-х-е з"а, и делать единение в 6 словах молитвы «Слушай, Израиль», и устремлять с ней свои желания вверх. Поэтому должны мы удлинить слово ОДИН в 6 словах: «Слушай, Израиль, Творец наш Творец ОДИН».

В соответствии с этим требованием «удлинения» слова ОДИН, произносящий эту фразу произносит слово О-Д-И-И-И-Н растянуто. Но, конечно, «Зоар» имеет в виду не просто извлекаемое ртом человека, а наши истинные сердечные намерения.

Здесь говорится о том, что необходимо ЗНАТЬ и делать ЕДИНЕНИЕ. Вначале необходимо знать эти 2 стороны любви, АВ"И и Ишсут. АВ"И называются большие и великие в хасадим, а Ишсут называется властвующий в мире, потому что есть в нем закон и ограничения.

После того как человек постиг обе ступени любви, удостоился совершенной любви, после этого он должен знать, что есть великий управляющий всем миром. И соединять каждый день это в 6 высших конечностях, сторонах, т.е. поднимать ма"н к зо"н мира Ацилут, а зо"н поднимут его ма"н в Ишсут. Вследствие этого поднимутся зо"н и Ишсут и соединятся вместе с парцуфом АВ"И. И этот один общий парцуф имеет 6 высших сторон, конечностей, потому что все они одеваются на ва"к, на 6 низших сфирот А"А.

Вследствие этого единения поднимается Ишсут над парса А"А, на место от рта до груди, где находятся высшие воды, постоянное место АВ"И, где свет открыт. Когда Ишсут наполняется этим светом, он передает его в зо"н, а зо"н передает этот свет во все низшие миры, и открывается свет хасадим во всех мирах. Это и есть тайна единения «Слушай, Израиль».

6 слов: «Слушай, Израиль, Творец наш, Творец Один» – есть 6 сторон зо''н, которые необходимо объединить, чтобы они соединились с 6-ю высшими сторонами, т.е. с АВ''И и Ишсут. И необходимо человеку устремить свои намерения вверх, т.е. направить намерения желаний и нара''н его, чтобы соединились заодно с высшим единением, как ма''н.

Для того чтобы было единение в ва''к з''а, в его 6-ти сторонах, необходимо удлинить слово ОДИН, что означает принять свет хохма в слове ОДИН, потому что свет хохма исходит из бесконечности к высшим ва''к, т.е. к АВ''И и Ишсут, и объединяет ва''к з''а светом бесконечности. Потому что ОДИН в гематрии ЭХАД = алеф + хэт + далет = 1 + 8 + 4 = 13, что говорит о получении света хохма.

Поэтому необходимо в слове ОДИН намереваться вызвать нисхождение света хохма в ва''к з''а. Но в этом единении нет намерения получить в з''а га''р, а только увеличить его ва''к от соединения с высшим ва''к и получить ва''к большого состояния.

205. Поэтому сказано: «Да соберется вода, которая под небом, в одно место», что означает – соберутся все ступени, которые под небом, в одно место, чтобы стать совершенными в 6 окончаниях. И вместе с этим, в этом единстве слов: «Слушай, Израиль», необходимо соединить с ним страх, что делается удлинением буквы Далет в слове ЭХАД. Потому буква далет в слове эхаД пишется большая. Написано: «И да явится суша», чтобы соединилась буква далет, обозначающая сушу, в том единстве.

Как уже объяснялось выше, единение, заключенное в словах «Слушай, Израиль», говорит о получении ва''к большого состояния, потому что «одно место» означает высший ва''к, где светит свет бесконечности внутри света хохма, под небом-бина, относительно з''а-земли. «В одно место» говорит о единении всех 6 сторон высших и низших, чтобы низшие получили свет хохма и соединились ва''к з''а, но только как ва''к большого состояния.

Как уже мы выяснили, есть 2 вида страха и 2 вида любви: страх и любовь высшие называются АВ"И, а страх и любовь низшие называются Ишсут. Но совершенство достигается только вследствие постижения обеих ступеней вместе. Поэтому делается скрытие света в Ишсут, чтобы раскрыть низшую любовь, типа «даже, если забирает душу»: даже в таком случае страх должен прильнуть к любви и не допустить ожесточения сердца, – только тогда раскрывает человек совершенную любовь, сливается с АВ"И и Ишсут и получает все хорошее от Творца.

В единении «Слушай, Израиль», после того как ЗО"Н поднимается и соединяется своими свойствами в 6 высших сторонах, чтобы получить «Большую Любовь» в себя на слове «ОДИН», он получает этот свет, созданный в первый день творения, о котором сказано: «И сказал Творец, Да будет свет» (п. 198).

И во всем этом единении обязан соединять с ним страх, потому что обязан раскрыть и получить скрытый в Ишсут свет, скрытый специально, чтобы можно было соединить низшие любовь и страх, потому как все равно они не могут называться совершенными.

Поэтому сказано, что необходимо протянуть звучание буквы Далет в слове ЭХАД-Д-Д (один, един) в «Шма, Исраэль, Адо-най Эло-эйну, Адо-най ЭхаД-Д-Д!» (Слушай, Израиль, наш Творец Един), и поэтому эта буква пишется в данном случае большой (см. в молитвеннике) – потому что большие буквы относятся к Твуна и эта большая буква Далет слова эхаД означает, что ее место в Твуна и там скрыт свет. А тем, что притягиваем ее, не голосом, конечно, а духовным действием, этим человек создает соединение скрытия, что в ней, с низшими страхом и любовью.

И ПОКАЗАЛАСЬ СУША – нет совершенства в высших страхе и любви, проявляющихся по 6 словам «Слушай, Израиль» с помощью слова ОДИН, соответствующих словам «Да будет свет», пока не будет соединения страха и любви внизу, раскрывающегося в скрытом в Твуне свете, называемом «Д» слова «эхаД».

Поэтому, после того как СОБРАЛИСЬ ВОДЫ В ОДНО МЕСТО, что означает нисхождение света хохма в 6 частей з"а,

ПОКАЗАЛАСЬ ЗЕМЛЯ, обозначающая Д слова эхаД, которую надо произносить протянуто (духовно) с намерением, что она становится землей с помощью скрытия света.

Это все необходимо, чтобы соединилась эта Д, Твуна, в единении с АВ"И, вследствие чего нисходит свет в ва"к зо"н, чтобы стала совершенной любовь.

206. После того как соединилась малхут с з"а вверху, в ва"к зо"н, необходимо соединить их внизу в массах, т.е. в 6 сторонах малхут, в словах БАРУХ ШЕМ КВОД МАЛХУТО ЛЕОЛАМ ВАЭД (благословенно великое имя царствования Его вовеки), в которых есть 6 иных слов единства. И тогда то, что было сушей, стало землей, производящей плоды и растения.

После высшего единения, когда соединяется Д слова эхаД наверху, в АВ"И, необходимо соединить Д слова эхаД внизу, в ва"к, в 6 сторонах нуквы з"а, Рахэль, стоящей от груди з"а и ниже. В Рахэль находятся все 600 000 душ Израиля, называемые населяющими нукву.

После того как з"а соединяется в свете АВ"И и раскрывается в нем то, что было скрыто в Твуна, скрытое в словах ДА ПОКАЖЕТСЯ СУША, буква Д, необходимо наполнить этими двумя нукву, что обозначается 6 словами БЛАГОСЛОВЕННО ВЕЛИКОЕ ИМЯ ЦАРСТВОВАНИЯ ЕГО ВОВЕКИ, соответствующими 6 сфирот х-г-т-н-х-е нуквы.

Уже объяснялось, что, чтобы раскрыть любовь с обеих сторон, хорошей и плохой, был скрыт свет. Но скрытием еще не проявляется любовь с обеих сторон, хорошей и плохой, а только раскрытием строгости. До раскрытия строгости была Д слова эхаД СУШЕЙ, без какой-либо пользы, потому как вышла из всего света вследствие скрытия, даже страх не находился в ней, чтобы соединиться в низших страхе и любви, дополняющих высшие страх и любовь, потому что еще не раскрылась строгость, раскрывающая низшие страх и любовь.

Строгость и закон находятся в ногах парцуфа Лея, которые входят в голову парцуфа Рахэль. У з"а есть две нуквы: Лея, выше его груди, Рахэль, ниже его груди. Ноги Лея заканчиваются на груди з"а и касаются головы Рахэль:

мир Ацилут:

		Атик А"А АВ"И Ишсу"т
нуквы	З"А:	З"А:
Лея:	голова	голова
	тело	рот
	ноги	грудь
Рахэль:	голова	грудь
	тело	ноги
	ноги	стопы

---------------------------- парса
                  миры БЕ"А
---------------------------- махсом

                  наш мир

Строгость и закон находятся в окончании ног парцуфа Лея, и потому это влияет только на парцуф Рахэль – каждое духовное свойство действует только с места своего проявления и ниже. Поэтому скрытие в низших любви и страхе проявляется только в месте Рахэль, где проявляется сила строгости и суда.

Буква Д слова эхаД ранее, до раскрытия строгости, была сушей и местом, непригодным для жилья. Но сейчас, после нисхождения в ва"к парцуфа Рахэль, что под грудью з"а, превратилась суша в землю, пригодную для заселения и взращивания плодов, т.е. полностью в совершенстве своем раскрылись в ней низшие любовь и страх, которые дополняют высшие любовь и страх, чтобы все было совершенно с обеих сторон, ведь именно тогда раскрывается все доброе в АВ"И.

Поэтому сказано, НАЗВАЛ ТВОРЕЦ СУШУ ЗЕМЛЕЙ-ЭРЭЦ, эрэц от рацон – желание, потому как свойство Д слова эхаД в 6 сфирот – сторон нуквы з"а, где уже раскрыто свойство строгости и закона, и тогда Д, которая была в СУШЕ и создавала ей неживое свойство, делала ее непригодной для жизни, обращается в нукве з"а, вследствие зивуга с ним, в ЗЕМЛЮ, производящую плоды и годную для заселения. Поэтому назвал ее Творец землей.

207. Сказано, И НАЗВАЛ ТВОРЕЦ СУШУ ЗЕМЛЕЙ. Это относится к тому же единству внизу в словах БЛАГОСЛОВИТСЯ ЕГО ВЕЛИКОЕ ИМЯ НАВЕКИ, когда стала земля, называемая желанием, какой должна быть. Потому что земля – АРЭЦ, от слова РАЦОН – желание. Потому сказано дважды ХОРОШО в третий день творения: один раз относительно высшего единства и один раз относительно низшего единства. Потому что сливается малхут с обоими сторонами з"а, с ва"к з"а и с ва"к ее самой. Отсюда и далее земля производит траву, потому что исправлена производить плоды.

Высшее единство, обозначенное словами СОБЕРУТСЯ ВОДЫ ПОД НЕБОМ В ОДНО МЕСТО, передает свет, созданный в первый день творения, сверху вниз, от 6 высших сторон АВ"И к ва"к з"а. И это называется первым словом ХОРОШО, сказанным Творцом в третий день творения.

А затем происходит низшее единение, обозначаемое словами БЛАГОСЛОВИТСЯ ЕГО ВЕЛИКОЕ ИМЯ ВОВЕКИ, обозначающее Д слова эхаД, которое получает совершенство только от 6 сторон нуквы, обозначаемое словами И НАЗВАЛ ТВОРЕЦ СУШУ ЗЕМЛЕЙ и словами ПРОИЗРАСТИТ ЗЕМЛЯ ТРАВУ, потому что в ва"к нуквы из СУШИ появилась ЗЕМЛЯ, производящая плоды.

Об этом единстве ва"к нуквы сказано второй раз ХОРОШО Творцом в третий день творения. Получается, что первый раз ХОРОШО сказано о высшем единстве, а второй раз – о низшем. В итоге низшего единения достигает совершенства любовь с обеих сторон и свет от АВ"И нисходит к ва"к нуквы и дает плоды населяющим ее 600 000 душам Израиля.

ЗАПОВЕДЬ ЧЕТВЕРТАЯ

208. Заповедь четвертая – знать, что АВА"Я-Творец есть ЭЛОКИМ-Владыка, как говорится: И ПОЗНАЛ ТЫ СЕГОДНЯ И ОЩУТИЛ СЕРДЦЕМ, ЧТО АВА"Я-ТВОРЕЦ ЕСТЬ ЭЛОКИМ-ВЛАДЫКА. То есть что имя ЭЛОКИМ вливается в имя АВА"Я и нет отличия между ними.

АВА"Я – это з"а, а Элоким – это нуква з"а. Необходимо соединить подобием свойств з"а и нукву так, чтобы не было никакого отличия между ними, чтобы включилось имя нуквы Элоким в имя з"а АВА"Я и сама нуква стала как имя АВА"Я.
Это единение означает получение в зо"н света хохма, га"р. Потому что единство, обозначаемое словами СЛУШАЙ, ИЗРАИЛЬ – это получение в зо"н света ва"к от АВ"И, а единство, выясняемое здесь, – это получение в зо"н света га"р, хохма, от АВ"И. Но никогда нельзя за один раз получить целую ступень: вначале получают ва"к, а потом га"р.

209. Поэтому сказано: «Да будут светила в небесах светить на землю. Это означает два светила, два имени АВА"Я ЭЛОКИМ как одно целое. Чтобы малхут, Элоким, влилось в имя АВА"Я, з"а. Черный свет, малхут, в белый свет, з"а, без всякого отличия, как один. Белое облако днем, з"а, с огненным столбом ночью, малхут. Свойство дня, з"а, слилось со свойством ночи, малхут, так, чтобы стали они светить как одно светило.

Нуква называется малым светилом. Вначале были два светила, з"а и малхут, одинаковыми по величине. Но луна-малхут жаловалась, что не могут два светила использовать одну корону, источник света. На что ответил ей Творец (Талмуд. Хулин 60.2): «Иди и уменьши себя».

Вследствие этого спустились 9 нижних сфирот малхут под парса, в мир Брия, а в мире Ацилут осталась только одна сфира ее – кэтэр дэ малхут. Задача праведников – поднять 9 нижних сфирот малхут из мира Брия до уровня з"а, исправить ее отличие от з"а, т.е. вновь взрастить ее, чтобы стала равной з"а и стала в равном зивуге с ним, лицом к лицу, исправить отдаление малхут от з"а, родившееся в результате жалобы луны.

Жалоба луны исходила из того, что она не могла получать свет напрямую от Има, а только через з"а. Поэтому ей был дан Творцом совет: уменьшиться до точки, сфиры кэтэр, а 9 сфирот от хохма до малхут спустить под парса и с помощью единства «Слушай, Израиль» строить малхут в ва"к заново, в нижнем единстве «Благословенно святое имя Его навеки», потому что сила суда в ней исправляет Далет слова эхаД, из СУШИ на ЗЕМЛЮ, рождающую плоды.

Поэтому сейчас черная точка малхут, вызвавшая ее падение, становится важна как свет, потому что именно строгостью суда строится буква Далет слова эхаД, становится плодоносной. А если бы не было этой силы строгости в малхут, то буква Далет слова эхаД, твуна, осталась бы СУШЕЙ. Поэтому считается сила строгости и ограничения при распространении света в ней важней, чем сам свет, потому что становится причиной, источником света, света ва"к, света хасадим.

Поэтому возможно сейчас получить свет в ва"к малхут, получить свет хохма, поднимая зо"н в АВ"И. Потому что сейчас и нуква может соединиться своими свойствами с АВ"И, как з"а, на что жаловалась ранее, потому что сила ограничения света обратилась в ней в причину распространения света. Поэтому з"а и малхут считаются как одно целое: он является источником света для нее, а она является источником света для него. В то время как раньше малхут полностью зависела от з"а, что унижало ее.

Вследствие единения з"а и нуквы в АВ"И з"а включается в Аба, а нуква включается в Има, становится з"а белыми облаками в свете дня, а нуква становится столбом огня в свете ночи, т.е. свойства дня и ночи соединяются в одно свойство, как сказано: И БУДЕТ ВЕЧЕР, И БУДЕТ УТРО ДЕНЬ ОДИН, и вместе они светят на ЗЕМЛЮ, на населяющих нукву в мирах БЕ"А.

210. И это прегрешение первого змея, соединяющего внизу и разъединяющего наверху, потому и причинил миру

Заповедь четвертая

то, что причинил. Ведь необходимо соединить наверху и разъединить внизу. Черный свет, малхут, соединить наверху, с з"а, в одно целое и отделить ее от плохой стороны.

Единство и наполнение зо"н светом хохма происходит только при их подъеме в АВ"И, над грудью А"А, где з"а сливается с Аба, а нуква сливается с Има. Вследствие этого они объединяются и з"а передает малхут свет хохма. Но под грудью А"А, где зо"н находятся постоянно, нельзя им соединяться в единстве для получения нуквой света хохма.

Именно это было причиной прегрешения Адама, вследствие чего Змей принес смерть в мир – вызвал уход света хохма из малхут – тем, что подтолкнул Адама и Хаву совершить зивуг-единение на постоянном месте зо"н, под грудью А"А. Вследствие этого прекратился зивуг наверху, в АВ"И, потому что з"а начал передавать свет хохма из АВ"И в малхут, стоящую внизу.

Вследствие этого все находящиеся в мире части малхут, души, лишились света хохма от АВ"И, что и считается смертью. Потому что, как только нечистые силы приближаются к зо"н отсасывать свет хохма от них, немедленно АВ"И прекращают свой зивуг для зо"н, дабы не позволить нечистой силе присосаться к зо"н. А как только свет хохма уходит из зо"н, немедленно и нечистая сила оставляет их, потому что приближается к зо"н только ради питания светом хохма.

Малхут же, после того как получает, будучи в Има, свет хохма, опускается на свое постоянное место и передает этот свет хохма душам праведников, называемых ее обитателями. Она соединяется с ними в единстве свойств, потому что, поскольку не создается единства с з"а внизу, отходит малхут от плохой стороны и нечистые силы не могут получить от нее.

211. Вместе с тем необходимо знать, что ЭЛОКИМ АВА"Я – это одно, без всякого отличия. АВА"Я есть ЭЛОКИМ. А если человек знает, что все едино и не приводит к разделению, то даже противоположные нечистые силы исчезают из мира, а не нисходят вниз.

Хотя есть большой страх зивуга зо"н на их месте внизу, но нельзя из-за этого не стремиться к зивуг зо"н наверху, в АВ"И. Более того, необходимо постичь, что АВА"Я есть ЭЛОКИМ, что достигается единением з"а с нуквой. И если человек поднимает свой ма"н, вызывая этим подъем зо"н в АВ"И и единение их в АВ"И, этим нечистые силы совершенно отбрасываются от света, обессиливаются и исчезают из мира.

212. Тайна слова МЕОРОТ, состоящего из слов МАВЭТ ОР, заключается в том, что нечистые силы идут за знанием, пониманием, мыслью. А это свет, противоположность смерти – МАВЭТ. Потому что свет – ОР, находится внутри слова смерть – МАВЭТ (пишется мэот), в слове МЭОРОТ: МЭорОТ. Это говорит о том, что свет разделяет смерть, а когда свет исчезает, то соединяются буквы и образуют слово «смерть».

Нечистые силы приходят вслед за разумом (знанием, пониманием, мыслью). Разум – это «свет», нечистая сила – это «смерть», где «свет» является связующим между буквами, а смерть является разделяющей буквы.

Объяснение: сила ограничения в малхут является источником появления нечистых сил. Вследствие соединения зо"н с АВ"И, для получения света ва"к и га"р, сила ограничения в малхут обращается в свет получением света ва"к в нижнем единении. А затем поднимается вновь в АВ"И, и малхут сливается на ступени АВ"И.

Это высшее единение и обозначается словом МЭОРОТ = ОР + МАВЭТ: вследствие нисхождения света ва"к и га"р в нукву в единении с з"а на уровне АВ"И обращается сила ограничения в малхут в свет все нечистые силы, порождающиеся этим ограничением, исчезают, потому что их корень превращается в свет. И соответственно исчезают буквы слова МАВЭТ-смерть нечистых сил, и появляются слова МЕОРОТ ОР.

213. С этих букв начала Хава и привела зло в мир. Как сказано, УВИДЕЛА женщина, что хорошо вернуть буквы слова МЕОРОТ обратно, взяла оттуда буквы вав-тав-рэш-алеф, и остались в слове буквы мэм-вав. И они взяли к себе букву тав, составив вместе слово мэм-вав-тав = мавэт – смерть. И принесли смерть в мир.

Вследствие единства букв слова МЭОРОТ, обозначающих получение света хохма в зо"н, в единении зо"н наверху, в АВ"И

Заповедь четвертая

отделяет получаемый ими свет буквы МАВЭТ – смерть, потому что светит в них и образуется новое сочетание букв МЭОРОТ. А если зо"н производят единство внизу, на своем постоянном месте, исчезает свет из сочетания букв МЭОРОТ и остается слово МАВЭТ – смерть.

«И УВИДЕЛА ЖЕНА, ЧТО ДРЕВО ХОРОШО» (Тора. Берешит 3, 6; русский перевод стр. 2, 6) – «и увидела» на иврите пишется словом ВЭТИРЭ = вав-тав-рэш-алеф, именно те буквы, при изъятии которых из слова МЭОРОТ – светила, остаются в нем буквы мэм-вав, присоединяющие букву тав, нукву нечистых сил, и образующие вместе слово МАВЭТ – смерть, имя нечистых сил.

Хава притянула эти буквы из слова МЭОРОТ, т.е. послушалась совета Змея – соединить зо"н внизу, на их месте. И этим нарушила святое сочетание букв слова МЭОРО"Т. Потому что соединение зо"н внизу немедленно вызывает разъединение АВ"И и разъединение слова МЭОРОТ на слова ОР – свет, и МАВЭТ – смерть.

В нечистых силах, называемых «смерть», есть мужская часть, называемая Сам и женская часть, называемая Лилит. Буква Мэм – мужская часть слова МаВэТ, называется Сам, а буква Тав – женская часть нечистой силы, называется Лилит. И так произошел зивуг мужской и женской частей, Мэм и Тав и есод – Вав, образовалось слово МаВэТ – смерть, как название нечистой силы.

Это и означает явление Змея к Хаве и передачу нечистоты от него к ней, потому что вследствие того, что послушалась совета Змея, вошла в нее буква Тав, разделяющая слово ОР – свет, и соединила буквы сочетанием ВЭТИРЭ – И УВИДЕЛА. А затем явилась мужская часть нечистой силы, Мэм-Вав и совершила зивуг с Тав, уже находящейся в Хаве, и появилась МаВэТ – смерть, в мире.

214. И смотри: сказал раби Эльазар: «Отец мой, вот учил я, что после того, как Хава забрала буквы ВэТиРЭ из слова МЭОРОТ, не остались буквы Мэм-Вав, а осталась только одна буква Мэм. Потому что буква Вав – это буква жизни, обернулась смертью, тем, что притянула к себе букву Тав, отчего создалось слово МаВэТ – смерть». Ответил ему: «Благословен да будешь ты, сын мой!»

Раби Эльазар ответил, что буква Мэм осталась одна, без буквы Вав, потому что буква Вав обозначает есод, а у Сам, мужской части нечистых сил, нет есод, потому что сказано, что он не может производить потомство, подобно оскопленному мужчине. Буква Вав обозначает есод, место совершения зивуга, соединения мужской и женской частей зо"н. Буква Вав всегда означает жизнь, есод чистых сил, зивуг которых приносит плоды, потому что происходит на экран, стоящий в есод.

Здесь же Вав обратилась из чистой в нечистую и стала есод нечистой силы – смерти – МаВэТ. А затем, получив от есод чистых сил, соединилась в зивуге Вав с Тав, и образовалось слово МаВэТ. Именно прегрешение Адама вывело Вав из чистых сил в нечистые.

ЗАПОВЕДЬ ПЯТАЯ

215. Заповедь пятая. Сказано: ДА ВОСКИШАТ ВОДЫ КИШЕНЬЕМ ЖИВЫХ СУЩЕСТВ. В этом месте есть три Заповеди. Первая – заниматься Торой, вторая – плодиться и размножаться, третья – на 8-й день отрезать крайнюю плоть. И необходимо заниматься Торой все дни, постоянно, для исправления души и духа.

4 предыдущие Заповеди исходят из 4 первых дней творения и предназначены для исправления ступеней х-б-з"а-м самого мира Ацилут:

1-я Заповедь, исходящая от слова БЕРЕШИТ, бина, страх Творца, Великого и Властного над всем, т.е. только га"р бина, находящаяся в АВ"И, находящиеся от рта до груди А"А, юд имени АВА"Я.

2-я Заповедь, исходящая из слов ДА БУДЕТ СВЕТ, предназначена исправить за"т бина, называемые Ишсут, находящиеся от груди до табур А"А, т.е. под его парса. Но когда говорится ДА БУДЕТ СВЕТ – это означает, что Ишсут поднялись и соединились с АВ"И в один парцуф над грудью А"А. А оттуда поднялись в голову А"А.

Такое состояние, такая ступень, называется «Большая любовь», первая буква хэй имени АВА"Я: юд-ХЭЙ-вав-хэй, и от нее исходит свет в зо"н. Но от АВ"И зо"н не могут получить свет хохма, потому что они га"р бина и всегда остаются только со светом хасадим, не желают получать. Поэтому они называются СТРАХ.

А зо"н получают свет хохма от за"т бина, от Ишсут, поднявшиеся над парса А"А, называемые «Большая любовь». Но Ишсут, стоящие под парса А"А, не могут передать свет хохма з"а, потому что свет хохма скрыт в них. И их Твуна называется СУША.

3-я Заповедь – исходит из 2 светил третьего дня творения, о чем сказано: ДА СОБЕРЕТСЯ ВОДА, КОТОРАЯ ПОД НЕБОМ, В ОДНО МЕСТО, И ДА ЯВИТСЯ СУША... ДА ПРОИЗРАСТИТ ЗЕМЛЯ ЗЕЛЕНЬ. Эта Заповедь для исправления ва"к зо"н, высшее единство которых исходит из изречения СОБЕРУТСЯ ВОДЫ – для з"а, а низшее единство нисходит изречением ПРОИЗРАСТИТ ЗЕМЛЯ ЗЕЛЕНЬ – к ва"к нуквы.

4-я Заповедь исходит из изречения ДА БУДУТ СВЕТИЛА для исправления га"р в з"а и малхут.

Таким образом, до 5-го дня произошли уже все исправления, необходимые для АВ"И, Ишсут и зо"н мира Ацилут. Зо"н получили га"р, свет хохма и могут сделать зивуг лицом к лицу в полный одинаковый рост. Поэтому все остальные Заповеди предназначены для этого зивуга зо"н.

Пятая Заповедь – ВОСКИШАТ ВОДЫ КИШЕНЬЕМ ЖИВЫХ СУЩЕСТВ. Сейчас необходимо привести зо"н к совершенному зивугу лицом к лицу, т.е.: а) получить на зивуг свет нэшама, чтобы и Адам получил этот свет и смог совершить святой чистый зивуг, что достигается усилиями человека в Торе; б) родить святые души; в) исправить святой союз обрезанием и отторжением.

Усилия в Торе означают, что человек занимается ею, хотя осознает, что не постигает (не получает в свои исправленные желания, называемые телом) ее. Произносит ее «ртом» и только (не в состоянии еще получить в тело свет = Тору ради Творца), но вследствие этого постигает свет нэфэш. Усилия должны соответствовать готовности человека совершить все, что только в его силах, чтобы постичь Тору и понять ее, вследствие чего человек постигает свет руах. Но должен не ограничиться совершенным, а приумножать свои действия, чтобы достичь света нэшама. И так каждый день человек должен стремиться исправлять свои нэфэш и руах, а, приумножая их, достигать нэшама.

216. Оттого что человек занимается Торой, он исправляет иную святую душу, как сказано, ВОСКИШИТ ЖИВЫМИ СУЩЕСТВАМИ, оживляющую святую душу, т.е. малхут. Потому что, когда человек не занимается Торой, нет в нем святой души, нисходящей свыше святости. А когда занимается Торой, то удостаивается ее света, как святые ангелы.

Живой называется нуква з"а в своем большом состоянии в зивуге с з"а лицом к лицу, потому что в таком случае з"а называется «Древо Жизни», а нуква поэтому называется «Жизнь». Вследствие поднятия ма"н во время занятий Торой ради Творца человек приводит зо"н к зивугу и получает от этого зивуга свет нэфэш. А если не занимается Торой ради Творца, не постигает даже света нэфэш, потому что не вызывает зивуг Творца и Шхины. А зивуг можно достичь, только поднимая ма"н.

Поэтому сказано: ВОСКИШАТ ВОДЫ КИШЕНИЕМ ЖИВЫХ СУЩЕСТВ – потому что Тора называется водой. Потому как поднимает ма"н с помощью Торы, удостаивается света нэфэш, святого духа, от света хая (Жизнь). Причем человек сливается с Творцом только после того, как постигает нэфэш, руах, нэшама от ХАЯ – высшей святой жизни. Свет нэфэш связывает со светом руах, свет руах – с нэшама, а свет нэшама – с Творцом.

217. Сказано: «Благословят Творца ангелы Его». Это те, кто занимается Торой, называются ангелами земли. Это, как сказано, ПТИЦЫ, ПАРЯЩИЕ НАД ЗЕМЛЕЙ. Это этот мир. А в том мире, как учат, в будущем Творец сделает им крылья, как у орла, чтобы парить во всем мире.

Почему говорится об ангелах? Потому что ангелы – это духовные силы, механические исполнители воли Творца. Они уже не раз сравнивались с животными в нашем мире, типа лошади, выполняющей волю человека. Ангелы – это духовные силы, не обладающие свободой воли, эгоизмом, а потому не грешащие, а потому не нуждающиеся в Торе, и потому духовно неживые, стоящие на одном месте – духовно не растущие.

Человек же создан таким образом, что прежде, чем выполнить поручаемое, должен осознать то, что поручается ему. В то время как ангелы выполняют поручаемое им еще прежде, чем слышат, понимают, что поручает им Творец, потому что желание Творца властвует над ними. И поэтому нет ничего, что бы отделяло их от немедленного выполнения воли Творца. А потому они постоянно устремлены вслед за Творцом, как тень движется за человеком. И потому считается, что они действуют прежде, чем слышат.

Поэтому человек может поступать подобно ангелам, хотя его желания имеют эгоистическую природу, если становятся как желания ангелов, действия которых прежде их понимания (слуха). Такой человек так же, как ангелы, выполняет все желания Творца, еще до того, как осознает, услышит, поймет их. Потому что он устремляется вслед за Творцом, как тень за человеком.

Это можно уподобить примеру, когда ветер поднимает пыль в глаза человека, тот быстро закрывает глаза, еще прежде, чем его мозг и мысли почувствуют и осознают эту необходимость: действие – смыкание век – прежде осознания мысли о пыли.

У такого человека, хотя физическое тело его находится вместе с нами на этой земле, его (духовное) тело (желания) становится как ангелы, и его действия прежде слуха. Он не нуждается в слухе, чтобы выполнять волю Творца, а выполняет любую Заповедь еще до того, как успевает ощутить в мозгу то, что делает. И потому считается ангелом.

Говорит «Зоар», что в будущем Творец сделает ему крылья, чтобы летал над всем миром. Потому что до тех пор, пока человек не достиг святой души, не получил свет нэфэш, самый малый духовный свет, над ним властвует нечистая сила, как сказано у пророка (Шмуэль 1, 25, 29; русский перевод стр. 108, 29): «Души врагов твоих выбросит Он, как из пращи».

Потому что невозможно слиться с Творцом и выполнять Его желания – Заповеди до тех пор, пока не верит в имена Творца, что Он абсолютно добр ко всем и творит только добро. А если человек еще не достиг святой души и еще властвует над ним нечистая сила, то, когда мысли его еще летают по всему миру, видит он, что управление Творцом в мире, как кажется ему, не абсолютно доброе, каким оно должно было бы быть, согласно Его именам. Этим своим ощущением он вносит изъян в святые имена Творца и не может найти спокойное место для себя, верить в Его имена и сблизиться с Ним.

Поэтому пачкает себя в нечистоте настолько, что приходит к мысли о неверии в Творца, в Его имена. Но все это никоим образом не отражается на духовном, а происходит потому, что еще не достиг человек духовного и не делает никаких действий, чтобы войти в духовное.

Но как только получает святую душу, свет нэфэш, немедленно становится его тело (желания, мысли) как ангелы: удостаивается делать прежде осознания. И про такого человека сказано: «И птицы воспарят над землею», потому что в будущем Творец сделает ему крылья, и он воспарит над всем миром.

Потому что он мысленно парит над всем миром и видит управление Творца на всех – но не только не ошибается, видя все проявления этого управления, но получает силы поднять ма"н, чтобы увеличить свою духовную антиэгоистическую силу. Именно глядя на все случаи проявления управления Творца миром, видя внешние недобрые проявления управления, такой человек получает возможность просить об увеличении его веры. И в силу своей веры в единство Творца, в то, что всегда управление Творца абсолютно доброе, он поднимает ма"н и получает все больший свет ради Творца.

218. Об этом сказано: И ПТИЦЫ ВОСПАРЯТ НАД ЗЕМЛЕЮ. Потому что Тора, называемая ВОДА, ВОСКИШИТ КИШЕНИЕМ ЖИВЫХ СУЩЕСТВ, от того живого места в ней, называемого малхут, низойдет все вниз. Об этом сказал царь Давид: ЧИСТОЕ СЕРДЦЕ СОТВОРИЛ ВО МНЕ ТВОРЕЦ заниматься Торой, И ДУХ СВЯТОЙ ОБНОВИЛСЯ ВО МНЕ.

Это в продолжение выяснения предыдущего текста приводит «Зоар» подобие Торы воде, как из воды произошли живые существа, так из малхут, называемой жизнь, нисходит вниз свет жизни на весь мир. Об этом свете просил царь Давид Творца, о чистом сердце, чтобы заниматься Торой и поднимать ма"н, отчего получит он и святой обновляющий дух – силы еще больше слиться с Творцом.

ЗАПОВЕДЬ ШЕСТАЯ

219. Заповедь шестая – плодиться и размножаться, потому что тот, кто занимается этим, обращает источник, называемый есод з"а, в неиссякаемый поток. И море, малхут, наполнится со всех сторон, и новые души выйдут из того дерева, и множество сил выйдут вместе с теми душами, дабы стеречь их. Потому сказано: ВОСКИШАТ ВОДЫ КИШЕНЬЕМ ЖИВЫХ СУЩЕСТВ. Это знак святого союза. Источник увеличивается, становится рекой, порождая к жизни все новые души.

Возбуждение снизу вызывает возбуждение наверху: подъем ма"н, молитв, просьб низших о получении сил для духовных альтруистических действий вызывает наверху зивуг Творца с Шхина, отчего источник, есод з"а, наполняется водой и нисходит в нукву з"а, наполняя ее со всех сторон: как для того, чтобы оживить все миры (дать свет хасадим), так и чтобы родить новые души (дать вниз свет хохма, потому что рождение может быть только в свете хохма).

Есть два вида зивуга зо"н: а) зивуг существования, зивуг на свет хасадим – от которого исходит свет хасадим, чтобы дать всем нижестоящим все необходимое для существования. От этого зивуга на свет хасадим рождаются также ангелы; б) зивуг рождения, зивуг на свет хохма – от которого рождаются новые парцуфим, души людей.

Эти новые души рождаются и выходят из древа, из з"а. Но хотя они и называются новыми, настоящие новые души выходят из мира бесконечности. А эти души – уже бывшие в Адаме, которые, вследствие его прегрешения, упали в нечистые силы. И они сейчас возвращаются к жизни с помощью древа жизни, з"а, и потому называются новыми душами. Вместе с ними нисходят многие прочие силы, называемые небесными силами, армиями. А совершенно новые души нисходят в мир только после окончания исправления прегрешения Адама.

Заповедь шестая

Есод з"а называется «союз», потому что мы, малхут, души, ощущаем и получаем от него весь свет нашей жизни. Он является для нас источником жизни, исходящим из древа жизни, з"а. З"а поднимается в АВ"И, называемые «сад», для того, чтобы взять от них воду наполнить малхут, свою нукву. Зивуг ва"к, хасадим, называется ВОСКИШАТ ВОДЫ, а зивуг га"р, хохма, называется ЖИВЫЕ СУЩЕСТВА.

220. С этими душами, входящими в малхут, входят несколько птиц, т.е. ангелов, парящих во всем мире. А когда душа выходит в этот мир, птица, которая вышла с ней из того дерева, выходит вместе с ней. Сколько ангелов выходят с каждой душой? Двое – один справа, а второй слева. Если удостаивается, то эти ангелы стерегут его, как сказано: АНГЕЛОВ ПРИСТАВИЛ ТЕБЕ ДЛЯ СТРАЖИ. А если не удостаивается, они доносят и обвиняют его. Сказал раби Пинхас: «Есть три ангела, стерегущие человека, если удостаивается он, как сказано: ЕСЛИ ЕСТЬ НАД НИМ АНГЕЛ, СТЕРЕГУЩИЙ ОДИН ИЗ ТЫСЯЧИ, ПРЕДУПРЕЖДАЮЩИЙ ЧЕЛОВЕКА: если есть над ним АНГЕЛ – это один. СТЕРЕГУЩИЙ – это второй. Из тысяч, ПРЕДУПРЕЖДАЮЩИЙ человека – это третий».

221. Сказал раби Шимон: «Всего пять ангелов. Потому что написано еще: за тем, что дает, – один, а за тем – два, итого пять». Ответил ему: «Не так это. Дает – это только сам Творец, а не ангел, потому как нет разрешения ни у кого иного давать, а только Он».

Вместе с рождающимися душами выходят несколько ангелов, называемых ПАРЯЩИЕ или ЛЕТАЮЩИЕ, которые помогают душам перевесить чашу заслуг. Или наоборот, эти ангелы жалуются на души Творцу и толкают их к чаше прегрешений, вызывающей наказания. Эти ангелы кружатся над всем миром, видят управление Творца над всеми, как все управляются Им, и сообщают это душе. Если душа достойна, то она перевешивает себя и весь мир на чашу заслуг, а если недостойна, то перевешивает себя и весь мир на чашу прегрешений.

Поэтому раби Пинхас совершенно не возражает раби Шимону, когда говорит, что только два ангела рождаются с душой.

А он говорит, что до тех пор, пока есть только два ангела, нет в человеке возможности окончательно перевесить себя на чашу заслуг, и он попеременно находится то на стороне наказания, то на стороне заслуг-вознаграждения. Но вследствие добрых действий человека рождается в нем третий ангел, который позволяет человеку перевесить все на чашу заслуг. Поэтому только с помощью трех ангелов достигает своего исправления.

222. А кто воздерживается от плодоношения и размножения, уменьшает как бы этим вид, включающий в себя все остальное, имеющий вид человека, и вызывает в том источнике, есод з"а, иссыхание вод источника, и вредит святому союзу, есоду з"а, со всех сторон. И о нем сказано: выйдите и взгляните на трупы людей, грешащих пред Творцом. Конечно, грешащих предо Мной. Это сказано про тело, а душа его вообще не входит в экран, т.е. в пространство Творца. И такой человек изгоняется из мира.

Малхут называется «вид», «свойство», содержащее в себе все остальные свойства, потому что все виды нара"н праведников и ангелов трех миров БЕ"А исходят от нее. А они представляют собой все силы и армии. А кто не занимается плодоношением и размножением, уменьшает этим вид малхут и препятствует вывести все ее силы и армии. Потому что с помощью ма"н низших нисходит свыше свет и вызывает зивуг Творца со Шхиной, рождающий нара"н – души праведников и ангелов в мирах БЕ"А.

А эти, мешающие зивугу, вызывают иссушение источника, есод з"а, чтобы прекратил он излияние своих мужских вод в святую Шхину, малхут. И этим они вредят святому союзу во всех его свойствах, потому что задерживают две части зивуга – как ва"к, на свет хасадим, так и га"р, на свет хохма.

Потому что Заповедь плодоношения и размножения постоянно увеличивает душу, вследствие чего человек навечно также побеждает и свое тело, чтобы могло встать в воскрешении мертвых. А тот, кто не занимается плодоношением и размножением, превращает свое тело в труп, о котором сказано: ВЫХОДИТЕ И СМОТРИТЕ НА ТРУПЫ ЛЮДЕЙ, потому что душа его не сможет войти в пространство Творца, в слияние с Ним, и он отталкивается от будущего мира.

ЗАПОВЕДЬ СЕДЬМАЯ

223. Седьмая Заповедь – совершить на восьмой день обрезание и удалить т.о. нечистоту крайней плоти, потому что малхут является восьмой ступенью всех ступеней, начинающихся с бина. А душа, воспаряющая от нее, должна предстать пред нею на восьмой день, потому она и является восьмой ступенью.

Нуква з"а называется хая, если она поднимается и одевается на Има-бина, на восьмую ступень от малхут, если считать все 10 сфирот снизу вверх. Поэтому малхут называется восьмая, ведь она поднялась на восемь ступеней, от своей ступени до ступени бина. А когда поднялась в бина, то называется хая, как бина.

Поэтому душа человека, рождающаяся от малхут, поднявшейся в бина, должна предстать перед малхут во всех подобающих исправлениях обрезания, удаления крайней плоти и подворачивания ее остатка на восьмой день своего рождения от малхут, потому что тогда видно, что она является душой, родившейся от святой ступени хая, а не от другой ступени.

Потому что вследствие силы обрезания и подворачивания отторгается нечистая сила от души человека, и душа может получить совершенство света хая. И ВОСКИШАТ ВОДЫ – этим малхут получает высшие мужские воды от зо"н и наполняется этими водами.

224. Тогда ясно видно, что это душа типа хая. То есть душа от той святой ступени хая, малхут, а не от иной ступени. И это ДА ВОСКИШАТ ВОДЫ, как объясняется в книге Ханоха, смешиваются воды святого семени в свойствах души хая. И это свойство буквы юд, записанное на святом теле, более, чем все остальные записи мира.

Вследствие обрезания высшие мужские воды наполняют душу человека в виде, полученном им в нукве, называемой душа хая. Высший мир, называемый бина, обозначается буквой юд, а низший мир, малхут, обозначается буквой хэй, ее свойством. Но когда малхут поднимается до бина, исчезает буква хэй из нее и становится, как бина, буквой юд.

Также и в человеке, вследствие выполнения Заповеди духовного обрезания, исчезает буква хэй и появляется в нем свойство буквы юд, как в нукве, поднявшейся в бина. А если приобрело тело человека свойство юд, то он может получить душу хая от нуквы.

225. И ПТИЦЫ ВОСПАРЯТ НАД ЗЕМЛЕЙ – это Элияу, облетающий мир в четыре приема, чтобы быть в месте совершения святого союза. И необходимо приготовить ему кресло и сказать об этом вслух: ЭТО КРЕСЛО ЭЛИЯУ. А если не будет сделано так, не появится он там.

Ангелы происходят от АВ"И и потому находятся только в небе, состоят из х-г-т-н-х-е. Поэтому, когда они являются на землю выполнять то, для чего они посылаются, говорится, что они летят в 6 полетах, потому что одеваются в 6 сфирот.

Но Элияу не от АВ"И, а от малхут и потому постоянно относится к земле. А так как в малхут есть только 4 сфирот от з"а, потому что она стоит параллельно сфиротам т-н-х-е от груди з"а вниз, то говорится, что Элияу летит на 4 полетах, т.е. одеваясь в 4 сфирот т-н-х-е.

Ни в коем случае нельзя понимать слова о том, что Элияу присутствует на каждом обряде обрезания, буквально. Но почему обязаны пригласить его, если он сам обязан присутствовать?

«Зоар» объясняет это совсем в другом месте (Шлах, 118) так: существуют 4 нечистые силы – «Ураганный ветер», «Большое облако», «Пылающий огонь» и «Нога» (ударение на 1-м слоге). Самая низкая нечистая сила, «Ураганный ветер», находится внутри. На нее как бы надевается «Большое облако», на которое надевается «Пылающий огонь». На всех них снаружи надевается Нога.

Все миры, все силы, все, что создано, – находится внутри человека. И это – наши духовные силы, с помощью которых мы можем достичь цели творения.

Заповедь седьмая

Первые 3 нечистые силы – совершенно нечисты (эгоистичны). А Нога – наполовину хорошая и наполовину плохая. Как это может быть, ведь духовное – это всегда истинное? Так как же может быть в нем что-то наполовину, нечто состоящее из плохого, эгоистического и хорошего, альтруистического одновременно?

Такого действительно быть не может. Нога – это нейтральная сила, которой можно воспользоваться как чистой силой – и тогда сама Нога называется хорошей, или нечистой силой – и тогда сама Нога называется плохой. Поэтому она называется наполовину хорошей-плохой, хотя сама нейтральна. Она может быть присоединена к чистым или к нечистым силам – и это зависит только от человека.

ДУХОВНЫЕ СИЛЫ ЧЕЛОВЕКА:
чистые силы – альтруистические,
нога – нейтральные,
пылающий огонь – эгоистические,
большое облако – эгоистические,
ураганный ветер – эгоистические.

Местонахождение этих 4 нечистых сил – в конце каждого духовного парцуфа, в его сфире есод. В сфире есод есть два слоя кожи, один на другом. Один слой называется ОРЛА, и в нем находятся 3 нечистые силы. Другой слой кожи называется ПРИЯ, это Нога.

Первый человек Адам родился обрезанным, т.е. в нем совершенно не было 3 нечистых сил, вернее, он совершенно не ощущал в себе эгоистических желаний. Или, другими словами, они не могли присосаться к нему. Была в нем, в его ощущениях, Нога. Но поскольку она была отделена от 3 нечистых сил и соединена с чистой силой, альтруистическими желаниями Адама, то сама Нога считалась полностью хорошей.

Три нечистые силы вместе называются Змей. Эти 3 нечистых желания возбудились в Адаме и соблазнили его воспользоваться ими. Этим Адам притянул к себе ОРЛА, как сказано в Талмуде (Санэдрин 38, 2). А как только присоединил к себе ОРЛА, немедленно исчезла из него чистая душа, свет мира Ацилут, потому что его желания стали эгоистическими и он упал в своих свойствах-желаниях в мир Асия, в последнюю ступень, которая называется «этот мир», и присужден к смерти, исчезновению высшего духовного света.

Поэтому сказано о нем, что, поскольку не придерживался наказанного ему не есть плодов Древа познания, присоединил к себе ОРЛА, вследствие чего обрели нечистые желания оба слоя кожи на сфире есод парцуфа Адама – также ПРИЯ, называемая Нога, стала нечистой, вследствие соединения с ОРЛА, с тремя нечистыми силами. Но есть отличие между ними в том, что ПРИЯ была ранее, до прегрешения Адама, чистой и вся нечистота ее только от соединения с ОРЛА.

Согласно этому есть два вида исправления – обрезание и подворачивание кожи. ОРЛА необходимо отрезать и выбросить в прах – только таким образом можно освободиться от этих эгоистических желаний. А ПРИЯ можно оставить соединенной с есод. Но необходимо произвести подворачивание вокруг сфиры есод – особое духовное действие, освобождающее ПРИЯ от оставшихся в нем нечистых сил. Поэтому это действие вызывает возвращение в парцуф света, исчезнувшего вследствие эгоистических желаний, властвующих в парцуфе до совершения духовного обрезания.

Но этого еще недостаточно для наполнения парцуфа, называемого Адам, светом, как до его прегрешения, использования нечистых сил Змея, вкушения плода от Древа познания (получение света хохма в эгоистические желания). Потому что сейчас, после прегрешения и падения Адама, есть особый ангел по имени СА"М, обвиняющий и жалующийся на человека.

И чтобы нейтрализовать эту силу СА"Ма, Элияу взял на себя его роль обвинять, отчего у него появилась также возможность защищать Израиль (стремящегося к Творцу человека), когда тот совершает обрезание (своих эгоистических желаний).

Поэтому сказано, что Элияу должен присутствовать на каждом обряде обрезания (Брит Мила – союз с Творцом), потому что, как он жалуется Творцу, вместо СА"Ма, что Израиль оставил свой союз с Творцом, так есть у него возможность свидетельствовать, что Израиль, стремящийся к Творцу, осуществляет союз. Вследствие этого свет возвращается в парцуф.

Поэтому, кроме кресла, на котором сидит держащий младенца, необходимо приготовить еще одно кресло для пророка Элияу. Потому что кресло означает начало исправления для воздействия высшего на низшего. Первое кресло, на котором сидит держащий младенца, – это кресло Творца, для наполнения светом вследствие обрезания и подворачивания нечистых сил. Второе кресло – для Элияу, чтобы нейтрализовал жалобы на человека нечистых сил Творцу, чтобы не смогли обвинять человека.

Но для того, чтобы Элияу явился, необходимо произнести вслух: ЭТО КРЕСЛО ЭЛИЯУ. Дело в том, что человек обрезается на восьмой день, после того как прошел над ним Субботний день – малхут со светом АВ"И, называемые «святые». Поскольку отторгаемые желания, ОРЛА, выбрасываются, нечистая сила видит, что ей дают часть от союза с Творцом. Вследствие такого подарка она перестает обвинять и жаловаться на человека, а наоборот, начинает защищать его перед Творцом.

Духовные желания-объекты передают свои свойства один другому. Поскольку ОРЛА была соединена с есод, то после обрезания ее от есод, она забирает с собою (в себе) часть чистых желаний. А поскольку мы выбрасываем ее в прах, наружу, в нечистые силы, то они сосут из нее тот слабый свет, который могут извлечь от обрезания и подворачивания.

Поэтому нечистые силы не жалуются на Израиль и не желают уничтожить этот свет, потому что этим потеряют свою часть, которую сосут от него. Поэтому они обращаются в защитников чистых сил, чтобы чистые силы наполнялись высшим светом.

Но Элияу не выносит этого исправления, потому что, хотя нечистота и прекращает мешать и жаловаться на Израиль, но за это она берет себе часть света. И чтобы исправить это, берет Элияу все обвинение Израиля на себя и совершенно не желает выделить для нечистых сил никакой подачки от чистых сил.

Поэтому, хотя нечистая сила и прекратила жаловаться на Израиль и стала, наоборот, защитником, Элияу сам продолжает обвинять, чтобы вырвать все силы у нечистых сил, полностью отделить их от чистых. Поэтому необходимо кресло Элияу, ведь именно он полностью отделяет нечистые силы от чистых.

Поэтому необходимо сказать вслух: ЭТО КРЕСЛО ЭЛИЯУ. Ведь после обрезания остается еще часть света в нечистых силах, а упоминание Элияу полностью отнимает от них всю связь со светом. Поэтому, если человек своими усилиями не произносит (экраном, стоящим во рту) свое желание о полном отсечении от нечистых сил, этого не происходит, несмотря на то, что первое кресло – это кресло Творца, потому что Творец начинает творение – ставит свои основы в виде первого кресла, а человек продолжает и исправляет свою природу выполнением альтруистических действий.

226. И сотворил Творец больших левиатанов. Двоих – ОРЛА и ПРИЯ, мужскую и женскую силы. И все живые существа. Это запись святого союза, душа святого света хая, как сказано, **ВОСКИШАТ ВОДЫ**, т.е. высшие воды, нисходящие к этому союзу.

Левиатан и его супруга – это то, что находится против ОРЛА и ПРИЯ, называемых также НАХАШ – мужской змей, и АЛКАТОН – его супруга. ОРЛА – это змей, НАХАШ, мужская часть, которую необходимо отсечь и предать праху. ПРИЯ – это исправление, избавление от женской части змея, АЛКАТОН. Вследствие этих исправлений нисходит свыше, из высшего мира, от АВ"И свет хая.

227. Поэтому записан Израиль внизу в святом виде, как его вид наверху, чтобы отделить чистую часть от нечистой, чтобы различать между святостью Израиля и других народов, исходящих из другой стороны. А как записан Израиль, так записаны и животные, и птицы, чтобы можно было определить по ним, какие относятся к Израилю, а какие к народам мира. Счастлива участь Израиля!

Отношение человека ко всем живым существам нашего мира подобно отношению общего духовного творения, называемого «человек», к его частям. Потому что Адам включает в себя, в своем духовном теле, все. И нет ничего, кроме этого духовного парцуфа, называемого «человек» или «Адам».

Все духовные объекты, ангелы, души, чистые и нечистые силы – части тела Адама. Все, о чем говорится в Каббале, говорится только о духовном мире, об одном создании, человеке, Адаме. Различные части Адама, различные его желания, называются Израиль, народы мира, чистые или нечистые животные и пр.

Все, что необходимо сделать человеку в нашем мире – потому как каждый из нас создан по образу Адама, повторяет в себе весь его парцуф, – это построить в себе чистый парцуф альтруизма, обрезав в своем сердце все эгоистические желания, отделить во всех своих желаниях, на всех уровнях своей души, чистое от нечистого.

ЗАПОВЕДЬ ВОСЬМАЯ

228. Восьмая Заповедь – любить пришельца из другого народа, желающего войти под крылья Шхины, малхут, которая помещает под свои крылья всех, отделяющих себя от другой, нечистой, стороны и приближающихся к ней, как сказано: ПРОИЗВЕДЕТ ЗЕМЛЯ ДУШУ ЖИВУЮ ПО РОДУ СВОЕМУ.

Малхут, нуква з"а, называется Шхина, потому что не удаляется от нас, даже когда мы далеки своими свойствами от нее, как сказано: КУДА НИ БУДЕТЕ ИЗГНАНЫ, ШХИНА БУДЕТ С ВАМИ, и как сказано: НАХОДИТСЯ В НИХ В ИХ НЕЧИСТОТЕ. И з"а называется Шохэн, а нуква называется Шхина.

Раскрытие Творца в малхут, Шохэн в Шхина, з"а в малхут мира Ацилут может быть только посредством зивуга зо"н лицом к лицу в их большом состоянии, потому что тогда свет от этого зивуга столь большой, что раскрывает единство даже в самых отдаленных и сокрытых местах – в самых противоположных и неисправленных желаниях.

Но создание большого состояния зо"н происходит постепенно: вначале создается парцуф малого состояния зо"н со светом ва"к, а лишь затем он растет до своего большого состояния. Причем такой процесс есть в каждом состоянии зо"н. И более того, даже когда зо"н совершают зивуг большого состояния и получают свет хохма, свет от их предыдущего малого состояния не исчезает, а помогает совершить зивуг большого состояния. И этот свет малого состояния называется Крылья Шхины.

Поэтому сказано в Торе (Шмот 25, 20; русский перевод стр. 100, 20): «И будут керувы распростертыми крыльями покрывать сверху крышку», потому что основное – это укрыть своими крыльями свет большого зивуга, так, чтобы даже самые удаленные смогли получить свет, но в то же время не попало ничего от этого света в нечистые силы.

Потому что те, кто еще не достиг полного очищения от своих эгоистических желаний, отталкиваются от света, из страха, чтобы свет не попал в нечистые силы. Но теперь крылья сторожат свет, настолько, что даже самые близкие не ошибутся и не пропустят свет к нечистым силам.

Поэтому пришелец – это решивший приобщиться к народу Израиля (желающий исправить свои эгоистические желания на альтруистические), обрезаться (отторгнуть свои эгоистические желания), потому что его тело (совокупность желаний) еще со свойствами ОРЛА, т.к. его отцы (его предыдущие духовные состояния) не стояли на горе Синай (не получили свет, называемый Тора, и не исправились этим светом), еще не избавились от нечистоты змея (не обнаружил в себе, не осознал как зло все свои нечистые эгоистические желания). Но есть у прочих альтруистических желаний сила поднять его до высшей чистоты.

Это происходит с помощью подъема ма"н: вызывая этим большой зивуг зо"н, где властвуют крылья Шхины, которые раскрываются и накрывают свет зивуга, мы может поднять туда также душу пришельца (еще неисправленные желания) и освятить ее в свете этого зивуга.

И несмотря на то, что эта душа еще не совершенно чистая, она может получить свет от этого зивуга, потому что крылья защищают ее, чтобы не прошел свет от нее в нечистые силы (желания), хотя они очень близки к ней. А сказано ПОД КРЫЛЬЯМИ ШХИНЫ – потому что эта душа может получить свет только от крыльев малхут-Шхины, т.е. может получить малый, внешний свет малхут, не тот, что в самом теле малхут, не свет самой Шхины и тем более свет з"а – Творца – Шохэн, а только свет крыльев Шхины.

Душу пришельца (эгоистические желания) можно исправить (на альтруистические) только во время большого зивуга, потому что только тогда есть защита крыльями Шхины. Поэтому мы (альтруистические желания) обязаны прежде поднять ма"н для большого зивуга и получить свет от него в наши души (исправленные экраном желания), после чего Шхина раскрывает свои крылья, и защищает зивуг, и помещает под свои крылья душу пришельца. Получается, что вначале мы поднимаем душу пришельца с помощью нашего ма"н, а затем, когда подняли ее, Шхина принимает ее под свои крылья.

229. Можно сказать, что душа ХАЯ находится в Израиле, что она готова ко всему. Уточнил: по своему виду. То есть как для Израиля, так и для иноземца. Как комнаты и проходы между ними, так есть в той стране, называемой ХАЯ, под крыльями.

«Зоар» говорит здесь, что хотя новая душа, исправленные свойства, называемые «пришелец», получает свет, так же как и свойства Израиль, но Израиль получает от внутреннего света, а пришелец – от наружного. Уже говорилось, что крылья означают свет ва"к, который получают при большом зивуге, но от бывшего малого состояния, чтобы прикрыть свет большого зивуга.

В этом ва"к есть сфирот х-г-т-н-х-е, где сфирот х-г-т называются комнаты, в которых можно находиться, сидеть (сидеть означает малое состояние, в отличие от большого состояния – стоя), а сфирот н-х-е называются проходы, входы в комнаты, в которых невозможно сидеть, а их роль только для прохода в комнаты.

Причина этого заключается в свойстве тифэрэт как основной сфиры в х-г-т. Тифэрэт – это их средняя линия, законченное кли получения света хасадим. А основное в н-х-е – это есод, их средняя линия, в котором нет свойства кли получения, а используется только для передачи света далее, в малхут, для создания отраженного света. Поэтому н-х-е называются «входы».

А для пришельцев (очиститься от эгоистических свойств) из 70 народов мира (70 эгоистических свойств) заготовлены как комнаты в х-г-т крыльев, так и входы в н-х-е крыльев. И свет нэфэш они получают от входов, от н-х-е, а свет руах – от комнат, х-г-т.

230. Правое крыло малхут имеет два коридора, разделяющихся от этого крыла на два, чтобы впустить в них два близких Израилю народа. А под левым крылом есть два других коридора, называемых Амон и Моав. И все называются души хая.

Ранее «Зоар» говорил, что есть много входов-коридоров, а теперь говорит только про два, потому что говорит в общем: что существует два входа, предназначенные для народов, относящихся к правой линии, и есть два коридора слева, предназначенные для народов, относящихся к левой линии. И есть в общем два народа от правой линии, включающие в себя все народы правой стороны, и есть в общем два народа от левой линии, включающие в себя все народы левой стороны.

Народы правой стороны относятся к двум общим проходам в правом крыле. И «Зоар» не говорит, кто эти народы. Для народов левой стороны, называемых в общем «Амон и Моав», предназначены два входа в левом крыле.

Все души пришельцев, приходящих ото всех народов, называются нэфэш хая – душа хая, потому что могут получить только от большого зивуга зо"н, когда зо"н находятся в АВ"И, отчего малхут называется нэфэш хая, потому что получает свет хая от АВ"И. А так как души-нэфашот пришельцев получают от крыльев нэфэш хая, то они так и называются, по имени получаемого ими света.

231. В каждом крыле есть множество закрытых комнат и залов. Из них выходят духи и делятся между всеми пришельцами, называемыми нэфэш хая. Но каждый по своему виду. И все входят под крылья Шхины, но не более.

Каждое крыло включает в себя ва"к, х-г-т-н-х-е, называемые «входы» и «комнаты». Для каждого народа своя комната в х-г-т и свой вход в н-х-е. В проходах каждый получает нэфэш, а в комнатах каждый получает руах. А то, что сказано, что комнаты закрытые – это потому, что х-г-т ва"к имеют только свет хасадим, без света хохма, и потому называются закрытые.

232. Но душа Израиля выходит из тела того дерева, з"а, и оттуда души улетают на эту землю, малхут. И поэтому Израиль дорогой сын малхут, и называется питающимся от ее живота, а не от крыльев, находящихся вне тела. Кроме того, пришельцы не имеют своей части в святом Древе, з"а, а тем более в теле его. А относятся только к крыльям малхут и не более. Пришелец – он под крыльями Шхины и не более. И праведники из пришельцев также относятся к внешней стороне, а не к внутренней.

Поэтому сказано: ДА ПРОИЗВЕДЕТ ЗЕМЛЯ ДУШУ ЖИВУЮ (нэфэш хая) ПО СВОЕМУ ВИДУ. Все получают нэфэш от той хая, но каждый по своему виду.

З"а называется «Древо жизни», а его нуква называется «земля (страна) жизни». Потому что в большом состоянии они поднимаются и надеваются на АВ"И, имеющие свет хая – жизнь. Поэтому говорится, что душа Израиля происходит от самого тела древа, т.е. от самого з"а.

А от того древа улетают души на ту землю жизни: вследствие зивуга дерева, з"а, с землей, малхут, з"а дает души Израиля внутрь нуквы, а от нее получает Израиль свои души. В отличие от пришельцев, получающих свои души не от самой малхут, а от ее крыльев, но не от того, что передал ей з"а.

Причина этого в том, что нуква имеет три парцуфа, надевающихся один на другой, называемые «зародыш» – ибур, «вскармливание» – еника, «взрослый, большой» – мохин. Большой парцуф – самый внутренний, на него надевается парцуф «вскармливание», а на него надевается парцуф «зародыш».

Израиль получает от самого внутреннего парцуфа, большого состояния нуквы и потому называется «дорогой сын», ведь происходит из внутренней части малхут, а не от крыльев, внешней части малхут.

Н-х-е малхут называются «живот», потому что там место зарождения и развития душ Израиля. Но не имеется в виду н-х-е двух внешних парцуфов, называемых «зарождение» и «вскармливание» – это крылья Шхины-малхут. А говорится о н-х-е парцуфа большого состояния, самого внутреннего парцуфа, живота малхут.

Это имеет в виду изречение пророка (Ярмияу 31, 19; русский перевод стр. 342, 19): «Дорогой Мне сын Эфраим, Моё ли он любимое дитя? Ведь каждый раз, говоря о нем, Я долго помню его. Потому ноет все во Мне о нем, смилуюсь Я над ним» – потому как души Израиля исходят из внутренней части малхут, называет их «Зоар» происходящими из живота малхут, из н-х-е большого парцуфа, а не происходящими из крыльев, из н-х-е двух внешних парцуфов, называемых крыльями.

У пришельцев (желаний исправиться) нет также никакой части в высшем дереве, а тем более в его теле. А их место только в крыльях и не более, т.е. под крыльями Шхины. Пришедшие (исправиться) называются праведниками, потому что Шхина называется «праведник», а они располагаются под ее крыльями, и в ней они соединяются. Но нет им места выше Шхины и они получают от нэфэш хая, от зивуг большого состояния малхут с з"а, но получают лишь часть, называемую «крылья», потому и считаются располагающимися под крыльями, и каждый получает согласно своим свойствам.

ЗАПОВЕДЬ ДЕВЯТАЯ

233. Заповедь девятая – Заповедь милосердия к бедным, давать им еду, как сказано: СОЗДАДИМ ЧЕЛОВЕКА ПО ОБРАЗУ НАШЕМУ, ПО ПОДОБИЮ НАШЕМУ, будет этот человек состоящим из двух, мужской и женской, частей. ПО ОБРАЗУ – означает богатые. ПО ПОДОБИЮ – означает бедные.

234. Потому что со стороны мужской – они богатые, а со стороны женской – они бедные. И как они в одной связи вместе, милосердны друг к другу, помогают друг другу, так и человек внизу должен быть богатый и бедный, как соединенные вместе, дающие друг другу, милосердные друг к другу.

235. Это мы видим и в книге царя Шломо: кто милосерден к бедному от всего сердца, его вид никогда не отличается от вида первого человека, Адама. А потому как есть в нем вид Адама, он, своим видом, властвует над всеми творениями мира, как сказано (Тора. Берешит 9, 2; русский перевод стр. 10, 2): «И боязнь и страх перед вами будет на всех зверях земных», все боятся того вида, находящегося в нем. Потому что эта Заповедь милости к бедному является самой важной из всех Заповедей, для возвышения человека до вида Адама.

236. Откуда мы узнаем это – от Навуходоносора. Хотя и снился ему сон, но до тех пор, пока был милосердным к бедным, тот сон не исполнялся. Как только начал дурно смотреть на бедных, как сказано, немедленно изменился его вид и отдалился от людей. Потому сказано: СОТВОРИМ ЧЕЛОВЕКА. Сказано в виде, как

сказано в другом месте, о милостыни. Потому и СО-ТВОРИМ – то же, что милостыня.

Мужскому и женскому началам соответствуют богатый и бедный, з"а и его нуква. Но вовсе нет здесь намека на то, что богатый обязан быть милосердным к бедному и обеспечивать его. Но отличается указание здесь от остальных тем, что в остальных есть отдельно указание и отдельно действие, как сказано: И СКАЗАЛ ТВОРЕЦ ДА БУДЕТ СВЕТ, И СТАЛ СВЕТ и еще: И СКАЗАЛ ТВОРЕЦ СОБЕРУТСЯ ВОДЫ... И СТАЛО ТАК и т.п. во всех Заповедях.

Но ни в одной Заповеди нет как в этой: чтобы действие было смешано с указанием. Причина этого в том, что все творение вышло из АВ"И, где Аба говорил, а Има действовала, где Аба давал свет Има, а после того, как передал ей свет, стал сам действовать им. Потому что только со свойством Аба не могло бы появиться и проявиться творение в действии, потому что нет в творении никаких границ, в которых могли бы выявиться действия (см. статью «Тайна зачатия – в рождении»).

Поэтому есть указание от Аба, обозначающее его передачу света к Има. Но поскольку он только указание, а не само действие, подобно силе, но не действию, поэтому сказано в будущем времени. Такой язык есть там, где говорится о сотворении человека: И СКАЗАЛ ТВОРЕЦ СОТВОРИМ ЧЕЛОВЕКА, причем говорится во множественном числе: СОТВОРИМ.

Прежде сотворения мира Ацилут, называемого миром исправления, в духовных мирах произошло действие, называемое «швират келим» – разрушением сосудов в мире Нэкудим, как сказано (Берешит раба 3, 7). «Творец создавал и разрушал миры, пока не создал этот мир (Ацилут) и сказал ему, чтобы не распространялся ниже, чем каким он создан».

Разрушение сосудов было необходимым действием, потому что нет никакой возможности, чтобы смешались эгоистические желания-свойства с альтруистическими – ведь в духовном удаление определяется отличием свойств-желаний. А потому эгоизм и альтруизм бесконечно удалены друг от друга. Но если это так, то как можно исправить эгоизм? Каким образом могут войти в человека не только свойства, а даже понятие о существовании альтруистических желаний?

Заповедь девятая

Так вот, для того, чтобы дать возможность исправления эгоистическим желаниям, Творец совершил разрушение сосудов – ударное соединение противоположных желаний, эгоистических и альтруистических. Ударное, потому что иначе эти желания невозможно соединить, как только посредством «взрыва».

Вследствие этого взрыва альтруистические, чистые кли-желания попали внутрь эгоистических, нечистых и создали возможность в человеке свободы воли и самоисправления. После разрушения чистого кли и падения его частей в нечистое вышел мир Ацилут. Мир Ацилут выбрал из всей смеси смешанных желаний только те, которые имеют альтруистические желания, и присоедил их к себе, исправил и наполнил светом. Из этих исправленных частей он создал миры БЕ"А со всем, что их наполняет, что в них существует.

Эти исправления миром Ацилут разбитых и смешанных кли-сосудов описаны в первой главе Торы, повествующей о сотворении, в указаниях о выявлении и разделении (эгоистических и альтруистических кли), как, например, И ОТДЕЛИЛ ТВОРЕЦ СВЕТ ОТ ТЬМЫ, как И ОТДЕЛИЛ ТВОРЕЦ ВОДЫ ОТ ВОД, как И ОТДЕЛИЛ ТВОРЕЦ ВОДЫ ОТ СУШИ, как И ОТДЕЛИЛ ТВОРЕЦ ВЛАСТЬ ДНЯ ОТ ВЛАСТИ НОЧИ и пр. Все эти примеры говорят об отделении чистых сил от нечистых, добра от зла. И все, что отделилось, стало частью чистой системы.

Поэтому все действие творения заключено в описании первого дня творения, в сказанном ДА БУДЕТ СВЕТ, потому что там было отделение в общем света от тьмы. Потому что в общем чистота называется светом, а нечистота называется тьмой. А все остальные названия чистоты и нечистоты – не более чем частные названия отдельных их проявлений.

Мир Ацилут произвел лишь частичное исправление, потому что только отделил альтруистические желания от эгоистических, свет от тьмы и создал этим систему творения, описанную в начале Торы. Но это еще не полное исправление, потому что тьма и нечистота просто отделены от участия в творении и совершенно не исправлены. Они просто отделены как часть, в которой нет никакой необходимости, что совершенно не соответствует совершенству Творца, создавшего все, в том числе тьму, для своей конечной цели.

И более того, исправление заканчивается именно исправлением тьмы, как сказано (Теилим 129, 12; русский перевод стр. 89, 12): «И ночь как день светит, тьма – как свет».

И чтобы исправить это – создан человек, включающий в себя все, состоящий из всех свойств творения: от абсолютно хорошего до абсолютно плохого, чтобы смог произвести исправление и довести его до окончательного совершенства. То есть обратить плохое в хорошее, горькое в сладкое, тьму в свет, вследствие чего навсегда исчезнет смерть и Творец проявится как Царь всего творения.

Поэтому есть большое отличие описания сотворения человека от описания сотворения творения и прочих его частей. Потому что здесь произошло смешение самого действия в указаниях, потому что указания, описания – от Има, а не от Аба, сказавшего СОТВОРИМ ЧЕЛОВЕКА – совместно с малхут мира Ацилут.

Причина этого в том, что малхут включает в себя все, потому что дает свет существования также нечистым силам, чтобы не исчезли из мира, потому что без света нечистые силы, как и все элементы творения, не могут существовать и немедленно исчезают. Об этом сказано: И НОГИ ЕЕ СПУСКАЮТСЯ К СМЕРТИ, потому что нечистые силы получают маленькую искру света для поддержания своего существования.

Поэтому малхут называется «действие», потому что она распространяется и властвует во всем творении. А также называется «тьма», так как светит искрой света, чтобы поддержать существование тьмы и зла.

Поэтому, когда Има соединяется с малхут и смешивается с нею свойствами, она получает в себя свойства тьмы, о чем сказано СОТВОРИМ ЧЕЛОВЕКА ПО ОБРАЗУ НАШЕМУ, ПО ПОДОБИЮ НАШЕМУ, потому что свет называется «образ», а тьма называется «подобие». Ведь после того, как Има смешалась с малхут, в ней самой образовались две силы, ОБРАЗ и ПОДОБИЕ, вследствие чего и в сотворенном ею человеке имеются эти две силы: ОБРАЗ И ПОДОБИЕ.

Из сказанного СОТВОРИМ следует, что сама Има состоит из мужской и женской частей. Потому что хотя Има – это мужская часть, потому как дающий – это мужское свойство, но она связана с малхут. Кроме того, мужское свойство – это наличие света, а свойство нуквы, женской части, – бедность и тьма.

Заповедь девятая

А так как Има приняла себе в партнеры малхут, с целью создать человека, приняла в себя свойства малхут, то находятся в ней сейчас бедность и тьма. Выходит, что и человек состоит как из свойств Има – богатство и свет, так и из свойств малхут – бедность и тьма. И именно это совместное обладание свойствами Има и малхут позволяет человеку совершить исправление малхут, наполнить ее светом, распространить духовную чистоту и святость на всю землю (малхут), как сказано, что в конце исправления «Будет Творец един и имя Его едино», потому что тьма в малхут сменится светом, как мужская часть, АВА"Я, будет все едино в мужском свойстве, как сказано: «Не будет бедного в народе твоем».

Эта Заповедь говорит о том, что, как Има соединилась с малхут, ради того чтобы исправить ее, и потому есть в Има Образ и Подобие, так и человек обязан взаимно исправлять свои качества, чтобы исправить части тьмы, что в нем. И ради этого должен уменьшить свои свойства, как Има, чтобы совместить в себе и дать свою часть (милостыню) бедной, лишенной света малхут. И смилостивиться над ПОДОБИЕМ (бедностью), что в нем, снабжая всем необходимым.

Выполняя эту Заповедь, человек получает свыше ОБРАЗ и ПОДОБИЕ от Има – высший свет, который получил Адам, созданный в виде ОБРАЗА и ПОДОБИЯ. А потому и обладает силами властвовать над всеми животными мира (всеми своими животными желаниями) настолько, что не останется никакой нечистой силы-желания в нем, которой он не сможет победить и исправить в себе.

Для примера «Зоар» упоминает Навуходоносора: хотя было вынесено о нем высшее решение, но до тех пор, пока относился милостиво к бедным, не вступил в силу сон. Но как только позволил своему дурному глазу плохо посмотреть на бедных, немедленно приведен был в исполнение приговор и изменил он свой облик (заинтересованные могут обратиться к книге пророка Даниэля). Отсюда видно, что эта Заповедь больше всех остальных и способна устранить высшие решения против человека.

Милостыней называется соединение бина с малхут. Также рассказ Торы о моавитянке Рут, бабушке царя Давида, являющейся малхут, и Боазом, смилостивишимся над ней, отчего произошел царский род Израиля, повествует об исправлении малхут бина (см. Мегилат Рут; русский перевод стр. 171–176).

ЗАПОВЕДЬ ДЕСЯТАЯ

237. Десятая Заповедь – это наложение тфилин и достижение собой высших свойств, как сказано: И СОТВОРИЛ ТВОРЕЦ ЧЕЛОВЕКА ПОДОБНЫМ СЕБЕ. Открыл и сказал: «Голова твоя на тебе – как Кармель». ГОЛОВА ТВОЯ НА ТЕБЕ – КАК КАРМЕЛЬ – это высшая голова, головной тфилин, высшего святого царя АВА"Я, записанный буквами. Каждая буква в имени АВА"Я соответствует отдельному отрывку из тфилин. И так высшее святое имя занесено в отрывках на свитках в тфилин в тайнах букв. Потому что ИМЯ ТВОРЦА НА ТЕБЕ И УБОЯТСЯ ТЕБЯ – это головные тфилин, содержащие святое имя АВА"Я.

Выполнением милости к бедным выполняется только начало действия получения высшего ОБРАЗА Творца, бина вбирает в себя свойства малхут, чему соответствует СОТВОРИМ ЧЕЛОВЕКА ПО ОБРАЗУ НАШЕМУ, ПО ПОДОБИЮ НАШЕМУ. Вследствие соединения свойств бина и малхут АХА"П бина, буквы ЭЛ"Е, упали в зо"н, а в Има остались только буквы М"И = Г"Э. АХА"П бина, которые упали в зо"н, состоят из Аба и Има: Аба берет в себя свойства з"а, а Има берет в себя свойства нуквы.

Поскольку АВ"И спустились на место зо"н, то стали как зо"н – и от них истинные зо"н получают малое состояние, называемое ЦЭЛЕ"М Элоким – подобие бине, ва"к, потому что сама Има потеряла га"р своего состояния: поскольку ее АХА"П упал в зо"Н, то она лишилась света га"р.

Поэтому в Има остались только буквы М"И = Г"Э = к-х, а в зо"н упали ее б-з"а-м = АХА"П = ЭЛ"Е. Поэтому из бывших в Има 5 светов НАРАНХА"Й в ней остались только свет руах в кэтэр и свет нэфэш в хохма. Поэтому Има может дать

Заповедь десятая

зо"н только свет ва"к = руах + нэфэш, но не свет га"р = наранха"й. А зо"н считается приобретшим ПОДОБИЕ высшему только при получении им всех светов наранха"й. И это делается выполнением Заповеди тфилин.

Но возникает вопрос: мы уже изучали, что для рождения из зо"н парцуфа нижнего человека зо"н должны подняться в АВ"И, получить свет га"р, потому что маленький, без света хохма, парцуф не может родить. Так как же говорится, что Има находится в малом состоянии?

Когда зо"н достигают получения света АВ"И, они поднимаются при этом в АВ"И и становятся как АВ"И по своим свойствам, потому что всякий низший, поднявшийся к высшему, становится как высший, ведь только величина экрана отличает духовные объекты друг от друга, потому что только величина экрана определяет все свойства, качества духовного объекта.

Поэтому зо"н, поднявшись и надевшись на АВ"И, становятся как АВ"И, и все свойства АВ"И становятся сейчас естественными свойствами зо"н. И как АВ"И рождают зо"н, так зо"н в АВ"И рождают и передают свет в парцуф нижнего человека. Поэтому нет никакой необходимости даже изменять имена. Ведь все происходит со ступени АВ"И. И зо"н, поднявшиеся туда, называются уже АВ"И, а свет, который они передают человеку, называется светом, передаваемым в зо"н.

Сказано: И СОЗДАЛ ТВОРЕЦ ЧЕЛОВЕКА ПО ОБРАЗУ СВОЕМУ. Образ на языке иврит, в Торе, передается словом ЦэЛеМ, состоящим из трех букв: цади-ламэд-мэм. Еще в п. 2 говорилось, что нет келим для света хая и йехида, а есть только келим бина-з"а-малхут для светов НАРА"Н: нэфэш-руах-нэшама.

И даже когда мы говорим, что есть кли кэтэр, – имеется в виду начиная с бина дэ кэтэр, но не с кэтэр дэ кэтэр. Бина и зо"н, оставшиеся в парцуфе келим, делятся на 3 линии: линия бина – хаба"д, линия з"а хага"т, линия малхут – нэх"им. Это характерно для света хасадим.

```
    бина - хохма
        даат ─────────── БИНА
    гвура - хэсэд
        тифэрэт ──────── З"А
    ход - нэцах
        есод
        малхут ───────── МАЛХУТ
```

Но если происходит передача света хохма, то парцуф бина делится на два парцуфа – АВ"И и Ишсут, которые являются хаба"д = 3 и хага"т = 3. Вместе с за"т = 7 сфирот, от хэсэд до малхут, парцуфа зо"н составляют гематрию 13 (3+3+7) слова ЭХАД, говорящую о полном имени, состоянии, постижении.

Дело в том, что сфирот кэтэр и хохма скрыты в А"А и только сфира бина его светит своим светом вниз. Эта сфира бина А"А делится на два парцуфа АВ"И и Ишсут: ее га"р светит в АВ"И, а ее за"т светит в Ишсут. Эти две части бина называются М и Л слова ЦэЛеМ:

а) АВ"И называются М (мэм) слова ЦэЛеМ, потому что образуют замкнутое кольцо, стерегущее свет хохма, чтобы не вышел наружу, к другим, более низким парцуфим. И этот свет хохма называется скрытым (от всех парцуфим мира Ацилут). И только свет хасадим, свет руах, нисходит от них ко всем парцуфим мира Ацилут в течение 6000 лет до конца исправления;

б) Ишсут называется Л (ламэд) слова ЦэЛеМ, потому что наклоняет свою голову, га"р, вниз, как башня. И об этой башне сказано: «Башня Оз имени Творца». Потому что Ишсут называется «башня», а з"а называется «праведник». Ведь Ишсут – это за"т бина, это свойства зо"н, включенные в бина, и поэтому он передает свет хохма, который есть в нем, в зо"н.

Если в малом состоянии зо"н наполнены светом хасадим – руах, называемым авир – воздух, то при получении света хохма от

Заповедь десятая

Ишсут буква юд из слова авир выходит и слово авир обращается в слово ор – свет. Поэтому Ишсут называется «башня», т.е. парцуф гадлут, имеющий хохма, парящая в воздухе – авир. Но это состояние в зо"н непостоянно. Ишсут снова возвращается то в катнут, то снова в гадлут, и поэтому такое состояние называется парением. З"а называется буквой Ц – Цади от слова ЦэЛеМ, потому что таково его свойство в этой башне. Итак:

– АВ"И – М (мэм) – хохма, скрытая в кольце.
– Ишсут – Л (ламед) – бина, но поднимаясь в А"А, становится хохма-башня и передает вниз свет хохма.
– ЗО"Н – Ц (цади) – даат, получает свет от Ишсут.

Но не следует путать 3 буквы Ц-Л-М с тремя линиями, называемыми х-б-д: ЦэЛеМ – это целых три парцуфа, находящиеся один в другом: парцуф хохма, М от цэлем, АВ"И, самый внутренний парцуф; от груди АВ"И вниз надевается на него снаружи парцуф бина, Ишсут, Л от цэлем; от груди Ишсут вниз надевается на него парцуф даат, з"а, Ц слова цэлем.

Смысл слов И СОТВОРИЛ ТВОРЕЦ ЧЕЛОВЕКА ПО ОБРАЗУ – цэлем, СВОЕМУ означает, что с помощью духовного выполнения Заповеди тфилин получают свет хохма в порядке следования снизу вверх букв Ц-Л-М, свет, который получил Адам после своего сотворения. А мы прежде всего вызываем его получение в зо"н, а из зо"н вызываем получение этого света также в себя.

В ГОЛОВНЫХ ТФИЛИН ЗАПИСАНО ИМЯ СВЯТОГО ЦАРЯ В БУКВАХ АВА"Я – головной тфилин – это имя Высшего Царя, записанное в буквах АВА"Я. Тфилин называются Кармель, от слов кар мале – всего хорошего, как сказано: ГОЛОВА ТВОЯ – КАК КАРМЭЛЬ. Потому что головы з"а и малхут, когда они одеваются в головные тфилин, высший свет ЦэЛеМ, подобны Кармэль, кар мале – всему хорошему.

Этот свет называется «имя высшего святого царя», 4 буквы АВА"Я, где каждая буква записана отдельно: ЮД – ХЭЙ – ВАВ – ХЭЙ. А то, что человек чувствует, что буквы написаны каждая отдельно – это потому, что в каждом парцуфе есть 4 буквы АВА"Я и каждая обозначает самостоятельный парцуф.

Каждая буква – это отдельный отрывок на пергаменте, 4 отдельных отрывка, соответствующих 4 буквам АВА"Я. Отрывок (на иврите параша) означает отдельный целый парцуф, а буква, соответствующая ему из АВА"Я, означает свет в этом парцуфе. Порядок парцуфим согласно порядку букв АВА"Я: юд-хэй-вав-хэй. Такой тфилин называется тфилин РАШИ. Но есть тфилин с порядком отрывков-парцуфим юд-хэй-хэй-вав, называемый тфилин рабэйну Там. Отрывки, записанные на пергаментных кусочках, одинаковые, но порядок вложения этих отрывков внутрь коробочки тфилин рабэйну Там иной, согласно юд-хэй-хэй-вав.

238. Первый отрывок в тфилин, соответствующий юд имени АВА"Я, хохма, говорит о Заповеди «Принесения первенца Творцу», потому что хохма является первенцем всех высших. Она же является открывающей места зарождения будущего первенца, с помощью тонкой линии света, исходящего из юд, открывающего матку и оплодотворяющего ее.

АВ"И обозначаются буквой юд имени АВА"Я, где юд – это Аба, а наполнение буквы юд, как мы ее произносим йуд = юд + вав + далет, т.е. вав + далет – это Има. Парцуф АВИ называется «святой» и «первенец», потому что парцуфим Ишсут и зо"н называются святыми, только когда получают святость, свет хохма, от АВ"И. Вся святость в мире Ацилут исходит от АВ"И.

Причина этого в том, что свет хохма называется святость, а АВ"И – это Мэм слова ЦэЛеМ, хохма мира Ацилут, потому что в них скрыта высшая скрытая хохма мира Ацилут. И хотя сами АВ"И определяются как бина, в свойстве хасадим, потому что хохма скрыта в голове А"А и не могут получить ее нижестоящие, только если бина поднимается в хохма, в голову А"А, соединяется там с хохма головы А"А, то и бина называется хохма, но не как обычная хохма, а «хохма 32 путей» нисхождения света хохма. И только от нее получают свет хохма все парцуфим мира Ацилут.

Поэтому говорит «Зоар», что этот тонкий луч света, называемый тропой света, открывает матку и зачинает будущие плоды. Потому что в юд есть 3 части: а) верхняя «колючка» буквы юд, черточка над точкой, называемая головой, обозначающая парцуф А"А, скрытый в АВ"И, б) само тело буквы юд, обозначающее парцуф АВ"И, в) нижняя «колючка» буквы, обозначающая есод, окончание парцуфа АВ"И.

Заповедь десятая

Вследствие постоянного зивуга есод Аба с есод Има от есод Има исходят большие воды на все нижестоящие миры и их населяющие. Этот зивуг на свет хасадим называется зивугом оживления миров. Есод Има называется также рэхэм (матка), потому что все рахамим – милосердие, исходит из этой части ее парцуфа. Но если нет зивуга АВ"И – эта часть Има закрыта и не сходит милосердие вниз. Только есод Аба может открыть есод Има, и тогда Има отдает вниз свои великие воды низшим.

239. Второй отрывок в тфилин: И КОГДА ПРИДЕШЬ ТЫ, соответствует первой букве хэй в имени АВА"Я, залу, бина, открывающейся под воздействием юд, Аба, в пятидесяти входах, проходах и комнатах, скрытых в нем. Открытие, которое сделала юд в этом зале, для того, чтобы услышать в нем звук трубления в шофар, рог, бина. Потому что этот рог закрыт со всех сторон, но явилась юд и открыла его, вызвав его голос. А так как открыла его, извлекла звук из него, вывела к свободе.

Хэй имени АВА"Я – это Ишсут, Л от ЦэЛеМ, называемый башней, парящей в воздухе, открытый 50 входами зал, потому что АВ"И скрытые, обозначаемые М в ЦэЛеМ, означающее кольцо, окружающее и не дающее свету хохма светить наружу. А светят только светом хасадим.

Но Ишсут, поднимаясь в голову А"А, где бина обращается в хохма, может затем передавать свет хохма в зо"н. Бина, становящаяся хохма, чтобы получить хохма для зо"н, называется «ПЯТЬДЕСЯТ ворот бина». Потому что в ней 5 сфирот к-х-б-з"а-м, по 10 в каждой. Каждая из 50 состоит из комнаты и входа: х-г-т называется комнатой, н-х-е называется входом, проходом, что означает отсутствие кли получения, а служит для передачи внутрь комнаты или из нее, наружу.

Поэтому второй отрывок в тфилин: И КОГДА ПРИДЕШЬ ТЫ – обозначает хэй имени АВА"Я, Ишсут мира Ацилут, который поднимается принять свет хохма и передать его низшим, зо"н.

Юд открыла этот зал для того, чтобы услышать голос, исходящий из рога, потому что тот рог закрыт со всех сторон. Как уже говорилось, Ишсут, бина, соединилась с малхут, тем, что ее

3 сфирот ЭЛ"Е, ее сфирот бина и зо"н, спустились в зо"н, а у Ишсут остались только 2 сфирот к-х, М"И.

Затем, вследствие подъема ма"н, нисходит малхут с глаз, открываются глаза Ишсут, малхут сходит в свое место в рот, и три буквы ЭЛ"Е снова соединяются с М"И в имя ЭЛОКИМ. С этими ЭЛ"Е поднимается в бина Г"Э = к-х зо"н. Но хотя ЭЛ"Е поднялись и соединились с М"И, считается имя ЭЛОКИМ еще закрытым, потому что есть в нем только свет хохма. А без света хасадим свет хохма не может светить в ЭЛ"Е.

Поэтому эти три буквы ЭЛ"Е определяются как рог (шофар) и внутри них скрывается зо"н, поднявшиеся вместе с ЭЛ"Е в бина. И эти зо"н внутри ЭЛ"Е определяются как голос. И этот голос звучит с помощью юд в зале, потому что юд – это АВ"И, дающие свыше свет, позволяющий спустить малхут с Н"Э Ишсут вниз, на ее место, в рот, поднять ЭЛ"Е снова в бина. Поэтому юд открывает зал света Ишсут, чтобы передать этот свет в зо"н из рога, из поднявшихся вверх букв ЭЛ"Е.

Потому что зо"н также поднимаются вместе с ЭЛ"Е в бина и получают там хохма. И этот большой свет в з"а называется голосом, а его получение называется слушанием голоса. Но этот рог закрыт со всех сторон, как со стороны хохма, так и со стороны хасадим, потому что эти буквы ЭЛ"Е, называемые рогом, падают в зо"н. И там они закрыты, как от света хохма, так и от света хасадим.

Вследствие этого необходимы два исправления: а) поднять их и соединить с бина, чтобы вновь достигли своего света хохма, б) снабдить их светом хасадим, дабы служил он одеянием для света хохма.

Вначале юд, АВ"И, передают свет в хэй, Ишсут, отчего ЭЛ"Е поднимаются с зо"н вверх, над малхут, в бина и получают там свет хохма. Но этот свет хохма называется скрытым, замкнутым, потому что без одеяния в свет хасадим он не может светить. Это означает, что голос еще не вышел, что еще не родился з"а.

Затем юд входит в слово свет = ор, отчего оно становится авир = воздух, свет хасадим. А потому как рог, буквы ЭЛ"Е, получили воздух, свет хасадим, то могут родить з"а, голос рога. Потому что, имея одеяние света хасадим, свет хохма может войти в з"а. Общий, получаемый з"а, свет называется голосом. И этот свет выводит из пленения всех рабов, порабощенных эгоистическими желаниями во всех мирах, потому что з"а светит

Заповедь десятая

всем нижестоящим – и сыны Израиля (духовные стремления человека) удостаиваются света освобождения (побеждают эгоистические, земные).

240. В звуках этого рога вышли сыны Израиля из Египта. И также в будущем в звуках рога, в следующий раз в конце дней. И все освобождение исходит из этого рога, бина. И потому в этой главе Торы сказано о выходе из Египта, потому что рог этот исходит из силы буквы юд, открывающей матку и выводящей на свободу плененных. И это буква хэй, вторая буква АВА"Я.

Весь свет в зо"н приходит от рога, ЭЛ"Е, – в том числе и тот большой свет, вызволяющий Израиль из Египта, а также весь свет, раскрывающийся в будущем, в конце дней мира, в полном освобождении (от эгоизма). И потому есть в тфилин отрывок о выходе из Египта. Ведь свет, выводящий из Египта, исходит из рога, находящегося в Ишсут, силой АВ"И, называемых юд АВА"Я, открывающих матку Ишсут, буквы ЭЛ"Е, и выпускающих голос, з"а, из пленения на свободу.

Это свет достаточной силы для вывода Израиля из рабства. И только после постижения этого света, света хая, з"а и нуква называются голосом и речью, но не на ступенях, меньших этой. И все освобождения приходят только от света хая (только достигнув духовного подъема до уровня ступени света хая, человек освобождается от своего эгоизма и становится свободным).

241. Третий отрывок в тфилин – тайна единства в «Слушай, Израиль», буква вав имени АВА"Я, включающая в себя все, обозначающая з"а, в котором единство всего. Все соединяется в единстве в нем, и он получает все. Четвертый отрывок – «И услышите» – включает две стороны, хэсэд и гвура, с которыми соединяется собрание Израиля, являющееся нижней гвурой, т.е. малхут. И это – последняя буква хэй имени АВА"Я, берет их и включает в себя.

Третий отрывок из тфилин – «Слушай, Израиль» – это парцуф з"а, вав АВА"Я, включает в себя все 4 отрывка, что в тфилин. Потому что, хотя два первых отрывка, АВ"И и Ишсут, –

хохма и бина, но это не сами хохма и бина, а та их часть, которая одевается в голову зо"н, называемых М и Л ЦэЛеМа з"а.

В четвертом отрывке, малхут з"а, также не имеется в виду, что это сама малхут, а часть ее, включенная в з"а, называемая в нем мозг гвура. В з"а есть три части мозга: хохма, бина, даат, соответственно называемые М, Л, Ц ЦэЛеМа з"а. Они же х-б-з"а-м, что в мозгу з"а. Потому что в даат, Ц, есть хэсэд и гвура. И хэсэд эта в даат определяется как сам з"а, а гвура определяется как включение (свойств) нуквы в з"а. И эти х-б-з"а-м и есть 4 отрывка тфилин.

Поэтому з"а, буква вав имени АВА"Я, включает в себя все, все 4 отрывка. И все единения от АВ"И и Ишут происходят в нем, т.е. для него. Потому что все предыдущие з"а парцуфим, более высокие, чем он, находятся в единстве (с Творцом) и не нуждаются в ма"н от низших для достижения состояния единения. А весь ма"н, поднимаемый низшими в высшем парцуфим – только для единения з"а, но никак не отражаются на постоянном единстве, более высоких, чем з"а, парцуфим с Творцом.

Соединение хохма с бина, вследствие чего бина становится как хохма, происходит только вследствие подъема з"а в качестве ма"н в бина. Потому что, когда з"а поднимается как ма"н в бина, поднимается бина в голову А"А и получает там хохма для з"а. Бина, как стремящаяся только к милосердию, свету хасадим, никогда не получает свет хохма ради Творца, а только если низшие нуждаются в нем. Ее роль, свойства – только отдавать, но не получать (получать – в духовном имеется в виду, конечно, получать ради Творца).

Поэтому бина поднимается в голову А"А только ради зо"н. И именно з"а, поднимаясь к ней, возбуждает ее подняться в голову А"А, совершить зивуг с хохма и передать ему этот свет. Поэтому говорится, что з"а получает все. Потому что все, что получает бина в голове А"А, она передает ему. И не в месте бина, а только на месте з"а, когда он спускается на свое место, там раскрывается этот свет хохма, ниже груди з"а.

Молитва «Слушай Израиль» – з"а, вав имени АВА"Я, высшее единение (см. п. 207), раскрывающее любовь только с хорошей стороны. А потому как говорит только о «Возлюби Творца своего...», то нет в ней никаких ограничений и строгости суда.

Заповедь десятая

Но в четвертом отрывке «И услышите» – последняя хэй имени АВА"Я, нуква з"а, которая включена в него, гвура в голове з"а, здесь раскрывается любовь с обеих сторон, как с хорошей, так и с плохой (см. п. 206), что и отражается в словах этого отрывка. А заканчивается он: «Да восславится великое имя Его вечно», что соответствует включению и единению нуквы в з"а, т.е. не самой нуквы, а ее части в з"а, т.е. мозг даат.

Гвура в даат – это вторая хэй в АВА"Я. Она принимает весь свет высшего единения, что в «Слушай, Израиль», и включает все в себя, потому что совершенство всего единства в ней, потому что в ней раскрывается весь свет, в ней раскрывается вся любовь с обеих сторон, потому что свойство строгости, дополняющее любовь до совершенной, находится только в ней, но не выше ее.

Поэтому сказано: голова твоя как Кармэль, что означает головной тфилин. Ведь после того, как з"а одевается во все четыре света, обозначаемые четырьмя отрывками тфилин, которые являются тремя буквами Ц, Л, М ЦэЛеМ, определяется его голова как Кармэль, Кар мале – полная всего наилучшего.

242. Тфилин – это буквы святого имени. Поэтому голова твоя – как Кармэль – это головные тфилин. А буква далет – это ручные тфилин, малхут, обеденная светом по сравнению с головными тфилин, с з"а, но есть в ней совершенство от высшего.

Ручной тфилин – это малхут. И она бедная относительно бина, высшего мира. Но есть в ней свое совершенство, потому что теперь она может получить это совершенство от бина, с помощью единства нуквы с з"а в «Да благословится великое имя Его навечно».

А так как это уже не нуква, включенная в з"а, в его тело, а отдельная нуква з"а, то она берет у него все четыре отрывка, х-б-з"а-м з"а, потому что имеет отдельный полный парцуф. Но эти четыре отрывка Торы находятся в одном месте, а не разделены перегородками друг от друга, как в тфилин з"а.

Причина этого в том, что отрывок Торы – это свет, а его место, в котором он находится, – это кли (тфилин нашего мира – это коробочка из кожи «чистого» животного, в который вкладываются 4 пергаментных свитка с переписанными из Торы соответствующими отрывками). Как известно, от каждого зивуга исходит свет. Поскольку з"а получает 4 света х-б-х-г в 4 кли, вследствие 4 зивугов, то есть в нем 4 места для 4 отрывков, каждое место для определенного отрывка Торы.

Но на саму малхут нет никакого зивуга, а все, что она имеет, она получает от з"а. Малхут получает все 4 света, 4 отрывка Торы от одного зивуга с з"а, и поэтому есть в ней только одно место для всех 4 отрывков-светов.

243. Царь, помещенный в чаны, т.е. связанный и заключенный в тех 4 местах тфилин, чтобы соединиться с тем святым именем, как требуется. А кто исправляет это, тот находится в образе и подобии, ЦЭЛЕМ, с Творцом. Как в Творце соединяется святое имя, так соединяется в нем святое имя. Мужчиной и женщиной создал их, т.е. головной и ручной тфилин. И это одно.

Царь, помещенный в чаны, – означает з"а, связанный и единый в этих местах в тфилин. Места в тфилин, в которых находятся отрывки Торы, называются «чаны» или «корыта», подобно чанам, из которых пьет воду стадо овец. Потому что воды света хохма и света хасадим связаны и ограничены этими келим, местами в тфилин. И Творец именно связан и помещается в этих келим, для того чтобы соединиться в святом имени.

Места в тфилин – это часть т-н-х-е Твуны, нижней части Ишсут (Ишсут = Исраль-саба и Твуна, где Исраль-саба мужская, а Твуна – женская часть). Эта часть Твуны называется большой буквой Д – далет, слова эхаД – один, в «Слушай, Израиль, наш Творец один». Об этой букве сказано: «И показалась суша».

Как уже говорилось ранее в 3-й Заповеди, вследствие того, что раскрылась в з"а эта суша, он в состоянии затем передать свет малхут. Поэтому, если бы не были в з"а эти 4 места, суша, что в нем, не смог бы дать свет нукве. Поэтому говорится, что з"а связан и уложен в места, исходящие из суши, чтобы смог соединиться и передать в святое имя, в нукву, раскрытие света Творца, отчего становится суша плодоносной землей, производящей плоды.

Поэтому тот, кто прошел исправление 4 этими отрывками Торы, имеет образ и подобие (ЦэЛеМ) Творцу. То есть человек

Заповедь десятая

«внизу» (под миром Ацилут, в мирах БЕ"А), «одевая» тфилин (достигая уровня этой ступени), получает свет х-б-х-г от з"а. Этот свет называется ЦэЛеМ. Потому что хохма и бина называются М и Л. А хэсэд и гвура называются Ц. И как Элоким, бина соединяется со святым именем малхут, так соединяется в человеке святое имя. Потому что человек – часть малхут.

В свете хохма и бина, называемом ЦэЛеМ, есть мужская и женская части, ЦэЛеМ з"а и ЦэЛеМ нуквы, головной тфилин и ручной тфилин. Поэтому сказано, что Творец создал мужчину и женщину – имеется в виду головной и ручной тфилины.

ЗАПОВЕДЬ ОДИННАДЦАТАЯ

244. 11-я Заповедь – отделять десятину от плодов земли. Есть в этом две Заповеди: отделять десятину земли и приносить возношения плодов дерева, как сказано (Тора. Берешит 1, 29; русский перевод стр. 2, 29): «И вот дал Я вам всякую траву семеносную, какая на всей земле». Сказано здесь ДАЛ Я и сказано в другом месте (Тора. Бамидбар 18, 21; русский перевод стр. 195, 21): «А сынам Леви вот, дал Я всякую десятину от Израиля», а также сказано (Тора. Ваикра 37, 30; русский перевод стр. 165, 30): «И всякая десятая часть с земли: из семян земли, из плодов дерева принадлежит Творцу».

В этих отрывках говорится, что Творец все отдал Адаму. Но почему это должно обязывать нас отделять десятину, приносить первые плоды земли и запрещено потреблять их в пищу? Ведь это противоположно сказанному.

Дело в том, что процесс питания (духовного) – это процесс выявления, отбора и выделения святых искр света из нечистых сил: в процессе еды (получения света) соединяются искры света (нэцуцот), находящиеся в пище, с душой человека, с самим его мясом, а отбросы пищи, кроме искр, выходят из тела наружу. И так в течение жизни (6000 ступеней подъема) человек постепенно собирает в себе все святые искры, которыми он дополняет свою душу, без которых она не может достичь завершенности и совершенства.

Я думаю, читателю уже понятно, что «Зоар» никоим образом не говорит о процессе питания, пищеварения и выделения нашего физического тела. Как и вся Тора, «Зоар» говорит только о цели творения и путях его достижения. Поэтому я призываю читателя настойчиво, вопреки тому, что с первого чтения подсказывает земной разум, осознать сказанное как написанное

Заповедь одиннадцатая

языком ветвей, когда духовные объекты описываются языком нашего мира – но объекты остаются духовными, несмотря на земной язык!

В недельной главе Лех Леха, п. 300, сказано, что Адаму не было разрешено питаться мясом: «Вот Я дал вам всякую траву...» Но поскольку прегрешил Адам и эгоизм, нечистота вошли в его тело, сказано было Ноаху (Берешит 9, 3): «Как зелень травяную, даю вам все», т.е. включая мясо.

Потому что Адам создан в абсолютном совершенстве, в нем было отобрано и исправлено все, что соответствует животной части творения, как сказано (Берешит 2, 19): «И создал Творец из земли всех полевых животных» и «И как назовет человек всякое живое существо, таково и будет имя его», что означает: Адам постиг каждое имя (духовный уровень) животных душ, потому что уже были отделены чистые силы от нечистых.

Поэтому не была дана Адаму работа по выявлению, отбору и исправлению животных с помощью питания ими, ведь еще до сотворения человека это было исправлено самим Творцом в мире Ацилут. А только неживое и растительное (части души) оставались неисправленными, состояли из чистых и нечистых сил. Поэтому было указано Адаму выявлять искры, недостающие до восполнения его души в еде неживого и растительного.

Но вследствие прегрешения Адама вновь смешались чистые и нечистые желания-силы. И как распалась его душа на части и все части упали в нечистые силы, так испортились вместе с ним (с человеческим уровнем желания) все животные (желания). А потому возникла необходимость в их выявлении, отборе и исправлении. И потому, после прегрешения, указал Творец Адаму и последующим поколениям питаться животными, дабы выбрать т.о. искры из нечистот.

Адам создан, как сказано, ПО ОБРАЗУ И ПОДОБИЮ, т.е. с помощью ЦэЛеМ Элоким, света бина, четырьмя отрывками Торы в тфилине. И это его душа. Но после того, как родился с этой святой душой, удостоился, вследствие совершения добрых деяний, поднять ма"н и получить свет хая, затем, в Субботу, достиг и света йехида.

А потому осталось Адаму исправлять творение только с помощью десятины и приношений. И, принимая в пищу десятину и приношения, он достиг выявления и поднял ма"н до уровня получения света хая и йехида. Но после того, как прегрешил, все его исправления и все, что было ранее в его душе, испортилось, смешалось и встал у власти тела эгоизм.

Запрещены нам десятина и приношения вследствие эгоизма, что в нас, из-за боязни, что позаримся мы на высшую чистоту. Но обязаны мы выбрать их и передать Коаним и Левиим (части нашей души). И если мы выполняем эту Заповедь Творца отделения десятины и приношения, в том (духовном) виде, как Он заповедал нам, в нас появляется сила поднять ма"н и получить свет хая в Субботу (подъем миров, называемый Суббота), тем же путем, как Адам достиг этого состояния, питаясь десятиной и приношениями.

Таким образом, после того, как человек получает свет нэшама с помощью одевания тфилин, он может поднять ма"н с помощью двух Заповедей – десятины и приношений, чтобы получить свет хая. Как выяснилось, Адам получал свет хая, принимая в пищу десятину и приношения. Но нам запрещено употреблять их (пытаться получить ради Творца этот свет), по причине действующего в нашем теле (желаниях) эгоизма. Но вместо этого заповедано нам передать десятину и приношения Коаним и Левиим, вследствие чего мы получаем силы получить этот свет.

ЗАПОВЕДЬ ДВЕНАДЦАТАЯ

245. Двенадцатая Заповедь – приносить приношения первых плодов дерева, как сказано: «И всякого дерева, плоды его, дающие семена. Все, что достойно Меня, нельзя вам употреблять в пищу. Разрешил вам и дал вам всю десятину и приношения дерева. Вам, а не последующим поколениям».

Из сказанного ясно, что нам, последующим поколениям, запрещено употреблять десятину и приношения в пищу. Свет, называемый «десятина» и «приношения», настолько велик, что до конца исправления всех кли (желаний) души Адама невозможно получить его ради Творца, а потому запрещено даже пытаться, дабы не прегрешить, как случилось с Адамом. Есть Заповедь не получать этот, относящийся к малхут дэ малхут, свет. И достаточно в течение 6000 лет, при каждом выявлении искр, усилием оставлять, не принимая, этот свет – в этом и есть его исправление, пока, в конце исправления, проявится огромный свет Творца, называемый Машиах, и даст нам силы получить ради Творца десятину и приношения.

ЗАПОВЕДЬ ТРИНАДЦАТАЯ

246. Тринадцатая заповедь – произвести откуп первенца мужского рода, чтобы укрепить его в жизни. Потому как есть два ангела-управляющих: один управляющий жизнью, а второй – смертью. И оба – свыше управляют человеком. А когда человек откупает своего сына, откупает его от управляющего смертью, и тот более не может властвовать на первенцем. Потому сказано: И ВОТ УВИДЕЛ ТВОРЕЦ ВСЕ, ЧТО СОТВОРИЛ – это в общем, И ВОТ ХОРОШО – это ангел жизни, ОЧЕНЬ – это ангел смерти. Поэтому в том откуплении укрепляется ангел жизни и ослабляется ангел смерти. Этим откуплением покупается жизнь, потому что плохая часть оставляет его и уже не присасывается к нему.

В 6-й день творения произошел подъем миров: з"а поднялся на место А"А, малхут – в АВ"И, а Адам достиг света хая, вследствие чего полностью исчезла сила ангела смерти (эгоизма), а наоборот, он обратился в очень хорошего, потому что эгоизм при исправлении становится большим святым кли, в который именно и можно получить самый большой свет. Такое состояние будет в конце всеобщего исправления, когда вследствие явления большого света навсегда исчезнет смерть (эгоизм). Это и сказано: когда Творец увидел ВСЕ, что он создал, т.е. в конце всего творения, то увидел, что это очень хорошо.

Но после того, как прегрешил Адам, миры уже не могут подниматься настолько высоко. И поэтому мы нуждаемся в особенных Заповедях, чтобы проделать особые приготовления и действия для получения света хая, хотя бы в состоянии «Суббота». А это и есть Заповедь выкупа первенца человека, когда мы ослабляем силы ангела смерти и усиливаем ангела жизни, подобно тому как это было сделано ранее самим Творцом

Заповедь тринадцатая

Адаму, предварительными подъемами всех миров, потому что в подъеме миров, называемом Суббота, ангел смерти оборачивается очень хорошим. Такова сила этой Заповеди.

Но она не выполняется полностью, как ранее, когда у ангела смерти пропала вся сила. Теперь, выполнением Заповеди выкупа первенца, мы только отдаляем от себя ангела смерти, но не уничтожаем нечистые силы, и они более не приближаются к первенцу. А после того, как с помощью этой Заповеди нечистые силы более не присасываются, может получить жизнь, т.е. свет хая Субботнего состояния.

ЗАПОВЕДЬ ЧЕТЫРНАДЦАТАЯ

247. Заповедь четырнадцатая – хранить Субботу, являющуюся днем отдыха от всех деяний творения. Здесь есть две Заповеди: хранить Субботний день и украшать его святость, т.е. получить свет хохма, называемый святостью, и хранить Субботу – как день отдохновения всех миров, в котором все деяния приумножаются и исполняются прежде, чем освящается этот день.

Суббота – это такое состояние духовных миров, когда свыше нисходит свет, вследствие которого з"а поднимается до А"А, нуква – в АВ"И, миры БЕ"А – в Ишсут и зо"н мира Ацилут. В итоге нара"н человека (у кого он есть, кто духовно находится в мирах БЕ"А) поднимается также с мирами БЕ"А в Ацилут и получает там свет хая.

```
              Атик
    з"а   -  А"А
    м     -  АВ"И
    БЕ"А  -  Ишсут + зо"н     парса мира Ацилут
   ─────────────────────────────────────────
```

Исходя из этого, есть две Заповеди: не производить работу и не переносить с одного хозяйства в другое. Потому что после того, как все миры полностью освобождаются от нечистых сил, нам необходимо стеречь, чтобы не было у нечистых сил возможности вернуться и смешаться со святостью Субботы. А производящий работу приводит снова к смешиванию нечистых сил с чистыми.

А вторая Заповедь – украшать Субботний день: наслаждениями в Субботу (подъем миров АБЕ"А) получает человек (своими духовными желаниями находящийся в мирах БЕ"А) свыше свет мира Ацилут. Этот свет мира Ацилут называется святостью (хохма), а потому и человек освящается им.

Заповедь четырнадцатая

Все очищения и работы имеют место только в наших работах и войнах с нечистыми силами, мешающими нам приблизиться и слиться свойствами с Творцом. И именно в войнах с нечистыми силами с их стороны мы производим выбор искр света, поглощенных нечистыми силами, а каждое выделение искры света из нечистых сил и ее подъем в Ацилут определяется как самостоятельная отдельная работа.

Вначале совершалось это выделение искр и их отбор из нечистых сил самим Творцом, о чем описано в Его деяниях в 6-ти днях творения. А когда закончились все выявления искр света, определяется это как конец работы и наступает исправленное состояние, называемое Суббота, день отдохновения, потому что нечего более исправлять.

Поэтому Суббота – это день (состояние свечения света в мирах), когда нет никакой более работы по исправлению во всех мирах. Потому что каждую Субботу (состояние подъема в духовных мирах до уровня исправленности всех нечистых сил) возвращается то же состояние совершенства, которое было в первую Субботу творения, состояние покоя во всех мирах АБЕ"А, когда отделяются все нечистые силы и удаляются в свое место (тэом раба), а все миры поднимаются в мир Ацилут, что определяется как совершенное единство. А мы должны получить эту святость, свет мира Ацилут – он нисходит в нас посредством выполнения нами двух Заповедей «ПОМНИ И СТЕРЕГИ ДЕНЬ СУББОТНИЙ».

248. Потому как освятился день, осталось сотворить духов, которым не созданы тела. Спрашивает: «Разве Творец не мог подождать с освящением этого дня, пока не создаст тела для этих духов?» И отвечает: «В Древе познания добра и зла находилась плохая, злая часть, и просила властвовать в мире. И отделились, и вышли многие духи, вооруженные, чтобы одеться в тела в мире».

Так как освятился день, осталось сотворить духов, которым еще не созданы тела. То есть освятился день прежде, чем Творец успел создать тела для этих духов. Об этом сказано в первую Субботу творения: КОТОРЫЕ СОЗДАЛ ТВОРЕЦ ДЕЛАТЬ, ПОТОМУ КАК В НЕЙ ОСТАВЛЕНЫ ВСЕ РАБОТЫ, КОТОРЫЕ СОЗДАЛ ТВОРЕЦ ДЕЛАТЬ.

Это выражение Торы непонятно: ведь если Творец закончил все работы в их полном и законченном виде, то не оставил нам ничего ДЕЛАТЬ, ведь все уже закончил сам. Но дело в том, что Творец совершил все разделение искр света и отделение чистых сил от нечистых таким образом, чтобы была у нас возможность ДЕЛАТЬ, т.е. чтобы смогли мы завершить эту работу в наших усилиях в выполнении Торы и Заповедей.

А отдохновение, о котором говорится, относится только к тому, что должен был совершить Сам Творец. Поэтому говорит Тора, что Творец закончил свою работу, потому что закончил все приготовления для нас и ничего с Его стороны более не надо делать, потому что остальное СОЗДАЛ ТВОРЕЦ ДЕЛАТЬ нам. И это позволяет нам ДЕЛАТЬ и закончить творение.

Поэтому говорится, что Творец не успел сотворить тела для духов прежде, чем наступила Суббота. Эти духи без тел – это и есть наши нечистые и всякие вредящие силы, толкающие человека к прегрешениям. Но умышленно оставил их в таком виде Творец, потому что именно вследствие наличия их в нас есть в нас свобода воли, в работе в Торе и в Заповедях.

Вследствие прегрешения Адама в малхут, называемой «Древо познания добра и зла», смешались чистые и нечистые силы. Причем нечистые силы желали властвовать над силами добра в мире так, чтобы не позволить силам добра преодолеть их никогда. И вышли несколько вооруженных духов с намерением напасть на тела и овладеть ими и одеться в них.

Две точки соединились в малхут: одна исправленная тем, что получила свойства бина, милосердия, а вторая – строгость суда, вследствие ограничений в самой малхут. Когда малхут соединена с чистыми силами, то ее свойство ограничения скрыто, а точка милосердия раскрыта (см. п. 123). И тогда говорится, что человек удостаивается только добра.

Но если прегрешает человек, он поражает этим добрую точку и раскрывает этим точку ограничения в малхут. И раскрываются этим силы, желающие навредить и разрушить исправленное, желающие властвовать над человеком. И это есть зло.

Но если удостаивается, что точка милосердия раскрывается и властвует, то может поднять малхут в бина, вследствие чего нисходит высшее милосердие и высший свет. Но если не удостаивается и раскрывается точка ограничения в малхут, то не только вредит малхут, но вредит этим точке бина, соединившейся с малхут. Потому что этим эта точка обращается из доброй в злую, из милосердия в суд, потому что раскрывается ограничение в самой малхут. А всякое раскрытое свойство – властвует.

Поэтому после прегрешения Адама раскрылась точка суда в малхут. И этим Адам повредил и свойство, точку бина, соединившуюся с малхут. И обратилась та из милосердия в строгость, суд. А ведь исправление малхут возможно только с помощью этой точки, потому что она сама называется добро. И малхут называется добро, хорошо, когда эта точка бина раскрывается в ней.

Но теперь, после того как повредилась сама точка бина в малхут и превратилась из добра в зло, подумала нечистая сила, что пришло ее время властвовать в мире и одеться в тела людей, т.е. Адама и его сыновей (духовные парцуфим). То есть тело (желания) нечистой силы наследует место тела Адама. И тогда уже невозможно никакое исправление малхут от доброй точки. Потому что со стороны бина в малхут также нет добра, а обратилось это свойство в зло, строгость, суд, вследствие ограничения получения в малхут.

И многие вооруженные нечистые силы, силы разрушения, вышли для нападения, дабы облачиться в тела (желания) человека в этом мире и постоянно властвовать в нем. Потому что думала нечистая сила, что нет уже никакой преграды и спасения от нее у чистых сил и нет у них защитника, вследствие того вреда, который нанес системе управления, точке милосердия в малхут, своим прегрешением Адам.

249. Но Творец, увидев это, навел ветер из Древа жизни, з"а, и ударил им в другое древо, малхут. И пробудилась другая, хорошая, сторона и освятился день. Потому что создание тел и возбуждение духов в ту, субботнюю, ночь происходит с хорошей, а не с плохой стороны.

Так как видел Творец укрепление сил суда и нечистых сил, их возможность одеться в тела в мире, что совершенно исключит исправление мира в будущем, возбудил Он ветер жизни из Древа жизни, и ударил им в другое Древо, и совершился зивуг в другое Древо, в малхут. Вследствие этого зивуга передало Древо жизни другому Древу – малхут – дух жизни, что позволило малхут оторваться от нечистых сил.

Вследствие этого вновь появилась в малхут добрая сторона, как было до прегрешения Адама, и снизошла святость Субботы в мир. То есть несмотря на то, что у нечистых сил были силы одеться в тела, и были они сильнее чистых сил, и по закону должны были победить нечистые силы, Творец вмешался в этот момент, не принимая во внимание разрушения от прегрешения Адама.

Вследствие этого зо"н, Древо жизни и Древо познания добра, соединились в зивуге, как до прегрешения Адама, и низошел в мир свет святости Субботы. Вследствие этого действия Творца, от которого снизошла в мир Суббота (свет Субботы), исчезла возможность у нечистых сил одеться в тела людей в этом мире, осталась нечистая сила в виде бестелесного духа, а у человека появилась возможность приближаться (свойствами) к Творцу, что называется его возвращением (тшува).

Сотворение тел и возбуждение духов в эту ночь происходит от доброй стороны, а не со стороны нечистых сил, потому что действие Творца остается в творении навечно. И как в первую Субботу творения, когда Творец совершенно не принял во внимание вред от прегрешения Адама, а сделал так, что зо"н совершили зивуг и освятился день, как и до прегрешения, потому что уничтожил всю власть нечистых сил, несмотря на то, что была в них сила властвовать.

Так и во все Субботы (духовные подъемы, для находящихся ощущениями в мирах БЕ"А) в течение 6000 лет, несмотря на то, что человек еще полон нечистот, потому что еще не исправил прегрешения Древа познания, несмотря на это, когда он совершает зивуг (света с экраном) в субботнюю ночь (в духовном состоянии, которое так называется), нет никакой власти нечистых сил (человека) над ним (его альтруистическими желаниями). И человек принимает в этом зивуге тело и дух новорожденного, будто не было в нем никакого ущерба от прегрешения Адама, т.е. будто исправил сам Древо познания.

И несмотря на то, что сам человек еще не удостоился освободиться от своего эгоизма, нет в эту ночь никакой власти нечистых сил над ним. И может получить тела и духов в своем зивуге со стороны Древа добра, а не от нечистых сил.

250. А если бы спешил выдвинуть вперед другую сторону в эту ночь, прежде чем выдвинулась добрая сторо-

на, никогда не смог бы выстоять пред ней даже одного мгновения. Но Творец предупредил лекарство. И освятил день прежде. И предупредил явиться прежде другой стороны. И существует мир. А то, что думала противоположная сторона властвовать в мире, то вопреки ей в эту ночь создалась и укрепилась добрая сторона. И создались добрые, святые тела и духи, в эту ночь, с доброй стороны. И потому наслаждение мудрецов, знающих это, от Субботы и до Субботы.

251. Но когда увидела противоположная (нечистая) сторона, что то, что хотела сделать она, сделала святая сторона, начала она проверять свои силы и свойства, и видит этих всех совершающих зивуг обнаженными и в свете свечи. И потому сыновья, рождающиеся от этого, порабощены духом той другой стороны. И эти обнаженные духи грешников называются вредящие, а Лилит властвует в них и убивает их.

252. И так как освятился день и святость властвует в мире, та противоположная сторона уменьшает себя и прячется каждый субботний день и каждую субботнюю ночь. Кроме Асимона и его группы, скрыто идущих при свечах, видеть обнаженный зивуг. А затем они прячутся внутри ниши тэхом раба. И когда закончится Суббота, много войск летают и рыщут в мире. Вследствие этого исправляется все песней страдающих «Сидящий в скрытии», чтобы не властвовала нечистота над святостью.

По закону нечистой силе полагалось властвовать в мире, ведь она была сильнее чистой и должна была одеться в тела. Но тогда была бы земля отдана в руки грешников, а все поколения в мире, происходящие от человека, были бы со стороны нечистых сил, и не было бы в них никакой возможности исправления, потому что нечистота властвовала бы в мире над всеми поколениями, настолько, что не было бы возможности ухватиться за добрую сторону даже на одно мгновение.

Но Творец дал лекарство, предупредив изъян, ибо возвысил Субботу, убрав нечистые силы, отчего раскрылся свет спокойствия и отдохновения во всех мирах. А все нечистые силы были отброшены в бездну «тэхом раба». И этим осуществляется оживление мира, потому что это позволяет порождать тела и духов от чистой стороны в зивуге субботней ночи, и продвигается мир к желаемой цели.

Что же означает предупредить лекарством изъян? Все творение построено в порядке причин и следствий. И все, что происходит не по порядку развития миров, называется предупреждением (переходом через несколько ступеней, минуя в цепочке причин и следствий некоторые из них).

А так как святость Субботы пришла как возбуждение свыше, от желания Творца, без всякого желания и просьбы снизу, ибо Адам еще не совершил никакого исправления и сближения с Творцом, чтобы заслужить Субботу, а Сам Творец предупредил изъян лекарством для исправления мира, то называется это действие Творца предупреждением.

А как мыслила нечистая сторона захватить власть в мире, так было осуществлено доброй стороной в эту ночь. Ведь эта ночь, ночь после прегрешения в Древе познания, была предоставлена вся нечистым силам. И потому думалось им, что само собой смогут управлять миром. Но произошло наоборот – святость заняла их место: создались чистые тела и духи в ту ночь от доброй стороны. Потому что произошла такая подготовка, что все зивуги в ту ночь породили тела и духов от доброй стороны, совершенно без всякого участия нечистой силы. То есть совершенно противоположно, чем думалось нечистой силе.

А потому время мудрецов, знающих это, от Субботы до Субботы – ведь в это время тела и духи создаются от чистой, доброй стороны. А нечистая сила, когда видит, что то, что она желала создать, создано противоположной ей стороной, собирает свои злые силы, и выискивает по всему миру, и видит всех, кто совершает зивуг в свете свечи, с обнаженным, открытым телом, зивуг, от которого рождаются больные сыновья. Нечистая сторона посылает в этих сыновей свои злые духи, духи грешников, называемые вредителями, вследствие чего над ними властвует Лилит и убивает их. Одеяния – это свет хасадим, одеяния Има, намерения «ради Творца».

А когда приходит в мир святость Субботы и Суббота властвует в мире, нечистая сторона уменьшает свою силу и прячется в течение субботних ночи и дня. И потому это время мудрецов. И только вредящие, называемые Асимон и вся его

Заповедь четырнадцатая

группа, идут в свете свечи тайно наблюдать обнажающих свой зивуг. А затем они скрываются в нукве тэхом раба. Поэтому Асимон, хотя и есть в нем сила видеть зивуг в свете свечи и в Субботу, но не может вредить в Субботу, а обязан немедленно вернуться к нукве тэхом раба. И только после исхода Субботы он может вредить.

Раби Шимон почувствовал здесь трудности в объяснении сказанного, что время мудрецов – в Субботу. Потому что каждый день, начиная с полуночи, Творец прогуливается по райскому саду и совершает зивуги с мудрецами, а не только в субботнюю ночь. Этот вопрос также задает «Зоар» (Ваикаэль п. 194) и отвечает, что есть отличие между зивуг в обычную ночь и субботнюю – в свете свечи. Потому что в обычные, будние ночи есть сила в нечистой силе заражать рождающихся сыновей болезнями, а также Лилит имеет силы умертвлять их.

Тогда как в субботние ночи, хотя и присутствует вредитель Асимон и его группа, но нет у него сил вредить в течение Субботы, а только по ее исходу. Но и против этой его возможности вредить после Субботы есть исправление, называемое «авдала», отделение Субботы от будней благословением, молитвой и чашей вина, которыми совершенно аннулируются все силы этого вредителя. Поэтому есть большое отличие между зивуг в обычную ночь и в субботнюю ночь.

Дело в том, что есть источник света, з"а, высшее единение, и есть источник огня, малхут, низшее единение (см. п. 209) и 3 детали есть в пламени свечи (свеча имеется в виду духовная, но в материальном изображении это фитиль, плавающий в оливковом масле): а) белое пламя, верхнее; б) нижнее пламя; в) грубая часть – фитиль и масло, на которых держится нижнее пламя.

Это нижнее пламя называется пожирающий огонь, потому что это строгость, сила ограничения в свече, и потому оно пожирает все, что под ним, – и фитиль и масло. А высшее, белое пламя – это милосердие, находящееся в свече, потому что белое – это милосердие.

А совершающий зивуг в свете свечи увидит поврежденными своих детей, и Лилит может умертвить их, потому что в свече есть строгость суда, а потому нечистые силы могут присосаться к такому зивугу, потому что вследствие строгости суда раскрываются их тела, т.е. нечистоты, имеющиеся в телах участвующих в зивуге и находящие каждый себе подходящее.

Поэтому разрешен зивуг только в полночь, т.е. только в темноте, когда нет никакого света, когда сказано про малхут И ПРОБУДИТСЯ СРЕДИ НОЧИ и раскрывается милосердие. Но если есть какой-либо свет свечи, это вызывает раскрытие нечистот в телах и нечистая сила присасывается к этим телам. Потому что в свете свечи нечистая сила видит нечистоты в телах совершающих зивуг, и доносит на них, и присасывается к их телам. Но в субботнюю ночь все ограничения строгости и суда исчезают, и грубое нижнее пламя становится как белое верхнее. А это означает, что позволен даже свет свечи. И более того, под действием святости Субботы полностью исчезают все нечистоты из тела человека, а потому нет страха раскрыть тело в свете свечи.

Но даже в Субботу, когда грубое пламя обращается в белое и исчезает строгость ограничений, все равно белое пламя свечи требует грубой части света, чтобы было на основе чего держаться. А грубая основа – это обязательное присутствие строгости и ограничения, потому что грубое означает ограничения.

Но в Субботу эти ограничения не проявляются. И это подобно монете, на которой нет изображения, а поэтому неизвестно, какая она. А потому называется этот вредящий, означающий грубую часть свечи, на которой держится белое пламя свечи, именем Асимон (жетон на иврите), что означает монета без изображения.

Грубая часть свечи возносится в скрытом виде с белым светом свечи, потому что свеча не в состоянии гореть без него. Поэтому эта грубая часть видит раскрытый зивуг и потому может вредить после исхода Субботы. И хотя в ночи Субботы раскрытие (обнажение) тел не вредит, потому что не проявляется в Субботу нечистота тела, но на исходе Субботы есть возможность у нечистой силы раскрыться и навредить.

А это вследствие того, что после Субботы Асимон и его группа заново возвращаются в свои формы-свойства, и поднимаются из Большой бездны, тэхома раба, в место поселения, и парят над миром, и могут вредить. Поэтому есть песня «Сидящий в тени высшего», ведь с помощью молитвы и возвращения к Творцу спасается человек от вредящих ему:

«Сидящий в тени высшего (живущий под покровом Всевышнего) – в тени Всемогущего обитает. Скажу Господу: убежище мое и крепость моя – Бог мой, на которого полагаюсь я. Ибо Он спасет тебя от сети птицелова, от мора гибельного. Крылом своим Он укроет тебя, и под крыльями Его найдешь убежище, щит и броня – верность Его. Не устрашись ужаса ночного, стрелы, летящей днем. Мора, во мраке ходящего, чумы, похищающей в полдень. Падет возле тебя тысяча, и десять тысяч – по правую руку твою, тебя не достигнет. Только глазами своими смотреть будешь и возмездие нечестивым увидишь...» (Теилим 91; русский перевод стр. 59)

253. Какие места посещают они в ночь исхода Субботы. Когда выходят в спешке, желают властвовать в мире над святым народом, видят его стоящим в молитве и поющим эту песнь «Сидящий в тени (скрытии) высшего», вначале отделяющим Субботу от будней в своей молитве, а затем над чашей вина, удаляются эти силы и улетают в пустыню. Милосердный, да спасет Он нас от них и от злой стороны.

Здесь спрашивает только о ночи исхода субботы, а не о ночах будней, потому что ночь исхода Субботы несет в себе еще некую силу святости Субботы. Поэтому, хотя нечистые силы вылетают из тэхом раба и летят покорить Израиль, но, видя действия Израиля в молитве песни и в благословении над чашей вина, улетают нечистые силы в пустыню, ненаселенное место. И т.о. люди спасаются от них.

Отсюда есть 3 места нахождения нечистых сил: а) в субботу они находятся в нукве тэхом раба и нет в них сил вредить; б) на исходе Субботы, с помощью молитвы и отделения Субботы от будней, благословением над чашей вина, они находятся в пустыне, месте, где нет человека т.е. есть в них силы вредить, но не находятся в населенном месте; в) в остальные ночи недели они находятся также в населенных местах.

254. Трое, причиняющих себе зло: а) проклинающий себя, б) выбрасывающий хлеб или его остатки, большие, чем размер маслины, в) зажигающий свечу на исходе Субботы прежде, чем Израиль достигает святости в благословении «И ты святой». А тот огонь свечи вызывает воспламенения огня ада.

255. Есть одно место в аду для нарушающих Субботу. И они, наказываясь в аду, проклинают зажегшего свечу прежде, чем пришло время, и говорят ему (Ишаяу 22, 17; русский перевод стр. 260, 17): «Вот Творец швырнет тебя богатырским броском, взовьет тебя, совьет в клубок, покатит, как шар, в широкую землю, где умрешь ты».

Один вредящий называется ДУРНОЙ ГЛАЗ. И он любит проклятия, как сказано (Теилим 109, 17; русский перевод стр. 72, 17): «И любит он проклятие – и оно пришло на него, и не желал благословения – и оно удалилось от него». Когда человек проклинает себя, он дает этим силы дурному глазу любить проклятие, тот властвует над ним – и этим причиняет зло самому себе.

Нет ни одной вещи в этом мире, которая бы не имела свой корень наверху. Тем более хлеб, от которого зависит жизнь человека, имеет свой особый корень наверху. Поэтому тот, что пренебрегает своим хлебом, вызывает этим вред в корне своей жизни наверху. Это понимает каждый человек, но понимает в размере порции, которая дает ему насыщение, несущее жизнь.

Но если кусок хлеба и крошки менее, чем маслина, – есть пренебрегающие, а потому выбрасывающие такое количество, потому что нет в нем насыщения. Но так как мудрецы постановили благословлять даже трапезу хлебом до размеров маслины, мы обязаны относиться к такой порции как к насыщающей. И не имеем права пренебрегать этим количеством. А пренебрегающий – причиняет вред себе.

Причина этого, как сказано в Талмуде (Брахот 20, 2): «Спросили у Творца: «Создатель мира, сказано в Твоей Торе, не оборачивай лицо и не бери взятки. Но Ты обращаешь лицо Свое к Израилю...» Отвечает Творец: «Как Я могу не обращать лица к Израилю, соблюдающему закон до величины маслины...» То есть, принимая даже размер в маслину как трапезу, несущую насыщение, мы удостаиваемся раскрытия лица Творца, хотя и не достойны этого. Поэтому пренебрегающие количеством хлеба, как маслина, не считающие его за насыщающую трапезу, не удостаиваются раскрытия лица Творца. А потому вредят сами себе.

Кто зажигает свечу на исходе Субботы, прежде чем достигает Израиль святости в благословении, вызывает этим возгорание огня ада от этой свечи. Потому что до этого момента была Суббота и святость Субботы властвовала, а огонь ада не властвует в Субботу. Поэтому нарушающий Субботу преждевременно зажигает свечу, потому как зажигает огонь ада преждевременно, вызывает вред себе. Потому как нарушение Субботы – это самое большое нарушение. А потому есть в аду особое место для нарушающих Субботу. А помещенные в ад проклинают его за то, что своими действиями преждевременно вызвал воспламенение огня ада.

256. Потому что не должен зажечь свечу на исходе Субботы, прежде чем Израиль отделяет Субботу от будней в своей молитве и над чашей, так как до этого времени еще Суббота, и святость Субботы властвует над нами. А во время отделения благословением над чашей все эти силы и армии, поставленные управляющими в будни, каждый из них возвращается на свое место, к работе, над которой он поставлен.

Основной запрет имеет место только до благословения в молитве. Но необходимо остерегаться и не зажигать свечу до самого отделения Субботы от будней в благословениях над чашей, потому что до того времени еще считается Суббота. Но, конечно, можно зажечь свечу для самого отделения Субботы от будней, т.е. для благословения над зажженной свечой.

257. Когда входит Суббота и освящается этот день, просыпается святость и властвует в мире, а власть будней исчезает и не возвращается до исхода Субботы. Но хотя и окончилась Суббота, не возвращается власть иных сил до тех пор, пока не скажет Израиль благословение «Отделяющий между святостью и буднями», только тогда святось исчезает и армии управляющих буднями просыпаются и возвращаются на свои места, каждый на свое место, на которое поставлен свыше.

258. Но, несмотря на это, еще не властвуют нечистые силы, пока не появится свет от свечи, потому как происходят от корня-основы огня, из которого исходит все и нисходят властвовать в низшем мире. И все это происходит, если человек зажигает свечу раньше, чем Израиль заканчивает благословение в молитве.

Малхут называется столбом света (см. п. 209), а силы в свете свечи – это ограничения в малхут. И нет возможности действовать этими силами, прежде чем зажигается свеча.

259. Но если он ждет до окончания благословения в молитве, то грешники в аду оправдывают суд Творца над ними, и они вызывают на того человека все благословения, произносимые обществом: «И воздаст тебе Творец росой небесной», «Благословен будешь в городе твоем», «Благословен будешь в поле твоем» и пр.

Произношением благословений вызывается нисхождение большого света, силой которого избавляемся мы от ада. А так как грешники в аду видят это, они сожалеют о своих прегрешениях и оправдывают суд Творца над ними тем, что видят свое наказание. А так как человек вызвал такое оправдание суда Творца, то в нем исполняются все благословения, произносимые на исходе Субботы обществом молящихся.

260. «Счастлив понимающий бедного, в день бедствия спасет его Творец» (Теилим 41, 2; русский перевод стр. 26, 2). Что означает в день бедствия? Когда властвует зло, желая забрать его душу. Бедный означает очень больной. Понимающий означает понимающий необходимость излечиться от прегрешений перед Творцом. Другое объяснение: это день суда над миром. Понимающий – означает понимающий, как спастись от него, как сказано, в день бедствия спасет Творец, т.е. в день, когда суд не в пользу человека властвует в мире, спасет его Творец.

День бедствия означает состояние властвования над человеком нечистых сил, называемых злом, забирающих душу человека. Понимающий бедного – говорящий больному вернуться к Творцу, исправиться. Того и спасает Творец от власти нечистых сил.

«Зоар» приводит это к продолжению сказанного, что есть 3 источника зла для души человека, вызывающего на себя зло. Поэтому приводит здесь совет для понимающих, сострадательных к бедняку, – чтобы говорил к сердцу больного (ощущающего себя больным в собственном зле – эгоизме) возвратиться к

Заповедь четырнадцатая

Творцу. Тогда Творец вылечит его. И вознаграждением этим Творец спасет его в день бедствия, который он сделал своей душе.

И даже если суд властвует над всем миром, спасет его Творец за то, что научил больного вернуться к Творцу, объяснил больному необходимость исправить себя. А отличие в объяснениях в том, что первое объяснение относится к индивидууму, увидевшему в себе зло, а второе – о зле всего мира. И в этом случае спасет Творец, вознаграждением за выполнение этой Заповеди.

НАМЕРЕНИЕ МОЛИТВЫ

«Зоар», Вэикаэль, стр. 32–52, п. 107–157: Каждый день взывает голос ко всем людям в мире: «От вас зависит это. Отделите часть от своего Творцу». Каждому человеку приходит в его жизни мысль и желание приблизиться к духовому, и от него зависит, прислушаться к этому, взывающему изнутри, голосу или нет. Голос убеждает человека, что, отбросив ненужные земные временные желания и погоню за их утолением, он обретет истинное и вечное счастье.

Отсюда мы можем понять тайный смысл молитвы: боящийся Творца, направляющий свои сердце и желание в молитве, производит большие и высокие исправления. Если человек желает войти в духовный мир, ощутить Творца, единственное, что он должен делать, – молиться, т.е. просить Творца об исправлении его природы, об изменении его природы с природы нашего мира – эгоистической – на природу духовных миров – альтруистическую, и тогда войдет в вечность, выйдет из рамок нашего мира. Сам человек, находясь полностью во власти эгоизма, себя изменить не в состоянии.

Для исправления человек должен получить силы извне, силы, находящиеся за пределами эгоизма. И потому он должен просить о получении этих сил, поэтому единственное, что должен делать человек – молиться. Но молитва – это желание в сердце, а не то, что произносят уста, изнутри сердца читает наши желания Творец. Поэтому вся работа человека над собой сводится к тому, чтобы изменить желания сердца: чтобы сердце пожелало изменить свои желания. Но и это человек не в состоянии совершить сам, и об этом он должен просить Творца.

Поэтому все сводится к работе над возвышением веры в Творца, в Его управление, в Его единственность, в Его силы, в Его возможность и желание помочь. Все усилия человека направляются на создание, рождение внутри себя единственного истинного желания – ощутить Творца! Здесь же «Зоар», как и все книги Каббалы и все книги Торы, говорит о тех, кто уже достиг своими желаниями и свойствами духовных миров и еще при нахождении в нашем мире одновременно ощущают и живут в двух мирах. Молитва, о которой говорится здесь, – это духовные действия человека, который уже приобрел духовные инструменты и может действовать с ними, как мы в нашем мире с помощью наших рук и вспомогательных орудий.

Вначале в пениях и славословии, воспеваемых высшими ангелами, и по порядку песнопений сынов Израиля внизу, малхут украшает себя и исправляется, как жена украшается для мужа. Сыны Израиля – это те, кто желает стать Исра – прямо, эль – Творец – сблизиться с Творцом. Такие, находящиеся своими духовно-альтруистическими инструментами-желаниями в высших мирах люди способны своими духовными действиями изменять состояния более высших сфирот и миров.

Наш молитвенник создан членами Великого Собрания 20 веков назад. До этого каждый человек обращался к Творцу, как он это чувствовал. Поскольку около 20 веков назад начали нисходить в наш мир более грубые души, нуждающиеся в строе молитвы, члены Великого Собрания, большие каббалисты, создали дошедший и до наших дней молитвенник.

В молитвеннике в нужном порядке изложены все последовательные ступени исправления человека. Под словами в молитвеннике понимающий видит подразумевающиеся те духовные действия, которые он должен совершить. Эта информация передана в буквах, их форме, сочетании, последовательности предложений и частей всей молитвы.

В порядке молитвы, вначале следует исправление миров утренними благословениями (стр. 13 молитвенника «Тфилат коль пэ» нусах сфарад) до молитвы «Шмона-эсрэй» (стр. 57), исправления в сидячем положении. Затем, когда доходят до слов «эмэт вэ яцив», заканчивающих «Крият Шма» (стр. 54), то исправляется все, все миры. А когда достигают слов «гааль Исраэль» (стр. 57), то всё и все исправления должны занять свои места, и потому продолжают в положении стоя молитву «Шмона-эсрэй».

Есть в духовном состоянии и потому, как следствие этого, в материальном состоянии человека лежа, сидя, стоя. В таком порядке в нашем мире развивается новорожденный и в таком же порядке в духовном мире развивается духовно новорожденный. Лежа – когда голова, тело и ноги находятся на одном уровне. Это соответствует в духовном понятии состоянию зародыша, когда то, что есть во всех 10 сфирот, одинаково. Это самое низшее духовное состояние.

Сидя – когда голова выше тела, а тело выше ног, но не может действовать ногами. Такое состояние называется малое ва"к. Стоя – когда есть полное отличие между головой, телом и ногами, большое состояние, га"р. Так по мере своих просьб об исправлении, человек постепенно получает высшие силы от Творца и т.о. растет.

Поэтому, когда человек достигает слов «эмэт вэ яцив», все уже исправлено, все миры несут в себе малхут, а она сама несет в себе Высшего царя. Когда достигает человек слов «гааль Исраэль», Высший царь продвигается по ступеням, по порядку трех линий и выходит навстречу, к получению малхут.

Высший царь, Творец – относительно всех творений это парцуф з"а мира Ацилут, потому что малхут мира Ацилут является суммой всех творений, все, что только создано, является частью малхут, в том числе и мы, все миры, их населяющие, наш мир и все его населяющие.

В нашем обычном состоянии мы являемся частями малхут, которые получают самый маленький свет Творца, Нэр дакик-маленькая свечка. Приближаясь своими свойствами, их совпадением с Творцом, к Творцу, мы пропорционально приближению к Нему получаем все больший высший свет, ощущаемый нами как безграничное блаженство, покой, наслаждение, вечность и жизненная сила.

Меры сближения нас и Творца, т.е. наших душ, нашего «Я» и Творца, малхут и з"а описываются в Каббале особым языком: сближение свойств называется переходом из состояния спинами друг к другу з"а и малхут к состоянию лицами, соединение душ с Творцом описывается как зивуг – половой акт между з"а и малхут, при котором з"а передает малхут свет, и т.о. каждая душа, пропорционально своему исправлению, может получить этот свет.

Творец находится, естественно, в состоянии абсолютного покоя, а все Его будто бы движения ощущаются малхут относительно нее, в зависимости от изменения ее свойств – она то больше, то меньше ощущает Творца, что и воспринимается ею как Его движение навстречу ей.

А мы обязаны перед Высшим царем стоять каждый на своем месте, в затаении и страхе, потому что Он протягивает малхут свою правую руку в благословении «Маген Авраам», первое благословение из молитвы «Шмона-эсрэй» (стр. 58), правая линия. А затем простирает свою левую руку под голову малхут, как сказано в «Песни песней» 2, 6: «Левая рука его у меня под головою, а правая обнимает меня» – во время благословения «Ата гибор», втором благословении молитвы «Шмона-эсрэй» (стр. 58), левой линии.

Вся великая «Песнь песней» говорит о высшем слиянии всех творений с Творцом. Поскольку наш мир создан зеркально подобным духовному, то описать духовное слияние можно только соответствующими словами нашего мира. Поскольку наш мир эгоистичен, то духовные альтруистические действия слияния свойств, желаний описываются в словах нашего мира как после сближения по свойствам малхут – души человека, и Творца, происходит их постепенное соединение-слияние свойствами: вначале объятие, затем поцелуй, а затем слияние, когда душа настолько исправлена, что может получить свет – ор хохма, от Творца.

А затем обнимаются вместе з"а и малхут и соединяются в поцелуе в благословении «Аэль акадош» (стр. 59), средней линии. А затем уже с этого состояния и далее, выше, все происходит в состоянии поцелуя до трех последних благословений молитвы «Шмона-эсрэй». В этом и состоит духовный, истинный смысл трех первых благословений молитвы «Шмона-эсрэй».

То есть если человек в состоянии совершить духовное действие соответствующее условиям, описываемым в словах этих благословений, то он достигает такого единения с Творцом, которое называется объятие и поцелуй. Объяснение действий в духовном мире подробно описано в «Талмуде Десяти Сфирот» раби Ашлага. Языком «Зоар» и Танаха эти действия описываются земными словами.

Языком Каббалы эти действия описываются в названиях сфирот, парцуфим, светов и пр. Самый полный и четкий язык духовных действий – это язык сфирот, и потому его избрали каббалисты для своей внутренней работы и для объяснения нам приемов и метода духовного восхождения.

А человек обязан устремить свое сердце и желания, чтобы появились в нем намерения, приводящие к исправлениям во всех духовных состояниях, описываемых этой молитвой, чтобы его уста и сердце-желания были как одно целое, а не говорили губы того, на что не согласно сердце. Потому что только искренности наших желаний ждет Творец для того, чтобы немедленно их выполнить и приблизить нас:

Друг души моей, милосердный мой Отец! Притяни желающего служить Тебе к исполнению Твоих желаний – тотчас, как лань, помчится служить Тебе служитель Твой, преклониться перед великолепием Твоим. Подари ему свою дружбу, пусть станет она ему слаще меда.

Великий, Прекрасный, Сияние мира! Душа моя больна любовью к Тебе. Умоляю, Бог мой, пожалуйста, излечи ее, раскрыв ей сияние Свое. Этим окрепнет, излечится она и станет навечно счастливой.

Вечный! Откройся, молю, милосердием Своим, сжалься над любимым сыном Твоим. Ведь издавна я желаю увидеть великолепие величия Твоего. Это вся страсть моего сердца. Сжалься же над ним и не откажи.

Раскрой, пожалуйста, любимый, и прости надо мной крыло мира Твоего. Засветится земля величием Твоим. Воспоем и возрадуемся Тебе. Поскорее люби меня, ведь уже пришло время. Пожалей нас, как в прошлые времена. (Песня «Ядид нэфэш»)

Когда Творец и малхут находятся в слиянии в поцелуе, кто должен просить совета и помощи – может спрашивать, потому что это состояние называется «время желания». И так как просил человек перед Царем и Царицей в 12 средних благословениях молитвы «Шмона-эсрэй», этим исправил и подготовил желания своего сердца к трем последним благословениям, возбудить в Творце желание к нему, потому как благодаря этим трем последним благословениям он соединяется с Творцом в Высшем слиянии.

«Время желания» – подходящее состояние для просьб и получения ответа – силы для самоисправления. Царь и Царица – з"а и малхут. Каждое благословение представляет собой последовательную серию частных исправлений души человека. Как следствие этого, происходит духовный подъем человека на еще больший уровень. Таким образом постепенно человек достигает Высшего слияния с Творцом.

Намерение молитвы

В таком случае он должен упасть на лицо свое и, когда малхут держит в себе души, передать свою душу в полную власть Творцу, потому что это подходящее время-состояние вручить свою душу среди остальных душ, ведь малхут – источник жизни.

Упасть на лицо, передать душу – желанием человека становится только одно желание – полностью стереть из себя все свои желания, потому что они эгоистические, и получить от Творца Его желания, альтруистические. Получив в себя желания Творца, человек становится подобен Творцу и в мере подобия сливается, соединяется с Творцом. В итоге слияния с Творцом человек обретает все, что имеет Творец, – бессмертие, полное знание о всем творении, могущество, совершенство.

Тайна света, которую постигают только избранные: когда малхут удерживает человеческие души своим единственным желанием слиться с Творцом, так как таково же желание в сердце человека, он отдает всего себя стремлению к этому слиянию, дабы включить и свою душу в общее слияние малхут с Творцом, и если принимается это вручение души Творцу, человек немедленно сливается с Творцом и входит в источник жизни (црор хаим) в этом и в будущем мирах.

В Каббале нет тайн, хотя она и называется тайным учением. Тайное оно только для того, кто еще не в состоянии создать в себе духовных органов, чтобы ощутить все, что есть вокруг нас, а скрыто только нами самими, ввиду отсутствия соответствующих органов ощущений.

Царь-Творец и царица-малхут, з"а и малхут, должны быть соединены со всех сторон с душами, сверху и снизу, украситься душами праведников, т.е. желающих слиться с Творцом, т.е. вручить Ему свои души. И если человек устремляет все намерения своего сердца–желаний к этому, отдает в полное распоряжение Творца свою душу, то Творец заключает с ним мир и союз, как в высшем союзе, называемом «есод», так и в низшем, благословляет этим союзом и миром малхут и окружает ее со всех сторон.

Соединяется со всех сторон – всеми своими свойствами души достигают подобия Творцу. Праведники – желающие слиться с Творцом, познать т.о. все Творение и, как следствие этого, познать, насколько праведен Творец, создавший их и так управляющий ими. Желающие оправдать все действия Творца называются праведниками.

И хотя еще не достигли этого состояния, а находятся на пути к нему, даже только в начале пути, еще не исправили ни одного своего желания, а только ощущают самое ничтожное желание сближения с Творцом, уже по этому своему желанию называются праведниками. Окружает Творец малхут со всех сторон – всеми исправленными свойствами, чувствами малхут ощущает Творца.

Также и человек получает имя Шалом-мир, потому что внизу заключил союз с малхут, наподобие союза высшего, сфиры есод. А когда такой человек уходит из нашего мира, его душа, поднимаясь, проходит все небеса и никто не препятствует ей, а Творец зовет ее, говоря: «Да придет Мир». Открываются душе 13 возвышенностей святого персика, и никто не препятствует ей войти. Потому счастлив, кто делает жертвоприношение Творцу.

Как только происходит окончательный отрыв души от эгоизма, она полностью сливается с Творцом и не подвергается принуждению вновь сойти в этот мир – облачиться в физическое земное тело и получить довесок эгоистических желаний. Жертвоприношение Творцу – отказ от эгоистических желаний тела – называется жертвоприношением, потому что наше тело подобно животному, ничем от него не отличаясь.

Стремление избавиться от животного тела, его желаний поэтому и называется жертвоприношением. В зависимости от того, от каких желаний человек уже способен желать избавиться, определяется, что он приносит жертвоприношение в виде птицы – часть своих желаний, или желает отказа от другой части своих эгоистических желаний, называемых скотом и пр. Подробно об этом сказано в соответствующих частях книги «Зоар» и сочинений АР"И.

Возвысил свой голос рав Хия: «Ой, раби Шимон, ты жив, а я уже оплакивал тебя! Но не по тебе плачу я, а по товарищам и по всему миру, которые останутся сиротами после тебя. Ведь раби Шимон – он как факел света, светящий наверху и светящий внизу. И своим светом внизу он освещает весь мир. Несчастье этому миру, когда уйдет из него этот свет и поднимется вверх. Кто будет светить в этом мире светом Торы? Встал рав Аба, поцеловал раби Хия и сказал: «Если в тебе такие слова,

Намерение молитвы

благодарю я Творца, пославшего меня к тебе, дабы приблизился я к тебе, как счастлив я своей судьбой!»

Все персонажи, о которых повествует нам «Зоар», являются духовными парцуфим-объектами. Как и вся Тора, «Зоар» говорит только о том, что находится в духовных мирах, а не в нашем мире. Поэтому все предметы, животные, растения, люди, описываемые в книге «Зоар», – это духовные ступени – желания – парцуфим.

Творец специально посылает в наш мир особые, близкие ему души, чтобы они помогли нам, всем остальным, также дойти до ощущения духовного еще в этой жизни, в нашем нахождении в этом мире. Такие великие каббалисты служат как бы ведущими для тех, кто готов вслепую за ними следовать, поняв, что своего духовного зрения у него нет.

Сказал за ним рав Йегуда: «Когда Творец сказал Моше: «Выберите себе людей мудрых и понимающих», посмотрел Моше на весь народ и не нашел таких. Тогда сказано было ему: «Возьми глав колен, известных своей мудростью». Но не сказано «понимающих». Потому что ступень понимающего выше ступени мудрого. В чем отличие мудрого от понимающего? Мудрым называется учащийся у рава, желающий познать мудрость. Мудрый – это знающий для себя все, что он должен знать.

Понимающий составляет несколько уровней-ступеней, потому что смотрит в каждую вещь и знает для себя и для других. Признак понимающего в сказанном: «Знает праведник свою животную душу»; праведник – это есод, передающий свет в малхут-животное, потому что гематрия АВА"Я малхут равна:

52 = Бо"Н = БэХэМА = бэт-хэй-мэм-хэй = 2 + 5 + 40 + 5 = 52. Малхут называется уровень «мудрый сердцем», потому что мудрость находится в сердце. Понимающий же – вверху и внизу, видящий для себя и для других. Мудрый – это малхут, потому что от нее раскрывается мудрость. Понимающий – это есод, выше, чем малхут. Свет ор хохма в малхут светит только снизу вверх. Потому что нельзя получить свет сверху вниз – в таком случае он непременно пройдет в эгоистические желания. Поэтому сказано, что мудрый – хахам, видит только для себя, от себя и выше, и не может передать свет вниз, другим людям.

Поэтому сказано, что мудрость в сердце, потому что сердце получает снизу – вверх. А понимающий, сфира есод – цадик – праведник, светит светом милосердия – ор хасадим, сверху вниз, видит, что получает для себя, и светит другим, т.е. светит в малхут, как сказано: «Знает праведник свою животную душу».

ВОЗНЕСЕНИЕ МОЛИТВЫ

Здесь «Зоар» (Вэикаэль, стр. 32–52, п. 107–157) говорит о молитве, которую должен возносить человек перед своим Творцом. Это внутреннее действие человека представляет собою одну большую и самую ценную работу человека в его усилиях ради Творца.

Творец создал человека на самом отдаленном, противоположном Себе духовном уровне, только с желанием самонасладиться. И поскольку в человеке отсутствуют иные свойства-желания, кроме эгоистического желания самонасладиться, он не только не в состоянии сам себя изменить, но даже не в состоянии сам пожелать измениться.

Измениться мы можем только под воздействием света Творца, получив от Него Его свойства. Поэтому задача человека состоит только в том, чтобы пожелать измениться. Как только это истинное желание в человеке возникнет, Творец немедленно даст силы для его претворения. Поэтому проблема не в том, как совершить молитву, а в том, как достичь молитвы, просьбы дать силы стать как Творец!

Молитва есть ощущение, желание в сердце, такое ощущение, которое человек не осознает полностью и не может описать, именно потому что ощущение сердца НЕ ПОДЛЕЖИТ НИКАКОМУ КОНТРОЛЮ И СОЗНАТЕЛЬНОМУ ИСПРАВЛЕНИЮ, невозможно его «создать» по собственному желанию, самому. Ощущения сердца являются следствием душевного и духовного состояния человека, порождением той ступени духовного развития, на которой он в данный момент находится.

Итак, желания измениться также находятся в руках Творца. Но Творец дал нам возможность вызвать этот процесс, определить самому свое духовное продвижение: 1) Он позволяет каббалистам писать книги, чтение которых вызывает в нас желание сближения с Ним, 2) Он позволяет некоторым из истинных каббалистов раскрыться широкому кругу желающих духовного развития, 3) Он неощутимо для нас меняет в нас желания (меняет наши души), и мы вдруг начинаем интересоваться духовным, 4) Он меняет наши желания к этому миру, вызывая в нас осознание его ничтожности, временности ощущением разочарования и страданий.

Сотворив человека ничтожным эгоистом, т.е. сотворив ничтожное творение, вроде бы неподобающее Творцу, Творец дал человеку возможность самому создать себя и сделать себя не менее, чем сам Творец, достичь ступени совершенства Творца. Этим Творец раскрывает совершенство своего творения: хотя Он сам сотворил человека ничтожным, но дал этим человеку возможность самому сделать из себя «Творца» (по свойствам).

Человек не может сказать, что хотя он сотворен только с одним желанием, он не в состоянии сам влиять на получение взамен своего природного эгоистического желания другого желания, альтруистического: Тора, Каббала, учителя, страдания – все уготовлено для того, чтобы подтолкнуть человека быстрее прийти к цели творения путем Торы, а если нет, то путем страданий.

Но путь страданий нежелателен не только человеку, ощущающему себя в своей жизни на земле как между жерновами неутомимо вращающейся мельницы, которая безжалостно, до самого последнего дня перемалывает его душевно и физически, путь страданий нежелателен и в глазах Творца. Ведь Его цель – насладить человека, что совпадает с путем Торы – безболезненный и быстрый путь изменения наших желаний с эгоистических на альтруистические.

А поскольку сделать это может только Творец (и он сделает это болезненным путем или по нашей сознательной просьбе, безболезненно), то просьба к Нему об этом есть единственное, что должен делать в своей жизни человек. Потому и сказано: «Пусть молится хоть весь день!» – но теперь уже понятно, что речь идет не о просиживании над молитвенником, а во внутренней работе над собой.

Есть работы, которые человек должен совершать в действии, своим телом, как выполнение Заповедей в действии. А есть внутренняя работа человека, самая главная из всех работ, когда выполнение Заповедей зависит от слов и желаний сердца.

Никогда в Каббале не подразумевается и не говорится о нашем физическом теле, потому что оно ничем не отличается от тела любого животного, рождается, функционирует и умирает, как животное, и нет никакого отличия его от животного. И работы, которые оно выполняет это просто его механические действия, не имеющие никакой связи с внутренним намерением человека, а могут быть ему совершенно противоположны.

Поэтому действия тела совершенно не принимаются в расчет в Каббале, а принимается в расчет и считается действием само желание человека, потому что оно само, оголенное от физиологического тела, в котором в данный момент находится, ощущает это желание, которое является внутренним, духовным действием человека.

Духовный мир – это мир бестелесных желаний, не имеющих объемов, размеров, скоростей, времени. Как в наших фантазиях, наши желания выполняются мгновенно, только по одной нашей мысли, так и духовном мире все определяется только желаниями-мыслями человека, а не его физическими действиями.

Но поскольку мы временно, в течение нашего пребывания в этом мире, находимся в физиологическом теле, наша задача – выполнять Заповеди Творца физически, нашим телом, и духовно. Физически мы можем их выполнять, как выполняет их обычно человек в силу своего воспитания или ради получения вознаграждения в этом мире (деньги, здоровье, удача, мир и пр.), или в будущем мире (самое хорошее, что только может себе представить человек), или потому что человека приучили с детства автоматически так поступать, и он не может не выполнять ввиду приобретенного желания-инстинкта, чувствует себя плохо, если его не выполняет.

Это плохое ощущение и заставляет его выполнять механические действия Заповедей, а даже не желания получить за них награду в этом или будущем мире: награда выдается в таком случае сразу же на месте тем, что не ощущает неприятного, потому что делает то, к чему привык.

Поэтому такому человеку, выполняющему Заповеди вследствие приобретенной природы, привычки, кажется, что он не требует награды за свои действия в этом и в будущем мире – ведь действительно не думает о вознаграждении, потому что выполнять эти действия его вынуждает привычка, ставшая второй природой. А если ощущает так, то уверен он, что выполняет свои действия только «ради Творца». То, что его привычка, ставшая его второй природой, вынуждает его механически выполнять Заповеди, им не осознается.

Но поскольку тело наше не более чем животное, то достаточно с него выполнения Заповедей в животном виде, механически, в силу привычки, за вознаграждение. Есть отличие выполняющего в силу воспитания, привычки от выполняющего за вознаграждение в том, что первого не интересует даже, есть ли Творец, он выполняет чисто механические действия, не выполнять которые не может, потому что тут же появляется страдание от отсутствия привычного.

Выполняющий Заповеди в силу веры в вознаграждение и наказание верит в существование Творца, Его Тору, Его управление, только использует это для своей выгоды. Выполняя Заповеди с таким намерением, оставаясь в таком намерении всю жизнь, он, естественно, не растет духовно. Не растущий в нашем мире называется неживой, потому что всю природу мы делим на неживую, растительную, животную, человека. Поэтому таких людей можно назвать духовно неживыми (домэм дэ кдуша), но уже «духовно», в отличие от выполняющего механически, в силу привычки.

Под телом в Каббале подразумевается желание. Желание или тело может быть эгоистическим или духовным, альтруистическим. Постепенное отмирание эгоистического тела и его замена альтруистическим называется духовным рождением человека.

Духовный рост есть все больший рост намерения выполнять Заповеди как желания Творца, только потому, что таково Его желание, только ради Него, совершенно бескорыстно, будто никогда и ни в каком виде не получит за это никакого вознаграждения, даже в виде собственного удовлетворения, будто Творец не знает, кто выполняет Его желание, будто сам человек не знает, а выполняет ли он Заповеди – и все равно он делает это, потому что таково желание Творца.

Итак, в Каббале под телом подразумеваются исправленные желания человека. Неисправленные желания, не имеющие экрана, не могут быть использованы и как бы не являются частями тела, находятся вне его. Поэтому они называются посторонними силами или желаниями, клипот – шелухой, нечистыми силами.

Единственное, что создано и существует, кроме Творца, – это созданное Им эгоистическое желание насладиться Им. Это желание может быть эгоистическим или исправленным, духовно чистым или нечистым. Все духовные силы: ангелы, нечистые силы и пр. – все это наши неисправленные или исправленные желания или желание насладить Творца. Ничего третьего в мироздании нет!

Есть 12 частей духовного тела, совершающих духовные действия: две руки, две ноги, в каждой из которых по три части, итого 4 x 3 = 12. Эти части нашего духовного тела, наши исправленные экраном желания, выполняют Заповеди действия.

Тело – желания человека, как тело духовного объекта – парцуфа, – это его альтруистические желания, в которые он может получать, соответственно своим намерениям, экрану, свет Творца. Желания человека определяются его намерениями.

Вся работа с намерением «ради Творца» производится: внешними частями тела – 12-ю частями рук и ног, внутренними частями тела – 12-ю внутренними частями тела: мозг, сердце, печень, рот, язык, 5 частей легких, 2 почки. Эти внутренние исправления тела предназначены для получения в тело высшего духа, света, и являются самой важной работой человека у Творца. Эти внутренние действия называются Заповеди, зависящие от речи, как молитва – просьбы, благословения, воспевания. И кто познает эту работу, счастлив во всем. Человек не осознает, что его молитва пронизывает все небеса, пролагая себе путь до самой вершины мироздания, до самого Творца.

Как уже не раз указывалось, ни одно слово в Торе не говорит о нашем мире, тем более о нашем теле. Все слова Торы – это святые имена Творца, т.е. различные ощущения Творца постигающим Его человеком. Как уже объяснялось, постижение Творца, ощущение Его, возможно только при наличии зкрана, альтруистического намерения, что все, чего желает человек, – это только сделать все ради, во имя, для услаждения своего Творца. Только ощущения в нашем сердце, являющиеся всей сутью человека, могут произвести эту работу, но уж ни в коем случае не внутренние физиологические органы нашего животного тела, ничем не отличающиеся от тела животных.

Когда начинает светить утренний свет и свет отделяется от тьмы, проходит по всем небесам призыв: приготовьте раскрытие входов, зал, встаньте каждый на свое место. Потому что служащие ночью не те, которые служат днем. А когда приходит ночь, вновь сменяются служащие днем на служащих ночью.

Когда начинает светить утренний свет – когда человек начинает распознавать, что его эгоистические желания – это смерть и тьма, а альтруизм и духовность – это жизнь и свет, этим отделяется в человеке «свет» от «тьмы», начинает он анализировать и осознавать свои состояния, начинает ощущать духовные подъемы и падения, когда близость к Творцу ощущается им как свет, а удаление, падение в свои эгоистические желания ощущается им как тьма.

Но ощутить это можно, только если человек хоть немного, даже неявно, ощущает Творца. Для начала ощущения стыда получения от Творца, ощущения ничтожности своей природы, ощущения тьмы – необходимо ощутить Творца. Только Его свет несет с собой все, что необходимо человеку, – силы исправления, желания, жизнь. Поэтому главное, к чему человек должен стремиться, – ощутить Творца, но не для наслаждения, а для исправления.

Силы, служащие днем, называются управляющими днем, правительством дня, а силы, служащие ночью, называются управляющими ночью, правительством ночи. И как только звучит утренний призыв, все занимают свои места, нисходит малхут и Исраэль, входят в Бейт-Кнэсэт (Дом Собрания – место собирания всех чаяний человека, поэтому называемое молитвенный дом) восславить Творца и начинают свои пения и благословения.

Как сказано: «Восхвалять утром Твое милосердие, а ночью Твою веру», – ощущая нисходящий на него свет Творца, человек воспринимает это как утро, после тьмы, и самим своим ощущением такого состояния восхваляет в своем сердце Творца. Под действием света Творца отступают все посторонние мысли и подавляются все нечистые желания.

Человек, после того как исправил себя в Заповедях действия, 1-й части, в исправлениях Цицит и Тфилин, должен соединить свое сердце, все свои желания, во внутренней работе, во 2-й части, и все свое сердце отдать этой работе в восхвалениях, потому как речь поднимается вверх.

Невозможно кратко объяснить Заповеди Тфилин и Цицит, которые выполняет только тот человек, который поднялся духовно на уровень парцуфа з"а.

Эти служители, стоящие на своих местах в воздухе, поставлены управлять 4-мя сторонами мира. На восточной стороне поставлен в воздухе для управления Газария. И с ним также остальные поставленные ожидают речей молитвы, поднимающихся снизу с этой стороны. И этот управляющий берет молитву.

Если слова молитвы подходящие, то все эти управляющие вбирают эти речи и поднимаются с ним вверх до небосвода, где стоят другие управляющие. Когда вбирают в себя эти речи, провозглашают: «Благословен Исраэль». Благословенны уста, из которых выходят эти речи.

Тогда взлетают буквы, стоящие в воздухе, составляющие святое имя из 12 букв, которое властвует в воздухе. Это имя, которым Элияу взлетал, прежде чем поднялся в небо. Буквы взлетают в воздух, а управляющий, имеющий в своих руках ключи от воздуха, и все остальные управляющие, все поднимаются в небеса, и там вручаются буквы в руки другого управляющего, для дальнейшего подъема.

После того как малхут отделилась от з"а, з"а наполнился только светом хасадим, стал правой линией, а малхут образовала левую линию. И эти две линии находятся в противоречии между собой, как находятся между собой в противоречии правая и левая линии в бина, пока з"а, поднявшись в бина, как средняя линия, уравновешивает правую и левую и приводит к миру между ними, соединяя их в одну, среднюю линию.

Также з"а и малхут, две противоположные линии, нуждаются в средней линии, создающей в них равновесие и мир, соединяющей их в себе. И это происходит с помощью ма"н, мэй нуквин, молитв праведников, потому что они возносят желания из этого мира, и возносимый ими экран, называемый «экран хирек», средняя линия, приводит к тому, что левая линия объединяется с правой и малхут объединяется с з"а.

Таким образом молитва превращается в просьбу, ма"н, и среднюю линию, приводящую к миру и объединяющую малхут с з"а. Как есод вверху, он как средняя линия, объединяющая Творца с шхина-малхут, собранием, суммой всех созданных душ, так и молитва человека, поднимаясь, создает среднюю линию и объединяет все, приводя к слиянию и миру между Творцом и шхина, Его творениями, к единству душ с Творцом.

Поэтому и человек называется «шалом», мир, как сфира есод вверху. И более того, мир внизу предваряет и определяет мир наверху, потому что возбуждение снизу предваряет, вызывает возбуждение свыше, так как нет возбуждения свыше, прежде чем произойдет возбуждение снизу, от просьб низших.

Духовный мир – это мир желаний. Есть всего два желания:
1) желание Творца относительно творений – насладить созданные им творения, т.е. человека, совершенным наслаждением;
2) созданное Творцом желание самонасладиться, которое и называется созданием, творением, сутью человека. Кроме этих двух желаний нет более ничего! Все, что мы только можем себе представить, есть порождение этих двух духовных сил. Желание человека называется молитвой, потому что намеренно или ненамеренно это желание обращается к тому, кто создал человека, к Творцу. И соответственно своей молитве человек духовно развивается.

Но настоящая молитва человека – это его просьба о духовном исправлении и возвышении. Такого желания в сердце, такой молитвы можно достигнуть только в результате упорного изучения истинных каббалистических источников, воздействующих на эгоистическое желание человека своим скрытым внутренним светом и возбуждающих его в духовному подъему (см. «Предисловие к ТЭС», т. 5, п.155).

Душа же есть не что иное, как альтруистическое, исправленное желание человека. Душа – это духовный парцуф человека: его желание получить свет Творца с экраном-намерением «ради Творца».

Речь человека в молитве есть не что иное, как части его души, самой души, одетой в тело. Молитва – это душа человека в этом мире, ва"к дэ нэфэш от малхут дэ малхут что в малхут мира Асия:

```
мир А"К
мир
Ацилут
мир Брия
мир Ецира
мир Асия:  кетэр
           хохма
           бина
           з"а
           малхут=к+х+б+з"а+м
                      к+х+б+з"а+м
                         га"р+ВА"К=ДУША
                                  ЧЕЛОВЕКА
```

Вознесение молитвы

Но как может молитва, желание человека, подняться через ступени всех миров БЕ"А и достичь малхут мира Ацилут, чтобы стать там в виде ма"н и средней линии, соединить малхут и з"а? Ведь известно, что никакая ступень не может подняться выше себя, не говоря уже о столь великом прыжке от самой последней ступени духовной лестницы, нашего мира, до мира Ацилут.

Чтобы познать это, необходимо прежде подробнее разобраться, что означает подъем малхут в бина. От этого подъема каждая ступень разделяется пополам: кэтэр и хохма каждой ступени остаются в ней, а бина, з"а и малхут падают вниз, на более низкую ступень. Это происходит потому, что малхут поднялась до бина и создала этим в бина новое окончание ступени, потому что на малхут есть закон 1-го сокращения, что не может она получить свет. А поскольку, вследствие 2-го сокращения, бина, з"а и малхут находятся под новым окончанием ступени, то они, находящиеся под поднявшейся в бина малхут, определяются как более низкая ступень.

```
кэтэр   -гальгальта  ⎞
хохма   -эйнаим      ⎠  называются вместе Г"Э - гальгальта-эйнаим

— — — — парса=поднявшаяся малхут — — — — — — — — — —

бина    - озэн       ⎞
з"а     - хотэм      ⎬  называются вместе АХА"П - озэн-хотэм-пэ
малхут  - пэ         ⎠
```

А затем от подъема ма"н, который поднимают низшие, нисходит свет А"Б-СА"Г, придающий малхут, стоящей в бина, силы опуститься на свое место: малхут из бина нисходит на свое место, возвращая все сфирот на их места и объединяя все в одну ступень из 10 целых сфирот. В итоге получается, что бина и зо"н, бывшие под каждой ступенью, возвращаются вновь в свою ступень, на свой предыдущий уровень. И каждая ступень восстанавливается вновь до 10 сфирот.

Но хотя малхут, стоявшая в бина, как новое окончание ступени, возвращается из бина на свое место, в конце всех 10 сфирот, все равно новое окончание, которое она сделала в бина, не исчезает полностью из бина. Вследствие этого, бина и зо"н не опускаются на свое место, а должны подняться выше нового окончания и создать там левую линию, относительно кэтэр и хохма, которые никогда не падали со своей ступени и являются правой линией.

Поэтому новое окончание остается на своем месте во всех ступенях даже после нисхождения малхут из бина. И это окончание называется «небосвод», а бина и зо″н, упавшие со своей ступени, а теперь вновь вернувшиеся называются «воздух». Потому что каждая низшая ступень определяется как ва″к, называемый «воздух», относительно высшей.

```
кетэр   -гальгальта ⎫
хохма   -эйнаим     ⎬   парса - небосвод       Г"Э
─────────────────── ⎭ ─ ─ ─ ─ ─ ─ ─ ─ ─ ─ ─ ─ ─ ─
бина    - озэн      ⎫
з"а     - хотэм     ⎬                      АХА"П=воздух
малхут  - пэ        ⎭
```

А так как бина и зо″н упали со своей ступени, то стали относительно нее как ва″к, воздух, как и вся нижняя ступень относительно высшей. А после нисхождения малхут с бина, воздух (бина и зо″н), находившийся под небосводом, поднимается над небосводом и становится левой линией.

Когда бина и зо″н поднимаются над небосводом, они берут с собой нижнюю ступень, в которой находились во время их пребывания внизу, и поднимают ее вместе с собой выше небосвода. Потому что нет в духовном подъемов и спусков, как в нашем мире, а падением вниз называется ухудшение духовных свойств со своего духовного уровня до уровня более низшей ступени.

Поэтому, находясь совпадением свойств вместе с низшей ступенью, бина и зо″н, поднимаясь, берут с собой всю низшую ступень. Потому что, уже будучи раз вместе, став подобными, получают помощь, поднимаются и более не разлучаются. В итоге подъем малхут в бина образует для низшей ступени вход – отверстие – ворота, через которые она может подняться на высшую ступень. Поэтому, когда малхут спускается с бина, благодаря чему поднимается нижняя часть, АХА″П бина вверх, может нижняя ступень подняться вверх с поднимающимися АХА″П бины.

Таким образом, вследствие поднятия малхут в бина, а затем ее спуска от свечения света ор А″Б-СА″Г создались в каждой

Вознесение молитвы

```
                  к        Г"Э высшего
                  х        небосвод
Вся эта           б
ступень           з"а   к  АХА"П высшего (воздух) и Г"Э низшего
поднимается       м    х   земля высшего
                  б
                  з"а
                  м                 АХА"П низшего
```

ступени 3 части: 1 – воздух, бина и зо"н, упавшие вниз; 2 – небосводы, новые окончания ступеней от подъема малхут в бина, которые никогда уже не исчезают, даже если малхут возвращается на свое прежнее место; 3 – входы для низших ступеней, образовавшиеся вследствие подъема малхут в бина, когда вместе в нею поднимается и нижняя ступень, без чего нет никакой иной возможности у низшей ступени подняться на более высокую, потому что не может никакая ступень стать выше самой себя.

Такой процесс описывается в хасидских рассказах как миссия праведника (высшая ступень) в нашем мире, заключающаяся в том, чтобы спуститься к самым низким и порочным людям (низшая ступень), т.е. оставаясь в себе самим собой, но относительно низшей ступени испортить свои свойства до ее уровня, чтобы сравняться с ней, показать низшим, что он такой же, как они, своими свойствами, т.е. желаниями, мыслями и поступками.

А затем, когда он полностью с ними объединился и они полностью доверяют ему, стал «своим», что и означает слияние АХА"П высшего и Г"Э низшего, начать постепенно, незаметно или явно, исправлять их, своим примером, пропагандируя свои мысли, которые они от постороннего воспринять не в состоянии, а только от «своего». То есть высший получает дополнительный свет, силы в свои Г"Э такие, что может поднять к себе свой АХА"П, исправить свои желания получить, начать работать с ними ради Творца, поднять их на свой уровень.

А поскольку нет отличия в желаниях между АХА"П высшего и Г"Э низшего, в который они упали, то оба они поднимаются вместе. Таким образом высший поднимает, т.е. улучшает, исправляет часть свойств (Г"Э) низшего до своего уровня, поднимает их на свой истинный уровень.

Поэтому самое главное в нашем состоянии – это ощутить АХА"П высшей ступени, который точно находится в самой центральной точке нашего сердца, сравняться с ним свойствами, чтобы затем подняться с ним.

В книге «Постижение высших миров», сказано (завершение цитаты на стр. 675):

Внутри духовных ощущений каббалиста находится часть (аха"п) высшей ступени, будущего состояния человека. Человек ощущает высшее духовное состояние как пустое, непривлекательное, а не как полное света, потому что не получает от высшего свет. Хотя высший полон света, но низший воспринимает высшего согласно своим качествам, а так как по своим свойствам еще не готов к приему такого света, то и не ощущает его.

Возможность ощутить высшую ступень исходит из того, что по лестнице все духовные ступени не только располагаются последовательно снизу вверх, но и частично входят, проникают друг в друга: нижняя половина высшего находится внутри верхней половины низшего, аха"п дэ элион упали в г"э дэ тахтон. Поэтому внутри нас находится часть низшей, последней ступени, но обычно она нами не ощущается.

Более высокая ступень над нами именуется Творцом, потому что именно она и является для нас нашим Творцом, рождает, оживляет и управляет нами. И по тому, как мы ее ощущаем, мы утверждаем, что Творец велик, милосерден, грозен, или, не ощущая его вообще, утверждаем, что Творца не существует.

Если человек находится в таком состоянии, что воочию видит высшее управление Творца всеми творениями нашего мира, то у него пропадает всякая возможность свободы воли, веры, выбора действия, поскольку явно видит только одну правду, одну силу, одно желание, действующее во всем и на всех.

Поскольку желание Творца – придать человеку свободу воли, то необходимо сокрытие Творца от творений. Только в состоянии сокрытия Творца можно утверждать, что человек сам, бескорыстно, стремится к слиянию с Творцом, к деяниям для блага Творца, «ли шма». Вся наша работа над собой возможна только в условиях сокрытия Творца, поскольку, как только Творец открывается нам, мы тут же автоматически становимся его рабами, полностью во власти его величия и силы и невозможно определить, каковы на самом деле истинные помыслы человека.

Поэтому, чтобы создать человеку свободу действия, Творец должен скрыть себя. Но чтобы создать человеку возможность вырваться из рабства слепого подчинения эгоизму, Творец должен раскрыть себя, потому что человек подчиняется только двум силам в мире — власти эгоизма, тела, или власти Творца, альтруизма.

Таким образом, необходима поочередность состояний скрытия Творца от человека, когда человек ощущает только себя и эгоистические силы, властвующие в нем, и раскрытия Творца, когда человек ощущает власть духовных сил.

Чтобы человек, находящийся во власти эгоизма, смог ощутить ближайший высший объект, т.е. своего Творца, последний уравнивает с человеком часть своих свойств — придает части своих альтруистических свойств свойство эгоизма и этим уравнивается с человеком. (Поднимает малхут, мидат дин, до своей г"э, отчего его аха"п приобретает эгоистические свойства. Таким образом его аха"п как бы «спускается» на духовный уровень человека, уравниваясь с ним по свойствам).

Если до этого человек вообще никак не ощущал высшую ступень, то теперь, вследствие скрытия высшим своих альтруистических свойств он может ощутить высшего, потому что он спускается на уровень человека, позволяет человеку ощутить его.

Но поскольку свойства высшего ощущаются человеком как эгоистические, то он ощущает, что и в духовном нет ничего притягательного, сулящего наслаждение, вдохновение, уверенность и спокойствие.

И вот тут-то возникает у человека возможность проявить свободу воли и, вопреки ощущаемому, сказать себе, что отсутствие наслаждения, вкуса, которые он ощущает в высшем, в духовном, в Торе — это оттого, что высший специально скрыл себя, для пользы человека, потому что нет еще в человеке необходимых духовных свойств, которыми можно ощутить высшие наслаждения, так как над всеми его желаниями властвует эгоизм.

И это главное для начинающего — именно в состояниях упадка и опустошенности найти в себе силы (просьбами к Творцу, учебой, добрыми действиями) утверждать, что это состояние дано специально для его преодоления. А то, что он не чувствует наслаждения и жизни в духовных стремлениях, это специально делается свыше для того, чтобы дать ему возможность свободы воли, самому сказать, что не чувствует в духовном наслаждения, потому что нет у него подходящих, альтруистических свойств, чтобы мог наслаждаться антиэгоистическими деяниями, и поэтому высший обязан скрывать от него свои истинные свойства.

Поэтому человек должен помнить, что начало ощущения высшего именно в ощущении духовной пустоты.

И если человек в состоянии утверждать, что высший скрывает себя ввиду несовпадения свойств, и просит помощи в исправлении своего эгоизма, поднимая свою просьбу – ма"н, то высший объект частично приоткрывает себя, поднимает свой аха"п, показывая свои истинные качества, которые он ранее прикрывал эгоизмом, и соответствующие им, получаемые наслаждения. Человек начинает ощущать то величие и духовное наслаждение, которое ощущает высший объект от наличия в себе этих духовных альтруистических свойств.

Тем, что высший поднял в глазах человека свои альтруистические качества, он духовно поднял человека до половины своей ступени, поднял г"э человека со своим аха"п. Это духовное состояние человека называется малым уровнем, катнут.

Высший как бы приподнимает человека к себе, на свой духовный уровень тем, что позволяет человеку увидеть свое величие, величие альтруистических качеств. Человек, видя величие духовного по сравнению с материальным, духовно приподнимается над нашим миром. ощущение духовного независимо от воли человека, меняет его эгоистические свойства на альтруистические свойства высшего.

Чтобы человек смог полностью овладеть первой верхней ступенью, высший полностью открывает себя, все свои духовные качества, делает гадлут. При этом человек ощущает высшего как единственного, совершенного правителя всего и постигает высшее знание цели творения и его управления. Человек явно видит, что нельзя поступать иначе, чем утверждает Тора. теперь уже его разум обязывает его к этому.

Вследствие явного познания Творца возникает в человеке противоречие между верой и знанием, правой и левой линиями: имея уже альтруистические свойства, келим д"ашпаа, в состоянии катнут, человек желал бы идти путем веры в могущество Творца, потому что это является индикацией бескорыстности его желаний, но раскрытие Творцом своего могущества, гадлут высшего, мешает ему в этом. Со своей стороны человек готов пренебречь полученным знанием.

Просьба человека о том, что он предпочитает идти вслепую, веря в величие Творца, а не вследствие осознания его силы и величия и использовать разум только в пропорции с имеющейся верой, вынуждает высшего уменьшить свое раскрытие.

Это действие человека, вынуждающее высшего уменьшить раскрытие всеобщего управления, всесилия, света (ор хохма), называется экран дэ хирик: человек уменьшает раскрытие высшего разума, левой линии, до той степени, в какой он может уравновесить ее своей верой, правой линией.

Получаемое правильное соотношение между верой и знанием называется духовным равновесием, средней линией. Сам человек определяет то состояние, в котором он желает находиться.

В таком случае человек уже может существовать как духовный объект, поскольку состоит из правильной пропорции веры и разума, называемой средней линией, благодаря которой человек достигает совершенства.

Та часть знания, раскрытия, левой линии, которую человек может использовать, в соответствии с величиной своей веры, правой линией, идя путем веры выше разума, средней линией, дополняются к тем духовным свойствам, которые он обрел ранее, в состоянии катнут. Приобретенный духовный уровень называется «гадлут», келим д''лекабэль аль-минат леашпиа.

После того как человек приобрел свой первый полный духовный уровень, он становится по своим качествам равным первой, самой нижней ступени духовной лестницы.

Поскольку все ступени лестницы, как уже говорилось, частично входят друг в друга, взаимо проникают своими свойствами, то, достигнув полной первой ступени, человек может обнаружить в себе часть более высокой ступени и по тому же принципу продвигаться к цели творения — полному слиянию с Творцом на самой высшей ступени.

Духовный подъем состоит в том, что человек каждый раз, обнаруживая в себе все большее зло, просит Творца дать ему силы справиться со злом. И каждый раз получает силы, в виде все большего духовного света. До тех пор, пока не достигнет истинного первоначального размера своей души — всего своего исправленного эгоизма, полностью наполненного светом.

Когда посещают человека посторонние мысли, он считает, что они мешают ему продвигаться в освоении духовного, потому что слабеют его силы и растрачивается ум над посторонними мыслями и сердце наполняется жалкими желаниями. И перестает от всего этого верить, что только в торе скрыта настоящая жизнь.

А когда он, несмотря на все, преодолевает это состояние, то выходит к свету, получает высший свет, помогающий ему еще более подняться. Таким образом, посторонние мысли являются помощником человека в его духовном продвижении. преодолеть помехи можно только с помощью Творца. Так как человек может работать, только если видит выгоду для себя, в каком бы то ни было виде.

А поскольку наше тело, сердце, разум не понимают, какая им может быть выгода от альтруизма, то, как только человек хочет сделать малейшее альтруистическое действие, у него не может двинуться ни разум, ни сердце, ни тело. И остается у него только одно – просить Творца о помощи. И таким образом поневоле приближается к Творцу, пока не сольется с ним полностью.

Нижняя половина более высокого духовного объекта находится внутри верхней половины более низкого (г"э дэ злион находятся внутри аха"п дэ тахтон). В нижнем объекте экран находится в его глазах (масас в никвей эйнаим). это называется «духовная слепота глаз» (стимат эйнаим), потому что в таком состоянии видит, что и у высшего есть всего лишь половина – г"э. Получается, что экран нижнего скрывает от него высший объект.

Если высший объект передает свой экран нижнему, то этим открывает себя нижнему, который начинает видеть высшего, как тот видит себя. от этого нижний получает состояние «большой» (гадлут). Нижний видит, что высший находится в «большом» состоянии, и осознает, что прежнее сокрытие себя, чтобы его видели «малым» (катнут), высший делал на себя специально для пользы низшего. Таким образом низший получает ощущение важности высшего.

Человек в правой линии (кав ямин) доволен имеющимся (хафэц хэсэд), что называется «малое духовное состояние» (катнут), потому что нет потребности в Торе, поскольку не ощущает зла, эгоизма в себе, а без потребности исправить себя не нуждается в торе.

Поэтому нуждается в левой линии (кав смоль), критике своего состояния (хэшбон нэфэш), чего он желает от Творца и от себя, понимает ли Тору, приближается ли к цели творения. И тут он видит свое истинное состояние и обязан включить его в правую линию, т.е. довольствоваться имеющимся и радоваться своему состоянию, будто имеет все, что желает.

Левая линия, создающая страдания от отсутствия желаемого, именно этим вызывает потребность в помощи Творца, которая приходит в виде света души.

В правой линии, в состоянии, когда человек не желает ничего для себя, есть только свет милосердия (ор хасадим), наслаждение от подобия духовным свойствам. Но это состояние несовершенно, потому что нет в нем знания постижения Творца.

В левой линии нет совершенства, ибо свет разума может светить, только если есть сходство духовных свойств света и получателя. Сходство дает ор хасадим, находящийся в правой линии. Духовные постижения можно получить только при желании. но правая линия ничего не желает. Желания сосредоточены в левой линии. Но желаемое невозможно получить в эгоистические желания.

Поэтому необходимо объединение этих двух свойств, и тогда свет познания и наслаждения левой линии войдет в свет альтруистических направлений правой линии и осветит творение. Без света правой линии свет левой линии не проявляется и ощущается как тьма.*

Подъем из нашего мира, в котором мы не ощущаем явно АХА"П высшего, происходит следующим образом:

Все, что человек думает о Творце и о духовном, является его связью с АХА"П высшего, относительно данного человека, парцуфа. Как этот высший парцуф может снизойти к человеку? Только уравнением своих желаний-свойств. Все мысли, которые есть в человеке о духовном, и все его желания или их отсутствие и есть его связь с высшим. Поэтому, когда человек ощущает отсутствие духовности, это именно и означает, что высший парцуф спустился в него, уравнял себя с человеком, поэтому человек и ощущает духовную пустоту.

Именно в состоянии непритяжения к духовному человек должен сказать себе, что это просто ему так кажется, а на самом деле, верой выше разума, он желает и действует ради сближения с высшим. То есть, если в состоянии «падения» высшего, ощущения падения духовного, падения духовных ценностей в себе

---

* Завершение цитаты из книги «Постижение высших миров»

человек, несмотря на это, может стремиться к духовному, то этим он связывает себя, соединяется с АХА"П высшего. Потому что АХА"П высшего специально для человека снизил свои свойства, принял внешне на себя, относительно человека форму, подобную свойствам-желаниям человека.

Поэтому как только человек в состоянии связать себя с АХА"П высшего, несмотря на то что АХА"П высшего выглядит абсолютно непривлекательным, именно вследствие понижения своих свойств до уровня человека, то АХА"П высшего немедленно поднимает человека к своим Г"Э. И т.о. человек поднимается на более высокую ступень.

Пробивание воздуха означает, что граница в воздухе, состоящая из бина и зо"н высшей ступени, созданная вследствие подъема малхут в бина, – эта граница пробивается от спуска малхут с бина на свое место, потому что тогда поднимается воздух вверх, выше небосвода, и достигает га"р (Г"Э) ступени.

И этим создается пробивание небосводов. Ведь небосводы – это границы новых окончаний, возникшие оттого, что отталкивался воздух, бина и зо"н, от своей ступени на более низшую ступень, и не допускались возвратиться на свою ступень. Поэтому от спуска малхут пробивается небосвод и уже не препятствует бина и зо"н подняться и присоединиться к ступени.

к х б з"а м		Г"Э
		небосвод
	к х б з"а м	АХА"П высшего (воздух) + Г"Э низшего
		АХА"П низшего

1) М-малхут поднялась в бина = небосвод. 2) М-малхут опускается обратно. Этим создается проход АХА"П высшего к его Г"Э. Таким образом, открываются входы для низшей ступени: вследствие падения малхут на ее место и пробивания небосводов, поднимаются бина и зо"н на более высокую ступень, над небосводом, вместе с более низшей ступенью, с которой находились вместе в своем состоянии падения.

То есть открытие входов сделано специально высшим для низшей ступени, чтобы смогла подняться на более высшую ступень, а не для бина и зо"н, АХА"П высшего, которые просто возвращаются на свое место.

Свет, опускающий малхут с бина на ее место в конце 10 сфирот, исходит от парцуфим А"Б-СА"Г. Эти парцуфим представляют собою парцуфим хохма и бина мира А"К. Хотя 2-е сокращение, подъем малхут в бина, произошло в парцуфе бина мира А"К, но сам парцуф бина, СА"Г, и парцуф хохма (А"Б) мира А"К не затронулись этим, и малхут находится там на своем месте, в конце 10 сфирот.

Только сам Творец, т.е. свойства света, могут исправить, изменить эгоистические свойства человека на альтруистические. Ведь и вправду ну не может же сам человек вытащить себя за волосы из того состояния, в котором он находится, ведь нет в нем от рождения никаких духовных сил – желаний. Поэтому только высший свет может исправить человека. Причем свет хохма, потому что именно он исходит от Творца. Свет хохма, не сокращенный от 2-го сокращения, находится в парцуфе А"Б мира А"К. Парцуф СА"Г мира А"К есть парцуф бина.

Поэтому, когда человек поднимает свой ма"н, его молитва достигает высших парцуфим мира Ацилут, которые обращаются к СА"Г-бина-Има-матери, а та обращается к А"Б-хохма-Аба-отец, получает от него свет хохма и передает своим детям – душам праведников, т.е. тем, кто желает стать праведником, духовно подняться.

И поэтому, когда в мире А"К хохма-А"Б соединяется с бина-СА"Г, то, этот свет (ор А"Б-СА"Г) от парцуф бина мира А"К нисходит в парцуф бина мира Ацилут, называемый ЭК"Е = алеф-хэй-юд-хэй. А от парцуф бина мира Ацилут нисходит свет во все ступени миров АБЕ"А. Достигая очередного парцуфа, этот свет спускает поднявшуюся в бина малхут каждой ступени с бина этой ступени на ее прежнее место.

НАЧИНАЯ ОТ АВ"И, ВСЕ ПАРЦУФИМ НАХОДЯТСЯ В МАЛОМ СОСТОЯНИИ: АХА"П ВЫСШЕГО НАХОДИТСЯ В Г"Э НИЗШЕГО, И ПОЛУЧАЕМЫЙ СВЕТ ХОХМА НИСХОДИТ К ТОМУ, КТО ПОДНЯЛ МА"Н, ВЫЗЫВАЯ БОЛЬШОЕ СОСТОЯНИЕ У ВСЕХ ПАРЦУФИМ, ЧЕРЕЗ КОТОРЫЕ НИСХОДИТ К НЕМУ СВЕТ. К КАЖДОМУ ПАРЦУФУ СВЕТ НИСХОДИТ ПО ЛИЧНО ЕГО ПУТИ. ЭТОТ ПУТЬ И ЕСТЬ ТО, ЧТО ЛИЧНО СОЕДИНЯЕТ КАЖДОГО, КАЖДУЮ ДУШУ С ТВОРЦОМ.

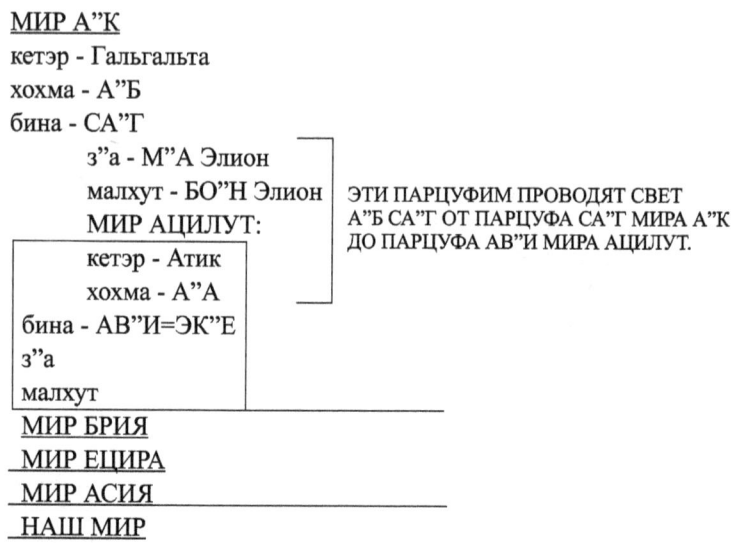

Поэтому имя ЭК"Е называется управителем воздуха, перемещающим границу воздуха, вследствие нисхождения малхут с бина на ее прежнее место. А так как есть 4 сферы х-б-з"а-м в каждой ступени, то х-б-з"а-м каждой ступени и каждого мира вообще, в каждом из которых есть свои частные 10 сфирот, где вследствие подъема малхут в бина в каждой ступени упали бина-з"а-малхут каждой ступени в более низшую ступень. Таким образом, есть 4 воздушных пространства в каждом мире, в которых властвуют-управляют три имени ЭК"Е: ЭК"Е в воздухе хэсэд, ЭК"Е в воздухе гвура, ЭК"Е в воздухе тифэрэт, а малхут получает от них, и в ней, в ее воздухе, управляют три этих имени вместе.

Утроенное имя ЭК"Е составляет 12 букв. Это 12-буквенное имя властвует в воздухе тем, что спускает малхут с бина на ее прежнее место, возвращает бина и зо"н, называемые воздух, упавшие в более низшую ступень, на ступень выше небосвода. Потому что вследствие подъема малхут в бина образовался вход для низшего, чтобы смог подняться в высшую ступень, как только этот вход откроется, т.е. во время возвращения малхут на ее место.

Поэтому, когда пророк Элияу (определенная духовная ступень) пожелал взлететь в небо, поднялась малхут каждой ступени в бина этой ступени, и бина и зо"н этой ступени упали в более низшую ступень, и между ними образовался небосвод. И получилось, что каждая ступень удвоилась: есть в ней своя ступень и бина и зо"н верхней ступени, упавшие и одевшиеся в нижнюю ступень.

И так произошло в каждой из ступеней миров АБЕ"А – до самой низшей: бина и зо"н сферы малхут мира Асия упали и вышли под малхут в наш мир. А малхут мира Асия оканчивается на ее небосводе, являющемся новым окончанием, в бина. А также удвоилась эта ступень, потому что бина и зо"н от сферы есод мира Асия упали и оделись в ее ступень.

На чертеже (г"э) человека в нашем мире взяты в скобки, потому что у человека в нашем мире, т.е. духовно находящегося на ступени нашего мира, а не своим телом, нет желаний отдавать. Поэтому говорится, что человек, находящийся своими свойствами в нашем мире, в эгоизме, имеет только точку в сердце, от которой может начать свое духовное развитие.

Также сфира есод мира Асия оканчивается на своем небосводе, и есть в нем также бина и зо"н сферы ход мира Асия. А также сфира нэцах мира Асия удвоилась и т.д. вплоть до бина мира Ацилут. Поэтому пророк Элияу поднялся и соединился с бина и зо"н, упавшими с малхут мира Асия в этот мир. И сравнялся с ними и оделся в них, вследствие чего они стали как он, его ступень.

На вышеприведенном чертеже не показаны все 10 сфирот мира Асия, но, как уже сказано, каждая ступень делится на свои г"э и аха"п. Задача человека состоит в отыскании внутри себя аха"п высшего и принятии его, соединения, слияния с ним всеми своими ощущениями и желаниями.

Тогда воздействовало 12-буквенное имя (вследствие света А"Б-СА"Г), отчего малхут мира Асия спустилась с бина сфиры малхут мира Асия на свое место, малхут дэ малхут, место окончания 10 сфирот. И поднялись бина и зо"н на свою ступень, как прежде, выше небосвода малхут. А поскольку Элияу своими свойствами уже был слит с этим воздухом, т.е. с поднимающимися бина и зо"н, то поднялся вместе с ними и Элияу вверх, выше небосвода малхут, вследствие своего совпадения с ними.

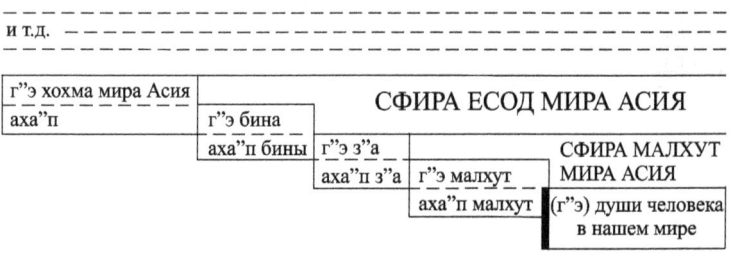

А так как поднялся выше небосвода малхут мира Асия, вошел в воздух (аха"п) сфиры есод мира Асия, т.е. в упавшие туда бина и зо"н сфиры есод. И тогда он слился своими желаниями с этим воздухом, считается, что оделся в него, потому что уже находился с ним на одной ступени. А затем воздействовало 12-буквенное имя, спускающее малхут с бина сфиры есод мира Асия на ее место в окончании 10-ти частных сфирот сфиры есод мира Асия.

Тогда поднялись бина и зо"н, воздух сфиры есод, выше небосвода сфиры есод. А так как Элияу был уже слит с этим воздухом, то также и он (душа человека, его желание) поднялся с ним выше небосвода сфиры есод мира Асия, вследствие своего соответствия им.

И оттого что поднялся выше небосвода сфиры есод мира Асия, встретил там воздух (аха"п) сфиры ход мира Асия, т.е. упавшие туда бина и зо"н сфиры ход мира Асия. И слился своими свойствами с этим воздухом, и оделся в него, потому что находится с ним на одном месте (находится в духовной схожести с ним).

А затем (как только человек достигает слияния свойствами с АХА"П высшего) воздействовало 12-буквенное имя (снизошел свыше свет А"Б-СА"Г) и вернул малхут (дал силы экрану) в конец 10-ти частных сфирот сфиры ход мира Асия. И воздух, т.е. бина и зо"н его, вернулись наверх, над небосводом сфиры ход мира Асия. И взяли с собою также Элияу (душу, желания человека), потому что был слит с ними, и подняли его на небосвод сфиры ход мира Асия, вследствие соответствия с ними.

А когда уже находился на небосводе сфиры ход мира Асия, встретил там воздух (АХА"П) сфиры нэцах мира Асия и слился (своими свойствами) с ним. А когда воздействовало 12-буквенное имя (Творец послал свыше свет исправления, свет А"Б-СА"Г) и вернуло малхут на место (малхут спустилась с бина этой сфиры на место малхут этой сфиры, потому что получило от света силы противостоять своим эгоистическим желаниям АХА"П и обратить их в альтруистические), поднялся воздух сфиры нэцах вверх, выше небосвода, и поднялся с ним вместе также Элияу (душа человека), будучи слит с ним. А когда уже был на небосводе сфиры нэцах, встретил там воздух сфиры тифэрэт и т.д., пока не поднялся с воздухом выше небосвода сфиры тифэрэт мира Асия.

Таким же путем поднялся воздух (аха"п) каждой ступени на более высшую ступень, вплоть до самой верхней ступени мира Асия. А оттуда в малхут мира Ецира, а оттуда – поступенчато вверх, по всем ступеням мира Ецира и мира Брия, пока не достиг неба-з"а мира Ацилут.

Поэтому сказано про пророка Элияу, что дух Творца (свет А"Б-СА"Г) поднял его (слившегося с аха"п высшего) в небо: дух – это руах, сфирот бина и зо"н высшей ступени, называемые воздух, упавшие в нижнюю ступень. И вот этот воздух, дух, именно он поднимает с нижней ступени на более высшую, через все частные ступени от самой нижней ступени, окончания мира Асия, до мира Ацилут.

Высшая ступень относительно низшей является ее Творцом, как в том, что сотворяет ее, так и в том, что оживляет ее светом и управляет ею. Каждый раз более высшую относительно себя духовную ступень человек считает и называет Творцом. Как говорил раби Зушэ: «Каждый день у меня новый Творец!», т.е. когда он поднимается на более высшую степень, что зовется им как день, свет, то он открывает этим новое свойство Творца в этой более высшей ступени.

В воздухе каждой из 4-х сторон мира, т.е. в сфирот х-г-т-м, есть свои управляющие, в руках которых ключи к введению в действие 12-буквенного имени, чтобы спустить малхут с бина на ее место. Порядок 4-х воздухов снизу вверх таков: запад-малхут, восток-тифэрэт (включая н-х-е), север-гвура, юг-хэсэд.

хэсэд	-	ЮГ
гвура	-	СЕВЕР
з"а	-	ВОСТОК
малхут	-	ЗАПАД

Не управляющие поднимают молитву (желание человека, ощущаемое им в самой глубине сердца) с воздуха в воздух, а затем с небосвода на небосвод – воздух поднимает молитву с небосвода, каждый воздух на свой небосвод: вначале поднимается молитва в воздух сфиры малхут мира Асия, т.е. в бина и зо"н (аха"п), упавшие с малхут мира Асия в наш мир, подобные самой молитве, потому что этот воздух (аха"п) подобен молитве (высший сам специально понизил себя, чтобы сравняться свойствами с низшим) и потому сливаются они вместе как одна ступень.

И тогда управляющий там Звулиэль возбуждает 12-буквенное имя, спускающее малхут с бина мира Асия на ее место, отчего возвращается воздух на свою ступень и поднимается выше небосвода мира Асия. А так как воздух стал подобен ступени-уровню самой молитвы, то он берет с собой и молитву выше небосвода сфиры малхут мира Асия. Подобно тому как поднимался пророк Элияу.

А поскольку молитва поднялась на небосвод мира Асия, она встречает там упавший туда воздух сфиры есод мира Асия, как в случае с Элияу. Также встречает там управляющего воздухом востока Газрадия, потому что восток – это сфира тифэрэт (з"а, часто з"а называется тифэрэт, потому что свойства этой сфиры в нем главные и определяют все свойства з"а), включающая в себя сфиру есод, потому что тифэрэт включает в себя сфирот н-х-е.

Этот управляющий возбуждает 12-буквенное имя и спускает малхут с бина сфиры есод на ее место вниз, отчего поднимается воздух сфиры есод на свою ступень, на небосвод сфиры есод. А вследствие слияния подобием свойств с молитвой в одну ступень он берет с собой также и молитву и поднимает ее с собой вместе вверх над небосводом сфиры есод. А затем подобное этому происходит в воздухе и небосводе сфирот нэцах, ход, тифэрэт.

Вследствие того, что молитва поднялась на небосвод сфиры тифэрэт, она встречает там северный воздух, т.е. бина и зо"н сфиры гвура мира Асия, упавшие туда. И она соединяется с этим воздухом в одну ступень. Тогда управляющий севером Птахия возбуждает 12-буквенное имя и спускает малхут с бина на ее место, отчего воздух возвращается, поднимается на небосвод сфира гвура и берет с собою молитву, слившуюся с ним вместе, в одну ступень во время его падения.

А поскольку молитва уже на небосводе сфиры гвура, она встречает там южный воздух, бина и зо"н сфиры хэсэд мира Асия, упавшие туда, и сливается с этим воздухом. Тогда управляющий южным воздухом Писгания, хэсэд мира Асия, возбуждает 12-буквенное имя и спускает малхут с бина сфиры хэсэд мира Асия на ее место. Южный воздух возвращается и поднимается на свою ступень на 6-й небосвод, хэсэд мира Асия, называемый югом.

Поскольку молитва находится на 6-м небосводе, она встречает там воздух, упавший с 7-го небосвода, являющийся бина, включающей в себя га"р. И молитва сливается с этим воздухом в одну ступень. А когда 12-буквенное имя спускает малхут с бина, 7-го небосвода, на ее место, возвращается воздух на свою ступень, на 7-й небосвод, и берет с собой слившуюся с ним в состоянии его падения молитву.

А поскольку молитва находится на 7-м небосводе, она встречает воздух, упавший с малхут мира Ецира, и сливается с ним. Тогда берет ее общий управляющий всем миром Асия – Сандальфон и возбуждает 12-буквенное имя, спускающее малхут с малхут мира Ецира на ее место. И поднимается воздух, и возвращается на свою ступень, на небосвод малхут мира Ецира, и берет с собой молитву, и поднимает ее на небосвод малхут мира Ецира.

Таким же путем поднимается молитва через все 7 Эйхалот-залов миров Ецира и Брия до мира Ацилут. Отсюда становится ясным ответ на поставленный вначале вопрос: как может молитва подняться от самой низшей ступени мира Асия до мира Ацилут, ведь не может ни одна ступень подняться выше самой себя. Но из вышесказанного выясняется: потому что молитва сливается с первым воздухом, упавшим с малхут мира

Асия в НАШ МИР, именно этот воздух поднял их на небосвод малхут, а воздух сферы есод мира Асия – на небосвод сферы есод и т.д., т.е. воздух, с которым сливается и поднимается молитва, поднимает ее до малхут мира Ацилут.

Упавший с малхут мира Асия в наш мир – имеется в виду, конечно, упавшим с духовной ступени малхут мира Асия на духовную ступень, называемую наш мир, но не физически находящимся в нашем мире. Упавшими эти АХА"П высшей ступени считаются тогда, когда человек ощущает в себе, своем сердце, центре всех своих желаний, желание постичь духовное, слиться с ним, аннулировать свои эгоистические свойства, как мешающие и вредные ему.

Не следует думать, что падение бина и зо"н в наш мир из мира Асия может свободно ощущаться любым человеком. И только тот, кто, ощутив это, может дать необходимое количество и качество усилий достичь духовного, удостаивается того, чтобы АХА"П высшего поднял его над нашим миром.

На южной стороне, хэсэд, есть один управляющий воздухом той стороны и его помощники. Имя его Писгания, и ему переданы ключи от воздуха этой стороны. Все испытывающие страдания молятся своему Творцу, из разбитого своего сердца (само ощущение страданий и есть уже молитва. Нет при этом никакой необходимости в словах). Если их речь (их желания) достойна, поднимается она к воздуху этой стороны, и принимает ее управляющий, и целует ее (вид духовного соединения парцуфим: объятие, поцелуй, зивуг), и произносит: «Творец сжалится над тобой и в милосердии пощадит тебя».

Поднимаются с ним все святые (потому что свет хохма называется святым) управляющие и их помощники той стороны, взлетают буквы святого имени Творца, 12-буквенного имени ЭК"Е: по 4 буквы алеф-хэй-юд-хэй на каждую сторону, управляющие соответствующей стороной воздуха, поднимаются в этой стороне воздуха до южного небосвода, хэсэд, 6-го небосвода, до управляющего небосводом южной стороны, по имени Анафиэль.

На северной стороне, гвура, есть управляющий воздухом Птахия с помощниками. Если молящийся о своих врагах и ненавистниках, причиняющих ему страдания, – праведник, то, когда поднимается речь его молитвы в воздух этой стороны, принимает его речи (сердца) управляющий и целует (соединяет со своими свойствами, чтобы поднять выше).

Возбуждается воздух, исходящий с севера и призывает все небосводы, и все берут эту речь, и поднимают ее до северного, 5-го небосвода, и целуют ее, и говорят: «Властитель сбросит врагов твоих от лица твоего». Это происходит в следующем порядке: после того как управляющий воздухом получил молитву и поцеловал ее, что означает, что она слилась со ступенью воздуха и управляющего, то возбуждается воздух с северной стороны (новое окончание, которое сделала малхут, поднявшись в бина, называемое тхум – пространство, от слова тоу – беспорядок) и от действия 12-буквенного имени спускается малхут с бина сферы гвура мира Асия на свое место.

И тогда возбуждается воздух, упавший в ограничения (диним) этого пространства, желанием подняться на небосвод сферы гвура. И все ступени, которые были слиты с ним во время его падения, поднимаются вместе с ним на небосвод сферы гвура, вследствие своего подобия ему. Также и молитва, будучи слита с ним в его падении, поднимается вместе с ним на 5-й небосвод.

И отсюда начинается порядок подъема – вознесения молитвы: она поднимается и пробивает воздух, аха"п, который упал с малхут мира Асия в наш мир, и поднимается с ним до 1-го небосвода, 1-х небес, небосвода малхут мира Асия. Поднимается молитва и приближается к управляющему (своими свойствами), поставленному управлять западной стороной, т.е. малхут. Имеются там 9 входов, у которых стоят помощники управляющего ими по имени Звулиэль.

Есть 9 входов в 10 сфирот самой малхут, а не 10 входов, потому что на малхут сферы малхут есть запрет получать в себя свет и она соединена со сфирой есод дэ малхут. И потому у есод и малхут сферы малхут есть только один общий вход.

Но возникает вопрос: «Почему у всех частей воздуха есть управляющий воздухом и отдельно управляющий небосводом, как, например, в восточной стороне, управляющий восточным воздухом Гзардия и управляющий восточным небосводом, сферой тифэрэт, 4-м небосводом, Шимшиэль? А также на южной стороне есть управляющий южным воздухом Писгания и отдельно управляющий южным небосводом Анфиэль? А также на северной стороне есть управляющий северным воздухом Птахия и управляющий северным небосводом Гадриэль? Почему же только в малхут есть только один общий управляющий на воздух и на небосвод – Звулиэль?»

Причина этого в том, что вследствие подъема малхут в бина бина и зо"н каждой ступени падают в более нижнюю ступень на уровень воздуха. Но не вся сфира бина падает вниз, а только ее нижняя половина, за"т или ва"к бина, а кэтэр, хохма и половина бина, га"р бина, осталась на прежней ступени. И только нижняя половина бина, за"т бина, з"а и малхут, упали с этой ступени и стали воздухом:

```
кетэр      ⎫
хохма      ⎬  Г"Э
га"р бина  ⎭  парса=малхут
────────────────────────
за"т бина  ⎫
з"а        ⎬  АХА"П
малхут     ⎭
```

Поэтому возникла необходимость в двух отдельных управляющих: один на оставшейся выше небосвода верхней ступени, а второй – на упавшей вниз нижней половине ступени, ставшей воздухом. Тогда как ступень (10 сфирот) малхут, с которой упали все 9 нижних ее сфирот вниз, в нижнюю ступень, во время подъема малхут в бина, осталась на этой ступени только 1 частная сфира кэтэр дэ малхут, оставшаяся как точка под сфира есод з"а.

Но даже эта оставшаяся точка относится более к сфире есод, высшей, чем сфира малхут, потому что свойствами более подобна ей. А потому как вся малхут относится к свойствам воздуха, кроме ее частной сфиры кэтэр, то есть в ней, на всю нее, только один управляющий.

И он желает действовать в небосводе днем, но не получает разрешения, пока не взойдет свет луны, т.е. не настанет ночь. Тогда выходят все управляющие и все силы. А когда начинает светить день (высший свет), все поднимаются (вследствие воздействия света духовные свойства исправляются и улучшаются) к самому высшему из 9 входов, точке кэтэр сфиры малхут, оставшейся на своей ступени, под которой находится небосвод (парса).

А когда поднимается молитва, она входит в этот высший вход, а все управляющие и их помощники выходят из этого входа, во главе с их высшим управляющим Звулиэлем, единственным управляющим воздухом этого высшего входа, находящимся выше небосвода малхут мира Асия. Все выходят, целуют молитву и сопровождают ее до 2-го небосвода, есод мира Асия.

Малхут представляет собой левую линию, хохма без хасадим. Поэтому, когда она властвует, не светит свет, а властвует тьма. Ведь хохма не может светить без хасадим. Значит, когда властвует малхут – ночь, а не день, ведь ночью властвуют все 9 низших ее сфирот, от которых исходят все управляющие (человеком) и силы (желания в человеке) левой стороны.

Поэтому сказано, что малхут нисходит с бина на свое место, хотя 9 нижних ее сфирот не затронуты нечистой силой, потому что малхут спустилась с небосвода, который превращал ее в воздух. Несмотря на это, нет им (9 сфирот) власти на ее месте, а должны они подняться выше небосвода к высшему входу, кэтэр дэ малхут. А там они включаются в правую сторону, в хасадим, и с ними поднимается молитва, вследствие (желаний, свойств) подобия им, которого достигла во время их нахождения ниже небосвода (в состоянии «наш мир»).

А так как молитва (ма"н) поднялась выше небосвода малхут (в г"э высшего), она встречает упавший туда из 2-го небосвода воздух (аха"п еще более высшего). Затем, после нисхождения малхут с бина сферы есод мира Асия вниз, на свое место, этот воздух поднимается в небосвод сферы есод и берет с собой всех управляющих, их помощников и молитву, которые были с ним слиты во время его падения, и поднимает их всех на небосвод сферы есод мира Асия.

А когда молитва поднимается на этот небосвод, есод, открываются 12 врат этого небосвода. На 12-м входе стоит особый управляющий Анаэль, управляющий многими силами. И когда молитва поднимается, стоит он и возглашает всем входам: «Откройте врата». И все входы открываются, и во все их входит молитва. Так происходит вследствие того, что в тифэрэт 12 границ диагонали, определяемой сфиротами х-г-т-м, в каждой из которых есть три линии х-г-т, итого 12. А все, что есть в тифэрэт, есть также и в есод, но там эти 12 границ называются 12 ворот, через которые входит молитва.

Тогда просыпается один очень старый управляющий, стоящий на южной стороне по имени Азриэль-саба, иногда называемый Маханиэль, потому что ответственен за 600 000 групп (лагерей-маханот). И все группы имеют крылья и глаза, стоят и прислушиваются ко всем тихо молящимся, к молитвам, исходящим из глубин сердца, молящимся только Творцу, – только к таким молитвам прислушиваются имеющие уши.

Есть особое открытие в сфире есод от хэсэд, высшего милосердия, нисходящего с правой линии бина. Потому называется управляющий этим милосердием Азриэль-саба. Саба – дед, называется он потому, что хохма и бина называются «старики». И он поставлен управлять 600 000 групп-лагерей, потому что 600 – это 6 x 100, где 6 = х-г-т-н-х-е сфирот в бина. А поскольку каждая сфира в бина – сотня, то 6 x 100 = 600. А тысячи исходят от света хохма, который светит в каждой из сфирот.

Поэтому 600 x 1000 = 600 000 групп.

Га"р твуна, нижней (за"т) части бина, называются «уши». И в них светит только свет хасадим без хохма. Ва"к твуна называется «глаза», и в нем светит свет хохма.

Малхут и бина – два воздуха, запад и север, соединяются и смешиваются друг с другом – и получается диагональ, смесь строгости и милосердия, смягчающая строгость и суд. Потому слышат доброе от того, кто удостоился, т.е. принимают его молитву в меру милосердия диагонали. И слышат плохое о том, кто не удостоился, принимая его молитву в меру суда диагонали.

Если молитва слышна ушам самого человека (имеется в виду, что человек говорит вслух, не из глубины сердца, а снаружи, изо рта, настолько внешне, что произносимая молитва слышится его ушами, а не в сердце), то нет никого, кто бы принял ее наверху, и не принимает ее никто. Поэтому необходима осторожность: чтобы никто не слышал молитву человека, ведь речь молитвы соединяется в высшем мире, в з"а, а речь высшего мира не должна слышаться.

Как читают Тору: один читает, а другой молчит. Но если двое вслух читают, то причиняют этим уменьшение веры наверху, потому что голос и речь одного смешивается с голосом и речью другого и наносят ущерб вере, т.е. малхут. Но должен быть голос и речь (з"а называется голос, а речь малхут) одного подобны голосу и речи другого.

Выше указаны две причины, по которым молитва обязана быть речью без голоса, неслышной уху человека: 1-я причина состоит в том, что малхут, от которой рождаются люди, имеет две точки: от малхут с мерой строгости нельзя получить свет, а от малхут, исправленной в бина, в мере милосердия, можно получить свет.

Также и человек состоит из соединения этих двух точек. И если удостаивается, то мера строгости скрывается, а мера милосердия раскрывается, и он удостаивается получить высший свет. Но если не удостоился, то раскрывается мера строгости и весь свет исчезает из него.

Поэтому создано высшее ухо наклонным, дабы получать молитву человека-праведника, удостоившегося того, чтобы мера строгости его скрылась, чтобы ухо слушающее не возбудило строгость, скрытую в речах молитвы. Поэтому если другой, посторонний человек слышит молитву прежде, чем она поднялась вверх, то этот человек возбуждает строгость, скрытую в речах молитвы, и тогда она не может быть услышана наверху.

И есть еще одна причина этого: речи молитвы – это части малхут. И молящийся обязан быть частью малхут. Поэтому молитва должна подняться и включиться в высшую малхут, называемую «речь». Тогда малхут соединяется с з"а, называемым «голос» и молитва принимается, т.е. принимается свет от з"а. Поэтому нельзя возвышать свой голос во время молитвы, чтобы снизошел на молящегося высший голос, свет з"а. Речь поднимается в малхут, соединяется с з"а с помощью малхут и получает совершенно исправленный голос от з"а, вследствие чего способна молитва получить свет. Поэтому сказано, что нельзя, чтобы слышались слова молитвы, произносимые голосом человека.

Также читающий Тору должен быть частью з"а, называемого Тора. А голос читающего Тору должен быть вместо голоса з"а. Поэтому запрещено слышать иной голос, потому что это будет голос человека, находящегося под строгостью, а не под милосердием.

Поэтому голос постороннего вредит голосу читающего Тору, и малхут не в состоянии получить свет от з"а. Но если это голос и речь одного, то голос, называемый з"а, и речь, называемая малхут, сливаются вместе в одном сочетании. Но если присоединяется к читающему посторонний голос и речь, то вносится этим вред.

Можно лишь сказать по поводу всего вышесказанного, что только приближающийся к описываемому состоянию может понять, о чем говорит «Зоар». Духовные действия понимаются сердцем, желаниями, свойствами, а если они еще не соответствуют, не подобны описываемым, то никакое объяснение не поможет. Посторонний – имеется в виду «посторонние» (далекие от духовных стремлений) мысли и желания человека.

Когда поднимается тихая, скрытая и тайная молитва, то сам управляющий Азриэль-саба и все его помощники, начальники 600 000 групп-лагерей, и все, кто имеет глаза, и все, кто имеет уши, выходят и целуют поднимающееся слово молитвы.

Это сказано в словах: «Глаза и уши Творца обращены к ним». Глаза Творца к праведникам. Глаза Творца – это имеющие глаза внизу, т.е. ангелы, находящиеся на небосводе есод мира Асия. Потому что находятся наверху на ступени га"р, ведь глаза – это свойство хохма. Но эти глаза – глаза сфиры есод, и потому сказано «Глаза Творца – к праведникам», потому что есод называется «праведник».

3-й небосвод – это сфирот нэцах и ход мира Асия. Молитва поднимается до этого небосвода. Управляющий этим небосводом Гадрия со своими помощниками действует три раза в день, во время подъема трех линий вверх в мир Ацилут, когда светящийся жезл света поднимается, опускается, но не стоит на одном месте, потому что желает светить свет хохма левой линии, называемый жезлом света.

Слово жезл – Шарвит, означает зрение, а свет хохма называется светом зрения. Жезл перемещается три раза и скрывается, потому что хохма раскрывается только во время перемещения трех линий в трех точках – холам (точка над буквами), шурэк (точка внутри буквы), хирек (точка под буквой).

Когда молитва, являющаяся средней линией, поднимается, неся экран хирек, спускается жезл, т.е. свет левой линии, и склоняется перед молитвой, склоняет голову, что означает скрытие га"р, называемого головой. Потому что средняя линия уменьшает левую линию с помощью зкрана хирек. Этот 3-й небосвод сфирот нэцах и ход мира Асия называется небосводом жезла, потому что световой жезл действует в нем.

Когда поднимается молитва, управляющий кланяется ей (уменьшает свой уровень), а затем ударяет жезлом в светящуюся скалу, стоящую в центре (средняя линия) небосвода, и выходят из скалы 365 войск, которые скрывались в ней со времени нисхождения Торы на землю, потому что противились нисхождению Торы на землю; упрекнул их Творец, и скрылись они в скале.

Здесь уже читателю предоставляется возможность по аналогии с объясненным ранее и в соответствиям с определениями понятий: жезл, скала, войска, свет, скрытие, поклон и пр., перевести с языка сказаний на язык духовных действий. А когда сможешь постигнуть прочитанное, ощутишь его в себе!

И не выходят оттуда, кроме как в то время, когда молитва поднимается вверх. Тогда восхваляют они: «Творец, Владыка наш, как велико Твое имя на земле!» Эта молитва называется «Великий», потому что она поднимается на все эти небосводы, и они склоняются перед нею.

Происходит это потому, что эти ангелы, которые говорили против нисхождения Торы (см. Статью «Небо и земля»), т.е. средней линии, на землю, т.е. в малхут и в миры БЕ"А, появляются из левой линии. И желали они, чтобы в малхут и в мирах БЕ"А властвовала левая линия, а не средняя, называемая Торой, уменьшающая га"р от света левой линии.

Малхут, называемая землей, включает в себя все миры БЕ"А. Но Творец, т.е. средняя линия, упрекнул ее и вынудил получить свет средней линии и скрыться в скале, т.е. в силах строгости, находящихся в средней линии, стоящей в центре небосвода.

Но молитва может подниматься вверх только вследствие возбуждения левой линии, т.е. бина и зо"н, упавших в нижнюю ступень и вновь поднявшиеся над небосводом и ставших левой линией, берущих с собой молитву, бывшую с ними во время их падения в нижнюю ступень.

Поэтому получает управляющий жезл, свет левой линии, ведь во время подъема молитвы светит левая линия в его владении. Тогда пробуждаются 365 войск и получают свет левой линии от жезла. Поэтому восклицают они: «Творец, Владыка наш, как велико имя Твое на земле!», ведь молитва поднимается на этот небосвод, называемый «Великий», потому что включает в себя экран хирек левой линии, из га"р. И потому склоняют голову, т.е. не используют га"р света хохма, а только ва"к.

Далее уже облачается молитва в высшие украшения и поднимается на 4-й небосвод, тифэрэт. Тогда выходит солнце – тифэрэт, на своей ступени, выходит высший управляющий Шимшиэль, и 365 войск поднимаются вместе с ним на этот небосвод. И называются дни солнца, потому что эти ступени от солнца, тифэрэт. И все одевают и украшают малхут в небесах райского сада.

И там задерживается молитва, чтобы слиться с воздухом гвура тех ступеней. Потому что на предыдущем небосводе, н-х-е, не должна была задерживаться, поскольку они включены в тифэрэт. И задерживается до тех пор, пока все войска не поднимутся с ней в 5-й небосвод, гвура. А управляет там Гадриэль, и он хозяин всех войн остальных народов, потому что гвура – это левая линия, за которую держатся остальные народы.

И когда поднимается молитва, несущая в себе экран средней линии, уменьшающий левую линию, с га"р до ва"к, то потрясает это его и все его войска, и исчезает вся их сила, и выходят, преклоняются, склоняя головы, т.е. га"р, и украшают эту молитву.

Поднимаются с ней до 6-го небосвода, хэсэд, и выходят силы и войска, и принимают молитву, пока не достигают 70 ворот, х-г-т-н-х-е-м, каждая из которых состоит из 10. Потому что хэсэд включает в себя все 7 низших сфирот. Стоит там высший управляющий Анфиэль, и он украшает молитву 70 украшениями.

А поскольку молитва украсилась этими украшениями, то соединяются все эти силы и войска всех небосводов, сопровождавших молитву до этого места, с небосвода на небосвод, и поднимают молитву на 7-й небосвод, бина, включающую в себя га"р.

Входит молитва в 7-й небосвод, и главный высший управитель Сандальфон, которому подчиняются все управляющие входами, впускает молитву в 7 залов мира Ецира. Эти 7 залов – 7 залов Царя, т.е. 7 залов малхут мира Ацилут, где царствует з"а.

Когда молитва, украшенная всеми этими украшениями, поднимается туда, она соединяет вместе з"а и малхут, потому что возникает подобие всего всему. И имя Творца, т.е. малхут, украшается сверху, снизу и со всех сторон, потому что это малхут сливается в одно с з"а. И тогда есод-праведник наполняет малхут своими благословениями.

Счастливая судьба у человека, умеющего упорядочить свою молитву так, чтобы в эту молитву оделся Творец. Он ожидает, пока все молитвы Израиля закончат подниматься и соединятся в полную совершенную молитву, когда все станет совершенным, и внизу и наверху.

Кроме молитвы, есть Заповеди Торы, зависящие от речи и от действия. Заповедей, зависящих от речи, шесть:

1) бояться Великого и Могущественного Творца,
2) любить Творца,
3) благословлять Творца,
4) единить Творца,
5) заповедь коэнам благословлять народ,
6) вручить свою душу Творцу.

Из вышеперечисленных Заповедей:

1-я Заповедь имеет место в благословениях, которые воспевал царь Давид в своих жертвоприношениях в Торе, где обязан человек бояться своего Господина, потому что эти песни стоят на месте, называемом «страх». т.е. малхут. И все эти написанные благословения – суть страх Творца, малхут. И обязан человек сделать своими желаниями эти песни в страхе.

Обязан человек достичь такого уровня своего духовного развития, чтобы его желания совпали с тем, что говорится в текстах этих благословений. Невозможно заставить желать чего-то, все чувства наши являются порождением, следствием того духовного уровня, на котором мы находимся. Свет ступени действует на эгоизм и исправляет его с силой этой ступени. Поэтому человек может только просить об исправлении, а приходит оно свыше, от света, Творца.

Здесь перечисляются ступени, которые обязан в своем исправлении постепенно пройти человек. Обычно эти ступени называются Заповедями, и от нас до Творца их 620 = 613 Заповедей Торы для Израиля (альтруизма) и 7 Заповедей Торы для всех народов (эгоизма). Здесь они же излагаются в ином виде: поскольку главное – это просить об исправлении, а если просьба истинная, то немедленно свыше исходит на нее ответ в виде света, то вся работа человека над собой, все его усилия в учебе, работе, действиях – только для создания в нем истинной просьбы, ма"н. Поэтому этапы духовного развития человека описываются как его путь в молитве, будто человек стоит и молится, хотя этот процесс в нем продолжается в течение всех лет его жизни на этой земле.

2-я Заповедь – любить Творца (уже не раз говорилось, что это чувство есть следствие исправления, смотри «Предисловие к ТЭС» п.45 – 4 ступени ощущения управления, от тьмы к любви), когда доходит человек в молитве до «Ахават олам» – «Великая любовь», «Лэ Эль» – «К Творцу» – это 2 благословения до призыва «Слушай, Израиль», «Вэ ахавта эт» – «И возлюби Творца» – благословения Творца за свою любовь к Нему после призыва «Слушай, Израиль». И это тайна любви к Творцу.

3-я Заповедь – поскольку дошел человек до места в молитве, называемого «Леиштабэах» – «Благословен Творец», обязан достичь своим желанием восхваления, благословения Творца, как в частях молитвы «Ёцэр ор» – «Создающий свет» и «Ёцэр амэорот» – «Создающий светила».

4-я Заповедь – объединить Творца, т.е. «Шма, Исраэль» – «Слушай, Исраэль, наш Творец Един!», с этого места (ступени) и далее – тайна единства Творца (во всех Его проявлениях человеку), единение Его, как требуется, в желании своего сердца (чтобы не было никого иного в сердце, кроме ощущения Единственной Высшей силы). А далее выполняется Заповедь памяти и напоминания о выходе из Египта (эгоизма), как сказано: «Запомни, как был ты рабом в земле Египетской».

5-я Заповедь – чтобы благословил коэн народ (нисхождение света в парцуф), чтобы был включен Исраэль, когда поднимается молитва (благословение коаним) наверх, потому что в это время (состояние) получает кнэсэт Исраэль (все, кто исправляет себя стремлением к Творцу и является частью малхут мира Ацилут), т.е. малхут, благословение (свет).

6-я Заповедь и желаемое время (состояние, такой духовный уровень, что желает все желания, т.е. душу, отдать Творцу, т.е. во всех своих желаниях может поступать ради Творца) вручить свою душу и отдать ее всю полным желанием сердца, когда падают (добровольное принятие малого состояния) на лицо (хохма) свое и провозглашают (поднимает ма"н): «К Тебе, Творец, душа моя». И устремить свои намерения сердца и желаний полным желанием вручить душу Творцу (это желание и есть следствие этой духовной ступени, приходит оно естественно к человеку, поднявшемуся на нее).

Эти 6 Заповедей молитвы соответствуют 600 Заповедями Торы. А оставшиеся 13 Заповедей необходимы для того, чтобы притянуть 13 свойств милосердия (13 мидот рахамим), в которые включены все остальные. 600-ми Заповедями украшается молитва, что соответствует х-г-т-н-х-е, тому, что молитва, т.е. малхут, получает от з"а.

Счастлива судьба того, кто обратил свое внимание и желание на это (смог поднять соответствующую просьбу о своем исправлении) и завершил требуемое каждый день (в свете дня Творца), устремил намерения сердца и желания завершить эту Заповедь, зависящую от слова.

От издателя

Михаэль Лайтман
КАББАЛА
ТАЙНОЕ УЧЕНИЕ

Готовятся к изданию:

Основы Каббалы

Настоящий сборник является основной книгой для начинающих изучать Каббалу. Книга в доступной форме позволяет желающим проникнуть в тайны науки, на тысячелетия скрытой от глаз непосвященных. Автор разворачивает перед читателем всю панораму строения и системы мироздания. Открывает структуру высших миров и Законы Высшего Управления.

Желающий познать Высшее найдет в этом сборнике ответы на множество своих вопросов. В первую очередь на главный вопрос человека: «В чем смысл моей жизни?». Книга захватывает и увлекает, позволяет человеку проникнуть в самые глубинные тайны мира и самого себя.

Уроки Каббалы

(Виртуальный курс)

Крупнейший ученый-каббалист современности Михаэль Лайтман снимает завесы тайны с науки, уникальной по точности и глубине познания. В древней книге «Зоар» («Сияние») сказано о времени, когда пробудится в людях стремление вырваться в Высший мир, овладеть Высшими силами. Сегодня десятки тысяч учеников во всем мире получили возможность изучать скрытую до недавних пор методику постижения Высшего благодаря трансляциям виртуального курса Международной академии Каббалы.

Изложенный в книге материал виртуального курса явится вдохновляющим пособием для учащихся первых лет обучения и послужит всем, кто стремиться постичь Законы мироздания.

Талмуд Десяти Сфирот

Совершенно уникальная книга, написанная величайшим каббалистом Бааль Суламом (Властелин Восхождения). Автор использовал материалы книги «Зоар» и фундаментальную работу великого АРИ «Древо Жизни» (16 томов классической Каббалы). Соотнеся их со своими постижениями Высшего Управления, он создал гениальный научный труд, раскрыв глубинные пласты Каббалы современным поколениям.

Книга является самым мощным учебным пособием даже для самых серьезных каббалистов. Она совершенно логично, мотивированно, подробно и доказуемо разъясняет все причинно-следственные связи Высшего Замысла Творения и его воплощения. Ни один момент в процессе создания мироздания не остался за пределами настоящей научной работы. Нет во всемирном архиве книги, могущей соревноваться с «Талмуд Десяти Сфирот» по глубине познания, широте изложения и величию объекта изучения.

Эта книга принадлежит к числу самых важных книг человечества.

Наука Каббала

Том I, II

Эта книга – основной вводный курс для начинающих изучать «Науку Каббала». Великий каббалист 20 века, почти наш современник, Бааль Сулам «перевел» основные каббалистические источники, создававшиеся в течение тысячелетий, на язык современных поколений, которым предназначено проникнуть в высшие духовные миры. С помощью книг Бааль Сулама древнее учение становится доступно массам (как и предсказывали каббалисты прошлого).

Главная часть книги – «Введение в науку Каббала» – приводится с комментариями последователя и наследника Бааль Сулама, современного каббалиста Михаэля Лайтмана. Учебный курс включает большой альбом графиков и чертежей духовных миров, контрольные вопросы и ответы, словарь каббалистических терминов.

Том II – каббалистический словарь.

Ступени возвышения

Том I, II

Книга основана на статьях знаменитого каббалиста Баруха Ашлага. В ней впервые раскрывается методология работы каббалиста в группе. Она дает уникальный анализ путей духовного развития человека. Здесь раскрывается то, что ранее передавалось исключительно устно – от учителя избранным ученикам. Книга несет в себе неоценимое Знание.

Учение Десяти Сфирот

Материал книги основан на курсе, прочитанном руководителем Международной академии Каббалы равом Михаэлем Лайтманом по фундаментальному каббалистическому источнику «Талмуд Десяти Сфирот».

В книгу вошли комментарии на I, III и IX тома уникального научного труда Бааль Сулама, описывающего зарождение души, ее конструкцию и пути постижения вечности и совершенства.

Каббалистический форум 2001

Книга «Каббалистический форум 2001» является избранным материалом из каббалистического интернет-сайта Международного каббалистического центра «Бней Барух». Форум содержит более двух миллионов вопросов изучающих Каббалу со всего мира.

В сборник вошли лишь наиболее интересные, любопытные и полезные для продвигающихся Путем Каббалы слушателей ответы Михаэля Лайтмана.

Настоящая книга рекомендована читателю, интересующемуся проблемами происхождения душ, корректировки судьбы, отношения Каббалы к семье, воспитанию, роли женщины.

Международный каббалистический центр
«Бней Барух»

BNEI BARUCH P.O.B. 584 BNEI BRAK 51104 ISRAEL
Адрес электронной почты: russian@kabbalah.info

Международная академия Каббалы
заочное отделение

Виртуальный курс для начинающих

- Международная академия Каббалы транслирует по всемирной системе Интернет курс заочного обучения «Введение в Науку Каббала».
- Участие в этих занятиях обеспечит освоение основ Науки Каббала, постижение высшего мира, знание о своем предназначении, причинах происходящего с вами, возможность управления судьбой.
- Курс рассчитан на начинающих и предназначен для дистанционного обучения на языках английском, русском, иврите.
- Занятия транслируются в видео- и аудиоформатах, с демонстрацией чертежей, возможностью задавать вопросы и получать ответы в режиме реального времени.
- Во время прямой трансляции, действует служба технической поддержки.
- Курс бесплатный, включая рассылку учащимся учебных пособий.
- Успешные занятия поощряются поездкой на семинары, происходящие 2 раза в год в разных странах мира.

Адрес подключения
http://www.kabbalah.info/ruskab/translation_new.htm

Архив курса
http://www.kabbalah.info/ruskab/virt_uroki/virt_urok.htm

Русское отделение
http://www.kabbalah.info/ruskab/index_rus.htm

Международный каббалистический центр «Бней Барух»

Издательская группа
kabbalah.info
+972 (3) 619-1301

Для книготорговых организаций
(заказ учебных пособий)

Америка и Канада.................. info@kabbalah.info,
+1-866 LAITMAN
Израиль............................... zakaz@kabbalah.info,
+972 (55) 606-701
Россия..+7 (095) 721-7154, 109-0131
109341, Москва, а/я 42

Запись в группы изучения Каббалы
(обучение бесплатное)

США (Восточное побережье)..............+1 (718) 288-2222
США (Западное побережье)...............+1 (650) 533-1629
Канада..+1-866 LAITMAN
Израиль..+972 (55) 606-701
Россия..+7 (095) 721-7154, 109-0131

Заказ книг и учебных материалов на английском языке
+1-866 LAITMAN

Международный каббалистический центр
«Бней Барух»
http://www.kabbalah.info

Учитывая растущий интерес к знаниям Каббалы во всем мире, Академия Каббалы под руководством рава М.Лайтмана издает серию книг «Каббала. Тайное учение», транслирует виртуальные уроки, совершенствует интернет-сайт, открывает по всему миру группы изучения Каббалы. В рамках нашего заочного университета занимаются более 700 000 учащихся с 68 стран мира (на 1.01.2003).

Вся деятельность Академии Каббалы осуществляется на добровольные взносы и пожертвования ее членов. Каббалистические знания вносят в мир совершенство, безопасность, высшую цель.

Мы с благодарностью примем Вашу помощь.

Наш счет:
wire transfer
Bnei Baruch
TD Canada Trust
7967 Yonge Street
Thornhill, Ontario
Canada L3T 2C4
Tel: 905 881 3252
Branch / Transit #: 03162
Account #: 7599802
Intuition Code: 004
Swift Code: TDOMCATTTOR

Михаэль Лайтман
серия
КАББАЛА
ТАЙНОЕ УЧЕНИЕ

Книга ЗОАР

второе издание

Научно-просветительский фонд
«Древо Жизни»

Издательская группа
kabbalah.info
+972 (3) 619-1301

ISBN 5-902172-05-5

Подписано в печать 10.02.2003. Формат 60x90/16
Печать офсетная. Усл. печ. л. 44.
Тираж 10000экз. Заказ №   .
Отпечатано в ОАО Можайский полиграфкомбинат,
Московская обл., г. Можайск, ул. Мира, 93.

www.ingramcontent.com/pod-product-compliance
Lightning Source LLC
Chambersburg PA
CBHW051704160426
43209CB00004B/1013